ליקוטי מוהר״ן

LIKUTEY MOHARÁN

Likutey Moharán
Volumen 1 (Lecciones 1-6)

Por el

Rabí Najmán de Breslov

Traducción del texto original en Hebreo
al Inglés y Edición

Moshé Mykoff

Notas

Jaim Kramer

Traducción al Español

Guillermo Beilinson

Publicado por
BRESLOV RESEARCH INSTITUTE
Jerusalem/New York

ISBN 978-1-928822-07-3
Copyright © 2006 Breslov Research Institute

all rights reserved

Ninguna parte de esta publicación podrá ser traducida, reproducida o archivada en ningún sistema o transmitida de ninguna forma y de ninguna manera, electrónica, mecánica, fotocopiada o grabada o de cualquier otra manera, sin el consentimiento previo, por escrito, del editor.

Segunda edición

Título del original:
Likutey Moharan

Para más información:
Breslov Research Institute
POB 5370
Jerusalem, Israel.

Breslov Research Institute
POB 587
Monsey, NY 10952-0587
Estados Unidos de Norteamérica.

Breslov Research Institute
c\o G.Beilinson
calle 493 bis # 2548
Gonnet (1897)
Argentina.
e-mail: Abei2ar@Yahoo.com.ar

Diseño de cubierta: Shimon Bar

Para la Elevación del Alma

de mi Padre

Aarón ben Biniamin z"l

y para mi Madre

Berta bat Pola

•

ספר
ליקוטי מוהר״ן

מנהמרות טהורות של הרב החסיד המפורסים טולינא קדישא מהר״נ נחמן נ״י
כמור הנהיר נכדו של הרב הקדוש הבעש״ט זצוק״ל לקוטי מאמר ארך מאמר
אמרות ה' עטרות צפנת פענח מגלה נסתרות לעורר ישנים ולהעלים אמירים
בעשרות בתוכחת מגולה והנה מצוחרח למשכל הדרכי' ולפקוח עינים עורות
העוסק מאבני מהצב אבנים יקרות כל הרואה למסוך עליה' נפיס גדולים ע״פ
הקדמות ישרות דברי הכמים נעוצים כמסמרות' בהם ימצא מרגוע לנפשו ועצות
ישרות ויזט לראות בזאת מורה צדק לקבץ מפוזרו' ויכון על תשפטט ק״ק
והיכל והולם וצערות

גם אלה לחכמים יביטו מדעה' : : כי לא כנויים שהיו בימי חכמי הש״ס ז״ל הגוי' האלו
אשר אנו מתגוררים בארצותם כי המה היו עובדי כוכבים ומזלו' דבקיס בכל
התועבות לא ידעו את ה' ואת דבר קדשו לא הכירו אבל העמים שבזמנינו את ה'
הם יריאים וגומרי' כבוד לתורמו עושים חסד ומשפט בארצם וחמד עם היהודי'
ולחומסי' מחת כיסיהם וחלילה לנו לדבר או להוב שום גנאי עליהם וכ״ל שנאמר
בספרים גוי או נכרי או חומס בעולם וכדומה הכונה על עכו״ם חומס שהיו
בימי המשנה :

גדרוקט אין אוסטרדאג און וואליבישטן גיטטרמטאמט מיט בטוילינע אייזר העכסט
פעריר דנטן קיסערליכן נעמ״ד און ווילגא :

בדפוס מהור״ר שמואל בההור״ר ישכר בער סגל

באוסטרדא

תחת ממשלת אדוניס סקימר הגדיר החסיד מומע
פריסטוטליווסי דערזאמווינטשט וילקי סאמטידאר סימפירלעסר

אלעקסנדר פאולאוויטש סאמיע דער. ע״ם טוסנג
למסימסקי הספידסר מוסע מילעמטיוושע י״ס :

לסדר ולפרט הבני בניון לום בריתי שלום לפ״ק

LIKUTEY MOHARÁN

De los discursos puros del prominente sabio y hombre piadoso,
la santa lámpara y clara luz, nuestro maestro

Rebe Najmán

bisnieto del santo sabio,
el **Baal Shem Tov**
de bendita memoria.

Hemos registrado una enseñanza tras otra, siendo las palabras puras de Dios. Revelando secretos, describiendo misterios, para despertar a los dormidos y liberar a los encadenados, con una abierta censura y un oculto amor. Para limpiar el camino y abrir los ojos de los ciegos. Tallado de la cantera de piedras preciosas. Para todo aquél que desee apoyarse en ellas, son grandes edificios construidos sobre firmes cimientos: las inmutables palabras de los Sabios. En ellas encontrará tranquilidad para su alma y un sólido consejo. Podamos merecer ser testigos de la llegada del consejero de rectitud para el retorno de los exilados. Entonces el santo de los santos, la cámara, el salón de reunión y los atrios serán establecidos en sus lugares apropiados.

Los sabios comprenderán por sí mismos que los gentiles en cuyas tierras habitamos actualmente no son como aquellos de los tiempos de los Sabios del Talmud. Estos últimos eran idólatras que adoraban las estrellas y las constelaciones, apegados a toda clase de abominaciones. No reconocían a Dios ni a Sus santas palabras. Pero las naciones de hoy en día temen a Dios y honran Su Torá; practicando la bondad y la justicia en sus tierras, siendo caritativos con los judíos que se refugiaron bajo sus alas. El Cielo no permita que digamos o escribamos nada irrespetuoso sobre ellos. Así, toda referencia a las naciones, gentiles y pueblos del mundo, se refiere sólo a aquellos idólatras que vivieron en la época de la Mishná.

* * * * * * * * *

Impreso en Ostrog, la provincia de Volinia,
Con la aprobación del censor del gobierno en Vilna
En la imprenta de Reb Shmuel, hijo de Isajar Ber Segal
Ostrog

Bajo el gobierno de nuestro amo, el exaltado y piadoso **Zar Alexander Pavlovitch**

En el año de: "He aquí, Yo le otorgo Mi pacto de paz" (5568/1808)

Prefacio del Editor

"Es bueno alabar a Dios y cantarle a Su Santo Nombre" (Salmos 92:2).

Escribe el Rabí Natán en su Introducción al *Likutey Moharán*: "Es superfluo continuar alabando la gran santidad y profundidad de este libro. Pues todo aquel que esté dispuesto a estudiarlo con honestidad apreciará y comprenderá la magnitud de su grandeza". Explica el Rabí Natán que cada una de las lecciones de este santo libro trata sobre una serie de características humanas y cómo desarrollar los rasgos buenos y alejarse de las tendencias negativas. Los discursos se centran sobre la Torá, la plegaria y otras mitzvot, y sobre cómo cada individuo puede alcanzar estas devociones. El *Parparaot LeJojmá*, en su Introducción, encamina al lector hacia un ámbito más profundo, específicamente, cómo es posible obtener, a partir de nuestra situación aparentemente insignificante en este mundo, niveles que incluso los ángeles no pueden alcanzar. Muchos otros Tzadikim han alabado el *Likutey Moharán* de manera similar.

Es por esto que agradecemos profundamente a Dios el habernos dado la oportunidad de trabajar en la traducción de este tesoro, el *magnum opus* del Rebe Najmán. Desde la primera edición de este volumen del *Likutey Moharán*, publicado en 1984, hemos recibido numerosas cartas de lectores de muy diferentes ámbitos, agradeciendo el haber abierto al mundo de habla inglesa este importante tomo de la Torá y de la Jasidut. Es nuestra esperanza que esta segunda edición corregida del primer volumen sea mucho más efectiva en lograr tal objetivo.

El Breslov Research Institute reconoce con gratitud el apoyo y el aliento de Stan y Sara Kopel, cuyo interés, dedicación y entusiasmo han hecho posible la realización del proyecto de traducir y publicar la totalidad del *Likutey Moharán*.

Nuevamente extendemos nuestro cordial agradecimiento al Sr. Manny Plotsker, cuya previsión y benevolencia iniciaron este proyecto hace catorce años.

Una vez más el reconocimiento a Moshé Mykoff por su excelente traducción al inglés del texto del *Likutey Moharán* y el trabajo aún mayor de editar las notas. Y a Ozer Bergman, por su tenaz revisión y valiosas sugerencias.

Las lecciones del Rebe Najmán se centran en varios conceptos fundamentales: la Torá, la plegaria y el Tzadik. Estos son conceptos e ideales que *pueden* ser alcanzados por el hombre... ¡si se esfuerza! Todas las mitzvot que cumplimos, todas las buenas acciones que realizamos, nos ayudan a alcanzar los grandes niveles que el Rebe nos inspira a lograr. Sea la voluntad del Todopoderoso que pongamos vida y espíritu en nuestra Torá, nuestras plegarias y nuestras mitzvot, uniéndonos al Tzadik, para que podamos merecer ver la llegada del Mashíaj, el Retorno de los Exilados y la Reconstrucción del Santo Templo, pronto y en nuestros días, Amén.

    Jaim Kramer
    Adar I, 5755

Introducción del Traductor al Inglés

En lugar de un prefacio más tradicional del traductor, se le pide al lector que considere lo siguiente:

Luego de la primera edición del *Likutey Moharán*, el Rebe Najmán habló de los grandes beneficios que traía el estudio de sus enseñanzas, y en especial para aquéllos merecedores de desarrollar alguna idea basada en sus lecciones. Cuando un seguidor del Rebe le hizo conocer una de estas interpretaciones propias, el Rebe sonrió y le dijo, "Puedes doblar mi libro de la manera que quieras, mientras no te alejes ni un ápice del *Shuljan Aruj*" (Tradición oral; cf. *Sabiduría y Enseñanzas del Rabí Najmán de Breslov* 267).

"Uno no debe nunca enorgullecerse de sus capacidades intelectuales o de sus buenas acciones, pues todas nos llegan a través del Tzadik de la generación. La persona es al Tzadik lo que una pluma es a las manos del escriba" (*El Libro de los Atributos, Orgullo* A15).

La traducción de cualquiera de las enseñanzas del Rebe Najmán y, en particular, de su *Likutey Moharán*, no puede ser otra cosa que "doblar" sus palabras. Traducir estos complejos discursos al inglés implica una cierta dosis de interpretación e inevitablemente un cierto grado de distorsión. Es por tanto mi esperanza que nada de lo que aparezca aquí lleve a que alguien se aleje incluso del mínimo principio de la ley judía. Y, mientras que las deficiencias que de seguro aparecen en esta traducción son mías, todo el crédito le pertenece absolutamente al Tzadik.

Moshé Mykoff
Adar I, 5749/1995

Quisiera hacer mías las palabras de Moshé Mykoff y agregar mi esperanza de que en mi caso pueda perdonarse mi osadía al traducir estos textos, llevado por mi amor y agradecimiento al Rebe Najmán.

Guillermo Beilinson

INDICE

Sección A:

Pautas Generales

Prólogo	2
Lección 1	14
Lección 2	52
Lección 3	92
Lección 4	120
Lección 5	192
Lección 6	250
Apéndice: Diagramas	329

Sección B:

Apéndice A: Introducciones al *Likutey Moharán*
- Introducción del Rabí Natán 341
- Introducción del *Parparaot LeJojmá* 354
- Las Dieciocho Reglas 357

Apéndice B: Comentario del Rav de Tcherin
   sobre la Lección 1 363

Apéndice C: Esbozos biográficos
- La vida del Rebe Najmán 375
- Los discípulos del Rebe Najmán 377

Apéndice D: Sobre las Enseñanzas del Rebe Najmán ... 383

Apéndice E: Historia de las Ediciones 395

Apéndice F: Bibliografía 399

Pautas Generales

Escribe el Rabí Natán:

"Las lecciones del Rebe Najmán son universales. Cuanto más se las explora, más se descubre su radiante luz y su gran profundidad, tanto en su sentido simple como en el nivel oculto y místico" (*Tzaddik* #362).

Como autor del *Likutey Halajot* y del *Likutey Tefilot*, obras basadas en el *Likutey Moharán*, nadie estaba mejor ubicado que el Rabí Natán para apreciar la profundidad y la belleza que pueden encontrarse en las enseñanzas del Rebe Najmán. En otra instancia el Rabí Natán escribe que cada una de las lecciones del Rebe puede compararse a un palacio que contiene salones y cámaras, antesalas y portales, todos de la más absoluta belleza, con habitaciones y cuartos, cada uno con su propio y único estilo. Apenas uno entra en un cuarto y comienza a examinarlo, maravillándose ante la extraordinaria novedad de sus diseños, enseguida descubre un asombroso portal que conduce hacia otra habitación. Y así se pasa de una sala a otra, y luego a otro piso, todo unido y entrelazado con lo demás mediante la más profunda sabiduría y suprema belleza (*ibid.* #389).

Aun así, pese al esplendor y al brillo de su diseño, y de hecho, precisamente debido a estas cualidades, las salas y cámaras del *Likutey Moharán* parecen genuinamente impenetrables e inaccesibles para la mayoría de las personas. El texto de la lección, con su compleja estructura y difíciles conceptos desafía e incluso confunde al estudioso de la Torá; cuánto más a aquellos de nosotros que no estamos familiarizados con el estilo y el lenguaje con el que enseñara el Rebe Najmán. Aun así, aunque la entrada al palacio se encuentre más allá de nuestro alcance, la luz que emana de sus ventanas nos atrae. Su belleza, una vez descubierta, es imposible de resistir.

Es por esto que un buen número de personas interesadas en el estudio del *Likutey Moharán*, pero con la necesidad de una guía, han escrito al Breslov Research Institute pidiendo que se les abriese el camino para poder explorar estos tesoros. En la medida en que esto sea posible, esta traducción junto con las notas que la acompañan intenta lograr este cometido. Para beneficiarse plenamente de esta obra, se aconseja al lector que considere cuidadosamente las siguientes pautas para el estudio y que luego las ponga en práctica. Es nuestra intención y esperanza que estas sugerencias aumenten la comprensión del texto y de las notas.

Pautas Generales

1. **Primero, lea el texto solo desde el principio al fin**. Como regla, el Rebe Najmán comienza la lección (y en general cada sección de la lección) definiendo el objetivo de esa enseñanza en particular. El resto de la lección (o de la sección) es una serie de afirmaciones y pruebas que corroboran el concepto y muestran cómo puede ser alcanzado. Es común en el *Likutey Moharán* que el Rebe conecte un concepto a otro concepto y a un tercero, y que luego vuelva a conectar el segundo concepto con el tercero y así en más. Debido a que el Rebe Najmán entrelaza muchos conceptos diferentes y difíciles, el lector puede perder fácilmente el hilo de la lección. El tema que une el párrafo *A* con el párrafo *B* puede volverse irreconocible. Por lo tanto, es aconsejable comenzar leyendo todo el texto de la lección desde el comienzo hasta el final. Esto ayudará a asimilar los conceptos a un nivel simple. No trate de comprender todo de una vez. Lea toda la lección una, dos y hasta tres veces, para familiarizarse con las ideas. Una vez hecho esto, estará capacitado para encarar el estudio de la lección con sus notas.

2. **Trate de fluir con la estructura de la lección**. En general, se dice que las explicaciones de la Torá existen en cuatro planos o niveles. Estos son conocidos colectivamente como el *PaRDéS*: *Pshat*, la explicación del significado simple del texto; *Remez*, la explicación de las alusiones dentro del texto; *Drush*, la explicación del texto utilizando los principios de la hermenéutica; *Sod*, la explicación del texto de acuerdo con su interpretación esotérica. El Rebe Najmán emplea todos estos métodos, cruzando de una área a otra del *Pardés*, a veces dentro de un mismo párrafo o hasta de una misma frase. Es importante ser sensibles a esto y comprender que lo que le parece al lector un súbito giro hacia lo inesperado era, para el Rebe, el paso más natural y obvio. En particular, si se es un principiante y no se han estudiado antes los discursos del Rebe Najmán, familiarizándose con su estilo, uno no debe preocuparse por analizar su estructura; hay mucho tiempo para hacerlo más tarde. Por lo pronto, mantenerse concentrado en el fluir del texto es de por sí suficiente desafío.

3. **Prestar cuidadosa atención a las conexiones/relaciones entre conceptos, terminología y pronunciación**. Una de las cosas que el lector nota desde un comienzo es la predominancia de las "conexiones y relaciones". En hebreo, la palabra para designar esto es *bejiná* (pl. *bejinot*). Cierta vez dijo el Rebe Najmán, "Mis lecciones de Torá están compuestas en su totalidad por *bejinot*". De hecho, la frase más usada en sus lecciones es, "esto es una *bejiná* de esto otro". Esta es también una de las palabras más difíciles de traducir. Luego de una profunda consideración, se decidió usar indistintamente alguna

Pautas Generales

de las siguientes frases: "corresponde a"; "sinónimo de"; "se relaciona con"; y también la versión más literal, "esto es un aspecto de". Más allá de la opción que haya sido seleccionada en la traducción, la intención del Rebe Najmán al utilizar la palabra *bejiná* es subrayar alguna cualidad que *alef* tiene con *bet*. Al centrarse en esa cualidad o aspecto, el Rebe Najmán construye un puente entre dos conceptos, lo cruza y continúa adelante desde la otra orilla. Se aconseja al lector prestar particular atención a estas conexiones, pues de esto depende la posibilidad de seguir el hilo de la lección.

Es importante también que el lector preste especial atención a las conexiones que el Rebe Najmán realiza entre terminologías similares. Así sean dos palabras hebreas con una raíz común o una palabra con dos significados diferentes, el Rebe enfatizará su interrelación para demostrar el concepto que está desarrollando. Así, por ejemplo, *TZITZit* (los cordones rituales) corresponden a *meiTZITZ* (mirar) pues sus letras básicas o raíz son las mismas. La palabra *kanaf* significa "esquina" o "ala", y el Rebe utiliza ambas, asociando las esquinas de la tierra con el volar de un pájaro. Es obvio que estas similitudes desaparecen en la traducción. ¿Cómo se puede esperar que el lector se dé cuenta de que la calumnia corresponde al pie? Fue necesario por lo tanto incorporar al texto la transliteración hebrea. Esto, junto con la mayúscula de las letras que las dos palabras tienen en común, aclara que *RoGaL* (calumnia) y *ReGueL* (pie) comparten las mismas letras en su raíz. Esto también explica por qué ocasionalmente se ha utilizado la combinación de AE y OE para subrayar la conexión entre *AEMuNá* y *AMaNá*, o *OEMeiN* y *AEMuNá*.

Es importante mencionar también que la traducción ha sido hecha a veces, de manera que se conectaran las distintas piezas, para mantener la particular relación que el Rebe Najmán tiene en vista. Así, cuando el Rebe menciona el reinado y lo conecta con un versículo citado anteriormente, que habla de las casas de la realeza, la referencia anterior ha sido traducida como "casas de reinado", algo un poco rebuscado, pero claramente más a tono con la relación que la lección busca subrayar. Esta, de hecho, ha sido la regla general seguida en la traducción: la fidelidad al estilo y al tono del texto hebreo del Rebe Najmán es de vital importancia, aunque a veces implique una traducción no tan elegante. Muchas veces el lector comprenderá el motivo de haber utilizado una cierta y particular fraseología recién después de completar la lección, cuando todas sus piezas hayan encajado en su lugar.

4. Puntos generales a tener en cuenta concernientes a la lección y a su traducción. La mayor parte de las lecciones del *Likutey Moharán* llevan un título. En general, estos títulos han sido tomados de las primeras palabras del versículo con el cual comienza la lección. Allí donde el título de la lección

Pautas Generales

no proviene del versículo de apertura, ha sido tomado invariablemente del tema principal de la primera sección. En ambos casos, el nombre de la lección aparece en la traducción de manera transliterada. Puede parecer en un comienzo que recordar estos títulos no es muy importante, pero al avanzar en la comprensión, la posibilidad de referirse a la lección por su nombre se vuelve una valiosa herramienta para recordar sus temas principales a la vez de ser muy útil al buscar los comentarios sobre las enseñanzas del Rebe.

Siempre que el Rebe Najmán utiliza la frase "como es sabido", está indicando que el pensamiento o concepto tratado tiene su fuente en la Kabalá, las enseñanzas esotéricas del judaísmo, incluyendo el *Zohar*, los escritos del Ari y otros.

Cuatro pares de marcadores diferentes se utilizan en la traducción, cada uno indicando un agregado diferente al texto. El primero, los paréntesis simples ( ) están reservados para las fuentes citadas de la Biblia, del Talmud, del Midrash, de la Kabalá, etcétera. Los corchetes [ ] indican agregados del traductor en aras de la claridad o el resto de una referencia que el Rebe Najmán cita sólo en parte. Los paréntesis angulares < > contienen material citado de los manuscritos del *Likutey Moharán* diferentes de las versiones impresas más difundidas (ver el final de la primera nota de la Lección 2). Y finalmente las llaves { } utilizadas cada vez que se presenta un agregado del Rabí Natán o cuando un versículo o pasaje ha sido adelantado como introducción para que el lector pueda apreciarlo en su totalidad antes de llegar a la explicación que de él hace el Rebe Najmán (lo que en general se presenta en partes).

Otro punto importante a tomar en cuenta concierne la manera especial en la cual el Rebe Najmán interpreta las Escrituras y la literatura rabínica. En este respecto, debe dejarse en claro que el *pshat*, la interpretación simple del texto, no es siempre la misma que su significado literal. El Rebe Najmán explica a menudo un versículo de acuerdo a un *pshat* que difiere de la traducción literal. Por consiguiente se recomienda al lector que considere cuidadosamente el modo en el cual el Rebe Najmán trata un versículo o un pasaje Talmúdico antes de suponer que conoce el material, basado en un estudio previo. Esto es particularmente importante con respecto a la manera en la cual el Rebe incorpora en sus enseñanzas conceptos de la literatura rabínica para los cuales existen más de una opinión. El Rebe Najmán entrelaza lo que aparentan ser dos posiciones mutuamente excluyentes, mostrando cómo, de hecho, ambas pueden practicarse en forma simultánea, pues tanto una como la otra son "las palabras del Dios Vivo".

Dos puntos más concernientes al texto y más específicamente a su traducción. Para que la lectura del texto sea lo más simple posible, se evitó poner muchas palabras y conceptos en mayúsculas o en cursiva. De otro modo esto hubiera llevado a presentar toda una frase en mayúsculas o con una abundancia de cursivas. Así, cuando el Rebe Najmán habla sobre la fuente que riega el jardín, o la sabiduría, la comprensión y el conocimiento, etcétera, no se han utilizado mayúsculas. De manera similar, las comillas se reservan casi exclusivamente a las citas de las Escrituras o de la literatura rabínica hechas por el Rebe Najmán; las cursivas se utilizan sólo para las transliteraciones del hebreo y para algunas palabras en español cuando necesitan un énfasis especial; las mayúsculas se limitan a su utilización común o para subrayar ciertas interrelaciones, tal cual se explicó más arriba.

Finalmente, una nota sobre las secciones y párrafos que aparecen en esta traducción. Ya las primeras ediciones del *Likutey Moharán* incluían el texto dividido en secciones y párrafos, obra del Rabí Natán (ver la Introducción del Rabí Natán). Sin embargo, en el proceso de traducir las lecciones del Rebe, se hizo obvia la necesidad de mayores divisiones entre los párrafos. Éstas fueron entonces agregadas para permitirle al lector "digerir" el texto en porciones más pequeñas y manejables. En cuanto a las secciones, éstas no han sido modificadas de las originales del Rabí Natán, salvo al final de algunas lecciones (que en general son una revisión del material anterior o una interpretación del versículo de apertura o de un tema importante), donde el Rabí Natán mantuvo el texto original sin divisiones. También hay algunas lecciones que el Rabí Natán no dividió en secciones y que han sido incluidas en esta traducción.

5. **Asegúrese de comprender el propósito de las notas**. Una vez que el lector haya releído el texto en forma satisfactoria, será capaz de aprovechar la información de las notas. Sin embargo, antes de comenzar, es importante comprender cuál es la intención de esta información.

Las notas han sido diseñadas para guiar al lector a través de la lección del Rebe Najmán, explicando el texto, las pruebas y las bases que el Rebe utiliza para organizar la lección. Hemos dado por sentado que el lector conoce las narrativas bíblicas a las cuales se hace referencia por lo que no las hemos profundizado. Sin embargo sí han sido explicadas las referencias del Talmud, del Midrash, de la Kabalá y de la literatura rabínica. Segundo, las notas serán útiles al conectar conceptos de las diferentes secciones y párrafos, sirviendo como un "mapa de ruta" y mostrando al lector de dónde ha venido y hacia dónde va. Tercero, las notas muestran ocasionalmente cómo los temas de la lección se conectan con material de las Escrituras y de la historia judía. Vistos desde la perspectiva del Rebe Najmán, pasajes provenientes de diferentes ramas de la Torá presentan un significado también nuevo y abren al lector hacia aspectos de la Torá que hasta ahora le eran desconocidos. Además,

Pautas Generales

algunas notas hacen referencia a ciertos aspectos y eventos de la sociedad contemporánea. El objetivo es que a través de estos pequeños ejemplos, el lector llegue a comprender cómo, de hecho, todos los discursos del Rebe se mantienen siempre relevantes y vivos. Finalmente, las notas intentan agregar aquello que el Rebe mismo consideraba lo más valioso de todo: sugerencias sobre cómo llevar a la práctica las ideas del Rebe, en nuestro estudio de la Torá, en la plegaria, en el cumplimiento de las mitzvot, y por supuesto, en cada aspecto de nuestras vidas.

Por otro lado, las notas no han sido diseñadas para explicar lo que no es directa e inmediatamente relevante al texto. Los conceptos han sido clarificados sólo lo suficiente como para ayudar al lector a comprender aquello que no le es familiar. El objetivo es ayudarlo a tener una mejor apreciación de lo que el Rebe Najmán está enseñando y no presentar una descripción exhaustiva de las fuentes sobre ramas de la Torá con las cuales el lector está menos familiarizado.

6. **Lea las notas una por vez y aplíquelas al texto**. El lector debe tomar en cuenta que cada lección es unitaria y que, como tal, sus notas están dirigidas a explicar las ideas tal cual se presentan *allí* y no como podrían haber sido presentadas en otra lección diferente. Aunque buscar referencias cruzadas es beneficioso pues aumenta la comprensión general, la intención ha sido otorgar la suficiente información como para comprender la lección sin requerir el estudio de ninguna otra lección ni de sus notas. Lea el texto, lea las notas, y luego asegúrese de que entiende lo que éstas intentan agregar a su comprensión de esa porción particular de la enseñanza del Rebe. Una vez que haya determinado esto, estará en condiciones de continuar. Si el tema no le ha quedado claro, inténtelo de nuevo. Debido a que las secciones de cada lección están totalmente interconectadas y son interdependientes, continuar la lectura sin haber comprendido un punto en particular puede causarle más tarde una mayor dificultad. Omitir un ladrillo de la estructura inevitablemente limitará la comprensión de los diferentes conceptos presentados en la lección.

Siempre que una nota haga referencia a otro lugar dentro de la misma lección, será útil dirigirse allí salvo que se tenga en claro el tema que se está tratando. Incluso así, puede ser importante volver a releer la nota sugerida. En cada enseñanza existen estratos de niveles de pensamientos e ideas superpuestos e interconectados entre sí, que será posible descubrir al volver a leer aquello que ya se conoce. También hay que tomar en cuenta la diferencia entre la tipografía en las referencias al *Likutey Moharán* 5 y *Likutey Moharán* I, 7. El primer formato es utilizado cuando la lección se encuentra en el mismo volumen que el lector está estudiando, mientras que el segundo formato es utilizado cuando la referencia pertenece a otro de los volúmenes de la traducción del *Likutey Moharán*.

En el curso de su estudio el lector se encontrará con ideas sobre las cuales desearía saber más. Con esta finalidad hemos incluido en el texto y en las notas todas las fuentes pertinentes y hemos agregado apéndices relacionados con algunas de las referencias a los aspectos más esotérico de la Kabalá. Se ha incluido también un cuadro con los valores numéricos de las letras del alfabeto hebreo para aquéllos poco familiarizados con la *guematria* (numerología).

7. Recuerde: Las lecciones del Rebe Najmán son universales, nuestras notas no lo son. El Rabí Natán describe las lecciones del Rebe Najmán como universales. De hecho, la palabra hebrea utilizada es *klaliut*, que indica por un lado generalidad y por otro una naturaleza totalizadora. En verdad, las enseñanzas del Rebe son aplicables a cada uno y al mismo tiempo son abarcadoras del espectro para la cual han sido diseñadas, Así, si la lección habla del estudio de la Torá, el consejo del Rebe Najmán sobre este tema es universal: relevante a todo lugar, a todo tiempo y a toda persona, sin importar dónde y cuándo se encuentre, ni quién sea. Lo mismo se aplica a aquellas lecciones que se centran en la plegaria, en la caridad, en la fe en Dios y demás.

Los consejos y las ideas de Torá que se encuentran en las lecciones del Rebe Najmán son prescripciones muy precisas para el crecimiento espiritual. Consciente de la implicancia de cada una de sus palabras, el Rebe era muy cuidadoso al elegir la versión de la enseñanza que deseaba que quedase registrada. Aun así, debido a su *klaliut*, existen muchas maneras de explicar una lección. De acuerdo con esto, la interpretación dada en las notas es, en un sentido, una elección personal. Otra persona hubiera tomado una ruta completamente diferente al seguir el diseño de la lección del Rebe, eligiendo un conjunto totalmente diferente de notas explicativas y, aun así, habría llegado al mismo destino. Estas notas, entonces, no anulan las ideas de otras personas ni tienen la intención de disminuir la universalidad de las palabras del Rebe.

Por favor, siéntase libre de hacer las preguntas que puede tener sobre alguna de estas lecciones. Gustosamente recibiremos toda sugerencia relacionada con la presentación de las enseñanzas del Rebe Najmán.

* * *

ליקוטי מוהר״ן

LIKUTEY MOHARÁN

לְכוּ חֲזוּ מִפְעֲלוֹת ה' הִתְגַּלּוּת נִפְלָא מִסּוֹד גְּדֻלַּת הַתַּנָּא הָאֱלֹקִי רַבִּי שִׁמְעוֹן בֶּן יוֹחַאי זַ"ל:

רַבִּי שִׁמְעוֹן בֶּן יוֹחַאי. הִבְטִיחַ שֶׁלֹּא תִשְׁתַּכַּח תּוֹרָה מִיִּשְׂרָאֵל עַל יָדוֹ. כַּמּוּבָא בְּדִבְרֵי רַבּוֹתֵינוּ, זִכְרוֹנָם לִבְרָכָה (שבת קלח:): 'כְּשֶׁנִּכְנְסוּ רַבּוֹתֵינוּ לַכֶּרֶם בְּיַבְנֶה אָמְרוּ: עֲתִידָה תּוֹרָה שֶׁתִּשְׁתַּכַּח

en claro que fue el amor entre ellos lo que le permitió al Rabí Shimón revelar las enseñanzas más esotéricas de la Torá Oculta. En este sentido, agrega el Rabí Natán, Rashbi y sus discípulos fueron una rectificación para aquéllos que habían fallecido (*Likutey Halajot, Rosh Jodesh* 6; ver *La Hagadá de Breslov*, Apéndice C: *Lag BaOmer: En alabanza del Rabí Shimón*).

3. **Ieshivá en Iavne.** Cuando existía el Templo, el Sanedrín, la corte suprema rabínica, sesionaba en una sala propia adyacente. Antes incluso de la destrucción del Templo (en el año 68 e.c), la opresión romana forzó al Sanedrín a comenzar una serie de diez exilios, bajo la dirección del Presidente del Sanedrín (ver *Rosh HaShaná* 31a). Iavne fue dos veces asiento del Sanedrín, la primera durante la vida del Rabí Iojanan ben Zakai. Luego de su fallecimiento, el Sanedrín se mudó a Usha, donde fue presidido por el Rabán Gamliel. Diez años después y aún bajo la égida del Rabán Gamliel, el Sanedrín retornó a Iavne. El Sanedrín del Rabán Gamliel estaba compuesto por Rabí Eliezer, Rabí Ioshúa, Rabí Akiva y sus colegas, los Diez Mártires, (en ese entonces, los cinco discípulos del Rabí Akiva eran sus estudiantes). Forzar al Sanedrín a reubicarse constantemente era parte del intento del Imperio Romano de destruir la religión judía desarraigando las ieshivot ya establecidas. Los presidentes del Sanedrín, descendientes de la Casa del Rey David, eran vistos en especial como enemigos de los romanos, quienes los consideraban como un símbolo de la soberanía judía independiente; su continuo liderazgo era considerado como una amenaza para el imperio (*Galiut Sanedrín*).

4. **será olvidada....** Luego de la destrucción del Templo, los romanos emitieron severos decretos en contra de los judíos, incluyendo la prohibición del estudio de la Torá, de la observancia del Shabat, de la pureza familiar y de la circuncisión, todas las mitzvot que hacían que los judíos se mantuviesen socialmente apartados de los gobernantes romanos. Incluso mitzvot que no eran tan obvias, como los tefilín, la matzá y el lulav, eran castigadas con la pena de muerte (ver *Shabat* 130a; *Mejilta, Itró* 6). La generación del Rabí Shimón fue conocida entonces como la generación del *Shmad* (destrucción y apostasía), durante la cual los judíos sufrieron incesantemente a manos de sus conquistadores romanos. Luego de ser testigos de la destrucción de la forma de vida judía a manos de sus opresores, los rabinos predijeron que el sufrimiento y la opresión llevarían inevitablemente al holocausto espiritual de la asimilación, a un total olvido

PRÓLOGO[1]

Ven y observa las obras de Dios: una asombrosa revelación concerniente al misterio de la grandeza del santo sabio, Rabí Shimón ben Iojai.[2]

Rabí Shimón ben Iojai aseguró que por su intermedio la Torá no sería olvidada por el pueblo de Israel. Como enseñan nuestros sabios (*Shabat* 138b): Cuando nuestros rabinos entraron en la Ieshivá de Iavne,[3] dijeron: "Un día la Torá será olvidada por los judíos".[4] Pero el

---

1. **Prólogo.** Esta enseñanza fue dada el día 4 del mes de Iar, 5570 (8 de mayo de 1810). Cuatro días antes, durante la noche del Shabat, la casa del Rebe Najmán en Breslov fue destruida en un gran incendio que acabó con la mayor parte de la ciudad. El domingo, el Rebe recibió la noticia de que se habían completado los arreglos para su mudanza a la ciudad de Umán. Habiendo expresado previamente su deseo de ser enterrado en el cementerio de Umán, donde se encontraban las tumbas de miles de mártires de la masacre de Umán del año 1768, el Rebe Najmán comprendió que ésta era la manera en que el Cielo le informaba que estaba por llegar su hora. El martes salió para Umán y durante el viaje el Rebe Najmán dio esta lección (*Tzaddik* 82, 86). Más adelante quedará claro porqué fue dada en este momento (ver nota 11: final).

Este prólogo no aparece en la edición original del *Likutey Moharán* del año 1808, pues la lección recién fue dada dos años después. Fue incluida por el Rabí Natán, por primera vez, en la primera impresión de la Parte II, en el año 1811, un año después del fallecimiento del Rebe.

2. **Rabí Shimón ben Iojai.** Rabí Shimón el hijo de Iojai (RaSHbI o bar Iojai; alrededor de 120 e.c.) fue uno de los principales discípulos del Rabí Akiva y uno de los más distinguidos *Tanaim* (sabios del período de la *Mishná*). Es autor del santo *Zohar* (compilado por sus seguidores) y del *Sifri*, un Midrash sobre los libros de Números y Deuteronomio. El Ari comenta que de todos los discípulos del Rabí Akiva, Rashbi fue el que estuvo más íntimamente identificado con él. Esto es lo que le permitió al Rabí Shimón, más que a ningún otro, comprender y revelar los profundos misterios de la Torá y de la Kabalá (ver *Shaar HaGuilgulim* 26, p.71).

El Talmud relata que el Rabí Akiva tenía 24.000 discípulos, todos grandes sabios. En el lapso de apenas treinta y tres días, durante el período de la cuenta del Omer (entre Pesaj y Shavuot), los 24.000 fallecieron debido a que no se respetaban entre sí. De este modo el mundo quedó sin Torá, hasta que el Rabí Akiva les enseñó a cinco nuevos discípulos: Rabí Meir, Rabí Iehudá, Rabí Iosi, Rabí Shimón ben Iojai y Rabí Nejemia. A través de estos grandes Tzadikim, que más tarde fueron los sabios de la Mishná, toda la Torá le fue devuelta al pueblo judío (*Ievamot* 62b; *Sanedrín* 86a). El Rabí Natán explica que aquello que faltaba debido a la carencia de amistad y de unidad entre los 24.000 discípulos del Rabí Akiva, se encontraba en el Rabí Shimón ben Iojai y sus discípulos. El *Zohar* alaba continuamente la unidad del grupo y deja

LIKUTEY MOHARÁN Prólogo

מִיִּשְׂרָאֵל וְאָמַר רַבִּי שִׁמְעוֹן בֶּן יוֹחַאי שֶׁלֹּא תִּשְׁתַּכַּח. שֶׁנֶּאֱמַר:
"כִּי לֹא תִשָּׁכַח מִפִּי זַרְעוֹ". וְכַמְבֹאָר בַּזֹהַר (נשא קכד:): 'בְּהַאי
חִבּוּרָא דְּאִיהוּ הַזֹּהַר יִפְּקוּן בֵּהּ מִן גָּלוּתָא'.

    Continua el profeta Eliahu: Pero están aquéllos que "comen" del Árbol de Vida y así alcanzan una profunda comprensión. Éstos son los misterios de la Torá [la Kabalá], del *zohará* (esplendor) de *Biná*, que es la fuente de todo arrepentimiento. Aquéllos que alcancen estos misterios no tendrán que ser probados por la amargura del exilio (pues mediante la Torá Oculta el alma se purifica y se limpia de toda mezcla). Así, cuando llegue el momento en que todo Israel pruebe del Árbol de Vida, que es el libro del *Zohar*, serán entonces redimidos del exilio a través de la bondad y de la misericordia [y no a través de la amargura de las "preguntas y respuestas", tal como sucede con aquéllos que estudian sólo la Torá Revelada] (*Zohar* III, 124b; ver *Matok Midvash, loc. cit.*).

    Mientras que la Torá Oculta corresponde al Árbol de Vida, la Torá Revelada corresponde al Árbol del Conocimiento. Esto ocurre en especial con la Torá Oral (Mishná y Talmud). Aunque la Torá es pura en todos sus aspectos, dado que la Torá Oral trata de lo permitido y de lo prohibido (del bien y del mal), se la asocia también con el Árbol del Conocimiento del Bien y del Mal. Esto no quiere decir que el judío deba evitar estudiar la Torá Revelada, todo lo contrario. Sólo a través de su estudio es posible ascender a los grandes niveles de bien y anular sus propios rasgos negativos y el mal en general. Este proceso de limpieza es necesario; abre el camino a niveles más elevados de Torá, de la Torá Oculta, que contienen los misterios de la Kabalá. Estos misterios se centran en el significado interno de las leyes y conceptos de la Torá, y tienen el poder de forjar una unión mucho más fuerte entre el judío y Dios, Quien también está Oculto. Con la llegada del Mashíaj el mal será completamente anulado, pues entonces los misterios de la Torá, del Árbol de Vida, les serán revelados a todos. Alcanzar y comprender la Torá Oculta corresponde a alcanzar y comprender al Dios Oculto, tal como sucederá con la llegada de Mashíaj. Esta revelación de Dios pondrá al descubierto, por definición, todo lo falso y el mal. La Torá Oculta es así el medio para anular por completo el mal. Este poder oculto de la Torá, proveniente de los niveles más elevados, fue alcanzado por el Rabí Shimón y, algo más importante aún, fue el que trasmitió a las futuras generaciones. Sus enseñanzas y revelaciones les permiten a los judíos buscar a Dios y encontrarlo incluso en los lugares más ocultos. Por lo tanto, fue sólo el Rabí Shimón, que tuvo el permiso de Arriba para revelar los misterios de la Torá, quien fue capaz de afirmar con certeza que la Torá no sería olvidada por el pueblo judío.

    El Rabí Natán conecta esto con la enseñanza Talmúdica de que el mundo fue creado mediante Diez Expresiones, la primera de las cuales fue "*Bereshit*" (ver *Meguilá* 21b). Vale decir, el primer capítulo del Génesis contiene diez expresiones, cada una de las cuales es una expresión verbal de algún aspecto de la Creación. Sin embargo, una lectura cuidadosa del texto demuestra que la palabra "*vaiomer* (y dijo)", que introduce cada Expresión, sólo aparece nueve veces. Enseñan nuestros sabios por tanto que la primera palabra, "*Bereshit* (En el Comienzo)", también es una expresión, la Expresión Oculta. Mientras que las nueve Expresiones Reveladas manifiestan Divinidad, lo cual corresponde a recordar la Torá, la Expresión Oculta denota el olvido de la Torá, como si la Torá estuviera oculta de la persona. Aun así, la Expresión Oculta también es la primera de las diez, la más elevada de todas. Como tal, es esta Expresión Oculta la que sustenta a todas las demás e incluso a aquellos aspectos de la Creación que se encuentran

Rabí Shimón ben Iojai afirmó que no sería olvidada, como está escrito (Deuteronomio 31:21), "No será olvidada de la boca de su simiente".[5] Y, como está explicado en el *Zohar* (III, 124b): Debido a este libro, el Libro del *Zohar*, [los judíos] serán redimidos del exilio.[6]

---

de la Torá y de las mitzvot (ver *Ri Pinto, Shabat, loc. cit.*). Los sabios basaron sus argumentos en la profecía (Amos 8:11-12): "Días vendrán, dice Dios, cuando enviaré hambre al mundo; no hambre de pan, ni sed de agua, sino de escuchar la palabra de Dios. Buscarán... para encontrar la palabra de Dios, pero no la hallarán".

5. Rabí Shimón. El Rabí Shimón fue el único que se mantuvo firme frente a los más importantes rabinos de su tiempo con la convicción de que la Torá nunca sería olvidada. Fundamentaba su opinión en un versículo: "No será olvidada de la boca de su simiente". Los comentarios explican que los sabios entendían que este versículo se limitaba a la Canción de Moshé (*Aazinu*; Deuteronomio 32). Sólo esta Canción se quedaría eternamente con el pueblo judío; no así el resto de la Torá. Pero el Rabí Shimón comprendió este versículo como relativo a toda la Torá. Concordaba en que llegaría una época en que la claridad en la comprensión de la Torá sería algo extremadamente raro debido a los desacuerdos entre los sabios, y éste sería el hambre y la sed por la palabra de Dios, pero la Torá misma nunca sería olvidada en su totalidad. El Rebe Najmán explica entonces qué es lo que le dio a Rashbi la confianza para tomar esta posición, en contra de todos los rabinos.

No es seguro si esta disputa sobre el futuro de la Torá tuvo lugar cuando el Sanedrín sesionaba en Iavne o más tarde, al mudarse por segunda vez a Usha y luego a Shfaram. Lógicamente, lo más probable es que esto sucediera cuando el Sanedrín sesionaba en Shfaram, pues para ese entonces el Rabí Shimón ya era reconocido universalmente como uno de los líderes judíos más importantes, que hasta los romanos perseguían para asesinarlo (ver *Shabat* 33b). Pero en Iavne, el Rabí Shimón era sólo uno de los jóvenes discípulos del Rabí Akiva, si bien uno de los más formidables (ver *Berajot* 28a). Es por tanto difícil imaginar que el Rabí Shimón se hubiera enfrentado en ese momento a los sabios más importantes. Sin embargo, si ése fue el caso, esto hace que la afirmación de Rashbi sea mucho más poderosa. Tan seguro estaba de su interpretación del versículo que, incluso en ese momento, estaba dispuesto a enfrentar el punto de vista predominante.

6. Libro del Zohar.... Esto figura en el *Raaia Mehemna*, el nombre dado a las secciones del *Zohar* reveladas y estudiadas en la ieshivá celestial de Moshé Rabeinu. Fue revelada por el profeta Eliahu durante un debate sobre las leyes de la *sotá*, la mujer sospechosa de inmoralidad, cuyo reclamo de inocencia puede ser verificado mediante la prueba de las aguas amargas (Números 5:11-31). El profeta asemeja a los judíos en el exilio a la *sotá*, siendo probados por las amarguras del exilio para determinar si se han mantenido fieles a Dios. También atribuye las pruebas y tribulaciones del pueblo judío a la influencia del Árbol del Conocimiento del Bien y del Mal, como resultado de la cual los judíos se asimilaron a la Multitud Mezclada, quedando así como una mezcla de bien y de mal, de dulzura y de amargura. Aquéllos que sobrevivan el exilio con la fe intacta en Dios, es decir, aceptándolo como un medio de purificación, se unirán a Él. Por el contrario, aquéllos que fallen serán los que habiendo probado las aguas amargas del exilio se alejaron más aún de la fe: sus almas se perderán y no volverán a la Tierra Santa junto con el Retorno de los Exiliados.

וְעַתָּה בּוֹא וּרְאֵה וְהָבֵן. נִפְלָאוֹת נִסְתָּרוֹת שֶׁל תּוֹרָתֵנוּ הַקְּדוֹשָׁה. כִּי עַל כֵּן סָמַךְ רַבִּי שִׁמְעוֹן בֶּן יוֹחַאי עַצְמוֹ עַל זֶה הַפָּסוּק כִּי לֹא תִשָּׁכַח מִפִּי זַרְעוֹ. כִּי בֶּאֱמֶת בְּזֶה הַפָּסוּק בְּעַצְמוֹ. מְרֻמָּז וְנִסְתָּר סוֹד הַזֶּה. שֶׁעַל־יְדֵי זַרְעוֹ שֶׁל יוֹחַאי. שֶׁהוּא רַבִּי שִׁמְעוֹן בֶּן יוֹחַאי. עַל יָדוֹ לֹא תִשְׁתַּכַּח הַתּוֹרָה מִיִּשְׂרָאֵל. כִּי סוֹפֵי תֵבוֹת שֶׁל זֶה הַפָּסוּק כִּי לֹא תִשָּׁכַח מִפִּי זַרְעוֹ הֵם אוֹתִיּוֹת יוֹחַאי. וְזֶה שֶׁמְּרֻמָּז וּמְגֻלֶּה הַפָּסוּק. כִּי לֹא תִשָּׁכַח מִפִּי זַרְעוֹ דַיְקָא הַיְנוּ מִפִּי זַרְעוֹ שֶׁל זֶה בְּעַצְמוֹ שֶׁהוּא מְרֻמָּז וְנִסְתָּר בְּזֶה הַפָּסוּק. שֶׁהוּא הַתַּנָּא יוֹחַאי. כִּי עַל־יְדֵי זַרְעוֹ שֶׁל יוֹחַאי שֶׁמְּרֻמָּז בְּזֶה הַפָּסוּק בְּסוֹפֵי תֵבוֹת כַּנַּ"ל. שֶׁהוּא רַבִּי שִׁמְעוֹן בֶּן יוֹחַאי. עַל יָדוֹ לֹא תִשָּׁכַח הַתּוֹרָה. כִּי בְּזֹהַר דָּא יִפְקוּן מִן גָּלוּתָא כַּנַּ"ל:

וְדַע שֶׁסּוֹד רַבִּי שִׁמְעוֹן בְּעַצְמוֹ. הוּא מְרֻמָּז בְּפָסוּק אַחֵר. כִּי דַּע כִּי הַתַּנָּא הַקָּדוֹשׁ רַבִּי שִׁמְעוֹן הוּא בְּחִינַת (דניאל ד): עִי"ר וְקַדִּישׁ מִ"ן שְׁ'מַיָּא נָ'חִית רָאשֵׁי־תֵבוֹת שִׁמְעוֹן וְכוּ':

    Escribe el Rabí Natán: el Rabí Shimón se esforzó en revelar los misterios más profundos de la Torá, en especial aquéllos que se encuentran en las secciones del *Zohar* conocidas como *Idra Raba*, *Idra Zuta* y *Sifra DeTzneuta*. Estas secciones explican los misterios del comienzo de la Creación, incluyendo la Rotura de los Recipientes y la subsecuente construcción de las Personas Divinas. Por sobre todas las cosas, las enseñanzas de Rashbi muestran que pese a la caída y a las fallas implícitas en la Rotura de los Recipientes, aún es posible el *tikún* (la rectificación), a través de la revelación de los misterios de la Torá. Es por esto que se dice del Rabí Shimón y de sus discípulos que fueron la rectificación de los 24.000 estudiantes del Rabí Akiva que fallecieron (nota 2). Aunque esos discípulos habían estudiado los misterios más profundos de la Torá, incluyendo la Rotura de los Recipientes, les faltaba comprender los subsecuentes *tikunim*. Esto explica por qué su generación predijo que la Torá iba a ser olvidada por los judíos, lo cual es símbolo de los Recipientes Quebrados de la Creación. El Rabí Shimón, por otro lado, era versado en las rectificaciones y fue capaz por tanto de proclamar que la Torá no sería olvidada (*Torat Natán* 2).

10. otro versículo. En el primer versículo, Rashbi está aludido sólo como la simiente de su padre, el Rabí Iojai. Aquí el Rebe Najmán presenta su segunda idea: el versículo que alude al mismo Rabí Shimón.

11. Ir Vekadish...ShIMON.... Las primeras letras del versículo de Daniel, *"Ir Vekadish Min Shmaia Najit"* (עִי"ר וְקַדִּישׁ מִ"ן שְׁ'מַיָּא נָ'חִית), conforman el nombre SHIMON.... (שִׁמְעוֹן), la letra *vav*

Y ahora ven, observa y comprende las ocultas maravillas de nuestra santa Torá. Pues es debido a esto que el Rabí Shimón ben Iojai se basó en ese versículo: "No será olvidada de la boca de su simiente". Pues, en verdad, este misterio está aludido y oculto en este mismo versículo.[7] A través de la simiente de Iojai, que es Rashbi, la Torá no será olvidada por los judíos. Esto se debe a que las letras finales de las palabras de este versículo "*kI loA tishajaJ mipI zarO*" son las mismas letras que IOJAI.[8]

Esto es a lo que el versículo alude y lo que revela: "No será olvidada de la boca de su simiente", específicamente "de la boca de *su* simiente". Esto es, "de la boca de la simiente" de aquél que está aludido y oculto en este versículo, es decir, el sabio Iojai. Debido a la simiente de Iojai, a quien se alude en las letras finales de las palabras de este versículo, que es Rashbi, la Torá no será olvidada; pues con este *Zohar* serán redimidos del exilio, como dice más arriba.[9]

¡Y debes saber! El misterio del mismo Rabí Shimón se encuentra aludido en otro versículo.[10] Pues debes saber que el santo sabio Rabí Shimón corresponde a (Daniel 4:10): "*Ir Vekadish Min Shmaia Najit* (Un ángel santo descendió del Cielo)", cuyas iniciales conforman SHIMON....[11]

---

más alejados de Dios, pues sólo la luz de lo que es más exaltado puede brillar en aquello que se encuentra más abajo. Al buscar esta Luz Oculta, la Expresión Oculta, uno puede finalmente retornar a Dios (*Torat Natán* 1). En nuestro contexto, esta Expresión Oculta corresponde a la Torá Oculta/el Libro del *Zohar*. Ambos "*Bereshit*" y las enseñanzas de Rashbi, sustentan aquello que está totalmente alejado de la santidad.

7. este misterio.... Aquí, el Rebe Najmán presenta la primera idea de la lección: La elección del versículo no es arbitraria. Más bien, dentro del mismo versículo se encuentra oculta la prueba de que específicamente en virtud del Rabí Shimón y del *Zohar*, los judíos no olvidarán la Torá y así merecerán ser redimidos del exilio.

8. la simiente de...IOJAI. El versículo citado por el Rabí Shimón como prueba para su posición: "No será olvidada de la boca de su simiente", se lee en hebreo: "*kI loA tishajaJ mipI zarO*" (כִּי לֹא תִשָּׁכַח מִפִּי זַרְעוֹ). ¿La simiente de quién? Como continúa diciendo el Rebe Najmán, la simiente de aquél cuyo nombre está aludido en las letras finales de cada una de estas palabras, IOJAI (יוֹחַאי). Y, por supuesto, esa simiente no era otro que el mismo Rashbi.

9. ...como se dice más arriba. Debido a que el mismo Rabí Shimón se encuentra aludido en el versículo, "No será olvidada...", fue capaz entonces de mantenerse firme, pese a la eminencia de los sabios allí presentes y de proclamar que la Torá no sería olvidada. ¿Qué lo garantizaría? "De la boca de su simiente", es decir, estaría garantizado por las enseñanzas y revelaciones provenientes de la boca de la simiente del Rabí Iojai. Por medio del *Zohar* el pueblo judío merecerá ser redimido del exilio.

el jasid notó una copia del Likutey Moharán sobre la mesa del rabino y le preguntó dónde lo había conseguido.

"¿Conoces este libro y a su autor?" se asombró el rabino.

"Conozco a su autor. Soy un jasid de Breslov".

"¿Entiendes lo que hay escrito en él?" le preguntó el rabino.

"Lo mejor que puedo", respondió el jasid.

"En mi opinión", dijo el rabino, "nadie puede realmente comprender esta obra. Mira simplemente el Prólogo. ¿Por qué está precisamente esta enseñanza al comienzo del Likutey Moharán?".

"Dígamelo Usted", replicó el jasid.

"Parecería", sugirió al rabino, "que el Rebe Najmán está aludiendo al hecho de que tiene la misma alma que el Rabí Shimón. Pues el nombre ShIMON ben IOJAI tiene el valor numérico de 501, igual que NaJMáN ben SiMJaH (Sijot veSipurim p. 166).

La explicación del rabino es una poderosa afirmación en sí misma. Aun así, igualmente notables son los paralelos que pueden tomarse en las vidas de estos dos grandes Tzadikim.

Cuando el Rebe Najmán falleció, unos cinco meses después de revelar esta enseñanza, sólo tenía treinta y ocho años y medio. Pese a su relativa poca edad, fue maestro y Rebe de profundos estudiosos de la Torá, hombres piadosos, algunos de los cuales eran mucho mayores que él. Pese a la oposición, el Rebe fue reconocido como uno de los "ancianos" líderes de su tiempo. El paralelo con el Rabí Shimón es obvio. Rashbi sólo era un joven discípulo cuando afirmó que la Torá no sería olvidada. Su prominencia como uno de los estudiantes más excepcionales del Rabí Akiva era bien reconocida y en su caso no se consideró impropio que alguien tan joven se enfrentase a la posición aceptada por sabios mucho mayores que él.

El Rebe Najmán vivió al comienzo del siglo XIX, época en la que una ola de ateísmo arrasaba el mundo. Para los judíos de Europa oriental esto se manifestaba en los ataques del movimiento de la *Haskalá* (Iluminismo) en contra del judaísmo tradicional de la Torá. Las ideas heréticas predicadas por aquéllos que veían la necesidad de que los judíos "expandieran sus horizontes" y se ajustasen al mundo cambiante que los rodeaba amenazaban el corazón mismo de la fe judía. El Rebe Najmán reconoció esto y anticipó la asimilación masiva y el alejamiento de la Torá que resultarían del así llamado "iluminismo" de la *Haskalá*. En muchos aspectos, era una época muy similar a la generación del *Shmad* del Rabí Shimón (arriba, nota 4). También entonces, la planificada "romanización" del pueblo judío tenía como objetivo promover una asimilación masiva y un desarraigo de la Torá. Cuando Rashbi proclamó que la Torá no sería olvidada debido a la "simiente de Iojai", estaba diciendo de hecho que él mismo y sus enseñanzas, el santo *Zohar*, garantizarían la supervivencia del pueblo judío en el exilio. En efecto, también fue la misión del Rebe garantizar la supervivencia del pueblo judío en el exilio. Sus palabras finales indican aquí que él y sus enseñanzas, el *Likutey Moharán*, son una respuesta, un *tikún* (rectificación), para la ola de secularización que ha arrastrado al pueblo judío desde su época. Tal como antes había un "*Ir Vekadish Min Shmaia Najit*", ahora hay un "*Najal Novea Mekor Jojmá*": un arroyo, un manantial, del cual tomar la sabiduría y la guía que llevarán en última instancia a la redención del pueblo judío. Incidentalmente, esta misión de liderazgo que tienen en común el Rebe Najmán y Rashbi se encuentra aludida en el valor numérico compartido por sus nombres, 501, que es también el valor numérico de la palabra hebrea *ROSH* ("cabeza" o "líder").

Aunque la grandeza del Rabí Shimón es insondable, sí sabemos que de todos los sabios más importantes del Talmud, sólo él tuvo el permiso de revelar los misterios de la Torá. Tal

puede vocalizarse como "O" o como "V"). Esto, dice el Rebe Najmán, alude directamente al Rabí Shimón ben Iojai. Más aún, la conexión no se limita a este acróstico. Las palabras del versículo son las de Nabucodonosor, el malvado rey babilonio. En un sueño vio un hermoso árbol que se extendía hacia los cielos. El árbol, cargado de frutos, era lo suficientemente grande como para proveer sustento y cobijo a todas las diferentes formas de vida de la Creación. Nabucodonosor describió entonces que "Un ángel santo descendió del Cielo" proclamando la destrucción del árbol... Daniel fue llamado para interpretar el sueño. El árbol, dijo, era el mismo Nabucodonosor. Como gobernante del mundo entero, todas las formas de vida dependían de él para su sustento y cobijo. Sin embargo, debido a su maldad, Nabucodonosor debía ser "talado" y castigado. Debía transformarse en un animal durante un período de siete estaciones (Daniel 4:6-23). ¿Quién era el ángel que proclamó la destrucción del árbol, de Nabucodonosor? Este "santo", revela el Rebe Najmán, alude al Rabí Shimón. En el pasaje del *Zohar* citado primero (nota 6), vimos que los poderes del mal son "talados" y destruidos por los misterios de la Torá/ el Árbol de Vida. Tanto en el Talmud (*Shabat* 33b; *Meilá* 17b; etc.) como en el santo *Zohar* (III, 15b; *Ibid.* 106b; *Tikuney Zohar* #21, 61b, etc.) vemos cómo el Rabí Shimón luchó constantemente en contra de las fuerzas del mal. Así, la elección que hace el Rebe de este versículo se basa en algo más que un acróstico. La alusión al Rabí Shimón en el versículo también implica su misión en este mundo, es decir, la revelación de Dios a través de la revelación de los misterios de la Torá, mediante lo cual se derrota el mal.

Los comentarios (*Rashi, Metzudat David, etc.*) indican que la palabra *ir*, aquí traducida como "ángel", significa literalmente "despierto". Esto se debe a que el ángel siempre está despierto, siempre consciente de Dios (ver *Torat Natán* 3). La palabra *vekadish* ("santo") también se aplica a un ángel, cuya santidad nunca puede ser corrompida. El Rebe Najmán enseña que estar espiritualmente "despierto" es una condición necesaria para acceder a una conciencia elevada y a la santidad, pues aquél que está "dormido" no puede esperar una conciencia expandida. Estos conceptos que aparecen en *Likutey Moharán* I, 60 (3-6), se basan en las enseñanzas del Rabí Shimón concernientes a la Torá Oculta, al misterio de *Atik Iomin*. Así, la referencia al Rabí Shimón específicamente como "un ángel (despierto), santo", no es incidental. Por el contrario, la elevada conciencia del Rabí Shimón lo hizo especialmente sensible al sufrimiento de los exilados, al tiempo de otorgarle la capacidad de remediar su condición a través de la revelación de la Torá Oculta.

* * *

Luego de revelar esta asombrosa enseñanza sobre Rashbi y su padre Iojai, el Rebe Najmán concluyó: "Pero ahora hay un '*Najal Novea Mekor Jojmá* (arroyo fluyente, manantial de sabiduría)' (Proverbios 18:4), por lo que incluso 'un ángel santo que desciende desde el Cielo' debe también recibir de este arroyo".

La referencia del Rebe a *Najal Novea Mekor Jojmá* (נחל נובע מקור חכמה) es una alusión a sí mismo. Luego de mostrar cómo los nombres del Rabí Iojai y del Rabí Shimón se encuentran aludidos en las Escrituras, el Rebe Najmán cita un versículo cuyas primeras letras deletrean NaJMaN (נחמן; ver *Tzaddik* #86).

Para comprender mejor esta afirmación del Rebe Najmán y su significado como parte del Prólogo al *Likutey Moharán*, traemos la siguiente anécdota:

Cierta vez un jasid de Breslov llegó a una lejana ciudad, donde no tenía conocidos ni lugar donde pernoctar. Se dirigió a la casa del rabino local, un hombre conocido no sólo por su buena reputación sino también por su erudición en la Torá y su dominio de la Kabalá. Al llegar,

necesitándola desde hacía varios siglos. Pues Umán había sido el lugar de la masacre de innumerables almas... Y el día antes de morir me dijo: "Hace mucho tiempo que tienen su mirada puesta en mí, para traerme aquí. No son sólo miles de almas, sino miríadas y miríadas... Almas que ni siquiera me conocen están esperando el *tikún* que yo les puedo dar" (*Tzaddik* #48, #88).

De hecho, la rectificación de las almas, no sólo de los muertos sino también de los vivos, había sido algo de crucial importancia en los pensamientos del Rebe Najmán *desde* su retorno de la ciudad de Lemberg, casi dos años antes. En sus propias palabras, había viajado allí, para combatir la difusión de la herejía. Lemberg (Lvov), la ciudad más grande de Galitzia occidental, había sido por siglos un centro muy importante del estudio de la Torá. A finales del siglo XVIII y comienzos del siglo XIX, la *Haskalá* se había hecho un lugar firme entre los aproximadamente 30.000 residentes judíos. El Rebe consideró que era su misión combatir esta situación, en ese momento y para el futuro. No es coincidencia por tanto que mientras estuvo en Lemberg el Rebe Najmán instruyó a dos de sus seguidores a que revelasen algunas de sus enseñanzas, que hasta ese momento se habían mantenido ocultas del público, al tiempo que inició la primera impresión del *Likutey Moharán*. Su intención en ese sentido se hizo más clara luego de su retorno, cuando comenzó a afirmar repetidamente que sus enseñanzas quedarían para las generaciones futuras (*Until the Mashiaj* p.153). Como se explicó más arriba, el Rebe Najmán vio su *Likutey Moharán* como una respuesta, un *tikún*, para la creciente marea de herejía y de secularización que ha sumergido al pueblo judío desde ese entonces.

Por lo tanto, en ese momento, mientras el Rebe Najmán y aquéllos que lo acompañaban iban camino a Umán, los pensamientos del Rebe deben haber estado dirigidos hacia la rectificación de las almas cuando dijo: "Pero aun así, Dios ayuda a cada instante al pueblo judío. 'No hay generación huérfana' (*Jaguigá* 3b). Eso fue lo que el Rabí Shimón ben Iojai respondió...". Y entonces enseñó esta lección.

En ese mismo viaje el Rebe Najmán le habló al Rabí Natán sobre cómo Dios está haciendo que las cosas lleguen constantemente a su plenitud y rectificación. Escribe el Rabí Natán: Para explicar todo esto se necesitarían páginas y páginas. En síntesis, cuando comenzamos a acercarnos a él, [el Rebe] pensaba que lograría el *tikún* de manera inmediata, y muchas de las cosas que dijo así lo indican. Pero luego, debido a nuestras muchas transgresiones, a los pecados de la generación y a la tremenda determinación del Satán que generó la gran oposición contra el Rebe, todo se trastornó y no pudo lograr lo que anhelaba en su vida. Aun así, nos dijo que *había logrado* y que *lograría*. Pues luego de su retorno de Lemberg, encontró una manera de hablar de forma tal que asegurara que su luz nunca se extinguiese. El Rebe mismo dijo, "*Main fierel vet shoin tluen biz Moshiaj vet kumen...!*, ¡Mi fuego arderá hasta la llegada del Mashíaj!" (*Tzaddik* #126).

como lo indica el pasaje del *Zohar* citado más arriba (ver nota 6), la Torá Oculta tiene el poder de elevar a los judíos que se han asimilado, limpiándolos de las influencias de la Multitud Mezclada, y traerlos de retorno a la Torá y a la pureza. Este poder de arrepentimiento proviene de la *sefirá* de *Biná* y puede penetrar el corazón y la mente de cada judío, despertando su fe inherente. Así, el Rabí Shimón, el maestro de la Torá Oculta, está profundamente identificado con *Biná* y con el arrepentimiento.

Al describirse a sí mismo como "*Najal Novea Mekor Jojmá*", el Rebe Najmán también se estaba identificando con las cualidades de la Torá Oculta/*Biná*/arrepentimiento. La Kabalá enseña que la *sefirá* de Jojmá (Sabiduría) hace referencia a una fuente de agua, mientras que "el arroyo" corresponde a la *sefirá* de *Biná*. Al afirmar, "Pero ahora hay un 'arroyo fluyente, manantial de sabiduría', de modo que incluso 'un ángel santo que desciende desde el Cielo' debe también recibir de este arroyo", el Rebe está indicando que, en la actualidad, el objetivo de las enseñanzas del Rabí Shimón sólo puede ser alcanzado cuando reciben del "arroyo", es decir, las enseñanzas del Rebe. Las lecciones del Rebe Najmán en el *Likutey Moharán* provienen de la fuente misma del "agua", *Jojmá*, y son específicamente estas enseñanzas las necesarias para penetrar los niveles más bajos, instilando fe y un deseo de arrepentimiento incluso en aquéllos más alejados de Dios. Como se explicó, éste fue precisamente el objetivo declarado por Rashbi: asegurar que la Torá no sería olvidada y asegurar la supervivencia del pueblo judío en el exilio. Pero, ahora, como resultado de la "romanización" y la secularización, y de todas las "-izaciones" de la historia entre medio, hay muchos judíos para quienes las enseñanzas del Rabí Shimón se encuentran mucho más allá de su comprensión, para quienes la luz de la Torá Oculta que él reveló es demasiado brillante. De aquí la necesidad de lo que es esencialmente una extensión de la rectificación comenzada por el "*Ir Vekadish Min Shmaia Najit*": las enseñanzas del "*Najal Novea Mekor Jojmá*".

Así, los jasidim de Breslov solían citar el pasaje, "Debido a esta obra, el libro del *Zohar*...", y decían, "Debido a *esta* obra, el *Likutey Moharán*, que es el *Zohar*, seremos redimidos del exilio. Pues, NaJMáN ben SiMJaH (נחמן בן שמחה) tiene el mismo valor numérico que ShIMON ben IOJAI (שמעון בן יוחאי)" (ver Apéndice: Tabla de Guematria).

*

Ahora queda claro por qué el Rebe Najmán reveló esta lección en el momento de su viaje de Breslov a Umán. Como se mencionó (nota 1), el Rebe vio el hecho de ser llamado a Umán como una señal de que pronto moriría. De ninguna manera se sintió perturbado o desprevenido. Por el contrario, como escribe el Rabí Natán: Todo su propósito al elegir Umán como el lugar donde morir y ser enterrado fue lograr la rectificación de innumerables almas que estuvieron

בְּעֶזְרַת אֵל עֶלְיוֹן
אֲשֶׁר שָׁמַיִם וָאָרֶץ קָנָה.
וְנָתַן לָנוּ אֶת תּוֹרָתוֹ
מִמִּדְבָּר מַתָּנָה.
נַתְחִיל לְהַדְפִּיס
חִדּוּשִׁים נִפְלָאִים וְנוֹרָאִים
עַל מַאַמְרֵי בַּר בַּר חַנָה.
בִּזְכוּת זֶה נִזְכֶּה לַעֲלוֹת
לְצִיּוֹן בְּרִנָּנָה.
אֶל קִרְיַת מֶלֶךְ דָּוִד חַנָה:

Cuando el Rebe Najmán reveló por primera vez estas enseñanzas, comentó que Raba bar bar Janá se le había aparecido y le había dicho, "¿Por qué no les prestas atención a mis historias? Si lo haces, te revelaré las más profundas y maravillosas ideas" (*Tzaddik* 131).

Las primeras dieciocho lecciones del *Likutey Moharán* se apoyan en historias que se encuentran en *Bava Batra* (15 basadas en las historias de Raba bar bar Janá y las tres últimas en relatos contados por otros sabios). Otras historias aparecen en el *Likutey Moharán* II, Lecciones 4, 5 y 7.

4. Paráfrasis de Isaías 29:1

Con la ayuda del Dios Supremo,

    Poseedor del cielo y de la tierra;[1]

Quien nos dio Su Torá

    Del desierto a Mataná;[2]

Comenzaremos a imprimir

    Revelaciones, maravillosas y profundas

    Sobre las historias de Raba bar bar Janá.[3]

En su mérito podamos ascender

    A Sión con canciones;

    A la ciudad donde acampó el Rey David.[4]

---

1. Paráfrasis de Génesis 14:19.

2. Ver Números 21:18, donde Mataná es el nombre de un lugar. Nuestros sabios (*Eruvin* 54a) lo interpretan literalmente como "un regalo". El Rabí Natán, autor de esta introducción, sugiere que esta apelación también se aplica a las enseñanzas del Rebe Najmán.

3. Las asombrosas historias de Raba bar bar Janá están relatadas en *Bava Batra* (73a y sig.). "Aunque no podemos negar la veracidad de estas anécdotas", dice el Maharsha en su comentario, "pueden encontrarse significados mucho más profundos en cada una de ellas" (*Maharsha, v.i. ishtai*). Luego procede a exponer en detalle cada una de estas historias.

ליקוטי מוהר"ן סימן א

אַשְׁרֵי תְמִימֵי דָרֶךְ הַהֹלְכִים בְּתוֹרַת ה' (תהלים קי"ט):

דַּע, כִּי עַל יְדֵי הַתּוֹרָה נִתְקַבְּלִים כָּל הַתְּפִלּוֹת וְכָל הַבַּקָּשׁוֹת, שֶׁאָנוּ מְבַקְשִׁים וּמִתְפַּלְּלִים. וְהַחֵן וְהַחֲשִׁיבוּת שֶׁל יִשְׂרָאֵל נִתְעַלֶּה וְנִתְרוֹמֵם בִּפְנֵי כָּל מִי שֶׁצְּרִיכִין, הֵן בְּרוּחָנִי הֵן בְּגַשְׁמִי.

Además de ser la respuesta a la necesidad de acercamiento a Dios de ese seguidor, la lección del Rebe Najmán también trata de un problema mucho más amplio de su época. Aún seguía presente con toda su fuerza la enemistad generada en la población judía de Europa oriental debida a la disputa entre los mitnagdim y los jasidim. Uno de los puntos principales de enfrentamiento era la controversia del estudio de la Torá frente a la plegaria. Los mitnagdim afirmaban la importancia primaria del estudio de la Torá, mientras que los jasidim ponían un mayor énfasis en la plegaria. Dijo el Rebe, con referencia a esta disputa, "Los mitnagdim arguyen que el estudio de la Torá es la devoción más importante del judío. Los jasidim afirman que la plegaria es la devoción más importante. Pero yo digo, '¡Orar y estudiar y orar!'" *(Avenea Barzel*, p. 52, #10; *Siaj Sarfei Kodesh* 1-87). Es así que la relación entre la plegaria y el estudio de la Torá conforma un tema muy importante de esta lección.

No menos significativo es lo que la lección tiene para decir sobre lo que fue, y aún sigue siendo, un tema de mayor discordia dentro del pueblo judío. En vida del Rebe Najmán, el movimiento de la *Haskalá* (Iluminismo) había comenzado a penetrar gravemente entre los judíos de la Europa oriental. Los líderes de la *Haskalá* afirmaban que para que los judíos pudieran ser aceptados por sus vecinos gentiles, y así mejorar su situación económica y social, debían adaptarse a la sociedad moderna no judía. Subyacente dentro de la lección se encuentra el rechazo del Rebe Najmán a esta posición. Enseña el Rebe que el *único* camino que tiene el judío para ser aceptado y respetado por los no judíos es su apego a los valores de la Torá y al estudio. Sólo la Torá puede enaltecer la gracia y revelar la importancia de Israel. Esto es algo típico de las enseñanzas del Rebe: reflexionar sobre los temas actuales, que de hecho son temas de todos los tiempos, y enseñar cómo el judío debe relacionarse apropiadamente con ellos para poder triunfar.

2. **...son aceptadas....** La frase inicial del Rebe Najmán no es meramente una respuesta al jasid que buscaba mejorar la calidad de sus plegarias. Como quedará en claro en la sección 2, éste es también el consejo del Rebe para todo aquél que sienta que sus plegarias no son respondidas. Pues en algún momento, todo aquél que sirve a Dios experimentará la frustración expresada por el seguidor del Rebe. A veces la persona puede orar una y otra vez por algo en especial y aun así no ver ningún resultado. A no ser que su confianza en Dios sea excepcional, inevitablemente comenzará a perder la fe. Como resultado, disminuirá sus esfuerzos en la plegaria, lo que a su vez las volverá cada vez menos aceptables. El consejo del Rebe Najmán para todos aquéllos a quienes les suceda esto es, "¡Debes saber! Por medio de la Torá son aceptadas todas las plegarias y los pedidos por los cuales suplicamos y oramos".

3. **así sea en temas espirituales como materiales**. En general, los "temas materiales" de la

Likutey Moharán 1[1]

"Ashrei Temimei derej **(Felices de aquéllos cuya senda es perfecta), que andan en la Torá de Dios".**

(Salmos 119:1)

¡Debes saber! Por medio de la Torá son aceptadas todas las plegarias y los pedidos por los cuales suplicamos y oramos.[2] La gracia y la importancia del pueblo judío se realza y se eleva en la estima de todos aquéllos de los cuales ellos puedan necesitar, así sea en temas espirituales como materiales.[3]

1. **Likutey Moharán 1.** Esta lección fue dada en la ciudad de Medvedevka, donde el Rebe Najmán vivió aproximadamente diez años, hasta el final del año 5560 (otoño del 1800). Aunque no se conoce la fecha exacta de esta enseñanza, se puede suponer que fue dada durante el último año que pasó en esa ciudad. En 1798, el Rebe Najmán partió para su peregrinación a la Tierra Santa. Retornó en el verano de 1799 (poco antes de *Rosh HaShaná* del año 5560) y a fines del siguiente verano se mudó a Zlatipolia (ver *Until The Mashiaj*, p. 53-59). El Rebe Najmán insistió en que toda lección que hubiera dado antes de su peregrinaje no debía ser impresa en el *Likutey Moharán*. Si bien después del fallecimiento del Rebe, el Rabí Natán sí incluyó algunas de estas lecciones en la reimpresión del *Likutey Moharán* (éstas se encuentran entre las Lecciones 73-108, ver Lección 108: final), no es probable que ésta formara parte de ellas siendo, como es, la primera lección del *magnum opus* del Rebe. Más bien debe de haber sido dada luego de su retorno de la Tierra Santa. Y, puesto que es seguro que la lección fue enseñada en Medvedevka, antes de que el Rebe se mudase a Zlatipolia, es muy probable que haya sido durante el año 5560.

La presente versión de esta lección difiere un poco de aquélla que apareció en la primera impresión del *Likutey Moharán*. Encontrada más tarde por el Rabí Natán, fue incorporada a la reimpresión del *Likutey Moharán* hecha en Lemberg (Lvov), en el año 1830 y ha aparecido en todas las ediciones subsiguientes *(Avenea Barzel,* p.74, #62).

Uno de los seguidores del Rebe se le acercó en busca de consejo. Este hombre sentía que sus plegarias no eran aceptadas por Dios. El Rebe le aconsejó que inmediatamente después de orar estudiase Torá, preferiblemente la Mishná o el Talmud, (ver *Oraj Jaim* 155:1). El hombre hizo lo que se le dijo pero al tiempo volvió desanimado. Nuevamente se presentó ante el Rebe, esta vez con la queja de que no podía alcanzar una clara comprensión de sus estudios. "Esfuérzate en el estudio", le dijo el Rebe, "aunque no comprendas claramente. Con el tiempo verás que se hará muy claro, como la luz del sol". Entonces dijo el Rebe, "¡¿Qué otra cosa hay en el mundo más que orar y estudiar y orar?!" (*Tovot Zijronot,* #1, p. 103; ver *Sabiduría y Enseñanzas del Rabí Najmán de Breslov* #287). Los temas principales de la lección son: la gracia y la importancia; encontrar la Divinidad en todas las cosas; el estudio de la Torá y la plegaria. También trata el tema de Iaacov, de Esaú y de su batalla por la primogenitura y las bendiciones.

כִּי עַכְשָׁו בַּעֲווֹנוֹתֵינוּ הָרַבִּים הַחֵן וַחֲשִׁיבוּת הָאֲמִתִּי שֶׁל יִשְׂרָאֵל נָפַל, כִּי עַכְשָׁו עִקַּר הַחֲשִׁיבוּת וְהַחֵן הוּא אֶצְלָם. אֲבָל עַל־יְדֵי הַתּוֹרָה נִתְעַלֶּה הַחֵן וְהַחֲשִׁיבוּת שֶׁל יִשְׂרָאֵל, כִּי הַתּוֹרָה נִקְרֵאת (משלי ה): "אַיֶּלֶת אֲהָבִים וְיַעֲלַת חֵן"; שֶׁמַּעֲלָה חֵן עַל לוֹמְדֶיהָ (עירובין נ"ד:). וְעַל־יְדֵי־זֶה נִתְקַבְּלִין כָּל הַתְּפִלּוֹת וְהַבַּקָּשׁוֹת.

כִּי אִישׁ הַיִּשְׂרְאֵלִי צָרִיךְ תָּמִיד לְהִסְתַּכֵּל בְּהַשֵּׂכֶל, שֶׁל כָּל דָּבָר, וּלְקַשֵּׁר עַצְמוֹ אֶל הַחָכְמָה וְהַשֵּׂכֶל שֶׁיֵּשׁ בְּכָל דָּבָר, כְּדֵי שֶׁיָּאִיר לוֹ הַשֵּׂכֶל, שֶׁיֵּשׁ בְּכָל דָּבָר, לְהִתְקָרֵב לְהַשֵּׁם יִתְבָּרַךְ עַל־יְדֵי

7. la inteligencia interna de cada cosa. Como regla general, el Rebe Najmán comienza cada lección (y generalmente cada sección de la lección) exponiendo en el párrafo inicial el objetivo de esa enseñanza en particular. Lo que queda de la lección (o de la sección) es una serie de conceptos y de pruebas que substancian la idea y demuestran cómo se llega a ella (*Rabí Eliahu Jaim Rosen*). En nuestra lección, el Rebe Najmán comenzó con el objetivo de mostrar cómo "por medio de la Torá son aceptadas todas las plegarias". Éste es el objetivo primario de la lección. El Rebe comienza esta segunda sección explicando el tipo de estudio de Torá necesario para ello: el estudio que se centra en "la inteligencia interna de cada cosa".

Es bien sabido que en todas sus obras el Rebe Najmán le da un gran énfasis a la necesidad de que el judío viva con una fe simple. Muchos cuestionan, e incluso critican, este acercamiento tildándolo de xenófobo, arguyendo que tal énfasis en la fe le niega a la persona el uso del intelecto para comprender el mundo que la rodea. Esta primera lección del *Likutey Moharán* (al igual que muchas otras) obviamente desmiente tal conclusión. El Rebe enseña aquí que no hay nada en la vida que no requiera un estudio profundo; es necesario mirar dentro de la inteligencia interna de cada tema y comprenderla con lo mejor de nuestras capacidades (ver también *Biur HaLikutim*). Sin embargo, mientras otros mantienen que la comprensión es superior a la fe en Dios, el Rebe Najmán enseña que todos y cada uno de los aspectos de la Creación existen sólo para acercar a la persona a Dios, es decir, para aumentar su fe. Consecuentemente, siempre que la persona sea capaz de comprender la inteligencia interna, la Divinidad que se encuentra en cada cosa, puede, y debe, buscarla. Pero cada vez que se oscurezca la Divinidad, cuando falte la comprensión, deberá apoyarse en la fe. La diferencia entre el enfoque del Rebe Najmán y el de sus críticos puede verse mejor cuando se llega al campo del cumplimiento de las mitzvot. Estos últimos insisten, como lo hicieron los proponentes de la *Haskalá*, que uno debe primero comprender los mandamientos de la Torá antes de realizarlos. Por supuesto, esto implica que cuando uno no comprende una mitzvá, o no la aprueba, puede dejar de cumplirla. El Rebe se opone enérgicamente y, como pronto podrá verse en la lección, explica por qué este enfoque no es correcto. En verdad, uno *debe* intentar comprender, pero hay obstáculos que deben superarse primero antes de poder alcanzar un entendimiento pleno. Hasta entonces, el judío debe apoyarse en la fe simple, cumpliendo con las mitzvot incluso aunque no las comprenda.

8. para acercarse a Dios.... El propósito de toda la Creación es "para conocerlo a Él" (*Zohar*

Pues en la actualidad la verdadera gracia y la importancia del pueblo judío han caído como resultado de nuestros muchos pecados. Ahora, la importancia y la gracia se encuentran en los otros.[4] Sin embargo, por medio de la Torá se eleva la gracia y la importancia del pueblo judío. Pues la Torá es llamada, "cierva amada y una *iaALat jen* (gacela graciosa)" (Proverbios 5:19), ella *maALá jen* (confiere gracia) a aquéllos que la estudian (Eruvin 54b).[5] Y mediante esto, todas las plegarias y las súplicas son aceptadas.[6]

2. Pues el judío debe siempre contemplar la inteligencia interna de cada cosa,[7] y unirse a la sabiduría y a la inteligencia interna que se encuentra en cada entidad. Para que la inteligencia que está en cada una de ellas lo ilumine y a través de esa cosa pueda acercarse a Dios.[8] Pues

---

persona incluyen sus necesidades económicas y todo aquello relacionado con la salud física y emocional. Los "temas espirituales" del judío incluyen la necesidad de eliminar los rasgos de carácter negativos, de ascender en la escala espiritual de la santidad y de alcanzar un reconocimiento de Dios cada vez mayor.

4. **se encuentran en los otros.** La verdadera gracia e importancia le pertenecen por derecho al pueblo elegido por Dios. Sin embargo, cuando ellos pecan estas cualidades son, hasta cierto punto, retiradas de los judíos en general y de cada judío en particular. Ésta es la definición del exilio. La gracia y la importancia se transfieren a los otros. En lugar de haber admiración y respeto por las "cosas" judías, la gente, incluidos los mismos judíos, son atraídos por valores e ideales que son parte de otras culturas y sociedades.

5. **iaALat...maALá gracia....** Para mostrar la conexión entre la Torá y *jen* (gracia,חן), el Rebe Najmán trae un texto de prueba tomado del Talmud. Explican nuestros sabios que las Escrituras asemejan a la Torá con una gacela graciosa (יעלת חן) pues la palabra de Dios tiene el poder de dar gracia (מעלת חן) a aquéllos que la estudian.

Enseña el Maharsha que "demasiado de algo bueno" no se aplica a la Torá. Aunque todo aquello hecho con regularidad tiende a ser aburrido y a veces hasta repugnante, no ocurre lo mismo con respecto al estudio de la palabra de Dios. Siempre hay algo que puede descubrirse en la Torá, algún nuevo *jen*, sin importar cuántas veces uno haya repasado sus enseñanzas (Eruvin 54b, *Maharsha, v.i. af divrei Torá*). Prueba de esto son aquéllos que estudian y repasan constantemente sus lecciones de las Escrituras y de *Rashi*, del Talmud, de la Halajá, etcétera. Al mismo tiempo, no puede negarse que hay algunos que se han cansado del estudio de la Torá diciendo, "Ya oí esto", o "Háblenme de algo nuevo...", etcétera. El Rebe Najmán responde indirectamente a esto en la sección 3, donde explica que estudiar con entusiasmo le otorga a la persona una medida de gracia y de encanto que resalta sus palabras.

6. **Y mediante esto....** "Esto" a lo cual hace referencia el Rebe Najmán es el estudio de la Torá capaz de dar gracia e importancia y como resultado del cual las plegarias son aceptadas.

Resumen: Las plegarias y las súplicas no son respondidas pues carecen de gracia e importancia. Por medio de la Torá se infunde gracia e importancia a nuestras palabras.

LIKUTEY MOHARÁN #1:2

אוֹתוֹ הַדָּבָר. כִּי הַשֵּׂכֶל הוּא אוֹר גָּדוֹל וּמֵאִיר לוֹ בְּכָל דְּרָכָיו, כְּמוֹ שֶׁכָּתוּב (קהלת ח): "חָכְמַת אָדָם תָּאִיר פָּנָיו".

וְזֶה בְּחִינַת יַעֲקֹב. כִּי יַעֲקֹב זָכָה לַבְּכוֹרָה שֶׁהוּא רֵאשִׁית, שֶׁהוּא בְּחִינַת חָכְמָה. (תקונים תקון י"ד, זהר משפטים קכ"א:), כְּמוֹ שֶׁכָּתוּב

de un bebé. El Rabí Natán lo explica como los dolores de crecimiento asociados al proceso de expansión de los *mojín* (mentalidades) o intelecto. Más aún, cada persona, en la medida del "dolor" que esté dispuesta a soportar para permitir el crecimiento de su intelecto, clamará a Dios para que la ayude a alcanzar sus objetivos (*Likutey Halajot, Guiluaj* 5:5).

11. **Iaacov**. Habiendo introducido el concepto de "la inteligencia interna de cada cosa", el Rebe Najmán trae ahora una serie de textos de prueba que unen esta idea con otros conceptos similares. Este método de ampliar el esquema inicial a través de asociaciones permite que el lector expanda su propia comprensión del tema particular que está siendo tratado. Aunque común al Midrash, a los escritos del Ari y a muchas obras jasídicas, el *Likutey Moharán* del Rebe Najmán es probablemente el ejemplo más puro de esta metodología. El Rebe introduce un tema, luego trae un texto de prueba para unirlo a un segundo tema, une entonces el segundo tema a un tercero y luego unifica todos los temas con otras pruebas e ilustraciones adicionales. Esto sucede a lo largo de la lección, de modo que al final, toda la enseñanza queda unificada desde el comienzo hasta el final. El Rabí Natán explica con más detalle este método en su introducción al *Likutey Moharán* y también aparece ilustrado en la introducción del Rav de Tcherin. En nuestra lección, el Rebe Najmán comienza con el concepto de sabiduría/inteligencia interna. Luego conecta esto con Iaacov, la primogenitura, la *sefirá* de Jojmá (Sabiduría) y la vida misma. Luego, el Rebe se centrará en la antítesis de Iaacov, es decir en Esaú, y mostrará, apoyándose en textos de prueba, cómo Esaú es de hecho la antítesis de todos los otros conceptos introducidos en la lección.

A lo largo de los escritos del Rebe Najmán y de sus seguidores es posible encontrar referencias a las personalidades más importantes de la Biblia. En todas las enseñanzas de Breslov es fundamental la aplicación práctica personal de la Torá a cada individuo. No hay episodio (ni ley) registrada en las Escrituras que no encarne alguna enseñanza relevante para cada uno de nosotros. En esta primera lección del *Likutey Moharán*, el Rebe Najmán muestra cómo la disputa entre Iaacov y Esaú sobre la primogenitura (tal como se registra en la Biblia y se basa en relatos Talmúdicos), al igual que la subsecuente huida de Iaacov a la casa de Labán, puede ser explicada de esta manera.

12. **Iaacov...primogenitura...sabiduría.** El concepto del primogénito es simbólico de *reshit*, que significa "primero" o "comienzo". Basándose en enseñanzas del *Tikuney Zohar* (14) y del *Zohar* (II,121b), el Rebe Najmán relaciona estos dos conceptos de *Jojmá* (Sabiduría), la primera de las *sefirot* manifiestas. (Aunque de hecho *Keter* es la primera *sefirá*, se encuentra en un nivel tan elevado que comúnmente no se incluye en la jerarquía general de las *sefirot*. En su lugar, se incluye la cuasi-*sefirá* de *Daat*, de manera que las Diez *Sefirot* en orden descendiente son: *Jojmá*, *Biná*, *Daat*, *Jesed*... *Maljut*. De este modo *Jojmá* es la primera o el comienzo de las *sefirot*. Ver Apéndice: Orden de las *Sefirot*). Por lo tanto, la persona que merece contemplar la inteligencia interna de algún tema, al punto en que se une a su sabiduría interna, percibe entonces ese tema o esa cosa en su nivel más elevado, es decir, en su *Jojmá/reshit*. Éste era Iaacov. Él mereció los derechos del primogénito, o, como explica el Rebe, alcanzó el concepto de sabiduría.

la inteligencia interna es una gran luz que ilumina a la persona en todos sus caminos.⁹ Como está escrito (Eclesiastés 8:1), "La sabiduría del hombre ilumina su rostro".¹⁰

Éste es el concepto de Iaacov.¹¹ Pues IaACoV mereció el derecho de primogenitura, que es *reshit* (comienzo), el concepto de sabiduría,¹²

II, 42a; *Torat Natán* #8). Alcanzar esta conciencia de la Divinidad implica un proceso de tres etapas: primero uno debe centrarse en la sabiduría que se encuentra en cada cosa; luego debe unirse a esa sabiduría; finalmente y, como resultado de la unión con esa sabiduría, ésta lo ilumina y le permite acercarse a Dios.

9. **la inteligencia interna es una gran luz....** Habiendo alcanzado la inteligencia interna, la persona comprende que ésta clarifica todas sus decisiones e ilumina todas sus acciones y obras.

10. **La sabiduría...ilumina su rostro.** De este versículo se desprende que la sabiduría es una luz. *Rashi* (*loc. cit.*) asocia este versículo con Moshé. Luego de recibir la Torá de Dios, las Escrituras relatan que su rostro irradiaba una brillante luz interior (ver Éxodo 34:30). Su logro de la verdadera sabiduría fue tal que la existencia de Dios se le manifestaba a partir de todos los aspectos de la creación. Como resultado, su unión con Dios era de un nivel tan elevado que la gran luz de la sabiduría literalmente le iluminaba el rostro.

Dicen las Escrituras: "Tú creaste todo con sabiduría" (Salmos 10:42). Cada objeto físico y cada concepto de la creación posee tanto una sustancia material como una forma espiritual. Con los ojos físicos vemos su estructura externa, su forma, su color, etc. Con los ojos espirituales vemos su estructura interna, su "sabiduría", allí donde yace su gracia y su encanto. No hay nada llamativo o particularmente cautivante en un montículo de tierra. Pero para aquéllos que tienen ojos para ver el valor interno de la tierra, así sea por sus piedras preciosas o por los nutrientes que contiene, su encanto y su gracia son evidentes (*Be Ibey HaNajal*). Lo mismo se aplica a todo lo creado por Dios. Cada cosa es única en su estructura externa e interna, única en la manera en que revela la Divinidad y la grandeza de Dios en el mundo (*Mei HaNajal*; ver también *Likutey Moharán* I, 17:1).

Escribe el Rabí Natán: El concepto de contemplar hondamente dentro de la inteligencia interna que se encuentra en cada aspecto de la creación es algo muy profundo. Cada cosa creada tiene una *jitzoniut* (sabiduría o lógica externa) y una *pnimiut* (sabiduría o lógica interna). El objetivo del hombre debe ser comprender toda la creación por medio de la inteligencia interna, de la Divinidad que se encuentra en ella. Esto, enfatiza el Rabí Natán, sólo es posible a través de la Torá. Sólo por medio de la Torá es posible liberarse de los deseos físicos y de los apegos que oscurecen nuestra capacidad de percibir lo espiritual. Como explica más adelante el Rebe Najmán en esta lección, sólo a través de la Torá la persona puede controlar sus deseos materiales y subyugar sus malas características (*Torat Natán* #1).

El mismo Rabí Natán demuestra en varios de sus discursos del *Likutey Halajot* qué significa este "contemplar la inteligencia interna de cada cosa". Por ejemplo, en *Hiljot Iom Tov* (5:1) explica cómo los engranajes de un reloj materializan una profunda sabiduría, un proceso espiritual. En *Hiljot Pikadon* (5:16) muestra que lo mismo se aplica a la imprenta y a la tecnología en general. De hecho, a lo largo de sus numerosos discursos el Rabí Natán trata sobre prácticamente cada aspecto de la creación, mineral, vegetal y animal, mostrando cómo uno puede aprender de ellos la manera de acercarse a Dios. Tomemos, por ejemplo, el llanto

(תהלים קי"א): "רֵאשִׁית חָכְמָה". וְזֶה בְּחִינַת (בראשית כ"ז): "וַיַּעַקְבֵנִי זֶה פַעֲמַיִם". וְתַרְגּוּם אוּנְקְלוּס: וְחַכְּמַנִי. וְזֶה בְּחִינַת שֶׁמֶשׁ. כִּי הַשֵּׂכֶל הוּא מֵאִיר לוֹ בְּכָל דְּרָכָיו כְּמוֹ הַשֶּׁמֶשׁ. וְזֶה בְּחִינַת (משלי ד): "וְאֹרַח צַדִּיקִים כְּאוֹר נֹגַהּ הוֹלֵךְ וָאוֹר עַד נְכוֹן הַיּוֹם":

וְזֶה בְּחִינַת חֵית - לְשׁוֹן חִיּוּת. כִּי הַחָכְמָה וְהַשֵּׂכֶל הוּא הַחִיּוּת שֶׁל כָּל דָּבָר, כְּמוֹ שֶׁכָּתוּב (קהלת ז): "הַחָכְמָה תְּחַיֶּה" וְכוּ'. אַךְ מֵחֲמַת שֶׁאוֹר הַשֵּׂכֶל גָּדוֹל מְאֹד, אִי אֶפְשָׁר לִזְכּוֹת אֵלָיו כִּי אִם עַל-יְדֵי בְּחִינַת נוּן שֶׁהוּא בְּחִינַת מַלְכוּת, כְּמוֹ שֶׁכָּתוּב (תהלים

sabiduría que de hecho ésta le iluminó el rostro. Esto concuerda con la enseñanza del *Zohar* de que Moshé sobrepasó a todos los otros profetas: "Todos ellos son a Moshé lo que la luna es al sol" (*Zohar* III, 155b). Cf. Lección 2 y nota 62, donde se muestra que Moshé y Iaacov tienen en común la cualidad de *Tiferet*, aunque allí también, cada uno significa un aspecto diferente de esa cualidad.

16. JeT...JiuT, vida. La letra *jet* (ח), escrita de forma plena (חית), también puede leerse *JiuT* (חיות), que significa vida. Como explica el Rebe Najmán a continuación, esto es: "la sabiduría da vida...".

El *Zohar* (III, 245b) enseña que la letra *jet*, la octava letra del *alef-bet*, representa a *Biná*, octava en la jerarquía general de las *sefirot* (ascendiendo desde *Maljut*; ver Apéndice: Orden de las *Sefirot*). *Biná*, como opuesta a las siete *sefirot* inferiores, que corresponden a este mundo (con su semana de siete días), un mundo donde domina la muerte, es conocida como el Arbol de Vida. Toda la vida es mantenida a través de *Biná*, la *jet*. Esto, sin embargo, parece negar la conexión anterior del Rebe entre la letra *jet* y la *sefirá* de *Jojmá*. La solución nos viene de una enseñanza del *Tikuney Zohar* (65, p.96a): Toda la vida que se encuentra en *Biná* tiene su fuente en *Jojmá*, que llena a *Biná*. Así, la letra *jet*, que indica vida, de hecho alude a *Jojmá* oculta dentro de *Biná*. (Un importante axioma de la enseñanza Kabalista es que el nivel superior siempre reside dentro del nivel inferior, para sustentarlo. El Rebe Najmán aplica esto, de diferentes formas, en todo el *Likutey Moharán*).

17. La sabiduría da vida.... El Rebe Najmán ha introducido hasta el momento los conceptos de Iaacov, la primogenitura, la sabiduría, el sol, la letra *jet* y *JiuT* (vida). Todos estos se aplican a la persona que utiliza su intelecto para centrarse en la gran luz, la espiritualidad, que se encuentra en cada aspecto de la creación. En el próximo párrafo, el Rebe hace una pregunta obvia: Si la inteligencia interna es tan grande y su brillo es comparable al del sol, ¿cómo puede uno enfocar la vista en ella? ¡La luz es demasiado fuerte para poder mirarla!

18. NuN...Maljut, Reinado. *Maljut*, la más baja de las *sefirot*, indica una limitación y una restricción. Debido a que la luz de la inteligencia interna es tan grande, sólo es posible absorberla e incorporarla en forma gradual, a través del aspecto de *Maljut*, que corresponde a la letra *nun* como en (Salmos 111:10), "El *reshit* es sabiduría".¹³ Esto corresponde a "y IaACVeini (me obstruyó) estas dos veces" (Génesis 27:36), que Onquelos traduce como: "me superó en ingenio".¹⁴

Y éste es el concepto del sol. Pues la inteligencia interna brilla para él en todos sus caminos, como el sol. Esto corresponde a (Proverbios 4:18), "La senda de los justos es como la [luz del sol a la] madrugada, que va aumentando en resplandor hasta que el día es perfecto".¹⁵

Y éste es el concepto de la *JeT*, que sugiere *JiuT* (vida).¹⁶ Pues la sabiduría y la inteligencia interna son la vitalidad de todas las cosas, como en (Eclesiastés 7:12), "La sabiduría le da vida a quien la posee".¹⁷

Sin embargo, debido a que la luz de la inteligencia interna es tan grande, es imposible alcanzarla si no es a través del concepto de *NuN*, que es un aspecto de *Maljut* (Reinado).¹⁸ Como está escrito (Salmos 72:17),

---

13. reshit es sabiduría. Habiendo introducido los conceptos de sabiduría, Iaacov, el primogénito y *reshit*, el Rebe Najmán procede a unir un concepto con otro. Comienza con el versículo "El *reshit* (comienzo) es *Jojmá* (Sabiduría, la *sefirá*)/*Jojmá* (sabiduría, la cualidad)".

14. IaACVeini...me superó en ingenio. Lamentando la pérdida de las bendiciones ante su hermano IaACoV (יעקב), quien lo superó en ingenio, Esaú clamó, "IaACVeini (ויעקבני) estas dos veces". Vemos entonces que Iaacov era la personificación de la sabiduría. Como muestra aquí el Rebe Najmán, su nombre no sólo significa sabiduría sino que él también mereció la primogenitura, que es *reshit*/sabiduría. Más aún, todo aquel que busca la inteligencia interna dentro de cada cosa corresponde a Iaacov, en virtud de la sabiduría que obtiene.

15. sol...el día es perfecto. Así como el sol ilumina la senda de la persona de modo que ve hacia dónde va evitando los obstáculos, de la misma manera la inteligencia interna ilumina el camino de la persona de modo que ve cuál sendero seguir y cuál no. El *Metzudat David* (loc. cit.) explica que el versículo se refiera a la luz de la Torá. Es su luz la que ilumina el camino. En nuestro contexto, esto se relaciona con percibir el componente espiritual dentro de las cosas, pues esto es lo que le permite a la persona encontrar el sendero apropiado.

Con esto el Rebe Najmán ha agregado otro elemento, el sol, como paralelo de los conceptos de Iaacov, de la sabiduría y del primogénito. El versículo citado en el texto de Proverbios muestra la conexión entre el sol y la inteligencia interna. Las Escrituras dicen también (Génesis 32:32), "y el sol brilló para [Iaacov]". Esto es, el sol brilló *debido* a Iaacov, pues él personifica aquello que significa la luz del sol: la inteligencia interna o sabiduría (ver *Torat Natán* #4). El *Mei HaNajal* cita la enseñanza Midráshica de que Iaacov mismo es el sol: Al relatar sus sueños a sus hermanos, Iosef dice, "He tenido otro sueño. He aquí que el sol, la luna y once estrellas..." (Génesis 37:9). Cuando Iaacov escuchó esto se preguntó, "¿Quién le dijo a Iosef que mi nombre es 'sol'?" (*Bereshit Rabah* 84:11). Ésta fue la razón por la cual Iaacov tomó en serio los sueños de su hijo. Por medio de su sueño Iosef llegó a saber que Iaacov es el sol, es decir, la verdadera inteligencia interna que guía a la persona por el sendero correcto. Iaacov estaba seguro de que el sueño se volvería realidad (*Matnat Kehuna, ad. loc.*).

Más arriba (nota 10), vimos que Moshé alcanzó un nivel tan elevado de la gran luz de la

ע"ב: "לִפְנֵי שֶׁמֶשׁ יִנּוֹן שְׁמוֹ", וּפֵרֵשׁ רַשִׁ"י: 'לְשׁוֹן מַלְכוּת'. וְזֶה בְּחִינַת לְבָנָה, כִּי הַלְּבָנָה אֵין לָהּ אוֹר מֵעַצְמָהּ כִּי אִם מַה שֶּׁמְּקַבֶּלֶת מֵהַשֶּׁמֶשׁ. וְזֶהוּ בְּחִינַת מַלְכוּת, דְּלֵית לָהּ מִגַּרְמָהּ כְּלוּם, אֶלָּא מַה שֶּׁמְּקַבֶּלֶת מִן הַחִית, שֶׁהִיא בְּחִינַת חָכְמָה, בְּחִינַת שֶׁמֶשׁ כַּנַּ"ל, וְנַעֲשֶׂה (ישעיהו ל): "אוֹר הַלְּבָנָה כְּאוֹר הַחַמָּה".

alcanzar el verdadero conocimiento y no comprende cómo debe proceder en la situación en la que se encuentra, su único recurso es recurrir a la fe. Si tiene fe, aunque no comprenda lo que se le exige en ese momento, aun así podrá continuar por el camino correcto. Esto es, si incluso luego de concentrarse en el tema y no llegar a percibir sus cualidades espirituales aún cree firmemente que ello incluye Divinidad/verdadera inteligencia interna, aprenderá entonces a partir de ese tema cómo acercarse a Dios. Esto también es una indicación de *Maljut* como aspecto de limitación o restricción. Como fe, *Maljut* significa que la persona carece de comprensión, es decir, que su grado de comprensión es limitado. Al mismo tiempo, su fe/*Maljut* alienta en ella la fe de que existe un nivel aún más elevado y que es posible alcanzarlo aplicando un mayor esfuerzo de su parte. La gran luz de la inteligencia interna es filtrada así juiciosamente a fin de que la persona pueda percibirla en una medida limitada. El Rabí Natán explica que este esfuerzo adicional requerido por la persona implica trabajar para anular sus pasiones y deseos físicos. En la medida en que lo haga, alcanzará mayores niveles de fe y de inteligencia interna (*Torat Natán #1*; *Parparaot LeJojmá*). Este último punto será aclarado más adelante (ver notas 25, 26), donde el Rebe introduce el aspecto de Esaú, que representa la antítesis misma de la inteligencia interna y del Reinado de Santidad. El *Mei HaNajal* agrega que *Maljut*/fe tiene el poder de guiar a la persona incluso cuando las cosas se presentan oscuras y confusas, porque refleja la gran luz de *Jojmá*/inteligencia interna.

21. **la luna no tiene luz propia....** *Maljut* se asocia con la luna, que no brilla por sí misma sino que refleja la luz del sol. La fe también refleja sólo la gran luz de la inteligencia interna. Ésta es la premisa del Rabí Natán para afirmar que la fe de la persona debe reflejar la verdadera inteligencia interna, la Torá. Al mismo tiempo, la fe sólo refleja la inteligencia interna a la cual pertenece, tal como la luna refleja la inteligencia interna/la luz del sol. Por lo tanto, la persona que tiene fe en lo falso, en lo absurdo y demás, rechazará la verdadera inteligencia interna. Así como la inteligencia interna que busca está distorsionada, también su fe está distorsionada. Y como explica el Rebe un poco más adelante, esto la extravía más aún. Pero la persona que cree en la verdad, busca y trata de obtener la verdad absoluta, y no permite que la engañen. Esta persona tiene verdadera fe, la cual la llevará a encontrar a Dios en cada situación y en cada cosa.

Es de notar que el *Zohar* (*loc. cit.*) relaciona esta enseñanza sobre la luna con el reinado de Mashíaj. Más arriba hemos visto que *NuN/iNoN* hace referencia a Mashíaj (nota 19). Esto describe al reino de Mashíaj construido sobre la fe, es decir, la gente creerá en él y lo aceptará. El poder de llevar a la humanidad bajo su gobierno provendrá de su capacidad para revelar la gran inteligencia interna, *Jojmá*, que hace referencia a la Divinidad que se encuentra en toda la creación.

22. **...recibe de jet...sabiduría/sol.** Pues *Maljut* recibe su vitalidad de *Jojmá*, la *jet*. *Maljut* de Santidad, la verdadera fe, refleja así la verdadera sabiduría que se encuentra en cada cosa.

23. **la luz de la luna será....** En la Creación, el sol y la luna fueron creados de igual tamaño; sus luces tenían la misma intensidad. La luna se quejó diciendo que era imposible "que dos reyes tu-

"que su nombre *iNoN* (se perpetúe) tanto como el sol",[19] y Rashi explica que [*"inon"*] significa reinado.[20]

Éste es también el concepto de la luna. Pues la luna no tiene luz propia, sino sólo la que recibe del sol (*Zohar* I, 238a). Y esto corresponde a *Maljut*,[21] que no posee nada propio sino lo que recibe de *jet*, el aspecto de sabiduría/sol.[22] Como resultado, "la luz de la luna será como la luz del sol" (Isaías 30:26).[23]

(*Torat Natán* #9; *Parparaot LeJojmá*). (La naturaleza de *Maljut* y cómo filtra la gran luz de la inteligencia interna/*Jojmá* será explicada más adelante, en la nota 20).

19. **iNoN...el sol.** Literalmente el versículo dice: *"Lifnei shemesh (delante del sol), inon..."*. En nuestro contexto, esto indica que antes del nivel de sol/inteligencia interna uno debe primero alcanzar el nivel de inon/*Maljut*. Todo logro en *Jojmá* debe estar precedido por un logro en *Maljut* (*Torat Natán* #11). El Rebe Najmán está aludiendo también aquí al hecho de que en la presente época no les es posible a todos encontrar la espiritualidad interna de cada cosa. Las palabras "su nombre *inon*" se refieren a Mashíaj, cuya llegada traerá una época en la que "el mundo estará lleno del conocimiento de Dios..." (Isaías 11:9). Entonces, todos serán capaces de ver claramente la Divinidad de cada cosa, de cada aspecto de la creación. Pero hasta ese momento, sólo aquéllos que perfeccionen su aspecto de *Maljut* serán capaces de alcanzar esta *Jojmá*, cada uno de acuerdo con su nivel espiritual (*Torat Natán* #1).

20. **inon significa reinado.** En este punto, es necesaria una explicación más amplia de *Maljut*. La palabra *Maljut* significa reino, reinado o gobierno. La *sefirá* del mismo nombre connota así el Reinado o, más específicamente, el Reinado de Santidad, *Maljut de Kedushá*. Sólo a través de *Maljut* la humanidad puede percibir el Reinado de Dios. Dios Mismo es insondable; esta cualidad se refleja en *Keter* (Corona), la más exaltada de la *sefirot*. Para que Él pueda ser conocido y comprendido de alguna manera en este mundo, la poderosa y tremenda luz de Dios es restringida, si así pudiera decirse, a través de una serie de filtros o delimitaciones. Estos diez filtros, que son antropomorfizados como atributos, son conocidos por nosotros como las Diez *Sefirot* (para una explicación más completa ver *Innerspace* del Rabí Aryeh Kaplan, Moznaim Pub. 1990, Capítulo 4). La gran luz de Dios es filtrada inicialmente a través de la *sefirá* de *Jojmá*, luego por *Biná*, y en orden descendente pasando por *Jesed*... hasta llegar a *Maljut*. Cada descenso adicional produce una mayor revelación. Pero sólo en *Maljut* Su luz se ha contraído lo suficiente como para que Su atributo de soberanía, Su Reinado, se vuelva completamente conocible para el hombre. Esto es lo que se quiere decir con *Maljut* como un aspecto de límite o de restricción. Agrega el *Mei HaNajal*: En la medida en que la persona acepte el yugo del Cielo, el *Maljut de Kedushá* de Dios, será capaz de subir la escala de la sabiduría hasta poder percibir en todas las cosas la inteligencia interna, es decir, la Divinidad.

Explica el Rabí Natán: *Maljut* corresponde al concepto de la fe (*Likutey Moharán* I, 7:1). Sólo con la fe puede la persona entrar en el ámbito de la verdadera inteligencia interna. Esto se debe a que la Torá es en realidad una extensión del intelecto de Dios. Es una "Torá de verdad" (Malaji 2:6), donde todo es inteligencia interna. Esta relación entre la Torá (mitzvot) y la fe está indicada en las palabras del salmista, "Todos tus mandamientos son fe" (Salmos 119:86). Cuando la persona comprende lo que debe hacer y cómo debe hacerlo de una manera permitida, de acuerdo con la Torá, se une a la inteligencia interna de esa situación particular. Pero si aún debe

אֲבָל מִי שֶׁאֵינוֹ מְקַשֵּׁר עַצְמוֹ אֶל הַשֵּׂכֶל וְהַחָכְמָה וְהַחִיּוּת, שֶׁיֵּשׁ
בְּכָל דָּבָר, זֶה בְּחִינַת עֵשָׂו שֶׁבִּזָּה אֶת הַבְּכוֹרָה, כְּמוֹ שֶׁכָּתוּב
(בראשית כ"ה): "וַיִּבֶז עֵשָׂו אֶת הַבְּכוֹרָה"; דְּהַיְנוּ הַשֵּׂכֶל כַּנַּ"ל,
בְּחִינַת (משלי י"ח): "לֹא יַחְפֹּץ כְּסִיל בִּתְבוּנָה כִּי אִם בְּהִתְגַּלּוֹת

la inteligencia interna/*Jojmá* para iluminar sus caminos, siendo esto la vida misma. Aquí, al Rebe Najmán introduce el concepto de Esaú, la antítesis misma de todo lo que representa Iaacov.

25. **Esaú despreció los derechos del primogénito...la inteligencia interna.** Como se explicó, los derechos del primogénito corresponden a *reshit* que es *Jojmá* (ver notas 12, 13). Esaú, al despreciar la primogenitura, demostró su menosprecio por la verdadera sabiduría.

El Rabí Natán indica que "despreciar la sabiduría" no significa necesariamente un rechazo de la inteligencia interna y de la búsqueda intelectual. Por el contrario, puede aplicarse también a la persona que se dedica constantemente a la búsqueda de un conocimiento mayor. Si lo hace sin fe, sin centrarse en lo espiritual, sin buscar a Dios, entonces también ella "desprecia la sabiduría". Pues en ese caso, su búsqueda de la sabiduría sufre la influencia de sus pasiones y deseos materiales y a veces se ve gobernada por ellos. En lugar de la verdadera sabiduría, sus búsquedas intelectuales la llevan a lo que, de hecho, es locura. Esto se debe a que la única sabiduría completa y eterna es la Torá, que enseña fe y lleva a la persona cerca de Dios. Otras sabidurías, así sean en el arte, las ciencias, o demás, están plagadas de errores y, en el mejor de los casos, son temporales. Cumplen con un propósito durante varios años, incluso durante varias generaciones o siglos, pero finalmente terminan desechadas ante conceptos "más actuales" y "más precisos". Por tanto, toda búsqueda del conocimiento que no incluya centrarse en lo espiritual es, en el mejor de los casos, errónea. Lo mismo puede decirse de la búsqueda de la sabiduría de la Torá cuando esta búsqueda está bajo la influencia de una actitud de transigencia y de alteraciones. Cuando la gente estudia las verdades de la Torá sólo para decir, "¿Por qué no probamos de esta manera?" o "Desarrollemos ideas de Torá más aceptables para que estén de acuerdo con las necesidades del momento", entonces, también, están "despreciando la sabiduría". La Torá es la palabra eterna de Dios. Recortarla para el propio beneficio, inventando mitzvot propias, por más bienintencionadas que puedan ser, sólo puede dar resultados negativos, haciendo que la gente se aleje finalmente de Dios (*Torat Natán* #14). Ver la nota siguiente.

26. **El insensato...sólo descubrir su corazón....** Como se explicó más arriba (nota 20), la persona tiene que subyugar voluntariamente sus pasiones y deseos físicos en aras del avance espiritual. Sólo así podrá merecer percibir la inteligencia interna/la espiritualidad en cada cosa. Sin embargo, aquél que se deja ir tras los deseos del corazón, en lugar de someterlos a su intelecto, llega a despreciar la verdadera sabiduría (ver *Biur HaLikutim* 11). Sólo se relaciona con la *jitzoniut* (ver nota 10), eligiendo disfrutar de los placeres físicos efímeros o de las gratificaciones emocionales que le provee el objeto del deseo de su corazón. Así era Esaú. En lugar de estudiar la Torá y de centrarse en la Divinidad que se encuentra en la creación, tal como hacía Iaacov, Esaú eligió pasar el tiempo en los campos, cazando animales.

Las Escrituras relatan más adelante que cierta vez, cuando volvía hambriento a su hogar, Esaú no pudo controlar sus deseos físicos y voluntariamente cambió su primogenitura por la gratificación instantánea de un plato de lentejas. Esto no puede ser justificado como el comportamiento desesperado de una persona famélica, pues la Torá misma dice: "Esaú

Pero la persona que no se une a la inteligencia interna, a la sabiduría y a la vitalidad que hay en cada cosa, corresponde a Esaú.²⁴ Él despreció la primogenitura, como está escrito (Génesis 25:34), "Esaú despreció los derechos del primogénito", es decir, la inteligencia interna.²⁵ Esto es (Proverbios 18:2), "El insensato no desea la comprensión sino sólo descubrir su corazón".²⁶ Y esto corresponde al Reinado del Mal, la luna del Otro

viesen una sola corona". ¿Cómo podría la gente diferenciar entre el día y la noche? La respuesta de Dios a la queja de la luna fue disminuir su tamaño (ver *Rashi* Génesis 1:16; *Julin* 60b). El versículo de Isaías citado por el Rebe Najmán se refiere al Futuro, a la era del Mashíaj, pues entonces todos los mundos serán rectificados y la luna retornará a su tamaño e intensidad original.

De manera similar, el hombre fue creado originalmente con la capacidad de percibir la Divinidad que está en todo. Pero Adán pecó y esto llevó a una disminución de esta capacidad. El hombre debe por tanto luchar para alcanzar el nivel en el que pueda percibir esta inteligencia interna. En el presente, así como la luna crece y decrece, de la misma manera el hombre debe luchar con su intelecto y su fe. Sin embargo, así como el Futuro garantiza que la luz de la luna brillará con la intensidad del sol, también el Futuro garantiza que el hombre retornará al nivel en el cual podrá percibir la espiritualidad de todas las cosas (*Torat Natán* #1).

El *Parparaot LeJojmá* muestra cómo esta enseñanza se aplica a nuestra lección. Dice: Cada persona debe aceptar limitaciones en su mente y en su búsqueda intelectual. Sus deseos físicos también deben ser dominados y quebrados y debe aceptar el yugo del gobierno de Dios con la mayor simplicidad y fe. Cuando logre aceptar sus limitaciones y dominar sus apetitos, estará capacitada para alcanzar, por medio de estas limitaciones, el aspecto de *Maljut*/luna y, automáticamente, una comprensión más verdadera de la inteligencia interna/*Jojmá*/sol. Esto en sí mismo forma una unidad entre el sol y la luna, de modo que la luz de la luna se vuelve tan intensa como la luz del sol. El *Mei HaNajal* agrega que todo esto puede lograrse aceptando sobre uno el yugo del Cielo. Aceptar el *Maljut* de Dios permite obtener un atisbo de la gran inteligencia interna que recién será revelada plenamente en el Futuro, con la llegada del Mashíaj.

El *Biur HaLikutim* pregunta: Sabemos que la *nun*, que tiene el valor numérico de cincuenta, significa generalmente las Cincuenta Puertas de la Sabiduría (*Rosh HaShaná* 21b). Este es el nivel de *Jojmá*, tal cual se mencionó más arriba (nota 16). Si es así, ¿por qué el Rebe Najmán conecta la *nun* con *Maljut*? La respuesta viene del versículo citado en la lección. Dice el profeta, "La luz de la luna será como la luz del sol; y la luz del sol será siete veces mayor...". Cuando la luz de la luna (*nun*) se vuelva tan intensa como la luz del sol (*jet*) habrá aumentado siete veces siete o cuarenta y nueve veces. En otras palabras, en el proceso de completar y de rectificar su aspecto de la *nun*, la persona asciende cuarenta y nueve puertas y se encuentra ante la *nun*, la quincuagésima de las Cincuenta Puertas de la Sabiduría.

Resumen: Las plegarias y las súplicas no son respondidas pues carecen de gracia e importancia. Por medio de la Torá se infunde gracia e importancia a nuestras palabras (#1). Para esto la persona debe centrarse en el *pnimiut*, la espiritualidad, que se encuentra en todas las cosas de la creación. Esta inteligencia interna corresponde a los conceptos de Iaacov, del primogénito, de *Jojmá*, del sol, de la *jet* y de *jiut* (vida), y sólo puede ser alcanzada por medio de la *nun*, *Maljut* (#2).

24. **Esaú**. Como se explicó más arriba, Iaacov simboliza todo lo que es bueno. Es él quien busca

לִבּוּ". וְזֶה בְּחִינַת מַלְכוּת הָרְשָׁעָה, בְּחִינַת לְבָנָה דְּסִטְרָא אָחֳרָא, שֶׁעָלֶיהָ נֶאֱמַר (ישעיהו כ"ד): "וְחָפְרָה הַלְּבָנָה" וְכוּ'.
וְזֶה בְּחִינַת יֵצֶר טוֹב וְיֵצֶר הָרָע. כִּי הַיֵּצֶר טוֹב נִקְרָא "מִסְכֵּן וְחָכָם" (קהלת ד), בְּחִינַת מַלְכוּת, שֶׁהִיא בְּחִינַת עֲנִיָּה וְדַלָּה דְּלֵית לָהּ מִגַּרְמָהּ כְּלוּם כִּי אִם מַה שֶּׁמְּקַבֶּלֶת מֵחָכְמָה. וְיֵצֶר הָרָע נִקְרָא "מֶלֶךְ זָקֵן וּכְסִיל" (שם), בְּחִינַת מַלְכוּת דְּסִטְרָא אָחֳרָא, שֶׁאֵינָהּ חֲפֵצָה בְּחָכְמָה וְשֵׂכֶל, בְּחִינַת "לֹא יַחְפֹּץ כְּסִיל בִּתְבוּנָה" וְכוּ', כַּנַּ"ל.

sabio, que un rey viejo e insensato, que ya no sabe cuidarse". *Rashi* (*loc. cit.*) explica que la buena inclinación es llamada "joven" pues llega a la persona luego de que ésta ha alcanzado la edad de trece años (en oposición a la mala inclinación, que es más vieja, pues está con la persona desde el momento de su nacimiento). Es "pobre" porque el cuerpo se niega a seguirla y "sabia" porque dirige a la persona hacia el sendero correcto. En nuestro contexto esto se relaciona con la luna, que es pobre, pues sólo posee la luz que recibe del sol. En otras palabras, la buena inclinación intenta dirigir a la persona hacia el sendero correcto, para iluminarla con la inteligencia interna de cada cosa como si fuera con la luz del sol. Pero la buena inclinación es débil, debilitada por los deseos del cuerpo que debe primero superar. En este estado de debilidad la gran inteligencia interna, *Jojmá*, no puede iluminar a *Maljut* de Santidad, la buena inclinación. Por lo tanto, se dice que es "pobre". Sin embargo, la buena inclinación es "sabia" porque sabe que existe la gran inteligencia interna y desea y busca alcanzarla (*Parparaot LeJojmá*).

31. **melej viejo e insensato**. Rashi explica que la mala inclinación es llamada un "*melej*" (rey) pues gobierna sobre todo el cuerpo. Se dice que es "insensato" pues hace que la persona se extravíe alejándola de Dios y es llamada "viejo" porque acompaña a la persona desde el momento de su nacimiento.

32. **Maljut del Otro Lado**. Siendo un "*MeLeJ* viejo e insensato", la mala inclinación corresponde a *Maljut* del Otro Lado, que prefiere la locura a la comprensión. Así, el *Zohar* le aplica a aquél que sigue la mala inclinación la frase "el tonto camina en la oscuridad" (Eclesiastés 2:14). Como un viejo insensato, la persona tropieza y cae constantemente en el camino. Luego de haber seguido la mala inclinación le es difícil evitar más locuras (ver más arriba, nota 30). Por contraste, la persona que sigue la buena inclinación, que es "un joven", se siente constantemente joven. En esto se parece a la Luna, que constantemente se renueva al crecer y menguar. También es llamada pobre, como la luna, pero sabia, pues tiene inteligencia interna (*Zohar* I, 179b). En nuestro contexto, esto se relaciona con la persona que contempla la inteligencia interna de todas las cosas y busca su cualidad espiritual. Finalmente encuentra "luz". Y si por el momento no puede localizar esa iluminación interna, tiene la fe y la determinación de un joven. En cambio, la persona que no busca la cualidad espiritual sólo se centra en los deseos de su corazón y "camina en la oscuridad".

El *Mei HaNajal* explica que esta es la batalla principal entre la buena y la mala inclinación. La buena inclinación busca alejar constantemente a la persona de las ideologías y sabidurías ajenas que la extravían, y la ayuda a superar su malos deseos. Su objetivo es hacer que la persona

Lado,[27] de la cual se dice (Isaías 24.23), "La luna será avergonzada".[28]

{"**Más vale un joven pobre y sabio, que un *melej* (rey) viejo e insensato, que ya no sabe cuidarse" (Eclesiastés 4:13).**}

Éste es el concepto de la buena inclinación y de la mala inclinación.[29] La buena inclinación es llamada "pobre y sabio", correspondiente a *Maljut*, que es un aspecto de pobre y necesitado, sin nada propio más que aquello que recibe de *Jojmá* (Sabiduría).[30] Pero la mala inclinación es llamada "*melej* viejo e insensato".[31] Este es *Maljut* del Otro Lado, quien no tiene deseo de sabiduría ni de inteligencia interna, como en, "El insensato no desea la comprensión...."[32]

---

despreció los derechos de la primogenitura". No tenía interés alguno en el *reshit*/sabiduría, sino que abiertamente puso de manifiesto su glotonería al decirle a Iaacov, "Por favor, *haliteini* (hazme tragar) ese potaje rojo" (Génesis 25:30).

No es casual que la venta de su primogenitura estuviese relacionada con el tema de la comida. El acto de comer es un medio que, al ser utilizado de la manera apropiada, une lo espiritual (el alma) con lo físico (el cuerpo). (Es decir, uno puede centrarse en el componente espiritual a través de su envoltura física). De haber deseado la sabiduría Esaú habría relacionado el comer con una experiencia espiritual. En cambio, le pidió a Iaacov que lo llenase de comida (*Be Ibei HaNajal*).

27. **Otro Lado.** Ésta es la traducción literal del término *Sitra Ajara* y se refiere al ámbito de las fuerzas del mal. Afirman las Escrituras: "Dios hizo uno en contraste del otro" (Eclesiastés 7:14). Cada creación tiene un paralelo o lado opuesto. Esto es lo que le confiere al hombre la libertad de elección, es decir, la necesidad de elegir entre el bien y el mal.

28. **...La luna será avergonzada.** Así como los conceptos del sol y de la luna tienen aspectos sagrados correspondientes, también tienen aspectos correspondientes en el mal. En oposición a contemplar la verdadera sabiduría y la inteligencia interna, el sol de *Sitra Ajara* significa volverse hacia la sabiduría puramente secular y hacia las ideologías ajenas. En oposición a la fe y a la limitación apropiada del intelecto, la luna de *Sitra Ajara* significa el rechazo de la sabiduría y el dejar de lado la inteligencia interna; ésta es la persona que sigue sus impulsos, haciendo todo lo que desea su corazón. En oposición a la luna que corresponde a *Maljut* de santidad, ésta luna corresponde a *Maljut* del mal. Lo que es más, tal como el sol y la luna de santidad se complementan mutuamente, y así como la fe y la contracción del intelecto aumentan el intelecto, también el sol y la luna del mal se refuerzan uno al otro: dejar de lado la sabiduría y seguir los deseos del corazón hace que aumente la herejía y la búsqueda de sabidurías ajenas (*Parparaot LeJojmá*).

29. **Este es el concepto....** Esto es, Iaacov, sabiduría, el Reinado de Santidad, etcétera, todo correspondiente a la buena inclinación. Esaú, la locura, el Reinado del Mal, etcétera, corresponden a la mala inclinación. El texto de prueba traído por el Rebe Najmán es el versículo que cita del Eclesiastés. El *Biur HaLikutim* agrega que el Rebe equipara a *Maljut* con las dos inclinaciones, para enseñar que uno debe utilizar el autocontrol, su dominio y gobierno, para darle fuerzas a la buena inclinación por sobre la mala inclinación.

30. **bueno...pobre y sabio...Sabiduría**. Enseñó el rey Salomón: "Más vale un joven pobre y

וְצָרִיךְ כָּל אֶחָד לִתֵּן כֹּחַ לִבְחִינַת מַלְכוּת דִּקְדֻשָּׁה לְהִתְגַּבֵּר עַל מַלְכוּת דְּסִטְרָא אָחֳרָא. וּכְמוֹ שֶׁאָמְרוּ רַבּוֹתֵינוּ, זִכְרוֹנָם לִבְרָכָה (ברכות ה.): 'לְעוֹלָם יַרְגִּיז אָדָם יֵצֶר טוֹב עַל יֵצֶר הָרָע'. וְעַל־יְדֵי מַה נוֹתֵן כֹּחַ לַמַּלְכוּת דִּקְדֻשָּׁה? עַל־יְדֵי הַתּוֹרָה, שֶׁהוּא עוֹסֵק בְּכֹחַ (כמו שאמרו רבותינו, זכרונם לברכה, שם: 'לעולם ירגיז וכו'. אי אזיל - מוטב, ואם לאו - יעסק בתורה'). וּכְמוֹ שֶׁאָמְרוּ רַבּוֹתֵינוּ, זִכְרוֹנָם לִבְרָכָה (קדושין ל:): 'אִם פָּגַע בְּךָ מְנֻוָּל זֶה, מָשְׁכֵהוּ לְבֵית־הַמִּדְרָשׁ'. כִּי עַל־יְדֵי הַתּוֹרָה נוֹתֵן כֹּחַ לַמַּלְכוּת דִּקְדֻשָּׁה. וַאֲזַי מְקַבֶּלֶת הַמַּלְכוּת, שֶׁהִיא בְּחִינַת נ, חִיּוּת מִן הַחָכְמָה, שֶׁהִיא בְּחִינַת ח,

de noche, es decir, en un momento de oscuridad y de incertidumbre. Durante el día, es decir, en un momento de luz y de claridad, se ven restringidas. Es fundamental entonces que uno se enfoque en la inteligencia interna/el sol que ilumina nuestro camino. Porque ésta es la "luz del día" que tiene el poder de repeler las fuerzas del mal (*Torat Natán* #13).

35. **con entusiasmo.** *Be coaj* significa literalmente "con fuerza" o "de manera enérgica" y puede ser comprendido de varias maneras: 1) Puede referirse a la Torá que la persona estudia en circunstancias difíciles, como cuando es pobre, está enferma, o bajo presión. 2) Puede referirse a la necesidad de estudiar la Torá pronunciando las palabras de manera audible. 3) También puede implicar una completa concentración mental en el estudio. Todos estos conceptos y otros similares indican su entusiasmo por el estudio de la Torá y pueden así considerarse como ejemplos de estudiar "de manera enérgica".

El *Parparaot LeJojmá* agrega: "Si siguen Mis leyes [Torá]... Yo les proveeré..." (Levítico 26:3,4). *Rashi* comenta: "Proveerles trabajo en la Torá", es decir, estudiar con *entusiasmo*. Esto es lo que traerá todas las bendiciones.

36. **Si lo abandona, bien....** El pasaje del Talmud dice: La persona siempre debe incitar a la buena inclinación contra la mala inclinación. Si la abandona, bien; y si no, que se dedique al estudio de la Torá. Si la abandona, bien; y si no, que recite el *Shemá*. Si la abandona, bien; y si no, que recuerde el día de la muerte (*Berajot, loc. cit.*). De este pasaje aprendemos que cuando la mala inclinación intenta vencer a la persona, hay veces en que un simple rechazo es suficiente para eliminarla. Pero también hay momentos en que la mala inclinación vuelve una y otra vez. Entonces, para rechazarla, es necesario estudiar Torá. Es el estudio de la Torá lo que le da fuerzas a la buena inclinación, que entonces ayuda a la persona a superar sus malos deseos (ver el comentario del Rabí Natán sobre este pasaje en la nota siguiente).

37. **malvado...la casa de estudio.** Enseñaron nuestros sabios muchas veces y de diferentes maneras, que el estudio de la Torá es lo único que verdaderamente el poder de ayudar a la persona a superar su mala inclinación. El Rebe Najmán citó dos de estas enseñanzas. La primera nos insta a oponernos a la mala inclinación; a trabajar en forma activa para fortalecer el bien, siguiendo el consejo de la Torá. La segunda llama a la mala inclinación "malvado" y nos aconseja *arrastrarlo* a la casa de estudio, siendo ésta también una de las maneras de "estudiar

Cada persona debe fortalecer el Reinado de Santidad para que [éste] pueda vencer al Reinado del Otro Lado.[33] Como enseñaron nuestros sabios: La persona debe siempre incitar a la buena inclinación contra la mala inclinación (Berajot 5a).[34] ¿Cómo se le da fuerzas al Reinado de Santidad? Por medio del estudio de la Torá que la persona encara con entusiasmo.[35] {Como enseñaron nuestros sabios: La persona debe siempre incitar... Si se va, pues bien; y si no, que se dedique al estudio de la Torá (Ibid.).[36]} Y, como enseñaron nuestros sabios: Si este malvado te acosa, arrástralo a la casa de estudio (Kidushin 30b).[37]

Pues por medio de la Torá se le da fuerzas al Reinado de Santidad. Entonces, *Maljut/nun* recibe vitalidad de *Jojmá/jet*. La *jet* y la *nun* se

---

acepte sobre sí misma el yugo del Cielo, por medio del cual llegará a unirse con la sabiduría y la inteligencia interna, la cualidad espiritual que se encuentra en cada cosa. De esta manera llegará a reconocer la grandeza de Dios. En cuanto a la mala inclinación, obviamente busca lo contrario.

Esta fue de hecho la batalla entre el faraón, "el rey viejo e insensato" y el pueblo judío. Dios llama a los judíos "mi primogénito, Israel" (Éxodo 4:22), ellos siempre han buscado el *reshit*/la inteligencia interna/la Divinidad en todas las cosas. Pero luego de más de dos siglos de esclavitud, muchos habían perdido su fe y se habían asimilado. Como resultado, un ochenta por ciento de la población judía murió junto con los egipcios durante la plaga de la oscuridad (*Rashi*, Éxodo 13:18). En nuestro contexto, esta plaga corresponde a los conceptos de Esaú/oscuridad/desprecio de la sabiduría y de la Divinidad; conceptos que estaban personificados más que nada en el faraón. El faraón también era un primogénito (*Rashi*, Éxodo 12:32), pero no como aquellos judíos que guardaron su fe, era un primogénito tonto pues negó la existencia de Dios (Éxodo 5:2). Como primogénito del mal, el faraón intentó subyugar al primogénito de santidad, a los judíos, igual que la mala inclinación intenta subyugar a la buena inclinación (*Shaar HaKavanot, Pesaj* 1, p.147).

33. **fortalecer el Reinado....** Habiendo explicado que la batalla entre la verdadera inteligencia interna y las pasiones e ideologías ajenas es la batalla entre la buena inclinación y la mala inclinación, la batalla entre el Reinado de Santidad y el Reinado del Otro Lado, el Rebe Najmán procede a demostrar cómo es posible darle fuerzas al Reinado de Santidad.

34. **siempre incitar....** El Talmud (*loc. cit.*) enseña que no es suficiente que la persona se siente y deje pasivamente que cada situación de la vida se transforme en una batalla entre su inclinación al bien y su inclinación al mal. Por el contrario, debe buscar activamente el bien, incitando siempre su buena inclinación en contra de su mala inclinación. De este modo le da fuerzas al Reinado de Santidad que, aún luego de haber sido fortalecido, necesita ser mantenido y reforzado constantemente. Es como hacer ejercicios para mantenerse en forma. Mientras la persona cuida su régimen, el cuerpo se mantiene firme y en forma. Pero si se descuida y afloja su ritmo, el cuerpo se debilita y se ablanda. Es por esto que la persona siempre debe fortalecer y sostener activamente el Reinado de Santidad. No es suficiente con sentarse y esperar que el Reinado del Otro Lado desista y abandone la batalla por su propia voluntad. Sólo al enfrentarse activamente al Otro Lado, la mala inclinación podrá ser derrotada. El Rabí Natán escribe: Fortalecer el Reinado de Santidad es imperativo. Las fuerzas del Reinado del Mal hacen su trabajo

וְנִתְחַבֵּר וְנִתְקַשֵּׁר הַח וְהַנ, וְנַעֲשֶׂה אוֹר הַלְּבָנָה כְּאוֹר הַחַמָּה. וּכְשֶׁזֶּה קָם, זֶה נוֹפֵל. וַאֲזַי נוֹפֵל וְנִתְבַּטֵּל מַלְכוּת הָרְשָׁעָה, כְּמוֹ שֶׁכָּתוּב (הושע י״ד): "כִּי יְשָׁרִים דַּרְכֵי ה', צַדִּיקִים יֵלְכוּ

38. **Maljut...recibe vitalidad....** El Rebe Najmán explica que estudiar Torá con entusiasmo le da fuerzas a *Maljut* de Santidad, lo que a su vez le permite a la persona centrarse en la sabiduría que se encuentra en cada aspecto de la creación. Al hacerlo, la persona une *Maljut* con *Jojmá*, el elemento espiritual de esa cosa, de modo que "la *jet* y la *nun* se juntan y se unen...". El Rabí Natán agrega que esto alude al motivo por el cual, al salir de Egipto, el pueblo judío tuvo que esperar cincuenta días antes de poder recibir la Torá. La Torá es *Jojmá*, la Sabiduría Divina de Dios. Debido a su exaltada naturaleza, sólo puede ser recibida a través de la *nun* (=50), es decir los cincuenta días desde el Éxodo hasta la Revelación (*Likutey Halajot*, Pikadon 4:2).

Cuando el Rebe Najmán dio esta lección, le aconsejó a su seguidor que estudiase Torá (ver arriba, nota 1). Cuando más tarde el hombre se quejó de no poder comprender totalmente lo que estudiaba, el Rebe Najmán le dijo, "Esfuérzate en el estudio, aunque no comprendas claramente. Con el tiempo verás que se volverá muy claro, como la luz del sol". Ahora podemos comprender la intención del Rebe. La comprensión inicial que una persona pueda tener de sus estudios no siempre refleja el significado interno. Eso era lo que le sucedía a este hombre. Aun así, siguió fielmente los consejos del Rebe y continuó estudiando. Esto le permitió aumentar su comprensión del significado interno más profundo, de modo que sus estudios se hicieron subsecuentemente muy claros, "como la luz del sol".

Escribe el Rabí Natán: El Rebe Najmán quería que todos adquiriesen la costumbre de establecer un programa diario de estudio de Torá y se mantuviesen fieles a ese programa, sin falta. Pues incluso aquéllos muy alejados de la santidad se beneficiarán con ello. Aunque estén atrapados en las redes del mal y pequen habitualmente, la fuerza de la Torá es tan grande que puede extraerlos de sus pecados. De hecho, mediante la Torá es posible lograr absolutamente todo, literalmente hablando (*Sabiduría y Enseñanzas del Rabí Najmán de Breslov* #19; ver también *Likutey Halajot*, Betziat HaPat 5:22).

39. **cuando uno se levanta el otro cae.** Cuando, luego de muchos años de esterilidad, nuestra matriarca Rivka quedó embarazada (con Iaacov y Esaú), vio empañada su gran alegría por algo muy inquietante. Cada vez que pasaba frente a una casa de estudio de Torá, la criatura comenzaba a moverse como si quisiera salir. Pero también hacía exactamente lo mismo cada vez que pasaba frente una casa de culto idólatra. Rivka estaba desconcertada. ¿Acaso su hijo seguiría en la senda de sus padres o, Dios no lo permita, sería un idólatra, o ambas cosas a la vez? Fue a consultar al sabio Shem, quien le dio la siguiente explicación: Rivka había concebido mellizos, dos hijos que estaban destinados a una eterna batalla por el dominio de este mundo. Y, agregó Shem, debido a que dos reyes no pueden gobernar simultáneamente ni llevar puesta una misma corona, siempre sucederá que "cuando uno se levante el otro caiga". En el contexto de nuestra lección, el conflicto entre Iaacov y Esaú es el conflicto entre la buena inclinación y la mala inclinación. Cuando la buena inclinación recibe el poder y le da fuerzas al Reinado de Santidad, el Reinado del Mal cae y la mala inclinación es vencida. De manera inversa, si la mala inclinación se eleva, la buena inclinación declina. Pues su batalla también es eterna y es imposible que las dos gobiernen en forma simultanea (*Biur HaLikutim*).

juntan y se unen y como resultado, "la luz de la luna será como la luz del sol".[38]

Y "cuando uno se levanta el otro cae" (*Rashi*, Génesis 25:23)[39]; así el Reinado del Mal cae y es anulado. Como está escrito (Hoshea 14:10), "Rectos son los caminos de Dios, los justos andarán en ellos, mas los

---

Torá con energía" (ver nota 35). El pasaje completo dice: "Si este malvado te acosa, arrástralo a la casa de estudio. Si es como una piedra, se disolverá; si es como el hierro, se quebrará". Tal es el poder de la Torá para contrarrestar la mala inclinación. En nuestro contexto, esto se relaciona con contemplar la inteligencia interna de cada cosa. La mala inclinación puede presentarse bajo algún aspecto material para incitar a la persona y despertar sus deseos físicos. Si la persona se ve arrastrada por sus pasiones y queda atrapada en los placeres físicos, la inclinación al mal logra de esta manera darle fuerzas al Reinado del Otro Lado. Pero si se resiste, contemplando el componente espiritual dentro de la forma material, repele entonces la atracción de la mala inclinación y fortalece el Reinado de Santidad. Este centrarse en lo espiritual, en la inteligencia interna, es en esencia el objetivo de todo el estudio de la Torá y la fuente del poder que tiene la Torá para "disolver" y "quebrar" la mala inclinación (*Maharsha, v.i. im even*).

El Rabí Natán pregunta: ¿Qué sucede si la persona se encuentra de viaje o en cualquier otra situación similar donde no pueda estudiar la Torá? ¿Qué debe hacer para vencer a la mala inclinación? La respuesta es que debe transformar su mente en una casa de estudio (*Likutey Halajot, Minjá* 7:65). En otras palabras, debe centrar su mente en temas sagrados. Será entonces como si estuviese estudiando un libro de Torá y con esto también podrá vencer a la mala inclinación.

En otra parte pregunta el Rabí Natán: Nuestros sabios enseñaron que para vencer a la mala inclinación la persona debe estudiar Torá. Si esto no surte efecto, deberá recitar el *Shemá* o recordar el día de la muerte (ver nota 36). La pregunta es si, como implica el pasaje Talmúdico, los dos últimos métodos son más efectivos, ¿por qué no hacerlos directamente? ¿Por qué recurrir a ellos recién luego de que el estudio de la Torá no ha logrado rechazar la mala inclinación? Además, ¿realmente es más efectivo recordar el día de la muerte? Mucha gente habla sobre su muerte y aun así esto no despierta en ellos el temor al pecado. El Rabí Natán responde que, en verdad, el estudio de la Torá es el único remedio para repeler a la mala inclinación. Pero la mala inclinación lo sabe y por tanto hace todo lo que puede para impedir que la persona estudie la palabra de Dios. Incluso cuando la persona logra superar esta oposición y estudia Torá, a veces se da cuenta de que la mala inclinación aún está allí. Tarde o temprano, la frustración de no poder eliminarla se hace tan pesada que la persona abandona la batalla. Aquí es donde es necesario recordar el día de la muerte. Cuando la persona recuerda que su pasaje por este mundo es transitorio y que un día será llamada a rendir cuentas por cada acción realizada, no se dejará convencer por su mala inclinación. Aunque a veces sucumba, aunque a veces no pueda recitar el *Shemá*, aun así, debido a que su actitud frente al día de la muerte se basa en los ideales de la Torá y en el deseo de estudiar Torá, finalmente acabará superando la mala inclinación (*Likutey Halajot, Betziat HaPat* 5:22).

Podemos ahora entonces explicar este pasaje en términos de nuestra lección. Como hemos visto, el estudio de la Torá fortalece al Reinado de Santidad. Al darle fuerzas al Reinado de Santidad uno alcanza el nivel de *Maljut* en el cual se revela la inteligencia interna proveniente de *Jojmá*. Sin embargo, hay veces en que la persona no puede comprender esta gran *Jojmá*. Por eso, debe recitar el *Shemá*, la declaración esencial de fe. Al afirmar su fe, mantiene su unión con el Reinado de Santidad.

בָּם, וּפֹשְׁעִים יִכָּשְׁלוּ בָם". הַיְנוּ עַל־יְדֵי דַרְכֵי ה', הַיְנוּ הַתּוֹרָה, עַל־יְדֵי־זֶה הַצַּדִּיקִים, שֶׁדְּבֵקִים בַּמַּלְכוּת דִּקְדֻשָּׁה, הֵם נִתְחַזְּקִים וּמְקַבְּלִים כֹּחַ עַל־יְדֵי־זֶה. "וּפֹשְׁעִים יִכָּשְׁלוּ בָם" בְּחִינַת מַלְכוּת הָרְשָׁעָה, בְּחִינַת הַיֵּצֶר הָרָע, שֶׁנּוֹפֵל וְנִכְנָע עַל־יְדֵי הַתּוֹרָה, כַּנַּ"ל.

וְעַל־יְדֵי־זֶה נִתְקַבְּלִים כָּל הַתְּפִלּוֹת וְהַבַּקָּשׁוֹת, כִּי עִקַּר מַה שֶּׁאֵין נִתְקַבְּלִין הַבַּקָּשׁוֹת הוּא מֵחֲמַת שֶׁאֵין לְהַדְּבָרִים חֵן, וְאֵין נִכְנָסִין בַּלֵּב שֶׁל זֶה שֶׁמְּבַקְשִׁין מִמֶּנּוּ, כְּאִלּוּ אֵין בְּלִבּוֹ מָקוֹם שֶׁיִּכָּנְסוּ הַדְּבָרִים בְּלִבּוֹ, מֵחֲמַת שֶׁאֵין לְהַמְבַקֵּשׁ חֵן, שֶׁיִּכָּנְסוּ הַדְּבָרִים בְּלִבּוֹ שֶׁל זֶה, שֶׁמְּבַקְשִׁין מִמֶּנּוּ.

אֲבָל עַל־יְדֵי הַתּוֹרָה, שֶׁעַל־יְדֵי־זֶה נִתְחַבְּרִין וְנִתְקַשְּׁרִין הַנ וְהַח כַּנַּ"ל, וְנַעֲשֶׂה חֵן, וְעַל כֵּן נִקְרֵאת הַתּוֹרָה (משלי ה): "יַעֲלַת חֵן",

simboliza aquéllas personas cuyo único interés es seguir los deseos de su corazón (ver notas 25, 26).

El Talmud enseña: Cuando la persona tiene temor al Cielo, sus palabras son escuchadas (*Berajot* 6b). Este temor, aceptando el yugo del Cielo, es perfeccionar la *nun*. El *Biur HaLikutim* explica que cuando el corazón está abierto para recibir *Jojmá*, también está abierto y dispuesto a recibir los pedidos y peticiones de los demás. Pero aquel que elige seguir los deseos de su corazón llena su corazón de locura. Su corazón ya no tiene más lugar para reflejar la *Jojmá*. Por el contrario, su corazón está cargado de pensamientos inútiles y de cosas sin sentido. El corazón es así un canal que o bien refleja o bien obstruye la sabiduría superior. Esto se debe a que el corazón es tanto el asiento de la buena inclinación como de la mala inclinación. Cuando se es digno, la buena inclinación hace que se revele *Jojmá*. Pero cuando prospera el mal, entonces la locura... (*Biur HaLikutim* 11). De aquí aprendemos que para que los pedidos sean aceptados, el corazón de aquél a quien se solicita debe tener lugar para el pedido. El Rebe explicará cómo es que la gracia y el encanto dejan una impresión y forman un lugar en el corazón del otro.

44. iaalat JeN. "La Torá les da gracia a aquéllos que la estudian" (arriba, sección 1, nota 5). Esto se debe a que le da fuerzas al Reinado de Santidad, la *nun*, permitiéndole traer *Jojmá*, la *jet*. Se enseña entonces que la Torá da *jen*, gracia y encanto. El *Iekara DeShabata* agrega que la mitzvá del estudio de la Torá se aplica tanto al día como a la noche (cf. Ioshúa 1:8). Como se mencionó, el día es simbólico de la inteligencia interna, mientras que la noche es símbolo de la fe. Estudiar Torá día y noche une así la *jet* con la *nun*, creando *jen*.

Como se explicó (nota 32), aunque el faraón intentó destruir al pueblo judío, todos los pensamientos de desesperación se disiparon cuando Moshé reveló que Dios tenía la intención de darles la Torá (la *jet*) luego de su redención. Mediante su fe (la *nun*) fueron capaces de

transgresores en ellos caerán".[40] Esto es, por medio de "los caminos de Dios", es decir, la Torá, "los justos", que se unen al Reinado de Santidad, se fortalecen y reciben poder. "...mas los transgresores en ellos caerán" corresponde al Reinado de Mal, es decir la mala inclinación, que cae y es sometida por medio de la Torá, como se dijo más arriba.[41]

3. Y por medio de esto son aceptadas todas las plegarias y las súplicas.[42] Pues el motivo principal por el cual no son aceptados los pedidos es que las palabras carecen de gracia y no penetran en el corazón de aquél a quien están dirigidas.[43] Es como si no hubiese lugar en su corazón para que entren las palabras, pues al que pide le falta la gracia necesaria para que las palabras entren en el corazón de aquél a quien le está pidiendo.

Pero, por medio de la Torá, a través de la cual se juntan y se unen la *Nun* y la *Jet*, se produce *JeN* (gracia). Es por esto que la Torá es llamada "*iaalat JeN*".[44] La persona merece entonces que sus palabras

---

40. **los caminos de Dios...en ellos.** "Los caminos de Dios" a los cuales hace referencia el versículo son de hecho uno solo: el camino de la Torá. Las Escrituras indican que este sendero tiene un doble poder. Fortalece al recto, a la buena inclinación, al tiempo que hace que tropiecen los pecadores, la mala inclinación.

41. **por medio de la Torá, como se dijo más arriba.** Resumen: Por medio de la Torá, las palabras adquieren gracia e importancia y de esta manera son aceptadas las plegarias y las súplicas (#1). Para esto la persona debe centrarse en el *pnimiut*, la espiritualidad, que se encuentra en todas las cosas de la creación. Esta inteligencia interna corresponde a los conceptos de Iaacov, del primogénito, de *Jojmá*, del sol, de la *jet* y de *jiut* (vida), y sólo puede ser alcanzada por medio de la *nun*, *Maljut*. Sin embargo también existe un *Maljut* del Otro Lado, que hace que la gente se deje llevar por las pasiones en lugar de centrarse en la inteligencia interna que se encuentra en toda la creación. Sólo mediante el estudio de la Torá con entusiasmo es posible quitarle fuerzas a este *Maljut* y fortalecer al *Maljut* de Santidad, uniendo de esta manera la *nun* con su fuente, la *jet* (#2).

42. **por medio de esto son aceptadas.** El Rebe Najmán comenzó esta lección hablando sobre realzar y elevar el *jen* (la gracia) y la importancia del pueblo judío. La sección anterior explicó los dos componentes de la palabra *jen* (חן): la *jet* (ח) y la *nun* (נ). Cuando estas dos letras se unen, por medio del estudio de la Torá con entusiasmo, se fortalece el Reinado de Santidad. Aquí el Rebe explica cómo esto hace que aumente la gracia de los judíos y cómo son entonces aceptadas sus plegarias y súplicas.

43. **no penetran en el corazón....** El Rebe Najmán comenzó con *Jojmá*, la inteligencia interna, y entonces trató el tema de *Maljut*, la fe, el recipiente necesario para poder contener la inteligencia interna. Aquí, introduce el concepto del corazón. Como se mencionó previamente (nota 16), la *jiut*/*Jojmá* está oculta dentro de *Biná* y *Biná* corresponde al corazón (ver *Tikuney Zohar*, Segunda Introducción). El Rebe Najmán también se refirió al corazón cuando explicó que Esaú

וַאֲזַי זוֹכֶה שֶׁדְּבָרָיו הֵם דִּבְרֵי חֵן, וַאֲזַי נִתְקַבְּלִין דְּבָרָיו וּבַקָּשׁוֹתָיו, כְּמוֹ מִי שֶׁמְּדַבֵּר דִּבְרֵי חֵן, שֶׁנִּכְנָסִין הַדְּבָרִים בְּלֵב הַמִּתְבַּקֵּשׁ, דְּהַיְנוּ זֶה שֶׁמְּבַקְשִׁין מִמֶּנּוּ.

וְזֶה בְּחִינַת ת. הַיְנוּ עַל־יְדֵי שֶׁנִּתְחַבְּרוּ וְנִתְקַשְּׁרוּ הַחֵי"ת וְהַנּוּ"ן וְנַעֲשָׂה בְּחִינַת חֵ"ן – עַל־יְדֵי־זֶה נַעֲשָׂה בְּחִינַת תָּ"ו, שֶׁהוּא לְשׁוֹן חֲקִיקָה וּרְשִׁימָה, כְּמוֹ שֶׁכָּתוּב (יחזקאל ט): "וְהִתְוִיתָ תָּ"ו", כִּי עַל־יְדֵי הַחֵן נֶחְקַק וְנִרְשָׁם מָקוֹם בְּלֵב הַמִּתְבַּקֵּשׁ לְקַבֵּל הַבַּקָּשָׁה, כִּי עַל־יְדֵי הַחֵן נִתְקַבְּלוּ דְבָרָיו.

נִמְצָא, שֶׁבְּחִינַת הַחֵ"ן חָקַק מָקוֹם בְּלֵב זֶה שֶׁמְּבַקְשִׁין מִמֶּנּוּ, כְּדֵי שֶׁיִּכָּנְסוּ דְבָרָיו בְּלִבּוֹ, וִיקַבֵּל בַּקָּשָׁתוֹ. וְהַחֲקִיקָה וּרְשִׁימָה זֶה בְּחִינַת תָּ"ו כַּנַּ"ל וְזֶהוּ (קהלת ט): "דִּבְרֵי חֲכָמִים בְּנַחַת נִשְׁמָעִים". נַחַת דַּיְקָא, הַיְנוּ בְּחִינַת חֵן הַנַּ"ל וְהַת הַנַּ"ל, וְעַל־יְדֵי־זֶה נַעֲשֶׂה אוֹתִיּוֹת נַחַת, וְאָז נִשְׁמָעִים דְּבָרָיו, וְנִתְקַבֵּל בַּקָּשָׁתוֹ כַּנַּ"ל.

48. **JeN y Tav...NaJaT....** El Rebe Najmán concluye esta sección explicando cómo "por medio de la Torá..." todas nuestras plegarias y pedidos son aceptados. La *jen* (חן) y la *Tav* (ת) se combinan para formar la palabra *NaJaT* (נחת). Como dicen las Escrituras, "Las palabras de los sabios son escuchadas [porque están dichas] *be najat* (con suavidad)". Ellas tienen encanto (*jen*) y hacen una marca (*tav*) en el corazón de aquél a quien se le está pidiendo. Sus palabras son por tanto oídas y aceptadas. En nuestro contexto, el versículo se lee así: **Las palabras -** *Maljut* de Santidad (que corresponde a la boca, ver *Tikuney Zohar*, Segunda Introducción); **de los sabios -** se fortalecen gracias a aquéllos que buscan la sabiduría y la inteligencia interna en todo; **son escuchadas -** las plegarias y súplicas son aceptadas; **porque están dichas *be najat -*** pues la Torá que estudian trae *jen* y forma una *tav*. El *Parparaot LeJojmá* agrega que es por esto, que el Targúm traduce "las palabras... *be najat* (con suavidad)" como: "Las palabras/plegarias de los sabios son aceptadas ante el Señor del Universo". El *Biur HaLikutim* indica que cuanto mayor sea la falta que la persona deba superar en su desarrollo espiritual, más grande será su avance al superarla. Esto podemos aprenderlo de la *nun*, que aunque inicialmente es símbolo de una carencia, *Maljut*, al completarse se une con la *jet*, expandiéndose en dos letras. Lo que es más, estas dos letras juntas forman la *tav*, letra cuyo valor numérico es el más grande. Así, el producto de la *nun* (=50) y de la *jet* (=8) es *tav* (=400; ver Apéndice: Tabla de Guematria).

El *Be Ibey HaNajal* ve también en esto la interrelación entre la Torá y la plegaria. La Torá es verdadera sabiduría, la *jet*. La plegaria es *Maljut*, la *nun* (ver *Likutey Moharán* I, 7:1). Al unir la Torá con la plegaria se produce la gracia, tan esencial para la supervivencia del judío. Trae la referencia entonces de que ésta era la directiva del Rebe Najmán: transformar la Torá

sean palabras de gracia y de este modo sus palabras y pedidos son aceptados. Como sucede cuando alguien habla con *jen*, el tema penetra en el corazón de aquél a quien se dirige, es decir, de aquél a quien le pide.

Éste es el concepto de la *tav*. Es decir, cuando la *Jet* y la *Nun* se juntan y se unen, produciendo *JeN*, se forma la *TaV*.[45] Esto sugiere grabar y marcar, como en (Ezequiel 9:4), "y *hiTVita TaV* (graba una marca)".[46] Por medio de la *jen*, se cava y se marca un espacio en el corazón de aquél a quien se le está solicitando aceptar el pedido. Pues como resultado de la gracia, sus palabras son aceptadas.[47]

Así es que la *jen* graba un espacio en el corazón de aquél a quien se le está pidiendo, a fin de que las palabras puedan entrar en su corazón y hacer que el pedido sea aceptado. Este grabar y marcar es el concepto de la *tav*. Éste es el significado de (Eclesiastés 9:17), "Las palabras de los sabios son escuchadas [porque son dichas] *benajat* (con suavidad)". Específicamente *najat*, es decir, el aspecto de *JeN* y de *Tav* que juntas deletrean *NaJaT*. Entonces sus palabras son escuchadas y su pedido es aceptado.[48]

---

superar al faraón. Como relatan las Escrituras, "Dios hizo que el pueblo judío encontrara *jen* a los ojos de los egipcios" (Éxodo 12:36). Como resultado, al salir se llevaron con ellos todas las bendiciones, es decir, la riqueza de los egipcios.

45. **se hace la TaV.** Uniendo la letra *nun* (נ) a la pata izquierda de la letra *jet* (ח), se forma la letra *tav* (ת) (*Be Ibey HaNajal*). El Rebe explica ahora su significado.

46. **graba una marca.** Dios instruyó al ángel Gabriel para que grabara una marca en la frente de los justos de Jerusalem. Esta *tav* sería una señal de protección, para reconocerlos en el momento de la destrucción que estaba por ocurrir. La letra *tav* denota así grabar o marcar. Explayándose en la orden de Dios al ángel Gabriel, el Talmud concluye que de hecho la letra *tav* fue grabada sobre todos los residentes de Jerusalem. ¿Por qué? Porque la letra *Tav* hace referencia a *Tijié* (vivirás) y también a *Tamut* (morirás) (*Shabat* 55a). En nuestro contexto, la letra *Tav* alude a la Torá, de la cual dicen las Escrituras, "Los caminos de Dios... los justos andan en ellos mientras que los pecadores tropiezan". Como se explicó, al combinar la *Jet* con la *Nun*, uno obtiene *jen*. Y esta combinación forma la *Tav*. Más específicamente, cuando uno observa la Torá, cuando anda en los caminos de Dios, su *tav* es una fuente de vida. Pero cuando se utiliza el conocimiento para ir en contra de Dios y de Su Torá, cuando se desprecia el verdadero conocimiento, entonces la *tav* sólo conduce a la muerte, como le sucedió a Esaú (*Biur HaLikutim*).

47. **Por medio de la jen....** "Por medio de la Torá", es decir, estudiando Torá con entusiasmo, uno obtiene una medida de gracia y de encanto, que realza sus palabras. El *Parparaot LeJojmá* indica que también sucede lo contrario. Cuando uno desprecia la sabiduría, es decir se aleja de la Torá, su gracia y su encanto se desvanecen y sus peticiones no son aceptadas ni respondidas.

וְעַל כֵּן יַעֲקֹב שֶׁהוּא בְּחִינַת הַשֵּׂכֶל כַּנַּ"ל, עַל כֵּן זָכָה לְחֵן, כְּמוֹ שֶׁכָּתוּב (בראשית ל"ג): "כִּי חַנַּנִי אֱלֹקִים" וְכוּ'; וְעַל כֵּן בֵּרַךְ אֶת הַשְּׁבָטִים בְּחֵן, כְּמוֹ שֶׁכָּתוּב (שם): "הַיְלָדִים אֲשֶׁר חָנַן" וְכוּ'; וּבִנְיָמִין לֹא הָיָה אָז. וְעַל כֵּן בֵּרְכוֹ יוֹסֵף בְּחֵן, כְּמוֹ שֶׁכָּתוּב (שם מ"ג): "אֱלֹקִים יָחְנְךָ בְּנִי".

rir. Debería dejar de lado su sabiduría y basarse sólo en la fe (*Torat Natán* #6). Iaacov poseía ambas, la *jet* y la *nun*, mereciendo así la gracia.

En esta sección, el Rebe Najmán demostrará cómo la lección se relaciona también con el contexto histórico de la perpetua lucha de Iaacov por sobrevivir ante Esaú. Como se mencionó (nota 11), las enseñanzas de Breslov ponen especial énfasis en la aplicación práctica de la Torá. En esta lección, el Rebe enseña cómo realzar la gracia del judío, que es Iaacov, ante los ojos de los Esaú de hoy en día.

50. **otorgado gracia.** Mientras Iaacov aún estaba trabajando para Laván, Dios se le apareció y le ordenó que retornase a su casa (Génesis 31:3). En esencia, esta visión fue un logro de nueva sabiduría, de nueva Torá. En el viaje de retorno, Iaacov se enteró del nefasto plan de Esaú de atacarlo con 400 hombres y vengar su pérdida de la primogenitura y de las bendiciones. Y Iaacov oró: "Dios de mi padre... Tú Mismo me dijiste, 'Retorna a la tierra donde naciste'... Por favor, sálvame de la mano de mi hermano, de Esaú... No sea que venga y ataque, a la madre con los hijos" (ver Génesis 32). Iaacov temía que Esaú utilizara su propia *tav* (=400), la marca de la espada, de la muerte y de la destrucción, en oposición a la marca de vida que él mismo simbolizaba. Su plegaria para recibir ayuda y poder retornar a la tierra de sus padres fue así un pedido para cumplir con su estudio de Torá (la directiva de Dios). De esa manera, antes de encontrarse con Esaú, Iaacov logró el estudio de la Torá y la plegaria. En consecuencia mereció *jen*. Y así, en lugar de dañar a Iaacov, Esaú cayó sobre su hermano con abrazos y besos (*Be Ibey HaNajal*).

51. **Los niños...ha agraciado a tu siervo.** Habiendo orado para que Esaú no dañara a sus hijos, Iaacov los bendijo con *jen* y frustró así la conjura de Esaú para aniquilarlos (*Be Ibey HaNajal*). En nuestro contexto, este versículo puede leerse alternativamente como una sutil advertencia de Iaacov a Esaú indicándole que Dios ya les había conferido a sus hijos la necesaria protección al otorgarles *jen*.

52. **Biniamin...gracia, hijo mío.** Enseña el Midrash: el atributo de *jen* fue otorgado a los progenitores de cada una de las once tribus (que estaban con su padre cuando Iaacov se encontró con Esaú). ¿Qué sucedía entonces con el decimosegundo hijo de Iaacov, Biniamin, que aún no había nacido? Iosef lo bendijo más tarde con *jen* (*Bereshit Rabah* 78,10).

La importancia que las Escrituras le asignan al *jen*, relatando que tanto Iaacov como Iosef se tomaron la tarea de hacer descender esta bendición sobre Israel, requiere de un estudio más profundo. El *Biur HaLikutim* ofrece la siguiente y poco usual explicación: Iaacov, como hemos visto, personifica la sabiduría, la inteligencia interna. Corresponde así a la *jet*, al sol. Igual que el sol, le da luz a la Luna, iluminándola con su sabiduría. La Luna, la *nun*, está personificada en los doce hijos de Iaacov, que corresponden a los doce meses lunares. (De aquí que el pueblo judío se rija por el calendario lunar). En el calendario judío, el año intercalar se

4. Por lo tanto Iaacov, que es el aspecto de la inteligencia interna, mereció gracia.⁴⁹ Como está escrito (Génesis 33:11), "Dios *JaNani* (me ha otorgado gracia)".⁵⁰ Él bendijo por lo tanto a las tribus con *JeN*, como en (*ibid.* 33:5), "Los niños con los cuales el Señor ha *JaNan* (agraciado) a tu siervo".⁵¹ Y Biniamin, quien no estaba allí en ese momento, fue bendecido con gracia por Iosef, como está escrito (Génesis 43:29), "Que el Señor *iaJNeja* (te otorgue gracia), hijo mío".⁵²

---

en plegaria. Esto es, la persona debe siempre componer plegarias a partir de lo que estudia en la Torá y pedirle a Dios ser digno de merecer cumplir esa enseñanza lo más plenamente posible (ver *Likutey Moharán* II, 25).

Éste, de hecho, fue el gran logro de Moshé. Moshé estuvo cuarenta días en el monte Sinaí recibiendo la Torá (la *jet*). Al retornar al pueblo, advirtió que habían pecado contra Dios construyendo el Becerro de Oro. Aparentemente, Moshé había recibido la Torá para él mismo; los judíos eran incapaces de alcanzar el nivel de santidad necesario (ver *Likutey Moharán* I, 190). Moshé ascendió por segunda vez, para orar por el pueblo y por su falta espiritual (la *nun*). Obtuvo entonces *jen*, la combinación de la *jet* con la *nun*. Esto explica lo que dijo más tarde, al subir por tercera vez al Cielo. Moshé oró a Dios, comenzando con las palabras, "Tú dijiste que... he encontrado *jen* a Tus ojos. Ahora, si yo he encontrado *jen*..." (Éxodo 33:12,13). Con esto, Moshé formó la *tav*, la *Tav* indica *Teshuvá* (arrepentimiento) (*Bereshit Rabah* 22:12; *Shabat* 55a). Consecuentemente, las Segundas Tablas fueron dadas en Iom Kipur, el Día del Arrepentimiento. Entonces, todos los judíos merecieron *jen* a través de su aceptación de la Torá y de las numerosas plegarias de Iom Kipur (ver abajo, *Ieraj HaEitanim*). Esto también explica por qué Moshé llegó a tener un rostro brillante (nota 10) luego de su tercer ascenso hacia Dios y recién después de haber recibido la Torá para *todo* el pueblo judío.

Resumen: Por medio de la Torá, las palabras adquieren gracia e importancia y de esta manera son aceptadas las plegarias y las súplicas (#1). Para esto la persona debe centrarse en el *pnimiut*, la espiritualidad, que se encuentra en todas las cosas de la creación. Esta inteligencia interna corresponde a los conceptos de Iaacov, del primogénito, de *Jojmá*, del sol, de la *jet* y de *jiut* (vida), y sólo puede ser alcanzada por medio de la *nun*, *Maljut*. Sin embargo también existe un *Maljut* del Otro Lado, que hace que la gente se deje llevar por las pasiones en lugar de centrarse en la inteligencia interna que se encuentra en toda la creación. Sólo mediante el estudio de la Torá con entusiasmo es posible quitarle fuerzas a este *Maljut* y fortalecer al *Maljut* de Santidad, uniendo de esta manera la *nun* con su fuente, la *jet* (#2). La *jet* y la *nun* se unen para formar la *tav*, a través de la cual las palabras de la persona se graban y se marcan en el corazón de aquél a quien le pide. Esto se debe a que la *jet* y la *nun* forman *jen*, y junto con la *tav* conforman *najat*, por medio de la cual las palabras de los sabios son oídas y aceptadas. Así, por medio de la Torá (estudiada con entusiasmo), la *jet*, las plegarias y pedidos de la persona son aceptados y se realza la gracia e importancia de los judíos (#3).

49. Iaacov...la inteligencia interna, mereció gracia. Como se explicó (sección 2), Iaacov es la personificación de la inteligencia interna. Las Escrituras relatan que cuando Iaacov salió rumbo a la casa de Labán, el sol se puso más temprano (Génesis 28:11). Comenta el Rabí Natán: esto era una señal de que no debía esperar comprender a un nivel intelectual lo que habría de ocur-

וְדַוְקָא יוֹסֵף הָיָה יָכוֹל לְבָרְכוֹ בְּחֵן, כִּי יוֹסֵף הָיָה כָּלוּל בְּיוֹתֵר מִבְּחִינַת יַעֲקֹב, כְּמוֹ שֶׁכָּתוּב (שם ל"ז): "אֵלֶּה תֹּלְדוֹת יַעֲקֹב־יוֹסֵף"; כִּי הוּא הָיָה עִקַּר תּוֹלְדוֹתָיו. כִּי יַעֲקֹב וְיוֹסֵף כְּחַדָא חֲשִׁיבֵי.

וְעַל כֵּן נֶאֱמַר בְּיוֹסֵף (דברים ל"ג): "בְּכוֹר שׁוֹרוֹ הָדָר לוֹ". 'בְּכוֹר' הוּא בְּחִינַת הַשֵּׂכֶל כַּנַּ"ל. וְזֶהוּ 'שׁוֹרוֹ' - לְשׁוֹן הִסְתַּכְּלוּת, כִּי צְרִיכִין לְהִסְתַּכֵּל בְּהַשֵּׂכֶל שֶׁיֵּשׁ בְּכָל דָּבָר כַּנַּ"ל. וְזֶהוּ הָדָר לוֹ - תִּרְגֵּם אוּנְקְלוֹס: זִיו לֵיהּ - לְשׁוֹן אוֹר. כִּי הַשֵּׂכֶל מֵאִיר לוֹ בְּכָל

letra *vav* que no puede ser enunciada sin pronunciar una segunda *vaV* (*Zohar* I, 182b; *Nitzutzei Orot*, 1). A partir de lo dicho vemos que Iaacov y Iosef son considerados como uno solo. Así, tal como Iaacov tenía el poder de conferir *jen*, también Iosef podía conferir *jen*. El *Parparaot LeJojmá* agrega que vemos que al bendecir a Iosef, Iaacov se refirió a él como "un hijo con *jen*" (*Rashi*, Génesis 49:22).

En todas las diferentes ramas de las enseñanzas de la Torá, Iosef es visto como la personificación del verdadero Tzadik. Esto se debe a que Iosef es un paralelo de *Iesod*, la *sefirá* que denota las cualidades encarnadas por el Tzadik. El Rebe Najmán enseña en otra instancia que el Tzadik siempre trata de revelar y resaltar la verdadera belleza de cada alma judía (*Likutey Moharán* I, 17:1). Al afirmarse aquí que fue Iosef específicamente quien le confirió *jen* a Biniamin, el Rebe indica que los verdaderos Tzadikim de cada generación son los únicos que tienen el poder de resaltar la gracia del pueblo judío.

56. **Primogénito...más arriba.** Ver la sección 2, nota 12. Iosef es llamado "el primogénito" porque de todos sus hermanos fue él quien adquirió la primogenitura cuando le fue negada a Rubén. De este modo, Iosef tomó las dos porciones que acompañan el derecho del primogénito; sus hijos Menashé y Efraím tomaron dos lugares entre las tribus.

57. **shor...sugiere mirar....** La palabra *ShoR* (toro) también connota mirar, como en (Números 24:17), "...*aShuRenu* (lo veo), pero no está cerca". Esto sugiere centrarse en la *Jojmá* de cada cosa. "Lo veo", al nivel de *Maljut/nun*, "pero no está cerca", pues el nivel de *Jojmá* es muy elevado y exaltado. En virtud de esta cualidad, de *centrarse* en la sabiduría, Iosef obtuvo la primogenitura.

58. **brillo...luz.** Rashi explica que la palabra *bejor* (primogénito) implica grandeza y reinado (*Maljut*). En nuestro contexto, esto indica la grandeza, el brillo de *Jojmá*, que sólo puede ser alcanzado cuando se une con *Maljut*. Fue por eso que Iosef, el *bejor*, mereció más tarde una inestimable grandeza como segundo en el gobierno de Egipto. *Rashi* agrega que *bejor* también es una referencia a Ioshúa. Tal como el Rebe Najmán menciona en otra parte (*Likutey Moharán* I, 6:5), Ioshúa era la luna, y Moshé era el sol. También Ioshúa mereció la grandeza, como líder (rey) del pueblo judío. Esto se debió a su capacidad de reflejar la gran luz y la sabiduría de su maestro Moshé a través del aspecto de la luna, de la *nun* (arriba, nota 10).

Y fue específicamente Iosef quien pudo bendecirlo con *jen*.[53] Pues Iosef, más que ningún otro, correspondía al aspecto de Iaacov, como en (Génesis 37:2), "Éstas son las descendencias de Iaacov: Iosef".[54] Él era la esencia de las descendencias [de Iaacov], pues Iaacov y Iosef son considerados como uno solo (Zohar I, 176b).[55]

Se dice por lo tanto de Iosef: "El primogénito de su *shor* (toro), la grandeza es suya" (Deuteronomio 33:17). "Primogénito" corresponde a la inteligencia interna, como se dijo más arriba.[56] Y esto es "su *shor*", que sugiere mirar. Pues es necesario contemplar la inteligencia interna de cada cosa.[57] Onkelos traduce "la grandeza es suya" como "el brillo es suyo", una expresión de luz.[58] Pues la inteligencia interna brilla para él en

---

caracteriza por incluir un decimotercer mes, indicando la división de la tribu de Iosef en dos: sus hijos Menashé y Efraím (a quienes se les asignó plena representación entre las tribus). Ahora bien, el motivo por el cual se agrega un mes lunar es para alinear el ciclo lunar con el ciclo solar, de forma que las festividades de Pesaj y de Sukot caigan en sus respectivas estaciones. En el contexto de nuestra lección, ésta es la unión de la *nun* (lunar) con la *jet* (solar). Esto también explica por qué la letra *nun* aparece dos veces en el nombre BiNiamiN (el último hijo de Iaacov): para completar la *nun*/*Maljut* (la última *sefirá*) en su plenitud. También puede inferirse que Biniamin, que aún no había nacido cuando Iaacov confirió la bendición de *jen*, simboliza a todos los futuros descendientes de Iaacov. Así, el pueblo judío en su totalidad corresponde a la *nun*, a la fe, reflejando la sabiduría de sus Patriarcas, quienes alcanzaron la verdadera inteligencia interna. Es por esto que era imperativo que cada tribu tuviera *jen*, pues cada tribu (a su modo singular) reflejaba la gran sabiduría/inteligencia interna de Iaacov (notas 20-23).

53. **específicamente Iosef....** Aquí el Rebe Najmán explica por qué específicamente Iosef, más que cualquier otro de sus hermanos, tuvo que ser el que le confiriera *jen* a Benjamín.

54. **descendencias de Iaacov: Iosef.** Existen varias razones por las cuales las crónicas de la vida de Iaacov y de las generaciones que engendró dependieron de Iosef. Primero, el factor esencial que hizo que Iaacov trabajase para Laván fue su deseo de casarse con Rajel, la madre de Iosef. Los rasgos faciales de Iosef eran muy similares a los de su padre. Más aún, los eventos de la vida de Iosef fueron un paralelo de los de la vida de Iaacov. Así como uno fue odiado, también lo fue el otro; el hermano de Iaacov quiso matarlo y los hermanos de Iosef también intentaron matarlo, etc. (*Rashi, loc. cit.*).

55. **son considerados como uno.** El *Zohar* enseña que en la jerarquía de las *sefirot*, Iaacov es un paralelo de *Tiferet* y Iosef de *Iesod* (ver Apéndice: Los Siete Pastores Superiores). *Tiferet* es conocida como la *vav* (=6), porque abarca a las seis *sefirot* de *Zeir Anpin*. También *Iesod* es conocido como la *vav*, siendo la sexta *sefirá* de las siete *sefirot* inferiores (ver Apéndice: Las Personas Divinas). En la Kabalá, estas *sefirot* son conocidas como la *vav* "grande" y la *vav* "pequeña". Una es paralela de la otra y ambas son inseparables. Aquello que puede hacer *Tiferet*, también lo puede hacer *Iesod* (en una escala menor). Esto está sugerido por la misma

דָּבָר; אֲפִלּוּ בְּמָקוֹם שֶׁהָיָה אֹפֶל וָחֹשֶׁךְ, מֵאִיר לוֹ הַשֵּׂכֶל, כְּשֶׁזּוֹכֶה לְהִסְתַּכֵּל עַל הַשֵּׂכֶל שֶׁיֵּשׁ שָׁם בְּכָל דָּבָר וּמְקָרֵב אוֹתוֹ לְהַשֵּׁם יִתְבָּרַךְ.

pecado del Becerro de Oro fueron reemplazados por los Cohanim). Sin embargo, Esaú *nunc*a creyó en la posibilidad de elevar algo material al ámbito de lo espiritual, como cuando se ofrecía un sacrificio. En esto estaba gravemente equivocado. El término hebreo para sacrificio, *KoRBan*, es similar a *KaReV* (sin un punto vocal la letra *bet* se lee *vet*), que significa "acercar". Pues el sacrificio simboliza elevar la cualidad animal, los bajos deseos o pasiones, a un nivel más elevado; aquél que trae la ofrenda se eleva por sobre su apego al materialismo y se acerca a Dios. ¿Qué fue lo que hizo que Esaú rechazara todo esto? Su pasión por el mundo material, como dice el versículo de Proverbios (18:2) que nuestra lección aplica a Esaú: "El insensato no se deleita en la inteligencia, sino en poner de manifiesto su corazón". Esaú pensó que al renunciar a las recompensas del Mundo que Viene disfrutaría más de todos los beneficios y la abundancia de este mundo (comida, riquezas, etcétera). Pero, como relatan las Escrituras, fue de hecho Iaacov quien, al adquirir la primogenitura, eligiendo el Mundo que Viene por sobre este mundo, recibió también las bendiciones para la prosperidad material. En vez de buscar satisfacer los deseos de su corazón, él eligió el sendero de la comprensión, el camino en el cual lo material es secundario y subsidiario de lo espiritual. Iaacov eligió la sabiduría, que abarca todo. Fue por esto que, cuando Esaú comprendió que también las bendiciones para lo material le habían sido quitadas, montó en cólera e intentó matar a su hermano Iaacov.

Las Escrituras relatan entonces que Iaacov huyó de Esaú, buscando refugio en el hogar de su tío, Laván. En el camino se detuvo en la academia de Torá de Shem, donde pasó catorce años inmerso en el estudio. Al reanudar su viaje hacia la casa de Laván, llegó al lugar donde un día se construiría el Santo Templo, el sitio donde se ofrecerían los sacrificios. Allí se puso el sol, señal de que Iaacov no debería esperar comprender intelectualmente lo que iba a tener lugar, sino que debía dejar de lado su sabiduría y basarse sólo en la fe (ver nota 49). Y allí soñó con la escalera apoyada sobre la tierra con su parte superior que llega hasta el cielo; eso sirvió para indicarle a Iaacov que incluso lo mundano y lo corpóreo tiene su fuente Arriba, en los mundos superiores. Así, lo material puede ser unido a lo espiritual, en la medida en que uno reconozca en ello la sabiduría y la inteligencia. Dios le prometió entonces a Iaacov que Él lo protegería, pues cuidar el intelecto es el único camino para alcanzar de manera apropiada la sabiduría espiritual de cada cosa; y el trabajo de conectar lo material a lo espiritual es el que más necesita de esta protección. Es por esto que cuando Iaacov llegó a la casa de Laván, se hizo pastor, "guardián" de las ovejas, centrándose en la inteligencia interna de cada cosa y conectándola con su fuente. Pero Laván era una persona ruin, buscaba toda clase de oportunidades para engañar a Iaacov y utilizar su astucia contra su sobrino. Sin embargo, como más arriba enseña el Rebe Najmán, el nombre *Iaacov* sugiere sabiduría. Esto incluye la habilidad de ser más listo que otra persona cuando es necesario. Debido a que él conectaba todo con su fuente, Iaacov fue capaz de anticiparse y anular los planes de Laván.

Al retornar a su hogar luego de residir veinte años en la casa de Laván, Iaacov se enteró de que Esaú venía a su encuentro junto con una banda de 400 hombres. Iaacov le envió a Esaú el siguiente mensaje: "Yo viví con Laván, pero aun así cumplí toda la Torá. Tengo ganado y burros, ovejas...". Esto es, él quería que Esaú supiera que a lo largo de todos esos años en que no se habían visto, él, Iaacov, había protegido exitosamente su intelecto centrándose en la inteligencia

cada cosa.⁵⁹ Incluso en un lugar ensombrecido y oscuro⁶⁰ la inteligencia interna brilla para él, cuando él merece contemplar la inteligencia interna que se encuentra en cada cosa, y lo acerca a Dios.⁶¹

59. **inteligencia interna brilla...en cada cosa.** El versículo se traduce entonces en nuestro contexto como sigue: Iosef obtuvo el lugar del **primogénito**, el derecho de primogenitura/*Jojmá*/ *reshit* debido a **su shor**, pues él siempre se centraba en la búsqueda de la inteligencia interna (Divinidad) de cada cosa; y como resultado, **la grandeza es suya**, esta sabiduría ilumina su camino y lo guía por el sendero correcto.

60. **un lugar que ha estado ensombrecido y oscuro.** Enseñaron nuestros sabios: Iosef se sacrificó en nombre del Cielo y mereció que una letra del nombre de Dios se agregara a su propio nombre (*Sotá* 36b). Esto sucedió cuando Iosef se encontraba en un lugar "ensombrecido y oscuro", a solas con la mujer de Potifar, quien intentaba seducirlo. El Talmud (*Ibid.*) relata que en el último minuto, el rostro de Iaacov se le apareció a Iosef y esto le permitió superar su mala inclinación. Al centrarse en la inteligencia interna, es decir, en el rostro de Iaacov, que podía encontrarse incluso en esa situación, Iosef superó la prueba y santificó el nombre de Dios (*Parparaot LeJojmá*).

En la próxima sección, donde se explica la historia de Raba bar bar Janá, el Rebe Najmán se refiere a una de las maneras más crueles con que la mala inclinación atrapa a la gente: haciéndose pasar por una mitzvá. Esto agrega mucho a nuestra comprensión de la prueba de Iosef. Los astrólogos le habían dicho a la esposa de Potifar que estaba destinada a tener descendencia de Iosef. Lo que no estaba claro es si ello sucedería a través de ella o de su hija (como más tarde sucedió; Génesis 41:45). En ese caso, su intención de tener relaciones con Iosef era "en aras del Cielo" (*Rashi*, Génesis 39:1). ¡Ella consideraba su seducción como una mitzvá! Sin embargo, Iosef al final se salvó gracias a su temor al Cielo. "¿¡Cómo puedo cometer este acto malvado y cometer una transgresión contra Dios!?" le dijo a ella (Génesis 39:9). Iosef siempre se había centrado en la sabiduría que se halla en cada cosa, utilizándola para acercarse a Dios. Fue entonces capaz de entrever la intención de la "mitzvá" que le había propuesto la esposa de Potifar. En lugar de sucumbir al pecado, santificó el nombre de Dios (*Likutey Moharán* I, 7, nota 47).

61. **lo acerca a Dios.** También a la luz de esta lección podemos comprender mejor la batalla entre Iaacov y Esaú, y las historias resultantes que relatan las Escrituras. Su lucha no fue sólo por la primogenitura, sino sobre cuál de los dos poseía la verdadera sabiduría y quedaría por tanto con todas las bendiciones y la riqueza que provee la sabiduría. Previamente (sección 2), el Rebe Najmán citó el versículo (Eclesiastés 7:12), "Porque la sabiduría es una defensa y el dinero es una defensa; pero la preeminencia del conocimiento consiste en esto, que la sabiduría da vida a quien la posee". La sabiduría otorga vida. Fue por esta bendición que lucharon Iaacov y Esaú. El *Biur HaLikutim* hace notar que las letras de *BeJoR* (בכר, primogénito) y *BeRaJá* (ברכה, bendición) son las mismas. Aquél que obtiene sabiduría, la bendición es suya.

Escribe el Rabí Natán: Esaú negó totalmente la creencia en el Mundo que Viene. "Voy a morir", dijo, "¿de qué me sirve la primogenitura?" (Génesis 25:32). En lugar de la vida, eligió la muerte, el desprecio de la primogenitura y el rechazo de la sabiduría. No podía concebir que en la creación hubiera algo más que el mundo material que percibían sus ojos. *Rashi* (*loc. cit.*) explica que el servicio sacerdotal a Dios, incluyendo el sacrificio de animales sobre el altar para la expiación del pecado, fue originalmente el derecho del primogénito. (Recién luego del

וְזֶה פֵּרוּשׁ מַה שֶּׁאָמַר רַבָּה בַּר בַּר חָנָה (בבא בתרא עג.):

הַאי גַּלָּא דְּמַטְבַּע לִסְפִינְתָּא מִתְחֲזֵי כִּי
צוּצִיתָא דְּנוּרָא חִוַּרְתָּא בְּרֵישָׁא. וּמָחִינַן לֵיהּ
בְּאַלְוָתָא דְּחָקִיק עֲלֵיהּ "אֶהְיֶה אֲשֶׁר אֶהְיֶה":

פֵּרֵשׁ רַשְׁבָּ"ם:
אֵשׁ לְבָנָה וּמַלְאָךְ
מַזִּיק הוּא.

גַּלָּא - הוּא הַיֵּצֶר הָרָע:

דְּמַטְבַּע לִסְפִינְתָּא - הוּא הַחֵן וְהַחֲשִׁיבוּת, לְשׁוֹן סָפוּן וְחָשׁוּב.
כִּי הַיֵּצֶר הָרָע רוֹצֶה לְהַטְבִּיעַ וּלְהַשְׁפִּיל, חַס וְשָׁלוֹם, בְּחִינַת הַחֵן
וְהַחֲשִׁיבוּת שֶׁל יִשְׂרָאֵל, בְּחִינַת מַלְכוּת דִּקְדֻשָּׁה.

וּמִתְחֲזֵי כִּי צוּצִיתָא דְּנוּרָא חִוַּרְתָּא בְּרֵישָׁא - כִּי מַתְחִלָּה הַיֵּצֶר

63. **Eié Asher Eié.** Eié es el santo nombre con el cual Dios Se le reveló a Moshé en la zarza ardiente (*Shavuot* 35a). Como relatan las Escrituras (Éxodo 3:13,14):

> Pero Moshé Le dijo a Dios: "He aquí que iré a los hijos de Israel y les diré: 'El Dios de vuestros padres me a enviado a vosotros', y cuando me preguntaren, '¿Cuál es Su nombre?', ¿qué les diré?".
>
> Y dijo Dios a Moshé: "*Eié Asher Eié* (Seré Quien Seré)".
>
> [Dios entonces explicó], "Así dirás a los hijos de Israel: '*Seré* me ha enviado a ustedes'".

La Kabalá explica que este nombre es un paralelo de la *sefirá* de *Keter*, la Corona de la Creación, es decir, el primer pensamiento de Dios o el primer impulso, por decirlo de alguna manera, que inició el proceso creativo. De aquí el uso del tiempo verbal futuro, "*Seré*", pues en el momento del impulso todo estaba aún en el futuro. Aprendemos del Midrash, del Talmud y del *Zohar* que este primer pensamiento se identifica con el concepto de Israel (*Bereshit Rabah* 1:4; *Berajot* 6a; *Tikuney Zohar* 17a). Esto coincide con lo que enseña el Rebe Najmán más arriba (sección 1, ver también notas 11-13), que Iaacov corresponde a *reshit* (primero) y al derecho del primogénito. A partir de la Kabalá sabemos que, con respecto al nivel más exaltado, Iaacov es conocido por su nombre alterno, Israel. Además, como se menciona más arriba, Dios llama al pueblo judío "Mi primogénito, Israel" (ver nota 32). (Identificar a Iaacov y a Israel con *reshit* es similar a definir a *Jojmá* y a *Keter* como la primera *sefirá*).

64. **ola....** La mala inclinación es llamada *gal* (ola) porque forma una pantalla y una separación delante de la santidad (*Kehilat Iaacov, Gal*). La mala inclinación seduce a la persona haciendo que ignore la inteligencia interna. Esto produce una caída en la gracia y en la importancia, el aspecto de *Maljut* (*Parparaot LeJojmá*).

65. **SeFiNta...SeFiN....** El término hebreo para designar un barco, *sefina* (*sefinta* en arameo), se asemeja al término arameo que designa importancia, *sefin*. En la historia, el barco alude a la importancia y a la gracia del pueblo judío, que la mala inclinación intenta hundir, volviéndolos indiferentes a la inteligencia interna de todas las cosas.

5. Ésta es la explicación de lo que dijo Raba bar bar Janá:⁶²

Esa ola que podría hundir un *sefinta* (barco) parecía tener una chispa de fuego blanco en su cresta. La golpeamos con un báculo en el cual estaba grabado *Eié Asher Eié* (*Bava Batra* 73a).⁶³

Rashbam:
chispa de fuego blanco - fuego blanco; es un ángel destructor.

ola - Ésta es la mala inclinación.⁶⁴

que podría hundir un *SeFiNta* - Ésta es la gracia y la importancia, como está sugerido por "*SeFiN* e importante" (*Moed Katán* 28a). La mala inclinación desea hundir y someter, Dios no lo permita, a la gracia y a la importancia del pueblo judío, el aspecto del Reinado de Santidad.⁶⁵

parecía tener una chispa de fuego blanco en su cresta - Inicialmente,

---

interna y en la espiritualidad que se encuentra en todas las cosas. Lo que es más, tenía abundantes bendiciones para mostrar. Él había elevado por lo tanto el *jen*, por lo que Esaú no podría dañarlo. Su "*tav*", formada por la *jen*, superaría a Esaú y a sus 400 (*tav*) hombres. Y así, por el contrario, en virtud de su gracia Iaacov encontró favor ante los ojos de Esaú (*Torat Natán* 12).

El *Be Ibei HaNajal* hace notar que Esaú había deteriorado la *jet*, la sabiduría. Al hacerlo, también había dañado la *nun*, el vehículo necesario para recibir la inteligencia interna. De ese modo se había negado a sí mismo la posibilidad de recibir las bendiciones.

Resumen: Por medio de la Torá, las palabras adquieren gracia e importancia y de esta manera son aceptadas las plegarias y las súplicas (#1). Para esto la persona debe centrarse en el *pnimiut*, la espiritualidad, que se encuentra en todas las cosas de la creación. Esta inteligencia interna corresponde a los conceptos de Iaacov, del primogénito, de *Jojmá*, del sol, de la *jet* y de *jiut* (vida), y sólo puede ser alcanzada por medio de la *nun*, *Maljut*. Sin embargo también existe un *Maljut* del Otro Lado, que hace que la gente se deje llevar por las pasiones en lugar de centrarse en la inteligencia interna que se encuentra en toda la creación. Sólo mediante el estudio de la Torá con entusiasmo es posible quitarle fuerzas a este *Maljut* y fortalecer al *Maljut* de Santidad, uniendo de esta manera la *nun* con su fuente, la *jet* (#2). La *jet* y la *nun* se unen para formar la *tav*, a través de la cual las palabras de la persona se graban y se marcan en el corazón de aquél a quien le pide. Esto se debe a que la *jet* y la *nun* forman *jen*, y junto con la *tav* conforman *najat*, por medio de la cual las palabras de los sabios son oídas y aceptadas. Así, por medio de la Torá (estudiada con entusiasmo), la *jet*, las plegarias y pedidos de la persona son aceptados y se realza la gracia e importancia de los judíos (#3). Pues cuando un judío (Iaacov) busca esta inteligencia interna, alcanza gracia para sí mismo y para todos sus futuros descendientes (Biniamin); siempre y cuando también busque al verdadero Tzadik y a los verdaderos líderes (Iosef), pues ellos son los únicos que pueden conferir la bendición de *jen* (#4).

62. **Ésta es....** El Rebe Najmán muestra ahora cómo los conceptos de esta lección están aludidos dentro del marco de la historia de Raba bar bar Janá.

הָרָע מִתְלַבֵּשׁ עַצְמוֹ בְּמִצְווֹת וּמַטְעֶה אֶת הָאָדָם כְּאִלּוּ מְסִיתוֹ לַעֲשׂוֹת מִצְוָה. וְזֶהוּ בְּחִינַת צוֹצִיתָא דְּנוּרָא חִוַּרְתָּא - אֵשׁ לְבָנָה, אַף־עַל־פִּי־כֵן מַלְאָךְ מַזִּיק הוּא.

וּמַחֲנִין לֵיהּ בְּאַלְוָתָא דְחָקִיק עֲלֵהּ אֶהְיֶה וְכוּ' - הַיְנוּ שֶׁעִקַּר הַכְנָעָתוֹ שֶׁל הַיֵּצֶר־הָרָע הוּא עַל־יְדֵי הַתּוֹרָה, שֶׁהִיא כֻּלָּהּ שְׁמוֹתָיו שֶׁל הַקָּדוֹשׁ־בָּרוּךְ־הוּא.

grandeza, y así, pensando que estaba más allá de las maquinaciones de la mala inclinación, Koraj se rebeló contra Moshé, el verdadero Tzadik... O también puede ocurrir que para lograr su objetivo la mala inclinación haga uso de la falsa piedad. Convencerá a la persona de que se encuentra lejos de Dios, y que de nada le sirven sus esfuerzos por acercarse. "Nunca podré arrepentirme de verdad", se convencerá piadosamente, "de modo que ¿para qué intentarlo?" La mala inclinación también ha aprendido el arte de la sustitución, de cómo reemplazar el bien con el mal. Es por esto que la apostasía (el abandono de la religión judía) es conocida como *leHaMeR dat*, de la palabra hebrea para designar sustitución, *HaMaRá*. La mala inclinación ni siquiera se detendrá en esto para alcanzar su objetivo (*Torat Natán* 15).

67. La llama es blanca...un ángel destructor. El Color blanco, que en hebreo es *laván*, denota pureza. De acuerdo con esto, alude al verdadero Tzadik y a *reshit*, el comienzo mismo de la creación. Pero "Dios hizo uno frente al otro" (ver nota 27). El hipócrita *Laván* se presentó así como blanco y puro, como si fuera uno de los verdaderos Tzadikim. Sin embargo, *Laván* es la otra manifestación del blanco: el blanco puro que indica lepra (Levítico 13). Esto enseña que la persona debe cuidarse mucho de su percepción personal de la verdad. Es necesario observar y buscar la inteligencia interna de todo, hasta que la verdad se muestre a sí misma (*Torat Natán* 22).

Con esto podemos comprender mejor las palabras del salmista: "El temor a Dios es el comienzo de la sabiduría; todos los que lo practican obtienen entendimiento" (Salmos 111:10). El Rebe Najmán citó más arriba sólo el comienzo del versículo, mostrando, a través de su lectura literal, que *reshit* es sabiduría. Ahora podemos comprender que el medio para adquirir esa sabiduría/*reshit* es el temor a Dios/la *nun*, es decir, aceptando el Reinado de Dios. En cuanto a las mitzvot, el Talmud indica que ellas proveen de inteligencia a "todos los que las practican"; no es suficiente con estudiar los preceptos, uno debe *cumplirlos* (*Berajot* 17a). Esto se debe a que la Torá fue entregada para ser estudiada, para que supiéramos cuál es la voluntad de Dios y cómo implementarla. La persona que haga esto buscará a Dios en todas las cosas, pues su única intención es servir a Su Creador a través de la sabiduría Divina que logre alcanzar. Practicará las verdaderas mitzvot y no será engañada por la "blancura" de las pseudo mitzvot. Por el contrario, el conocimiento de la persona que estudia sólo para su beneficio personal, aunque sea para ampliar su intelecto, será el origen de su realización errónea de las mitzvot. Es por esto que es esencial que uno adquiera primero la *nun*, el temor a Dios.

68. la derrota principal.... Ver arriba, sección 2 y notas 35-37.

69. nombres de Dios. La Kabalá está llena de ejemplos de cómo ciertas combinaciones de letras o de palabras hebreas aluden a una de las numerosas variaciones de los santos nombres

la mala inclinación se disfraza de buenas acciones. Engaña a la persona como si la estuviera urgiendo a cumplir con una mitzvá.[66] Éste es el significado de una chispa de fuego blanco. La llama es blanca; aun así, es un ángel destructor.[67]

La golpeamos con un báculo en el cual estaba grabado Eié Asher Eié - Es decir, la derrota principal de la mala inclinación se logra por medio de la Torá,[68] que está compuesta enteramente por los nombres de Dios.[69]

---

66. **se disfraza de buenas acciones...mitzvá.** La mala inclinación no realiza un ataque directo, proponiéndole abiertamente a la persona que peque (ver nota 60). En cambio, utiliza ciertas mitzvot y buenas acciones para sus propios fines. Esto es comparable a Esaú, quien engañó a su padre Itzjak. Esaú solía preguntarle, "¿Cómo es que se diezma la sal o la paja?" (que de hecho no están sujetas al diezmo), haciendo que su padre creyera que era meticuloso en el cumplimiento de las mitzvot (*Rashi*, Génesis 25:27).

Como se explicó, debido a que la inteligencia interna es tan grande, uno sólo puede alcanzarla a través del aspecto de la *nun*. Esta *nun* indica la restricción que la persona realiza sobre su intelecto; su conocimiento se afirma sobre una restricción apropiada del intelecto en su búsqueda de mayores percepciones. Simplemente, no intenta alcanzar aquello que se encuentra más allá de su capacidad de comprender. Esta restricción es de hecho y por sí misma una mitzvá. Pero la mala inclinación la da vuelta y la utiliza para convencer a la persona de que centrarse en la inteligencia interna es algo que está más allá de su capacidad y que por lo tanto le está prohibido intentar. De esta manera, engaña a la gente a través de lo que aparentan ser acciones buenas y correctas (*Parparaot LeJojmá*).

Aprendemos de esto cómo la inteligencia interna, a pesar de ser esencial, puede ser distorsionada de modo que la persona se aleje de la verdad. Iaacov representa la verdadera inteligencia interna. Aun así, la Escritura se refiere a él como "un hombre simple" (Génesis 25:27), un hombre que actuaba sin sofisticación. Sea cual fuere la directiva de la Torá, debemos aceptarla sin cuestionar, como un hombre simple. Ésta es la fe verdadera. (Consideremos, por otro lado, el ejemplo del Rey Shaúl. Dios le ordenó aniquilar totalmente a la nación amalequita. Pero Shaúl intelectualizó el decreto, teorizando sobre su verdadero significado y dejó con vida a Agag, el rey de los amalequitas. Generaciones más tarde esto casi llevó a la destrucción del pueblo judío a manos del descendiente de Agag, el malvado Hamán). Pues la única manera real de obtener verdadero conocimiento es a través de la absoluta simplicidad (*Parparaot LeJojmá*).

Escribe el Rabí Natán: De hecho, le es muy difícil a la mala inclinación sugerirle a la persona que cometa un pecado. El judío, en su raíz, está muy lejos del pecado. La mala inclinación toma por tanto un acercamiento disimulado y trata de convencer a la persona de que aquello que está por hacer es una mitzvá. La mala inclinación es de esta manera la antítesis de Iaacov. Esaú es quien simboliza el mal en su esencia y al mismo tiempo es Laván quien ejemplifica la trampa y el ardid mediante los cuales la persona es engañada y llevada a realizar pseudo mitzvot. La mala inclinación utiliza muchos métodos. Constantemente insiste en que su objetivo es la "absoluta verdad". Promueve también el conflicto y convence a la persona de que no debe escuchar a los demás sino luchar por sus principios... Más aun, nadie es inmune. Consideremos lo que le sucedió a Koraj. Se había profetizado que en su familia habría

וְהַתּוֹרָה הִיא בְּחִינַת וָאו. כִּי הַלּוּחוֹת, אָרְכָּן וָי"ו וְרָחְבָּן וָי"ו (בבא בתרא יד.). וְזֶהוּ בְּחִינַת אֱלוֹתָא, דְּהַיְנוּ מַקְלוֹת.

דְּחָקִיק עֲלֵהּ אֱהֱיֶה וְכוּ' – הַיְנוּ שֵׁמוֹת, בְּחִינַת הַתּוֹרָה, שֶׁהִיא בְּחִינַת וָי"ו, וְהַוָי"ו הוּא צוּרַת מַקֵּל, וְהִיא כֻּלָּהּ שְׁמוֹתָיו שֶׁל הַשֵּׁם יִתְבָּרַךְ.

הַיְנוּ שֶׁהַתּוֹרָה הַקְּדוֹשָׁה הִיא מַכְנִיעַ אֶת הַיֵּצֶר הָרָע שֶׁרוֹצָה לַעֲשׂוֹת אֶת הָאָדָם מְשֻׁגָּע מַמָּשׁ, חַס וְשָׁלוֹם. כִּי בַּעַל־עֲבֵרָה הוּא מְשֻׁגָּע, כְּמוֹ שֶׁאָמְרוּ רַבּוֹתֵינוּ, זִכְרוֹנָם לִבְרָכָה (סוטה ג.): 'אֵין אָדָם עוֹבֵר עֲבֵרָה אֶלָּא אִם כֵּן נִכְנַס בּוֹ רוּחַ־שְׁטוּת'. וּכְמוֹ שֶׁהַמְשֻׁגָּעִים צְרִיכִים לְהַכּוֹתָם וְלָשׂוּם עֲלֵיהֶם שֵׁמוֹת, כְּמוֹ כֵן מַמָּשׁ הַתּוֹרָה שֶׁעוֹסְקִין הוּא בְּחִינַת מַקְלוֹת וְשֵׁמוֹת, שֶׁבָּזֶה מַכִין

que anhela seguir los deseos de su corazón en lugar de su intelecto, el pecado es inevitable. Entonces, luego de hacer que la persona peque una vez, este espíritu de locura retorna y con mayor facilidad aún la lleva a cometer más y más pecados, desequilibrándola cada vez más. Pregunta el Rabí Natán: Existe mucha gente que durante años ha ido tras los deseos de su corazón y ha pecado gravemente. Viendo que cada pecado adicional produce un aumento del desequilibrio mental, ¿no debería ser mucho mayor el número de gente absolutamente loca? La respuesta del Rabí Natán es que en el verdadero esquema de las cosas, sí, esto es así. Los números no concuerdan. La razón es que la misericordia del Santo es infinita. Dios siente piedad del pecador y le permite mantener un semblante de normalidad para que pueda ser capaz de retornar a Él. Pues hasta con un mínimo de inteligencia la persona tiene la capacidad de refrenarse de la locura que la lleva a pecar (*Torat Natán* 24).

El *Parparaot LeJojmá* explica esto de la siguiente manera: El pecado se produce debido a un espíritu de locura. ¿Cómo es posible entonces que la mala inclinación pueda sugerirle a una persona inteligente que cometa un pecado? Es imposible. Por lo tanto, la mala inclinación utiliza la apariencia del cumplimiento de una mitzvá, y con esto la lleva a pecar. Este ardid impide que incluso la persona inteligente pueda centrarse en la inteligencia interna y en la espiritualidad de cada cosa, distanciándola entonces de Dios y llevándola a pecar más aún. Sin embargo, todos los judíos, por ser descendientes de Iaacov (la inteligencia interna), nacen con la capacidad inherente de centrarse en la inteligencia de todo. Este mínimo de inteligencia interna permanece con la persona no importa lo que suceda, dirigiéndola hacia la senda apropiada si le presta atención a sus llamadas. El *Mei HaNajal* agrega que es por esto que existen tantas clases diferentes de enfermedades y de desequilibrios mentales. Cada persona sufre demencia de acuerdo con los pecados que ha cometido. Pero cuando uno estudia Torá, cuando se centra en la espiritualidad que está en todo y trata de acercarse a Dios, adquiere sabiduría y puede liberarse de toda locura.

La Torá corresponde a la *vav*. Pues las Tablas tenían seis codos de largo por seis codos de ancho *(Bava Batra* 14a).⁷⁰ Este es el aspecto del **báculo**, es decir, una vara.

en el cual estaba grabado Eié Asher Eié - Es decir, nombres santos, el aspecto de la Torá, que corresponde a la *vav*. La *vav* tiene la forma de un báculo, y [la Torá] esta compuesta enteramente por los nombres de Dios.⁷¹

En otras palabras, la santa Torá vence a la mala inclinación, que quiere volver literalmente loca a la persona, Dios no lo permita.⁷² Pues el pecador es una persona demente, como enseñaron nuestros sabios: La persona no comete un pecado a no ser que le haya entrado un espíritu de locura *(Sotá* 3a).⁷³ Y, tal como el demente debe ser golpeado y se debe colocar sobre él [amuletos conteniendo] nombres sagrados, el estudio de la Torá al cual uno se aboca es también un aspecto de báculos y de

---

de Dios. Por ejemplo, como explica el Rebe Najmán en *Likutey Moharán* I, 15:5, las palabras *MI EiLeH* (מי אלה) pueden ser transpuestas en el santo nombre *ELoHIM* (אלהים). Con suficiente experiencia, es posible ver cómo toda la Torá está conformada por los santos nombres de Dios. Este principio también tiene aplicación en la Halajá. Al emitir un juramento, la persona sostiene un rollo de la Torá. Esto indica que es consciente de que su juramento se realiza en nombre de Dios, de modo que no se atreverá a jurar en falso. El *Shuljan Aruj (Joshen Mishpat* 87:15-17) afirma que cualquier rollo sagrado, por ejemplo, los tefilín o uno de los Libros de los Profetas, son aceptables, porque también ellos están hechos con los santos nombres de Dios. Ver también el comentario del Rosh sobre *Nedarim* 3:2.

70. **La Torá...la vav...seis codos de ancho .** Las Tablas de la Ley (que incluyen toda la Torá) recibidas por Moshé en el Sinaí tenían seis codos por seis codos. De modo que la Torá es comparada con la letra *vav*, cuyo valor numérico es seis.

Estos dos últimos conceptos, que la Torá comprende los santos nombres de Dios y que es comparada con la *vav*, son nuevos en la lección. El Rebe Najmán los explica ahora dentro del contexto de la historia de Raba bar bar Janá.

71. **Eié...un báculo...los nombres de Dios.** El santo nombre *Eié* representa aquí los diferentes nombres sagrados que se encuentran en la Torá. La letra *vav* tiene la forma de un báculo. Así, el báculo con los santos nombres utilizado para golpear a la ola (la mala inclinación) era de hecho la Torá.

72. **literalmente loca...Dios no lo permita.** Como manifestación de la voluntad de Dios, la Torá es la verdadera inteligencia interna. Lo opuesto a esto es la transgresión de la voluntad de Dios, el pecado, que es la locura, como el Rebe continúa explicando. Cuando la mala inclinación quiere llevar a la persona tras las pasiones de su corazón, busca arrastrarla tras su propia demencia.

73. **espíritu de locura....** Una vez que la persona es poseída por el espíritu de locura, es decir,

וּמַכְנִיעִין אֶת הַיֵּצֶר הָרָע וּמְגָרְשִׁין אֶת הָאָדָם מִן הַשִּׁגָּעוֹן וְהָרוּחַ שְׁטוּת שֶׁנִּכְנַס בּוֹ, בְּחִינַת 'וּמָחִינָן לֵיהּ בְּאַלְוָתָא, דְחָקִיק עֲלֵיהּ שֵׁמוֹת' וְכוּ', כַּנַּ"ל.

וְזֶהוּ: "אַשְׁרֵי תְמִימֵי דָרֶךְ".
אַשְׁרֵי - לְשׁוֹן הִסְתַּכְּלוּת.

תְּמִימֵי דָרֶךְ - בְּחִינַת (בראשית כ"ה): "יַעֲקֹב אִישׁ תָּם"; שֶׁהוּא בְּחִינַת הַשֵּׂכֶל כַּנַּ"ל. הַיְנוּ לִזְכּוֹת לְהִסְתַּכֵּל עַל הַשֵּׂכֶל שֶׁיֵּשׁ בְּכָל

de lo no-santo representa la capacidad intelectual de sustituir el bien por el mal, mientras que la luna del Otro Lado simboliza la elección de restringir el intelecto mediante la locura. Los nombres santos y los amuletos de la Torá corresponden a la verdadera inteligencia interna y son utilizados entonces para vencer la inclinación a la sustitución. La vara de la Torá, la Torá que uno estudia con entusiasmo, vence la atracción que la persona siente por la locura. Existen así dos maneras mediante las cuales la mala inclinación intenta suprimir la gracia y la importancia del pueblo judío: a través de sus pseudo mitzvot y mediante el pecado en sí. Sin embargo, estas dos maneras pueden ser superadas mediante el estudio de la Torá, que une la *jet* con la *nun* y así se elevan el *jen* y la importancia del pueblo judío.

El relato de Raba bar bar Janá puede traducirse en nuestra lección como sigue: **Esa ola -** la inclinación al mal, **que podría hundir un barco-** que devoraría la gracia y la importancia del pueblo judío, **parecía tener una chispa de fuego blanco en su cresta -** comienza convenciendo al judío de cumplir pseudo mitzvot. **La golpeamos con un báculo en el cual estaba grabado Eié Asher Eié -** La mala inclinación se vence mediante el estudio de la Torá con entusiasmo.

75. **Y esta es....** El Rebe Najmán explica ahora cómo toda la lección se encuentra sintetizada dentro del versículo inicial.

76. **aShRei...mirar**. Como se explicó, la combinación de la *Shin* (ש) con la *Resh* (ר), como letras básicas o raíces, indica mirar o centrarse.

77. **senda es perfecta...Iaacov...perfección....** Ver arriba, sección 2, donde se enseña que Iaacov personifica al hombre que se centra en la inteligencia interna de cada cosa. Al describir a Iaacov como un hombre de perfección, la Escritura dice que él era un *ish tam* (literalmente, "un hombre simple"). El Rebe Najmán ve en esto una indicación de que para alcanzar la verdadera inteligencia interna, es decir, la perfección, la persona debe actuar inicialmente con total simpleza. Esto es, primero debe activar el concepto de la *nun*, la restricción, dejando de lado su propio intelecto. Debe comenzar aceptando verdaderamente el *Maljut* del Cielo. Recién entonces podrá recibir el verdadero *jet*, la inteligencia interna. Más aún, cuanto mayor sea su subordinación a *Maljut* de Santidad, mayor será su logro de *Jojmá* (*Parparaot LeJojmá*; *Mei HaNajal*).

nombres santos. Con ello golpeamos y derrotamos a la mala inclinación, y eliminamos de la persona la demencia y la locura que habían entrado en ella. Esto es, **La golpeamos con un báculo en el cual estaban grabados** nombres santos... *(Vaikrá Rabah 25:11).*[74]

6. Y ésta es [la explicación del versículo inicial][75]:
"Ashrei **(Felices) de aquellos cuya senda es perfecta, [que andan en la Torá de Dios]".**

aShRei - Esto sugiere mirar.[76]

cuya senda es perfecta - Esto corresponde a "Iaacov, un hombre de perfección" (Génesis 25:27). [Iaacov] es el aspecto de la inteligencia interna, tal cual se dijo más arriba.[77] Es decir, merecer contemplar la

---

74. **el estudio de la Torá...golpeamos y derrotamos....** La demencia puede dividirse en dos categorías. La primera es la demencia que resulta cuando la persona es avasallada por el espíritu de locura, de modo que sin darse cuenta confunde el mal con el bien y el bien con el mal. La segunda categoría es la demencia que se manifiesta cuando la persona se deja arrastrar conscientemente detrás de la locura y desea el pecado. Para cada clase de locura se prescribe un tratamiento diferente. Es posible atemorizar a un desequilibrado mental golpeándolo o amenazándolo con un daño físico. Esto fuerza a la persona a dejar de lado su deseo demente. Aunque quiera algo ilegal o pecaminoso, comprende que no vale la pena frente a la golpiza que sufriría. Pero donde uno confunde el bien con el mal y viceversa, como aquéllos de la primera categoría, este tratamiento no sirve. Tal persona siempre pensará que hay algo que ganar en la "buena acción" y siempre tratará de llevarla a cabo. En ese caso, y para eliminar su locura, es necesario utilizar amuletos y nombres santos. (Las enseñanzas Kabalistas, incluidas las del Ari, están repletas de historias de gente poseída por espíritus que los llevaron a la locura. En muchos casos, estos espíritus fueron finalmente eliminados por medio de amuletos y de juramentos que contenían los nombres santos de Dios; ver *Shaar HaGuilgulim,* p.186; *Sefer HaJezionot,* Rabí Jaim Vital). Lo mismo se aplica a la mala inclinación, que al comienzo convence a la persona a que se dedique a las pseudo mitzvot, la sustitución del bien por el mal. Luego, una vez que esa sustitución forma parte de su estructura, la persona misma desea el mal. De esta manera la mala inclinación busca volverla total y literalmente loca. Como enseña el Rebe Najmán, la única manera de vencer a la mala inclinación es mediante el estudio de la Torá. Pues la Torá es una vara y está compuesta en su totalidad de nombres santos: los dos tratamientos para liberar a la persona de su demencia *(Parparaot LeJojmá).*

El *Be Ibei HaNajal* explica esto de la siguiente manera: Hay aspectos del sol y de la luna tanto del *Sitra deKedushá* (Lado de Santidad) como del *Sitra Ajara* (Otro Lado, ver sección 2). El sol y la luna de santidad representan el estudio de la Torá; el sol es Torá/inteligencia interna, la luna simboliza la restricción necesaria para recibir la Torá. Cuando la comprensión de la Torá se basa en una restricción apropiada del intelecto en su búsqueda de alturas mayores, la persona no es engañada ni llevada a creer que el pecado es una mitzvá. Por otro lado, el sol

דָּבָר, שֶׁהוּא בְּחִינַת "יַעֲקֹב אִישׁ תָּם" - זֶה זוֹכִין עַל-יְדֵי הַתּוֹרָה. וְזֶהוּ:

הַהוֹלְכִים בְּתוֹרַת ה' - כִּי עַל-יְדֵי שֶׁלּוֹמֵד תּוֹרָה בְּכֹחַ, עַל-יְדֵי-זֶה נוֹתֵן כֹּחַ לַמַּלְכוּת דִּקְדֻשָּׁה בְּחִינַת נוּ"ן, לְקַבֵּל מִן הַשֵּׂכֶל, שֶׁהוּא בְּחִינַת חִי"ת, וַאֲזַי נַעֲשֶׂה חֵן וְנִתְקַבְּלִים דְּבָרָיו כַּנַּ"ל, וַאֲזַי נִתְעַלֶּה הַחֵן וְהַחֲשִׁיבוּת שֶׁל יִשְׂרָאֵל, וְכָל הַתְּפִלּוֹת וְהַבַּקָּשׁוֹת נִתְקַבְּלִים:

inteligencia estudiando la Torá con entusiasmo, lo que ilumina la mente y la guía en el sendero apropiado. Felices de ellos.

* * *

El Rabí Natán, en su comentario sobre esta lección, une estas ideas a los conceptos relacionados con la *Sefirat HaOmer* (la Cuenta del Omer). Como hemos visto en la lección, la persona debe centrarse en la inteligencia interna de todo lo que existe en este mundo. De manera similar, la Cuenta del Omer enfatiza la importancia de contar cada nuevo día, es decir, asegurarse de que cada día de la vida cuenta. Además, los cuarenta y nueve días de la Cuenta del Omer tienen que ser *tmimot* (completos), es decir, días perfectos. La persona puede lograr esto centrándose en la inteligencia interna que está en cada una de las cosas que encuentra durante ese día. E incluso si los momentos y las horas pasan y no puede mantenerse centrada, si su conciencia pierde el estado de alerta, aún así no es demasiado tarde. Puede comenzar desde ese momento a buscar la espiritualidad que se encuentra en cada cosa. Por lo tanto, aunque una parte del día se haya perdido, aún puede hacerlo valer. Esto no es otra cosa que darse cuenta de pronto de que cada día es importante, incluso lo que queda del día. Esto lleva a uno hacia la Torá, pues la cuenta (la conciencia) es el sendero que precede a la recepción de la Torá, como en Shavuot (*Likutey Halajot, Pikadón* 4:5-7).

inteligencia interna de cada cosa, el aspecto de "Iaacov, un hombre de perfección", se logra por medio de la Torá. Y esto es:

que andan en la Torá de Dios - Al estudiar la Torá con entusiasmo, se le da fuerza al Reinado de Santidad/*Nun*, [permitiéndole] recibir de la inteligencia interna, la *Jet*. Se produce entonces *JeN* y sus palabras son aceptadas, como se explicó.⁷⁸ Como resultado, se realza el *jen* y la importancia del pueblo judío,⁷⁹ y son aceptadas todas las plegarias y pedidos.⁸⁰

---

78. **como se explicó.** Ver Arriba, sección 2.

79. **se realza el jen y la importancia....** Pues la *jen* y la *nun* forman la *tav*, y así producen el *NaJaT* que permite que las palabras de la persona sean escuchadas y aceptadas (como arriba, sección 3).

80. **...son aceptadas....** El objetivo principal de la sabiduría y de la verdadera inteligencia interna es la perfección de la fe en Dios, que abarca la totalidad de la Torá, como en, "Todos Tus mandamientos son fe" (Salmos 119:86). En otras palabras, la persona debe realizar todas sus acciones de acuerdo con los dictados de la Torá. Al considerar o analizar algún tema, debe saber y creer con fe absoluta que en ese asunto se encuentra una gran inteligencia y que es posible acercarse a Dios a través de ello. Si es capaz entonces de deducir y de comprender algún nuevo modo en su servicio a Dios, pues muy bien. Si no, debe restringir su intelecto y basarse sólo en la fe. Finalmente, una vez que haya purificado lo suficiente su naturaleza física, comprenderá. Pero hasta entonces debe continuar creyendo con fe absoluta que todo en el mundo contiene sabiduría y una gran inteligencia interna. En las palabras del salmista, "Todo lo Has creado con sabiduría" (Salmos 104:24), es decir, el propósito de todo es ayudar al hombre a acercarse a Dios y a creer en Él (*Likutey Halajot*, Pikadón 4).

El versículo inicial se lee entonces así: **Ashrei de aquéllos cuya senda es perfecta -** aquéllos que se centran en la inteligencia interna de cada cosa, para encontrar la espiritualidad de cada cosa y así acercarse a Dios; **que andan en la Torá de Dios -** pueden alcanzar esta

ליקוטי מוהר"ן סימן ב'

לְשׁוֹן רַבֵּנוּ, זִכְרוֹנוֹ לִבְרָכָה:

וַיֹּאמֶר ה' אֶל מֹשֶׁה: אֱמֹר אֶל הַכֹּהֲנִים בְּנֵי אַהֲרֹן וְאָמַרְתָּ אֲלֵיהֶם: לְנֶפֶשׁ לֹא יִטַּמָּא בְעַמָּיו (ויקרא כ"א):

אִיתָא בְּסִפְרָא דִּצְנִיעוּתָא (זהר תרומה קעז.): 'מְנוּקְבָא דְפַרְדַּשְׁקָא מָשַׁךְ רוּחָא דְחַיֵּי לִמְשִׁיחָא'.

Cuando finalmente encontró la casa del Rebe Najmán, golpeó a la puerta pero no recibió respuesta. Decidido a no darse por vencido, continuó golpeando, hasta que luego de un rato escuchó que el Rebe respondía suavemente detrás de la puerta cerrada, "Reb Shmuel Isaac, es imposible abrirte la puerta ahora". Reb Shmuel Isaac se sintió desfallecer. Durante una hora se mantuvo junto a la puerta, llorando amargamente. Finalmente, el Rebe Najmán abrió la puerta y le dijo, "¿No se te informó, aún antes de salir en tu viaje, que quizás no se te dejaría entrar? En verdad, todas las puertas del Cielo están selladas excepto las puertas de las lágrimas (*Bava Metzía* 59a). Pero hay numerosas nubes que te rodean...". Con esto Reb Shmuel Isaac comprendió que el Rebe sabía exactamente por qué había venido. Pero aun así, se sentía tan abrumado por el *ruaj hakodesh* (inspiración divina) del Rebe Najmán, que no logró juntar el coraje necesario para decir nada de su sueño.

Ese *Shabat*, otros jasidim habían venido a visitar al Rebe Najmán, provenientes de la cercana Medvedevka. El Rebe reveló entonces esta lección, *Emor El HaCohanim*. Una lectura detallada demuestra que en sus palabras incluyó la explicación del sueño de Reb Shmuel Isaac. Desde ese momento, la devoción de Reb Shmuel Isaac se centró especialmente en perfeccionar sus plegarias, un elemento fundamental de esta lección (*Tovot Zijronot* #2, p.103-104).

El texto de la lección es *leshón Rabeinu z'l*. Toda lección designada así indica que fue copiada palabra por palabra de los manuscritos del Rebe Najmán que estaban en posesión del Rabí Natán. El resto de las lecciones (excluyendo unas pocas que fueron registradas por algunos de sus otros seguidores) fueron o bien transcriptas por el Rabí Natán bajo el dictado del Rebe Najmán, o bien reconstruidas por el Rabí Natán luego de escucharlas del Rebe en público. El Rabí Natán preparaba entonces una versión escrita y se la presentaba al Rebe Najmán para su aprobación.

2. Sifra DeTzniuta. Éste es "El Libro de lo Oculto", un tratado Kabalista en cinco capítulos, correspondientes a los Cinco Libros de Moisés e incluido en el texto del *Zohar* (II, 176b). Todas las palabras del *Sifra DeTzniuta* están cuidadosamente sopesadas, pues revelan los misterios más profundos de la Kabalá. Una frase de cada uno de los cinco capítulos se expone en el *Likutey Moharán*, Lecciones 2 y 19-22. Este pasaje es del Segundo Capítulo del *Sifra DeTzniuta*.

3. ...Mashíaj...*Nukva DePardaska*. *Nukva DePardaska* es el término arameo para las fosas nasales. La Kabalá habla de la Persona Divina conocida como *Arij Anpin*, que corresponde a la

Likutey Moharán 2[1]

"Dios Le dijo a Moshé: '*Emor El HaCohanim* (Habla a los sacerdotes), hijos de Aarón y diles: ningún [sacerdote] ha de contaminarse a causa de [contacto con un] muerto entre su pueblo'".

(Levítico 21:1)

Encontramos en el *Sifra DeTzniuta*[2]: El aliento de vida de Mashíaj proviene de *Nukva DePardaska* (Zohar II, 117a).[3]

1. **Likutey Moharán 2.** Esta lección fue dada un *Shabat* durante el invierno del año 5561 (1801), en la ciudad de Zlatipolia. El Rebe Najmán vivió allí desde poco antes de Rosh Ha-Shaná del año 5561 hasta que se mudó a Breslov dos años después, en 5563 (ver *Until the Mashiach* p. 60). Cuando el Maguid de Terjovitza (Reb Ikutiel, m.1811), un prominente líder jasídico, vio más tarde la lección por escrito, dijo, "¿Qué puedo decir de esta enseñanza? ¿Qué ella es el *Zohar*? ¡Es más elevada que el *Zohar*! ¿Que es el *Tikuney Zohar*? ¡Es más elevada que el *Tikuney Zohar*!" (*Avenea Barzel* p.74, #62). Los temas principales de la lección son: la plegaria; cuidar el Pacto; unirse al Tzadik; la caridad; *mishpat* (justicia); y el estudio de la Torá. El Rebe reveló esta lección luego de la visita de uno de sus seguidores más cercanos, Reb Shmuel Isaac de Dashev (1765-1827), quien había tenido un sueño muy inquietante.

En su sueño, Reb Shmuel Isaac se vio a sí mismo dentro de un bosque sin límites. Allí encontró a un hombre que llevaba una espada de doble filo. Aunque al principio sintió temor, Reb Shmuel Isaac consintió en seguir al hombre. Pronto llegaron a una enorme casa y el hombre le dijo que adentro había muchas espadas similares a la suya, pero más pequeñas. Reb Shmuel Isaac podía tomar una, pero debía saber cómo esgrimirla de manera juiciosa. Reb Shmuel Isaac entró a la casa. Adentro fue detenido por un anciano quien le advirtió que no tomase ninguna espada a no ser que a) estuviera totalmente libre de mancha sexual y b) que supiera cómo manejar la espada. De pronto, Reb Shmuel Isaac se vio envuelto por una capa tras otra de oscuras nubes. El anciano empujó entonces a Reb Shmuel Isaac fuera de la casa, diciendo, "¡Mira cómo todavía estás rodeado por estas nubes! ¡Aún no estás listo para la espada! Sin embargo, más adelante, en el bosque, llegarás a un hermoso edificio. Allí encontrarás a un maestro artesano que afilará estas espadas. Si logras llegar allí... Pero, ¿quién sabe si te abrirán la puerta?".

Reb Shmuel Isaac se sintió trastornado por este sueño. Su primer pensamiento fue consultarlo con el Rebe Najmán. Aunque no tenía dinero para el viaje desde Dashev hasta Zlatipolia (cerca de 200 km), y pese a las imposibles condiciones de las rutas en el invierno ucraniano, Reb Shmuel Isaac partió de inmediato. Viajando parte en carreta y parte a pie, llegó a destino sin saber en qué casa vivía el Rebe. El Rebe Najmán se había mudado a Zlatipolia unos meses antes, y ésta era la primera visita de Reb Shmuel Isaac. "¿Para qué quieres verlo?" le preguntó la gente del pueblo a quienes solicitó la dirección. "¿No sabes que hay una gran controversia con respecto al Rebe Najmán?". (Esto fue inmediatamente después de que el Shpola Zeide comenzara su incisiva oposición al Rebe Najmán). Fue entonces que Reb Shmuel Isaac recordó lo que se le había dicho en el sueño: "¿Quién sabe si te abrirán la puerta?".

LIKUTEY MOHARÁN #2:1

א כִּי עִקַּר כְּלֵי־זֵינוֹ שֶׁל מָשִׁיחַ הוּא הַתְּפִלָּה, שֶׁהוּא בְּחִינַת חֹטֶם, כְּמוֹ שֶׁכָּתוּב (ישעיהו מ"ח): "וּתְהִלָּתִי אֶחֱטָם לָךְ", וּמִשָּׁם עִקַּר חִיּוּתוֹ. וְכָל מִלְחַמְתּוֹ שֶׁיַּעֲשֶׂה וְכָל הַכְּבִישׁוֹת שֶׁיִּכְבֹּשׁ-הַכֹּל מִשָּׁם, כְּמוֹ שֶׁכָּתוּב (שם י"א): "וַהֲרִיחוֹ בְּיִרְאַת ה'" וְכוּ'. זֶה בְּחִינַת חֹטֶם.

וְזֶה עִקַּר כְּלֵי־זֵינוֹ, כְּמוֹ שֶׁכָּתוּב (בראשית מ"ח): "בְּחַרְבִּי וּבְקַשְׁתִּי".

con el Creador a través de la plegaria. La plegaria es así el aliento de vida y está simbolizada por la nariz (*Rabí Iaacov Meir Shejter*). Explica el Rabí Natán que MaShiaJ (literalmente, el ungido) es llamado así debido al *shemen ha MiShJá* (aceite de la unción), que emitía una fragancia dulce, como en (Cantar de los Cantares 1:3), "Tus ungüentos dan un agradable aroma". El Mashíaj traerá vitalidad y un "aliento de vida" fresco al mundo, aumentando en la gente el reconocimiento del Reinado de Dios (*Torat Natán* 5).

6. **Mi alabanza, eJToM....** Literalmente, "Yo taparé Mi *JoTeM* (nariz)" para prevenir que escape el humo de Mi ira (ver Rashi, *loc. cit.*; *Likutey Moharán* I, 20:10, nota 98). "Mi alabanza" se refiere a las palabras de plegaria que recitamos en alabanza a Dios. Dado que "Mi alabanza", es decir, la plegaria, se utiliza en conjunción con la nariz, comprendemos que la plegaria se conecta al *jotem*. Más aún, podemos inferir que dado que "Mi alabanza" restringe la ira de Dios, es la plegaria la que mitiga los juicios. Cuanto más se dedique uno a la plegaria, mayor será su capacidad para mitigar los juicios en *Maljut*. Esto quedará más claro más adelante, en la sección 8.

7. **guerras...conquistas...de allí.** De la nariz. Esto se refiere al aliento del Mashíaj, que proviene de la fosa nasal izquierda, el lado del juicio. Pero, precisamente desde este lado del juicio, Dios restringirá Su ira. En lugar de ira y juicio, de la nariz emanará la vitalidad y con ella Mashíaj conquistará el mundo.

El Rebe Najmán dijo cierta vez, "El Mashíaj conquistará el mundo entero sin disparar ni una sola bala" (*Siaj Sarfei Kodesh* 1-67).

8. **aliento...temor a Dios...jotem**. De este versículo aprendemos que el *irat HaShem* (temor a Dios) de Mashíaj le otorgará un sentido del olfato perfecto. Esto también conecta la plegaria con el *irat HaShem*, pues el temor a Dios es la base para santificar la manera como uno habla y para la utilización perfecta del Habla Sagrada (ver *Consejo*). En nuestro contexto, también corresponde al concepto de la nariz, que es la fuente de vitalidad del Mashíaj, pues todo su poder desciende a través de la nariz de *Arij Anpin*. Por medio de este perfecto sentido del olfato, Mashíaj podrá distinguir a los rectos de los malvados (ver *Rashi, Metzudat David, loc. cit.*). El Rebe Najmán concluye así que un perfecto sentido del olfato es de hecho una plegaria perfecta, la base de todas las conquistas del Mashíaj (ver la nota siguiente).

9. **arma esencial.** El siguiente versículo en Isaías (11:4) aclara: "...y [Mashíaj] herirá a los [culpables] de la tierra con la vara de su boca y con el aliento de sus labios matará al inicuo". Así, la plegaria es el arma esencial del Mashíaj, su espada; simbolizada en el versículo anterior como su aliento, la nariz. A través de su sentido del olfato, su poder de plegaria, Mashíaj ganará todas las batallas y superará todos los obstáculos.

Pues la plegaria es el arma básica del Mashíaj.[4] Éste es el aspecto de *JoTeM* (la nariz),[5] como está escrito (Isaías 48:9), "A causa de Mi alabanza, *eJToM* (refrenaré Mi ira) de ti".[6] La vitalidad esencial [de Mashíaj] proviene de [la nariz]. Todas las guerras que librará, todas sus conquistas, provendrán de allí,[7] como está escrito (Isaías 11:3), "Su aliento será del temor a Dios". Éste es el aspecto de *jotem*.[8]

Y [la plegaria] es su arma esencial,[9] como está escrito (Génesis 48:22),

---

sefirá de *Keter* (Corona, o la cabeza del Hombre Primordial; ver Apéndice: Las Personas Divinas). Cada segmento particular de los mundos superiores también recibe su propio nombre. Así *Nukva DePardaska* es el nombre del mundo que se encuentra en *Arij Anpin* y que corresponde a las fosas nasales de la cabeza del Hombre Primordial. El *Zohar* lo describe como "el hueco", un pasaje a través del cual desciende a los mundos inferiores el intelecto exaltado que se encuentra en *Arij Anpin*. Esta "nariz" es tan elevada que es totalmente independiente de los mundos inferiores. En otras palabras, sólo actúa como un benefactor, dándoles el aliento de vida a los mundos inferiores sin pedir nada a cambio. Desde *Nukva DePardaska* la vida desciende hacia las siete *sefirot* inferiores. La fosa derecha transporta vida a las seis *sefirot* de *Zeir Anpin*; la izquierda, a la última *sefirá*, *Maljut*. En la actualidad, sin embargo, los juicios que se hallan en *Maljut* son tan severos que la fuerza de vida para este mundo proveniente de allí se encuentra bloqueada. Estos juicios recién serán totalmente mitigados cuando llegue Mashíaj. Entonces, a través de *Nukva DePardaska*, Mashíaj recibirá la sabiduría y la vitalidad necesarias para llevar el mundo entero bajo el *Maljut* (Reinado) de Dios, es decir, la perfección. Entonces, la sabiduría y los misterios de la Torá les serán revelados a todos (*Zohar* III, 130b, 289a; ver *Matok Midvash, ad. loc.*). El significado y la aplicación de este pasaje serán explicados a lo largo de la lección.

4. **la plegaria es el arma básica.** Cuando llegue Mashíaj, el Santo Templo volverá a ser reconstruido y será "una casa de plegaria para todas las naciones" (Isaías 56:7). El rey David es la personificación de la plegaria perfecta. De modo que Mashíaj, como descendiente de la Casa de David, es símbolo de un nivel de plegaria muy exaltado (*Torat Natán* 7). Pues cuando llegue Mashíaj gobernará sobre el mundo entero. Para hacerlo, necesitará de un arma muy poderosa. Sin embargo, sabemos que no será un arma de destrucción masiva, de la cual se burla el Rebe Najmán llamándola la "locura de las naciones", pues éstas utilizan su sabiduría para inventar maneras cada vez mejores de matarse los unos a los otros (*Tzaddik* 546). Más bien, como el Rebe enseña aquí, el arma básica del Mashíaj será la plegaria.

Escribe el Rabí Natán: Enseñan nuestros sabios que la fortaleza del judío está en su boca (*Ialkut*, Isaías 450). Con esta arma, la boca, es posible revelar el Reinado de Dios. Como enseña el *Tikuney Zohar* (Introducción, p.17a): "*Maljut* es la boca", que en nuestro contexto corresponde a la plegaria. Más aún, así como el poder del Mashíaj es la plegaria, de la misma manera, los Tzadikim de cada generación, que toman su poder del Mashíaj, libran sus batallas mediante la plegaria (*Torat Natán* 1).

5. **la nariz.** El Rebe Najmán asemeja la plegaria a la nariz. Pues la vida de la persona depende del aire que recibe constantemente a través de la nariz, como en (Génesis 2:7), "[Dios] sopló en su nariz el aliento de vida" (*Mei HaNajal*). Igualmente necesaria es la conexión continua

וּפֵרֵשׁ רַשִׁ"י: 'תְּפִלָּה וּבַקָּשָׁה'. וּכְמוֹ שֶׁכָּתוּב (תהלים מ"ד): "כִּי לֹא בְקַשְׁתִּי אֶבְטָח וְכוּ' בֵּאלֹהִים הִלַּלְנוּ" בְּחִינַת: "תְּהִלָּתִי אֱחֱטָם לָךְ".

ב וְזֶה הַכְּלִי־זַיִן צָרִיךְ לְקַבֵּל עַל־יְדֵי בְּחִינַת יוֹסֵף, הַיְנוּ שְׁמִירַת הַבְּרִית, כְּמוֹ שֶׁכָּתוּב (תהלים מ"ה): "חֲגוֹר חַרְבְּךָ עַל יָרֵךְ".

Najmán elige la metáfora de las armas, para que cada persona sepa que, no importa cuál sea su nivel espiritual, siempre puede equiparse con el arma de la plegaria (*Mei HaNajal*).

El Rabí Natán agrega que debido al hecho de que la plegaria perfecta es tan elevada, sólo los más grandes Tzadikim logran alcanzarla. El judío común, aunque sea piadoso, se encuentra realmente muy distante de la plegaria perfecta. ¿Cómo puede esperarse entonces que utilice esta poderosa arma? La respuesta es que él también puede orar, y sus plegarias serán respondidas siempre y cuando: a) se una a los Tzadikim que saben cómo utilizar sus plegarias de manera efectiva (ver adelante, sección 6) y b) se dedique a orar en forma constante, sin cejar (*Torat Natán* 4-5).

Resumen: La plegaria es el arma principal del Mashíaj y de todo judío.

14. Iosef. La tradición habla de dos Mashíaj: el primero, un descendiente de Iosef; el segundo, un descendiente de la Casa Real de David. Mashíaj ben Iosef es la personificación de las batallas que el pueblo judío debe librar para terminar con su exilio. Él mismo morirá en la batalla final con Gog y Magog. Mashíaj ben David traerá la Redención Final y una era de paz para el mundo entero (*Suká* 52a; *Likutey Moharán* I, 16). El Talmud llama a estos dos Mashíaj los "maestros artesanos", cuya tarea será reconstruir el Santo Templo (*ibid.* 52b). El significado de esto quedará más claro en la sección 6. El Rebe Najmán explica luego que el Mashíaj ben David, que conquistará el mundo entero a través de la plegaria, recibe su poder a través del Mashíaj ben Iosef, el aspecto del Pacto.

15. brit, Pacto. El *brit* (pacto) que Dios hizo con Abraham y con sus descendientes está sellado mediante la circuncisión del prepucio. Ésta es la señal del pacto (Génesis 17). Como tal, el pacto del pueblo judío con Dios se centra en la pureza sexual. Cuidar el *brit*, el Pacto o, alternativamente, el órgano de procreación, implica así un alto nivel de comportamiento moral en el pensamiento, en la palabra y en la acción. Iosef es la personificación de este "cuidar" porque, mientras fue esclavo en Egipto, se mantuvo firme ante las insinuaciones de la esposa de su amo y se negó a pecar sexualmente (Génesis 39). En la terminología de la Kabalá, el *brit* es un paralelo de la *sefirá* de *Iesod* (Fundamento).

16. Ciñe tu espada.... El versículo concluye, "Éste es tu esplendor y majestad". Todo el Salmo (45) fue escrito en alabanza al estudioso de la Torá (*Rashi* sobre v.1). Pregunta el *Zohar*: Tener ceñida la espada sobre el muslo ¿acaso es esplendor y majestad para un estudioso de la Torá? La respuesta es "sí", porque el "muslo" alude al *brit*. La persona debe apelar a todas sus fuerzas para controlar las pasiones y evitar pecar con el *brit*. El estudioso de la Torá que alcanza el nivel de cuidar el Pacto es aquel que es digno de "esplendor y majestad". En nuestro contexto, el Rebe Najmán enseña que para obtener el arma de la plegaria, "la espada", uno debe primero alcanzar el nivel de cuidar el Pacto. Ésta es la conexión entre espada/plegaria y *brit*.

"con mi espada y con mi arco".[10] <Onkelos traduce esto: "con mi plegaria y con mi súplica",[11]> Rashi explica: plegaria y súplica. La misma idea está expresada en el versículo (Salmos 44:7,9), "Porque no confío en mi arco, ni mi espada me salvará... [sino] en aquéllos que alaban al Señor todo el día".[12] Esto corresponde a, "A causa de Mi alabanza, *ejtom* de ti".[13]

2. Ahora bien, esta arma debe ser recibida por medio del aspecto de Iosef,[14] es decir, de cuidar el *brit* (Pacto),[15] como en (Salmos 45:4), "Ciñe tu espada sobre tu muslo".[16] También está escrito (Salmos 132:11, 12), "De tus

---

10. **espada...arco.** Cuando Iaacov bendijo a Iosef y a sus dos hijos, les dijo, "les he dado una porción más... que tomé de manos de los Emoritas, con mi espada y con mi arco". La porción adicional que heredó Iosef era el derecho del primogénito, la doble porción (ver más abajo, sección 2). Iaacov había tomado el derecho de primogenitura de Esaú, que es llamado "el amorreo" (*Maharsha, Bava Batra* 123a, *v.i. Shejem*). Iaacov se estaba refiriendo específicamente a la ciudad de Shejem, que conquistó "con mi espada y con mi arco". Fue esto lo que le entregó a Iosef.

11. **plegaria...súplica.** En hebreo, "con mi arco" es *BeKaShti*. Éstas son las mismas letras que en *BaKaShati* (mi súplica). Esto indica que el arma utilizada por Iaacov para vencer a Shejem fue, de hecho, la plegaria y la súplica. En caso de que uno insista en que Iaacov quería decir literalmente la espada y el arco, el Rebe Najmán cita los Salmos.

12. **Porque no confío en mi arco....** No se debe confiar en el arco, dice el salmista, de modo que las armas de Iaacov deben de haber sido la plegaria y la súplica (*Bava Batra* 123a; *Mei HaNajal*). Maharsha (*Ibid., v.i. uvkashti*) explica que ambos, "la espada" y "el arco" son necesarios para enfrentar a los enemigos de los judíos. Esaú (Roma, la cristiandad) e Ishmael (la nación árabe) son los enemigos arquetípicos del pueblo judío. Esaú fue bendecido con (Génesis 27:40), "Vivirás por tu espada" e Ishmael fue bendecido con el uso del arco (Génesis 21:20). Para enfrentarlos Iaacov debe emplear su propia espada, la plegaria, y su propio arco, el *brit* (ver próxima sección).

13. **Mi alabanza, ejtom.** Con esto, el Rebe Najmán une los conceptos de alabanza, de espada y de arco y de la nariz.

El Rebe Najmán ha demostrado que el arma principal del Mashíaj será la plegaria. En la versión resumida de esta lección, que se encuentra en el *Kitzur Likutey Moharán* (ver también *Consejo* p. 283), el Rabí Natán escribe: "La plegaria es el arma básica de *todo* judío". El Rebe mismo alude a esto al introducir a Iaacov en la lección, el arquetipo de todos los judíos. Pues, de hecho, todo judío tiene dentro de sí el poder de conquistar el mal. Sea cual fuere el rasgo negativo que abrume a la persona, o el obstáculo que le impida servir a Dios, todo puede ser superado mediante la plegaria. Todo aquel que reconozca con sinceridad el hecho de que la plegaria es su arma principal, será diligente en orar a Dios para su salvación. Sabrá que con la plegaria es posible superar absolutamente todo lo que le obstruya el camino. Pero también aquellos que no creen en la plegaria y que no sienten su poder, tienen una manera de enfrentar "el enemigo". Deberán considerarse como si fueran simples soldados de infantería, miembros de una tropa bajo el mando de sus oficiales, es decir, los Tzadikim. Es por esto que el Rebe

וּכְמוֹ שֶׁכָּתוּב (תהלים קל"ב): "מִפְּרִי בִטְנְךָ אָשִׁית לְכִסֵּא לָךְ" – זֶה בְּחִינַת מָשִׁיחַ, בְּחִינַת תְּפִלָּה. "אִם יִשְׁמְרוּ בָנֶיךָ בְּרִיתִי", הַיְנוּ עַל־יְדֵי בְּחִינַת יוֹסֵף.

וַיּוֹסֵף שֶׁשָּׁמַר אֶת הַבְּרִית, נָטַל אֶת הַבְּכוֹרָה, שֶׁהוּא בְּחִינַת עֲבוֹדַת הַתְּפִלָּה* בְּחִינוֹת פִּי שְׁנַיִם, כִּי הַתְּפִלָּה הוּא פִּי שְׁנַיִם. שְׁנַיִם שֶׁיֵּשׁ בָּהֶם שֶׁבָּחוֹ שֶׁל מָקוֹם וּשְׁאֵלַת צְרָכָיו. וְהוּא בְּחִינַת (תהלים קמ"ט): "וְחֶרֶב פִּיפִיּוֹת בְּיָדָם". בְּחִינַת שְׁתֵּי פִיּוֹת, בְּחִינַת פִּי שְׁנַיִם. וְנִטַּל מֵרְאוּבֵן עַל־יְדֵי שֶׁחִלֵּל יְצוּעֵי אָבִיו, כִּי הִיא תָּלוּי

*וְעַל כֵּן יוֹסֵף בִּשְׁבִיל שֶׁזָּכָה לִבְחִינַת תְּפִלָּה, שֶׁהִיא בְּחִינַת "תְּהִלָּתִי אֶחֱטָם" בְּחִינַת חִיּוּת הַנִּמְשָׁךְ מִנּוּקְבָא דְפַרְדַּשְׁקָא כַּנַּ"ל, עַל כֵּן נִקְרָא בֶן פּוֹרָת יוֹסֵף, שֶׁהֵם בְּחִינַת תרפ"ו אוֹרוֹת שֶׁהֵם שִׁבְעָה שֵׁמוֹת: ע"ב, ס"ג, מ"ה, ב"ן, קס"א, קנ"א, קמ"ג, שֶׁעוֹלִין תרפ"ו, שֶׁמְּקַבֵּל מִנּוּקְבָא דְפַרְדַּשְׁקָא, כִּי פַּרְדַּשְׁקָא בְּגִימַטְרִיָּא תרפ"ו.

es "A causa de Mi alabanza... *ejtom*". Éste es el concepto de la vitalidad traída desde *Nukva de PaRDaSKA* (las fosas nasales). Él es llamado entonces "*ben porat* (una rama fructífera)" (Génesis 49:22). *PORaT* (פורת) corresponde a las *TaRPO* (תרפו = 686) luces que emanan de las siete expansiones diferentes de los Santos nombres de Dios *IHVH* y *EHIeH*. *IHVH* tiene cuatro expansiones (*AB, SaG, MaH, BaN*) que juntas tienen el valor de 232. *EHIeH* tiene tres expansiones (*KSA, KNA, KMG*) que suman juntas 455 (ver Apéndice: Expansiones del Santo Nombre de Dios; Tabla de Guematria). La suma total es de 687. (Aunque estos números no son exactamente iguales, las reglas de la *guematria* permiten que se agregue el valor de 1 por la palabra misma). Estas 686 luces emanan de las fosas nasales de *Arij Anpin*, el *pardaska* (ver arriba, nota 3). Así, *PaRDaSKA*, que equivale a 686 (cuando se agrega 1 por la palabra misma), es la raíz de las *TaRPO* luces. (Fin de la nota marginal).

Así, debido a que Iosef cuidó el Pacto, mereció la plegaria, es decir, las *TaRPO* luces que emanan de *Nukva de Pardaska* del aliento/la fuente de vida/los santos nombres de Dios.

El significado de los nombres *IHVH* y *EHIeH* puede comprenderse como sigue: el Tetragrámaton inefable, *IHVH*, se lee en general como *HaVaIáH*, el término hebreo para designar "existencia" y "ser". *EHIeH* significa "Yo seré" (*Likutey Moharán* I, 6:2). En nuestro contexto, podemos asociar *IHVH* con nuestra alabanza a Dios por todo el bien que Él nos ha dado, el bien que ya existe. *EHIeH* puede asociarse con el pedido por nuestras necesidades, es decir, nuestras plegarias y ruegos por lo que esperamos que sea. Vemos entonces cómo estos dos nombres santos abarcan todo el concepto de la plegaria, del aliento de vida que emana de *Nukva de Pardaska*.

25. Rubén...lecho. Al fallecer Raquel, Iaacov mudó su cama a la tienda de Bilha. Rubén, el

descendientes pondré sobre tu trono", esto se refiere al Mashíaj, quien es aspecto de la plegaria, "si tus hijos cuidaren Mi *brit*",[17] por medio del aspecto de Iosef.[18]

Iosef, quien cuidó el *brit*, obtuvo los derechos de la primogenitura.[19] Esto corresponde al servicio divino de la plegaria,[20] que es un aspecto de la doble porción [heredada por el primogénito].[21] Pues la plegaria tiene dos aspectos, la alabanza a Dios y el pedido por nuestras necesidades.[22] Esto corresponde a "una espada de doble filo en su mano" (Salmos 149:6),[23] es decir, dos filos, una porción doble.[24] Ella fue tomada de Rubén, pues él profanó el lecho de su padre (Génesis 49:4)[25]; pues [la primogenitura]

---

17. **de tus descendientes...Mashíaj...brit.** Esta conexión entre la plegaria y el *brit* también aparece en el juramento de Dios al rey David con respecto a su dinastía: "De tus descendientes pondré sobre tu trono, si tus hijos cuidaren Mi *brit*". La plegaria, simbolizada por el Mashíaj, descendiente de la Casa de David, sólo puede alcanzarse cuidando el *brit*.

18. **aspecto de Iosef.** Como se explicó, la persona que cuida el *brit* merece la espada de la plegaria. Ése fue el nivel de Iosef. Por el contrario, a aquél que peca en temas concernientes al *brit* se le retira la capacidad de orar.

19. **derechos de primogenitura.** El derecho de primogenitura le otorga al primogénito, siempre que sea varón, una porción doble de la herencia. En lugar de recibir una parte de la Tierra de Israel igual a la de sus hermanos, Iosef heredó una porción doble. Su tribu se separó en dos: Menashé y Efraím, sus dos hijos. Cada uno recibió una porción junto con todos los hermanos. Iosef mereció este derecho especial de primogenitura por haber cuidado el Pacto.

20. **de la plegaria.** El servicio Divino incluía ofrendas de sacrificio, plegarias y los deberes del sacerdocio en general. Tradicionalmente, éste fue el derecho del primogénito. Sin embargo, debido a que adoraron el Becerro de Oro, los primogénitos perdieron ese privilegio. Este servicio divino fue transferido entonces a la tribu de Levi, que no había participado en el pecado (*Rashi*, Números 25:13).

21. **heredada por el primogénito.** "Reconocerá al primogénito... dándole una doble porción de todo lo que posea..." (Deuteronomio 21:17).

22. **alabanza a Dios...nuestras necesidades.** Afirma el Talmud: La persona debe comenzar siempre alabando a Dios, y recién después pedirle por sus necesidades (*Avoda Zara* 7b). Así, la naturaleza de la plegaria es doble.

23. **espada de doble filo....** El salmista se refiere también a la plegaria como "doble" (alabanza a Dios y pedido por nuestras necesidades), asemejándola a una espada de doble filo: "Las alabanzas de Dios en su boca y una espada de doble filo...".

24. **doble porción.** De este modo, la plegaria, tal como la primogenitura, es una porción doble. Así como sucedió con Iosef, uno la alcanza cuidando el Pacto.

Lo siguiente aparece como una nota marginal en todos los textos originales del *Likutey Moharán*: Iosef [debido a que había cuidado el Pacto] mereció el aspecto de plegaria, que

בִּשְׁמִירַת הַבְּרִית:

se fortalece su fe en Dios y en sí misma, en la eficacia de sus plegarias. Su éxito inicial le genera más entusiasmo y una mayor fe. Si Dios le respondió una vez, ¿por qué no lo haría de nuevo? De esta manera, continúa orando, creando el vehículo necesario para recibir la *shefa* del Cielo.

A partir de lo anterior, dice el Rabí Natán, podemos comprender por qué se asemeja la plegaria al primogénito. Tal como explica el Ari, la primera unión sexual entre marido y mujer transforma a la mujer en un recipiente para contener la abundancia que procede del hombre. El nacimiento de todos sus hijos, y en particular del primogénito, está pautado desde esa primera unión, siendo el primogénito quien toma la energía espiritual de esa unión repartiéndola en todos los subsecuentes nacimientos (*Shar HaKavanot, Tzitzit* 1). En nuestro contexto, la plegaria respondida es como un nacimiento, algo nuevo que ha llegado al mundo. Como se explicó, el nacimiento de nueva abundancia sólo puede lograrse cuando existen los medios para contenerla. Estos medios, los recipientes, se generan a través de la plegaria. Así, cuando la persona trabaja creando un recipiente, cuando pone todo su esfuerzo en orar de manera apropiada, recibe abundancia, es decir, la respuesta a sus plegarias. Habiendo sido testigo de la eficacia de sus plegarias, su fe se fortalece y vuelve a orar una y otra vez, hasta poder ver más nacimientos. De hecho, todos los nacimientos subsecuentes son más fáciles gracias a su plegaria "primogénita". Consecuentemente, la primogenitura es una doble porción: el primogénito reclama una parte de cada uno de los nacimientos subsecuentes (*Torat Natán* 10).

El Rabí Natán también conecta esto con la afirmación del Rebe de que la persona debe alcanzar el nivel de cuidar el *brit* para merecer una plegaria perfecta. Escribe: Abraham le puso a su hijo de nombre Ishmael, tal como le había dicho el ángel, pues "Dios oyó tu angustia" (Génesis 16:11). En este sentido "Ishmael" alude a la noción de que todo lo que necesitamos nos llega debido a la bondad de Dios. Aunque esto es verdad, puede llevar a la conclusión errada de que no necesitamos trabajar para lograrlo. Si todo es gratis, ¿para qué molestarse en orar? Esaú, quien preguntó, "¿Para qué necesito la primogenitura (plegaria)?" (Génesis 25:32), representa por el contrario una negación de Dios, y por tanto una negación de la plegaria. "Esaú" nos deja preguntando: ¿Para qué orar cuando mis plegarias son inútiles? Estas dos perspectivas, que deben ser rechazadas, están simbolizadas en la ceremonia del *brit milá* (*Likutey Moharán* I, 19, n.155). La mitzvá de la circuncisión consta de dos etapas: *milá*, quitar el prepucio; y *periá*, retraer la fina membrana para revelar la corona. Quitar el prepucio sin revelar la corona es lo mismo que no haber realizado la circuncisión (*Iore Dea* 264:4). Simbólicamente, el prepucio es Esaú, esa parte que es enteramente mala y que como tal debe ser totalmente rechazada y retirada. Ishmael está simbolizado por la fina membrana que necesita ser retraída para que pueda revelarse la corona. La persona puede pensar que es suficiente con retirar el prepucio, el mal. No es así. Pues incluso si se ha librado del mal, no hay garantía de que tenga el bien. Éste es el motivo por el cual incluso si la *milá* ha sido hecha sobre el pene (*brit*), aun así se requiere la *periá*. De otra manera, se considera que no se ha cumplido el *brit* (*Torat Natán* 20).

Es interesante notar que Dios llama al pueblo judío "Mi primogénito, Israel" (Éxodo 4:22), pues fueron ellos los primeros en revelar en el mundo el poder de la plegaria (*Torat Natán* 11). Antes de eso, tanto Ishmael como Esaú reclamaron para sí la primogenitura. Tal como Ishmael fue el primer hijo de Abraham, Esaú fue el primer hijo de Itzjak. Pero, como hemos visto, ambos rechazaron la primogenitura (la plegaria). Simbólicamente, ellos han venido a

depende del cuidado del *brit*.²⁶

primogénito de Iaacov, defendió el honor de su madre llevando el lecho de Iaacov a la tienda de Lea. Las Escrituras denuncian este acto como una profanación del lecho de Iaacov, es decir, un daño en el Pacto. Como se explicó, la primogenitura sólo pertenece a aquel que cuida el Pacto. Por tanto, debido que no lo hizo, Rubén perdió su derecho a la primogenitura, que subsecuentemente le fue dado a Iosef, quien sí guardó el Pacto.

26. **primogenitura...cuidado del brit**. En la lección, el Rebe Najmán explica la conexión entre la doble porción del primogénito y la plegaria. Sin embargo, no explica por qué el primogénito tiene derecho a una doble porción o qué significado específico podemos derivar de la naturaleza doble de la plegaria. El Rabí Natán se ocupa de estos dos temas. Escribe el Rabí Natán: Dios provee constantemente de *shefa* (abundancia material y espiritual) a este mundo. Pero para que la humanidad pueda aceptar y contener esta *shefa* necesita de un recipiente. Aquí es donde entra en juego la plegaria. Al orar creamos un recipiente capaz de aceptar y contener la abundancia de Dios. En otra instancia, el Rebe Najmán enseña que la plegaria y la fe son sinónimos (ver *Likutey Moharán* I, 7:1). La plegaria perfecta implica una fe perfecta y viceversa. Específicamente, la plegaria perfecta postula una fe inequívoca en que Dios creó el mundo y que continúa controlando y supervisando cada aspecto de Su creación. Todo está bajo el dominio de Dios y Él hace Su voluntad. La fe perfecta también postula una creencia inequívoca en que Dios escucha cada plegaria y cada ruego de la persona y que todos tienen la capacidad, en la medida en que sus plegarias sean honestas y sinceras, de ver sus pedidos respondidos por Dios. Sin embargo, en la medida en que esta fe es incompleta, el vehículo para recibir las bendiciones de la *shefa* está incompleto y por tanto no puede contener la abundancia. De acuerdo con esto, existen dos elementos en la plegaria: la alabanza a Dios y el pedido por las propias necesidades. Al alabar a Dios, la persona fortalece su fe en Él. Cuanto más grande sea su apreciación de Dios, más Lo alabará y más grande será su fe en que Dios responde a sus pedidos. Esta creencia, o fe, es la clave, pues con ella se perfecciona el recipiente.

De hecho, apunta el Rabí Natán, siempre pasamos por este proceso cada vez que recitamos la *Amidá* (las Dieciocho Bendiciones). Comenzamos haciendo referencia a las virtudes de los tres Patriarcas y mencionando la bondad de Dios. En mérito a los Patriarcas y a la Bondad de Dios, confiamos en que nuestras plegarias serán aceptadas y que también mereceremos ver la salvación final. Este primer grupo de las Dieciocho Bendiciones es así esencialmente una alabanza a Dios. El próximo grupo consiste en una serie de pedidos, tanto personales como nacionales, en los cuales Le pedimos a Dios que nos provea de cosas tales como perdón, salud y curación, prosperidad, redención, etcétera. En conclusión, cerramos este grupo intermedio con las palabras, "Bendito eres Tú, Dios, Quien escucha las plegarias". Es decir, luego de expresar la alabanza a Dios y de orar por nuestras necesidades, manifestamos nuestra fe en que Dios escuchará nuestra plegarias. Así, creamos el vehículo necesario para recibir la *shefa*.

Por supuesto, lograr esto requiere de mucha fe y perseverancia. Mucha gente se frustra con facilidad al ver que sus plegarias no son respondidas tan rápidamente o de la manera en que ellos habrían querido. Esto ocurre en especial al comienzo de la plegaria, antes que la persona pueda orar con total concentración. Como resultado, muchos pierden la esperanza de ver alguna vez la salvación que esperaban y por lo tanto dejan de orar. Pero la persona que se mantiene firme en sus esfuerzos llega a comprobar la efectividad de sus plegarias. Y una vez que lo hace,

ג **וּמִי** שֶׁזָּכָה לַחֶרֶב הַזֶּה, צָרִיךְ לֵידַע אֵיךְ לִלְחֹם עִם הַחֶרֶב, שֶׁלֹּא יַטֶּה אוֹתָהּ לְיָמִין אוֹ לִשְׂמֹאל, וְשֶׁיְּהֵא קוֹלֵעַ אֶל הַשַּׂעֲרָה וְלֹא יַחֲטִא:

וְזֶה אִי אֶפְשָׁר אֶלָּא עַל־יְדֵי בְּחִינַת מִשְׁפָּט, כִּי מִשְׁפָּט הוּא עַמּוּדָא דְאֶמְצָעִיתָא, הַיְנוּ שֶׁקּוֹלֵעַ עִם כְּלֵי־זַיְנוֹ אֶל הַמָּקוֹם הַצָּרִיךְ, וְאֵינוֹ מַטֶּה לְיָמִין וְלֹא לִשְׂמֹאל, אֶלָּא לָאֶמְצַע. וְזֶה בְּחִינַת (תהלים קי״ב): "יְכַלְכֵּל דְּבָרָיו בְּמִשְׁפָּט".

וּבִשְׁבִיל זֶה קִבֵּל יוֹסֵף אֶת הַבְּכוֹרָה דַּוְקָא מִיַּעֲקֹב, כְּמוֹ שֶׁכָּתוּב

Apéndice: La Estructura de las Sefirot). Más precisamente, la cualidad de *mishpat*, el elemento de equilibrio dentro de *Tiferet* (*Tikuney Zohar, Introducción* p.17b). Quizás una manera menos abstracta de aclarar este punto es considerar estos conceptos tal cual se relacionan con los Patriarcas (ver más abajo, nota 33). Abraham, la personificación de *Jesed*, engendró a Ishmael, quien se inclinó demasiado hacia el lado de la bondad. Itzjak, la personificación de *Guevurá*, engendró a Esaú, quien se inclinó demasiado hacia el lado del juicio. Fue necesario Iaacov, la columna central del equilibrio, para engendrar los doce hijos rectos de los cuales desciende el pueblo judío (*Biur HaLikutim*).

31. **derecha...izquierda...centro.** El Rebe Najmán ya ha hablado sobre la alabanza a Dios y el pedido por nuestras necesidades, los dos elementos de la plegaria. El Rabí Natán explica esto: Dios creó el mundo y Lo gobierna como Él desea, pero también le da al hombre la posibilidad de orar por sus necesidades, como si fuese él quien estuviese en control de la abundancia que recibe (nota 26). Aquí tenemos otra dimensión de esta "espada de doble filo". La persona puede concluir que dado que todo proviene de Dios, no tiene realmente nada que hacer. Siendo que Dios creó todo y mantiene todo, el hombre depende por tanto totalmente de Su bondad. Si es así, ¿para qué dedicarse a la plegaria? Frente a esto, el Rebe enseña que no debemos volvernos a la derecha (el lado de *Jesed*, Bondad). Por otro lado, la persona no debe concluir que sus plegarias no tienen valor ni sirven para nada, Dios no lo permita. Cada plegaria deja una marca Arriba; cada palabra expresada en la suplica y en el pedido a Dios es muy importante. Para que la persona no piense que sus esfuerzos son en vano, el Rebe enseña que no debemos volvernos hacia la izquierda (el lado de *Guevurá*, Juicio). Más bien uno debe juiciosamente seguir el sendero intermedio. Es decir, si bien sabemos que dependemos totalmente de la bondad de Dios, Le oramos por todas nuestras necesidades. Esto es *mishpat*. Nosotros tenemos que hacer nuestra parte, orando de la mejor manera posible; Dios, en Su bondad, nos envía la salvación que Él considera apropiada (*Torat Natán* 12; *Parparaot LeJojmá*).

32. **devarav con mishpat**. *Devarav* ("sus asuntos") también puede significar "su habla", del término *dibur* ("palabra"). La persona debe sopesar juiciosamente sus palabras, sus plegarias, para no volverse a la derecha ni a la izquierda, sino mantenerse centrada mediante *mishpat* (ver más abajo, nota 43).

3. Aquél que es digno de esta espada debe saber cómo luchar con ella. No debe desviarla ni a la derecha ni a la izquierda, sino ser capaz de "golpear un cabello y no errar" (Jueces 20:17).[27]

Y esto es imposible[28] sin el atributo de *mishpat* (justicia).[29] Pues *mishpat* es la columna del centro (*Tikuney Zohar*, Introducción 17a).[30] Es decir, golpear con nuestra arma en el punto preciso, sin inclinarse ni a la derecha ni a la izquierda, sino en el centro.[31] Esto corresponde a "Él ordena sus *devarav* (asuntos) con *mishpat*" (Salmos 112:5).[32]

{"Es un *jok* (estatuto) para Israel, un *mishpat* para el Señor de Iaacov" (Salmos 81:5).}

Es por esta razón que Iosef recibió los derechos de primogenitura específicamente de Iaacov, como en (Génesis 48:22), "Yo te he dado...",

---

representar la antítesis misma de la plegaria y son responsables de que la gente se abstenga de orar.

Resumen: La plegaria es el arma principal del Mashíaj y de todo judío (#1). No es posible llegar a la verdadera plegaria sin primero alcanzar el nivel del cuidado del Pacto (#2).

27. **...un cabello y no errar.** Las Escrituras describen las habilidades excepcionales de los guerreros de la tribu de Biniamin. Esta misma característica, enseña el Rebe Najmán, puede aplicarse a la persona que merece la plegaria perfecta. Ella cuida el Pacto y sabe cómo dirigir la espada/plegaria de una manera precisa, sin desviarse, en lo más mínimo, hacia ningún lado. (El concepto de los lados será explicado un poco más adelante).

28. **esto es imposible.** Dirigir nuestras plegarias con precisión.

29. **mishpat, justicia.** La persona que cuida el Pacto y que ha perfeccionado su fe en la plegaria merece la espada de la plegaria (ver nota 26). Esta arma es tan potente, que el Talmud adelanta una advertencia: "No es bueno que el Tzadik castigue a otros" (paráfrasis de Proverbios 17:26; ver *Berajot* 7a). Por medio de sus plegarias, el Tzadik tiene el poder de impartir juicio sobre quien quiera, por lo que debe ser muy cuidadoso. Alternativamente, puede utilizar el poder de la plegaria para traer salvación sobre aquellos que no son dignos o que aún no están preparados para ello (como fue el caso de las plegarias de Abraham por Ishmael, de lo cual Dios se lamenta a diario; ver *Maharsha*, *Suká* 52b, *v.i. Ishmaelim*; *Zohar* II, 32a). En ese caso, sus plegarias son causa de ruina y no de rectificación (*Be Ibei HaNajal*). Lo que se necesita, por tanto, es *mishpat*, justicia en el sentido de un juicio verdadero y apropiadamente equilibrado (ver nota siguiente).

30. **mishpat...la columna del centro.** En la terminología de la Kabalá, el nombre de cada *sefirá* indica su función: *Jesed* (Bondad) manifiesta benevolencia, *Guevurá* (Fortaleza) manifiesta juicios estrictos, y así en más. Pero estos atributos no siempre son absolutos. Con frecuencia hay circunstancias atenuantes que moderan el juicio de la culpa, y motivos ulteriores que minimizan el crédito obtenido por actos de bondad. Así, para que pueda haber una justicia apropiada, es necesario un equilibrio entre *Jesed* y *Guevurá*, entre la indulgencia y la severidad. *Tiferet* es la *sefirá* donde esto se manifiesta, el núcleo de la columna central de las *sefirot* (ver

(בראשית מ"ח): "וַאֲנִי נָתַתִּי לְךָ" וְכוּ' - 'אֲנִי' דַּיְקָא, שֶׁהוּא בְּחִינַת מִשְׁפָּט. וְזֶה (תהלים פ"א): "כִּי חֹק לְיִשְׂרָאֵל הוּא", בְּחִינַת בְּרִית, כְּמוֹ שֶׁכָּתוּב: "חֹק בְּשָׁאֲרוֹ שָׂם"; "מִשְׁפָּט לֵאלֹהֵי יַעֲקֹב", הַיְנוּ שֶׁצָּרִיךְ יוֹסֵף לְקַבֵּל זֹאת הַחֶרֶב מִבְּחִינַת מִשְׁפָּט, כְּדֵי שֶׁיְּכַלְכֵּל דְּבָרָיו בַּמִּשְׁפָּט. וְזֶה (תהלים ע"ב): "מִשְׁפָּטֶיךָ לְמֶלֶךְ תֵּן". שֶׁמָּשִׁיחַ יְקַבֵּל מִבְּחִינַת מִשְׁפָּט:

ד וְעַל יְדֵי מַה זוֹכֶה לִבְחִינַת מִשְׁפָּט? עַל יְדֵי צְדָקָה. שֶׁעַל יְדֵי צְדָקָה אוֹחֲזִין בְּמִדַּת הַמִּשְׁפָּט, כְּמוֹ שֶׁכָּתוּב (דברים ל"ג): "צִדְקַת ה' עָשָׂה וּמִשְׁפָּטָיו". וּכְמוֹ שֶׁכָּתוּב (תהלים צ"ט): "מִשְׁפָּט וּצְדָקָה בְּיַעֲקֹב" וְכוּ'.

כִּי צְדָקָה הוּא עַל יְדֵי מִשְׁפָּט, כְּמוֹ שֶׁכָּתוּב (שם ע"ה): "אֱלֹהִים

Más abajo (sección 6) el Rebe Najmán explicará que Moshé y Mashíaj son uno y el mismo aspecto. Enseña el Ari que Moshé también es llamado rey, como en (Deuteronomio 33:5), "Él fue rey en *Ishurun*" (*Sefer HaGuilgulim*, 13).

Resumen: La plegaria es el arma principal del Mashíaj y de todo judío (#1). No es posible llegar a la verdadera plegaria sin primero alcanzar el nivel del cuidado del Pacto (#2). Y aunque uno guarde el *brit* y alcance el poder de la plegaria, aún necesita el atributo de *mishpat*. Es decir, su espada (plegaria) debe ser esgrimida en forma juiciosa (#3).

38. **Él ejecutó la caridad...mishpatim.** Rashi explica el versículo como refiriéndose a Moshé (*loc. cit.*). Cada vez que el pueblo judío pecaba, Moshé oraba por ellos. Cuando adoraron el Becerro de Oro, o enviaron espías, o en cualquier otra instancia en la cual hicieron enojar a Dios y se hicieron merecedores de un grave castigo, Moshé encontró mérito en los judíos y juiciosamente presentó su caso ante Dios. Como resultado, sus pedidos fueron aceptados y el pueblo judío se salvó. Las Escrituras indican que la compasión de Moshé por el pueblo judío fue un acto supremo de caridad, la caridad de Dios, y una aplicación de la cualidad de *mishpat*.

39. **Tú ejecutas mishpat y caridad....** Este salmo se refiere a los días del Mashíaj, cuando se revelará el Reinado de Dios (*Metzudat David*, Salmos 99:1). El sujeto del versículo citado aquí son los preceptos de la Torá, las mitzvot. Ellas son un equilibrio; su esencia es justicia y caridad (*Ibid.* v.4). En nuestro contexto, esto indica que las plegarias del Mashíaj, mediante las cuales conquistará el mundo entero y lo llevará bajo el Reinado de Dios, se ajustarán al principio de "ordenar sus palabras con *mishpat*".

40. **caridad...producto de mishpat**. Es decir, al ejercitar la justicia y el juicio, se cumple con la caridad. El Rebe Najmán demuestra ahora por qué el acto de caridad se iguala con la ejecución de *mishpat*.

"Yo", <pues Iaacov es> el aspecto de *mishpat*.³³ Y esto es: "Es un *jok* para Israel". "*Jok*" sugiere *brit*, como en (Shabat 137b): Un *jok* fue puesto en su carne.³⁴ [Por lo tanto,] "...un *mishpat* para el Señor de Iaacov".³⁵ Iosef debe recibir esta espada del aspecto de *mishpat*, de modo que pueda "ordenar sus palabras con *mishpat*".³⁶ Éste es el significado de (Salmos 72:1), "Oh, Señor, da Tu *mishpat* al rey", es decir, que Mashíaj recibirá del aspecto de *mishpat*.³⁷

4. ¿Y cómo merece uno el aspecto de *mishpat*? Mediante la caridad. Al dar caridad uno abarca el atributo de *mishpat*. Como está escrito (Deuteronomio 33:21), "Él ejecutó la caridad de Dios y Sus *mishpat*im"³⁸; y como en (Salmos 99:4), "Tú ejecutas *mishpat* y caridad en Iaacov".³⁹

Pues caridad <es en sí misma> un producto de *mishpat*,⁴⁰ como

---

33. **Iaacov...aspecto de mishpat**. Cada uno de los tres Patriarcas personifica un rasgo en particular. Abraham es bondad (*Jesed*); Itzjak es juicio (*Guevurá*); y Iaacov es equilibrio y belleza (*Tiferet*). Como se mencionó (nota 30), el equilibrio perfecto entre *Jesed* y *Guevurá* se logra mediante *Tiferet*. Esto es Iaacov, *mishpat*, la columna del centro. Tal como ha explicado el Rebe Najmán, la espada/plegaria sólo se obtiene cuidando el *brit* (*Iesod*), personificado por Iosef (ver notas 15,18,24). Pero para saber cómo utilizar apropiadamente la espada se necesita *mishpat*. Por tanto, Iosef recibió el derecho de la primogenitura específicamente de Iaacov; el *brit/Iesod* que recibe de *mishpat/Tiferet* (con respecto a la posición de estas *sefirot* ver Apéndice: Estructura de las Sefirot).

34. **un jok fue puesto....** Este texto de prueba proviene de las bendiciones recitadas sobre la circuncisión (*Shabat* 137b). El término *jok* se refiere así a cuidar el *brit*.

35. **Iaacov**. Es una regla general que cada nivel espiritual inferior está incluido en el nivel espiritual que se encuentra por sobre él. Por lo tanto, Iaacov/*mishpat* también posee la virtud de Iosef/*brit* (*Rashi*, Génesis 49:3; ver también *Likutey Moharán* I, 1, n.55). En la sección anterior (sección 2), el Rebe Najmán mostró la conexión entre el *brit* y la plegaria. En esta sección, ha introducido *mishpat* y ha mostrado cómo Iosef recibe de Iaacov, pues "Yo [Iaacov] te he dado a ti [Iosef]...". Al citar este versículo de Salmos (81:5), que incluye las palabras "*jok... mishpat...* Iaacov", el Rebe Najmán ha conectado directamente *mishpat* con el *brit* (además de la conexión a través de Iaacov y Iosef).

36. **Iosef...espada...mishpat**. Con esto, el Rebe Najmán resume la lección hasta este punto, mostrando cómo todos los conceptos están conectados entre sí. Iosef/el *brit* debe recibir su poder de la plegaria/la espada, de Iaacov/*mishpat*, para que pueda ordenar y organizar juiciosamente las palabras de su plegaria. De esta manera, sus plegarias son beneficiosas para todos (ver nota 29).

37. **rey...Mashíaj...mishpat**. " El rey" en este versículo es una alusión a Mashíaj (*Targum Ionatán, loc. cit.*). Este texto de prueba establece la conexión entre Mashíaj y *mishpat*, mostrando que incluso Mashíaj debe tomar su arma de la plegaria de *mishpat*. En la próxima sección, el Rebe Najmán va a demostrar cómo es posible adquirir el atributo de *mishpat*.

שׁוֹפֵט, זֶה יַשְׁפִּיל וְזֶה יָרִים". שֶׁמּוֹרִישׁ לָזֶה, וּמַעֲשִׁיר לָזֶה. וּכְשֶׁנּוֹתֵן צְדָקָה הוּא בִּבְחִינַת 'זֶה יַשְׁפִּיל', שֶׁמְּחַסֵּר מָמוֹנוֹ, וּבִבְחִינַת וְזֶה יָרִים, שֶׁמַּעֲשִׁיר לֶעָנִי. נִמְצָא, שֶׁאוֹחֵז עַל יְדֵי זֶה בְּמִדַּת מִשְׁפָּט.

וּבִשְׁבִיל זֶה צָרִיךְ לְהַפְרִישׁ צְדָקָה קֹדֶם הַתְּפִלָּה (בבא בתרא י. ובשלחן ערוך ארח חיים סימן צ"ב סעיף י), כְּדֵי שֶׁיּוּכַל לְכַלְכֵּל דְּבָרָיו בְּמִשְׁפָּט. שֶׁיְּהֵא קוֹלֵעַ אֶל הַשַּׂעֲרָה וְלֹא יַחֲטִא.

וְזֶה שֶׁאָמְרוּ חֲכָמֵינוּ, זִכְרוֹנָם לִבְרָכָה (בבא בתרא קכג.): 'לָמָה נָתַן יַעֲקֹב אֶת הַבְּכוֹרָה לְיוֹסֵף? בִּשְׁבִיל שֶׁכִּלְכֵּל אוֹתוֹ. מָשָׁל לְבַעַל הַבַּיִת שֶׁגִּדֵּל יָתוֹם בְּתוֹךְ בֵּיתוֹ' וְכוּ'.

כְּמוֹ שֶׁכָּתוּב (בראשית מ"ז): "וַיְכַלְכֵּל יוֹסֵף אֶת אָבִיו וְאֶת אֶחָיו לֶחֶם לְפִי הַטָּף". כְּמוֹ (יחזקאל כ"א): "הַטֵּף אֶל דָּרוֹם" (לְשׁוֹן דִּבּוּר) "לְפִי הַטָּף", הַיְנוּ שֶׁהָיְתָה תְּפִלָּתוֹ שְׁגוּרָה בְּפִיו עַל-יְדֵי הַצְּדָקָה, וְעַל יְדֵי הַצְּדָקָה שֶׁעָשָׂה, נָתַן לוֹ יַעֲקֹב, שֶׁהוּא בְּחִינַת מִשְׁפָּט, אֶת הַבְּכוֹרָה שֶׁהוּא בְּחִינַת תְּפִלָּה, כְּמוֹ שֶׁכָּתוּב: "וַאֲנִי

44. **Nuestros sabios....** El pasaje dice así: ¿Por qué Iaacov le dio a Iosef los derechos del primogénito? Porque él lo alimentó en Egipto. Esto es como la parábola del dueño de casa (Iosef) que mantuvo a un huérfano (Iaacov) en su hogar. (Pues Iaacov no tenía comida y Iosef se la proveyó). Finalmente el huérfano (Iaacov) se hizo rico (volvió a adquirir el derecho del primogénito, pues Rubén lo perdió y Iaacov, podía entregarlo a quien quisiese) y dijo, "Voy a beneficiar al dueño de casa con mis posesiones" (*Bava Batra* 123a, con el comentario de *Rashbam*). El *Be Ibei HaNajal* explica que esta es la caridad y el *mishpat* al que hace referencia el Rebe Najmán. Las "posesiones" eran los derechos del primogénito. Rubén los perdió porque profanó la cama de su padre. Fue descendido de su posición, o empobrecido, por Iaacov/*mishpat*. Por otro lado, Iosef, al cuidar el Pacto, llegó a ser digno de la primogenitura. Por lo tanto, fue ascendido de su posición, fue enriquecido por Iaacov/*mishpat*. Porque una vez que le fue retirada la primogenitura a Rubén, Iaacov/*mishpat* pudo otorgársela a quien él quisiese.

45. **iKaLKeL, sustentaba**. Esto es similar a "*lKaLKeL devarav* (ordenar sus palabras)". Debido a que Iosef hizo caridad mereció ordenar sus palabras, la cualidad de *mishpat*.

46. **lefi...labios.** La raíz de la palabra *lefi* es *pé* (boca). En el contexto de nuestra lección, el versículo se lee así: **Iosef proveyó a su padre...con pan**, debido a que Iosef hizo caridad, mereció **lefi hataf**, una boca que habla y ordena con facilidad las palabras de la plegaria.

en (Salmos 75:8), "El Señor es juez, Él hace descender a uno y eleva a otro", Él empobrece a uno y enriquece a otro.[41] Y cuando una persona da caridad, ello corresponde a "hace descender a uno <y eleva a otro>". <"Hace descender a uno">, porque quita de su propio dinero; y "eleva a otro", porque enriquece al pobre. Consecuentemente, a través de esto abarca el atributo de *mishpat*.[42]

Es por esta razón que es necesario dar caridad antes de orar; a fin de que uno pueda "*leKaLKeL devarav* (ordenar sus palabras), *mishpat*", que pueda "golpear un cabello y no errar".[43]

Enseñaron nuestros sabios: ¿Por qué Iaacov le dio a Iosef los derechos del primogénito? Porque él lo sustentó. Esto es como la parábola del dueño de casa que mantuvo a un huérfano en su hogar... (*Bava Batra* 123a).[44]

Está escrito (Génesis 47:12), "Y Iosef *iKaLKeL* (sustentaba)[45] a su padre y a sus hermanos y a toda la casa de su padre con pan, *lefi hataf* (según el número de sus hijos)". {La palabra "*HaTaF*" también denota habla}, como en (Ezequiel 21:2), "*HaTeF* (ora) hacia el sur". *Lefi hataf* indica que las plegarias [de Iosef] fluían de sus labios.[46] Y, debido a las acciones caritativas de [Iosef], Iaacov, el aspecto de *mishpat*, le otorgó los derechos del primogénito, el aspecto de la plegaria. Como está

---

41. **empobrece...enriquece....** Esto se basa en la lectura Midráshica del versículo. Cuando dos personas en diferentes situaciones y clases sociales están destinadas a contraer matrimonio, Dios juzga cómo hacer para que se unan. Es posible que empobrezca a una o que enriquezca a la otra. A veces, Dios toma incluso de la riqueza de una persona y se la da a la otra para facilitar la unión (ver *Bereshit Rabah* 68:4). Rabí Natán agrega que al simpatizar con el dolor del pobre y darle caridad, la persona puede liberarse de la arrogancia y llegar a la humildad. Volverse humilde y elevar a otro es en esencia hacer *mishpat* (*Torat Natán* 18).

42. **...mishpat**. Tal como el Rebe ha mostrado, dar caridad es literalmente hacer *mishpat*. Y a través de *mishpat*, uno sabe cómo esgrimir su espada (ver sección 3).

43. **dar caridad antes de orar....** Ver *Bava Batra* 10a; *Oraj Jaim* 92:10. Uno puede dar esta caridad antes de orar, colocando algunas monedas en la alcancía en su casa. O puede hacerlo en la sinagoga antes de comenzar sus plegarias.

Al dar caridad antes de orar, uno ejecuta *mishpat*. Puede entonces esgrimir su espada, dirigir sus plegarias, para que peguen precisamente en el centro y corazón de su objetivo. Es por esto que cuando la persona da caridad antes de orar, las plegarias fluyen de sus labios con facilidad. Dar caridad evita que los pensamientos ajenos confundan la plegaria. Esto permite orar apropiadamente; sin desviar las plegarias hacia la derecha o hacia la izquierda y ordenar las palabras en forma juiciosa, con *mishpat* (*Mei HaNajal*; ver nota 32).

נָתַתִּי לְךָ שְׁכֶם", 'אֲנִי' דַּיְקָא, שֶׁהוּא בְּחִינַת מִשְׁפָּט.

ה וְעִקָּר שֶׁל הַמַּחֲשָׁבוֹת זָרוֹת הֵם עַל־יְדֵי קִלְקוּל הַמִּשְׁפָּט, כִּי מִשְׁפָּט הוּא בְּחִינַת עֵינַיִן. כְּמוֹ שֶׁכָּתוּב (בראשית י"ד): "וַיָּבֹאוּ אֶל עֵין מִשְׁפָּט". זֶה בְּחִינַת (דברים ל"ג): "עֵין יַעֲקֹב". וְעַל־יְדֵי קִלְקוּל מִשְׁפָּט בָּא קִלְקוּל לָעֵינַיִן, כְּמוֹ שֶׁכָּתוּב (דברים ט"ז): "כִּי הַשֹּׁחַד יְעַוֵּר עֵינֵי חֲכָמִים", זֶה בְּחִינַת מַחֲשָׁבוֹת זָרוֹת שֶׁבַּתְּפִלָּה, שֶׁהֵם עֲנָנִין דִּמְכַסִּין עַל עֵינַיִן, כְּמוֹ שֶׁכָּתוּב (איכה ג):

49. **EIN mishpat...EIN Iaacov**. Generalmente, Ain es "un ojo", pero también significa "una fuente", la Fuente de Mishpat, la Fuente de Iaacov. En esta lección, el Rebe Najmán trae dos versículos, uno conectando *ein* a *mishpat*, el otro conectando *ein* con Iaacov. El Rebe continúa explicando que perfeccionar espiritualmente los ojos es equivalente a perfeccionar el *mishpat*. Por el contrario, un oscurecimiento espiritual del poder de la vista corresponde a una corrupción del *mishpat*.

Aunque *mishpat* y Iaacov son una misma cosa (sección 3), el Rebe Najmán trae dos textos de prueba: "*Ein Mishpat*" y "*Ein Iaacov*". Esto se debe a que son dos los detractores de *mishpat*: la derecha y la izquierda. El primer versículo se refiere a la localidad conocida como *Ein Mishpat*, el lugar donde los cuatro reyes lucharon contra los cinco reyes (Génesis, *loc. cit.*). Rashi explica allí que el nombre derivó de un evento que sólo podía tener lugar en el futuro, pues ése era el lugar donde Moshé y Aarón transformarían la roca en una fuente, golpeándola en lugar de hablarle, una manifestación de *mishpat* desequilibrado. *Ein Mishpat* corresponde así a la corrupción de *mishpat*, al desviarlo hacia el lado izquierdo. La segunda prueba que trae el Rebe se refiere a *Ein Iaacov*: "Israel habitará confiado, solo, Ein Iaacov en una tierra de grano y vino. Tus cielos también destilarán rocío" (*loc. cit.*). Sin embargo, las Escrituras califican su promesa de abundante bendición para el pueblo judío: sólo podrán recibirla cuando todos estén unidos y sean rectos. Desafortunadamente, tal estado de perfección se ha mostrado tan escaso como elevado. Con el paso del tiempo y comprendiendo que la nación se estaba alejando de este ideal más que acercándose a él, el profeta Amos oró para que la abundancia descendiera gratis sobre el pueblo judío, aunque ellos hubieran pecado (*Makot* 24a). Ein Iaacov corresponde así a la corrupción de *mishpat*, desviándolo hacia la derecha. De estos textos de prueba concernientes al *ain* (ojo) también podemos comprender por qué el Rebe Najmán igualó la plegaria específicamente con la nariz. Al igual que la nariz, que se encuentra en el centro de la cara y entre los dos ojos, la plegaria debe estar centrada, perfectamente equilibrada entre la derecha y la izquierda.

50. **el soborno ciega....** Está prohibido que un juez reciba influencias de la manera que fuere. Incluso en un caso claro en el cual puede exonerar al inocente y condenar al culpable, aceptar un soborno distorsiona su decisión, es decir, corrompe su sentido de *mishpat*. Así el versículo citado por el Rebe Najmán se refiere a la ceguera, o daño, de los ojos.

51. **nubes que cubren los ojos**. Esto es, cuando se daña el *mishpat*, cuando los ojos están nublados, la persona se ve distraída por pensamientos ajenos que obstruyen sus plegarias. Esto

escrito, "Yo [Iaacov], te he dado una porción...". Específicamente *"Yo"*, pues él es el aspecto de *mishpat*.⁴⁷

5. Ahora bien, la causa principal de los pensamientos ajenos <durante la plegaria> es la corrupción de *mishpat*.⁴⁸ Pues *mishpat* es un aspecto de *EINin* (ojos), como en (Génesis 14:7), "Ellos vinieron a EIN *Mishpat*". Esto corresponde a "[Israel habitará confiado, solo,] EIN Iaacov..." (Deuteronomio 33:28).⁴⁹

Y mediante la corrupción de *mishpat*, los ojos son dañados, como en (Deuteronomio 16:19), "el soborno ciega los ojos de los sabios".⁵⁰ Éste es el concepto de los pensamientos ajenos durante la plegaria. Son como nubes que cubren los ojos,⁵¹ como está escrito (Lamentaciones 32.44), "Te

---

47. **acciones caritativas...aspecto de mishpat**. El Rabí Natán escribe que la caridad es considerada en sí misma como cuidar el Pacto. Esto se debe a que, en el plano físico, cuando se guarda el Pacto, uno le da su abundancia exclusivamente a un receptor digno, a su esposa. Esto es similar a dar caridad: uno le da de su propia abundancia a un receptor digno (ver también *Likutey Moharán* I, 264). En nuestro contexto, por lo tanto, dar caridad es cuidar el Pacto. Al ejecutar *mishpat* de esta manera, es posible dirigir la plegaria de la manera apropiada (*Torat Natán* 13). Más aún, la esencia de *mishpat* es la verdad (ver nota 29). Es por ello que Iaacov personifica en particular a la verdad, como en (Mija 7:20), "Da verdad a Iaacov". La persona debe asegurarse de realizar sus actos de caridad con verdad (*Torat Natán* 15; ver *Likutey Moharán* I, 251:2).

Resumen: La plegaria es el arma principal del Mashíaj y de todo judío (#1). No es posible llegar a la verdadera plegaria sin primero alcanzar el nivel del cuidado del Pacto (#2). Y aunque uno guarde el *brit* y alcance el poder de la plegaria, aún necesita el atributo de *mishpat*. Es decir, su espada (plegaria) debe ser esgrimida en forma juiciosa (#3). Para alcanzar *mishpat* es necesario dar caridad (#4).

48. **corrupción de mishpat**. Como se explicó, al dar caridad la persona merece *mishpat*. Esto ocurre en especial cuando la caridad es dada antes de la plegaria. Las plegarias fluyen entonces fácilmente y dan en el blanco. La pregunta que ahora formula el Rebe Najmán es: ¿Cómo es posible que la persona que ha dado caridad todavía enfrente pensamientos perturbadores y tenga dificultad para orar? El Rebe explica aquí que estos pensamientos ajenos surgen de un *mishpat* incompleto o corrupto (*Mei HaNajal*). Uno de los motivos, como se indicó en la nota previa, es dar caridad a causas que no son dignas. Esto corrompe el *mishpat*, haciendo que pensamientos ajenos perturben la plegaria.

Fue por esto que Reb Shmuel Isaac se vio en su sueño rodeado de nubes. Aún debía perfeccionar su nivel personal de *mishpat*. Es sabido, sin embargo, que años más tarde Reb Shmuel Isaac alcanzó un nivel verdaderamente increíble de concentración y devoción en sus plegarias. El Rabí Natán dice acerca de él, "El Rebe condujo a Reb Shmuel Isaac por el filo de la espada". Y se escuchó decir al mismo Reb Shmuel Isaac, "Si hoy llego a orar el *Shemá* tal como lo hice ayer, ya no tengo razón alguna para vivir" (*Tradición Oral*).

"סֻכּוֹתָה בַעֲנָן לָךְ" וְכוּ'.

וְלֶעָתִיד שֶׁיִתְתַּקֵּן בְּחִינַת מִשְׁפָּט, כְּמוֹ שֶׁכָּתוּב (ישעיהו א): "צִיּוֹן בְּמִשְׁפָּט תִּפָּדֶה". אֲזַי יִתְעַבֵּר עֲנָנִין דִּמְכַסִּין עַל עֵינָא. כְּמוֹ שֶׁכָּתוּב (שם נ"ב): "כִּי עַיִן בְּעַיִן יִרְאוּ בְּשׁוּב ה' צִיּוֹן", וּבִשְׁבִיל זֶה נִקְרָא יוֹסֵף (בראשית מ"ט): "בֵּן פֹּרָת עֲלֵי עָיִן".

ו וְצָרִיךְ כָּל אֶחָד לְכַוֵּן בִּתְפִלָּתוֹ, שֶׁיְּקַשֵּׁר עַצְמוֹ לַצַּדִּיקִים שֶׁבַּדּוֹר, כִּי כָּל צַדִּיק שֶׁבַּדּוֹר הוּא בְּחִינַת מֹשֶׁה מָשִׁיחַ, כְּמוֹ שֶׁמָּצִינוּ, שֶׁהַצַּדִּיקִים קוֹרִין זֶה לָזֶה מֹשֶׁה, כְּמוֹ 'מֹשֶׁה שַׁפִּיר

mishpat, mereció las *tarpo* (686) luces mencionadas en la nota 24. También hay otra conexión entre Iosef y los dos textos de prueba citados por el Rebe. Como se explicó más arriba, Iosef personifica guardar el *brit* y así corresponde a la *sefirá* de *Iesod*. Ambos versículos de Isaías hablan de Sión que, como se mencionó (nota 53), también corresponde a *Iesod*. Sión (ציון) tiene además el mismo valor numérico que Iosef (יוסף).

Resumen: La plegaria es el arma principal del Mashíaj y de todo judío (#1). No es posible llegar a la verdadera plegaria sin primero alcanzar el nivel del cuidado del Pacto (#2). Y aunque uno guarde el *brit* y alcance el poder de la plegaria, aún necesita el atributo de *mishpat*. Es decir, su espada (plegaria) debe ser esgrimida en forma juiciosa (#3). Para alcanzar *mishpat* es necesario dar caridad (#4). Por el contrario, las mayores molestias para nuestras plegarias: los pensamientos ajenos y la falta de concentración, surgen de un sentido corrupto de *mishpat* (#5).

56. **se una a los verdaderos Tzadikim....** Hemos visto que la plegaria es el arma principal de todo judío (ver secciónes 1 y 2 y nota 13). Pero aun así, es imposible alcanzar la perfección de la plegaria sin guardar perfectamente el *brit*, algo que requiere de un gran esfuerzo y autocontrol. Si es así, ¿cómo es posible que la gente pueda alcanzar alguna vez la salvación si sus plegarias son defectuosas? La respuesta del Rebe Najmán es que cada individuo debe unir sus plegarias a los Tzadikim de la generación, pues ellos son los verdaderos guardianes del *brit*. Sólo ellos saben cómo elevar cada plegaria a su lugar apropiado.

Unirse a los Tzadikim es un concepto que a muchas personas les resulta extraño y difícil de comprender. Pero en verdad, esta idea aparece en las enseñanzas más antiguas de nuestros sabios. Ellos enseñaron: Afirman las Escrituras, "Únete a Él" (Deuteronomio 11:22). ¿Acaso es posible unirse a la *Shejiná* (La Divina Presencia)? No, no es posible. Más bien, únete a los estudiosos de la Torá y a los Tzadikim y será como si te hubieras unido a Él (*Sifri, ad. loc.; Rashi, ad. loc.*). ¿Qué significa "Únete"? Una opinión que trae el Talmud indica que esto implica dar caridad a los Tzadikim y en general hacer que ellos se beneficien con nuestros bienes (*Ketubot* 111b). Otra explicación, que se encuentra a lo largo de todos los escritos del Rabí Natán, es que la persona debe simplemente *unirse* a las enseñanzas del Tzadik, estudiándolas y siguiendo sus directivas. Esto une a la persona con el Tzadik. Ver *Cruzando el Puente Angosto* capítulo 17, donde se explica con mayor profundidad este concepto de unirse con el Tzadik y sus aplicaciones.

has cubierto de una nube, para que no pase la plegaria".[52]

Pero en el Futuro será restablecido el concepto de *mishpat*, como en (Isaías 1:27), "Sión será redimida con *mishpat* <y sus cautivos mediante la caridad>".[53] Entonces, se disiparán las nubes que cubren los ojos, como en (*ibid.* 52:8), "Porque ojo a ojo verán cómo el Señor se vuelve a Sión".[54] Y es por esto que Iosef es llamado "*ben porat alei AIN* (rama fructífera junto a la fuente)" (Génesis 49:22).[55]

6. <Por tanto> es necesario <que antes de orar> cada individuo <se una a los verdaderos> Tzadikim de la generación.[56] Pues cada <verdadero> Tzadik es un aspecto <de Mashíaj, un aspecto de Moshé>. Vemos así que los Tzadikim se felicitan los unos a los otros [llamándose] Moshé (*Shabat*

---

se debe a que las palabras de la plegaria sólo pueden ser ordenadas apropiadamente si uno posee la cualidad de *mishpat* (como en sección 3).

52. una nube, para que no pase.... Enseña el *Zohar*: Las nubes que cubren los ojos de la persona, oscureciendo su visión espiritual, corresponden a las *klipot* (fuerzas del mal) que detienen las plegarias y les impiden ascender (*Tikuney Zohar* 21, p.50b). El Rabí Natán explica que en nuestro contexto estas *klipot*/nubes son Esaú e Ishmael, los detractores que corrompen el *mishpat* (*Torat Natán* 19).

53. Sión...mishpat. Esto es, por medio de la caridad, serán capaces de ejecutar el *mishpat* apropiado. Entonces, "Sión será redimida". En la Kabalá, Sión se identifica con la *sefirá* de *Iesod*, el *brit*. Así, dar caridad rectifica el *mishpat* y redime entonces las plegarias de aquéllos que han alcanzado el nivel de cuidar el *brit* (*Biur HaLikutim*; *Mei HaNajal*). Más aún, lograr el *mishpat* dando caridad permite que la persona alcance el nivel de cuidar el pacto (nota 47) y así rectifique sus plegarias.

54. porque ojo a ojo.... En ese momento ya no habrá más una visión nublada o turbia de la Divinidad. Más bien, seremos capaces de concentrarnos totalmente en las palabras de la plegaria y no tendremos duda alguna con respecto a Quien Le estamos orando. Esto es lo que dijo el Rebe cierta vez: "Mashíaj tendrá que trabajar con gran perseverancia para traer al mundo una pura y simple plegaria de *Amidá*" (*Siaj Sarfei Kodesh* 1-20).

El *Targum Ionatán* traduce este versículo como: "Ellos juntos cantan alabanzas, pues aquéllos que *sirvieron* al Señor verán con sus ojos el retorno de Dios a Sión". Más arriba, en la lección (sección 2 y nota 20), el Rebe Najmán asoció el servicio Divino con la plegaria. Más aún, como explica el *Mei HaNajal*, esta lectura se une con lo que el Rebe explicará en breve, que todas las plegarias rectificadas se juntan y se unen para transformarse en el arma con la cual Mashíaj conquistará el mundo.

55. Iosef...alei AIN. Cuando uno merece guardar el *brit* a través de la cualidad de *mishpat*, obtiene la capacidad de superar las nubes que disminuyen la visión. Al igual que Iosef, la persona es "*alei AIN*" (literalmente, por sobre el ojo), por sobre la visión nublada. Puede entonces dirigir sus plegarias directamente hacia el objetivo. Es por esto que Iosef, que también alcanzó el

LIKUTEY MOHARÁN #2:6

קָאָמַרְתְּ'. וּמֹשֶׁה זֶה בְּחִינַת מָשִׁיחַ, כְּמוֹ שֶׁכָּתוּב (בראשית מ"ט): "עַד כִּי יָבֹא שִׁילֹה" - 'דָּא מֹשֶׁה מָשִׁיחַ'.

וְכָל תְּפִלָּה וּתְפִלָּה שֶׁכָּל אֶחָד מִתְפַּלֵּל הוּא בְּחִינַת אֵיבָר מֵהַשְּׁכִינָה, שֶׁהֵם אֵבְרֵי הַמִּשְׁכָּן, שֶׁאֵין שׁוּם אֶחָד מִיִּשְׂרָאֵל יָכוֹל לְאַעֲלָא שַׁיְפָא בְּשַׁיְפָא כָּל חַד לְדוּכְתֵּיהּ, אֶלָּא מֹשֶׁה בִּלְחוּד, בִּשְׁבִיל זֶה צָרִיךְ לְהָבִיא וּלְקַשֵּׁר כָּל הַתְּפִלּוֹת לְצַדִּיק הַדּוֹר, כְּמוֹ שֶׁכָּתוּב (שמות ל"ט): "וַיָּבִיאוּ אֶת הַמִּשְׁכָּן אֶל מֹשֶׁה". וְהוּא יוֹדֵעַ לְאַעֲלָא שַׁיְפָא בְּשַׁיְפָא וְלַעֲשׂוֹת אוֹתָהּ קוֹמָה שְׁלֵמָה, כְּמוֹ שֶׁכָּתוּב (שם מ): "וַיָּקֶם מֹשֶׁה אֶת הַמִּשְׁכָּן":

Divina Presencia de Dios, que es *Maljut* (ver Apéndice: Las Personas Divinas), reside en ellas. Cuando llegue el momento en que se completen, todas esas estructuras descenderán a este mundo en la forma del Tercer Templo (*Torat Natán* 22; *Rabí Iaacov Meir Shechter*).

60. **sino sólo Moshé.** Tal como relatan las Escrituras, le correspondió exclusivamente a Moshé la tarea de armar todas las partes del Tabernáculo (ver Éxodo 40:2,18). Ver la nota siguiente.

61. **Tabernáculo a Moshé.** Aunque todo el trabajo de los judíos para la realización de las partes del Tabernáculo ya había sido terminado, les fue imposible unirlas. Moshé fue el único que pudo armarlo (*Rashi, loc. cit.*). Aunque los judíos hubieran insistido no lo habrían logrado. Ni siquiera toda la fuerza física y todas las habilidades del mundo habrían servido. En lugar de ello, uniendo simplemente su tarea a Moshé, sus esfuerzos se vieron recompensados. La estructura se completó y la gloria de Dios llenó el Tabernáculo (Éxodo 40:33, 34). De la misma manera, cuando la gente intenta por sí misma dirigir sus plegarias hacia Dios, sin la unión con los Tzadikim, corren el riesgo de que sus esfuerzos sean en vano. Si, por otro lado, unifican sus plegarias a los Tzadikim, estos dirigirán cada plegaria hacia Arriba, hacia su lugar apropiado. De esta manera se construye la estructura de la *Shejiná* y se acelera la llegada de Mashíaj.

Cierta vez alguien le preguntó al Rabí Natán, "¿Quién es más grande? La persona simple que se une al Tzadik o aquélla que es grande por derecho propio?". El Rabí Natán respondió, "Cuando alguien contribuía con algo grande para el Tabernáculo, sólo era aceptado si se lo entregaba a Moshé. Pero incluso la más pequeña, la más insignificante contribución, una vez que le era entregada a Moshé, adquiría un enorme valor" (*Avenea Barzel* p.47, #62).

Es por esto que, antes de orar, los jasidim de Breslov acostumbran a recitar el siguiente pasaje: Unifico mi plegaria a todos los verdaderos Tzadikim de nuestra generación y a todos los verdaderos Tzadikim que "residen en la tierra", es decir, aquellos santos que ya han fallecido. En particular, me uno al Tzadik, cimiento del mundo, *Najal Novea Mekor Jojmá*, Rebe Najmán el hijo de Feiga, que su mérito nos proteja a nosotros y a todo Israel, Amén (*Sabiduría y Enseñanzas del Rabí Najmán de Breslov* 296).

62. **Moshé erigió el Tabernáculo.** Hemos visto arriba que Iaacov corresponde a *Tiferet* (nota 33). Al mismo tiempo, existen numerosas afirmaciones a lo largo de las santas escrituras que

101b): "Moshé, tú lo has dicho bien".⁵⁷ Moshé también es identificado con el Mashíaj, como en (Génesis 49:10), "hasta que venga Shiló", este es Moshé, <pues ambos tienen el mismo valor numérico> (Zohar I, 25b).⁵⁸

Y toda plegaria elevada por cada persona es un componente <separado> de la *Shejiná* (Presencia Divina). Ellas corresponden a las partes del Tabernáculo.⁵⁹ No hubo nadie en Israel que fuera capaz de ensamblar las diferentes partes en su lugar correcto, sino sólo Moshé.⁶⁰ Por esta razón es necesario traer y unir todas las plegarias a los <Tzadikim> de la generación, como está escrito (Éxodo 39:33), "Y trajeron el Tabernáculo a Moshé".⁶¹ Él es quien sabe cómo conectar una parte con la otra y así erigir la estructura completa, como en (*ibid.* 40:18), "Moshé erigió el Tabernáculo".⁶²

---

57. **Moshé, tú lo has dicho bien.** Así es como los más importantes sabios del Talmud se felicitaban unos a los otros. Uno se refería al otro como Moshé, implicando que: "Tú eres para nuestra generación lo que Moshé fue para la de él" (*Rashi, loc. cit.*). En nuestra lección, hemos visto que los Tzadikim de cada generación son un aspecto de Mashíaj, porque ellos toman su poder del Mashíaj (ver nota 4). El Rebe enseña aquí que Mashíaj y Moshé son un solo concepto. Ver la nota siguiente.

58. **Shiló...Moshé....** Citando a Onkelos, Rashi comenta que Shiló es otro nombre para el Mashíaj. ShILó (שילה) y MoShé (משה) tienen el mismo valor numérico 345 (ver Apéndice: Tabla de Guematria).

Las palabras "hasta que venga Shiló" son parte de la bendición de Iaacov a Iehudá e indican que, comenzando con el rey David y hasta la llegada del Mesías, la dinastía real sólo provendrá de los descendientes de Iehudá (*Rashi, ad. loc.*). Siendo que Shiló corresponde a Moshé (en *guematria*) y que Shiló es Mashíaj, podemos hacer una conexión entre Moshé y Mashíaj, el concepto de Moshé-Mashíaj (ver más abajo, sección 8; *Likutey Moharán* I, 9:4), del cual todos los Tzadikim obtienen su poder.

Luego de comenzar la lección centrándose sobre el significado de la plegaria individual, el Rebe Najmán se vuelve ahora hacia otra de las dimensiones de la plegaria: las palabras y los pedidos de la persona que deben ser unidos al Tzadik para poder ascender a su lugar apropiado junto con todas las plegarias del pueblo judío. Como se explicará, esto está simbolizado en el relato de la Torá referente al armado del santo Tabernáculo. Todos tomaron parte de él, pero sólo Moshé, el Tzadik de la generación, fue el único capaz de armarlo correctamente.

59. **Tabernáculo.** Dios dio numerosas y precisas instrucciones sobre cómo debía ser construido el Tabernáculo. Cada judío contribuyó con su parte. Algunos proveyeron los materiales, otros donaron sus habilidades. En algunos casos, una sola persona contribuyó por sí misma con una parte entera. En otros casos, una cantidad de gente se unió para contribuir con otra parte. Juntos, *todos* proveyeron la totalidad de los componentes para la construcción del Tabernáculo. Una vez construido, éste debía servir como residencia para la *Shejiná* (ver Éxodo 39:32-43). Un proceso similar ocurre en los mundos superiores. Las diferentes plegarias del pueblo judío son elementos componentes para la construcción de exquisitas cámaras espirituales en el Cielo. La

וְכָל הַתּוֹרָה שֶׁאָדָם לוֹמֵד לִשְׁמֹר וְלַעֲשׂוֹת, כָּל הָאוֹתִיּוֹת הֵם נִיצוֹצֵי נְשָׁמוֹת, וְהֵם נִתְלַבְּשִׁים בְּתוֹךְ הַתְּפִלָּה, וְנִתְחַדְּשִׁים שָׁם בִּבְחִינַת עִבּוּר. (כמובא בגלגולים, שכל הנשמות באים בתוך המלכות בבחינת עבור ונתחדשים שם).

וְזֶהוּ (תהלים י״ט): "הַשָּׁמַיִם מְסַפְּרִים כְּבוֹד אֵל", הַיְנוּ הַתּוֹרָה שֶׁהוּא אֵשׁ וּמַיִם, הַיְנוּ בְּחִינַת הַנְּשָׁמוֹת. וּבָאִים בְּתוֹךְ הַתְּפִלָּה,

adquiere a partir de toda sabiduría o comprensión que nos acerque a Dios. Por lo tanto, es el estudio de la Torá, el que le otorga principalmente a la persona esta clase de intelecto. Cuando la persona estudia Torá con la intención de observar sus mandamientos y acercarse a Dios, obtiene nueva comprensión y sabiduría que pueden entonces ser llamadas almas. (Una explicación más amplia sobre las chispas de almas se encuentra en *Likutey Moharán* I, 14:13).

65. aspecto de preñez. Durante el embarazo, lo que comienza como un embrión crece y se desarrolla hasta madurar. En la Kabalá, el concepto de preñez, *ibur*, se define como el desarrollo a partir de algo pequeño y falto de plenitud. Esto se aplica especialmente a los temas intelectuales, pues todas las ideas comienzan como una chispa en la mente y necesitan ser ampliadas. Las nuevas percepciones obtenidas a partir del estudio de la Torá (ver nota anterior) comienzan primero de manera informe y fragmentada. Pero al orar luego de estudiar, la sabiduría que uno obtiene se nutre y crece hasta alcanzar un estado pleno.

Enseña el Ari que, al pecar Adán, casi todas las almas de la futura humanidad fueron afectadas en forma negativa. Mientras que algunas almas sólo fueron afectadas ligeramente, otras cayeron a los niveles más bajos de las *klipot*. Así, cuando llega el momento en que un alma debe renovarse y ser rectificada, tiene que atravesar primero por una etapa similar a la preñez dentro de *Maljut*, para luego poder entrar a este mundo unida a un cuerpo físico. También enseña el Ari, que la única manera en que estas almas pueden ser elevadas hacia el aspecto de preñez es mediante las plegarias y las mitzvot del judío (*Shaar HaGuilgulim*, 12-13). En nuestra lección, el Rebe Najmán enseña que "la Torá que estudia la persona con el propósito de observar..." eleva estas chispas de almas caídas. Esto se refiere a las plegarias y a las mitzvot del judío, que tienen el poder de elevar hacia *Maljut* las almas perdidas, para que puedan recibir su rectificación. *Maljut*, como hemos visto más arriba (nota 4), es la plegaria. Es por esto que la plegaria tiene el poder de renovar y rejuvenecer el alma, siempre y cuando la plegaria se intensifique mediante el estudio de la Torá.

66. Torá...fuego y agua...almas. El Talmud (*Jaguigá* 12b) y Rashi (Génesis 1:8) enseñan que en el término hebreo para "los cielos", *ShaMaIM* (שמים) están aludidos los elementos que componen el firmamento, *eSH* (אש, fuego) y *MaIM* (מים, agua). La Torá también es comparada con fuego y agua, como en (Jeremías 23:29), "He aquí, Mi palabra es como fuego", y (Isaías 55:1), "Que aquellos sedientos vengan por agua" (ver *Kidushin* 30b). Y, como se explicó, la Torá contiene las almas. *Shamaim* ("los cielos") connota así la Torá y las almas.

67. entran dentro de la plegaria. En el aspecto de preñez, como se explicó (nota 65).

7. Y toda la Torá que estudia la persona con el propósito de observar y cumplir,[63] todas esas letras son chispas de almas,[64] y ellas se envisten dentro de la plegaria. Allí, ellas se renuevan en un aspecto de preñez.[65]

{Tal como se explica en el *Sefer HaGuilgulim*: Todas las almas entran en *Maljut* (Reinado) en el aspecto de preñez y allí son renovadas}.

Éste es el significado de (Salmos 19:2), "Los *ShaMaIM* (cielos) declaran la gloria del Todopoderoso". Esto se refiere a la Torá, que es *eSh* (fuego) y *MaIM* (agua): el aspecto de almas.[66] Estas [almas] entran en la plegaria,[67] que es un aspecto de "la gloria del Todopoderoso", como

---

indican que es Moshé quien corresponde a *Tiferet*. Un estudio más profundo revela que Moshé es un paralelo de la esencia interna (*Neshamá*) de *Tiferet*, mientras que Iaacov es un paralelo del aspecto externo (el cuerpo). En otras palabras, Moshé significa el atributo de *Tiferet/mishpat* en un nivel mucho más perfecto que Iaacov. Además, como se explicó, Moshé es Mashíaj, el verdadero Tzadik, que también corresponde a *Iesod*, el *brit*. El Tabernáculo, por otro lado, corresponde a *Maljut* (*Zohar* II, 238b). Así, en el contexto de nuestra lección, Moshé es el Tzadik/*brit* que mereció la plegaria/*Maljut*/Tabernáculo. ¿Cómo mereció esto?, mediante el *mishpat*. Era por lo tanto Moshé quien juzgaba a diario al pueblo judío (Éxodo 18:16).

El *Zohar* habla de otro aspecto más que tienen en común Moshé y Mashíaj (además de la *guematria*): un poder único para juzgar. Como se explicó, Mashíaj tendrá el poder de juzgar por medio de su sentido del olfato (arriba, nota 8). La capacidad de Moshé para juzgar también era única. Bendecido por el hecho de que la *Shejiná* lo acompañaba en todo momento, Moshé era capaz de juzgar mediante la vista. Con el solo hecho de mirar a alguien, era capaz de discernir de inmediato si la persona estaba diciendo la verdad y así efectuar un juicio verdadero (*Zohar* II, 78a). En nuestro contexto, la visión perfecta de Moshé alude a la cualidad perfecta de justicia, cuando no están nublados los ojos (sección 5). Podemos comprender entonces por qué sólo Moshé, el Tzadik, en virtud de haber logrado el nivel del *mishpat* perfecto, fue capaz de erigir el Tabernáculo. Sólo él sabía adónde correspondía cada parte, cada plegaria.

Resumen: La plegaria es el arma principal del Mashíaj y de todo judío (#1). No es posible llegar a la verdadera plegaria sin primero alcanzar el nivel del cuidado del Pacto (#2). Y aunque uno guarde el *brit* y alcance el poder de la plegaria, aún necesita el atributo de *mishpat*. Es decir, su espada (plegaria) debe ser esgrimida en forma juiciosa (#3). Para alcanzar *mishpat* es necesario dar caridad (#4). Por el contrario, las mayores molestias para nuestras plegarias: los pensamientos ajenos y la falta de concentración, surgen de un sentido corrupto de *mishpat* (#5). Para asegurarse de que nuestras plegarias sean aceptadas, uno debe unirse a los Tzadikim. Sólo ellos saben cómo elevar cada plegaria a su lugar apropiado (#6).

63. observar y cumplir. Pues éste es el objetivo principal del estudio de la Torá, observar las mitzvot, cumplirlas con lo mejor de nuestras capacidades. Al agregar esta aclaración, el Rebe Najmán excluye a aquéllos cuyo estudio de la Torá no tiene el propósito de cumplir, sino de ser meramente un interés intelectual.

64. chispas de almas. El intelecto se identifica generalmente como el asiento del alma dentro del cuerpo humano (*Likutey Moharán* I, 61:3). Esto ocurre en especial con el intelecto que uno

שֶׁהוּא בְּחִינַת כָּבוֹד אֵל, כְּמוֹ שֶׁכָּתוּב (תהלים ס"ו): "שִׂימוּ כָבוֹד תְּהִלָּתוֹ", בְּחִינַת: "תְּהִלָּתִי אֶחֱטָם לָךְ".
וְהַנְּשָׁמוֹת עִם הַתְּפִלָּה, הַנִּקְרָא כָּבוֹד, עַל שֵׁם שֶׁהִיא מַלְבֶּשֶׁת אוֹתָנוּ, כִּי 'ר' יוֹחָנָן קָרָא לְמָאנֵיהּ מְכַבְּדוּתָא' (יב), וְעַל־יְדֵי־זֶה נִקְרֵאת כָּבוֹד אֵל. וְהֵן מְאִירִין זֶה לָזֶה; הַנְּשָׁמוֹת מְאִירִין לְהַתְּפִלָּה בִּבְחִינַת הַעֲלָאַת מַיִן נוּקְבִין, וְהַתְּפִלָּה מְאִירָה לְהַנְּשָׁמוֹת בִּבְחִינַת חִדּוּשִׁין, שֶׁהִיא מְחַדֶּשֶׁת אוֹתָם בִּבְחִינַת עִבּוּר.

"transformar el estudio en plegarias" (*Likutey Moharán* II, 25). La Torá que uno estudia se transforma en chispas de almas que son renovadas cuando se incorporan en las plegarias. Esto ocurre incluso si se estudia un tema pero se ora para poder observar otro de manera apropiada. Más aún entonces, si se ora para ser capaz de observar lo que se ha estudiado. Entonces, el estudio y la plegaria se unen de verdad, iluminándose mutuamente de la manera más extraordinaria. Así, por ejemplo, cuanto más se desee alcanzar una vida verdadera y eterna, más se deberá buscar una vida plena de Torá y de plegaria (*Torat Natán* 23).

73. **aguas femeninas**. La Kabalá habla de dos conceptos complementarios conocidos como *main dujrin* y *main nukvin* (literalmente, "aguas masculinas" y "aguas femeninas"). Esencialmente, *main dujrin* denota energía espiritual que desciende desde Arriba, simboliza el flujo de *shefa* (abundancia) que Dios en Su bondad provee para la humanidad y el mundo. *Main nukvin*, por otro lado, connota energía espiritual que asciende desde abajo y es símbolo del hombre cumpliendo con la voluntad de Dios. Esta energía desde abajo despierta una energía recíproca desde Arriba (ver *Likutey Moharán* I, 185, nota 12 sobre el significado de "aguas" en conexión a este término). Consideremos la siguiente metáfora:

La madre le presenta a su esposo el hijo que ella ha criado y tanto ha cuidado. Orgullosamente le muestra cómo ha utilizado los recursos que él le dio. Esto naturalmente le proporciona el favor de su marido, y él se siente motivado a darle más de sus recursos. Elevar *main nukvin* sugiere un concepto similar. Un nivel espiritual o mundo mostrará que ha cuidado y desarrollado la abundancia que le ha sido otorgada. Entonces el mundo superior, viendo que aquello que le dio al mundo inferior ha fructificado, se siente inclinado a dar más aún (*Rabí Iaacov Meir Shechter*).

En nuestro contexto, elevar las aguas femeninas se relaciona con las almas que son rectificadas por medio del judío que cumple con la voluntad de Dios a través del estudio de la Torá y del cumplimiento de las mitzvot. Es decir, la Torá ha llevado las almas a un estado de mayor rectificación, hacia un estado donde ellas pueden iluminar las plegarias de modo que la plegaria las eleva en el aspecto de *main nukvin* (ver *Shaar HaGuilgulim* 13).

74. **las renueva....** El término hebreo para "nueva comprensión", *jidushin*, tiene la misma raíz que *mejadesh*, "renovar". Las almas son renovadas, es decir, la Torá produce una nueva comprensión, cuando ellas son elevadas a través de la plegaria hacia aspectos de preñez. Ver más arriba, nota 65.

está escrito (Salmos 66:2), "Haz gloriosa Su alabanza", correspondiente a "A causa de Mi alabanza, *ejtom* de ti".⁶⁸

Así, estas almas junto con la plegaria <son denominadas> "gloria", por el hecho de que [la plegaria] <las> viste [a las almas].⁶⁹ Tal como el Rabí Iojanan, que llamaba a sus vestimentas "las que me glorifican" (Shabat 113a).⁷⁰ Como resultado eso es llamado "la gloria del Todopoderoso".⁷¹ Y ellas se iluminan las unas a las otras⁷²: las almas iluminan a la plegaria en el aspecto de elevar las aguas femeninas,⁷³ y la plegaria ilumina a las almas en el aspecto de nueva comprensión. Pues ella las renueva en el aspecto de preñez.⁷⁴

---

68. **Haz gloriosa Su alabanza...Mi alabanza, ejtom....** Al comienzo de la lección (y notas 5, 6) vimos que la alabanza se asocia con la nariz, *ejtom*. El Rebe Najmán demuestra ahora que la alabanza también sugiere gloria. Así, dentro del contexto de nuestra lección, el versículo de Salmos (19:2) citado por el Rebe puede leerse como sigue: **Los cielos** - La Torá/almas **declaran la gloria** - son elevadas a través de la alabanza, es decir, la plegaria.

69. **la plegaria viste a las almas.** Cuando las almas se envisten dentro de la plegaria, dentro de *Maljut*, la combinación de ambas es llamada "gloria" en virtud del elemento de gloria propio de la plegaria.

70. **...las que me glorifican.** Habiendo afirmado que la plegaria, que es gloria, es un aspecto de vestimenta, el Rebe trae una confirmación en las palabras del sabio Talmúdico Rabí Iojanan, quien llamaba a sus vestimentas "las que me glorifican". De la misma manera en que el Rabí Iojanan recibía gloria de sus vestimentas, las letras de la Torá/almas adquieren el elemento de gloria de *sus* vestimentas, las plegarias.

Esta referencia al Rabí Iojanan y al concepto de gloria/plegaria tiene otra conexión con nuestra lección. El Rabí Iojanan fue el Tzadik más importante de su época y, como se explicó arriba (sección 6), uno debe entregar sus plegarias a los Tzadikim de la generación.

71. **es llamado la gloria del Todopoderoso.** El verbo "es" corresponde aparentemente a la unidad creada por la combinación de la Torá/almas con la plegaria, y no a alguna de ellas por separado. Esta unidad es también un aspecto de "la gloria del Todopoderoso", porque la gloria de Dios es mayor cuando se rectifican las almas caídas. Ver *Likutey Moharán* I, 14:2.

72. **se iluminan las unas a las otras.** La Torá y la plegaria sirven para fortalecerse e iluminarse mutuamente. Se requiere por tanto que la persona se dedique a ambas. Todas las letras de la Torá que uno estudia con el propósito de llevarlas a la práctica son chispas de almas. Ellas están investidas dentro de nuestras plegarias y allí son renovadas en el aspecto de preñez. Por otro lado, al investir las almas/Torá dentro de nuestras plegarias se produce una mayor perfección de las plegarias mismas. Habiendo dicho esto, la perfección final sólo puede ser alcanzada si entregamos nuestras plegarias al Tzadik de la generación. Entonces, la Torá ilumina y fortalece nuestras plegarias, para que puedan llegar a ser el arma mediante la cual cada judío gane sus batallas personales y, en última instancia, el Mashíaj gane la suya (ver *Mei HaNajal*).

El Rabí Natán escribe que éste es el gran valor de la enseñanza del Rebe Najmán sobre

וְהַנְּשָׁמוֹת הַמְלֻבָּשִׁין בַּתְּפִלָּה, הַמּוּבָאוֹת לַצַּדִּיק שֶׁבַּדּוֹר הֵם בִּבְחִינַת (תהלים מ״ה): "בְּתוּלוֹת אַחֲרֶיהָ רֵעוֹתֶיהָ מוּבָאוֹת לָךְ".

אָמַר רַבָּה בַּר בַּר חָנָה: זִמְנָא חֲדָא הֲוָה קָאָזְלִינָן בִּסְפִינְתָּא, וַחֲזֵינָן הַהוּא כּוּרָא דִּיתְבָא לֵיהּ חַלְתָּא אַגַּבֵּיהּ, וְקָדְחָה אַגְמָא עֲלוֵיהּ. סַבְרִינָן יַבֶּשְׁתָּא הוּא, וְסַלְקִינָן וַאֲפֵינָן וּבַשְׁלִינָן אַגַּבֵּיהּ. וְכַד חַם גַּבֵּיהּ אִתְהַפִּיךְ, וְאִי לָאו דַּהֲוָה מְקָרְבָא סְפִינְתָּא, הֲוָה טָבְעִינָן (בבא בתרא עג:).

פרוש רשב״ם:
דְּיָתְבָא חַלְתָּא אַגַּבֵּיהּ, שֶׁהָיָה חוֹל נִקְבָּץ עַל גַּבּוֹ: וְקָדַח עֲשָׂבִים עַל הַחוֹל: וְסַבְרִינָן יַבֶּשְׁתָּא הִיא אִיֵּי הַיָּם הִיא:

וְזֶה שֶׁאָמַר רַבָּה בַּר בַּר חָנָה: חֲזֵינָן לְהַאי כּוּרָא וְכוּ' – כִּי בְּגָלוּתֵנוּ, כִּבְיָכוֹל, הַקָּדוֹשׁ־בָּרוּךְ־הוּא בְּהַסְתָּרַת פָּנִים, כְּמוֹ שֶׁכָּתוּב (תהלים ל): "הִסְתַּרְתָּ פָּנֶיךָ", שֶׁהוּא בְּחִינוֹת רַחֲמִים, וּפָנָה עֹרֶף שֶׁהוּא בְּחִינוֹת דִּין. וְכָל תְּפִלּוֹתֵינוּ וּבַקָּשָׁתֵנוּ, עַל זֶה שֶׁפָּנָה

Torá, especialmente con la intención de cumplir con las mitzvot que uno estudia. Esto permite elevar las almas caídas (incluida la propia) y renovarlas a través de la plegaria (#7).

76. Raba bar bar Janá.... El Rebe Najmán muestra ahora cómo los conceptos de esta lección están aludidos dentro del marco de la historia de Raba bar bar Janá.

77. ha ocultado Su rostro...juicio severo. La Kabalá usa comúnmente el término "cara" y "rostro" para denotar bondad. Es como cuando una persona siente compasión y se preocupa por otra, de modo que se vuelve hacia ella y escucha con atención aquello que tiene que decir. De manera inversa, "espalda" denota juicio severo. Es como cuando una persona no quiere saber nada de otra, y así le da la espalda negándose a ayudarla. Por lo tanto, enseña el Rebe Najmán, cuando se decretó el exilio sobre el pueblo judío, el atributo de bondad de Dios, Su rostro, se ocultó, dejando en su lugar al juicio severo: Su espalda.

También hay aquí una intención aún más profunda. El Rebe cita el versículo "Ocultaste Tu rostro", indicando que aunque el rostro de Dios esté vuelto hacia nosotros, puede ocurrir que no nos beneficiemos de Él debido a que está oculto. "Oculto" y "vuelto de espaldas" representan así dos niveles separados. Un rostro oculto, como opuesto a un rostro revelado que denota un flujo de *shefa* (abundancia), indica ausencia de abundancia, pero no necesariamente la presencia de sufrimiento. El sufrimiento, implícito en los juicios severos, está indicado por el hecho de que Dios nos ha dado la espalda.

Y las almas, cuando están investidas en la plegaria y son llevadas al Tzadik de la generación, son un aspecto de "vírgenes que la siguen, compañeras suyas, serán traídas a ti" (Salmos 45:15).⁷⁵

8. Raba bar bar Janá relató: Cierta vez, viajando en un barco, vimos este pez. *JoL* **(arena)** *iatva* **(se había asentado) sobre su espalda y en ella había crecido un prado. Pensando que era tierra seca subimos allí, horneamos y cocinamos en su espalda. Cuando su espalda se calentó, se dio vuelta. Si no hubiéramos estado cerca del barco, nos habríamos ahogado** (Bava Batra 73b). ⁷⁶

Rashbam:
arena iatva sobre su espalda - la arena se había juntado sobre su espalda; **había crecido** - hierbas sobre la arena; **pensando que era tierra seca** - una isla.

Raba bar bar Janá relató... vimos este pez - Pues en nuestro exilio el Santo, bendito sea, ha ocultado Su rostro, si así pudiera decirse. <Como está escrito (Génesis 31:18), "ocultaré completamente Mi rostro", y (Salmos 30:8), "Ocultaste Tu rostro". <Es sabido que el rostro> es un aspecto de compasión <y, por el contrario, que la espalda> es un aspecto de juicio severo.⁷⁷ Así, todas nuestras plegarias y pedidos están referidos a que Él

---

75. **...traídas a ti.** El salmista dice (*loc. cit.*): "Con vestidos bordados [la princesa] será conducida al Rey; vírgenes que la siguen, compañeras suyas, serán traídas a ti". Los comentaristas más importantes lo explican como una referencia al tiempo del Mashíaj, cuando todos los judíos, incluso aquellos que han caídos y están muy alejados de Dios, serán traídos de retorno para servirlo a Él. El versículo así se traduce en nuestro texto como sigue: **con vestidos bordados** - envestida dentro de la plegaria, **la princesa** - el alma, **será conducida al Rey** - al aspecto de Moshé-Mashíaj (ver nota 37); y, nuevamente, **vírgenes** - a través de *Maljut*/plegaria **que la siguen, compañeras suyas** - las almas caídas **serán traídas a ti** - son elevadas. Como se explicó, para elevar las almas caídas es necesario unificar las plegarias a los Tzadikim, es decir, Mashíaj, a quien le serán entregadas todas las plegarias. Entonces, con su plegaria-arma completa y prístina, Mashíaj triunfará sobre el mundo entero y lo pondrá bajo el dominio de Dios (*Mei HaNajal*).

Resumen: La plegaria es el arma principal del Mashíaj y de todo judío (#1). No es posible llegar a la verdadera plegaria sin primero alcanzar el nivel del cuidado del Pacto (#2). Y aunque uno guarde el *brit* y alcance el poder de la plegaria, aún necesita el atributo de *mishpat*. Es decir, su espada (plegaria) debe ser esgrimida en forma juiciosa (#3). Para alcanzar *mishpat* es necesario dar caridad (#4). Por el contrario, las mayores molestias para nuestras plegarias: los pensamientos ajenos y la falta de concentración, surgen de un sentido corrupto de *mishpat* (#5). Para asegurarse de que nuestras plegarias sean aceptadas, uno debe unirse a los Tzadikim. Sólo ellos saben cómo elevar cada plegaria a su lugar apropiado (#6). Es necesario también estudiar

עֹרֶף אֵלֵינוּ, שֶׁיַּחֲזֹר אֶת פָּנָיו, כְּמוֹ שֶׁכָּתוּב (שם פ"ו): "פְּנֵה אֵלַי".
וּכְמוֹ שֶׁכָּתוּב (במדבר ו): "יָאֵר ה' פָּנָיו".
וּכְשֶׁאָנוּ רוֹאִים אֹרֶךְ הַגָּלוּת, וּבְכָל יוֹם אֲנַחְנוּ צוֹעֲקִים אֵלָיו
וְאֵינָם נוֹשָׁעִים, - וְיֵשׁ מֵעַמֵּנוּ בְּנֵי־יִשְׂרָאֵל שְׁטוּעִים, חַס וְשָׁלוֹם,
בְּלִבָּם, שֶׁכָּל הַתְּפִלּוֹת הֵם לָרִיק, אֲבָל בֶּאֱמֶת כָּל הַתְּפִלּוֹת -
הַצַּדִּיקִים שֶׁבְּכָל דּוֹר וָדוֹר, הֵם מַעֲלִים אוֹתָם, וּמְקִימִים אוֹתָם,
כְּמוֹ שֶׁכָּתוּב: "וַיָּקֶם מֹשֶׁה אֶת הַמִּשְׁכָּן". וּמַעֲלִין כָּל שֵׁיפָא
וְשֵׁיפָא לְדוּכְתֵּיהּ, וּבוֹנִין קוֹמָתָהּ שֶׁל הַשְּׁכִינָה מְעַט מְעַט, עַד
שֶׁיִּשְׁתַּלֵּם שִׁעוּר קוֹמָתָהּ, אָז יָבוֹא מָשִׁיחַ, דָּא מֹשֶׁה, וְיַשְׁלִים
אוֹתָהּ, וִיקִים אוֹתָהּ בִּשְׁלֵמוּת.
וְזֶה פֵּרוּשׁ:
חֲזִינָא לְהַאי כַּוְרָא - הוּא בְּחִינַת צַדִּיק הַדּוֹר, הַנִּקְרָא דָּג. זֶה
בְּחִינַת מֹשֶׁה מָשִׁיחַ.

la mala inclinación logra su objetivo final: hacer que el hombre caiga en la desesperanza. Esta, de hecho, es la razón por la cual se ha extendido tanto el presente exilio. ¡Los judíos han perdido la esperanza en la plegaria!

Sin embargo, concluye el Rabí Natán, cada generación tiene su cuota de verdaderos Tzadikim; individuos rectos que fortalecen la fe de la gente en la eficacia de sus plegarias. Es gracias a estos Tzadikim, que la salvación llegará finalmente al pueblo judío. Y esto se aplica también a cada individuo. La salvación personal de cada judío sólo se manifestará cuando no pierda la esperanza en su oración; cuando sea paciente y tenga fe en que cada una de sus plegarias dará su fruto (*Torat Natán* 24).

81. **pez, como es sabido**. En los escritos de la Kabalá, el Tzadik es asemejado a un pez (ver *Zohar* III, 42a; *Meorei Or, dag*). El agua es símbolo de la Torá y de la sabiduría, como en (ver nota 66), "Que aquellos sedientos vengan por agua" y "La tierra estará llena del conocimiento de Dios, tal como el agua cubre el mar" (Isaías 11:9). Así, tal como el pez vive en el agua y no puede sobrevivir fuera de ella, el Tzadik está totalmente sumergido en la Torá y no puede sobrevivir sin ella. Más aún, en la medida en que el judío cuide el Pacto, se asemeja a un pez, el aspecto de Moshé-Mashíaj.

El *Biur HaLikutim* hace notar que las letras hebreas de la palabra "pez" (דג), *dalet* (=4) y *guimel* (=3), juntas suman el valor numérico de siete. Esto corresponde a las siete expansiones de los santos nombres de Dios: cuatro expansiones del santo nombre *IHVH* y tres expansiones del santo nombre *EHIeH*. El Tzadik es llamado *dag* porque es un aspecto de Iosef, quien mereció las *tarpo* luces (ver nota 24).

nos dio la espalda y que vuelva a mostrarnos Su rostro. Tal como <pidió el rey David> (Salmos 86:16), "Vuélvete a mí <y ten misericordia>", y como en (Números 6:25,26), "Haga el Señor resplandecer Su rostro <sobre ti y tenga de ti compasión. Alce Su rostro sobre ti y te conceda la paz>".[78]

Cuando vemos lo prolongado de <este amargo> exilio y cómo cada día clamamos ante Él y aún no hemos sido salvados... hay algunos de entre nuestra gente, los hijos de Israel, que se equivocan en su corazón, Dios no lo permita. <Ellos dicen> que todas las plegarias son en vano.[79] Pero en verdad, <no es así>. Los Tzadikim de cada generación elevan <todas las plegarias> y las erigen, como en "Moshé erigió el Tabernáculo". Ellos elevan todas y cada una de las partes hacia su lugar y construyen, poco a poco, la estructura de la *Shejiná*, hasta completar su construcción. Entonces Mashíaj, que es Moshé, vendrá y la completará, erigiéndola en su perfección.[80]

Éste es el significado [del relato de Raba bar bar Janá]:

vimos este pez - Esto alude al Tzadik de la generación, que es llamado pez, <como es sabido>.[81] Éste es el aspecto de Moshé-Mashíaj.

---

78. **Vuélvete a mí...resplandecer Su rostro....** En el primer versículo, el salmista (*loc. cit.*) le pide a Dios que vuelva Su rostro hacia nosotros, es decir, la negación de los juicios severos. El segundo versículo, parte de la Bendición de los Cohanim, es la bendición para que "Dios haga brillar Su rostro" sobre el pueblo judío, es decir, otorgarles abundante *shefa*. Ésta es la misión del judío: mitigar los decretos y *transformarlos* en bendiciones de abundancia.

79. **...plegarias en vano.** Con esto, el Rebe Najmán introduce en la lección la virtud de la paciencia. Ambas, la plegaria y la paciencia, corresponden a la nariz, como en, "A causa de Mi alabanza, *ejtom* (refrenaré Mi ira) de ti" (sección 1). Tal como Dios retiene Su ira y no ejecuta el sufrimiento merecido, de la misma manera, el pueblo judío debe mostrar paciencia al esperar que sus plegarias sean respondidas. De hecho, cuanto más paciencia demostremos, mayor será nuestra capacidad de mitigar la ira de Dios (*Biur HaLikutim*). Como explicó el Rabí Natán, Esaú personifica el punto de vista que afirma que no hay razón para orar (ver nota 26). Durante los últimos 2.000 años hemos estado exiliados bajo la dominación e influencia de Edom/Roma, cuyo progenitor fue Esaú. Según esto, hubo muchas ocasiones en las que el pueblo judío perdió la esperanza en la plegaria. Es por ello que el Rebe enfatiza la paciencia como un elemento vital al orar a Dios. Como continúa diciendo, "Pero en verdad... los Tzadikim de cada generación...".

80. **erigiéndola en su perfección.** Escribe el Rabí Natán: es importante comprender que la misma mala inclinación que hace que la persona cometa un pecado, más tarde la acusa por haber sucumbido, y luego se dedica a convencerla de que ya no tiene esperanzas de salvación. La persona que ha pecado se cuestiona entonces por qué debería orar. "¿De qué me sirve ahora la plegaria si ya he pecado?" se pregunta. "Ya no hay más esperanzas para mí". De esta manera,

דְּיַתְבָא לֵיהּ חֲלָתָא אַגַּבֵּיהּ – הַיְנוּ הַתְּפִלּוֹת שֶׁאָנוּ מִתְפַּלְלִים עַל זֶה, שֶׁכִּבְיָכוֹל פָּנָה עֹרֶף אֵלֵינוּ.

יַתְבָא לֵיהּ – הַיְנוּ: "וַיָּבִיאוּ אֶת הַמִּשְׁכָּן אֶל מֹשֶׁה", כִּי צָרִיךְ לְהָבִיא וּלְקַשֵּׁר אֶת הַתְּפִלָּה לְהַצַּדִּיק שֶׁבַּדּוֹר.

וְקָדְחִי עֲלָהּ אַגְמָא – הַיְנוּ הַנְּשָׁמוֹת הַבָּאִים עִם הַתְּפִלָּה, בְּחִינַת "בְּתוּלוֹת אַחֲרֶיהָ רֵעוֹתֶיהָ" וְכוּ', כִּי הַנְּשָׁמוֹת הֵן נִקְרָאִין עֲשָׂבִין כְּמוֹ שֶׁכָּתוּב (יחזקאל ט"ז): "רְבָבָה כְּצֶמַח הַשָּׂדֶה נְתַתִּיךְ".

וְסָבְרִינָן יַבֶּשְׁתָּא הוּא – הַיְנוּ שֶׁהַתְּפִלּוֹת אֵינָם עוֹשִׂים פֵּרוֹת, אֲבָל בֶּאֱמֶת אֵינוֹ כֵן, אֶלָּא,

סַלְקִינָן וַאֲפֵינָן וּבַשְׁלִינָן – הַיְנוּ כָּל הַתְּפִלּוֹת סַלְקִינָן וְעוֹלִין. וְכָל מַה שֶּׁמַּרְבִּין בִּתְפִלָּה, נִבְנֶה הַשְּׁכִינָה בְּיוֹתֵר, וּמְכִינָה אֶת עַצְמָהּ לְזִוּוּג, וְזֶה 'אֲפֵינָן וּבַשְׁלִינָן', כִּי אֲפִיָּה וּבִשּׁוּל הֵם הֲכָנָה לַאֲכִילָה, לִבְחִינַת זִוּוּג, כְּמוֹ שֶׁכָּתוּב (בראשית ל"ט): "כִּי אִם הַלֶּחֶם אֲשֶׁר הוּא אוֹכֵל".

86. **unión**. La *Shejiná* es *Maljut*, la última de las *sefirot* y aquélla que es símbolo de este mundo (ver Apéndice: Las Personas Divinas; Niveles de Existencia). El término unión indica que *Maljut* está lista para unirse con la persona Divina de *Zeir Anpin* y así traer *shefa* a este mundo. Este es Dios que hace brillar Su rostro sobre nosotros.

El concepto de construir la *Shejiná* es fundamental en la Kabalá. El Ari enseña que la Rotura de los Recipientes durante la Creación dañó especialmente a *Maljut*. La misión de los Tzadikim y de toda la humanidad es restaurar y reconstruir *Maljut*, la *Shejiná*. Una vez logrado esto, llegará Mashíaj.

87. **Hornear y cocinar...excepto por el pan que él come**. Las Escrituras dicen que Potifar, el amo de Iosef, "dejó todos sus asuntos en manos de Iosef, excepto por el pan que él comía". Este "pan" es un eufemismo en referencia a la esposa de Potifar, pues la Torá se expresa en un lenguaje refinado (Rashi, *loc. cit.*). Así como hornear y cocinar son necesarios para preparar el alimento y volverlo comestible, de la misma manera, debe haber un "hornear y cocinar" de la simiente para que tenga lugar una unión exitosa. En nuestro contexto, esto se refiere a las almas que son elevadas a través del aspecto de preñez. Su rectificación depende de las plegarias del pueblo judío. Por tanto, aunque la persona sienta que sus plegarias no obtienen respuesta, debe saber que ninguna de ellas se pierde. Sus plegarias son utilizadas para otro propósito: para rectificar y elevar otras almas, que son los ladrillos del Tabernáculo, *Maljut*.

JoL, arena, se había asentado sobre su espalda - <"*JoL*" sugiere plegaria, como en "Entonces Moshé JaL (comenzó a suplicar)" (Éxodo 32:11). **Arena... sobre su espalda:**> Éstas son las plegarias que oramos pues Él nos ha vuelto Su espalda, si así pudiera decirse.[82]

iatva, se había asentado - Esto es, "Y trajeron el Tabernáculo a Moshé". Pues es necesario traer y unir las plegarias a los <Tzadikim> de la generación.[83]

había crecido un prado - Estas son las almas que acompañan las plegarias, "que la siguen, compañeras suyas...".[84] Pues las almas son llamadas hierbas, como está escrito (Ezequiel 16:7), "Te hice multiplicar como la hierba del campo".[85]

Pensando que era tierra seca - Esto es, que las plegarias [están secas y que] no dan frutos. Pero en verdad, esto no es así, sino que:

subimos allí, horneamos y cocinamos - Todas las plegarias ascienden y se elevan. Cuanto más oramos, más se construye la *Shejiná*. Ella se prepara entonces para la unión.[86] Esto es **horneamos y cocinamos.** Hornear y cocinar son preparativos para comer, que es [una metáfora para la] unión, como está escrito (Génesis 39:6), "excepto por el pan que él come".[87]

---

82. **JoL...sobre su espalda....** *JoL* (חל, arena) es fonéticamente similar a *Jilá* (חלה, súplica). Las Escrituras (*loc. cit.*) relatan cómo Moshé Le suplicó a Dios que restringiera Su enojo contra el pueblo judío. El versículo dice literalmente: "Entonces Moshé *JaL* el rostro de Dios". Así, "arena se había asentado sobre su espalda" alude a nuestras plegarias y súplicas debido a que Dios ha ocultado Su rostro al darnos la espalda.

83. **iatva...unir las plegarias....** El término arameo *iatva* ("asentado") también puede significar "traído". Rashbam lo traduce como "juntado". En nuestro contexto, *iatva* se relaciona con el concepto de traer y unir (juntar) las plegarias a los Tzadikim, como se explicó en la sección 6.

84. **compañeras suyas....** Las almas que son elevadas a través del aspecto de preñez, como se explicó en la sección 7.

85. **la hierba del campo.** El profeta Ezequiel describe a los hijos de Israel durante su estadía en Egipto, cuando, debido a que se multiplicaron muy rápidamente, pasaron de ser una sola familia a ser una nación entera. La "hierba del campo" se refiere así a las almas judías. Esto tiene otra conexión más con nuestro texto, con las almas caídas mencionadas anteriormente. El Ari enseña que los judíos nacidos durante el exilio en Egipto eran almas caídas, de modo que estaban particularmente necesitadas de su rectificación (*Shaar HaPesukim, Shemot*).

כְּשֶׁיִּשְׁתַּלֵּם קוֹמָה שֶׁל כָּל הַשְּׁכִינָה, הַיְנוּ עַל־יְדֵי רֹב הַתְּפִלּוֹת, יִכְמְרוּ רַחֲמָיו, וְיִתְהַפֵּךְ מִדַּת הַדִּין לְמִדַּת הָרַחֲמִים.

וְזֶה כַּד חַם – הַיְנוּ כַּאֲשֶׁר יִכְמְרוּ רַחֲמָיו.

גַּבֵּיהּ אִתְהַפֵּךְ – הַיְנוּ שֶׁיִּתְהַפֵּךְ מִדַּת הַדִּין לְמִדַּת הָרַחֲמִים.

וְאִי לֹא הֲוֵי מִקָּרְבִינָן לִסְפִינְתָּא – הַיְנוּ: "לְמַעֲנִי לְמַעֲנִי אֶעֱשֶׂה זֹּאת" (ישעיהו מ״ח) כִּדְאִיתָא בַּמִּדְרָשׁ (ויקרא כ״ז): "מִי הִקְדִּימַנִי וַאֲשַׁלֵּם לוֹ". 'מִי עָשָׂה לִי מְזוּזָה קֹדֶם שֶׁנָּתַתִּי לוֹ בַּיִת' וְכוּ'.

נִמְצָא, שֶׁכָּל מַעֲשִׂים טוֹבִים שֶׁלָּנוּ וְכָל הַתְּפִלּוֹת – הַכֹּל מֵאִתּוֹ, וְאֵין רָאוּי לַחֲשֹׁב לְקַבֵּל שָׂכָר עַל שׁוּם דָּבָר.

וְאַף־עַל־פִּי שֶׁנִּרְאֶה, שֶׁעַל־יְדֵי תְּפִלָּתֵנוּ וְתוֹרָתֵנוּ יִהְיֶה הַגְּאֻלָּה, אַף־עַל־פִּי־כֵן צְרִיכִין אֲנַחְנוּ לְחַסְדּוֹ, שֶׁבְּחַסְדּוֹ יִגְאַל אוֹתָנוּ. וְזֶה:

אִי לֹא מִקָּרְבִינָן לִסְפִינְתָּא – זֶה בְּחִינַת חֶסֶד, כְּמוֹ שֶׁאָמְרוּ חֲכָמֵינוּ, זִכְרוֹנָם לִבְרָכָה: 'הַסַּפָּנִין רֻבָּן חֲסִידִים', אִי לֹא חַסְדּוֹ,

las mitzvot; por otro lado, es literalmente imposible que pueda cumplir con ellas a no ser que Dios le otorgue primero la oportunidad de hacerlo. El Midrash (*loc. cit.*) enumera diez ejemplos que demuestran cómo la persona sólo puede cumplir con los preceptos si primero recibe la abundancia de Dios, pues "todo lo que está bajo el cielo es Mío". Esto es como el Rebe explica ahora: "De esto podemos concluir que todas nuestras buenas acciones...".

91. **no es apropiado esperar recibir una recompensa....** Pues, en verdad, no nos mereceríamos recompensa alguna en virtud de lo que hicimos.

92. **nuestras plegarias y estudio....** De todos modos, aun así es verdad que cuando oramos, estudiamos Torá y cumplimos con las mitzvot, todo ello nos hace merecedores de una recompensa y acerca nuestra salvación.

93. **en Su bondad Él nos redima.** Como en "Por Mi propia causa... lo voy a hacer". Esta es una de las paradojas de la vida: debemos orar, pero comprender al mismo tiempo que ¡todo depende de Dios! Nosotros debemos hacer nuestra parte, pero aun así aceptar que Dios lo hace ¡sólo "Por Mi propia causa..."!

94. **los marineros son benévolos .** Dicen los sabios: un barco en alta mar a menudo está en peligro. Esto hace que los marineros se sientan contritos e inclinados a la bondad. Así, "cerca del barco" simboliza bondad.

<Cuando su espalda se calentó - Esto es,> cuando, a través de la multitud de las plegarias, se complete la estructura de toda la *Shejiná*, entonces la compasión <de Dios> se encenderá. El atributo del juicio severo se transformará en el atributo de la compasión.[88] Esto es:

se calentó - Cuando Su compasión se encendió.

su espalda... se dio vuelta - Esto es, el atributo del juicio severo es transformado en el atributo de la compasión.

Si no hubiéramos estado cerca del barco, <nos habríamos ahogado> - Esto es (Isaías 48:11), "Por Mi propia causa, sí, por Mi propia causa lo voy a hacer".[89] Como dice el Midrash <concerniente al versículo,> "¿Quién Me ha precedido para que Yo pueda recompensarlo?" (Job 41:3), ¿quién ha puesto una mezuzá por Mí antes que Yo le diera una casa? (*Vaikrá* Rabah 27:2).[90] De esto podemos concluir que todas nuestras buenas acciones y todas las plegarias provienen totalmente de Él. De modo que no es apropiado esperar recibir una recompensa por alguna <mitzvá o plegaria>.[91]

Y aunque vemos que la redención llegará gracias a nuestras plegarias y al estudio de la Torá, incluso así, necesitamos de Su bondad[92]; que en Su bondad Él nos redima.[93] Esto es:

Si no hubiéramos estado cerca del barco - Esto corresponde a la bondad. Como enseñaron nuestros sabios: La mayoría de los marineros son benévolos (Kidushin 82a).[94] De no ser por Su bondad, nos habríamos

---

88. **juicio severo...compasión**. Para producir *shefa* la unión debe realizarse "cara a cara". Por lo tanto, cuando, como resultado de nuestras muchas plegarias, se despierta la compasión de Dios y Su rostro se vuelve hacia nosotros, se produce la unión. Entonces desciende al mundo una gran abundancia.

89. **Mi propia causa...lo voy a hacer**. Las Escrituras afirman que Dios redimirá al pueblo judío no porque ellos lo merezcan sino en aras de Él Mismo, por la gloria de Su santo nombre. El Rebe Najmán explicará la aparente contradicción entre este versículo y nuestra noción de la salvación: si Dios nos redimirá en aras de Él Mismo, ¿cuál es el objetivo de nuestras plegarias? ¿Por qué debemos orar para la salvación? Por otro lado, si nuestras plegarias y nuestro estudio de la Torá nos permiten ganar la salvación, como ha sido explicado en la lección, ¿por qué Dios dice que Él nos redimirá en aras de Sí Mismo, y no debido a algo que nosotros podríamos llegar a hacer?

90. **"¿Quién Me ha precedido...?"** Por un lado, el hombre tiene la obligación de cumplir con

טַבְעִינָן, חַס וְשָׁלוֹם, בַּגָּלוּת.

וְזֶה פֵּרוּשׁ:

אֱמוֹר אֶל הַכֹּהֲנִים – בְּחִינַת תְּפִלָּה. כְּמוֹ שֶׁכָּתוּב (דברים כ"ו): "אֶת ה' הֶאֱמַרְתָּ הַיּוֹם".

כֹּהֲנִים – הֵם בְּחִינַת תּוֹרָה, בְּחִינַת נְשָׁמוֹת כַּנַּ"ל, כְּמוֹ שֶׁכָּתוּב (מלאכי ב): "כִּי שִׂפְתֵי כֹהֵן יִשְׁמְרוּ דַעַת וְתוֹרָה" וְכוּ'.

אַהֲרֹן – בְּחִינַת מִשְׁפָּט, כְּמוֹ שֶׁכָּתוּב (שמות כ"ח): "וְנָשָׂא אַהֲרֹן אֶת מִשְׁפַּט בְּנֵי יִשְׂרָאֵל". כִּי צָרִיךְ לְהָבִיא כָּל הַתְּפִלּוֹת לִבְחִינַת

esfuerzos eran importantes. Finalmente, como resultado de nuestras plegarias, se despertó la compasión de Dios y Él Se volvió hacia nosotros.

Si no hubiéramos estado cerca del barco, nos habríamos ahogado - Pero aun así no fue nuestro mérito, sino la bondad de Dios, la responsable de nuestra redención.

El Rabí Natán explica que no tenemos forma de comprender esta paradoja. Aun así, lo que podemos extraer de la enseñanza del Rebe es que la persona debe ser muy diligente en sus plegarias y tener fe en que sus esfuerzos le serán altamente recompensados. Al mismo tiempo, cada uno debe comprender cuánto depende de la compasión de Dios (ver arriba, nota 31). Cuanto más uno practique *mishpat*, más será guiado por la caridad y más cerca estará de comprender sus objetivos, mediante el arma de la plegaria. Es por esto que necesitamos unirnos en la plegaria con los Tzadikim. Por sí mismas, nuestras plegarias carecen de potencia. Sin embargo, los Tzadikim toman cada plegaria y la elevan hacia donde es más necesaria, de modo que, con el apropiado equilibrio de justicia, nuestras plegarias se vuelven eficientes y valiosas.

96. **...heEmaRta este día.** El Rebe Najmán demuestra ahora cómo los conceptos de esta lección están aludidos en el versículo de apertura.

EmoR ("hablar a") indica plegaria. En *Likutey Moharán* I, 259, el Rebe Najmán explica que la raíz *e-m-r*, como en las palabras *heemarta* y *heemirja*, denota plegaria en la forma de una conversación expresiva. Es decir, cuando la persona Le habla a Dios y confiesa sus pecados, la *Shejiná* le responde y lo consuela.

97. **sacerdotes...Torá...almas.** La conexión entre Torá y almas fue explicada en la sección 7. Este versículo de Malají (*loc. cit.*) muestra que "el sacerdote" corresponde a la Torá. Así, "sacerdotes" alude a las almas. Estas almas son elevadas a través de *e-m-r*, la plegaria (ver sección 7).

98. **mishpat...sobre su corazón.** Siendo el sumo sacerdote, Aarón llevaba el *joshen mishpat* (el pectoral del juicio) durante el servicio en el Templo. Este contenía doce piedras preciosas, cada una grabada con el nombre de una de las tribus de Israel (que corresponde a la plegaria; ver *Likutey Moharán* I, 9:2). De este modo, Aarón corresponde al aspecto de *mishpat*, que es

ahogado en el exilio, Dios no lo permita. <Pero, por medio de Su bondad, Él pronto nos redimirá. Amén.>[95]

9. Ésta es la explicación [del versículo inicial]:

{"**Dios le dijo a Moshé: '*Emor El HaCohanim* (Habla a los sacerdotes), hijos de Aarón y diles: ningún [sacerdote] ha de contaminarse a causa de [contacto con un] muerto entre su pueblo'".**}

{**El propósito de este versículo es *hazir* (advertir) a los mayores con respecto a los menores (*Rashi*).**}

Habla a los sacerdotes - *EmoR* sugiere plegaria, como está escrito (Deuteronomio 26:17), "Pues Dios *heEmaRta* (Tú has expresado) este día".[96]

sacerdotes - Ellos representan la Torá, las almas, como está escrito (Malají 2:7), "Porque los labios del sacerdote han de guardar el conocimiento y de su boca deben buscar la Torá".[97]

Aarón - Él es el aspecto de *mishpat*, como está escrito (Éxodo 28:30) "Aarón llevará el *mishpat* de los hijos de Israel [sobre su corazón]".[98] Pues es necesario llevar todas las plegarias hacia el aspecto de Moshé-Mashíaj.

---

95. **Él pronto nos redimirá. Amén.** Nuestras plegarias son extremadamente beneficiosas y absolutamente necesarias. Aun así, si no fuera por la bondad de Dios, sería imposible sobrevivir este largo exilio.

Así, dentro del contexto de nuestra lección, el relato se lee como sigue:

Raba bar bar Janá relató: Cierta vez, viajando en un barco, vimos este pez - vimos al Tzadik de la generación.

La arena se había asentado sobre su espalda - El Tzadik nos alienta a orar para que Dios se vuelva hacia nosotros y nos bendiga con abundancia. Nosotros aceptamos y unimos nuestras plegarias al Tzadik.

En ella había crecido un prado - Fuimos entonces capaces de elevar las almas caídas. Esto nos llevó a creer que nuestros esfuerzos y plegarias nos permitirían alcanzar aquello que pedimos y traerían nuestra redención.

Pensando que era tierra seca - Pero cuando esto no sucedió, cuando no llegó la salvación, llegamos a la conclusión de que nuestras plegarias no tenían valor.

Subimos allí, horneamos y cocinamos en su espalda. Cuando su espalda se calentó, se dio vuelta - Sin embargo, el Tzadik nos alentó a que no abandonáramos, pues todos nuestros

מֹשֶׁה מָשִׁיחַ. וְהוּא יָקִים אֶת הַמִּשְׁכָּן.

וְזֶה פֵּרֵשׁ רַשִׁ"י: 'לְהַזְהִיר הַגְּדוֹלִים עַל הַקְּטַנִּים', הַיְנוּ צַדִּיק הַדּוֹר, שֶׁהוּא בְּחִינַת מֹשֶׁה מָאוֹר הַגָּדוֹל יַזְהִיר וְיָאִיר אֶת הַתְּפִלָּה, שֶׁהִיא בְּחִינַת מָאוֹר הַקָּטֹן.

וּלְנֶפֶשׁ לֹא יִטַּמָּא בְעַמָּיו – הַיְנוּ עַל־יְדֵי שְׁמִירַת הַבְּרִית כַּנַּ"ל, כַּמּוּבָא בַּזֹּהַר: 'עִקָּרָא דְּיִצְרָא בִּישָׁא – עַל עֲרָיָן וְהִיא עִקָּרָא דִּמְסָאֲבוּתָא'.

וּכְשֶׁיִּשְׁמֹר אֶת הַבְּרִית, זוֹכֶה לִבְחִינַת תְּפִלָּה כַּנַּ"ל, וְזוֹכֶה לִבְחִינַת "תְּהִלָּתִי אֶחֱטָם לָךְ", כִּי עִקַּר הָרֵיחַ תָּלוּי בַּטָּהֳרָה, כְּמוֹ שֶׁאָמְרוּ חֲכָמֵינוּ, זִכְרוֹנָם לִבְרָכָה (סוטה מח.): 'מִשֶּׁבָּטְלָה הַטָּהֳרָה – בָּטְלָה הָרֵיחַ'. כִּמְבֹאָר מַעֲשֶׂה בַּגְּמָרָא (שם מט.):

---

su pueblo - Cuando la persona se mantiene pura al no corromperse sexualmente, este cuidado del Pacto la ayuda a alcanzar la plegaria que se equilibra mediante el atributo de *mishpat*. Aun así, deberá unir sus plegarias al Tzadik de la generación, la gran luz, que ilumina las plegarias y las eleva hacia su lugar apropiado.

103. **ejtom de ti.** Ver arriba, secciones 1 y 2.

104. **sentido del olfato...pureza.** Pues sólo mediante la pureza sexual, cuidando el *brit*, uno es capaz de alcanzar la plegaria, correspondiente a la nariz.

105. **Cuando se perdió la pureza, la fragancia fue retirada.** Rashi (*loc. cit., v.i. batlá*) explica que debido a que las generaciones anteriores se habían conducido con pureza, Dios las bendijo con frutos especialmente dulces y fragantes. Sin embargo, la subsecuente declinación de la pureza moral trajo consigo una pérdida de este aroma dulce y puro. *Etz Iosef* (*loc. cit., v.i. tahará iesh*) explica que, de hecho, Dios no retiró del todo esta fragancia especial, sino que la ocultó dentro del aspecto interno de la fruta, dentro de su cualidad espiritual. Así, sólo aquél que haya purificado su cuerpo y se haya limpiado de los deseos físicos, aquél que haya adquirido pureza interior, será capaz de sentir placer con este aroma puro y dulce.

El Maharsha (*loc. cit., v.i. tahará*) hace notar que el olfato es un sentido más espiritual que físico. Pregunta el Talmud: ¿Cómo sabemos que debemos recitar una bendición sobre las fragancias? Lo aprendemos del versículo (Salmos 150:6), "Toda alma bendecirá a Dios". ¿Qué es lo que le da placer al alma y no al cuerpo? ¡El perfume! (*Berajot* 43b). Esto se conecta además con nuestro texto en el hecho de que es el alma de la persona la que deriva placer a través del concepto de la nariz, es decir de la plegaria. Sin embargo, tal como se explicó, para

Él entonces las elevará <como en, "ellos le acercaron el Tabernáculo a Moshé" y "Moisés erigió> el Tabernáculo".⁹⁹

Y ésta es la explicación de Rashi: *para hazir*, **advertir, a los mayores con respecto a los menores**. Esto se refiere al Tzadik de la generación, el aspecto de Moshé, la gran luz.¹⁰⁰ Él *iaZIR* (brilla) e ilumina la plegaria, que es aspecto de la luz pequeña (ver Zohar II, 238b).¹⁰¹

Ningún sacerdote ha de contaminarse... un muerto entre su pueblo - Esto se logra cuidando el *brit*. Como dice el *Zohar* (III, 15b): la mala inclinación apunta especialmente hacia la promiscuidad sexual, siendo ésta la fuente fundamental de impureza.¹⁰²

Y cuando la persona cuida el *brit*, merece la plegaria, el aspecto de "A causa de Mi alabanza, *ejtom* de ti".¹⁰³ Esto se debe a que el sentido del olfato depende principalmente de la pureza.¹⁰⁴ Como enseñaron nuestros sabios: Cuando se perdió la pureza, <fue retirada> la fragancia (*Sotá* 49a).¹⁰⁵ Como en el incidente relatado en el Talmud:

---

necesario para alcanzar una plegaria perfecta (como se explicó en las secciones 3 y 4).

99. **Moshé erigió el Tabernáculo.** Como se explicó en la sección 6.

100. **Moshé, la gran luz.** "El rostro de Moshé [brillaba] como el rostro del Sol" (*Bava Batra* 75a), es decir, la gran luz. Como un aspecto de la gran luz, el Tzadik de la generación, que es Moshé-Mashíaj, tiene el poder de brillar e iluminar las luces pequeñas. En la terminología de la Kabalá, Moshé/la gran luz/el Tzadik corresponde a *Zeir Anpin*, mientras que la luz pequeña es *Maljut*.

101. **la plegaria...la luz pequeña.** La raíz z-h-r indica tanto "advertir" como "brillar". El Tzadik recolecta las plegarias y brilla en ellas, elevando cada plegaria a su lugar apropiado en el Tabernáculo, la *Shejiná/Maljut*.

102. **guardando el brit....** La persona sólo puede merecer la plegaria perfecta luego de alcanzar el nivel de verdadera pureza al cuidar el *brit*. Debido a que la mayor incitación de la mala inclinación se dirige hacia el pecado sexual, la persona que se cuide de esta fuente de impureza será capaz de cuidarse de pecados menores. Por tanto, aquél que guarda el *brit* está protegido de la impurificación y se hace digno de la plegaria.

El versículo así se traduce en nuestro texto como sigue:

Dios le dijo a Moshé: Habla a los sacerdotes - esto es, hay almas dentro de la Torá que estudia la persona que son elevadas a través de la plegaria. Pero esta plegaria necesita...

los hijos de Aarón - el aspecto de *mishpat* (correspondiente al pectoral llevado por Aarón).

y diles: ningún [sacerdote] ha de contaminarse a causa de [contacto con un] muerto entre

'שֶׁאָמַר: רֵיחָא דְחַנּוּנִיתָא אֲנִי מֵרִיחַ. אָמַר לֵיהּ: בְּנִי, טָהֳרָה יֵשׁ בָּךְ':

concluir erróneamente que todas las plegarias del pueblo judío pidiendo por la salvación no han servido de nada, Dios no lo permita. Esto sería inclinarse hacia la izquierda; transformando en crueldad el atributo Divino de compasión, como si el Santo fuera sordo a nuestras plegarias. Por otro lado, la persona no debe concluir erróneamente que dado que sin la bondad de Dios es imposible lograr algo mediante la plegaria, no hay por lo tanto necesidad de esforzarse en orar. Basarse exclusivamente en la bondad de Dios es inclinarse, erróneamente, hacia la derecha. En verdad, la persona debe tomar el sendero equilibrado, haciendo ambas cosas. Debe aumentar constantemente sus esfuerzos en la plegaria, teniendo fe en que ninguno de sus pedidos es en vano. Y al mismo tiempo, debe recordar que sin la bondad de Dios es incapaz de lograr nada, pese a todos sus esfuerzos y devociones. Cuando los judíos hacemos lo que nos corresponde y oramos constantemente por la salvación, entonces Dios hace Su parte y en aras de Sí Mismo derrama bondad sobre nosotros y nos redime. Es mediante la caridad que puede alcanzarse este equilibrio o *mishpat*. Es por esto que debe darse caridad antes de orar (ver sección 4). Así

[**Rav Huna encontró algunos dátiles de Hynunu**[106] **y los envolvió en su manto. Rava, su hijo, llegó] y le dijo, "Huelo el perfume de Hynunu en ti". "Hijo mío", le replicó, "¡Tú tienes pureza!".**[107]

que el alma pueda disfrutar de un sentido del olfato perfecto, el beneficio de una plegaria perfecta, es necesario alcanzar el nivel de cuidar el *brit*.

106. **dátiles de Hynunu.** Una variedad especialmente fragante y jugosa.

107. **...Tú tienes pureza.** Debido a que Rava había alcanzado la pureza, su sentido del olfato no estaba embotado (*Rashi, loc. cit., v.i. tahará*). El fue capaz de sentir inmediatamente el perfume dulce de los dátiles de Hynunu. Lo mismo se aplica a todo aquél que tenga pureza. Su sentido del olfato, es decir, su plegaria, es potente y da frutos.

Al tratar varios de los conceptos mencionados en esta lección, el Rabí Natán concluye diciendo: La persona digna de la espada de la plegaria debe comprender cómo combatir con ella; no debe desviarla ni a la derecha ni a la izquierda. Aprendemos de esto que cuando la persona reflexiona sobre la aparente situación interminable del presente exilio, no debe

ליקוטי מוהר"ן סימן ג'

אָמַר רַבָּה בַּר בַּר חַנָה: לְדִידִי חֲזִי לִי הַהִיא אַקְרוּקְתָּא דְּהַוֵי כְּאַקְרָא דְהַגְרוֹנְיָא, וְאַקְרָא דְהַגְרוֹנְיָא כַּמָּה הֲוֵי שִׁתִּין בָּתֵּי, אֲתָא תַּנִּינָא בַּלְעָהּ אֲתָא פּוּשְׁקַנְצָא וּבַלְעָהּ לְתַנִּינָא, וּסְלִיק יָתֵיב בְּאִילָנָא. תָּא חֲזִי כַּמָּה נְפִישׁ חֵילֵיהּ דְּאִילָנָא:

רַשְׁבַּ"ם
אַקְרוּקְתָּא צְפַרְדֵּעַ: כְּאַקְרָא דְהַגְרוֹנְיָא גָדוֹל הָיָה כְּאוֹתָהּ כְּרָךְ: וְאַקְרָא דְהַגְרוֹנְיָא כַּמָּה הֲוֵי? שִׁתִּין בָּתֵּי תַּלְמוּדָא קָאָמַר לָהּ: אֲתָא תַּנִּינָא רַבָּה קָאָמַר לָהּ: **פּוּשְׁקַנְצָא** עוֹרֵב נְקֵבָה:

הִנֵּה מִי שֶׁשּׁוֹמֵעַ נְגִינָה מִמְּנַגֵּן רָשָׁע, קָשֶׁה לוֹ לַעֲבוֹדַת הַבּוֹרֵא. וּכְשֶׁשּׁוֹמֵעַ מִמְּנַגֵּן כָּשֵׁר וְהָגוּן, אֲזַי טוֹב לוֹ, כְּמוֹ שֶׁיִּתְבָּאֵר.

Escritura no enseña que todo aquél que 'anda en compañía de prostitutas pierde su riqueza', su voz?". Al día siguiente, Shabat, el Rebe Najmán enseñó esta lección y al comienzo de la semana siguiente partió para Breslov.

El Shabat siguiente, uno de los residentes más pobres de Ladizin también llevó a cabo un sholem zojer. Esta vez, el jazán ni siquiera asistió. Esta insensibilidad disgustó a varios miembros de la comunidad, que enviaron una delegación para traer al cantor y evitar que el pobre hombre fuese avergonzado. Cuando llegaron a la casa del cantor, se sorprendieron de hallar sólo a su mujer. El cantor había salido, diciéndole a ella que iba al sholem zojer. Al volver, la delegación decidió buscar al jazán en la casa de su mejor amigo. Sin embargo, al llegar, tampoco lo encontraron allí. La casa estaba a oscuras y nadie respondió cuando llamaron. Cuando estaban a punto de irse vieron que el cantor salía corriendo por la puerta trasera. Durante algún tiempo, había habido rumores sobre el cantor y la esposa de su amigo, pero éstos nunca habían sido comprobados. El amigo del cantor tenía pájaros que anidaban cerca de su casa y el jazán atribuía sus frecuentes visitas a su deseo de escuchar sus trinos melodiosos. Sin embargo, ahora la verdad había salido a luz. Las noticias se difundieron rápidamente y el cantor huyó avergonzado de Ladizin.

Luego de este incidente le quedó claro a la gente de Ladizin lo que el Rebe quiso significar cuando dijo, "Entonces deberé darle una voz", y por qué el Rebe citó el versículo sobre la asociación con prostitutas. Los habitantes del pueblo quedaron asombrados ante la visión profética del Rebe Najmán. Muchos se hicieron seguidores suyos e inspirados por esta lección, formaron grupos para estudiar Mishná y Talmud de noche (Tovot Zijronot #3, p.104).

2. Pero cuando escucha...ello lo ayuda.... La siguiente es una explicación del Rabí Natán

Likutey Moharán 3[1]

Relató Raba bar bar Janá: Yo mismo vi esta *akrukta* que era como *akra deHagrunia* (la ciudad de Hagrunia). Y ¿cuán grande era la ciudad de Hagrunia? Sesenta casas. Vino una serpiente y se la tragó. Vino una *pushkantza* y se tragó a la serpiente. Esta ascendió y se posó sobre un árbol. ¡Ven y mira cuán grande es la fuerza de ese árbol! (*Bava Batra* 73b).

Rashbam:

akrukta - [rana en Arameo; en hebreo es:] *tzefardea*; **como la ciudad de Hagrunia** - era tan grande como esa ciudad; **Y ¿cuán grande era la ciudad de Hagrunia? Sesenta casas** - el Talmud dice esto; **Vino una serpiente** - Rabah dice esto; **pushkantza** - la hembra del *orev* (cuervo):

¡He aquí! Cuando alguien escucha el cantar de un cantor malvado, eso le dificulta el servicio al Creador. Pero cuando escucha a un cantante que es virtuoso y digno, eso lo ayuda, como se explicará.[2]

---

1. *Likutey Moharán* **3**. Esta lección fue dada en Shabat, el 7 de Elul del año 5562 (4 de septiembre de 1802), en Ladizin, una ciudad ubicada a 30 kilómetros de Breslov. El Rebe Najmán había sido aceptado como líder espiritual de Breslov y esta lección fue dada en viaje desde Zlatipolia, donde el Rebe había vivido los dos años anteriores (*Until the Mashiaj*, p.77). Los temas principales de la lección son: la canción, lo sagrado y lo profano; el estudio de la Torá de noche, especialmente el Talmud; juzgar a los demás de manera favorable. Esta enseñanza es un ejemplo de la capacidad del Rebe para explicar profundos conceptos Kabalistas de manera simple y dentro del contexto de nuestra vida diaria.

Mientras estuvo en Zlatipolia, el Rebe Najmán sufrió una constante oposición, particularmente por parte del Shpola Zeide y sus seguidores. Ladizin, situada varios cientos de kilómetros hacia el oeste, era muy diferente. Allí fue recibido por los residentes con considerable honor. Ese viernes a la noche uno de los habitantes locales, y seguidor del Rebe, llevaba a cabo un *sholem zojer* (la celebración en honor de un hijo recién nacido). Allí estaban presentes muchos de los pobladores, incluyendo al cantor de Ladizin, del cual se esperaba que dirigiera el canto durante la celebración. Sin embargo, siendo seguidor de los opositores del Rebe Najmán, el *jazán* se había sentado en el extremo de la mesa y no mostraba ninguna intención de iniciar el canto. El Rebe envió a su anfitrión para que averiguase por qué. "Ahora no tengo voz", insistió el *jazán*. Ni siquiera la posibilidad de perder su remuneración financiera le hizo cambiar de opinión. Siguió insistiendo en que había perdido su voz. "Entonces deberé darle una voz", respondió el Rebe cuando le informaron sobre la excusa del cantor. De modo que otros comenzaron a cantar. Más tarde, cuando la celebración estaba por terminar, el Rebe Najmán hizo un comentario que dejó a todos perplejos. Citando Proverbios (29:3), dijo, "¿Acaso la

כִּי הִנֵּה קוֹל הַנְּגִינָה נִמְשֶׁכֶת מִן הַצִּפֳּרִים, כְּדְאִיתָא בַּמִּדְרָשׁ (ויקרא רבה, טז): מִפְּנֵי מָה מְצֹרָע - טָהֳרָתוֹ תְּלוּיָה בִּשְׁתֵּי צִפֳּרִים חַיּוֹת טְהוֹרוֹת? יָבוֹא קַלַּנְיָא וִיכַפֵּר עַל קַלַּנְיָא. כִּי נִלְקָה מֵחֲמַת קוֹלוֹ שֶׁדִּבֵּר לָשׁוֹן הָרָע.

נִמְצָא, מִי שֶׁהוּא כָּשֵׁר, נִמְשֶׁכֶת הַנְּגִינָה שֶׁלּוֹ מִן הַשְּׁתֵּי צִפֳּרִים חַיּוֹת טְהוֹרוֹת. וְכָתוּב בַּזֹּהַר (ויקרא נג:), שֶׁהַשְּׁתֵּי צִפֳּרִים הַנַּ"ל, יוֹנְקִים מֵאֲתַר דִּנְבִיאִים יָנְקִין. לְכָךְ נִקְרָא הַמְנַגֵּן חַזָּן מִלְּשׁוֹן

Najmán explica que dado que el habla tiene su origen en la voz/los dos pájaros, y estos pájaros fueron dañados por un hablar impuro, la rectificación debe realizarse también por medio de dos pájaros. La naturaleza de estos dos pájaros de rectificación será explicada más adelante. Aquí, el Rebe ha demostrado la conexión entre una voz dañada, el habla y los dos pájaros.

5. **dos pájaros vivos puros.** Como se menciona en Levítico 14:4. Cuando la persona es pura y virtuosa, puede tomar su voz de una fuente no dañada, de la pureza, de los querubines.

6. **lugar del cual se nutren los profetas.** Pregunta el *Zohar* (*loc. cit.*): ¿Por qué las Escrituras enfatizan el hecho de que el leproso debe traer "pájaros *vivos* puros?". De la continuación del versículo mismo comprendo que estos pájaros están *jaiot* (vivos). Sin embargo, el término *jaiot* en el versículo alude a las otras *jaiot*: los ángeles que acompañan a la Carroza de Dios. A partir de Ezequiel (1:5) sabemos que estas *jaiot* son identificadas con la fuente de la profecía.

Los comentarios de este pasaje del Zohar agregan que estas jaiot corresponden a las dos sefirot que son la fuente de la profecía, es decir, Netzaj y Hod (HaGaot MaHarju, 1). Mientras el Arca Sagrada con los querubines estuvo en el Santo de los Santos, Netzaj y Hod y la relación entre Zeir Anpin y Maljut estaba completa; la profecía prevalecía en el mundo.

Más aún, así como la profecía y las jaiot están identificadas con Netzaj y Hod, de la misma manera, y por extensión, podemos concluir que los dos pájaros mencionados en nuestra lección corresponden a Netzaj y Hod. Esto es así aunque parezca contradecir la enseñanza del Ari de que los dos pájaros corresponden a las dos sefirot conocidas como los mojín (mentalidades o cerebros), es decir, Jojmá y Biná (ver Etz Jaim 48:2; ver Apéndice: Las Sefirot y el Hombre). Sin embargo, esto será aclarado más adelante en la lección (sección 2), donde el Rebe introduce el concepto de construir los mojín de Maljut de Santidad.

Hasta aquí hemos visto que los dos pájaros, los querubines, Netzaj y Hod, y Zeir Anpin y Maljut son conceptos que se corresponden entre sí. El Rebe Najmán agrega luego a este grupo la canción y, durante el curso de la lección, demuestra cómo todos estos conceptos están conectados entre sí. Una vez dicho esto, debe aclararse que con respecto a la estructura de las sefirot, Netzaj y Hod no son en absoluto paralelos a las personas Divinas de Zeir Anpin y Maljut. La alusión a ambos como correspondientes aspectos de los dos pájaros debe comprenderse dentro de su contexto particular, tal cual será explicado más adelante.

Un recordatorio: Estas notas se presentan para ayudar al lector a navegar en las aguas profundas de las lecciones del Rebe Najmán. No es su objetivo ser una fuente para el estudio de la Kabalá. Más bien, el énfasis se ha colocado en el desarrollo de los conceptos esotéricos

Esto se debe a que la voz de la canción proviene de los pájaros.[3] Como encontramos en el Midrash: ¿Por qué la purificación del leproso depende de dos pájaros vivos puros? Pues que aquél que parlotea constantemente venga y efectúe expiación por el charlatán (cf. *Vaikrá Rabah* 16:7). Pues él enfermó debido a su voz, con la cual dijo *lashón hara* (calumnias).[4]

Vemos entonces, que la persona virtuosa toma su canción de los dos pájaros vivos puros.[5] Es así que está escrito en el *Zohar* (III, 53b), que estos dos pájaros se nutren del mismo lugar del cual se nutren los profetas.[6] Es por esto que el cantor es llamado *JaZáN*, de la palabra

---

sobre los conceptos de la voz y del habla. Sus ideas son fundamentales para la comprensión del objetivo de esta sección en particular y de toda la lección en general. El Rabí Natán escribe lo siguiente: la voz es un medio extraordinariamente potente para despertar a la persona de su sueño espiritual. Éste es el sentido de la enseñanza: La voz despierta la concentración (*Oraj Jaim* 61:4; ver *Rosh, Berajot* 3:40; ver Lección 5, nota 57 y *Likutey Moharán* I, 21:7, nota 64). Aun así, el despertar principal de la mente, del intelecto, se produce cuando el corazón de la persona se inflama con un ardiente deseo de santidad. Pues cuando la mente está unida a un corazón inspirado, ello da como resultado un hablar sagrado. Esto es como en (Salmos 39:4), "Mi corazón ardió dentro de mí, en mi contemplación se encendió un fuego; yo hablé entonces". De modo que, aunque la voz es importante para el crecimiento espiritual, en última instancia debe ser controlada por el poder de la palabra (*Torat Natán* 1). Vemos entonces que la voz puede encender un ardiente deseo dentro de la persona que la escucha. Ese ardiente deseo, por la santidad o por lo opuesto, se manifiesta en el habla.

Agrega el Rabí Natán: La santidad es un atributo asociado al Mundo de la Unidad. Lo profano, por el contrario, está asociado con el Mundo de la Separación. Cuando la persona escucha una canción sagrada, su despertar y deseo la llevan a unir la voz con la palabra. Esto le permite acercarse a Dios. Pero si la persona escucha música y canciones profanas, canciones que la arrastran hacia las vanidades y los deseos de este mundo, separa entonces la voz de la palabra. Esto la lleva a alejarse de Dios (ibid.).

3. proviene de los pájaros. En la terminología Kabalista, los dos pájaros representan a *Zeir Anpin* y a *Maljut*, que corresponden a la voz y al habla, respectivamente. Los pájaros también simbolizan los dos querubines que estaban sobre el Arca Sagrada. Estos querubines eran la fuente de la profecía en el Templo: "Cuando Moshé entraba [a la sección externa de] la Tienda del Plazo para hablar con [Dios], escuchaba la Voz que le hablaba de entre los dos querubines ubicados en la cubierta del arca sobre el Arca del Testimonio" (*Rashi*, Números 7:89; *Mei HaNajal*). Así, la voz de la santidad tiene su origen en los dos querubines, en los dos pájaros. Por su parte, la voz de lo profano también tiene su origen en dos pájaros. Pero estos son pájaros diferentes, tal como explicará el Rebe.

4. lashón hara. Dijo el Rabí Iojanan en nombre del Rabí Iosef: "Los calumniadores serán castigados con la lepra" (*Erjin* 15b). El leproso, quien dañó su voz al calumniar, debe luego traer dos pájaros, además de los sacrificios necesarios para su purificación (ver Levítico 14:4). El Rebe

חָזוֹן, הַיְנוּ לְשׁוֹן נְבוּאָה, כִּי לוֹקֵחַ הַנְּגִינָה מֵאֲתַר דִּנְבִיאִים יָנְקִין.

וּכְשֶׁהַמְנַגֵּן הוּא רָשָׁע, אֲזַי הוּא לוֹקֵחַ הַנְּגִינָה שֶׁלּוֹ מִצִּפֳּרִים אֲחֵרוֹת שֶׁבַּקְּלִפָּה. וְכָתוּב בַּזֹּהַר: כִּי הַצִּפֳּרִים שֶׁבַּקְּלִפָּה יוֹנְקִין מִדַּדֵּי הַמַּלְכוּת. וְכַד אִתְפְּלַג לֵילְיָא כְּדֵין כְּרוֹזָא כָּרֵיז: "כַּצִּפֳּרִים

en fuentes ocultas. El Rey Salomón se refiere a la existencia de estos opuestos como "El Señor hace uno en contraste con el otro" (Eclesiastés 7:14). Sin embargo, en el caso de la persona malvada, su inspiración proviene de lo impuro y lo profano.

El *Mei HaNajal* define al cantante malvado como aquella persona cuyo cantar está motivado por una ganancia personal: riqueza, honor, fama, etcétera.

10. canción...pájaros...de la klipá. Así como hay dos pájaros santos/*Netzaj* y *Hod*, de los cuales emana la profecía, de la misma manera existe un par de pájaros cuya fuente son las fuerzas del mal del Otro Lado, las *klipot* (*Etz Jaim, Shaar HaKlipot* 48:2). Estos dos pájaros son las fuentes de la profecía del Otro Lado, y la fuente de la canción de los malvados.

En esencia, estos dos pájaros de la *klipá* son la fuente de todos los tipos de falsa profecía. En el contexto de la vida moderna, son la fuente de la cual derivan sus ideas y enseñanzas negativas los falsos líderes. Pues sólo aquellos poseedores de un *Daat* puro, la facultad mediante la cual el hombre filtra e incorpora la luz (conciencia, conocimiento) provista por los *mojín*, puede enseñar y guiar a los demás por el sendero correcto. Como explicó el Rabí Natán (arriba, nota 2), la voz tiene el poder de llevar a la mente hacia niveles muy elevados. Pero hacer un uso correcto de esta mentalidad expandida requiere de *Daat*. Si esto falta, la canción de la persona malvada es profana y así engaña fácilmente a aquellos que la escuchan. El Rabí Natán afirma por tanto que la falta de interacción entre la voz y la palabra es lo que hace que el mal se desarrolle al punto tal en que los cantantes malvados llegan a ser capaces de alejar a la gente de Dios (*Torat Natán* 1).

11. se nutren de los pechos de Maljut. Para comprender la descripción Kabalista del Acto de la Creación es fundamental conocer el sistema de los así llamados filtros establecidos por Dios para permitir que Su tremenda luz descienda hacia los ámbitos más alejados de la existencia. Esta Luz Infinita es la fuente de la vida y de la vitalidad que sustenta todo, desde lo más santo de lo santo hasta lo más profano de todas Sus creaciones. Pero para que esta Luz sea beneficiosa, debe atravesar una serie de contracciones, pasando a través de los así llamados filtros de las *sefirot* y de los mundos espirituales. Recién entonces cada creación puede recibir la Luz en la medida de su propio nivel y tomar de allí el grado de vitalidad o abundancia que necesita para su existencia. En términos de la jerarquía de las *sefirot* (ver Apéndice: Estructura de las Sefirot), la Luz desciende de *Keter* a *Jojmá*, de *Jojmá* a *Biná*... luego atraviesa las seis *sefirot* que componen a *Zeir Anpin* hasta llegar a *Maljut*. En ese punto ha atravesado un mundo completo y está disponible para descender hacia *Keter* del mundo siguiente. En términos generales, las diez *sefirot* de cada mundo se dividen en tres (o cuatro) grupos. El grupo más elevado de cada mundo en particular son sus *mojín* (mentalidades). La frase mnemotécnica con la que se conoce a este grupo es *JaBaD* (*Jojmá, Biná, Daat*). Su función con respecto a la Luz Infinita es recibir

JaZóN, que connota profecía.[7] [El *jazán*] toma su canción del mismo lugar del cual se nutren los profetas.[8]

Pero cuando el cantante es un malvado,[9] toma su canción de los otros pájaros, [de] aquéllos de la *klipá* (fuerzas del mal).[10] Así está escrito en el *Zohar* (I, 217b): que los pájaros de la *klipá* se nutren de los pechos de *Maljut* (Reinado)[11]: Cuando llega la medianoche, sale un

---

según como se relacionan específicamente con la lección. Ni en esta lección, ni en ninguna de las otras lecciones en las cuales aparece terminología Kabalista, se ha tenido la intención de explicar en profundidad la Kabalá y su significado. (Ver Likutey Moharán I, 11, nota 42: final, para las advertencias del Zohar en contra de revelar las enseñanzas secretas de la Torá). Para una mayor profundización en los conceptos de los dos pájaros y también sobre algunas de las otras enseñanzas Kabalistas mencionadas en nuestro texto, ver Etz Jaim, Shaar HaKlipot (Shaar 48), especialmente Capítulo 2 y 4.

7. JaZáN...JaZóN.... El término hebreo para cantor, *jazán* (חזן) y para visión *jazón* (חזון), comparten las mismas letras en su raíz. Las Escrituras utilizan varias veces el término *jazón* para denotar la visión profética, como en (Isaías 1:1): "El *jazón* de Ieshaiáhu...".

8. toma su canción...se nutren los profetas. La conexión entre la profecía y la canción se hace patente en la práctica de los profetas de escuchar música para entrar en el estado profético. Como está escrito, "un grupo de profetas... precedidos por la lira, la pandereta, la flauta y el arpa; y profetizando" (Samuel 1, 10:5). Y, nuevamente, dice Elisha, "Ahora, tráiganme un músico", luego de lo cual las Escrituras agregan: "Mientras el músico tocaba, la Mano de Dios estuvo sobre mí..." (Reyes 2, 3:15). Vemos entonces que la canción sagrada y la profecía tienen una raíz en común. Por tanto, escuchar una canción sagrada, especialmente si proviene de un cantante que es virtuoso y digno, asiste a la persona en el servicio a Dios.

El *Mei HaNajal* lleva esto un paso más allá. Dice que mediante la canción sagrada, la persona puede alcanzar incluso un elemento de profecía. En otra instancia (*Likutey Moharán* I, 54:10), el Rebe Najmán explica que la profecía es un aspecto de unir el pensamiento con el Mundo que Viene. Es decir, el profeta abandona su corporeidad, su apego a este mundo, y se une a Dios. Al hacerlo, alcanza la profecía. Y, aunque la profecía ha dejado de existir en el mundo, la fuente de la profecía aún existe. Sólo que ahora, el modo de alcanzarla, el modo de abandonar nuestro apego a las vanidades de este mundo, es mediante la canción sagrada. Cuando alguien escucha el cantar de una persona virtuosa, puede unirse a Dios. Si la canción es de alegría, se une a Dios en alegría. Si la canción es meditativa, se une a Dios a través del anhelo. La canción sagrada es así extremadamente beneficiosa para alcanzar un elemento de visión profética. El *Iekara deShabata* agrega que éste es el motivo por el cual el Shabat está tan asociado con la canción. El Shabat es el momento de la semana en el cual uno puede contemplar mejor su relación con Dios, y así la canción es un elemento intrínseco de este día.

9. el cantante es un malvado. El Rebe Najmán hace ahora referencia a la contraparte de la canción sagrada: escuchar canciones profanas o incluso canciones sagradas pero provenientes de una persona indigna. La fuente de la canción de la persona virtuosa es espiritual y no fácilmente discernible. Lo mismo puede decirse de la persona malvada; su canción también está enraizada

הָאֲחוּזוֹת בַּפַּח כָּהֵם יוֹקְשִׁים בְּנֵי־אָדָם".
וְהַתִּקּוּן הוּא שֶׁיּוּכַל לִשְׁמֹעַ נְגִינָה מִכָּל אָדָם, הוּא עַל־יְדֵי שֶׁיִּלְמַד
בַּלַּיְלָה תּוֹרָה שֶׁבְּעַל־פֶּה, הַיְנוּ גְּמָרָא שֶׁהִיא בְּחִינַת לַיְלָה. כִּדְאִיתָא

mismo proceso mediante el cual las *klipot* se nutren y toman fuerza también las lleva a quedar atrapadas en los ámbitos inferiores. Esto sucede durante *jatzot* (medianoche), cuando las primeras trazas de la luz de *Jesed* comienzan a manifestarse en el mundo. Como resultado, las *klipot* claman a medianoche, en el momento en que quedan atrapadas.

13. **Como pájaros sorprendidos en el lazo.** "Pájaros" alude a los dos pájaros de la *klipá*, que son atrapados a medianoche.

14. **así son atrapados los hijos del hombre**. Las personas que están asociadas con estos dos pájaros toman su alimento de las *klipot*. Su decisión de recibir de esta fuente las hace quedar atrapadas en sus malos deseos y pasiones. Escuchar a un cantor malvado, que se nutre de estos dos pájaros, y escuchar canciones profanas, es por lo tanto perjudicial para el servicio a Dios. Más aún, este fortalecimiento de *Maljut* del Otro Lado invariablemente les da más fuerza a las *klipot*. En el nivel físico, esto da como resultado el fortalecimiento de reinos y gobiernos corruptos (*maljut*) y la extensión del exilio (*Mei HaNajal*).

Al contrario, mediante la canción que es sagrada, se eleva y enaltece *Maljut* de Santidad y así se revela en el mundo el Reinado de Dios (*Mei HaNajal*). Vemos que el Rey David, la personificación de *Maljut* de Santidad, se levantaba de su lecho al oír el sonido de la canción: a medianoche, el arpa que colgaba por encima de su cama comenzaba a sonar por sí misma y eso lo despertaba. En sus palabras como Salmista: "Despierta, mi gloria; despierta, arpa y lira. Yo despertaré el alba" (Salmos 57:9). Luego de orar, pasaba el resto de la noche estudiando, pues el estudio de noche corresponde a la canción rectificada (*Parparaot LeJojmá*). Siendo la personificación de *Maljut* de Santidad, correspondía que el Rey David dijese también, "A medianoche me levantaré..." (Salmos 119:62). ¿Por qué específicamente a medianoche? Sabemos que *Maljut* corresponde a la noche. ¿Por qué no a otra hora de la noche? Sin embargo, la rectificación de *Maljut* comienza específicamente entonces, cuando se anulan los juicios y empieza a revelarse la bondad (ver *Zohar* I, 92a). En otra instancia, el *Zohar* (I, 242 b) enseña que atrapar y vencer a las *klipot* a medianoche se produce principalmente gracias a aquéllos que se levantan y estudian Torá en ese momento (*Parparaot LeJojmá*). Esto quedará más claro en los siguientes párrafos.

15. **atrapados**. Resumen: Escuchar el cantar de una persona virtuosa es beneficioso para el servicio a Dios; escuchar la canción de una persona malvada es perjudicial. Esto se debe a que la canción, que corresponde a la profecía, surge de *Netzaj* y *Hod*, las dos *sefirot* que nutren a *Maljut*. La persona se sustenta gracias a la vitalidad que recibe de una de las dos manifestaciones de *Maljut*. Dependiendo de sus acciones recibe de *Maljut* de Santidad o de *Maljut* del Otro Lado.

16. **El remedio....** No es que la persona deba escuchar intencionalmente canciones o cantantes profanos, sino que, en el caso de oírlas y ser atraída por ellas, no se verá afectada negativamente. El *Mei HaNajal* agrega que si uno escucha tales canciones, puede incluso beneficiarse de ellas elevando lo profano hacia la santidad (siempre y cuando utilice este remedio).

clamor,[12] "Así como los pájaros caen en la trampa,[13] así son atrapados los hijos del hombre" (Eclesiastés 9:12).[14]

<Y si el cantante es malvado, entonces cuando la persona lo escucha y es atraída por su canción, también ella queda atrapada en esa red de mal. Como está escrito en el *Zohar* (ibid.): "...así son atrapados los hijos del hombre".[15]>

El remedio mediante el cual es posible escuchar la <voz> de cualquier individuo <sin ser dañado>,[16] es estudiar la Torá Oral de noche. Esto se refiere al Talmud, que es un aspecto de la noche. Como dice en el

---

del mundo que se encuentra por encima. Luego, *JaBaD* filtra aquello que recibe y lo transmite al segundo grupo. La frase mnemotécnica para este segundo grupo es *JaGaT* (*Jesed, Guevurá, Tiferet*), el corazón y centro de ese mundo en particular. *JaGaT* recibe la Luz de *JaBaD* y la filtra al tercer grupo. La frase mnemotécnica para este grupo, correspondiente a las regiones más bajas de ese mundo, es *NeHI* (*Netzaj, Hod, Iesod*). Luego de recibir de *JaGaT* esta luz doblemente filtrada, *NeHI* la transmite a la *sefirá* más baja de todo mundo, *Maljut*. Enseña el *Zohar* que, a diferencia de las otras *sefirot*, *Maljut* no tiene substancia (luz) propia, sino sólo aquélla que recibe de las *sefirot* superiores (*Zohar* I, 249b; ver Lección 1, sección 2). Por tanto, la culminación de este proceso donde *Maljut* recibe de *Netzaj* y *Hod*, es conocido como la nutrición o la construcción de *Maljut*, con la Luz misma transformándose en los *mojín* de *Maljut*.

La necesidad de recibir vitalidad de la Luz Infinita se aplica también a las fuerzas del mal. Las klipot también son creación de Dios y su existencia depende de Su Luz Infinita. No sobrevivirían si no pudieran nutrirse de la Luz luego de que esta ha pasado a través de los filtros de la santidad y descendido hacia Maljut. Así, en el contexto de nuestra lección, los dos pájaros de la klipá también obtienen su alimento de Maljut (más específicamente, de NeHI de Maljut).

Al explayarse en la metáfora de la nutrición o amamantamiento de una criatura (humana o animal), la Kabalá enseña que los pechos que nutren a las klipot se encuentran en las extremidades inferiores de Maljut (como una ubre; Etz Jaim 48:2). En la estructura de las sefirot, los pechos corresponden al área de Netzaj y Hod, en correspondencia con la fuente de la nutrición de los dos pájaros de santidad (como más arriba, nota 6). Esto se debe a que los dos pájaros de la klipá, representan los mojín de Maljut del Otro Lado, y como se explicó, los mojín de Maljut se construyen a través de Netzaj y Hod (ver más abajo, sección 2, nota 32).

El Ari explica además (Ibid.) que si bien es verdad que los mojín de las klipot se nutren tanto de día como de noche, las fuerzas del mal prevalecen de noche. De día prevalece el atributo de bondad de la sefirá de Jesed, de modo que se minimiza la nutrición de la klipá y por tanto su fuerza. Pero de noche prevalece el atributo del juicio proveniente de la sefirá de Guevurá. Entonces, los dos pájaros de las klipot pueden tomar una gran cantidad de alimento. Ver la nota siguiente.

12. ...sale un clamor. La noche, que significa juicio y *guevurot* (severidades) tiene dos partes: antes y después de la medianoche. El período inicial de la noche es la mitad más severa, un momento en que las *klipot* tienen acceso a los niveles superiores y toman más alimento. Si esto continuara sin control, las fuerzas del Otro Lado se volverían extremadamente poderosas y afectarían negativamente a la creación, mucho más de lo que lo hacen ahora. Sin embargo, el

בַּמִּדְרָשׁ, 'כְּשֶׁהָיָה מֹשֶׁה בָּהָר אַרְבָּעִים יוֹם וְאַרְבָּעִים לַיְלָה, לֹא הָיָה יוֹדֵעַ מָתַי יוֹם וּמָתַי לַיְלָה, רַק עַל־יְדֵי־זֶה כְּשֶׁהָיָה לוֹמֵד תּוֹרָה שֶׁבִּכְתָב, הָיָה יוֹדֵעַ שֶׁהוּא יוֹם, וּכְשֶׁלָּמַד תּוֹרָה שֶׁבְּעַל־פֶּה, הָיָה יוֹדֵעַ שֶׁהוּא לַיְלָה'.

נִמְצָא, שֶׁהַתּוֹרָה שֶׁבְּעַל־פֶּה הִיא בְּחִינַת לַיְלָה. וּכְמוֹ שֶׁאָמְרוּ רַבּוֹתֵינוּ, זִכְרוֹנָם לִבְרָכָה (סנהדרין כד.): "בַּמַּחֲשַׁכִּים הוֹשִׁיבַנִי" – 'זֶה תַּלְמוּד בַּבְלִי'. וּכְתִיב (בראשית א): "וְלַחֹשֶׁךְ קָרָא לַיְלָה". הַיְנוּ עַל־יְדֵי שֶׁיִּלְמַד שַׁ"ס יְתַקֵּן הַשִּׁית עִזְקָאִין שֶׁבַּקָּנֶה, שֶׁמֵּהֶם יוֹצֵא הַקּוֹל. וְזֶהוּ (איכה ב): "קוּמִי רֹנִּי בַלַּיְלָה", הַיְנוּ שֶׁתִּהְיֶה תְּקוּמָה לְהָרִנָּה, הַיְנוּ עַל־יְדֵי הַלַּיְלָה שֶׁהִיא גְּמָרָא שַׁ"ס.

20. **anillos de la tráquea...emerge la voz.** Esta afirmación es una combinación de dos enseñanzas diferentes. El Talmud (*Berajot* 61a) afirma que la tráquea emite la voz. El *Zohar* (III, 235a) afirma que la tráquea tiene seis anillos (tres pares de cartílagos en la laringe), y que se corresponden con las seis *sefirot* que se encuentran en *Zeir Anpin*. De este modo, la voz emerge de los seis anillos de la tráquea. Explica el Rebe Najmán que estudiar los seis órdenes del Talmud rectifica estos seis anillos. Esto se debe a que al recitar en voz alta el Talmud mientras se estudia, uno se dedica esencialmente a un hablar sagrado. Su habla/*Maljut* es entonces purificada, y se rectifica su voz, la *fuente* de su hablar. Puede ahora hacer uso de la voz para despertar su *Daat* y encender su corazón; con ello se acerca a Dios (como arriba, nota 2).

El Rabí Natán explica que la Ley Escrita corresponde a la voz, mientras que la Ley Oral corresponde al habla. Aunque el sonido que produce la voz es la raíz de todo hablar, le falta definición. Lo mismo puede decirse de la Ley Escrita; las leyes que establece carecen de clarificación y de especificidad. Esta clarificación de la Ley Escrita sólo proviene del estudio del Talmud, la Ley Oral. Como tal, la Ley *Oral* se asemeja al habla, que provee definición, es decir, rectificación, a la voz (*Torat Natán*, 1).

21. **Levántate, canta en la noche.** Las Escrituras hablan de levantarse a la noche para estudiar Torá, como resultado de lo cual la *Shejiná* (la Presencia Divina) reside junto a la persona (*Tamid* 32b). Los Kabalistas enseñan que esto se refiere específicamente al levantarse para *jatzot* (medianoche).

El *Mei HaNajal* agrega que estas palabras de Lamentaciones fueron dichas por Jeremías en el momento de la destrucción del Santo Templo, la hora más oscura del Judaísmo. Esto muestra que incluso cuando prevalece *Maljut* del Otro Lado (los cantantes malvados), la persona puede elevar el mal (las canciones profanas) estudiando el Talmud. Esto se debe a que estudiar la Torá Oral le da fuerzas a *Maljut* de Santidad (la canción sagrada).

22. **Canción...noche...Talmud.** Ver *Targum* (*loc. cit.*), que traduce este versículo como refiriéndose a despertarse para estudiar Mishná. En nuestro contexto, por tanto, el versículo se lee así:

Midrash (*Sajar Tov*, 19): Cuando Moshé estuvo en el Monte [Sinaí] durante cuarenta días y cuarenta noches, no tenía manera de saber si era de día o de noche. Excepto que, cuando estudiaba la Torá Escrita, sabía que era de día, y cuando estudiaba la Torá Oral, sabía que era de noche.[17]

Vemos entonces, que la Torá Oral es un aspecto de la noche. Como enseñaron nuestros sabios: "Él me asentó en lugares oscuros" (Lamentaciones 3:6), esto es el Talmud de Babilonia (*Sanedrín* 24a). Y está escrito (Génesis 1:5), "y a la oscuridad Él llamó noche".[18]

Al estudiar los seis órdenes <de la Mishná>[19] la persona rectifica los seis anillos de la tráquea, a través de los cuales emerge la voz.[20] Esto es (Lamentaciones 2:19), "Levántate, canta en la noche".[21] La canción se eleva por medio de "la noche", es decir, los seis órdenes del Talmud.[22]

---

17. **Torá Escrita...día...Torá Oral...noche.** La Torá Escrita y la Torá Oral corresponden respectivamente a *Zeir Anpin* y a *Maljut*, al día y a la noche (ver *Zohar* II, 205 b). Así, el estudio de la Torá trae la rectificación a *Zeir Anpin* y a *Maljut*. En nuestro contexto, hemos visto que *Maljut* es el ámbito para la rectificación o para la corrupción de la canción. El Rebe Najmán lee este pasaje del Midrash como un texto que prueba que el estudio que Moshé hacía de la Torá Oral a la noche era una rectificación para la noche/*Maljut*.

18. **y a la oscuridad Él llamó noche.** Los sabios mismos relacionaron la Torá Oral con la oscuridad. Rashi (*loc. cit.*) explica que esto se debe a que el Talmud de Babilonia contiene muchos puntos en disputa. Estas dificultades en la clarificación de la *halajá* son los "lugares oscuros" mencionados en el versículo. Por tanto, la oscuridad/noche alude al Talmud. La rectificación de la noche/*Maljut* se produce por medio de la noche/Talmud, de la Torá Oral.

19. **seis órdenes de la Mishná.** Los seis órdenes de la Mishná son: *Zeraim* (las leyes de la plegaria, de las bendiciones y de la agricultura); *Moed* (las leyes del Shabat y de las festividades); *Nashim* (las leyes del matrimonio, del divorcio, etcétera); *Nezikim* (las leyes civiles y criminales); *Kodashim* (las leyes del Santo Templo y los sacrificios); y *Tehorot* (las leyes de la pureza y de la impureza). En total, la Mishná contiene sesenta tratados. (De hecho hay 63, pero los 3 tratados de *Bava Kama*, *Bava Metzía* y *Bava Batra* se cuentan como uno solo y *Avot*, debido al hecho de que no contiene ninguna ley, no está incluido en la suma total de los Sesenta Tratados de la Ley).

El Rebe Najmán habla aquí de los seis órdenes de la Mishná. Más abajo (sección 3), menciona los sesenta tratados, es decir, el Talmud. El hecho de que no tenemos un texto Talmúdico para cada uno de los tratados sugiere que la rectificación comienza con el estudio de la Mishná, que es la esencia de la Ley Oral. Luego, uno debe agregar el Talmud a su estudio, es decir, estudiar la Mishná y el Talmud en conjunto (*Parparaot LeJojmá*). Esto se debe a que si bien la Mishná establece la ley, no analiza ni explora sus detalles. Ésta es la función del Talmud: examinar la fuente de la Mishná, analizando y aclarando la ley. Por lo tanto, agrega el *Biur HaLikutim*, las áreas más importantes de estudio hoy en día son el *Shuljan Aruj* (clarificación de la *halajá*) y las enseñanzas ocultas de la Torá, la Kabalá. La conexión entre ellas se encuentra indicada en el mismo *Shuljan Aruj*, que afirma: la Mishná debe ser el área principal de estudio y si uno ha merecido comprensión de la Kabalá, entonces el tiempo más propicio para este estudio es luego de la medianoche (Mishná Brurá 1:9).

אַךְ כְּשֶׁלּוֹמֵד שֶׁלֹּא לִשְׁמָהּ, הַיְנוּ בִּשְׁבִיל שֶׁיִּתְקָרֵא רַבִּי, הַלִּמּוּד אֵינוֹ בַּחֲשִׁיבוּת כָּל כָּךְ. וּכְשֶׁלּוֹמֵד בַּלַּיְלָה, חוּט שֶׁל חֶסֶד נִמְשָׁךְ עָלָיו וּמֵגֵן עָלָיו שֶׁלֹּא יַזִּיק לוֹ הַמַּחֲשָׁבָה הַנַּ״ל.

putarla. Por otro lado, hay muchos que querrían estudiar *lishmá*, libres de motivos ulteriores, pero aún no han alcanzado su objetivo; de modo que cumplen el mandamiento de Dios de estudiar la Torá, al tiempo que esperan alguna ganancia personal, que es *shelo lishmá*. El Talmud recomienda que esta gente siga estudiando, pues finalmente alcanzarán el nivel de *lishmá* que anhelan. Existe por tanto un mérito en esta clase de estudio, aunque, como se explicó, también conlleva un peligro inherente. Pues incluso aunque su objetivo *final* es digno, al buscar una ganancia personal (ver nota anterior) fortalecen a un *Maljut* que los puede llevar por completo hacia el lado del *shelo lishmá*, estudiar solamente para obtener fama, riqueza, etcétera. Y aunque si bien esto no carece totalmente de valor, pues aún es posible dirigir sus intenciones hacia la obtención de un nivel de *lishmá*, sin embargo, existe el riesgo de que al estudiar *shelo lishmá*, esperando recibir alguna ganancia, terminarán sucumbiendo al estudio verdaderamente negativo, cuya motivación es el orgullo y la disputa. Esto se debe a que los *mojín* (mentalidades) con los cuales uno estudia cuando el deseo es obtener fama, contienen las semillas de los *mojín* con los cuales uno estudia para disputar y oponerse a otros estudiosos. Estas mentalidades son los *mojín* de los dos pájaros del Otro Lado, *mojín* proclives a la arrogancia y al orgullo. Aguzar el apetito por la fama hace que la persona se vuelva susceptible a la arrogancia y al orgullo, la trampa de los dos pájaros del Otro Lado. El Rebe Najmán concluye por tanto que el estudio de la Torá para ser llamado rabino no puede ser considerado muy meritorio.

26. Sin embargo, si se estudia de noche.... El Talmud (*loc. cit.*) deduce esto de las palabras del Rey David (Salmos 42:9): "Durante el día Dios ordena Su bondad". ¿Qué Lo lleva a hacer esto? La respuesta, dicen los sabios, viene de la conclusión del versículo: "por la noche Su canción está conmigo". Maharsha explica que aquél que se mantiene despierto durante la noche generalmente muestra un rostro pálido por la falta de sueño. Sin embargo, cuando la persona estudia Torá a la noche, Dios extiende sobre ella un hilo de bondad y de gracia (*Maharsha, Avoda Zara* 3b, *v.i. kol*). El *Iun Iaacov* agrega que el estudio de la Torá de noche es llamado la verdadera Torá, pues su acción meritoria está oculta de los demás. Esto contrasta con el estudio de la Torá durante el día, cuando sus acciones (aunque no sus motivaciones) son vistas y le hacen ganar estima y reconocimiento. Estudiar de noche es por tanto intrínsecamente un estudio *lishmá* (*Jaguigá, loc. cit. v.i. hakadosh*).

27. lo protege de...esta intención. La bondad que se extiende sobre la persona que estudia la Torá Oral de noche corresponde a la bondad revelada a medianoche, que repele y anula a los dos pájaros de la *klipá*/arrogancia. La persona está protegida por lo tanto de los efectos negativos del estudio de la Torá en aras de *su propio* beneficio, de su propio engrandecimiento y control personal de *Maljut*. En cambio, es capaz de estudiar *lishmá* (cada persona a su propio nivel), rectificando a *Maljut* y a los seis anillos de la tráquea, es decir, la voz. Así es como el Talmud deduce el hilo de bondad a partir de "de *noche* Su canción está conmigo" (arriba, nota 26), pues el concepto de "noche" rectifica a la canción (*Mei HaNajal*). El *Parparaot LeJojmá* agrega que este hilo de bondad es tan beneficioso que incluso mientras estudia, la persona está protegida de los pensamientos que la llevarían al *shelo lishmá*.

Pero si se estudia no por el estudio mismo[23] [sino] para ser llamado rabino,[24] <tal> estudio no es meritorio.[25] Sin embargo, si se estudia de noche, un hilo de bondad se extiende <de día> sobre uno (*Jaguigá* 12 b),[26] y lo protege de ser dañado por esa intención.[27]

Levántate, canta - levántate y eleva una canción, **en la noche** - estudiando el Talmud, que es un aspecto de la noche.
    Ver también *Meguila* 32a, donde los sabios critican a "aquéllos que estudian sin cantar...". Comenta *Tosafot* que era costumbre al estudiar la Torá Oral recitar las palabras con una melodía. Esto se une con nuestra lección, en la enseñanza del Rebe Najmán de que el estudio del Talmud rectifica la canción. El *Zohar* demuestra también la conexión entre los dos, citando el Cantar de los Cantares (2:12): "El tiempo del cantar ha llegado y la voz de la *tor* (tórtola)", que es la Torá Oral, "se oye en nuestra tierra" (cf. *Zohar* III, 4b).

23. estudia no por el estudio mismo. En hebreo "por el estudio mismo" es *lishmá*; "no por el estudio mismo" es *shelo lishmá*. El *Parparaot LeJojmá* escribe: Existen tres categorías generales para las cosas que hacemos en el servicio a Dios: están aquellas cosas que son obligatorias y una mitzvá; están aquellas cosas que están permitidas, con respecto a las cuales tenemos la libertad de elección; y finalmente, están las cosas prohibidas.
    Estas tres categorías también se aplican al estudio de la Torá. Estudiar sólo en aras de cumplir con los preceptos de la Torá es algo obligatorio y una mitzvá, la perfección de la santidad. Estudiar Torá para ser capaz de argüir y de enfrentar a otros estudiosos, sin intención alguna de seguir la guía de la Torá o de cumplir con sus mandamientos, cae en la categoría de los actos prohibidos, la *klipá* totalmente impura. Con respecto a tal estudio el Talmud afirma: Habría sido mejor que no hubiera nacido (*Berajot* 17a).
    Cuando uno estudia Torá con la intención de cumplir y realizar los mandamientos pero además tiene en mente algún beneficio personal, es decir, riqueza o ser llamado rabino, cae en la categoría del medio. Su estudio es *shelo lishmá* y tiene dos aspectos. A veces, este tipo de estudio degenera en una clase totalmente impura de aprendizaje. De allí la afirmación Talmúdica: Si alguien estudia *shelo lishmá*, habría sido mejor que no hubiera nacido (*Berajot* 17a; ver también *Tosafot*, *Pesajim* 50b, *v.i. vekan*). Otras veces, eso mismo lo eleva hacia un nivel de desapego y de perfección, *lishmá*. De aquí la afirmación Talmúdica: Es beneficioso estudiar incluso *shelo lishmá*, pues de *shelo lishmá* uno puede llegar a *lishmá* (*Pesajim* 50b; ver nota 64 más abajo). Es a esta categoría y al peligro de estudiar *shelo lishmá* que el Rebe hace ahora referencia.

24. ser llamado rabino. El Rebe Najmán ha enseñado que estudiar la Torá Oral a la noche (ambos correspondientes a *Maljut*) rectifica el habla y consecuentemente la voz. Esto permite que la persona rectifique la canción. Ahora bien, cuando la persona estudia Torá *lishmá*, fortalece a *Maljut* de Santidad, pues todo su ser está dedicado al servicio a Dios. En otras palabras, estudiar la Torá Oral *lishmá* hace que *Maljut* retorne hacia Dios. Pero si la persona estudia para adquirir fama, riquezas, etcétera, fuerza a *Maljut* a someterse a *su* autoridad y fortalece por lo tanto a *Maljut* del Otro Lado. Estudiar la Torá Oral con tales intenciones no puede rectificar a *Maljut* (*Parparaot LeJojmá*; *Mei HaNajal*).

25. no es meritorio. Son muy pocas las personas cuyo estudio de Torá es verdaderamente *lishmá*. Son quizás tan escasas como aquéllas que estudian Torá con la sola intención de dis-

וְאִיתָא בְּכִתְבֵי הָאֲרִ"י ז"ל, כִּי צִפֳּרִים שֶׁבְּקֶלִפָּה הֵם מֹחִין שֶׁבְּמַלְכוּת דִּקְלִפָּה, וְהַשְׁתֵּי צִפֳּרִים חַיּוֹת טְהוֹרוֹת, הֵם בְּנָיַן הַמַּלְכוּת דִּקְדֻשָּׁה.

לְפִיכָךְ נִשְׁתַּבַּח דָּוִד לִפְנֵי שָׁאוּל (שמואל-א ט"ז): "וְיוֹדֵעַ נַגֵּן", כִּי הַנְּגִינָה הִיא בְּנָיַן הַמַּלְכוּת, לְכָךְ רָאוּי הוּא לְמַלְכוּת. וְזֶה שֶׁכָּתוּב אֶצְלוֹ (תהלים ע"ח): "מֵאַחַר עָלוֹת הֱבִיאוֹ", הַיְנוּ מֵאַחַר הַמֵּינִיקוֹת, הַיְנוּ נֶצַח וָהוֹד. כִּי הֵם מְנִיקִין לַנְּבִיאִים, וְהֵם בְּנָיַן הַמַּלְכוּת.

variedad de elementos de un episodio particular, en este caso la historia del nombramiento del Rey David como rey de Israel, aluden a conceptos dentro de nuestra lección.

30. **mereció el maljut...reinado.** Como hemos visto, la voz/canción es la fuente de *Maljut*/habla. Debido al hecho de que David era "hábil en hacer música", estaba eminentemente calificado para gobernar el *Maljut* de santidad, el reinado de Israel, pues *Maljut* se construye a través de la canción.

31. **las ovejas paridas...mamar.** Al atender el rebaño de su padre, David se ocupaba especialmente de que los animales se alimentasen en forma apropiada. Primero llevaba a pastar a las ovejas más jóvenes, de modo que pudiesen comer la parte superior y más tierna de la hierba. Luego, llevaba a las más viejas, de modo que pudiesen comer de la parte media del pasto. Finalmente, David llevaba a pastar a las ovejas más fuertes, para que comiesen de la parte más dura. Dios dijo: "Este es ciertamente el hombre adecuado para ser pastor (el rey) de Mi pueblo" (*Shemot Rabah* 2:2). Así David, hábil en la canción, fue llevado por Dios, de ser pastor a ser gobernante del reino. Ver la nota siguiente.

32. **Netzaj y Hod...construir Maljut.** Como se mencionó, *Maljut* no posee nada propio (nota 11). Sólo está compuesto por aquello que le dan *Netzaj* y *Hod*: es decir, *mojín* (mentalidades) y recipientes con los cuales recibirlos. Al proveerlos, *Netzaj* y *Hod* construyen *Maljut*. Este es el significado de *Netzaj* y *Hod* "son conceptos de la construcción de *Maljut*" (*Rabí Meir Shechter*; ver arriba, nota 11; ver también *Mei HaNajal*). Así, el Rey David mereció el reinado pues era hábil en la canción, que surge de *Netzaj* y *Hod* (ver sección 8), y porque "alimentó" a las ovejas, es decir, él sabía de dónde tomar el alimento apropiado.

La historia de cómo fue elegido David para ejecutar música delante del Rey Shaúl guarda otra conexión más con nuestra lección. Al comienzo, el Rebe Najmán explicó que los dos pájaros vivos puros, la fuente de la canción, son llevados como sacrificio por el leproso, quien ha calumniado. El Talmud (*Sanedrín* 93b) enseña que Doeg, aquel que elogió a David (ver nota 29), más bien lo calumnió. Dicen nuestros sabios que en su aparente alabanza, Doeg exaltó el conocimiento de Torá que poseía David y su capacidad para aclarar la ley. De hecho, esto lo hizo a propósito, para hacer que Shaúl sintiese celos de David y quisiera matarlo. El espíritu de Dios había abandonado a Shaúl porque éste denigró a la profecía. Por orden de Dios, Shmuel había instruido a Shaúl para que aniquilase a Amalek. Esta nación es la personificación de

2. Encontramos en los escritos del Ari, de bendita memoria, que los pájaros de la *klipá* son el intelecto de *Maljut deKlipá* (el Reinado del Otro Lado), mientras que estos dos pájaros vivos puros son el concepto de construir *Maljut deKedushá* (Reinado de Santidad).[28]

Es así que David fue elogiado delante de Shaúl como "hábil para la música" (Samuel I, 16:18).[29] Esto se debe a que la canción es el concepto de construir *Maljut*, por lo cual [David] mereció el *maljut* (el reinado).[30] Así está escrito [de David], "De ir tras las ovejas paridas Lo trajo <a apacentar a Iaacov>" (Salmos 78:71). <"De ir tras las ovejas paridas">, es decir, de detrás de aquéllas que dan de mamar.[31] Esto se refiere a *Netzaj* y *Hod*, porque ellos nutren a los profetas y son el concepto de construir *Maljut*.[32]

El *Be Ibey HaNajal* escribe: A veces sucede que uno quiere estudiar *lishmá* pero es desviado por su mala inclinación que despierta un deseo de ganancia personal: estudiar para ser llamado rabino, para obtener riqueza y demás. Como se explicó, la manera de superar estas desviaciones es estudiar la Torá Oral de noche. Esto es, si la persona *quiere* estudiar *lishmá*, entonces estudiar por la noche atraerá sobre ella un hilo de bondad que la protegerá del *shelo lishmá*. En contraste, estudiar durante el día requiere de un estudio *lishmá* que no puede protegerla contra los motivos ulteriores. Pero si el estudio de noche también contiene un elemento importante de *shelo lishmá*, no será capaz de atraer bondad sobre ella. Más aún, la persona que estudia *shelo lishmá* sólo puede ser protegida *antes* de que su canción/voz sea dañada; pues el hilo de bondad le permite transformar el *shelo lishmá* en *lishmá*. Pero una vez que ha escuchado las canciones de una persona malvada, su voz se daña y se ve expuesta al lado adverso del *shelo lishmá*. Entonces, debe hacer lo que pueda por intentar todas las maneras posibles de estudiar *lishmá*.

Resumen: Escuchar el canto de una persona virtuosa es beneficioso para el servicio a Dios; escuchar el canto de una persona malvada es perjudicial. Esto se debe a que la canción, que corresponde a la profecía, surge de *Netzaj* y *Hod*, las dos *sefirot* que nutren a *Maljut*. La persona se sustenta gracias a la vitalidad que recibe de una de las dos manifestaciones de *Maljut*. Dependiendo de sus acciones recibe de *Maljut* de Santidad o de *Maljut* del Otro Lado. Para protegerse de las canciones y cantantes dañinos, uno debe estudiar la Torá Oral, el Talmud, de noche. Esto rectifica la canción y lo protege de dañar a *Maljut*.

28. **en los escritos del Ari....** *Etz Jaim*, *Shaar Haklipot*, 48:2. Los párrafos aplicables a nuestra lección ya han sido explicados más arriba en las notas 3 y 10-14.

29. **David...hábil para la música**. Luego de que Shmuel ungiera a David en lugar del Rey Saúl, el espíritu de Dios abandonó al rey. Los consejeros de Shaúl le sugirieron que llamase a alguien que lo tranquilizase y calmase su espíritu mediante la música y la canción (Samuel I, 16:14-17). David fue seleccionado porque era "hábil en hacer música, poderoso en valor, hombre de guerra, conocedor, de varonil hermosura y el Señor está con él".

Como suele suceder en las lecciones del Rebe Najmán, el Rebe demuestra aquí cómo una

וְזֶה שֶׁאָמַר רַבָּה בַּר בַּר חָנָה:

לְדִידִי חֲזִי לִי הַהִיא אַקְרוּקְתָּא – וּפֵרֵשׁ רַשְׁבַּ"ם: צְפַרְדֵּעַ, הַיְנוּ צִפּוֹר דֵּעָה.

דַּהֲוֵי כִּי אַקְרָא דְהַגְרוֹנְיָא – מִלְּשׁוֹן "קְרָא בְגָרוֹן" (ישעיהו נ"ח) הַיְנוּ שֶׁהַנְּגִינָה נִמְשֶׁכֶת מִמֶּנּוּ.

וְאַקְרָא דְהַגְרוֹנְיָא כַּמָּה הֲוֵי שִׁתִּין בָּתֵּי – הַיְנוּ עַל־יְדֵי מָה תִּתַּקֵּן בְּחִינַת קְרָא בְגָרוֹן? עַל־יְדֵי שִׁתִּין בָּתֵּי, הַיְנוּ עַל־יְדֵי שִׁתִּין מַסֶּכְתּוֹת, וּפֵרֵשׁ רַשְׁבַּ"ם: תַּלְמוּדָא קָאָמַר לָהּ, הַיְנוּ שֶׁיִּלְמַד תַּלְמוּד.

אָתָא תַּנִּינָא בַּלְעָהּ – וּפֵרֵשׁ רַ"שׁ: רַבָּה קָאָמַר לָהּ, הַיְנוּ עַל־יְדֵי שֶׁיִּלְמַד שֶׁלֹּא לִשְׁמָהּ יִבְלַע אוֹתָהּ הַנָּחָשׁ. וְזֶה שֶׁפֵּרֵשׁ רַשְׁבַּ"ם,

Talmúdico de *Bava Batra* (29a). Rashbam, su nieto mayor y su discípulo cercano, completó su obra. En esta lección, el Rebe Najmán incluye el comentario del Rashbam junto con la historia de Raba bar bar Janá, relacionándolo con ella como si fuese parte del texto Talmúdico (cf. Lección 2, sección 9). Esto es frecuente en el *Likutey Moharán*, donde el Rebe cita un pasaje Talmúdico básico, incluyendo los comentarios, dentro de la trama de su propio comentario.

35. **tzefardea...tzipor deá.** Enseña el Ari (*Shaar HaPesukim, VaEira* p.137) que el término *tzefardea* está compuesto por la palabra hebrea "pájaro", *tzipor*, y la palabra *deá*, que significa "conciencia" o "conocimiento". El *tzipor* es *Maljut*, que se construye con *deá*; siendo *Netzaj* y *Hod* los constructores de *Maljut* (ver arriba, nota 32; cf. *Tana deBei Eliahu* I, 7).

36. **Como se explicó....** Ver arriba, el comienzo de la sección 2 y la nota 28. Como se mencionó en la nota 10, *daat* o *deá* es la facultad mediante la cual el hombre correlaciona y filtra la conciencia dada por los *mojín*. Esto puede llevarse a cabo de una manera pura: el *deá* de los dos *tziporim* vivos puros; o puede ser hecho de manera profana: el *deá* de los *tziporim* de la *klipá*.

37. **aKRA dehaGRuNia...KRA beGaRoN....** Dios instruyó a Isaías (un profeta, la voz, la fuente de *Maljut*) a que clamase en voz alta, para lo cual se deben contraer las cuerdas vocales. Explica el *Mei HaNajal* que *aKRuktA* /*Maljut* se rectifica a través de *aKRA dehagrunia*, la voz/canción de los pájaros de *deá*, que reciben del mismo lugar que los profetas.

38. **estudiar el Talmud**. Dicen nuestros sabios, citando a Proverbios (24:27): "entonces construirás tus casas", este es el estudio del Talmud (*Sotá* 44a). Las "sesenta casas" aluden así al Talmud. El estudio de las sesenta "casas" (tratados) del Talmud, de por sí una rectificación de *Maljut*, rectifica la voz.

3. Éste es el significado de lo que dijo Raba bar bar Janá[33]:

Yo mismo vi esta akrukta - Rashbam[34] comenta [que esta es una] *tzefardea*, es decir, *tzipor deá*.[35] <Como se explicó, los pájaros de la *Klipá* son el intelecto de *Maljut* del Otro Lado. Este es el *tzipor deá*.[36]>

Que era como aKRA dehaGRuNia, la ciudad de Hagrunia - Esto es fonéticamente similar a "*KRA beGaRoN* (clama desde la garganta)" (Isaías 58:1), es decir, la canción es tomada <desde el *tzipor deá* mencionado arriba>.[37]

Y ¿cuán grande era la ciudad de Hagrunia? Sesenta casas - Esto es, ¿por cuales medios se rectifica el concepto de "clama desde la garganta"? Por medio de las "sesenta casas", los sesenta tratados [del Talmud]. Así, Rashbam comenta: "El Talmud dice esto". Uno debe estudiar el Talmud.[38]

Vino una serpiente y se la tragó - Comenta Rashbam: "Rabah dice esto". Es decir, <su estudio> no era por el estudio mismo y por esto la serpiente se lo <tragó>. Esto es lo que comenta Rashbam: "RaBah dice

---

Maljut del Otro Lado, cuyo objetivo es alimentarse de *Maljut* de Santidad y luego anularlo. Sin embargo, Shaúl falló en su misión y como resultado perdió su *maljut* (reinado), la inspiración divina. De este modo, estaba abierto para recibir la calumnia de Doeg y al aceptarla produjo un daño aún mayor en *Maljut*. Mientras tanto, David se levantaba todas las noches a medianoche (ver nota 14) y estudiaba la Torá Oral. Su Torá era la Torá de bondad (ver *Likutey Moharán* I, 283). David cantaba también muchas canciones de alabanza a Dios. De esta manera mereció rectificar la voz y el habla y se hizo digno de merecer el reinado.

Resumen: Escuchar el canto de una persona virtuosa es beneficioso para el servicio a Dios; escuchar el canto de una persona malvada es perjudicial. Esto se debe a que la canción, que corresponde a la profecía, surge de *Netzaj* y *Hod*, las dos *sefirot* que nutren a *Maljut*. La persona se sustenta gracias a la vitalidad que recibe de una de las dos manifestaciones de *Maljut*. Dependiendo de sus acciones recibe de *Maljut* de Santidad o de *Maljut* del Otro Lado. Para protegerse de las canciones y los cantantes dañinos, uno debe estudiar la Torá Oral, el Talmud, a la noche. Esto rectifica la canción y lo protege de dañar a *Maljut* (#1). El Rey David alcanzó el reinado debido a que rectificó la voz/canción y supo cómo extraer la canción de la santidad, es decir nutrir a *Maljut* (#2).

33. **Éste es el significado....** El Rebe Najmán muestra ahora cómo los conceptos de esta lección están aludidos dentro del marco de la historia de Raba bar bar Janá.

34. **Rashbam.** RaSHBaM es una sigla de Rabeinu Shmuel ben Meir, nieto de Rashi. Es sabido que Rashi falleció poco tiempo después de comenzar a revisar su comentario al tratado

רַבָּה קָאָמַר לָהּ, הַיְנוּ עַל־יְדֵי שֶׁיִּלְמוֹד בִּשְׁבִיל שֶׁיִּתְקָרֵא רַבִּי.

אָתָא פּוּשְׁקַנְצָא – וּפֵרֵשׁ רַשְׁבַּ"ם: עוֹרֵב, הַיְנוּ עַל־יְדֵי שֶׁיִּלְמַד בַּלַּיְלָה, מִלְּשׁוֹן עַרְבִית

וּבַלְעָהּ – הַיְנוּ וּמֵגֵן עָלָיו מִן הַנָּחָשׁ הַנִּזְכָּר לְעֵיל.

וְסָלִיק יָתִיב בְּאִילָנָא – פֵּרֵשׁ הַמַּהַרְשָׁ"א, שֶׁהוּא בְּחִינַת אַבְרָהָם, שֶׁכָּתוּב אֶצְלוֹ (בראשית כ"א): "וַיִּטַּע אֵשֶׁל" שֶׁהוּא בְּחִינַת חֶסֶד, הַיְנוּ שֶׁהַחוּט שֶׁל חֶסֶד שֶׁנִּמְשָׁךְ עָלָיו מֵגֵן עָלָיו מִן הַנָּחָשׁ הַנַּ"ל.

תָּא חֲזִי כַּמָּה נָפִישׁ חֵילֵיהּ דְּאִילָנָא – הַיְנוּ שֶׁרַבָּה מַתְמִיהַּ אֶת עַצְמוֹ, שֶׁכָּל כָּךְ גָּבַר עָלֵינוּ חַסְדּוֹ, שֶׁאֲפִלּוּ עַל זֶה יָכוֹל לְהָגֵן.

44. **El hilo de bondad ....** Como se explicó, al estudiar la Torá Oral de noche la persona atrae bondad sobre sí misma. Esta bondad la protege de la serpiente (ver arriba, notas 26, 27). No sólo está protegida contra la posibilidad de que su estudio descienda hacia la controversia y el orgullo, sino que el hilo de bondad tiene incluso el poder de transformar su estudio realizado en aras de una ganancia personal en un estudio *lishmá* (*Parparaot LeJojmá*). ¡Tal es el valor del estudio nocturno de la Mishná, del Talmud, de los Códigos o de la Kabalá!

45. **incluso pudiera protegernos de esto.** La historia se traduce así en nuestro texto:

Relató Raba bar bar Janá: Yo mismo vi esta akrukta que era como akra deHagrunia - Sólo rectificando *Maljut*/el habla (*akrukta*) es posible rectificar *garón*/la voz.

Y ¿cuán grande era la ciudad de Hagrunia? Sesenta casas - ¿Cómo se rectifica la voz a través del habla? Estudiando el Talmud, los sesenta tratados.

Vino una serpiente y se la tragó - Pero ¿qué sucede con la persona que estudia buscando una ganancia personal? ¿Acaso puede su estudio rectificar la voz y el habla, o será que su motivo para estudiar seguirá deteriorándose más aún, cayendo en la controversia y el orgullo (la serpiente)?

Vino una pushkantza y se tragó a la serpiente - El modo de cuidarse de esa clase de estudio es estudiando la Torá Oral de noche (la *pushkantza*/el cuervo).

Esta ascendió y se posó sobre un árbol - Esto se debe a que el estudio durante la noche le otorga a la persona el elemento de bondad (árbol/Abraham) que la protege de los pensamientos que la llevarían a estudiar por los motivos equivocados.

Ven y mira cuán grande es la fuerza de ese árbol - Incluso Rabah, un gran Tzadik y erudito, se maravilló ante el poder de la bondad que desciende sobre la persona que estudia la Torá Oral de noche.

esto", es decir, <él estudiaba> para ser llamado RaBí.[39]

Vino una pushkantza - Rashbam explica [que esto es un] OReV, <que es similar a *ARVit*>, es decir, <a la noche>. Uno debe estudiar de noche.[40]

y se tragó a la serpiente - [El estudio de la Torá de noche] lo protege de la serpiente mencionada arriba.[41]

Esta ascendió y se posó sobre un árbol - Maharsha[42] comenta que esto es el aspecto de Abraham, de quien está escrito (Génesis 21:33): "Y plantó un árbol". Esto corresponde a la bondad.[43] El hilo de bondad que se extiende sobre él para protegerlo de la serpiente.[44]

¡Ven y mira cuán grande es la fuerza de ese árbol! - Rabah expresó su asombro de que el amor de Dios por nosotros es tan poderoso, que incluso puede protegernos de esto.[45]

---

39. **RaBah...RaBí.** El término *gavra raba* (literalmente, "un gran hombre") es usado en el Talmud para referirse a un reconocido estudioso rabínico. El Rebe Najmán explica el comentario de Rashbam, que fue *RaBah* (רבה) quien dijo esto, aludiendo a la persona que estudia para volverse *RaBa* (רבא, grande) por un motivo ulterior. No estudia en aras del estudio mismo, sino para ser llamado rabino, un motivo no muy meritorio. En el contexto de la historia de Raba bar bar Janá, por tanto, el *akrukta*, que es su estudio de la Torá Oral, está en peligro de ser tragado por la serpiente. Este ser tragado simboliza transformar su estudio *shelo lismá*, con el fin de obtener una ganancia personal (fama, riqueza, etcétera) en el estudio totalmente reprobable cuyo motivo es el orgullo y la confrontación (ver nota 24; *Parparaot LeJojmá*). ¿Cómo puede la persona protegerse de esta serpiente?

40. **Orev...ARVit...noche.** La raíz de las palabras *orev* (עורב, la hembra del cuervo) y *arvit* (ערבית, la noche) es la misma.

Esta comparación entre *orev* y *arvit* también aparece en el comentario de Rashi a la enseñanza Talmúdica: "Sus rizos son negros como el cuervo" (Cantar de los Cantares 5:11). La Torá reside junto a aquél que se levanta temprano para estudiar y se queda estudiando bien entrada la noche. No tiene piedad de sí mismo, "ennegreciéndose" como el cuervo, mediante el auto sacrificio (Eruvin 22a; cf. *Likutey Moharán* I, 15:5 y nota 43).

41. **la serpiente mencionada arriba.** Lo cuida del comportamiento similar a la serpiente consistente en estudiar para atacar y confrontar a los otros estudiosos.

42. **Maharsha.** Ver *Bava Batra* 73b, *v.i. desalik*.

43. **Y plantó un árbol...bondad.** Abraham plantó un árbol para poder servir frutas a sus huéspedes durante las comidas (*Rashi loc.cit.*). En virtud de su excepcional hospitalidad Abraham llegó a personificar la cualidad de la bondad, tal cual indican las Escrituras mismas en: "Dad verdad a Iaacov, bondad a Abraham" (Mica 7:2).

וּבָזֶה יִתְיַשֵּׁב הַסְּמִיכוּת שֶׁל הַמִּשְׁנָה (אבות פרק א): 'עֲשֵׂה לְךָ רַב, וּקְנֵה לְךָ חָבֵר, וֶהֱוֵי דָן אֶת כָּל הָאָדָם לְכַף זְכוּת.'
כִּי עַל־יְדֵי שֶׁשּׁוֹמֵעַ הַנְּגִינָה כַּנַּ"ל, הוּא מְתַקֵּן בִּנְיַן הַמַּלְכוּת שֶׁלּוֹ.

וְזֶה 'עֲשֵׂה לְךָ רַב', הַיְנוּ שֶׁיִּתַקֵּן בְּחִינַת מַלְכוּת, וְזֶה עַל־יְדֵי 'קְנֵה לְךָ חָבֵר', הַיְנוּ עַל־יְדֵי קָנֶה, שֶׁהַקּוֹל יוֹצֵא מִמֶּנּוּ. שֶׁמְּחַבֵּר הַשְּׁנֵי כְרוּבִים לִהְיוֹת פָּנִים בְּפָנִים "כְּמַעַר אִישׁ וְלֹוָיוֹת", 'בִּזְמַן שֶׁיִּשְׂרָאֵל עוֹשִׂין רְצוֹנוֹ שֶׁל מָקוֹם.'
וַאֲזַי כְּשֶׁיִּתַקֵּן בְּחִינַת מַלְכוּת שֶׁלּוֹ, וְיוּכַל לִמְשֹׁל בְּכָל מַה שֶּׁיִּרְצֶה וְיוּכַל לְהָמִית לָזֶה וּלְהַחֲיוֹת לָזֶה, וְנִמְצָא עוֹלָם חָרֵב. לָזֶה אָמַר:

Reyes". "Conmigo", dicen nuestros sabios, se refiere a la Torá. Asemejar a los rabinos y a los estudiosos de la Torá con *melajim* indica que son un aspecto de *Maljut*. Como el Rebe Najmán explica en otra instancia: los estudiosos de la Torá son aquéllos que elevan a *Maljut* (*Likutey Moharán* I, 135:4).

50. **Kné...KaNé....** ¿Cómo es que proveerse de un rabí/*Maljut* rectifica la voz? A través de "*Kné* (קְנֵה) para ti un compañero", es decir, el estudio del Talmud de noche. El habla sagrada del estudio nocturno del Talmud rectifica los seis órdenes de la Mishná, los seis anillos del *kané* (la tráquea, קָנֶה), la voz. Ésta es la rectificación de *Zeir Anpin* (la voz) y de *Maljut* (el habla).

51. **como el abrazo....** En el Santo Templo construido por el Rey Salomón había fuentes diseñadas para contener el agua que debía ser utilizada en el Templo. En los pedestales que alojaban a estas fuentes había grabados leones, palmeras y querubines abrazados (ver *Rashi, loc. cit.*).

52. **querubines...cara a cara...la voluntad del Santo, bendito sea.** Sobre la cubierta del Arca Sagrada, dentro de la cual se encontraban las Tablas de la Ley, se erguían dos querubines de oro. Similares a los querubines abrazados, grabados en las fuentes de agua (ver nota previa), cuando los judíos cumplían con la voluntad de Dios, los querubines giraban sus rostros para mirarse entre sí con la mirada cariñosa de un hombre y de una mujer enamorados. Éste era el símbolo del amor de Dios por Israel (*Rashbam, loc. cit.*). En nuestro contexto, los dos querubines simbolizan la voz y el habla. Cuando la persona estudia Torá (el Arca), la voz y el habla se unen en santidad. Entonces interactúan *Netzaj* y *Hod* (los querubines), posibilitando la profecía y las canciones en santidad (ver notas 3, 5-6). Es así que el estudio de la Torá, y en especial el estudio del Talmud por la noche, rectifica la canción. Esto le permite al que estudia escuchar cantar a cualquiera y a través de esa canción llegar a servir a Dios.

53. **rectifica su aspecto de Maljut.** Ya ha corregido *su* aspecto personal de *Maljut* y ahora es un gobernante (ver nota 49). Como continúa explicando el Rebe Najmán, "es capaz de gobernar sobre todo lo que desee...".

4. Con esto es posible reconciliar la yuxtaposición de la Mishná: Provéete de un rabí, adquiere para ti un compañero y juzga a todos de manera favorable (*Avot* 1:6).

Al escuchar la canción de la manera explicada arriba[46] <quedando absorbido en ella, de modo que cuando otro canta con alegría, también él se regocija en Dios; y cuando otro canta con inspiración espiritual, también él es inspirado y piensa en arrepentirse, entonces él> rectifica el concepto de construir a *Maljut*,[47] <es decir, *Netzaj* y *Hod*, tal cual se mencionó[48]>.

Esto es, "Provéete de un rabí", es decir, <rectifica> el aspecto de *Maljut*.[49] Esto se logra mediante "*Kné* (adquiere) para ti un compañero". Esto es, por medio del *KaNé* (tráquea), a través de la cual emerge la voz.[50]

Esto une a los dos querubines de modo que se encuentren cara a cara, "como el abrazo de un hombre con su esposa" (Reyes I, 7:36)[51], cuando el pueblo judío cumple con la voluntad del Santo, bendito sea (*Bava Batra* 99a).[52]

Pero entonces, cuando la persona rectifica su aspecto de *Maljut*,[53] es capaz de gobernar sobre todo lo que desee y puede hacer morir a una persona o darle vida a otra y así el mundo se vería arrasado. Ante esto

---

46. **de la manera explicada arriba.** En otras palabras, luego de estudiar a la noche.

47. **rectifica el concepto de construir a Maljut.** Pues su habla refleja entonces los dos pájaros de la santidad, es decir, *Maljut* rectificado.

Aquí, el Rebe Najmán comienza a referirse a *Maljut* tal como se relaciona con cada persona en forma individual. Es decir, cada persona, en la medida de su nivel espiritual, tiene la capacidad de rectificar a *Maljut*, *su* aspecto de *Maljut* (*Torat Natán* 2). Agrega el *Biur HaLikutim*: El Rebe Najmán continúa comentando sobre la enseñanza de la Mishná: "*Provéete de un rabí...*". De sus palabras aprendemos que para que la persona pueda rectificar su aspecto personal de *Maljut*, debe ser muy cuidadosa y no dejarse engañar por su propio conocimiento de la Torá. No debe permitir que el estudio *shelo lishmá* ejerza un efecto negativo sobre ella. Sin embargo, es peor cuando la persona cree que es digna de ser un rabino cuando en verdad no lo es. Asumir un cargo de autoridad que no le corresponde puede asemejarse a usurpar el *maljut* (el reinado) de su legítimo gobernante. De este modo daña más aún a *Maljut*. En ese caso, puede beneficiarse del estudio nocturno debido a la modestia que le infunde (cf. nota 26).

48. **tal cual se mencionó.** Ver el final de la sección 2 y la nota 32.

49. **aspecto de Maljut**. El Talmud (*Guitín* 62a) enseña: ¿Cómo sabemos que los rabinos son llamados *melajim* (reyes)? A partir del versículo en Proverbios (8:15), "Conmigo gobiernan los

'וֶהֱוֵי דָן אֶת כָּל־הָאָדָם לְכַף זְכוּת'. שֶׁצָּרִיךְ לָדוּן אֶת כָּל אָדָם לְכַף זְכוּת, כִּי אֵין הַקָּדוֹשׁ־בָּרוּךְ־הוּא חָפֵץ בְּחֻרְבַּן־הָעוֹלָם, "כִּי לֹא לְתֹהוּ בְרָאָהּ, לָשֶׁבֶת יְצָרָהּ".

וּבִשְׁבִיל זֶה מַרְגְּלָא בְּפוּמָא דְּאִינְשֵׁי עַכְשָׁו לוֹמַר, שֶׁהַחַזָּנִים הֵם שׁוֹטִים, וְאֵינָם בְּנֵי דֵעָה. כִּי עַכְשָׁו מַלְכוּת דִּקְדֻשָּׁה בַּגָּלוּת. וְעַל כֵּן הַנְּגִינָה שֶׁהִיא נִמְשֶׁכֶת מֵאֲתַר דִּנְבִיאִים מִבְּחִינַת מֹחִין וְדַעַת דְּמַלְכוּת דִּקְדֻשָּׁה, וְעַכְשָׁו שֶׁהַמַּלְכוּת בַּגָּלוּת, וְעַל כֵּן הַנְּגִינָה נִפְגֶּמֶת, וְעַל כֵּן הַחַזָּנִים הֵם בְּלֹא דַעַת, כִּי אֵין לָהֶם כֹּחַ עַכְשָׁו

que al desatar la guerra, arrasan y destruyen todo en su camino: "Él no creó [el mundo] como un baldío...".

La Mishná se traduce así en nuestro texto como sigue: **Provéete de un rabí** - para rectificar tu aspecto de *Maljut*, **kné para ti un compañero** - une tu voz al habla santa. Pero una vez que hayas rectificado tu aspecto de *Maljut*, ten cuidado y no te vuelvas demasiado escrupuloso no sea que destruyas el mundo en tu ardiente deseo por verlo rectificado. Por lo tanto **juzga a todos de manera favorable**.

En el curso de una discusión sobre la mitzvá de traer niños al mundo, el Talmud (*Iebamot* 62a) cita este versículo de Isaías: "Él no lo creó como un baldío, sino que lo formó para ser habitado". El Rabí Natán escribe: El motivo principal por el cual toda persona viene al mundo es para rectificar su aspecto personal de *Maljut*. En la medida en que la persona logra su misión, revela el *Maljut* de Dios. Así, la persona debe utilizar todo lo que tiene a su disposición, todo lo que Dios le ha dado, para revelar en el mundo el *Maljut* de Santidad (*Torat Natán* 2).

Resumen: Escuchar el canto de una persona virtuosa es beneficioso para el servicio a Dios; escuchar el canto de una persona malvada es perjudicial. Esto se debe a que la canción, que corresponde a la profecía, surge de *Netzaj* y *Hod*, las dos *sefirot* que nutren a *Maljut*. La persona se sustenta gracias a la vitalidad que recibe de una de las dos manifestaciones de *Maljut*. Dependiendo de sus acciones recibe de *Maljut* de Santidad o de *Maljut* del Otro Lado. Para protegerse de las canciones y los cantantes dañinos, uno debe estudiar la Torá Oral, el Talmud, a la noche. Esto rectifica la canción y lo protege de dañar a *Maljut* (#1). El Rey David alcanzó el reinado debido a que rectificó la voz/canción y supo cómo extraer la canción de la santidad, es decir nutrir a *Maljut* (#2). Y cada persona debe rectificar su propio y único aspecto de *Maljut*. Al mismo tiempo, debe cuidar que el poder que esto le da no le haga dañar a nadie (#4).

57. **les falta deá.** Ver arriba, el comienzo de la sección 3 y nota 37, para la conexión entre los cantores (canción) y los pájaros de *deá*.

58. **La canción es traída...Pero ahora....** Como Arriba, sección 1, notas 7-10.

dice [la Mishná], "y juzga a todos de manera favorable".[54] Es necesario juzgar a cada persona de manera favorable, pues el Santo, bendito sea, no desea la destrucción del mundo[55]: "Él no lo creó como un baldío, sino que lo formó para ser habitado" (Isaías 45:18).[56]

5. Ésta es también la razón por la cual la gente suele decir que los *jazanim* (cantores) son tontos y que les falta *deá* (conocimiento).[57] Pues *Maljut* de Santidad se encuentra actualmente en el exilio. La canción es traída [generalmente] del lugar de los profetas, de las mentalidades y del *daat* de *Maljut* de Santidad. Pero ahora que *Maljut* está en el exilio y la canción se encuentra así dañada, los *jazanim* carecen de *daat*.[58] Pues, en la actualidad, ellos no tienen el poder de traer la canción desde su

---

54. **se vería entonces arrasado....** Pues no todos tienen la capacidad de ejercitar el juicio de manera apropiada. Habiendo adquirido el poder de gobernar, un error en el juicio puede producir un tremendo daño y devastación. La Mishná por lo tanto concluye: Juzga a todos de manera favorable.

55. **la destrucción del mundo.** Al rectificar la voz de la canción, la persona obtiene un cierto grado de gobierno y poder, incluyendo la capacidad de emitir decretos para la vida o para la muerte, que luego el cielo ejecuta. Es por lo tanto de extrema importancia que la persona busque siempre el bien en los demás. No debe destruir la creación de Dios, pues el Creador Mismo quiere la bondad y desea que el mundo siga existiendo.

El Talmud relata que el Rabí Shimón bar Iojai se vio forzado a huir de los romanos quienes ocupaban por entonces la Tierra de Israel. Él y su hijo, el Rabí Elazar, se ocultaron en una caverna donde pasaban todo el tiempo estudiando Torá (rectificando a *Maljut*). Al cabo de doce años, el profeta Eliahu apareció a la entrada de la cueva para informarle al Rabí Shimón que el decreto contra su vida había sido rescindido. Al salir de la cueva el Rabí Shimón montó en cólera al ver gente trabajando los campos. "¡¿Cómo se atreven a ocuparse de temas mundanos en lugar de ocuparse de la Torá?!" exclamó. Entonces comenzó a surgir fuego allí donde posaban la vista. Una Voz tronó desde el cielo: "¿Han venido a destruir Mi mundo? ¡Vuelvan a su cueva!". El Rabí Shimón y su hijo volvieron a su aislamiento otro año más, luego del cual obtuvieron el permiso del Cielo para salir. El Rabí Elazar aún no podía contener su ira. Sin embargo, como relata el Talmud, el Rabí Shimón reconstruía todo aquello que el Rabí Elazar devastaba, pues él había comenzado a juzgar a todos de manera favorable (ver *Shabat* 33b). En este episodio hay muchos puntos que se relacionan con nuestra lección. El Rabí Shimón pasó su larga "noche" en el exilio estudiando Torá. Él rectificó su aspecto de *Maljut* y alcanzó un nivel tan exaltado que recibió permiso para revelar las enseñanzas esotéricas de la Kabalá (estudiadas de noche, como en la nota 19). Pero aun así, incluso alguien tan grande como el Rabí Shimón empezó a criticar a los demás y hubo que mostrarle el valor de juzgar a todos de manera favorable.

56. **para ser habitado.** Las palabras de la Escritura están dirigidas a las naciones beligerantes

לְהַמְשִׁיךְ הַנְּגִינָה מִשָּׁרְשָׁהּ שֶׁבִּקְדֻשָּׁה, שֶׁהוּא בְּחִינַת מֹחִין וְדַעַת שֶׁל מַלְכוּת דִּקְדֻשָּׁה, כַּנַּ"ל.

אֲבָל לֶעָתִיד שֶׁיִּתְעַלֶּה מַלְכוּת דִּקְדֻשָּׁה, וְיִהְיֶה "ה' לְמֶלֶךְ עַל כָּל הָאָרֶץ", אֲזַי תִּתְעַלֶּה וְתִשְׁלַם הַנְּגִינָה בִּבְחִינַת דַּעַת דְּמַלְכוּת דִּקְדֻשָּׁה, שֶׁמִּשָּׁם נִמְשֶׁכֶת הַנְּגִינָה כַּנַּ"ל.

וְזֶהוּ (תהלים מ"ז): "כִּי מֶלֶךְ כָּל הָאָרֶץ אֱלֹהִים, זַמְּרוּ מַשְׂכִּיל". כִּי אֲזַי כְּשֶׁיִּהְיֶה ה' לְמֶלֶךְ עַל כָּל הָאָרֶץ וְיִתְעַלֶּה מַלְכוּת דִּקְדֻשָּׁה, אֲזַי: "זַמְּרוּ מַשְׂכִּיל", הַיְנוּ שֶׁהַחַזָּנִים הַמְזַמְּרִים יִהְיוּ בְּדַעַת וּבְשֵׂכֶל. עַל-יְדֵי שֶׁיִּתְעַלֶּה מַלְכוּת דִּקְדֻשָּׁה, וִיקַבְּלוּ הַנְּגִינָה מִשָּׁרְשָׁהּ שֶׁבִּקְדֻשָּׁה, שֶׁהוּא בְּחִינַת דַּעַת וּמֹחִין שֶׁל מַלְכוּת דִּקְדֻשָּׁה כַּנַּ"ל:

שַׁיָּךְ לְעֵיל.

וְזֶהוּ: "כִּי גָדֹל מֵעַל שָׁמַיִם חַסְדֶּךָ" (תהלים ק"ח). 'שָׁמַיִם' הוּא בְּחִינַת קוֹל, כְּמוֹ שֶׁכָּתוּב: "מִשָּׁמַיִם הִשְׁמַעְתָּ קוֹלֶךָ", כִּי עַל-יְדֵי הַחֶסֶד, הַיְנוּ בְּחִינַת חוּט שֶׁל חֶסֶד, הַנִּמְשָׁךְ עַל-יְדֵי שֶׁלּוֹמֵד

64. **más elevada que los cielos.** Enseña el Talmud: Rava indicó una aparente contradicción. Un versículo afirma: "Pues Tu bondad es más elevada que los cielos" (Salmos 108:5). Otro dice: "Pues Tu bondad es tan elevada como los cielos" (Salmos 57:11). ¿Cómo pueden ser ambos verdaderos? Sin embargo, ocurre que el primero se aplica a aquéllos que cumplen [sus devociones religiosas] por sí mismas, *lishmá*. Entonces Su bondad es *más elevada que los cielos*. El segundo versículo se aplica a aquéllos cuya [devoción] no es por sí misma, *shelo lishmá*. Entonces, Su bondad es sólo *tan elevada como los cielos*. El Rabí Iehudá dice en nombre de Rav: la persona debe dedicarse siempre al estudio de la Torá y al [cumplimiento] de las mitzvot aunque no sean por sí mismas; pues incluso aquéllos cuyas acciones son *shelo lishmá* pueden finalmente llegar a [estudiar y cumplir con las mitzvot] por sí mismas (*Pesajim* 50b). El Rebe Najmán hace aquí referencia sólo al primer versículo, correspondiente a *lishmá*, y explica "más elevada que los cielos" dentro del contexto de esta lección.

65. **voz desde el cielo.** Estas palabras aparecen en la plegaria de *Musaf* de Rosh HaShaná y son una paráfrasis de Deuteronomio 4:36. En la Kabalá, el cielo y la tierra son conceptualmente un paralelo de *Zeir Anpin* y de *Maljut*. Así, "cielo" corresponde a la voz/*Zeir Anpin*.

fuente en la santidad, que son las mentalidades y el intelecto de *Maljut* de Santidad.⁵⁹

Pero en el Futuro, cuando *Maljut* de Santidad ascienda y "Dios será Rey sobre toda la tierra" (Zacarías 14:9), la canción será elevada y perfeccionada en el aspecto del intelecto de *Maljut* de Santidad, desde donde proviene la canción.⁶⁰

Éste es el significado de "Pues el Señor es Rey sobre toda la tierra, *zamrú maskil* (canta, oh tú, inteligente)" (Salmos 47:8).⁶¹ Pues cuando Dios sea Rey sobre toda la tierra y ascienda *Maljut* de Santidad, entonces, "*ZaMRu maSKiL*", es decir, los *jazanim* que *meZaMRim* (cantan) tendrán *daat* y *SejeL* (inteligencia)⁶² en virtud de la ascensión de *Maljut* de Santidad. Ellos recibirán la canción desde su fuente en la santidad, que es el intelecto y las mentalidades de *Maljut* de Santidad, tal cual se explicó.⁶³

Apéndice relacionado con la lección:

6. Éste es el significado de, "Pues Tu bondad es más elevada que los cielos" (Salmos 108:5).⁶⁴ "Cielos" corresponde a la voz, como está escrito, "Tú has hecho escuchar Tu voz desde el cielo".⁶⁵ Pues por medio de la bondad, es decir, el hilo de bondad hecho descender sobre aquel que

---

59. **no tienen el poder de traer....** De modo que la voz es incapaz de despertar las mentalidades (nota 2). En su lugar, la canción es traída actualmente de las *klipot*, que carecen de un *daat* santo (ver también *Etz Jaim* 48:2).

60. **Pero en el Futuro....** Como en (Isaías 11:9), "pues el mundo estará lleno del *deá* de Dios...". Esta conciencia construirá a *Maljut* de Santidad y así se elevará la canción de santidad.

61. **oh tú, inteligente.** El Salmo 47 habla del futuro, cuando el Reinado de Dios les será revelado a las naciones y todos Lo aceptarán como Su Rey.

62. **ZaMRu maSKiL...meZaMRim tendrán...SeJeL.** Esto a diferencia del presente, en que la canción se encuentra dañada. Como se explicó, cuando hoy en día el *jazán* canta, aunque las canciones son plegarias y alabanzas a Dios, no pueden ser consideradas en general *zamru maskil* (זמרו משכיל). Esto se debe a que cuando hoy en día los *jazanim* cantan (מזמרים), no traen *sejel* (שכל), los *mojín* de santidad.

63. **en virtud de la ascensión de Maljut de Santidad**. Esto sucederá luego de la llegada de Mashíaj, descendiente de la Casa de David. El Rey David, que es la personificación de *Maljut* de Santidad, rectificó la canción y fue alabado como "hábil en hacer música", el nivel de *zamru maskil*. Pues con la revelación de *Maljut* de Santidad, también se eleva la canción (*Mei HaNajal*).

תּוֹרָה בַּלַּיְלָה עַל־יְדֵי־זֶה נִתְתַּקֵּן הַקּוֹל כַּנַּ"ל. וְזֶהוּ: "כִּי גָדוֹל מֵעַל שָׁמַיִם חַסְדֶּךָ" כַּנַּ"ל.

הַשְׁתֵּי צִפֳּרִים דִּקְדֻשָּׁה, שֶׁמִּשָּׁם הַנְּבוּאָה נִמְשֶׁכֶת, הֵם בִּנְיַן מַלְכוּת דִּקְדֻשָּׁה, וְעַל כֵּן הַעֲמָדַת מֶלֶךְ הָיָה עַל־פִּי נְבוּאָה, כִּכָל מַלְכוּת בֵּית דָּוִד שֶׁהָיָה עַל־פִּי נְבוּאָה. וְהַנְּבוּאָה נִמְשֶׁכֶת מִן הַכְּרוּבִים שֶׁהֵם בְּחִינַת שְׁתֵּי צִפֳּרִים הַנַּ"ל, שֶׁהֵם בִּנְיַן מַלְכוּת דִּקְדֻשָּׁה כַּנַּ"ל.

מֵאַחַר עָלוֹת הֱבִיאוֹ, הַיְנוּ מֵאַחַר הַמֵּינִיקוֹת, כִּי הֵם יַנְקִין לַנְּבִיאִים וְכוּ' כַּנַּ"ל.
וְזֶהוּ "מֵאַחַר עָלוֹת", הַיְנוּ שֶׁדָּוִד הַמֶּלֶךְ, עָלָיו הַשָּׁלוֹם, הָיָה יָכוֹל לְתַקֵּן וּלְהַעֲלוֹת גַּם הַנְּגִינָה שֶׁאֵינוֹ מֵאָדָם כָּשֵׁר, לְהַעֲלוֹתָהּ אֶל הַקְּדֻשָּׁה.
וְזֶהוּ: "מֵאַחַר עָלוֹת הֱבִיאוֹ", הַיְנוּ גַּם הַנְּגִינָה, שֶׁהִיא מֵאֲחוֹרֵי

El *Biur HaLikutim* pregunta: Los dos pájaros que construyen a *Maljut* son ciertamente puros y está enraizados en la santidad; *Maljut* mismo está ciertamente libre de toda impureza. ¿Cómo pueden entonces las fuerzas del mal nutrirse de estos pájaros y de *Maljut*? ¿Por qué es necesario que *Maljut* sea construido? Sin embargo, esto tiene que ver con el modo en que Dios construyó Su creación: el mismo *Maljut* de Santidad acepta a *laila* (la noche) y la oscuridad. Pues esto permite que la chispa de santidad descienda a los ámbitos inferiores y precisamente desde allí genere la rectificación. En el proceso, *Maljut* debe inevitablemente volverse la fuente de sustento para la impureza y las fuerzas del mal; las canciones profanas, *IeLaLá* (el lamento) es atraído hacia la *Laila* desde los pájaros de la *klipá* que sufren una metamorfosis a partir de los dos pájaros de santidad. Así es como debe ser hasta que la voz/canción se rectifique por completo, cosa que sucederá con la llegada de Mashíaj. Ver también *Los Cuentos del Rabí Najmán de Breslov*, "Los Siete Mendigos" ("Cuarto Día").

72. **De ir tras las ovejas paridas**. Este agregado corresponde a la sección 2. Ver también las notas 31 y 32. El Rebe explica ahora la conexión entre "De ir tras las ovejas paridas" y "tras" la santidad o "detrás" de la santidad.

73. **que no fuera virtuoso...a la santidad**. El Rey David rectificaba a *Maljut* levantándose a la noche para estudiar Torá. Mereció por lo tanto las cualidades de *lishmá* y de la canción santa; mediante esto fue capaz de rectificar incluso la canción de los cantantes indignos.

estudia la Torá de noche, se rectifica la voz.[66] Esto es, "Pues Tu bondad es más elevada que los cielos".[67]

7. Los dos pájaros de santidad, de los cuales es traída la profecía, son un aspecto de construir *Maljut* de Santidad.[68] Es por esto que el rey debía ser nombrado en base a la profecía[69]; como fue el caso de toda la dinastía de David, que fue determinada en forma profética.[70] Y la profecía es traída desde los querubines, que corresponden a los dos pájaros, el concepto de construir *Maljut* de Santidad.[71]

8. "De ir tras las ovejas paridas" - es decir, tras de aquéllas que dan de mamar. [Esto se refiere a *Netzaj* y *Hod*], porque ellos nutren a los profetas y son el concepto de construir *Maljut*.[72]

Este es el significado de, "De ir tras las ovejas paridas". El Rey David tenía la capacidad de rectificar y de elevar incluso la canción de alguien que no fuera virtuoso, ascendiéndola a la santidad.[73]

Esto es: "De ir tras las ovejas paridas Lo trajo...", refiriéndose

---

66. **se rectifica la voz.** Como arriba, sección 1. Antes, el Rebe Najmán conectó en forma indirecta la bondad con la rectificación de la voz. Al estudiar de noche, la persona atrae bondad y así merece *lishmá*. Su habla santa rectifica su voz. Aquí, el Rebe une directamente la bondad con la voz: "Más elevada que los cielos" sugiere que la bondad es atraída sobre la voz, rectificándola.

67. **Tu bondad es más elevada que los cielos.** El *Parparaot LeJojmá* explica: Del versículo que enseña que la bondad de Dios es "tan elevada como los cielos" (Salmos 57:11), aprendemos que *shelo lishmá*, por ejemplo para ser llamado rabino, también es meritorio. Pero cuando ese estudio tiene lugar durante la noche, posee un valor mucho más grande. La bondad que eso genera terminará finalmente por transformar su estudio *shelo lishmá* en un estudio *lishmá*. Esto se debe a que el estudio de la Torá por sí misma y el estudio durante la noche comparten la misma exaltada cualidad espiritual de "*más elevada* que los cielos".

68. **Los dos pájaros de santidad...Maljut de Santidad.** Como se explicó más arriba, secciones 1 y 2 (ver también notas 32, 47).

69. **el rey debía ser nombrado en base a la profecía.** Tal como Moshé nombró a Ioshúa y Shmuel recibió la profecía para nombrar a Shaúl y más tarde a David, como reyes de Israel. Ver Rambam, *Iad HaJazaká, Hiljot Melajim* 1:3.

70. **dinastía de David....** Con respecto al Rey David, ver Samuel I, 16:13; en referencia a los descendientes del Rey David, ver Samuel II, 7:14.

71. **profecía...querubines...pájaros...Maljut de Santidad.** La profecía, enraizada en *Netzaj* y *Hod*, construye a *Maljut* (ver arriba, sección 2).

הַקְּדֻשָּׁה בִּבְחִינַת "מֵאַחַר עָלוֹת", מֵאַחַר הַמֵּינִיקוֹת, כִּי הַנְּגִינָה דִּקְדֻשָּׁה הוּא מֵאֲתַר דִּנְבִיאִים יַנְקִין, וְהַנְּגִינָה שֶׁאֵינוֹ בִּקְדֻשָּׁה הִיא בְּחִינַת מֵאַחַר עָלוֹת מֵאֲחוֹרֵי הַקְּדֻשָּׁה. וְדָוִד הַמֶּלֶךְ, עָלָיו הַשָּׁלוֹם, הָיָה יָכוֹל לְתַקֵּן נְגִינָה זוֹ גַּם כֵּן, וְעַל־יְדֵי־זֶה נִתְעַלָּה מַלְכוּת דִּקְדֻשָּׁה כַּנַּ"ל. וְזֶהוּ: "מֵאַחַר עָלוֹת הֱבִיאוֹ לִרְעוֹת בְּיַעֲקֹב" וְכוּ', כִּי עַל־יְדֵי־זֶה זָכָה לְמַלְכוּת כַּנַּ"ל:

fuera revelado por el Rebe Najmán (ver nota 1), en forma indirecta se relaciona también con otros *jazanim* con los cuales el Rebe había estado en conflicto anteriormente. El Rebe Najmán dio esta lección poco antes de establecerse en la ciudad de Breslov (nota 1). Anteriormente había pasado dos años cargados de conflictos en Zlatipolia, al cabo de los cuales casi la totalidad de la población se volvió en su contra. Esta discordia fue sembrada por dos *jazanim* de ese pueblo. Cuando el Rebe Najmán llegó por primera vez a Zlatipolia justo antes del Rosh HaShaná del año 5561 (1801), fue recibido en forma muy calurosa. La gente del pueblo lo recibió con los brazos abiertos y lo invitó, junto con sus seguidores, a orar en la sinagoga central, aunque, como sucedió, el Rebe Najmán estuviera en desacuerdo con el *jazán* y su yerno, entre los cuales se repartían los servicios de Iom Kipur. Cuando más tarde los criticó, diciendo que estaban orando para impresionar a sus esposas, estos cantores montaron en cólera y calumniaron al Rebe Najmán ante el Shpola Zeide. Esto inició años de constante persecución en contra de los jasidim de Breslov (*Tzaddik* #11).

Como hemos visto a lo largo de la lección, los dos pájaros de la impureza tienen el poder de hacer extraviar a las personas. Sin embargo, a diferencia de la transgresión directa, que es obvia, la canción de los malvados influye de una manera mucho más sutil: alejando a la persona de Dios, haciendo que su corazón se vuelva insensible a la santidad y llevándola finalmente a sucumbir ante el pecado (cf. *Jaguigá* 15b, concerniente a Ajer y a las canciones griegas). El uso del poder de la voz y de la palabra es también muy dañino para la santidad debido al severo pecado de la calumnia que muchas veces se hace de manera inadvertida (ver arriba, notas 4, 32). Muchas veces las calumnias comienzan como una expresión aparentemente benigna, la defensa del honor, la corrección de un daño, etcétera. Como enseña el Rebe Najmán en la Lección 1, la mala inclinación se presenta en general como si fuera una mitzvá: la mitzvá de oponerse a aquéllos cuyas opiniones o maneras son diferentes de las nuestras. El Rabí Natán escribe que éstas así llamadas mitzvot, es decir, la controversia y la disputa, no forman parte en absoluto de las 613 mitzvot de la Torá. Como enseña el Rebe en esta lección, es necesario juzgar a todos de manera favorable. Cada persona escucha la Voz de forma diferente. Y cada persona tiene su propio y único aspecto de *Maljut*, que debe intentar mejorar estudiando la Torá. Usando la herramienta del estudio de la Torá y juzgando a los demás de manera favorable, podremos merecer los dos pájaros de santidad, el retorno de la profecía y la reconstrucción del Templo, pronto y en nuestros días. Amén.

incluso a la canción que proviene de *AjoRei* (de atrás) de la santidad; correspondiente a "De seguir *AjaR* (tras) las ovejas paridas", de *ajar* de aquéllas que dan de mamar.[74] Pues la canción que es sagrada proviene del lugar de donde maman los profetas. Pero la canción que no es sagrada corresponde a "De seguir *AjaR* las ovejas paridas...", de *ajorei* de la santidad. El Rey David era capaz de corregir también esta canción. Y como resultado, ascendía *Maljut* de Santidad. Esto es: "De seguir tras las ovejas paridas Le trajo para apacentar a [Su pueblo] Iaacov...". Pues fue a través de esto que [David] mereció *maljut* (el reinado).[75]

74. **AjoRei...AjaR...aquéllas que dan de mamar.** Todo concepto de santidad tiene un opuesto y un reverso. Lo opuesto de la santidad, por ejemplo, es la falta de santidad o la falta de divinidad: no hay nada santo en ello. El reverso de un concepto, sin embargo, contiene algo de ese concepto. Así, el reverso o la parte de atrás (אחורי) de la santidad, aunque carece en su mayor parte de santidad, posee una pequeña porción de esa cualidad. En efecto, el opuesto polar de la santidad se conecta con dicho reverso de la santidad, obteniendo su sustento. En nuestro contexto, esto es "De ir tras (מאחר) las ovejas paridas", es decir el reverso de *Netzaj* y *Hod*, de donde los malvados obtienen su canción.

75. **David mereció maljut**. Pues él rectificó por completo a *Maljut*.

Escribe el Rabí Natán: Está escrito con referencia a la Revelación en el Sinaí, "Y habló el Señor con ustedes de en medio del fuego; oyeron el sonido de palabras, pero no vieron imagen alguna, tan sólo una voz" (Deuteronomio 4:12). Y lo mismo sucede hoy en día para todo aquél que intenta acercarse a Dios y a la Torá. En Su bondad, Dios imbuye a cada persona de ideas sobre cómo acercarse a Él. La voz es el canal a través del cual estos pensamientos (*mojín*, intelecto) descienden a la persona. Esta voz llama a la persona, en general con el aspecto de la "voz de la conciencia", haciéndole recordar que debe alejarse de la locura y alentándola a retornar a Dios. La elección depende de la persona. Si ésta lo desea, puede escuchar esa voz de santidad que la llama. O si no, puede escuchar la voz de la impureza que, de seguirla, la hará extraviar.

Esta fue la historia de la esclavitud del pueblo judío en Egipto. *PaRÓ* (el faraón) es *HaOReP* (la parte de atrás del cuello, *detrás* de la garganta). Su deseo era atrapar el habla, *Maljut* de Santidad. Él esclavizó a los judíos y constantemente los cargaba de trabajo para impedir que orasen a Dios. Cuando se acercó el tiempo del Éxodo, como afirman las Escrituras (Éxodo 2:23-24), "El pueblo judío gimió... clamó... se quejó...". Dios vio que los judíos empezaban a despertar de su sueño y comenzaban a escuchar Su Voz, que los llamaba. En contraste, el faraón dijo, "¿Quién es Dios para que yo deba escuchar Su Voz?". Por tanto, Dios recordó a los judíos. Y, debido a que eran dignos, merecieron escuchar Su Voz en el Sinaí, donde recibieron la Torá y se volvieron el Pueblo Elegido de Dios (*Torat Natán* 1).

* * *

Aunque esta lección fue dada debido al cantor de Ladizin, cuyo comportamiento pecaminoso

ליקוטי מוהר"ן סימן ד'

לְשׁוֹן רַבֵּנוּ, זִכְרוֹנוֹ לִבְרָכָה

אָנֹכִי ה' אֱלֹהֶיךָ אֲשֶׁר הוֹצֵאתִיךָ מֵאֶרֶץ מִצְרַיִם מִבֵּית עֲבָדִים.
(שמות כ)

א   כְּשֶׁאָדָם יוֹדֵעַ שֶׁכָּל מְאֹרְעוֹתָיו הֵם לְטוֹבָתוֹ, זֹאת הַבְּחִינָה הִיא מֵעֵין עוֹלָם הַבָּא, כְּמוֹ שֶׁכָּתוּב (תהלים נ"ו): "בַּה' אֲהַלֵּל דָּבָר

    Ese Shavuot también estaban junto al Rebe Najmán tres de sus más destacados seguidores, Reb Iudel, Reb Shmuel Isaac y Reb Aarón el Rav (ver *Until The Mashiaj*, p.299-307). Al escuchar la historia sobre el Baal Shem Tov y el jasid, y cómo el Rebe le habló a los dos jasidim sobre la confesión, se preguntaron si esta práctica no debería también aplicarse a ellos. Pero dado que los tres habían sido seguidores del Rebe Najmán durante un tiempo y él nunca se los había mencionado, pensaron que no era el caso. Sin embargo, eso sucedió antes de que el Rebe diera esta lección. En la lección (sección 9) el Rebe habla sobre cómo la persona debe confesarse ante el Tzadik cada vez que va a verlo. También especifica cómo el Tzadik debe alcanzar la humildad en los tres atributos más importantes: sabiduría, fuerza y riqueza (sección 10). Estaba claro que el Rebe decía esto como una alusión a ellos tres (Reb Aarón era rico; Reb Shmuel Isaac era extremadamente fuerte; Reb Iudel era especialmente perspicaz). Por lo tanto, inmediatamente después de Shavuot, fueron a ver al Rebe Najmán y se confesaron. También comprendieron que la referencia que hacía el Rebe en la lección a "aquél de ojo compasivo" tenía que ver con él mismo y con su "preocupación" en beneficio de ellos. Y, si necesitaban otra prueba de que todo eso se aplicaba a ellos, ésta llegó cuando (como está indicado en la lección, sección 10) los tres cumplieron un papel fundamental en el retorno a Dios de muchos judíos que se habían alejado de su herencia (*Tovot Zijronot* #4, p.106).

    El Maguid de Terhovitza, otro de los más destacados jasidim del Rebe Najmán, tenía un yerno de nombre Reb Itzjak Segal. Este Reb Itzjak había sido seguidor del Rebe Zusia de Anipoli. Poco antes de que falleciera el Rebe Zusia, Reb Itzjak le preguntó a qué Tzadik debía unirse. "A aquél que te diga que debes confesarte", respondió el Rebe Zusia. Reb Itzjak escuchó que el Rebe Najmán hacía que sus seguidores se confesasen en su presencia y se volvió un jasid de Breslov (*Tradición Oral*). El Rebe Najmán continuó aparentemente la práctica de la confesión hasta poco tiempo antes de su fallecimiento (probablemente luego de su retorno de Lemberg en el verano de 1808; cf. *Tzaddik* #491). Reb Iehudá Eliezer, un joven que se unió a los seguidores del Rebe en ese tiempo, comenzó a confesarse en su presencia. El Rebe lo detuvo y le dijo que en lugar de ello conversase con el Rabí Natán, pero que no se confesase delante de él (*Sijot VeSipurim* #56, p.143).

    2. ***Anoji....*** En el comienzo de la Creación, Dios dijo (Génesis 1:1): בראשית ברא אלהים את ("En el comienzo creó Dios..."). Cada una de las cuatro palabras que componen la frase en hebreo contiene

Likutey Moharán 4[1]

"Anoji IHVH Eloheja (Yo Soy Dios tu Señor) Quien te sacó de la tierra de *Mitzraim* (Egipto), de la casa de esclavitud".[2]

(Éxodo 20:2)

Cuando la persona sabe que todo lo que le sucede es para su bien, esta percepción es un anticipo del Mundo que Viene. Como dijo

---

1. **Likutey Moharán 4.** Esta lección fue dada en Shavuot del año 5561 (17 de mayo de 1801) en Zlatipolia (*Until The Mashiaj*, p.65). El texto es *leshón Rabeinu z'l* (ver final de la primera nota a la Lección 2 donde se explica esta terminología). Los temas principales de la lección son: reconocer a Dios en todas las circunstancias; la confesión en presencia del Tzadik; la humildad, y en especial la del Tzadik; y los tres pasos para lograr la unión con los Tzadikim.

Antes de dar la lección, el Rebe Najmán contó una historia sobre el Baal Shem Tov. Uno de los seguidores del Baal Shem Tov, un judío verdaderamente piadoso, había enfermado gravemente. Sufriendo de terribles dolores en los huesos, envió un mensaje al Baal Shem Tov: "He escuchado de mi maestro que todo aquél que se arrepienta por completo de seguro no fallecerá antes de su hora. Yo me he arrepentido por completo y no soy anciano. Pero aun así mi situación es muy grave". El Baal Shem Tov, comprendiendo que el jasid tenía razón y que su vida corría peligro, fue a visitarlo de inmediato. "Es verdad", le explicó el Baal Shem Tov al mensajero mientras viajaban, "él se ha arrepentido por completo. Pero si quiere salvar su vida, debe confesar sus faltas delante de un verdadero Tzadik". En la Corte Celestial no había juicios en contra del jasid. Pero debido a los pecados que había cometido, las fuerzas del mal aún tenían el poder de hacerle daño en este mundo. Sin embargo, si se confesaba, se liberaría de los últimos vestigios de sus iniquidades, cuyas marcas espirituales aún estaban grabadas en sus huesos. Recién entonces el jasid podría recuperarse por completo.

Al llegar junto al jasid, el Baal Shem Tov le dijo, "Confiesa lo que tú sabes, lo que Dios sabe y lo que yo también sé. Entonces serás curado". Pero el jasid no deseaba confesarse delante del Baal Shem Tov. Una y otra vez insistió el Baal Shem Tov, pero fue en vano. Poco tiempo después, su condición empeoró. Sus huesos se volvieron tan quebradizos que comenzaron a partirse. El dolor era tremendo, pero aun así el jasid no se confesó delante del Baal Shem Tov. Al poco tiempo falleció (*Tzaddik* #184).

Ese Shavuot, entre los jasidim del Rebe Najmán había dos hombres que, al igual que el seguidor del Baal Shem Tov, sufrían de un tremendo dolor en los huesos. En su lección el Rebe Najmán habló sobre la confesión y cómo ella ayuda a eliminar los efectos de los pecados de la persona que están grabados en los huesos (sección 5). El Rebe les dijo a estos dos hombres: "En la noche de Shavuot recitamos las 613 mitzvot, paquetes y paquetes de mitzvot. Al igual que la palabra *TzaVat* (צות), *miTzVá* (מצוה) sugiere unir los huesos entre sí para que 'ninguno de ellos esté quebrado'" (Salmos 34:21; ver texto, sección 6). Esto resultó ser una cura para los dos seguidores (*Tovot Zijronot* #4, p.106).

בֵּאלֹהִים אֲהַלֵּל דָּבָר".
וְזֹאת הַבְּחִינָה הִיא מֵעֵין עוֹלָם הַבָּא, כְּמוֹ שֶׁאָמְרוּ חֲכָמֵינוּ, זִכְרוֹנָם לִבְרָכָה (פסחים נ.): "בַּיּוֹם הַהוּא יִהְיֶה ה' אֶחָד". וְהִקְשׁוּ: וְכִי הָאִידְנָא לָאו הוּא אֶחָד? וְתֵרְצוּ חֲכָמֵינוּ, זִכְרוֹנָם לִבְרָכָה: הָאִידְנָא מְבָרְכִין עַל הַטּוֹבָה הַטּוֹב וְהַמֵּטִיב, וְעַל הָרָעָה דַּיַּן אֱמֶת. וּלְעָתִיד כֻּלּוֹ הַטּוֹב וְהַמֵּטִיב, שֶׁיִּהְיֶה שֵׁם ה' וְשֵׁם אֱלֹקִים אַחְדוּת אֶחָד.

5. **¿No es Él uno ahora?** ¿No es que Dios es siempre uno y que es sólo nuestra percepción la que cambia? Y dado que Dios es uno también hoy, ¿por qué sólo "En *ese* día"?

6. **Actualmente...lo bueno...lo malo.** Tal como se mencionó (nota 3), uno debe alabar a Dios por todo lo que sucede, tanto bueno como malo. Maharsha relaciona esto con el versículo de Lamentaciones (3:38), "¿De la boca del Altísimo no proceden tanto las cosas malas (רעות) como el bien (טוב)?". Él apunta hacia la diferencia obvia entre "malas", que las Escrituras presentan en plural y "bien", que está en singular. Esto, explica el Maharsha, se debe a que sólo el bien procede de Dios. Él es uno y de Él emana un bien unificado. Los cambios sólo aparecen donde hay una negación o ausencia del bien. En lugar de provenir de Dios, los males está determinados por aquéllos que los reciben, es decir, por la humanidad. Así, en este mundo, el hombre no reconoce la unidad de Dios (*Pesajim* 50a, *v.i. leolam haba*). Porque hay veces en que el castigo, en la forma de juicios severos, oscurece el bien de Dios. Sin embargo, en lugar de reconocer el castigo como lo que es, una llamada al arrepentimiento y un medio para efectuar el perdón de nuestros pecados, tendemos a ver estos juicios como malos. Por lo tanto, llamarlo bueno o malo depende de la manera en como recibimos aquello que proviene de Dios. Es nuestra percepción la que determina si debemos recitar "Bendito eres Tú... Que Es bueno y hace el bien" o "Bendito eres Tú... el Juez verdadero".

Agrega el *Be Ibei HaNajal*: En la actualidad, incluso la persona que acepta que todo es para bien también bendice las malas noticias diciendo "el Juez verdadero", aunque con alegría. Esto se debe a que su aceptación se basa en la fe y no en un conocimiento y percepción conscientes. Tiene fe en que el castigo es para su beneficio, pero aun así no *comprende* esto con total conciencia. Si llegara al nivel en el cual lo comprendiese verdaderamente y con todas las fibras de su ser, entonces incluso en este mundo debería recitar "Que Es bueno y hace el bien" en todas las situaciones.

7. **completamente Que Es bueno ....** Rashi (*loc. cit.*) explica que en el Mundo que Viene sólo habrá buenas noticias. Es decir, todo lo que suceda será reconocido como bueno. Sólo se deberá recitar la bendición "Que Es bueno y hace el bien".

8. **totalmente uno.** Dado que será demostrado que *IHVH* y *Elohim* son sólo uno, todos reconocerán que Dios (*IHVH*, compasión) y Su Nombre (*Elohim*, juicios) son uno.

Resumen: Cuando la persona percibe que todo lo que le sucede es para su propio bien, alcanza un anticipo del Mundo que Viene.

Pregunta el *Biur HaLikutim*: ¿Porqué Dios creó el mundo de manera tal que el hombre

<el Rey David> "Cuando Él es *IHVH*, yo alabo Su palabra; cuando Él es *Elohim*, yo alabo Su palabra" (Salmos 56:11).³

Y esta percepción es un anticipo del Mundo que Viene, como enseñaron nuestro sabios: "En ese día Dios será uno y Su Nombre será uno" (Zacarías 14:9).⁴ Preguntaron: ¿No es Él uno ahora?⁵ Y nuestros sabios contestaron: Actualmente, la bendición "Que Es bueno y hace el bien" se recita por lo bueno, mientras que "el Juez verdadero" se recita por lo malo.⁶ Pero en el Futuro, será todo "Que Es bueno y hace el bien" (*Pesajim* 50a).⁷ El santo nombre *IHVH* y el santo nombre *Elohim* serán totalmente uno.⁸

---

la letra *alef* (א). La Kabalá habla de ellas como de "las cuatro *alfin*" (ver *Zohar* I, 5a; castellanizadas como "*alefs*"). Basándose en esto, el Rebe Najmán enseña en otro lugar que hay cuatro *alefs* de las cuales se recibe la Torá. Aquéllos que son virtuosos, los Tzadikim, reciben sus enseñanzas de Torá de las *alefs* de santidad, aumentando así la santidad de los que vienen a escuchar sus lecciones. Los indignos reciben sus enseñanzas de Torá de las "*alefs* caídas", que alejan a la gente de Dios (ver *Likutey Moharán* I, 28:1 y nota 5). No es casual que los títulos de las cuatro primeras lecciones del *Likutey Moharán* comiencen cada uno con la letra *alef*: *AshreI* (אשרי); *EmoR* (אמור); *AkruktA* (אקרוקתא); y *AnojI* (אנכי). Esto indica que todas las enseñanzas del *Likutey Moharán* están enraizadas en las *cuatro alefs* de santidad (*Rabí Shmuel Shapira*). La sigla formada por las letras finales de estas cuatro palabras es *IAIR* (יאיר), correspondiente a (Salmos 119:130), "El principio de Tus palabras *iair* (iluminará), dando comprensión a los simples". Éste es el *Likutey Moharán*, que trae luz al mundo e ilumina a todos los que lo estudian (*Rabí Zvi Jeshin*).

3. es IHVH...es Elohim.... *IHVH* es el Tetragrámaton, el santo nombre que connota la compasión divina. Por su parte, el santo nombre *Elohim* connota la justicia divina y el juicio. El Talmud enseña que así sea que algo bueno o algo malo le suceda a la persona, debe aceptar todo con alegría, porque todo sucede por voluntad de Dios. Sin embargo, en este mundo ante las buenas noticias uno bendice "Que Es bueno y hace el bien", mientras que por las malas noticias uno bendice "el Juez verdadero" (*Berajot* 60b). El Rebe Najmán lleva esto un paso más allá. Cuando la persona sabe que el mal que le sucede es de hecho para su bien y que su fuente es en última instancia el nombre *IHVH*, el atributo divino de la compasión, entonces para ella no hay diferencia entre la compasión y la justicia, entre los nombres *IHVH* y *Elohim*. Éste es el significado del versículo, "Cuando Él es *IHVH*, yo alabo... cuando Él es *Elohim*, yo alabo...". La persona que es capaz de percibir de esta manera todo lo que le sucede en la vida, tiene esencialmente un anticipo del Mundo que Viene, donde todo será absolutamente bueno y beneficioso (*Mei HaNajal*).

El versículo de Salmos (56:11) dice: "Cuando Él es *Elohim*, yo alabo Su palabra; cuando Él es *IHVH*, yo alabo Su palabra". Sin embargo, aquí se presenta tal como aparece en el Talmud (*Berajot* 60b) y en el *Ein Iaacov* (ibid., #131).

4. En ese día.... En el día en que llegue Mashíaj y revele a Dios ante el mundo entero, entonces "Dios será uno...". Esto es porque todas las naciones dejarán de lado sus idolatrías y sólo servirán a Dios (*Rashi*, Zacarías *loc. cit.*).

LIKUTEY MOHARÁN #4:2   124

ב וְזֹאת הַבְּחִינָה אִי אֶפְשָׁר לְהַשִּׂיג, אֶלָּא כְּשֶׁמַּעֲלֶה בְּחִינַת מַלְכוּת דִּקְדֻשָּׁה מֵהַגָּלוּת מִבֵּין הָעַכּוּ"ם. כִּי עַכְשָׁו הַמַּלְכוּת וְהַמֶּמְשָׁלָה לְהָעַכּוּ"ם, וּבִשְׁבִיל זֶה נִקְרָאִים עֲבוֹדַת אֱלִילִים שֶׁלָּהֶם בְּשֵׁם אֱלֹהִים, כִּי יוֹנְקִים מִבְּחִינַת מַלְכוּת הַנִּקְרָא אֱלֹהִים, כְּמוֹ שֶׁכָּתוּב (תהלים ע"ד): "אֱלֹהִים מַלְכִּי מִקֶּדֶם". וּכְשֶׁמַּעֲלִין בְּחִינַת מַלְכוּת מִבֵּין הָעַכּוּ"ם, אֲזַי נִתְקַיֵּם (שם מ"ז): "כִּי מֶלֶךְ כָּל הָאָרֶץ אֱלֹהִים".

Mashíaj. Pero incluso ahora, en la medida en que la persona eleve a *Maljut* desde su exilio, adquirirá la conciencia de que todo es para bien, es decir, un anticipo del Mundo que Viene.

Bajo la censura de los zares, los libros judíos impresos en Rusia debían utilizar el término *akum*, en lugar de *umot*, y llevar un explicación de que sólo se refería a los idólatras. Las palabras de esta nota explicativa decían aproximadamente lo siguiente: "Pero los gentiles en cuyas tierras habitamos actualmente no son como aquéllos de la época de los sabios Talmúdicos. Estos últimos eran idólatras que adoraban a las estrellas y a las constelaciones y estaban apegados a toda clase de abominaciones. Ellos no reconocían a Dios ni a Sus santas palabras. Pero las naciones de nuestros días temen a Dios y honran Su Torá; haciendo bondad y justicia en sus tierras y caridad con los judíos que se refugian bajo sus alas. Dios no permita que podamos decir o escribir algo irrespetuoso acerca de ellos". Era responsabilidad del censor asegurarse de que esto o algo similar apareciera en el libro, pues de otra manera estaba prohibido imprimirlo. Ver *Through Fire and Water*, Capítulo 32.

10. **Éste es el motivo....** La edición impresa del *Likutey Moharán* dice lo siguiente: Éste es el motivo por el cual sus ídolos son designados con el nombre *elohim*. Un ejemplo de esto aparece en el versículo (Éxodo 20:3), "No tendrán otros *elohim* (dioses) ante Mí".

11. **Elohim...Rey desde antaño.** En primera instancia el Rebe Najmán trae este versículo, "*Elohim* es *MaLKi* desde antaño", para mostrar la conexión entre el santo nombre *Elohim* y *MaLKut* (Reinado). Es también posible aplicarlo a la versión del texto mencionado en la nota anterior: La autoridad humana (el reinado) proviene del *Maljut/Elohim* de Dios, de modo que los ídolos adorados por los hombres y mediante los cuales ellos buscan minar la autoridad de Dios, son conocidos como *elohim*.

A un nivel más sutil, el Rebe elige este versículo porque se refiere específicamente a *Maljut* en el exilio. Las palabras "Rey desde antaño" implican el Rey que fuera aceptado como Rey del Universo, pero que ahora, debido a la idolatría, ha sido relegado a ser "Rey de antaño", apenas recordado y reconocido. *Maljut* de Santidad, el Reinado de Dios, está así en el exilio.

12. **Elohim es Rey....** Cuando *Maljut/Elohim* le es devuelto a Dios/*IHVH* y cuando todos los habitantes del mundo aceptan Su Reinado, *Elohim* y *IHVH* son entonces uno. La gente ve y comprende cómo todo lo que sucede es para bien (*Mei HaNajal*).

Enseña el Talmud: "En ese día Dios será uno y Su Nombre, uno". En el presente, el santo Tetragrámaton se pronuncia *Adonai* aunque se escribe *IHVH*. Pero en el futuro será

2. Ahora bien, es imposible que la persona pueda comprender esta percepción si antes no eleva a *Maljut deKedushá* (el Reinado de la Santidad) desde su exilio entre las naciones.[9] Pues actualmente, *maljut* y el gobierno <están en manos de> las naciones. Éste es el motivo <por el cual ellos gobiernan sobre nosotros con el poder de *maljut* que poseen>.[10] Ellos se nutren del aspecto de *Maljut*, que es llamado *Elohim*, como está escrito (Salmos 74:12) "*Elohim* es mi Rey desde antaño".[11] Pero cuando la persona eleva a *Maljut* de entre las naciones, ello es el cumplimiento del versículo (Salmos 47:8), "Pues *Elohim* es Rey de toda la tierra".[12]

---

sólo puede conocerlo a través de la dualidad: así sea a través del atributo asociado con *IHVH* o de aquél asociado con *Elohim*? Más aún, ¿cómo es que se les permite a las fuerzas del mal sustentarse a través del santo nombre de *Elohim* ? Su respuesta, en breve, es la siguiente: La intención de Dios al crear el mundo fue entregarle a Su creación un bien eterno. Esto corresponde al Creador manifestándose a través del santo nombre que más cercanamente se relaciona con Su Esencia, *IHVH*. Pero para que algo o alguien pudiera beneficiarse de Su bondad, debía existir una separación con Dios, si así pudiera decirse, para permitir que la materia física llegara a la existencia. Fue con esta finalidad que el Santo consideró crear el mundo a través de la manifestación de *Elohim*, el atributo del juicio que es, si así pudiera decirse, un ocultamiento de Su Esencia y compasión. Sin embargo, esta clase de juicio era demasiado severo y la mayoría de Su creación no habría podido soportarlo. De modo que Él creó el mundo mediante un equilibrio de atributos: *IHVH* y *Elohim* (ver *Bereshit Rabah* 12:15; *Rashi*, Génesis 1:1). Así, Dios se manifiesta como *IHVH* para aquéllos que Lo reconocen, o como *Elohim* para aquéllos alejados de Él. El santo nombre *Elohim*, tal como lo comprendemos ahora, es por lo tanto el medio para sustentar a la creación cuando, debido a las transgresiones de la humanidad, el mundo no merece Su compasión y bondad. Es así como las fuerzas del mal son sustentadas por el nombre *Elohim*.

9. **naciones.** Cada vez que aparece en la lección la palabra "naciones", es una traducción de la palabra "*umot*", que en la versión manuscrita del *Likutey Moharán* está en lugar de *akum*, la palabra que aparece en la versión impresa. El término *akum* es una sigla de *Avdei Kojavim U'Mazalot* (adoradores de estrellas y de constelaciones). Este término se refiere específicamente a las naciones y a los individuos que se dedican enteramente a la idolatría. En términos más generales, hace referencia a toda nación que no acepta a Dios o cuya religión desfigura la intención de Dios para con la humanidad. Así, todo gentil que no cumple con los siete Preceptos de Noé entra en la categoría de *akum*. Cuando los *akum* tienen el control del *Maljut* (gobierno) e instituyen sus propias religiones, cultos y estatutos, ellos alteran a *Maljut* de Santidad y lo llevan al exilio. Sin embargo, sólo es posible que las naciones puedan tomar el control de *Maljut* cuando *Maljut* está minado por el pecado. Cuando un judío transgrede la voluntad de Dios, en forma intencional o no, niega de alguna manera el gobierno de Dios, *Maljut* de Santidad, y de este modo *Maljut* cae bajo el control de los *akum*. La rectificación recién tendrá lugar cuando la gente devuelva el gobierno a Dios y Lo sirva exclusivamente a Él (cf. *Be Ibei HaNajal*; *Mei HaNajal*). La elevación de *Maljut* de Santidad desde su exilio y la consecuente comprensión de que todo es para bien y en nuestro beneficio recién alcanzará su plenitud en la época de

ג וְאִי אֶפְשָׁר לְהָשִׁיב הַמְּלוּכָה לְהַקָּדוֹשׁ־בָּרוּךְ־הוּא אֶלָּא עַל יְדֵי וִדּוּי דְּבָרִים לִפְנֵי תַּלְמִיד חָכָם. עַל יְדֵי זֶה מְתַקֵּן וּמַעֲלֶה בְּחִינַת מַלְכוּת לְשָׁרְשָׁהּ.

וְזֶהוּ פֵּרוּשׁ: (הושע י"ד): "קְחוּ עִמָּכֶם דְּבָרִים" - זֶהוּ וִדּוּי דְבָרִים, זֶה בְּחִינַת מַלְכוּת, כְּמוֹ דַּבָּר אֶחָד לַדּוֹר (סנהדרין ח.). דַּבָּר, לְשׁוֹן מַנְהִיג וּמוֹשֵׁל. וְשׁוּבוּ אֶל ה' - שֶׁיְּתַקְּנוּ וְיַעֲלוּ אֶת הַדְּבָרִים, אֶת

los males realizados (*Mishná Brurá* 607:8; ver sección 7, nota 68). Al mismo tiempo, confesar un pecado sin arrepentirse o sin la intención de dejar de repetirlo no tiene ningún valor (*Iad Jazaká, Hiljot Teshuvá* 2:3). En cuanto a confesarse delante de otro ser humano, que es lo que el Rebe sugiere en esta lección, las autoridades lo permiten y muchas incluso lo recomiendan (*Iad Jazaká*, ibid. 2:5; *Mishná Brurá* 607:6; ver también *Shaar Tzión* 607:3). Hay precedentes en el Talmud sobre la confesión en presencia de un Tzadik: los casos de Iehudá, de Rubén (*Sotá* 7b) y de Aján (*Sanedrín* 43b) están tratados más abajo (secciones 5, 7 y 8). Ejemplos adicionales incluyen el pueblo judío confesándose delante de Moshé (Números 21:7); el Rey David ante el profeta Natán (Samuel 2, 12:3); el nazir delante de Shimón HaTzadik (*Nazir* 4b).

Cabe notar que estas confesiones se realizaron mucho antes de que hubieran sido fundadas otras religiones que practican la confesión. Más aún, es sabido el hecho de que estas otras religiones basaron sus teologías en el judaísmo y en las enseñanzas de la Torá, y tomaron como propias prácticas y conceptos incuestionablemente judíos. La confesión no es el único caso al respecto. Hay varias prácticas y conceptos judíos que han sido "olvidados" a lo largo del tiempo, en parte debido precisamente a su asociación con otras doctrinas religiosas. Esto incluye una cantidad de enseñanzas Kabalistas, como la reencarnación, la creencia en la existencia de fuerzas demoniacas, etcétera. Estos conceptos y prácticas, dejados de lado por muchos pensadores modernos, son de hecho inherentes a la Torá y al judaísmo. Así, de las diferentes ramas de la Torá aprendemos también la gran importancia que tiene el hecho de que un judío se confiese delante de un Tzadik (como se verá más abajo, en la sección 8).

14. **Tomen DeVaRim con ustedes....** Este versículo está conectado de tres maneras con la lección, como será explicado (más abajo, la nota 17). Aquí, *DeVaRim* ("palabras", דברים) connota la confesión verbal.

15. **DaBaR...generación.** Antes de fallecer, Moshé le aconsejó a Ioshúa, el líder que lo iba a reemplazar, que consultase a los ancianos de Israel y que no actuase por su propia cuenta. Pero Dios no estaba de acuerdo. "Toma una vara y golpéalos con ella en la cabeza", le dijo a Ioshúa. "En cada generación puede haber un solo *DaBaR* (vocero o líder, דבר)".

16. **Maljut...gobernante.** La palabra del gobernante da a conocer lo que él quiere que se haga en su dominio, en su *maljut*. Por esta razón, el Rebe Najmán relaciona a *devar* con *dabar* y a ambas con el concepto de *Maljut*. Dios, Quien es infinito, gobierna el mundo por medio de las emanaciones divinas conocidas como *sefirot*, donde cada *sefirá* tiene poderes limitados. La función de cada *sefirá* difiere de las otras y concuerda con sus características distintivas. Así, en

LIKUTEY MOHARÁN #4:3

3. Sin embargo, es imposible retornar el reinado al Santo, bendito sea, si no es por medio de la confesión verbal en presencia de un *Talmid Jajam* (estudioso de la Torá). Mediante esto, uno rectifica el aspecto de *Maljut* y lo eleva a su raíz.[13]

{"**Tomen *devarim* (palabras) con ustedes y retornen a *IHVH* (Dios)**" (Hosea 14:3)}.

Éste es el significado de "Tomen *DeVaRim* con ustedes...", la confesión verbal.[14] Este es el aspecto de *Maljut*, como en, "Un *DaBaR* (vocero) en cada generación" (*Sanedrín* 8a)[15]; *dabar* connota <*maljut*> un gobernante.[16] "...y retornen a *IHVH*", para que puedan rectificar y

---

uno, escrito y pronunciado *IHVH* (*Pesajim* 50a). El *Parparaot LeJojmá* pregunta: ¿Cómo se encuadra esto con nuestra lección, que enseña que *Elohim* es "Su Nombre", *Maljut*, y que en el Futuro *IHVH* y *Elohim* serán uno? Explica que, con el descenso de *Maljut* al exilio, el hombre perdió el derecho de llamar a Dios mediante el nombre *IHVH*, porque de hacerlo le daría al Otro Lado la posibilidad de tomar un exceso de alimento de *Maljut* (ver Lección 3, #1, nota 11). Para proteger la energía espiritual que surge de *IHVH*, sólo podemos llamar a Dios de manera indirecta, mediante un nombre secundario. Pero cuando *Maljut* es sacado del exilio y rectificado entonces, "*Elohim* es Rey en toda la tierra". Entonces se unifican los nombres *IHVH* y *Elohim*, y el Tetragrámaton es el nombre revelado, escrito y pronunciado, de Dios.

Resumen: Cuando la persona percibe que todo lo que le sucede es para su propio bien, alcanza un anticipo del Mundo que Viene (#1). Sólo es posible alcanzar esta percepción cuando se libera a *Maljut* de Santidad del control de las naciones y se lo devuelve a Dios (#2).

13. confesión...estudioso de la Torá...raíz. En esta sección y en la siguiente el Rebe Najmán explica qué es lo que se debe hacer para reconocer que todo lo que proviene de Dios es bueno y para beneficio de uno. Para lograrlo, la persona debe primero elevar a *Maljut* desde su exilio. Esto, explica el Rebe, puede llevarse a cabo a través de la confesión verbal, mediante la cual uno alcanza una conciencia plena. Esta conciencia perfecta es el reconocimiento de que tanto *IHVH* como *Elohim*, es decir la compasión y el juicio, son uno. Luego de explicar esto, el Rebe Najmán retorna al concepto de la confesión mencionada aquí (ver sección 5 y 6) y explica el papel vital que cumple en la rectificación tanto de *Maljut* como de la persona misma.

A través de los años, muchos han cuestionado la importancia que el Rebe Najmán le da al **vidui *devarim*** (la confesión), principalmente debido a que esta práctica está más comúnmente asociada con otras religiones. Pero aun así esto no puede cambiar el hecho de que la confesión es uno de los 248 preceptos positivos (*Rambam, Sefer HaMitzvot, Mitzvot Asé* #73). El Talmud (*Ioma* 35b-37a) enseña que la confesión es obligatoria para todo aquel que desee arrepentirse y es como traer una ofrenda de pecado o como la expiación de Iom Kipur. Sin la confesión, tanto los sacrificios en el Templo como el arrepentimiento de Iom Kipur están incompletos (ver *Iad Jazaká, Hiljot Teshuvá* 1:1-2). Enseñaron además nuestros sabios: "Ellos confesarán sus iniquidades..." (Levítico 26:40): apenas ellos se confiesen, Yo los perdonaré (*Sifra, Bejukotai* 8:3). Una de las razones por las cuales la confesión es un elemento tan esencial del arrepentimiento se debe a su capacidad especial de hacer más humilde a la persona. La humildad que surge con la admisión de la transgresión es un primer paso crucial en la rectificación de

בְּחִינַת מַלְכוּת, בְּחִינַת אֱלֹהִים אֶל ה'. הַיְנוּ כַּנַּ"ל: "בָּהּ' אֲהַלֵּל דָּבָר, בֵּאלֹהִים אֲהַלֵּל דָּבָר", הַיְנוּ שֶׁיֵּדַע, שֶׁכָּל מְאֹרְעוֹתָיו, כֻּלָּם לְטוֹבָתוֹ, וִיבָרֵךְ עַל כָּל הַדְּבָרִים הַטּוֹב וְהַמֵּטִיב.

ד   **וּכְשֶׁיֵּדַע** כָּל זֹאת נִקְרָא יְדִיעָה שְׁלֵמָה, כִּי עִקַּר הַדַּעַת הוּא אַחְדוּת שֶׁל חֶסֶד וּגְבוּרָה. זֶה נִקְרָא דַּעַת, הַיְנוּ שֶׁלֹּא יַחֲלֹק בֵּין חֶסֶד לְדִין, וִיבָרֵךְ עַל כֻּלָּם "הַטּוֹב וְהַמֵּטִיב". וְזֶה נִקְרָא: "ה' אֶחָד וּשְׁמוֹ אֶחָד" כְּמַאֲמַר חֲכָמֵינוּ, זִכְרוֹנָם לִבְרָכָה, שֶׁלֶּעָתִיד יִהְיֶה אַחְדוּת גָּמוּר, שֶׁיִּהְיֶה כֻּלּוֹ הַטּוֹב וְהַמֵּטִיב.
וְזֶה ה' אֶחָד, וּשְׁמוֹ – זֶה בְּחִינַת אֱלֹהִים מַלְכוּת, כְּמוֹ שֶׁכָּתוּב

este sufrimiento es posible acceder a una percepción clara de que todo lo que sucede es para bien, es decir, que *IHVH* y *Elohim* son uno (*Be Ibey HaNajal*).

Resumen: Cuando la persona percibe que todo lo que le sucede es para su propio bien, alcanza un anticipo del Mundo que Viene (#1). Sólo es posible alcanzar esta percepción cuando se libera a *Maljut* de Santidad del control de las naciones y se le devuelve a Dios (#2). Esto se logra confesando los pecados en presencia de un estudioso de la Torá, lo que une los santos nombres *IHVH* y *Elohim* (#3).

19. **daat**. Esto es conciencia, también traducido como conocer. *Daat* indica el acto de juntarse y unirse, como en (Génesis 4:1), "Adán *conoció* a su esposa, Eva". En la terminología de la Kabalá, la esencia de *daat* es la unidad de *jasadim* y *guevurot*. La raíz de estas bondades es la *sefirá* de *Jojmá* (Sabiduría), mientras que las severidades provienen de la *sefirá* de *Biná* (Comprensión; ver Apéndice: Estructura de la Sefirot). Estas dos fuerzas espirituales se unen en la *sefirá* de *Daat* (ver *Etz Jaim* 21:2, p.306; *ibid.* 34:3). El objetivo del hombre en este mundo debe ser construir su *daat* con estos *jasadim* y *guevurot* y alcanzar un saber completo (ver *Likutey Moharán* I, 25:1). En el contexto del estudio de la Torá, por ejemplo, debe combinar la sabiduría que adquiere a partir de sus estudios con la percepción y la comprensión internas, la unificación y aplicación apropiada de lo que es *daat*.

20. **la bondad y el juicio.** La persona que percibe el bien/*jasadim* y el mal/*guevurot* como entidades separadas carece de un *daat* completo, mientras que la persona que ha perfeccionado su saber percibe cómo la bondad/*jasadim* y el juicio/*guevurot* son uno.

21. **sino que bendice...ante todas las cosas.** Sabe que *jasadim*/*IHVH* y *guevurot*/*Elohim* son en realidad uno. No importa lo que suceda, percibe cómo de hecho ello es una expresión de la bondad y del amor de Dios hacia él. Por lo tanto, recita "Bendito eres Tú... Quien es bueno y hace el bien", en todas las situaciones.

22. **bueno y hace el bien.** Como se explicó arriba, en la sección 1. El Rebe Najmán ahora va a explicar por qué *IHVH* y *Elohim* son referidos como "*IHVH* y Su Nombre".

elevar el aspecto de *devarim/Maljut/Elohim* al [nivel de] *IHVH*.[17] Como se mencionó más arriba, "Cuando Él es *IHVH*, yo alabo Su palabra; cuando Él es *Elohim*, yo alabo Su palabra". Esto es, saber que todo lo que le sucede es para bien y recitar por todo la bendición "Quien es bueno y hace el bien".[18]

4. Saber todo esto recibe el nombre de un saber completo. Pues lo esencial del saber es la unión de <*jasadim* (bondades) y de *guevurot* (severidades)>. Esto es llamado *Daat*.[19] En otras palabras, uno no hace diferencia entre la bondad y el juicio,[20] sino que bendice "Quien es bueno y hace el bien" ante todas las cosas.[21] Esto es llamado "*IHVH* es uno y Su Nombre es uno". Como enseñaron nuestros sabios: En el Futuro, habrá una total unidad y todo será enteramente "Quien es bueno y hace el bien".[22]

Esto es: "*IHVH* es *ejad* (uno) [y Su Nombre es *ejad*]". "Su Nombre"

---

particular, el poder del habla surge de *Maljut*, la última de las *sefirot* (*Tikuney Zohar*, Introducción) y es aquélla que ejemplifica el reinado. Aquí, el Rebe muestra que el liderazgo (el reinado, el vocero) y el habla son sinónimos.

17. **elevar el aspecto de *devarim...IHVH*.** Éstas son las tres conexiones que la frase "Tomen *devarim* con ustedes y retornen a *IHVH*" tiene con nuestro texto:

> 1) "Tomen *devarim*..." se refiere a la confesión verbal, un elemento esencial de la *Teshuvá* (arrepentimiento). Esto saca a *Maljut* del control de las naciones, pues la persona que se arrepiente reconoce el Reinado de Dios.
>
> 2) "Tomen *devarim*..." alude a *Maljut*, como en, "un *dabar* en cada generación". Así, "Tomen *devarim/dabar*", *Maljut* mismo, "y *devuélvanlo* a Dios ".
>
> 3) Cuando se logra la unidad entre *IHVH* y *Elohim* y la persona es consciente de que incluso las malas situaciones son en realidad para su propio bien, ha tomado entonces *devarim*, que es *Maljut/Elohim*, y lo ha retornado a *IHVH* (*Mei HaNajal*).

18. **sobre todo.** Cuando la persona transgrede, hace que *Maljut* de Santidad sea subyugado por las naciones (nota 9). Su castigo proviene entonces del atributo del juicio asociado con el nombre *Elohim*, y es ejecutado por medio de las naciones o de las fuerzas del mal, de las *klipot*. No hay manera de que tal persona alcance una percepción clara de que lo que le sucede, incluyendo su castigo, es para bien, pues ha sido dañada su relación con *Maljut*. Sin embargo, aún puede tener fe en que todo es para bien. Si entonces se confiesa en presencia de un estudioso de la Torá, sus pecados son totalmente perdonados, pues al confesarse saca a *Maljut* de Santidad de su exilio y lo eleva al nivel de *IHVH*. Entonces, aunque sufra el castigo, la fuente de su aflicción es la compasión de Dios, el atributo asociado con el nombre *IHVH* (ver sección 4). A partir de

(שמואל-ב' ח): "וַיַּעַשׂ דָּוִד שֵׁם" אֶחָד גִּימַטְרִיָּא אַהֲבָה.
הַיְנוּ הֵן ה' שֶׁהוּא רַחֲמִים, הֵן שְׁמוֹ שֶׁהוּא בְּחִינַת אֱלֹהִים, בְּחִינַת
דִּין – כֻּלָּם לְטוֹבָתְךָ מֵחֲמַת אַהֲבָה שֶׁהַקָּדוֹשׁ-בָּרוּךְ-הוּא אוֹהֵב
אוֹתְךָ, כְּמוֹ שֶׁכָּתוּב (משלי ג): "אֶת אֲשֶׁר יֶאֱהַב ה' יוֹכִיחַ" וּכְתִיב
(עמוס ג): "רַק אֶתְכֶם יָדַעְתִּי מִכֹּל מִשְׁפְּחוֹת הָאֲדָמָה, עַל כֵּן
אֶפְקֹד עֲלֵיכֶם עֲווֹנֹתֵיכֶם".

llevarlos a arrepentirse de sus pecados. Su objetivo es purificarlos para que puedan alcanzar los dones espirituales que les corresponden desde su nacimiento. Ambas formas de aflicción son así resultado del amor de Dios (*ahavá/ejad*), emanando de "Dios y Su Nombre", que son en esencia uno.

Al repasar estas ideas, el *Parparaot LeJojmá* agrega el siguiente concepto a nuestra lección: Enseñaron nuestros sabios: La persona siempre debe decir, "Todo lo que hace el Misericordioso es para bien" (*Berajot* 60b). Todos, en un momento u otro, sufren dolor y angustia. Aquéllos que creen que Dios les envía este sufrimiento están mejor capacitados para soportarlo. Esto está relacionado con la conexión que tiene el sufrimiento humano con *Maljut*, el medio a través del cual este mundo se ve sujeto al juicio (ver más abajo, sección 7 y nota 76). El sufrimiento experimentado por la persona es resultado de los daños que generó la persona en *Maljut* al hacerlo descender hacia el dominio de las naciones (ver nota 18). Cuando la persona reconoce que su sufrimiento es la voluntad de Dios, un medio para rectificar sus pecados y así restaurar a *Maljut*, puede entonces aceptarlo con alegría. Lógicamente, debería recitar la bendición "Quien es bueno y hace el bien" por ese sufrimiento; pues si no experimentara ningún dolor y angustia, ¿cómo podría asegurarse la expiación de sus pecados? ¿Cómo podría quedar limpia la pizarra? Sin embargo, debido a que *hay* dolor y sufrimiento, recita la bendición "el Juez verdadero", si bien con alegría, porque es la voluntad de Dios y por tanto es para su beneficio.

Ahora bien, todo esto se aplica al tiempo presente, pues *Maljut* se encuentra en un estado de exilio y quien gobierna es *Maljut* del Otro Lado. Pero en el futuro, cuando *IHVH* y *Elohim* se unan, todos los juicios serán mitigados. El mal y el sufrimiento no tendrán lugar alguno y no habrá malas noticias. Todo será bueno y beneficioso. Sin embargo, como enseña el Rebe Najmán, es posible que la persona, incluso aquí y ahora, pueda percibir una cierta medida de esta unidad. Incluso con *Maljut* en el exilio, motivo por el cual la humanidad sufre, incluyendo los rectos Tzadikim y los penitentes, la confesión en presencia de un estudioso de la Torá lleva hacia una cierta rectificación para *Maljut* y hacia una medida de conciencia plena. Saber verdaderamente que todo es para bien le permite a la persona trascender en parte su sufrimiento, pues es consciente de que incluso las dificultades y las aflicciones provienen del amor de Dios por ella.

A partir de esto podemos comprender por qué los sabios no instituyeron la bendición "Quien es bueno y hace el bien" también por las malas noticias, aunque sabían que todo lo que Dios hace es para bien. Pues es sólo desde la perspectiva del Cielo que todo es bondad. Los seres humanos, por otro lado, hacemos distinciones. Vemos algunas cosas como beneficiosas y

corresponde a *Elohim*/*Maljut*, como está escrito (Samuel 2, 8:13), "David se hizo un nombre", <siendo él *Maljut*>.²³ *Ejad* tiene el mismo valor numérico que *ahavá* (amor).²⁴

Por lo tanto, así sea *IHVH*, que es compasión, o bien "Su Nombre", que corresponde a *Elohim*/juicio, todo es para tu bien y como resultado del amor que el Santo, bendito sea, tiene por ti.²⁵ Como está escrito, "Porque el Señor reprende a quien ama" (Proverbios 3:12)²⁶; y "A ustedes solos [Israel] he conocido de entre todas las familias de la tierra. Por tanto los castigaré por todas sus iniquidades" (Amos 3:2)²⁷.

---

23. **hizo un nombre...Maljut.** El Rebe Najmán trae este texto de prueba de las Escrituras para demostrar que "nombre" corresponde a *Maljut*. De los versículos que siguen (Samuel 2, 8:14-15), queda claro que "se hizo un nombre" se refiere a la consolidación de David en su reinado, su *maljut*. Afirman las Escrituras: "Él estableció guarniciones por todo Edom, y todo Edom vino a ser vasallo de David. El Señor le dio la victoria a David allí adonde iba. Y David reinó por sobre todo Israel". El Rey David es de esta manera la personificación de *Maljut* de Santidad; dedicó toda su vida a revelarle al mundo el *Maljut* de Dios. Además, según explica Rashi, "se hizo un nombre..." significa que enterró a sus enemigos luego de derrotarlos en la batalla. Esta bondad le trajo un buen nombre a Israel entre todas las naciones. En nuestro contexto, esto se refiere a separar y a elevar a *Maljut* de Santidad (David) de entre las naciones (Edom). Enterrarlos alude a retirarles toda la santidad.

24. **Ejad...ahavá.** El valor numérico de *EJaD* (אחד) y *AHaVaH* (אהבה) es 13 (ver Apéndice: Tabla de Guematria).

25. **del amor que el Santo, bendito sea, tiene por ti.** El versículo se traduce en nuestro texto de la siguiente manera: **IHVH es uno y Su Nombre** - *IHVH*/bondad y *Elohim*/juicio son uno. Ellos son el resultado de *ejad* - el amor que Dios tiene por ti.

El Rebe explica ahora cómo el sufrimiento puede ser el resultado del amor de Dios.

26. **ama.** Dios reprende a aquéllos que Él ama, para que se mantengan en el sendero correcto.

27. **los castigaré por todas sus iniquidades.** El Targum Ionatán, Rashi y Metzudot traducen "A ustedes solos he *conocido*", como "A ustedes solos he *amado*".

El versículo (*loc. cit.*) se refiere a Dios cuando castiga al pueblo judío por sus pecados, pues Él los ama más que a todas las otras naciones. Es por esto que Él hace que sufran. Pregunta el Talmud: ¿¡Es esto amor!? Sin embargo, la respuesta es que debido a que Dios ama a los judíos, Él los castiga en pequeñas dosis, como aquél al que se le debe una gran suma pero sólo pide pequeñas cuotas. En contraste, a aquéllos que Dios desprecia, Él demanda el pago de una sola vez (*Avoda Zara* 4a).

El *Biur HaLikutim* hace notar que estos dos textos de prueba resaltan aspectos diferentes de cómo Dios trae sufrimiento a aquéllos que Él ama. El primer versículo enseña que hay veces en que Dios aflige a los que Él ama con **isurim shel ahavá** (sufrimiento de amor divino), sabiendo que ellos aceptarán gustosos el sufrimiento y que de este modo se beneficiarán espiritualmente. El segundo versículo enseña que Dios castiga a aquéllos que Él ama para

ה. **וַעֲווֹנוֹתָיו** שֶׁל אָדָם הֵם עַל עַצְמוֹתָיו, כְּמוֹ שֶׁכָּתוּב (יחזקאל ל;"ב): "וַתְּהִי עֲוֹנוֹתָם חֲקוּקָה עַל עַצְמוֹתָם". וְכָל עֲבֵרָה יֵשׁ לָהּ צֵרוּף אוֹתִיּוֹת, וּכְשֶׁעָבַר אֵיזֶה עֲבֵרָה, אֲזַי נֶחְקָק צֵרוּף רַע עַל עַצְמוֹתָיו וְעַל־יְדֵי־זֶה מַכְנִיס בְּחִינַת הַדִּבּוּר שֶׁל הַלָּאו הַזֶּה שֶׁעָבַר בְּתוֹךְ הַטֻּמְאָה. הַיְנוּ שֶׁמַּכְנִיס בְּחִינַת מַלְכוּת, שֶׁהוּא בְּחִינַת דָּבָר אֶחָד לַדּוֹר, הוּא מַכְנִיס אוֹתָהּ בְּתוֹךְ הָעַכּוּ״ם, וְנוֹתֵן לָהֶם מֶמְשָׁלָה.

לְמָשָׁל, אִם עָבַר עַל דִּבּוּר שֶׁל הַלָּאו לֹא יִהְיֶה לְךָ. אֲזַי מַחֲרִיב הַצֵּרוּף הַטּוֹב שֶׁל הַדִּבּוּר, וּבוֹנֶה צֵרוּף רַע, וְנֶחְקָק הַצֵּרוּף הַזֶּה עַל עַצְמוֹתָיו, וְנוֹקֵם בּוֹ. כְּמוֹ שֶׁכָּתוּב (ירמיהו ה): "עֲוֹנוֹתֵיכֶם הִטּוּ

El *Parparaot LeJojmá* agrega: Los huesos representan la santidad, y es por eso que permanecen luego del fallecimiento de la persona. No sucede lo mismo con la carne, que comienza a pudrirse y a decaer en forma inmediata, pues ella representa el Otro Lado (*Zohar* III, 170a). Pero cuando la persona peca, hace que su santidad/huesos descienda hacia el ámbito del Otro Lado. Éste el significado de los pecados grabados sobre los huesos.

30. **su propia combinación de letras.** Cada una de acuerdo con las letras que conforman ese mandamiento, como explica el Rebe Najmán en el próximo párrafo.

31. **dabar.** *Dabar* es *Maljut*; ver arriba, nota 16.

32. **poder para gobernar.** Ver arriba, nota 9.

33. **otros dioses delante de Mí.** Esta prohibición de los Diez Mandamientos prohibe la idolatría y se relaciona con nuestro texto en base a que la idolatría le da poder a *Maljut* del Otro Lado y así niega a *Maljut* de Santidad (ver *Bamidbar Rabah* 9:45; *Parparaot LeJojmá*). El tema de la idolatría es relevante a la sección 7, donde el Rebe Najmán trata sobre la humildad. Pues como enseñaron nuestros sabios: El orgullo es equivalente a la idolatría (*Sotá* 4b). El *Biur HaLikutim* lleva esto más allá. Es sabido que los dos primeros preceptos de los Diez Mandamientos, *Anoji* y *Lo ihié*, incluyen a todos los otros mandamientos. *Anoji* ("Yo soy tu Dios") engloba todos los preceptos positivos y *Lo ihié* ("no tendrás otros dioses") engloba todos los preceptos prohibitivos (*Tikuney Zohar* #22, pgs.63b, 64a). Debido a que una acción que viola la voluntad de Dios hace descender a *Maljut*/*Elohim* hacia el ámbito del mal, todo precepto transgredido es indirectamente también una transgresión a *Lo ihié*. Por otro lado, cada mitzvá cumplida, eleva el *Maljut*/*Anoji* de Dios.

34. **combinación negativa de letras.** Ha hundido a *Maljut* dentro del ámbito del mal. Ver nota anterior.

35. **graba sobre los huesos.** Ver arriba, nota 1, concerniente al seguidor del Baal Shem Tov.

5. Y las transgresiones de la persona están en sus huesos,[28] como ésta escrito (Ezequiel 32:27), "y todas sus iniquidades serán grabadas sobre sus huesos".[29] Cada pecado posee su propia combinación de letras.[30] Cuando la persona comete un pecado en particular, una combinación negativa de letras se le graba en los huesos. Esto hace que el aspecto de la palabra de la prohibición que ha transgredido, entre en el ámbito de la impureza. En otras palabras, que el aspecto de *Maljut*/<*dabar*>[31] entre en las naciones, dándoles el poder para gobernar.[32]

Por ejemplo: Si transgredió la expresión de la prohibición "No tendrás [otros dioses delante de Mí]" (Éxodo 20:3),[33] entonces destruye la combinación positiva de letras de la expresión y forma una combinación negativa de letras.[34] Esta combinación de letras se le graba sobre los huesos,[35] <en cumplimiento de:> "Sus iniquidades han desviado estas

---

otras como dañinas (ver arriba, nota 6). Y de hecho, en nuestra realidad, hay veces en que los juicios se vuelven perjudiciales, cuando las iniquidades del hombre son en sí mismas las fuerzas del mal que lo castigan con crueldad. Pero lo que sucede inevitablemente es que la mayor parte de la gente interpreta su sufrimiento como la ira divina, un castigo infligido para quebrantarnos o para ejecutar la venganza. Sin embargo, tomando "palabras" de confesión y volviendo a Dios (unificando *IHVH* y *Elohim*; sección 3), la persona llega a saber que su sufrimiento *no es* una venganza divina. Sabe que este sufrimiento está motivado por el amor que Dios tiene por ella. Esto es resultado de haber rectificado su aspecto de *Maljut*/*Elohim* al unirlo con *IHVH*. Aún recita la bendición "el Juez verdadero", porque el sufrimiento físico que experimenta es real. Pero la recita con alegría, pues ha comenzado a *saber* que todo el sufrimiento es en última instancia para su propio bien, pues Dios verdaderamente "es bueno y hace el bien".

Resumen: Cuando la persona percibe que todo lo que le sucede es para su propio bien, alcanza un anticipo del Mundo que Viene (#1). Sólo es posible alcanzar esta percepción cuando se libera a *Maljut* de Santidad del control de las naciones y se lo devuelve a Dios (#2). Esto se logra confesando los pecados en presencia de un estudioso de la Torá, lo que une los santos nombres *IHVH* y *Elohim* (#3). Saber que todo es para bien, el conocimiento de que el sufrimiento también surge del amor de Dios, es considerado un *daat* completo (#4).

28. **iniquidades...huesos.** Ahora el Rebe Najmán vuelve a explicar por qué la confesión, especialmente ante un estudioso de la Torá, es un elemento tan importante del arrepentimiento y tan vital al proceso de rectificación de *Maljut* (*Mei HaNajal*).

29. **sobre sus huesos.** Los comentarios explican que esto se refiere al efecto negativo de los pecados que no son purgados (Rashi, *Metzudat David*; ver también arriba, nota 1). Aunque el versículo de Ezequiel no contiene la palabra "grabado", en *Kalá Rabati* (3:1) y en el *Tikuney Zohar* (*Agregado* #3, p.139b) encontramos: "Todas las iniquidades del hombre están grabadas sobre sus huesos". Los huesos son la estructura esencial del cuerpo (ver *Julin* 58a); ellos representan la sabiduría, que es propensa a ser corrompida por el pecado (cf. *Likutey Moharán* I, 50).

אֵלֶּה", וּכְתִיב (תהלים ל"ד): "תְּמוֹתֵת רָשָׁע רָעָה".
וְעַל יְדֵי וִדּוּי דְּבָרִים יוֹצֵא מֵעַצְמוֹתָיו הָאוֹתִיּוֹת הַחֲקוּקִים עֲלֵיהֶם,
וְנַעֲשֶׂה מֵהֶם הַדִּבּוּר שֶׁל הַוִדּוּי. כִּי הַדִּבּוּר יוֹצֵא מֵעַצְמוֹתָיו,
כְּמוֹ שֶׁכָּתוּב (שם ל"ה): "כָּל עַצְמֹתַי תֹּאמַרְנָה". וּמַחֲרִיב הַבִּנְיָן
וְהַצֵּרוּף הָרָע, וּבוֹנֶה מֵהֶם מַלְכוּת דִּקְדֻשָּׁה.
וְזֶה שֶׁאָמְרוּ חֲכָמֵינוּ, זִכְרוֹנָם לִבְרָכָה (סוטה ז:): בְּשָׁעָה שֶׁהָלְכוּ
יִשְׂרָאֵל בַּמִּדְבָּר, הָיוּ עַצְמוֹתָיו שֶׁל יְהוּדָה מְגֻלְגָּלִין. עַד שֶׁאָמַר
מֹשֶׁה: "שְׁמַע ה' קוֹל יְהוּדָה". שֶׁבִּקֵּשׁ מֹשֶׁה מֵהַקָּדוֹשׁ-בָּרוּךְ-

39. **Destruye...construye.** Como se explicó, *Maljut* es el habla (ver arriba, nota 16). Al utilizar el habla de manera constructiva, confesando sus pecados y reconociendo verbalmente el Reinado del Cielo, uno desmantela a *Maljut* del Otro Lado que fue construido y recibió el poder a través de sus pecados, y así reconstruye a *Maljut* de Santidad. Agrega el Rabí Natán: *Maljut*, y en particular la palabra hablada de Dios, es la manifestación de Su voluntad (ver sección 9). Cuando la persona peca, transgrede y a veces incluso niega esa voluntad. Así, el daño que causa el pecado en *Maljut* tiene lugar principalmente en las letras del habla que le dan forma a Su voluntad. Por otro lado, la rectificación esencial se produce a través de *Maljut*: tomando la configuración dañada del pecado y reconstruyéndola en la santidad (*Torat Natán* 3).

Esto nos da una idea de lo importante que es el arrepentimiento. La persona que peca construye de hecho una combinación negativa de letras, una configuración capaz de causarle sufrimiento a ella misma y a todo el mundo. Sin embargo, el arrepentimiento no sólo desmantela totalmente la combinación negativa de letras, sino que de hecho la transforma, reconstruyéndola en santidad. Con esto podemos comprender mejor la enseñanza de nuestros sabios: Grande es el arrepentimiento porque transforma el pecado deliberado en un pecado involuntario (disminuyendo su responsabilidad). Grande es el arrepentimiento porque transforma el pecado deliberado en mérito. ¿Cuál es la diferencia? El primer caso se refiere a la persona cuyo arrepentimiento está motivado por el temor a Dios, mientras que el segundo caso se refiere a alguien cuyo arrepentimiento es por amor a Él (*Ioma* 86b). A primera vista esto parece imposible: ¿cómo puede un acto que transgrede la voluntad de Dios, un pecado, transformarse en un mérito? Pero, en base a la enseñanza del Rebe Najmán, el proceso es bastante claro. Al arrepentirse, la persona que pecó desmantela totalmente la configuración negativa que creó y la reconstruye dentro del ámbito de la santidad. Esto también se une con la enseñanza del Rebe presentada más arriba que indica que cuando la persona alcanza el conocimiento de que el bien y el mal son de hecho uno, logra entonces una conciencia plena (sección 4). Esto se encuentra aludido en la relación entre *ejad* y *ahavá*, es decir, que la unidad es amor. Por tanto, cuando la persona se arrepiente por amor a Dios, su arrepentimiento está inducido por una conciencia plena. Ha rectificado a *Maljut* y de este modo sus pecados se transforman en méritos.

40. **los huesos de Iehudá rodaban....** Cuando los judíos se fueron de Egipto, llevaron con ellos los huesos de los doce hijos de Iaacov. Iosef les había dicho a sus hermanos, "Llevarán

cosas" (Jeremías 5:25).³⁶ Y está escrito, "La maldad matará al malo" (Salmos 34:22).³⁷

Pero por medio de la confesión verbal las letras desaparecen de los huesos en los cuales han estado grabadas y se transforman en las palabras de la confesión. Pues el habla emana de los huesos, como está escrito (Salmos 35:10), "Todos mis huesos dirán".³⁸ Entonces destruye la estructura y combinación negativa y [de las letras] construye *Maljut deKedushá*.³⁹

Esto es lo que dicen los sabios: Durante el tiempo en que Israel viajó por el desierto, los huesos de Iehudá rodaban en [su ataúd] hasta que Moshé dijo (Deuteronomio 33:7), "Escucha, oh Dios, la voz de Iehudá" (*Sotá* 7b).⁴⁰ Moshé pidió que el Santo, bendito sea, recordara en aras de

---

36. **iniquidades han desviado estas cosas....** Jeremías reprocha al pueblo judío, atribuyendo el sufrimiento y hambre a sus propias iniquidades: "Sus iniquidades han desviado estas cosas y sus pecados los han privado del bien". El *Metzudat David* (*loc. cit.*) explica que los pecados del pueblo judío les impedían comprender que su sufrimiento se debía a sus propias acciones. En nuestro contexto, esto se une con la enseñanza del Rebe de que ambos, el sufrimiento y la bondad, provienen del Cielo. Si uno comprende esto, ha alcanzado el nivel de conciencia que recién será revelado plenamente en el Mundo que Viene. Ver arriba, nota 27.

El *Mei HaNajal* ilustra esto con dos ejemplos. El primero es lo que le sucedió al Rey Shaúl, quien mandó matar a los sacerdotes de la ciudad de Nov (נוב) y también fue culpable de buscar una guía a través del "medium oV" (אוב; Samuel 1, 22:19, 28:7). Debido a estas transgresiones, Shaúl y Ionatán, *av* y *Bno* (אב y בנו, un padre y su hijo) murieron en la batalla (*Amud HaAvodá*). El segundo ejemplo trata de un estudiante del Ari que sufría de un terrible dolor en el hombro. "Esto se debe a que no recitaste el *Birkat HaMazón* inmediatamente después de lavarte las manos con *maim ajaronim*", le dijo el Ari. "Enseñan nuestros sabios (*Berajot* 42a): '*Tekef* (inmediatamente) luego de lavarse, uno debe recitar la Bendición de Gracias por la comida'. Ahora bien, *TeKeF* (תכף) tiene las mismas letras que la palabra hombro, *KaTeF* (כתף)" (ver *Shaar HaMitzvot*, Ekev p. 106). Así, incluso los Tzadikim son castigados de acuerdo con los pecados cometidos. ¡¿Cuánto más los malvados?! Que Dios nos salve.

37. **matará al malo.** Es decir, el mal que ha perpetrado el malvado es lo que lo mata (*Rashi, loc. cit.*). El Rebe Najmán trae estos dos textos de prueba para demostrar que los pecados cometidos por la persona tienen repercusiones negativas. El primer versículo habla del sufrimiento general, que puede o no afectar directamente a la persona. El segundo se refiere al sufrimiento que afecta personalmente al pecador. Los párrafos finales de esta sección tratan sobre cómo deshacer el sufrimiento causado por las iniquidades.

38. **todos mis huesos dirán.** Esto es: Cuando mis huesos dicen su confesión... entonces *Maljut* es rectificado. Los comentarios indican que *atzmotai* ("mis huesos") puede también comprenderse como "mí mismo", refiriéndose a la propia *etzem* (esencia). "Todos mis huesos" implica así todos los pensamientos íntimos y las acciones de la persona (*Radak, loc. cit.*).

הוּא, שֶׁיִּזְכּוֹר לִיהוּדָה הַוִּדּוּי שֶׁהִתְוַדָּה, וְכֵן הֲוֵי לֵיהּ. וְזֶה דַּוְקָא עַצְמוֹתָיו הָיוּ מְגֻלְגָּלִין, עַל שֵׁם: "וַתְּהִי עֲוֹנֹתָם חֲקוּקָה עַל עַצְמוֹתָם", וְעַל-יְדֵי הַוִּדּוּי נִתְתַּקְּנוּ, וְעָלוּ כָּל חַד לְדוּכְתֵּיהּ.

וִיהוּדָה זֶה בְּחִינַת מַלְכוּת, רֶמֶז, שֶׁבְּחִינַת מַלְכוּת נִתְתַּקֵּן עַל-יְדֵי וִדּוּי דְּבָרִים,

וְזֶה נַעֲשָׂה עַל-יְדֵי מֹשֶׁה, שֶׁזָּכַר מֹשֶׁה הַוִּדּוּי, כִּי כֵן צָרִיךְ, שֶׁיִּהְיֶה הַוִּדּוּי לִפְנֵי תַּלְמִיד חָכָם וְכָל תַּלְמִיד חָכָם הוּא בְּחִינַת מֹשֶׁה, כְּמוֹ שֶׁאָמְרוּ 'מֹשֶׁה שַׁפִּיר קָאָמַרְתְּ'. וּבָזֶה שֶׁזָּכַר מֹשֶׁה הַוִּדּוּי, נַעֲשָׂה כְּאִלּוּ הִתְוַדָּה עַכְשָׁו לִפְנֵי מֹשֶׁה, וְעַל-יְדֵי זֶה נִתְתַּקֵּן בְּחִינַת מַלְכוּת, וְנֶחֱרַב הַצֵּרוּף הָרָע שֶׁנֶּחְקַק עַל עַצְמוֹתָיו.

persona que ha alcanzado un nivel excepcional de conocimiento de la Torá, mientras que el Tzadik generalmente se refiere a una persona que ha alcanzado un nivel muy elevado de piedad y de práctica devocional. El guía espiritual que puede realizar los *tikunim* (rectificaciones) delineadas en esta lección debe poseer las cualidades de ambos, *Talmid Jajam* y Tzadik. (En la próxima sección, el Rebe Najmán explica por qué la confesión debe ser hecha delante de un *Talmid Jajam*).

45. Moshé...bien. Así es como los sabios más importantes del Talmud se elogiaban unos a otros. Se referían uno al otro como Moshé, implicando con ello: "Tú eres a esta generación lo que Moshé fue a la suya" (*Rashi, loc. cit.*). Aprendemos de esto que cada Tzadik se encuentra en la posición de lograr la rectificación de aquéllos que necesitan confesarse. (Ver más abajo, sección 7, especialmente en nota 67, y sección 9; cf. *Likutey Moharán* I, 2:6, 9:4, 118).

46. ...en su presencia...se destruyera. Así, la confesión en presencia del Tzadik desarma la combinación negativa de letras y rectifica a *Maljut*. Agrega el *Biur HaLikutim* que el nombre IeHuDá (יהודה) connota tanto *HoDáa* (הודאה, confesión) como *HoDaIá* (הודיה, alabanza y agradecimiento). En nuestro contexto, esto se relaciona con la confesión delante de un Tzadik, que rectifica a *Maljut* y permite que la persona alcance la conciencia plena de que todo es para bien. Tal persona, "Iehudá", que se confiesa, merece alabar a Dios con la bendición "Quien es bueno y hace el bien".

El *Parparaot LeJojmá* pregunta: A partir de la tradición sabemos que la confesión de Iehudá tuvo lugar delante de Shem, que era el Tzadik de esa generación. Las Escrituras relatan incluso que Iaacov recordó esta confesión (*Onkelos*, Génesis 49:8). En ese caso, ¿por qué fue necesario que Moshé recordase nuevamente la confesión de Iehudá para restaurar su esqueleto? La respuesta es que el Tzadik en cuya presencia uno se confiesa debe haber alcanzado un profundo nivel de humildad para poder elevar a *Maljut* a los niveles espirituales más altos. Ese Tzadik debe haber logrado una excelencia similar a la de Moshé (nota 45). Pues sólo entonces es posible alcanzar la Nada (*Ain*), el nivel de total humildad (cf. *Julin* 89a; ver más abajo, sección 9 y nota 125).

Iehudá la confesión que él había hecho. Y esto es precisamente lo que sucedió.[41] Así fue, específicamente, que "sus huesos rodaban", como está escrito, "Y sus iniquidades serán grabadas en sus huesos". Pero por medio de la confesión, fueron rectificados y cada uno se ubicó en su lugar.[42]

Y Iehudá corresponde a *Maljut*,[43] una alusión a que el aspecto de *Maljut* se rectifica a través de la confesión verbal.

Esto fue logrado mediante la ayuda de Moshé que recordó la confesión. Pues es necesario que la confesión tenga lugar en presencia de un *Talmid Jajam*.[44] Y todo estudioso de la Torá es un aspecto de Moshé, <como afirma el Talmud:> "Moshé, tú has dicho bien" (*Shabat* 101b).[45] Al mencionar Moshé la confesión, fue considerado como si [Iehudá] se hubiera confesado entonces <literalmente en su presencia>. Esto hizo que se rectificara el aspecto de *Maljut* y se destruyera la combinación negativa de letras que había estado grabada en los huesos [de Iehudá].[46]

---

mis huesos con ustedes". "Con ustedes" implica junto con sus huesos (Éxodo 13:19, *Rashi*). Mientras que los huesos de los otros hermanos se mantuvieron intactos, el esqueleto de Iehudá se descoyuntó, rodando dentro de su ataúd. Esto se debió a que Iehudá había aceptado la excomunión en el evento de que no retornase sano y salvo a Biniamín a su padre (Génesis 43:9). La tremenda naturaleza de la excomunión dictamina que aunque sea hecha de manera condicional, siempre tiene efectos colaterales (ver *Rashi*, *Sotá*, *loc. cit.*). Además, la palabra *jerem* (excomunión) tiene el valor numérico de 248, correspondiendo a los 248 miembros del cuerpo humano. Este paralelo explica por qué fueron afectados los huesos de Iehudá.

41. **precisamente lo que sucedió.** Moshé oró para que Dios recordase la confesión que Iehudá había hecho frente a Shem (el Tzadik de la generación; ver Génesis 38:6) y, como resultado, se reconstruyó el esqueleto de Iehudá. El Rebe Najmán explica ahora este pasaje dentro del contexto de nuestra lección.

42. **sus huesos...confesión...rectificados....** Los huesos de Iehudá sufrieron debido a que, como explicó el Rebe, las iniquidades de la persona se graban sobre sus huesos, transformándolos en la fuente de su sufrimiento. Por el mismo motivo, cuando uno se confiesa, rectifica los huesos y deshace sus configuraciones negativas, reconstruyéndolos por lo tanto en santidad. Así, la confesión de Iehudá hizo que sus huesos se reunieran.

43. **Iehudá corresponde a Maljut.** La casa Real de David descendía de Iehudá. Este fue el cumplimiento de la bendición que Iehudá recibió de su padre Iaacov: "El cetro [del gobierno] no se apartará de Iehudá... las naciones se le someterán" (Génesis 49:10). Iehudá corresponde entonces a *Maljut*.

44. **Talmid Jajam.** En esta lección, el Rebe Najmán utiliza el término Tzadik y *Talmid Jajam* (estudioso de la Torá) indistintamente. El término *Talmid Jajam* denota generalmente a una

ו　וְזֶה בְּחִינַת הַחְזָרַת הַמַּלְכוּת לְשָׁרְשָׁהּ, כִּי שֹׁרֶשׁ הַמַּלְכוּת הוּא אֵשׁ, כְּמוֹ שֶׁאָמְרוּ חֲכָמֵינוּ, זִכְרוֹנָם לִבְרָכָה (סנהדרין קא:): 'לָמָּה טָעָה נְבָט? שֶׁרָאָה שֶׁיָּצָא אֵשׁ מֵאַמָּתוֹ'; וְהַתּוֹרָה נִקְרֵאת אֵשׁ, שֶׁמְּשַׁמֶּשֶׁת הַמַּלְכוּת, כְּמוֹ שֶׁכָּתוּב (ירמיהו כ״ג): "הֲלוֹא כֹה דְבָרִי כָּאֵשׁ", וּכְתִיב (משלי ח): "בִּי מְלָכִים יִמְלֹכוּ". וְעִקַּר הַתּוֹרָה הֵם הַתַּלְמִידֵי חֲכָמִים, כְּמוֹ שֶׁאָמְרוּ חֲכָמֵינוּ, זִכְרוֹנָם לִבְרָכָה (מכות כב:): 'כַּמָּה טִפְּשָׁאֵי דְּקָיְמָא מִקַּמֵּי סֵפֶר־תּוֹרָה, וְלָא קָיְמָא מִקַּמֵּי צוּרְבָּא מִדְּרַבָּנָן'.

וְזֶהוּ (במדבר ל״א): "כָּל דָּבָר אֲשֶׁר יָבֹא בָאֵשׁ – תַּעֲבִירוּ בָאֵשׁ".

Parparaot LeJojmá agrega: A partir de la Kabalá sabemos que las *guevurot*, de las cuales está compuesto *Maljut*, corresponden al fuego. Por lo tanto, el fuego es la fuente de *Maljut*.

Si aplicamos esto a la historia de Nevat, podemos comprender que aunque él vio el fuego de *Maljut* y lo interpretó correctamente como una señal de reinado, entendió mal su significado. Aunque el fuego sí emanó de él, no tomó en cuenta que el órgano masculino, del cual surgió el fuego, sugería progenie. En otras palabras, no era él, sino sus descendientes, los que estaban destinados a gobernar. El error de Nevat lo llevó a rebelarse en contra del Rey David, la personificación de *Maljut*. Y este daño a *Maljut*, separándolo del *maljut* santo del Rey David y dándole fuerza a *Maljut* del Otro Lado, fue lo que hizo que Nevat fuese sentenciado a muerte (ver arriba, sección 5 y notas 36, 37).

51. **un rollo de la Torá...un estudioso de la Torá.** El Rabí Natán explica esta enseñanza Talmúdica (*loc. cit.*) de la siguiente manera: Cuando la persona se santifica a través del constante estudio de la Torá y de la plegaria, su cuerpo o forma se vuelve totalmente subsidiario del espíritu, la Torá. Su cuerpo se asemeja así al pergamino del rollo de la Torá, mientras que las letras del rollo son la Torá que ha estudiado y las plegarias que ha elevado. En este sentido, el verdadero estudioso de la Torá *es* un rollo de la Torá, más santo aún, y merecedor por cierto del mismo respeto y reverencia (*Torat Natán* 4).

Y así, de esta enseñanza Talmúdica aprendemos que el verdadero estudioso de la Torá es tan exaltado como la Torá misma. Por lo tanto, cuando decimos que la confesión, que es el proceso de la rectificación de *Maljut*, debe ser realizada de manera tal que vuelva a elevar a *Maljut* hacia su fuente, es decir, al fuego/Torá, nos estamos refiriendo a la confesión delante de un estudioso de la Torá. El Rebe Najmán aclara esta conexión entre la confesión frente a un *Talmid Jajam* y el acto de elevar a *Maljut* hacia el fuego, a través de los textos de prueba que trae a continuación.

52. **Cada davar...por el fuego....** A un nivel literal, este versículo se refiere a los utensilios utilizados alguna vez para preparar comida no kosher. Antes de que el judío pueda hacer uso de tales utensilios, debe calentarlos primero hasta que sea purgada toda partícula de alimento que pudiera haber absorbido. De esta manera "pasan por el fuego".

6. Éste es el aspecto de retornar *Maljut* a su fuente.[47] Pues la fuente de *Maljut* es el fuego, como enseñaron nuestros sabios: ¿Por qué se equivocó Nevat? Porque vio fuego saliendo de su miembro (Sanedrín 101b).[48] Y la Torá es llamada fuego, pues de allí se origina *Maljut*. Como está escrito (Jeremías 23:29), "¿No es Mi palabra como fuego?",[49] (Proverbios 8:15), "Debido a Mí gobiernan los reyes".[50] Y la esencia de la Torá es el estudioso de la Torá, como enseñaron nuestros sabios (Makot 22b): ¡Qué tontos son aquéllos que se ponen de pie delante de un rollo de la Torá y no lo hacen ante un estudioso de la Torá![51]

Esto es: "Cada *davar* (cosa) que fue utilizada sobre el fuego, debe pasar por el fuego <para ser purgada>" (Números 31:23).[52] "*Davar*"

Resumen: Cuando la persona percibe que todo lo que le sucede es para su propio bien, alcanza un anticipo del Mundo que Viene (#1). Sólo es posible alcanzar esta percepción cuando se libera a *Maljut* de Santidad del control de las naciones y se lo devuelve a Dios (#2). Esto se logra confesando los pecados en presencia de un estudioso de la Torá, lo que une los santos nombres *IHVH* y *Elohim* (#3). Saber que todo es para bien, el conocimiento de que el sufrimiento también surge del amor de Dios, es considerado un *daat* completo (#4). Los pecados de la persona dañan a *Maljut* y quedan grabados sobre sus huesos. Para rectificar a *Maljut* y eliminar el daño es necesario confesar los pecados delante de un Tzadik/estudioso de la Torá. De este modo se curan los huesos (#5).

47. **Este es....** La confesión verbal en presencia de un estudioso de la Torá es el mismo concepto de retornar y de volver a conectar a *Maljut* con su fuente. Como demostrará ahora el Rebe Najmán, la fuente de *Maljut* es el fuego, y el estudioso de la Torá se asemeja al fuego (*Mei HaNajal*).

48. **fuego saliendo de su miembro.** Enseña el Talmud (*loc. cit.*) que el nombre de Nevat era en verdad Sheva ben Bijri, a quien las Escrituras describen como "una persona despreciable" quien encabezó una rebelión en contra del Rey David (Samuel 2, 20). ¿Qué lo llevó a hacer esto? Responde el Talmud que vio fuego (una alusión al reinado; ver nota 50) emanando de su miembro y lo tomó como una señal de su futuro ascenso al trono de Israel. Sin embargo, Nevat cometió un trágico error. Fue su hijo, Ieroboam, quien gobernaría como rey de las Diez Tribus (Reyes 1, 11:26; *Maharsha, v.i. sheraá; Iun Iaacov, loc. cit.*).

49. **la Torá es llamada fuego....** Rashi (*loc.cit.*) explica: La palabra de Dios dirigida al profeta no es un sueño o una visión brumosa. Más bien, es como un fuego: un poderoso emisario que consume todo lo que hay en su camino. De aquí aprendemos que la Torá, la palabra de Dios, se asemeja al fuego.

50. **Debido a Mí gobiernan los reyes.** El "Mí" al que hace referencia el versículo es la Torá. Las Escrituras afirman que el gobierno de los reyes judíos se apoya en la ley de la Torá (ver *Rashi, loc. cit.*). Estos textos de prueba muestran por tanto que la Torá es fuego y que con la Torá se puede gobernar. En otras palabras, dice el Rebe Najmán, la fuente de *Maljut* es el fuego/Torá. El

'דִּבֵּר' זֶה בְּחִינַת מַלְכוּת, שֶׁנִּמְשָׁךְ בְּתוֹךְ הַטֻּמְאָה בְּתוֹךְ חֲמִימוּת הַיֵּצֶר, כְּמוֹ (קדושין פא.): 'נוּרָא בֵּי עַמְרָם'. 'תַּעֲבִירוּ בָאֵשׁ' - תִּקּוּנוֹ עַל-יְדֵי אֵשׁ, הַיְנוּ וִדּוּי דְּבָרִים לִפְנֵי תַּלְמִיד חָכָם כַּנַּ"ל. וְזֶה לְשׁוֹן עֲבֵרָה, שֶׁהַצֵּרוּף שֶׁל עֲבֵרָה עוֹבֵר בְּתוֹךְ עַצְמוֹתָיו, מֵעֵבֶר אֶל עֵבֶר. וּמִצְוָה - לְשׁוֹן הִתְחַבְּרוּת, כְּשֶׁעוֹשֶׂה חֲבִילוֹת חֲבִילוֹת שֶׁל מִצְווֹת, (ויקרא-רבה כא): אֲזַי נִתְחַבְּרוּ שִׁבְרֵי עַצְמוֹתָיו, כְּמוֹ שֶׁכָּתוּב (תהלים ל"ד): "שׁוֹמֵר כָּל עַצְמוֹתָיו".

ז וְזֶה פֵּרוּשׁ (משלי ט"ז): "חֲמַת מֶלֶךְ מַלְאֲכֵי מָוֶת", כִּי חֲמָתוֹ שֶׁל הַקָּדוֹשׁ-בָּרוּךְ-הוּא בִּשְׁבִיל הַמַּלְכוּת שֶׁהִשְׁפִּיל עַל-

quetes de transgresiones, que lo contrarreste cumpliendo paquetes sobre paquetes de preceptos (*Vaikrá Rabah* 21:5). La palabra mitzvá connota "unir", indicando que el judío debe unirse a los preceptos de la Torá (*Parparaot LeJojmá*).

59. **fragmentos quebrados de sus huesos.** O bien su cuerpo se mantiene estable y fuerte debido a las mitzvot que unen sus huesos entre sí o, en caso de haber pecado y haber hecho que sus huesos se "quebrasen", sus mitzvot contrarrestan esta fragmentación volviendo a juntar los huesos y restaurándolos en su unidad original (*Mei HaNajal*).

60. **Dios salvaguarda todos mis huesos....** Resumen: Cuando la persona percibe que todo lo que le sucede es para su propio bien, alcanza un anticipo del Mundo que Viene (#1). Sólo es posible alcanzar esta percepción cuando se libera a *Maljut* de Santidad del control de las naciones y se lo devuelve a Dios (#2). Esto se logra confesando los pecados en presencia de un estudioso de la Torá, lo que une los santos nombres *IHVH* y *Elohim* (#3). Saber que todo es para bien, el conocimiento de que el sufrimiento también surge del amor de Dios, es considerado un *daat* completo (#4). Los pecados de la persona dañan a *Maljut* y quedan grabados sobre sus huesos. Para rectificar a *Maljut* y eliminar el daño es necesario confesar los pecados delante de un Tzadik/estudioso de la Torá. De este modo se curan los huesos (#5). La confesión ante un estudioso de la Torá corresponde a retornar a *Maljut* a su fuente. Esto se debe a que el fuego/Torá es la fuente de *Maljut* y los estudiosos de la Torá son la esencia misma de la Torá. La presencia del Tzadik es por lo tanto vital (#6).

61. **Y ésta es.** Hasta ahora el Rebe Najmán se ha centrado en la necesidad de la confesión frente a un estudioso de la Torá. En esta sección, el Rebe explica qué es lo que le permite al estudioso de la Torá rectificar a *Maljut* cuando es llevado delante de él a través de la confesión.

62. **La ira del Rey...se debe a que Maljut.** El Santo, bendito sea, es llamado "Rey" para aludir a que Su ira se debe a la degradación de *Maljut* (Reinado) producto del pecado. Las combinaciones negativas de letras que produce el pecado son "mensajeros de muerte", los ángeles destructores, que atacan al pecador (*Parparaot LeJojmá*; *Mei HaNajal*).

corresponde a *Maljut*,⁵³ que ha sido <hundido> en el ámbito de la impureza <debido> al calor de la mala inclinación,⁵⁴ como en, "el fuego de Amram" (Kidushin 81a).⁵⁵ "...debe pasar por el fuego": su rectificación se produce por medio del fuego, es decir, la confesión verbal delante de un *Talmid Jajam*.⁵⁶

Ésta es la connotación de *averá* (transgresión): la combinación de letras de la *AVeRá*, *OVeR* (cruza) sus huesos, de *EVeR* a *EVeR* (de lado a lado).⁵⁷ Sin embargo, la palabra mitzvá connota unir. Cuando la persona cumple paquetes de preceptos,⁵⁸ une los fragmentos quebrados de sus huesos,⁵⁹ como está escrito (Salmos 34:21) "[Dios] salvaguarda todos mis huesos, [ninguno de ellos se ha quebrado]".⁶⁰

7. {"La ira del Rey es un mensajero de muerte, pero el hombre sabio puede apaciguarla" (Proverbios 16:14)}.

Y ésta es⁶¹ la explicación del versículo: "La ira del Rey es un mensajero de muerte". Pues la ira del Santo, bendito sea, se debe a que *Maljut* <ha sido degradado entre las naciones>.⁶² "...Pero el hombre

---

53. **Davar...Maljut.** Como en, "Tomen *devarim* con ustedes..." (arriba, sección 3 y nota 16).

54. **al calor de la mala inclinación.** Pues cuando la persona peca, hace descender a *Maljut* hacia el ámbito de *Maljut* del Otro Lado (como arriba, sección 5).

55. **el fuego de Amram.** El Talmud (*loc. cit.*) relata cómo el Rabí Amram, luego de superar una prueba moral, llamó a su *ietzer hará* (inclinación al mal) "el fuego de Amram". Así, tal como el fuego de la Torá es la fuente de *Maljut* de Santidad, el fuego de la inclinación al mal es la fuente de *Maljut* del Otro Lado, con la mala inclinación buscando constantemente modos de arrastrar a *Maljut* de Santidad hacia el ámbito del mal.

56. **confesión verbal....** Como ha explicado el Rebe Najmán, tanto *Maljut* como el *Talmid Jajam* corresponden al fuego. Así, debido a que las *devarim* de confesión corresponden a *Maljut/ davar/dabar*, la confesión en presencia de un *Talmid Jajam* es retornar a *Maljut* hacia su fuente. El versículo se traduce así como sigue: **Cada davar que fue utilizada en el fuego** - cada vez que *Maljut* es hecho descender hacia el ámbito de *Maljut* del Otro Lado; **debe pasar por el fuego** - es rectificado mediante la confesión ante un estudioso de la Torá. Esto es retornar a *Maljut* hacia su fuente.

57. **AveRá...OveR... de EVeR a EVeR.** El Rebe Najmán muestra cómo la palabra para designar la transgresión, *averá* (עברה), es indicativa en sí misma de este proceso en el cual los pecados se graban sobre los huesos. Esos pecados se *over* (עובר) de los huesos de un *aver* (עבר) a los huesos del otro, hasta que los huesos se vuelven tan frágiles que comienzan a dividirse y a quebrarse.

58. **paquetes de preceptos.** Enseña el Midrash: si la persona ha cometido paquetes sobre pa-

יְדֵי עֲווֹנוֹתָיו, "וְאִישׁ חָכָם יְכַפְּרֶנָּה", הַיְנוּ בְּחִינַת תַּלְמִיד חָכָם, בְּחִינַת מֹשֶׁה, הוּא יְכַפֵּר לוֹ. כְּמוֹ שֶׁכָּתוּב (מיכה ז): "וְעֹבֵר עַל פֶּשַׁע לִשְׁאֵרִית", 'לְמִי שֶׁמְּשִׂים עַצְמוֹ כִּשְׁיָרַיִם' (ראש השנה יז:).
נִמְצָא, כְּשֶׁבָּא לִפְנֵי תַּלְמִיד חָכָם וּמוֹצִיא כָּל צֵרוּפָיו לִפְנֵי הַתַּלְמִיד חָכָם, וְהַתַּלְמִיד חָכָם הוּא בְּחִינַת מֹשֶׁה, שֶׁמְּשִׂים עַצְמוֹ כִּשְׁיָרַיִם, כְּמוֹ שֶׁכָּתוּב (במדבר י"ב): "וְהָאִישׁ מֹשֶׁה עָנָו מְאֹד", וְעַל־יְדֵי־זֶה נִקְרָא אִישׁ חָכָם, כְּמוֹ שֶׁכָּתוּב (איוב כ"ח): "וְהַחָכְמָה מֵאַיִן תִּמָּצֵא" (עין סוטה כא:). וּבָזֶה יֵשׁ כֹּחַ לַתַּלְמִיד חָכָם לְכַפֵּר, כְּמוֹ שֶׁנֶּאֱמַר: וְאִישׁ חָכָם יְכַפְּרֶנָּה.

primer redentor, también será el último, es decir, Mashíaj. Pues sólo alguien del calibre de Moshé puede redimir a los judíos del exilio. Al mismo tiempo, como indica el *Zohar* mencionado más arriba, el tremendo nivel de Moshé-Mashíaj se encuentra hasta cierto punto en los Tzadikim de cada época, en los grandes maestros que le revelan a la gente percepciones de Divinidad.

68. **Moshé, sin embargo, era muy humilde.** Rashi (*loc. cit.*) explica esto como modesto y tolerante.

El *Biur HaLikutim* ve en las palabras del Rebe Najmán una alusión a otro motivo por el cual uno debe confesarse específicamente en presencia de un estudioso de la Torá. En la Torá, las palabras que designan el pecado, *AVóN* (עון) y humildad, *ANaV* (ענו), comparten las mismas letras. La persona que ha pecado debe humillarse confesando ese pecado ante un Tzadik humilde.

69. **Ain, la Nada.** Dicen nuestros sabios: Las palabras de la Torá sólo permanecen con aquellos que se consideran como una nada (*Sotá* 21b). Cuanto más humilde es la persona, es decir, más cerca está de *Ain*, más grande es su unión con la Sabiduría, la Torá de Dios. A partir de aquí vemos cómo *Maljut*, cuya fuente es el fuego/Torá (ver notas 50, 51), está conectado con la Sabiduría y *Ain*. Así, Moshé quien era extremadamente humilde, es el epítome del hombre *sabio*.

70. **el poder de apaciguar.** *Ain* es el estado absoluto de humildad y de anulación. El poder de apaciguar a Dios y asegurar Su total perdón sólo se les otorga a aquéllos que poseen esta cualidad de la nada.

71. **el hombre sabio puede apaciguarlo.** Habiendo visto cómo el estudioso de Torá humilde puede conseguir el perdón de Dios, podemos aplicar esto a nuestra lección. Cuando el estudioso de Torá que se ha anulado en *Ain* retorna al estado normal de conciencia, lleva consigo una avanzada percepción de la Divinidad. La persona que acepta la humillación que surge al confesarse en presencia del estudioso de Torá manifiesta su sincera voluntad de negarse a sí misma ante el *Talmid Jajam*. Al confesarse, eleva a *Maljut*, que ha sido dañado debido a sus pecados, hacia un estado de restauración. Esta reconstrucción de *Maljut* es en esencia su renovada acep-

sabio puede apaciguarla", es decir, el aspecto del *Talmid Jajam*/Moshé, quien expiará por el [pecador]⁶³. Como está escrito (Mijá 7:18), "[El Señor] perdona la transgresión por el remanente <de Su herencia>", en aras de aquél que se considera a sí mismo como un remanente (Rosh HaShaná 17a).⁶⁴

Vemos entonces que cuando él se presenta ante un estudioso de la Torá y expresa todas sus combinaciones de letras en presencia de un *Talmid Jajam*....⁶⁵ El estudioso de la Torá es un aspecto de Moshé,⁶⁶ <Mashíaj>,⁶⁷ que se considera a sí mismo como "remanente", como está escrito (Números 12:3), "El hombre Moshé era muy humilde".⁶⁸ Ésta es la razón por la cual es llamado un hombre sabio, como está escrito (Job 28:12), "La sabiduría viene de *Ain* (la Nada)".⁶⁹ Mediante esto el hombre sabio tiene el poder de apaciguar,⁷⁰ como está escrito: "pero el hombre sabio puede apaciguarla".⁷¹

---

63. **pero el hombre sabio puede apaciguarla....** Éste es el *Talmid Jajam*/Tzadik, tal como Moshé. Él sabe apaciguar y calmar la ira Divina generada por el pecado.

64. **se considera a sí mismo como un remanente.** "Remanente" alude a la persona que se ha despojado de toda arrogancia y orgullo (*Maharsha, loc. cit., v.i. shemeitim*). Es por esto que es llamado "un hombre sabio", pues, como pronto explicará el Rebe Najmán, la fuente de la Sabiduría y de *Maljut* es *Ain* (la Nada), la Fuente de toda las fuentes. Por lo tanto, el estudioso de la Torá/Tzadik que, tal como Moshé, posee una verdadera y profunda humildad, tiene el poder, en virtud de su cualidad de nulidad, de deshacer el daño hecho a *Maljut* y de expiar los pecados. Así, cuando la persona se confiesa en su presencia, *Maljut* retorna a su fuente (*Parparaot LeJojmá*). El Rebe continua elaborando sobre el motivo por el cual la humildad del Tzadik puede expiar el pecado.

65. **expresa todas sus combinaciones de letras....** Como arriba, sección 5, nota 39.

66. **aspecto de Moshé.** Como arriba, nota 45. Agrega el *Mei HaNajal*: Las letras finales de *veiSH jajaM iejaprenaH* ("el hombre sabio puede apaciguarlo", ואיש חכם יכפרנה) forman el nombre MoSHéH (משה), el Tzadik que tiene el poder de asegurar el perdón de Dios.

67. **Mashíaj.** Aunque el concepto de Mashíaj no es mencionado en ningún otro lugar de esta enseñanza y está incluido aquí sólo en la versión manuscrita, la conexión que Moshé/Tzadik como Mashíaj tiene con la lección se hace más clara en las notas 73 y 168 más adelante (ver también *Likutey Moharán* I, 9:4, 13:2 y nota 27, 20:1 y nota 5, donde el Rebe Najmán también se refiere a este concepto de Moshé-Mashíaj).

Más aún, así como el Rebe Najmán citó más arriba a partir del Talmud (ver sección 5 y nota 45), cada estudioso de la Torá/Tzadik es un aspecto de Moshé Rabeinu. De hecho, hay un aspecto de Moshé en los líderes de cada generación (*Zohar* III, 273a). Así, el *Tikuney Zohar* (#69, p.111b) indica, con respecto al versículo (Eclesiastés 1:9), "*Ma Sheaiá, Hu sheihié* (Lo que fue, será)", que las primeras letras forman el nombre MoSHéH (משה). Moshé, quien fue el

וּבִשְׁבִיל זֶה, כְּשֶׁהִתְפַּלֵּל מֹשֶׁה עַל חֵטְא הָעֵגֶל אָמַר (שמות ל"ב): "אִם תִּשָּׂא חַטָּאתָם, וְאִם אַיִן מְחֵנִי נָא". כִּי זֶה מִן הַנִּמְנָע שֶׁלֹּא יָבוֹא לְאָדָם אֵיזֶה גַדְלוּת, כְּשֶׁשּׁוֹמֵעַ שֶׁמְּסַפְּרִין שִׁבְחוֹ, כָּל שֶׁכֵּן כְּשֶׁמֶּלֶךְ גָּדוֹל מְשַׁבֵּחַ וּמְפָאֵר אֶת הָאָדָם, אֲזַי בְּוַדַּאי מִן הַנִּמְנָע, שֶׁלֹּא יָבוֹא לוֹ אֵיזֶה גַדְלוּת, אֲבָל צָרִיךְ לָזֶה בִּטּוּל כָּל הַרְגָּשׁוֹתָיו וְחָמְרִיּוּתָיו, אֲזַי יָכוֹל הָאָדָם, לִשְׁמֹעַ שִׁבְחוֹ, וְלֹא יָבוֹא לוֹ שׁוּם גַּדְלוּת, כְּמוֹ מֹשֶׁה רַבֵּנוּ, שֶׁרָאָה כָּתוּב בַּתּוֹרָה: "וַיְדַבֵּר ה' אֶל מֹשֶׁה", "וַיֹּאמֶר ה' אֶל מֹשֶׁה", וְיִשְׂרָאֵל קוֹרְאִין בְּכָל יוֹם בַּתּוֹרָה שִׁבְחוֹ שֶׁל מֹשֶׁה, וְהוּא בְּעַצְמוֹ מְסַפֵּר לָהֶם שְׁבָחָיו, וְלֹא הָיָה לְמֹשֶׁה שׁוּם הִתְפָּאֲרוּת וְגַדְלוּת מִזֶּה, כְּמוֹ שֶׁכָּתוּב: "וְהָאִישׁ מֹשֶׁה עָנָו מְאֹד", וּבְוַדַּאי עַל־יְדֵי עַנְוְתָנוּתוֹ, הָיָה כֹּחַ בְּיַד מֹשֶׁה לְכַפֵּר עֲווֹן־הָעֵגֶל. כְּמוֹ שֶׁכָּתוּב: "וְאִישׁ חָכָם יְכַפְּרֶנָּה".

וְזֶה שֶׁטָּעַן מֹשֶׁה: "וְאִם אַיִן", הַיְנוּ "אִם לֹא תִשָּׂא חַטָּאתָם", בָּזֶה אַתָּה מַרְאֶה, שֶׁאֵין לִי כָּל כָּךְ עֲנִיווּת, שֶׁאוּכַל לְכַפֵּר לָהֶם עֲווֹן הָעֵגֶל. בְּכֵן בַּקָּשָׁתִי - "מְחֵנִי נָא", כְּדֵי שֶׁלֹּא אֶכָּשֵׁל בְּגַדְלוּת, שֶׁאֲנִי רוֹאֶה וְשׁוֹמֵעַ בְּכָל עֵת סִפּוּר שְׁמִי וְשִׁבְחִי בַּתּוֹרָה, כִּי מִי יוּכַל לַעֲמֹד בָּזֶה, שֶׁיִּשְׁמַע סִפּוּר שִׁבְחוֹ וְלֹא יִתְגָּאֶה, אִם לֹא עָנָו גָּדוֹל, וְאִם אֲנִי עָנָו, צָרִיךְ לְךָ שֶׁתִּשָּׂא חַטָּאתָם, כְּמוֹ שֶׁכָּתוּב: "וְעוֹבֵר עַל פֶּשַׁע לִשְׁאֵרִית" וְכוּ'.

en ningún lugar vemos que los judíos se confesasen por esto en su presencia. Por lo tanto, los efectos del pecado persistieron, y el mundo continúa sufriendo debido a la idolatría del Becerro de Oro, es decir, *Maljut* arrastrado hacia del ámbito del mal. El Rebe explicará ahora con más detalle el pedido de Moshé.

73. Tú debes perdonar su pecado.... Moshé era tan humilde que pudo escuchar su alabanza y aun así anularse completamente en *Ain*, sin ningún sentimiento de orgullo. Fue capaz entonces de elevar el caído *Maljut* de retorno a Dios, logrando el perdón para los judíos.

Pregunta el *Biur HaLikutim*: Si Moshé había alcanzado niveles tan elevados, ¿por qué el castigo residual por el pecado del Becerro de Oro se esparció por todas las épocas? Su respuesta es que, pese a la increíble anulación de Moshé en *Ain*, al tener una forma física ni siquiera él mismo era capaz de alcanzar el grado último de humildad. El *Baal HaTurim* hacer notar que al

Es por esto que cuando Moshé oró para que [fuera perdonado] el pecado del Becerro Oro, dijo (Éxodo 32:32), "Si perdonares su pecado; pero si no, bórrame a mí, Te lo ruego, [de Tu libro que has escrito]".[72] Es imposible que la persona no sienta algo de orgullo cuando oye que es elogiada. Más aún, cuando un gran rey elogia y loa a la persona, entonces, es ciertamente imposible que no se vea llevada hacia un cierto sentimiento de importancia. Se embargo, ante esto es necesaria la negación de todas las emociones y de lo corpóreo. Entonces, la persona puede escuchar que la elogian y no sentir ningún orgullo. Eso era lo que ocurría con Moshé Rabeinu, quien vio escrito en la Torá: "Dios habló a Moshé" [y] "Dios le dijo a Moshé". Cada día, el pueblo judío lee en la Torá el elogio de [Dios] a Moshé. Más aún, él mismo les relató su alabanza. Pero aun así Moshé no sentía por esto ningún orgullo ni soberbia, como está escrito, "El hombre Moshé era muy humilde". Y por cierto, por medio de esta humildad, Moshé tenía el poder de expiar por los pecados del Becerro de Oro, como está escrito, "...pero el hombre sabio puede apaciguarla".

Este era el argumento de Moshé: "Pero si no", es decir, si Tú no perdonas su pecado, estás demostrando que yo no poseo la humildad necesaria para expiar el pecado del Becerro de Oro. Es por esto que pedí, "bórrame a mí, Te lo ruego", para no tropezar con el orgullo. Pues constantemente veo y oigo que se cuenta de mi nombre y mi alabanza en la Torá. ¿Quién, si no es una persona muy humilde, es capaz de hacer frente a esto, escuchar su elogio y no sentirse orgulloso? Y si yo soy humilde, Tú debes perdonar su pecado, como está escrito, "[El Señor] perdona la transgresión por el remanente...".[73]

---

tación del Reinado y la Autoridad de Dios. Su arrepentimiento es así completo. Por lo tanto, el estudioso de Torá/Tzadik puede elevarlo a *Ain*, al nivel donde no hay diferencia entre el bien y el mal. Este es el aspecto del Mundo que Viene, alcanzado mediante la confesión delante de un estudioso de Torá (*Mei HaNajal*). La conexión entre lograr esta conciencia y el corpus principal de nuestra lección será explicado más adelante, en la sección 9.

72. bórrame a mí, Te lo ruego.... Cuando el pueblo judío hizo el Becerro de Oro, fue culpable de idolatría y mereció la pena de muerte. Moshé elevó una plegaria, "Si perdonares su pecado... pero si no, bórrame a mí", y ellos fueron salvados. Sin embargo, el pecado no fue eliminado por completo. Una cierta porción del sufrimiento de cada generación se debe al pecado del Becerro de Oro (*Rashi*, Éxodo 32:34). En nuestro contexto, Moshé fue capaz de asegurar el perdón de Dios a los judíos pues era totalmente humilde y se había anulado frente a Dios. Sin embargo,

וְזֶה (דברים ל״ג): "וַיְהִי בִישֻׁרוּן מֶלֶךְ". הַיְנוּ שֶׁמַּלְכוּת עָלָה לְשָׁרְשָׁהּ, כְּמוֹ שֶׁכָּתוּב (תהלים ל״ז): "וַעֲנָוִים יִרְשׁוּ אָרֶץ", וְ'אֶרֶץ' הִיא דִּינָא דְּמַלְכוּתָא, כְּמוֹ שֶׁכָּתוּב (איוב כ): "וְאֶרֶץ מִתְקוֹמְמָה לוֹ".

ח וְזֶהוּ שֶׁאָמְרוּ חֲכָמֵינוּ, זִכְרוֹנָם לִבְרָכָה (סוטה כא): מָשָׁל לְאֶחָד, שֶׁהָיָה מְהַלֵּךְ בַּדֶּרֶךְ בְּאִישׁוֹן לַיְלָה וַאֲפֵלָה, וּמִתְיָרֵא

contraste, para la persona que ha alcanzado una profunda humildad, la tierra es un símbolo de modestia y de humildad. Esta persona "heredará la tierra", es decir, *Maljut* y lo elevará hacia su fuente, en *Ain* (*Parparaot LeJojmá*). Agrega el *Mei HaNajal*: A partir de lo que ha enseñado el Rebe surge que la humildad es en esencia la fuente de *Maljut*. La persona que alcanza una profunda humildad puede lograr todos los atributos positivos de *Maljut*.

Resumen: Cuando la persona percibe que todo lo que le sucede es para su propio bien, alcanza un anticipo del Mundo que Viene (#1). Sólo es posible alcanzar esta percepción cuando se libera a *Maljut* de Santidad del control de las naciones y se lo devuelve a Dios (#2). Esto se logra confesando los pecados en presencia de un estudioso de la Torá, lo que une los santos nombres *IHVH* y *Elohim* (#3). Saber que todo es para bien, el conocimiento de que el sufrimiento también surge del amor de Dios, es considerado un *daat* completo (#4). Los pecados de la persona dañan a *Maljut* y quedan grabados sobre sus huesos. Para rectificar a *Maljut* y eliminar el daño es necesario confesar los pecados delante de un Tzadik/estudioso de la Torá. De este modo se curan los huesos (#5). La confesión ante un estudioso de la Torá corresponde a retornar a *Maljut* a su fuente. Esto se debe a que el fuego/Torá es la fuente de *Maljut* y los estudiosos de la Torá son la esencia misma de la Torá. La presencia del Tzadik es por lo tanto vital (#6). Y el Tzadik puede efectuar el perdón luego de escuchar la confesión, pues en virtud de su profunda humildad, él puede elevar el *Maljut* rectificado hacia su fuente original, *Ain* (#7).

77. **dicen los sabios.** Hasta aquí, el Rebe Najmán ha explicado que la confesión en presencia del Tzadik eleva a *Maljut*, es decir, que es un medio para rectificar los pecados. Aquí, el Rebe muestra que el arrepentimiento es de hecho un proceso en tres etapas. Dos pasos deben tener lugar antes de la confesión.

Al clarificar estos pasos, el Rebe muestra cómo es que están aludidos en el pasaje Talmúdico que cita a partir de *Sotá* (21a). El Talmud afirma que tanto el estudio de la Torá como el cumplimiento de las mitzvot tienen el poder de proteger a la persona. De todos modos, nuestros sabios diferencian entre los dos, discutiendo cuál es el más importante y hasta dónde alcanza a proteger su mérito. Las notas que explican este pasaje incorporan los comentarios de Rashi y Maharsha (*loc. cit., v.i. mah*).

78. **la profunda oscuridad de la noche.** "Noche" alude a este mundo, en el que abundan los problemas. La persona debe buscar su sustento (espinos/la vegetación) y cuidarse de las trampas puestas por sus enemigos.

Esto es (Deuteronomio 33:5): "Hubo un *MeLeJ* (Rey) en Ishurún",⁷⁴ indicando que *MaLJut* se elevó a su fuente, como está escrito (Salmos 37:11), "Y el humilde heredará la tierra".⁷⁵ "Tierra" es *dina deMaljuta* (la ley del gobierno), como está escrito (Job 20:27), "La tierra se levanta contra él".⁷⁶

8. Éste es el significado de lo que dicen los sabios⁷⁷:

Es comparable a alguien que caminaba por un sendero en la profunda oscuridad de la noche.⁷⁸ Iba temeroso de las espinas y de

---

describir a Moshé como un *anav*, la Escritura emplea la palabra en su modo *jaser* (incompleto), deletreándolo sin la letra *iud* - ענו. Esto se debe a que Moshé, reconociendo su carencia, no quería elogiarse demasiado a sí mismo. Así, carente del grado final de humildad, ni siquiera Moshé fue capaz de expiar totalmente el pecado y obtener así un perdón completo. Este nivel sólo será alcanzado por Mashíaj, quien borrará totalmente el pecado y sus efectos.

74. Hubo un MeLeJ en Ishurún. El *Targum Ionatán* explica que este versículo se refiere a Moshé, quien fue rey sobre Israel. El Midrash también enseña lo mismo: El Santo, bendito sea, le dijo a Moshé, "Yo te he hecho rey", como está escrito, "Hubo un rey en Ishurún", el reinado de Moshé fue un reflejo del Reinado de Dios (*Bamidbar Rabah* 15:13, ver *MaHarzav*). En nuestro contexto, el versículo alude a *MaLJut* residiendo con Moshé, el estudioso de Torá/Tzadik (*Parparaot LeJojmá*).

Tal como sucede a lo largo del *Likutey Moharán*, el Rebe Najmán demuestra la conexión entre un concepto y otro, luego une el primer concepto con un segundo concepto y otro más. (Más adelante vuelve a demostrar cómo el segundo concepto se conecta directamente con el tercero y con el cuarto, y así en más). Hasta aquí, el Rebe ha mostrado cómo *Maljut* debe retornar a su fuente, uniendo esa fuente, que es fuego, con la Torá. Aquí mostrará cómo Moshé, el estudioso de Torá y *Ain* (la Fuente de todas las fuentes) están conectados conceptualmente con *Maljut*.

75. el humilde heredará la tierra. Una vez que *Maljut* residió con Moshé, se consideró que retornó a su fuente más elevada, que es *Ain*/la total humildad, como en, "Pero el humilde heredará la tierra" (*Parparaot LeJojmá*). Ver nota siguiente.

76. Tierra...dina deMaljuta...contra él. El concepto de *dina demaljuta dina* aparece varias veces en el Talmud (por ej. *Guitin* 10b, *Bava Kama* 113a, *Bava Batra* 54b). Es la versión en arameo de "la ley del gobierno es la ley". El judío que vive bajo el *maljut* (gobierno) de los no judíos está obligado a obedecer sus leyes (ver *Rashi, Guitin* 110b).

En nuestro contexto, el Rebe Najmán lee *dina demaljuta* como "los *dinim* (juicios) de *maljut*" y lo conecta con el concepto de tierra. En las santas Escrituras, la tierra es símbolo de *Maljut*, a la vez que *Maljut* connota (juicio). Así, la tierra, como un aspecto de *Maljut*, efectúa el juicio en contra de aquéllos que han abusado de ella haciéndola descender hacia el ámbito del mal. Éste es el significado de (*loc. cit.*), "La tierra se levanta contra él". Como explicó el Rebe más arriba (sección 5), los pecados mismos se vengan de aquéllos que los cometen. Por

מִן הַקּוֹצִים וּמִן הַפְּחָתִים וּמִחַיָּה רָעָה וּמִלִּסְטִים, וְאֵינוֹ יוֹדֵעַ בְּאֵיזֶה דֶּרֶךְ מְהַלֵּךְ וְכוּ':

כִּי זֶה יָדוּעַ, שֶׁכָּל הַמִּדּוֹת רָעוֹת וְתוֹלְדוֹתֵיהֶן נִמְשָׁכִין מֵאַרְבָּעָה יְסוֹדוֹת, מֵאַרְבַּע מָרוֹת, כַּמּוּבָא בְּמִשְׁנַת חֲסִידִים: 'עַצְבוּת וְתוֹלְדוֹתֵיהֶן נִמְשָׁכִין מִדּוֹמֵם', 'תַּאֲוֹות רָעוֹת וְתוֹלְדוֹתֵיהֶן נִמְשָׁכִין מִצּוֹמֵחַ', 'דְּבָרִים בְּטֵלִים וְתוֹלְדוֹתֵיהֶן נִמְשָׁכִין מֵחַי', 'גַּאֲוָה וְתוֹלְדוֹתֵיהֶן נִמְשָׁכִין מִמְּדַבֵּר'.

וּמִי שֶׁרוֹצֶה לֵילֵךְ בְּדֶרֶךְ הַקֹּדֶשׁ, צָרִיךְ לְשַׁבֵּר כָּל הַמִּדּוֹת רָעוֹת,

los *iesodot* (literalmente, cimientos) de la creación física en todas sus formas: mineral, vegetal, animal y humana. De los cuatro *iesodot*, el fuego es seco y caliente y su correspondiente humor (o bilis) es rojo; el aire es húmedo y caliente y su correspondiente humor es blanco; el agua es húmeda y fría y su correspondiente humor es verde; la tierra es seca y fría y su correspondiente humor es negro. Todas las formas de la creación tienen su propio compuesto de estos *iesodot* y es precisamente la diferencia en su compuesto lo que hace que cada forma sea única (*Hiljot Iesodei HaTorá* 3:10, 4:12; *Zohar* III, 227b; cf. *Mishnat Jasidim, Mesijta HaHarkavá*; cf. *Likutey Moharán* I, 31:2 y nota 25 para más detalles sobre las esferas celestiales).

84. **Mishnat Jasidim.** Una importante obra Kabalista del Rabí Immanuel Riki (1688-1743) que pasa revista concisamente a la progresión de la creación desde *ex nihilo* hasta este mundo físico y las fuerzas del mal. El pasaje en nuestro texto aparece en el capítulo *Mesijta Asiá Gufanit* 1:1. El *Mishnat Jasidim* explica que los cuatro elementos corresponden a las cuatro letras del santo nombre de Dios *IHVH*, la raíz de todos los rasgos positivos de carácter (de aquí en adelante, virtudes), y también de las cuatro *klipot* (ver Ezequiel 1:4), origen de los rasgos negativos de carácter (de aquí en adelante, vicios). El Rebe Najmán explicará ahora que las cuatro categorías de vicio, que corresponden a los cuatro elementos, también corresponden a los cuatro humores y a las cuatro clasificaciones de las formas de vida en el universo: mineral, vegetal, animal y humana.

85. **Melancolía...mineral.** La melancolía proviene de la tierra, la forma de vida mineral, que corresponde al humor negro, y es seca, fría e inanimada.

86. **las malas pasiones...vegetal.** Las malas pasiones provienen del agua, la forma de vida vegetal, que corresponde al humor verde, y es húmeda, fría y animada.

87. **las palabras vanas...animal.** Las palabras vanas surgen del aire, la forma de vida animal, que corresponde al humor blanco, y es húmedo y caliente. Sus derivados incluyen la lisonja, la falsedad, la calumnia y el elogio de sí mismo.

88. **el orgullo...lo humano.** El orgullo surge del fuego, la forma de vida humana, que corresponde al humor rojo, y es seco y caliente. Sus derivados incluyen: la ira, la vanidad y el odio.

El término hebreo que expresa la forma de vida humana es *medaber*, que literalmente significa "el que habla". *Medaber* connota el nivel del hombre pues la capacidad de hablar es únicamente humana.

los pozos, de las bestias salvajes y de los bandidos; sin saber en qué sendero andaba. Al encontrar una antorcha encendida,[79] se libró de las espinas y de los pozos, pero aún temía a las bestias salvajes y a los bandidos[80]; sin saber en qué sendero se encontraba. Al amanecer,[81] se salvó de las bestias salvajes y de los bandidos, pero aún no sabía en qué sendero se encontraba. Cuando llegó a una encrucijada, se salvó de todos ellos.... ¿Qué es esta encrucijada? Rabí Jisdá dice: Es el *Talmid Jajam* y el día de la muerte (Sotá 21a).[82]

Es sabido que todos los rasgos negativos del carácter y sus derivados surgen de los cuatro *iesodot* (elementos fundamentales), los cuatro humores.[83] Como vemos en *Mishnat Jasidim*[84]: La melancolía y sus derivados surgen de lo mineral[85]; las malas pasiones y sus derivados surgen de lo vegetal[86]; las palabras vanas y sus derivados surgen de lo animal[87]; el orgullo y sus derivados surgen de lo humano.[88]

Todo aquél que tome el sendero de <Dios> debe quebrar todos los vicios <y hablar de todos sus rasgos> en presencia de un *Talmid Jajam*,

---

79. **una antorcha encendida.** Esto se refiere a las mitzvot, que ayudan a la persona hasta un cierto grado.

80. **bestias salvajes y bandidos.** Estos aluden a la capacidad de la inclinación al mal de sobrepasar el poder de nuestro intelecto.

81. **Al amanecer.** Esto se refiere a la capacidad de la Torá de iluminar el camino de la persona, ayudándola a superar los obstáculos que le impiden servir a Dios.

82. **encrucijada...Talmid Jajam...muerte.** Incluso aquél que posee el conocimiento de la Torá también puede equivocarse. La persona necesita por tanto un verdadero estudioso de Torá que pueda dirigirla apropiadamente. El Talmud ofrece otras dos explicaciones para "encrucijada": 1) el estudioso de Torá y el temor al pecado; 2) el estudioso de Torá que alcanza las conclusiones apropiadas al decidir sobre la ley de la Torá. Pronto veremos que ambas explicaciones son sinónimos de la interpretación del Rabí Jisdá: "El estudioso de Torá y el día de la muerte".

El Rebe Najmán va a repasar ahora la lección dentro del contexto de la parábola de nuestros sabios. Debemos notar que en la parábola, la Torá y las mitzvot se definen como el poder de combatir las trampas y los malos deseos de la "noche" y de ser útiles a la vez para encontrar la dirección apropiada durante el "día". Dijimos antes que al elevar a *Maljut* hacia su fuente, la persona puede rectificar incluso aquellos errores y trampas en los cuales ha sucumbido. A medida que se desarrolle la lección del Rebe, veremos cuán interrelacionadas están la Torá y las Mitzvot con el proceso del arrepentimiento y de la confesión en presencia de un verdadero estudioso de Torá.

83. **cuatro *iesodot*...humores.** El Rambam explica que debajo de la esfera celestial, dentro de la cual tiene su órbita la luna, hay cuatro esferas más, cada una de las cuales es fuente y origen de uno de los cuatro elementos fundamentales: fuego, aire, agua y tierra. Estos elementos son

וַיְסַפֵּר לִפְנֵי הַתַּלְמִיד חָכָם, הַיְנוּ וִדּוּי דְּבָרִים. וְהַתַּלְמִיד חָכָם יְפָרֵשׁ וִיבָרֵר לוֹ דֶּרֶךְ לְפִי שֹׁרֶשׁ נִשְׁמָתוֹ.

וְיֵשׁ שָׁלֹשׁ בְּחִינוֹת בְּהִתְקָרְבוּת לַצַּדִּיקִים, שֶׁעַל־יְדֵי שָׁלֹשׁ בְּחִינוֹת אֵלּוּ נִתְתַּקֵּן הַכֹּל, וְאֵלּוּ הֵם הַשָּׁלֹשׁ־לוֹשָׁה בְּחִינוֹת:

הַבְּחִינָה הָרִאשׁוֹנָה: כְּשֶׁרוֹאֶה אֶת הַצַּדִּיק, כְּמוֹ שֶׁכָּתוּב (ישעיהו ל): "וְהָיוּ עֵינֶיךָ רֹאוֹת אֶת מוֹרֶיךָ". וְזֹאת הַבְּחִינָה מְבַטֶּלֶת הַמִּדּוֹת רָעוֹת הַנִּמְשָׁכִין מִשְּׁנֵי הַיְסוֹדוֹת: 'דוֹמֵם' 'צוֹמֵחַ', הַיְנוּ עַצְבוּת וְתוֹלְדוֹתֶיהָ, וְתַאֲווֹת רָעוֹת, כִּי צַדִּיק הַדּוֹר נִקְרָא אֵם, עַל שֵׁם שֶׁהוּא מֵינִיק לְיִשְׂרָאֵל בְּאוֹר תּוֹרָתוֹ, וְהַתּוֹרָה נִקְרֵאת חָלָב, כְּמוֹ שֶׁכָּתוּב (שיר־השירים ד): "דְּבַשׁ וְחָלָב תַּחַת לְשׁוֹנֵךְ". וְזֶה אָנוּ רוֹאִים בְּחוּשׁ, כְּשֶׁהַתִּינוֹק הוּא בְּעַצְבוּת וְעַצְלוּת, כְּשֶׁרוֹאֶה אֶת אִמּוֹ הוּא נִתְעוֹרֵר בִּזְרִיזוּת גָּדוֹל לִקְרַאת אִמּוֹ, הַיְנוּ לְשָׁרְשׁוֹ. גַּם אָנוּ רוֹאִים בְּחוּשׁ, כְּשֶׁהַתִּינוֹק עוֹסֵק בְּדִבְרֵי שְׁטוּת שֶׁלּוֹ, אַף־עַל־פִּי שֶׁיֵּשׁ לוֹ תַּאֲוָה גְדוֹלָה לָזֶה, אַף־עַל־פִּי כֵן כְּשֶׁרוֹאֶה אֶת אִמּוֹ, הוּא מַשְׁלִיךְ כָּל תַּאֲוֹותָיו אַחַר כְּתֵפָיו, וּמוֹשֵׁךְ אֶת עַצְמוֹ לְאִמּוֹ. נִמְצָא, שֶׁנִּתְבַּטְּלִין הַמִּדּוֹת רָעוֹת שֶׁל שְׁנֵי הַיְסוֹדוֹת: 'דוֹמֵם' 'צוֹמֵחַ', עַל יְדֵי הִסְתַּכְּלוּת פְּנֵי הַצַּדִּיק.

y humana). Sin embargo, como se ha explicado, los cuatro *iesodot*, los cuatro humores, las cuatro clasificaciones de formas de vida y las categorías del vicio son todos conceptos correspondientes.

93. **Madre.** Moshé, el verdadero tzadik, le dijo a Dios, "¿Acaso he concebido yo a todo este pueblo y le he dado yo a luz?" (Números 11:12). Hemos visto también que la fuente de *Maljut* es el fuego, que corresponde a las *guevurot* (arriba, nota 50). Estas *guevurot* tienen su raíz en *Biná* (ver *Likutey Moharán* I, 15:3) y *Biná* es la Madre (ver Apéndice: Las Personas Divinas; Proverbios 2:3). Esto se relaciona con el Tzadik pues, como enseñó el Rebe anteriormente, el verdadero estudioso de Torá es aquel que retorna *Maljut* hacia su fuente más elevada (sección 6, nota 51). Así, nuestra tarea de elevar a *Maljut* hacia su fuente puede ser expresada como la búsqueda de *Biná*, el verdadero Tzadik, quien es la fuente de la Torá.

94. **Miel y leche....** A lo cual agrega el Talmud: "Cosas que son más dulces que la miel y que la leche", es decir, la Torá, "deben estar bajo tu lengua" (*Jaguigá* 13a).

95. **...el rostro del Tzadik.** Como se explicó más arriba, esto se refiere en la práctica a la unión de la persona con el Tzadik. Pues lo que dice el Rebe con respecto al niño se refiere a un niño

es decir, la confesión verbal. El estudioso de Torá definirá y aclarará entonces un sendero de acuerdo con la raíz de su alma.

Ahora bien, hay tres etapas en la unión con los Tzadikim. Mediante estas tres etapas, todo llega a ser rectificado.[89] Estas tres etapas son las siguientes:

El primer paso implica ver al Tzadik,[90] como en (Isaías 30:20), "tus ojos verán a tu maestro".[91] Esta etapa niega los vicios que surgen de los dos *iesodot*, mineral y vegetal,[92] es decir, la melancolía con sus derivados y las malas pasiones. Pues el Tzadik de la generación es llamado "Madre",[93] porque él alimenta al pueblo judío con la luz de su Torá. Y la Torá es llamada "leche", como está escrito (Cantar de los Cantares 4:11), "Miel y leche bajo tu lengua".[94] Tenemos una validación empírica para esto: Incluso si el niño está triste y apático, cuando ve a su madre rápidamente se despabila y corre hacia ella, es decir hacia su fuente. Vemos también claramente que cuando el niño está absorbido en sus propias tonterías, aunque tenga un gran deseo por esto, si ve a su madre, deja de lado todos sus deseos y corre cerca de ella. Vemos entonces que los vicios que surgen de los dos *iesodot* mineral y vegetal, se anulan al contemplar el rostro del Tzadik.[95]

---

89. **todo llega a ser rectificado.** Debe hacerse notar que éste es un proceso continuo. Uno no puede esperar deshacerse de todos sus vicios de una sola vez. Esto es algo que lleva mucho tiempo, paciencia y esfuerzo. Aun así, si la persona se dedica verdaderamente a elevarse por la escala de la santidad, ciertamente alcanzará la rectificación de todo (*Parparaot LeJojmá*).

90. **ver al Tzadik.** El *Parparaot LeJojmá* explica que este "ver" al Tzadik se refiere en verdad a unirse a él, más que a un mero contacto visual. Es decir, la persona debe llegar al Tzadik con el objetivo de poder verlo, de aprender de él cómo servir a Dios. Esto será explicado con mayor detalle más adelante, en la sección 10 (ver nota 158).

91. **verán a tu maestro.** Este versículo se refiere a los días del Mashíaj, cuando Dios, "tu Maestro", dejará de estar oculto. Entonces, la humanidad será capaz de pedirle directamente a Él por todas sus necesidades y para obtener la guía apropiada en sus senderos (*Metzudat David, loc. cit.*). En nuestro contexto, esto se refiere a ver al *Talmid Jajam*/Tzadik, quien, luego de que se cumplan estas tres etapas, dirigirá a la persona por su sendero apropiado. Esto se une además con nuestro texto en el hecho de que la lección gira alrededor del concepto de la conciencia plena, es decir, la conciencia de que todo es uno. Y aunque esto sólo será revelado en forma total en el Futuro, también ahora es posible obtener un atisbo de ello, mediante la fe (como se explicó más arriba, nota 6). Lo mismo se aplica a "Maestro". Aunque Dios sólo se revelará completamente en el Futuro, incluso ahora es posible obtener un atisbo de Él, a través de los verdaderos Tzadikim.

92. **iesodot, mineral y vegetal.** Aunque los cuatro elementos son fuego, aire, agua y tierra (ver nota 83), aquí el Rebe Najmán llama *iesodot* a las cuatro formas de vida (mineral, vegetal, animal

וְזֶהוּ 'וּמִתְיָרֵא מִן הַקּוֹצִים', שֶׁהוּא בְּחִינַת 'צוֹמֵחַ'. 'וּפְחָתִים' שֶׁהוּא בְּחִינַת 'דּוֹמֵם'. וּכְשֶׁנִּזְדַּמֵּן לוֹ אֲבוּקָה שֶׁל אוֹר, זֶה תַּלְמִיד חָכָם, שֶׁהוּא אָבִיק בְּאוֹר הַתּוֹרָה וְעַל-יָדוֹ נִצּוֹל מִמִּדּוֹת רָעוֹת שֶׁל שְׁנֵי יְסוֹדוֹת: 'דּוֹמֵם' 'צוֹמֵחַ', וְאָז נִצּוֹל מִן הַקּוֹצִים וּמִן הַפְּחָתִים:

הַבְּחִינָה הַשְּׁנִיָּה: הַצְּדָקָה שֶׁנּוֹתֵן לְתַלְמִיד חָכָם, שֶׁעַל-יְדֵי-זֶה נִצּוֹל מִמִּדּוֹת רָעוֹת שֶׁל שְׁנֵי יְסוֹדוֹת: 'חַי' 'מְדַבֵּר', שֶׁהֵן בְּחִינַת 'חַיָּה רָעָה וְלִסְטִים', שֶׁהֵן דְּבָרִים בְּטֵלִים וְגַאֲוָה וְתוֹלְדוֹתֵיהֶן. כִּי עַל-יְדֵי דְּבָרִים בְּטֵלִים וּלְשׁוֹן הָרַע, בָּא עֲנִיּוּת, כְּמוֹ שֶׁכָּתוּב (שמות ד): "כִּי מֵתוּ כָּל הָאֲנָשִׁים", זֶהוּ עֲנִיּוּת. גַּם בְּגַאֲוָה אָמְרוּ (קדושין מט:): 'סִימָן לְגַסּוּת הָרוּחַ - עֲנִיּוּת'. וְעַל-יְדֵי צְדָקָה נִתְעַשֵּׁר, כְּמוֹ שֶׁאָמְרוּ חֲכָמֵינוּ, זִכְרוֹנָם לִבְרָכָה (גטין ז:): 'אִם שְׁלֵמִים וְכֵן רַבִּים וְכֵן נָגֹזּוּ וְעָבָר וְעִנִּתִיךָ לֹא אֲעַנֵּךְ, שׁוּב אֵין מַרְאִין לוֹ סִימָנֵי עֲנִיּוּת.

99. **todos los hombres....** Moshé huyó originalmente de Egipto cuando Datán y Aviram le informaron al faraón que él había matado al capataz egipcio (Éxodo 2:11-15). Cuando Moshé estaba por retornar a Egipto, Dios le dijo que no debía temer más de estos informantes, pues "Todos los hombres han muerto". El Talmud explica que en verdad ellos no había muerto sino que habían perdido sus propiedades, y un hombre pobre es como un muerto (*Nedarim, loc. cit.*). Nadie que tuviese una posición de autoridad en Egipto le prestaría atención a estos pobres (ver *Rashi, ibid.*). ¿Qué fue lo que hizo que estos hombres empobrecieran? Fueron las calumnias que dijeron en contra de Moshé.

100. **pobreza...espíritu engreído.** Así, a partir de estos pasajes Talmúdicos vemos que ambos, el habla vana y el orgullo, traen pobreza. El *Parparaot LeJojmá* agrega que aunque el contexto del Talmud (*Kidushin, loc. cit.*) es "pobreza" en el conocimiento de la Torá y no una falta de riqueza material, esto no niega el sentido literal. De este modo, enseña la Mishná: Sin Torá no hay sustento (*Avot* 3:17). Así, el orgullo trae pobreza en la Torá y esto a su vez lleva a la pobreza material. Para aclarar esto un poco más, vemos que es común que la persona adinerada que carece de la sabiduría de la Torá nunca está satisfecha con su riqueza. Siempre busca más y constantemente se siente empobrecida. Éste es el significado de las señales y de las marcas de pobreza, es decir, incluso el *sentimiento* de pobreza y de carencia desaparecen de la persona que da caridad (*Mei HaNajal*).

101. **Pero al dar caridad...no te afligiré más....** Debido a su caridad, Dios dice, "No te afligiré más", es decir, se verá libre de la pobreza y de sus consecuencias. Como comenta Rashi (*loc.*

Esto es: **Temeroso de las espinas**, el aspecto de la forma de vida vegetal; **y de los pozos**, el aspecto de lo mineral. **Al encontrar una antorcha encendida**, este es el *Talmid Jajam*, quien <brilla> con la luz de la Torá.[96] A través de él se salva de los vicios que surgen de los dos *iesodot*, mineral y vegetal; y luego se salva **de las espinas y de los pozos**.

El segundo paso es la caridad que se da a un *Talmid Jajam*[97] <quien incluye una cantidad de almas>.[98] Mediante esto se salva de los vicios que surgen de los dos *iesodot*, animal y humano, aspectos de las bestias salvajes y de los bandidos, que son un hablar vano y el orgullo y sus derivados. Esto se debe a que el hablar vano y la calumnia engendran pobreza, como está escrito (Éxodo 4:19), "Todos los hombres han muerto", esto es la pobreza (Nedarim 64b).[99] También se enseña con respecto al orgullo: La pobreza es señal de un espíritu engreído (Kidushin 49b).[100] Pero al dar caridad, la persona se vuelve rica. Como enseñaron los sabios: "Aunque estén unidos y también sean muchos, asimismo serán destruidos y desaparecerán. Aunque te he afligido no te afligiré más" (Nahun 1:12), nunca volverá a experimentar las señales de pobreza (Guitin 7b).[101]

---

que anhela por su madre y que desea unirse a ella. De otro modo, no cambia de actitud al verla. Y lo mismo sucede con la persona que no desea superar sus deseos y que no cambia con el solo hecho de mirar al Tzadik (cf. *Likutey Moharán* I, 129).

El *Parparaot LeJojmá* agrega que, oculto en los textos del Tzadik, se encuentran su rostro, su inteligencia y su sabiduría. Por lo tanto, el verdadero cumplimiento de ver al Tzadik se logra cuando uno estudia y toma elementos de sus enseñanzas de Torá. Esto permite que la gente siempre lo "vea" y se una a él, incluso aunque no se encuentren físicamente en el mismo lugar. Ver también, *Likutey Moharán* 192; *Likutey Halajot, Ketubot* 1.

96. **antorcha encendida...Talmid Jajam....** La antorcha encendida y el estudioso de Torá corresponden al fuego (*Mei HaNajal*).

97. **la caridad que se da a un Talmid Jajam.** El segundo paso, luego de ver al Tzadik, implica darle caridad. En otra instancia (*Likutey Moharán* I, 17:5), el Rebe Najmán enseña que al darle caridad al Tzadik, uno queda incluido en él. Aquí, el Rebe demostrará que el estar "incluido" en el Tzadik elimina los otros vicios, aquéllos que no son eliminados viendo al Tzadik.

98. **que incluye una cantidad de almas.** El alma del Tzadik es tan grande, que puede contener una enorme cantidad de almas adicionales y elevarlas junto con su propia alma a niveles espirituales cada vez más altos. Éste es el concepto de estar incorporado o incluido en el Tzadik. De manera similar, encontramos en los escritos del Ari que cada estudioso de Torá, cada Tzadik, se asemeja al tronco de un gran árbol, donde sus seguidores son las diferentes ramas, vástagos y hojas que son parte de ese mismo árbol (*Shaar HaGuilgulim* #38, pgs. 144-145).

וְזֶהוּ, 'כֵּיוָן שֶׁעָלָה עַמּוּד הַשַּׁחַר נִצּוֹל מֵחַיָּה רָעָה וּמִלִּסְטִים'. 'עַמּוּד הַשַּׁחַר' – רֶמֶז לִצְדָקָה, כְּמוֹ שֶׁכָּתוּב (ישעיהו נ"ח): "כִּי תִרְאֶה עָרֹם וְכִסִּיתוֹ וְכוּ', אָז יִבָּקַע כַּשַּׁחַר אוֹרֶךָ". נִמְצָא, עַל-יְדֵי צְדָקָה נִצּוֹל מִמִּדּוֹת רָעוֹת שֶׁל שְׁנֵי יְסוֹדוֹת: 'חַי' 'מְדַבֵּר' שֶׁהֵם בְּחִינַת חַיָּה רָעָה וְלִסְטִים:

הַבְּחִינָה הַשְּׁלִישִׁית: כְּשֶׁמִּתְוַדֶּה וִדּוּי דְּבָרִים לִפְנֵי תַּלְמִיד חָכָם, שֶׁעַל-יְדֵי-זֶה הַתַּלְמִיד חָכָם מַדְרִיךְ אוֹתוֹ בְּדֶרֶךְ יָשָׁר לְפִי שֹׁרֶשׁ נִשְׁמָתוֹ.

וְזֶה 'הִגִּיעַ לְפָרָשַׁת דְּרָכִים', וְאָמְרוּ חֲכָמֵינוּ, זִכְרוֹנָם לִבְרָכָה (שם סוטה): 'זֶה תַּלְמִיד חָכָם וְיוֹם הַמִּיתָה', זֶה בְּחִינַת וִדּוּי דְּבָרִים לִפְנֵי 'תַּלְמִיד חָכָם'. 'יוֹם הַמִּיתָה', רֶמֶז עַל וִדּוּי, כְּמוֹ שֶׁאָמְרוּ רַבּוֹתֵינוּ, זִכְרוֹנָם לִבְרָכָה (סנהדרין מג:): 'כָּל הַמּוּמָתִין מִתְוַדִּין'. וְזֶה נִקְרָא פָּרָשַׁת-דְּרָכִים כִּי הַתַּלְמִיד חָכָם מַפְרִישׁ לוֹ דֶּרֶךְ לְפִי שֹׁרֶשׁ נִשְׁמָתוֹ.

אֲזַי נִצּוֹל מִכֻּלָּם. כִּי קֹדֶם שֶׁהִתְוַדָּה, אַף-עַל-פִּי שֶׁהָיָה אֵצֶל הַתַּלְמִיד חָכָם, וְנָתַן לוֹ מָמוֹן, עֲדַיִן אֵינוֹ יוֹדֵעַ בְּאֵיזֶהוּ דֶּרֶךְ הוּא

ayudaba a erradicar la combinación negativa de letras y a reconstruir estas combinaciones en santidad. Podían por lo tanto merecer un anticipo del Mundo que Viene, donde la gente alcanzará la comprensión de que Dios y Su Nombre son uno y donde todo, incluso la muerte, es para bien.

105. **raíz de su alma.** El *PaRaSHat DeRaJim* (פרשת דרכים, encrucijada) alude a la definición de un sendero para la persona, *maPhRiSH lo DeReJ* (מפריש דרך), por parte del estudioso de Torá. Esto es importante, pues no hay dos personas iguales; cada una requiere un equilibrio diferente de devociones. Como escribe el Rabí Natán: Hasta los más grandes Tzadikim, incluso aquellos que se sientan a los pies de un mismo maestro, son muy diferentes uno del otro y les dan énfasis a prácticas devocionales muy diferentes. Consideremos los discípulos del Maguid de Mezritch. Uno pasaba mucho tiempo viajando, otro se aislaba en su hogar; uno oraba en voz alta y con gran emoción y el otro, en silencio y sin ninguna expresión externa. Algunos se dedicaban al estudio de la Torá en sus niveles más profundos, mientras que otros centraban sus mayores esfuerzos en la caridad (*Likutey Halajot, Shomer Sajar* 2:10). Como se mencionó más arriba (nota 98), algunos de los seguidores del Tzadik son como ramas, otros como vástagos y otros, como las hojas de un gran árbol. Por lo tanto, cada persona requiere su propio equilibrio de prácticas devocionales de acuerdo con la raíz de su alma. Ir a ver (estar unido) al Tzadik, darle caridad y

Y esto es: **Al amanecer se salvó de las bestias salvajes y de los bandidos**. El amanecer es una alusión a la caridad, como está escrito (Isaías 58:7-8), "Cuando veas al desnudo y lo cubras... Entonces tu luz amanecerá como el alba".[102] Vemos entonces que mediante la caridad uno se salva de los vicios que surgen de los dos *iesodot*, el animal y el humano, correspondientes a *bestias salvajes y bandidos*.

El tercer paso es cuando uno hace una confesión verbal en presencia de un estudioso de Torá. Con esto, el *Talmid Jajam* lo guía por el sendero adecuado de acuerdo con la raíz de su alma.[103]

Esto es: **Cuando llegó a una encrucijada**. Y comentan los sabios, **Es el *Talmid Jajam* y el día de la muerte**. Ésta es la etapa de la confesión verbal delante de un *Talmid Jajam*. **El día de la muerte** es una alusión a la confesión, como enseñaron los sabios: Todos los condenados a muerte se confiesan (*Sanedrín* 43a).[104] Esto es llamado *PaRaSHat DeRaJim* (una encrucijada), pues el estudioso de Torá *maPhRiSH lo DeReJ* (define su sendero) de acuerdo con la raíz de su alma.[105]

Entonces, **se salvó de todos ellos**. Pues, antes de confesarse, aunque estaba cerca del estudioso de Torá y le había dado dinero, aún no sabía en qué sendero estaba. Pues "Hay un sendero que le parece

---

cit.), la exposición que hace el Talmud de este versículo no se basa en su significado simple. Más bien, el Talmud lee el versículo como si estuviera diciendo: Si la comida de la persona es escasa, y más aún si es abundante, entonces, así como la oveja debe ser esquilada para poder atravesar el río, también debe "esquilar" parte de su dinero en caridad para poder prosperar como recompensa de su generosidad. En nuestro contexto, esto enseña que al dar caridad la persona obtiene riqueza material y de este modo anula las causas de la pobreza, es decir, las habladurías y el orgullo.

102. **le cubra...tu luz amanecerá....** La caridad, "vestir al desnudo", se asemeja al amanecer.

103. **lo guía por el sendero adecuado....** Ésta es la faceta más importante de la confesión en presencia del estudioso de Torá. Antes de esto, la combinación negativa de letras grabadas sobre sus huesos le impide a la persona encontrar el camino adecuado. Ha sido creado el *Maljut* del Otro Lado y ahora gobierna y lleva a la persona hacia el mal, aunque sus deseos sean buenos. Pero mediante la confesión delante de un verdadero Tzadik, destruye este *Maljut* del Otro Lado y de esta manera restaura a *Maljut* de Santidad, de modo que ahora se le muestra el sendero apropiado en el servicio a Dios (ver *Parparaot LeJojmá*).

104. **los condenados a muerte se confiesan.** Nuestros sabios (*loc. cit.*) nos dicen que todo aquél que se confiesa antes de su muerte tendrá una porción en el Mundo que Viene. Este es el motivo por el cual el Sanedrín les aconsejaba a todos aquéllos sentenciados a muerte que confesasen primero sus pecados. Aunque hubieran cometido los crímenes más terribles, su confesión los

מְהַלֵּךְ, כִּי "יֵשׁ דֶּרֶךְ יָשָׁר לִפְנֵי אִישׁ וְאַחֲרִיתָהּ דַּרְכֵי מָוֶת" (משלי י"ד), אֲבָל 'כְּשֶׁהִגִּיעַ לְפָרָשַׁת דְּרָכִים - זֶה תַּלְמִיד חָכָם וְיוֹם הַמִּיתָה; הַיְנוּ וִדּוּי דְבָרִים לִפְנֵי תַּלְמִיד-חָכָם, אֲזַי נִצּוֹל מִכֻּלָּם:

ט וְזֶה בְּכָל פַּעַם שֶׁבָּא אֵצֶל תַּלְמִיד חָכָם וּמְסַפֵּר לְפָנָיו כָּל לִבּוֹ, וְהַתַּלְמִיד חָכָם הוּא בְּחִינַת מֹשֶׁה, שֶׁהוּא בְּחִינַת אַיִן, כְּמוֹ שֶׁכָּתוּב: "וְהַחָכְמָה מֵאַיִן תִּמָּצֵא". וְעַל יְדֵי זֶה אַתָּה נִכְלָל בְּאֵין סוֹף.

se salvó de todos ellos - El Tzadik fue capaz de revelarle el sendero de devoción apropiado para ella.

Resumen: Cuando la persona percibe que todo lo que le sucede es para su propio bien, alcanza un anticipo del Mundo que Viene (#1). Sólo es posible alcanzar esta percepción cuando se libera a *Maljut* de Santidad del control de las naciones y se lo devuelve a Dios (#2). Esto se logra confesando los pecados en presencia de un estudioso de la Torá, lo que une los santos nombres *IHVH* y *Elohim* (#3). Saber que todo es para bien, el conocimiento de que el sufrimiento también surge del amor de Dios, es considerado un *daat* completo (#4). Los pecados de la persona dañan a *Maljut* y quedan grabados sobre sus huesos. Para rectificar a *Maljut* y eliminar el daño, es necesario confesar los pecados delante de un Tzadik/estudioso de la Torá. De este modo se curan los huesos (#5). La confesión ante un estudioso de la Torá corresponde a retornar a *Maljut* a su fuente. Esto se debe a que el fuego/Torá es la fuente de *Maljut* y los estudiosos de la Torá son la esencia misma de la Torá. La presencia del Tzadik es por lo tanto vital (#6). Y el Tzadik puede efectuar el perdón luego de escuchar la confesión, pues en virtud de su profunda humildad, él puede elevar el *Maljut* rectificado hacia su fuente original, *Ain* (#7). Confesarse en presencia de un Tzadik es de hecho el tercero de los tres pasos para alcanzar el arrepentimiento. Los primeros dos pasos son unirse al Tzadik y darle caridad. Entonces el Tzadik puede dirigir a la persona de acuerdo con la raíz de su alma, para que pueda entrar en el ámbito de la santidad (#8).

108. **Esto se aplica cada vez....** Como se explicó más arriba, el proceso de eliminar los vicios y así alcanzar niveles espirituales más elevados es constante (ver nota 89). En cada etapa del ascenso por la escala espiritual la persona adquiere un poco más de conciencia de la Divinidad. Finalmente, puede llegar a una conciencia plena, es decir, el reconocimiento de que Dios y Su Nombre son uno. En esta sección, el Rebe Najmán mostrará cómo la confesión delante de un Tzadik lleva a esta conciencia plena, al reconocimiento de que todo lo que sucede es para bien.

109. **Talmid Jajam...Moshé...Ain....** Como arriba, sección 7 (nota 69).

110. **Ein Sof, El Infinito.** *Ein Sof* significa literalmente "sin fin". Como se explica en las enseñanzas Kabalistas, *Ein Sof* es el único atributo "negativo" que puede atribuirse a Dios Mismo. No sólo implica que Dios es totalmente diferente y que no puede ser comparado con cualquier "algo" que exista, sino también que todo "algo" se anula en Su Presencia. Dios puede por lo

correcto al hombre, pero su final lleva a la muerte" (Proverbios 14:12).[106] Pero cuando llega a la "encrucijada", que es el **Talmid Jajam y el día de la muerte**, es decir, la confesión verbal delante del *Talmid Jajam*, entonces **se salvó de todos ellos.**[107]

9. Esto se aplica cada vez <que estás frente> a un estudioso de Torá. <Debes contarle todos los problemas de tu corazón>.[108] El *Talmid Jajam* es un aspecto de Moshé, quien es un aspecto de *Ain*, como está escrito, "La sabiduría proviene de *Ain*".[109] Y de esta manera, quedas incluido en el *Ein Sof* (El Infinito).[110]

---

finalmente confesarse en su presencia, le permite a la persona descubrir la raíz de su alma para que de este modo la pueda guiar en el sendero adecuado. Más adelante (nota 202), el *Parparaot LeJojmá* explicará cómo es posible alcanzar esto incluso hoy en día.

106. **un sendero que parece correcto....** Rashi (*loc. cit.*) explica que ésta es la persona que, debido a que piensa que se halla en el sendero correcto, se engaña dirigiéndose hacía un final amargo. En nuestro contexto, esta es la persona que ha eliminado los vicios que surgen de los cuatro *iesodot*, pero que todavía no se ha confesado en presencia de un *Talmid Jajam*. Aún se mantienen las estructuras negativas y las combinaciones de letras formadas por los pecados cometidos antes de ir a ver al Tzadik. Como resultado, es posible que piense que se encuentra en el camino apropiado cuando de hecho no lo está. No habiéndose confesado todavía, aún necesita que el Tzadik la dirija por el sendero adecuado (*Parparaot LeJojmá*; ver arriba, nota 103).

107. **se salvó de todos ellos....** La parábola se lee en nuestro texto como sigue:

alguien que caminaba por un sendero en la profunda oscuridad de la noche - La persona caminaba por este mundo, buscando la rectificación para sus malas acciones.

Andaba temeroso de las espinas y de los pozos, de las bestias salvajes y de los bandidos; sin saber en qué sendero se encontraba - Estaba sujeta a los vicios que surgen de los cuatro elementos y de los cuatro humores, y no sabía cómo comportarse.

Al encontrar una antorcha encendida - Cuando vio al Tzadik,

se libró de las espinas y de los pozos - se salvó de los vicios que surgen de las formas de vida vegetal y mineral, es decir de la melancolía y de las malas pasiones. **pero aún temía a las bestias salvajes y a los bandidos** - Aún había otros vicios que no había eliminado.

Al amanecer - Luego de ver al Tzadik, le dio caridad.

se salvó de las bestias salvajes y de los bandidos - Esto eliminó los vicios que surgen de las formas de vida animal y humana, es decir, las habladurías y el orgullo.

pero aún no sabía en qué sendero se encontraba - Aunque se había librado de todos los vicios más importantes y de sus derivados, las malas acciones anteriores aún tenían el poder de hacer que se extraviara (como arriba, notas 103, 106).

Cuando llegó a una encrucijada - Cuando se confesó ante un estudioso de la Torá,

וְזֶה בְּחִינַת: 'זַרְקָא דְּאִזְדְּרִיקַת לְאֲתַר דְּאִתְנְטִילַת מִתַּמָּן',
שֶׁתַּחֲזִיר אֶת הַמַּלְכוּת לְאֵין סוֹף, שֶׁהוּא רָצוֹן שֶׁבְּכָל הָרְצוֹנוֹת.
כִּי הַמַּלְכוּת, שֶׁהוּא בְּחִינַת אוֹתִיּוֹת הַדִּבּוּרִים, כָּל אוֹת וָאוֹת –
מְלֻבָּשׁ בָּהּ רְצוֹן הַשֵּׁם יִתְבָּרַךְ. שֶׁרְצוֹן הַשֵּׁם יִתְבָּרַךְ הָיָה, שֶׁזֹּאת
הָאוֹת יִהְיֶה לָהּ תְּמוּנָה כָּזוֹ, וְאוֹת אַחֶרֶת יִהְיֶה לָהּ תְּמוּנָה אַחֶרֶת.
נִמְצָא, שֶׁרְצוֹנוֹת, הַיְנוּ תְּמוּנוֹת אוֹתִיּוֹת הֵם הִתְגַּלּוּת מַלְכוּתוֹ
יִתְבָּרַךְ שְׁמוֹ. וְכָל אֵלּוּ הָרְצוֹנוֹת, הַיְנוּ הַתְּמוּנוֹת נִמְשָׁכִין מֵרָצוֹן
אֵין סוֹף, שֶׁאֵין בּוֹ תְּמוּנָה.

וְכָל הַדְּבָרִים וְהַיֵּשֻׁיּוֹת שֶׁבָּעוֹלָם הֵם מֵהָאוֹתִיּוֹת, הַיְנוּ מִמַּלְכוּת, כִּי
יֵשׁוּת הוּא מֵחֲמַת הַמַּלְכוּת, שֶׁרָצָה הַקָּדוֹשׁ-בָּרוּךְ-הוּא שֶׁיִּתְגַּלֶּה
מַלְכוּתוֹ בָּעוֹלָם, וְעַל יְדֵי זֶה בָּרָא אֶת הָעוֹלָם מֵאַיִן לְיֵשׁ, וְכָל

está *Maljut*, también conocido como *aní* (Yo). Retornar *Maljut* hacia *Ein Sof* es retornar *ANÍ* (אני) hacia *AIN* (אין), es decir, retornar "Yo" hacia "la Nada".

114. **la voluntad del Ein Sof.** Todo en nuestro mundo es una vestimenta que cubre alguna clase de voluntad de Arriba. Un pájaro es un ejemplo de una clase de voluntad, el fuego es otra voluntad, y así en más. La fuente de todas estas voluntades es *Ein Sof/Keter*, la Voluntad de las Voluntades. Cuando el alma del Tzadik asciende a las alturas más elevadas, reconoce que *Keter* es la fuente de todo, y que a ese nivel las cosas ya no existen más en la forma de miríadas de entidades separadas sino que todo es una unidad, es decir, la voluntad singular del Santo, bendito sea (*Rabí Iaacov Meir Shechter*).

Sin embargo, al nivel de *Maljut*, la creación está diferenciada y se presenta como miríadas de entidades separadas. La voluntad singular del *Ein Sof* se manifiesta como muchas voluntades, es decir, muchas formas diferentes. El Rebe Najmán elige como paradigma de este cambio, la voluntad unitaria de Dios transformándose en la forma de las letras. Esto encaja con lo que se enseñó más arriba (ver sección 3 y nota 16), con respecto a que la palabra hablada corresponde a *Maljut*. Aquí vemos que las letras del habla son de hecho la revelación de Su *Maljut*. Esto es algo que no sucede en el incognoscible e inefable nivel de *Ein Sof/Keter*. Sólo en *Maljut*, donde Su voluntad se contrae en aspectos más finitos, la revelación de Su voluntad se manifiesta en todas las formas y funciones de las que está compuesta la creación.

115. **que no tiene forma en absoluto.** Como arriba, nota 110.

116. **se originan a partir de las letras....** Las letras del habla son los ladrillos primordiales de la creación. Dios creó todo a través de ellas, como en (Salmos 33:6), "Por la palabra de Dios fueron hechos los cielos; y por el aliento de Su boca, todas sus huestes" (*Mei HaNajal*).

117. **ex nihilo.** Un concepto fundamental del judaísmo es que Dios creó el mundo a partir de la nada, *iesh mi ain* (algo a partir de nada). Este es el significado de *creatio ex-nihilo*. Además,

Éste es el concepto de *zarka*[111]: es arrojado de vuelta hacia el lugar del cual fue tomado (*Tikuney Zohar* #21).[112] Esto es retornar *Maljut* hacia el *Ein Sof*,[113] que es la voluntad de las voluntades. Pues *Maljut* corresponde a las letras del habla, con la voluntad de Dios envestida en cada una de las letras. Fue la voluntad de Dios que una letra tuviera tal y tal forma, y que otra letra tuviese una forma diferente. Vemos entonces que la voluntad de [Dios], es decir, las formas de las letras, sirven para revelar Su *Maljut*. Y todas estas voluntades, las formas, surgen de la voluntad del *Ein Sof*,[114] que no tiene forma <en absoluto>.[115]

Y todos los objetos y la existencia material del mundo se originan a partir de las letras, es decir, de *Maljut*.[116] Esto es debido a que la existencia material es una consecuencia de *Maljut*, del deseo del Santo, bendito sea, de que Su *Maljut* se revele en el mundo. Mediante esto Él creó el mundo *ex nihilo*.[117] Todas las voluntades, las formas y toda

---

tanto ser descrito como la Existencia Absoluta. Sin embargo, desde nuestro punto de vista, lo más cerca que podemos llegar a concebir a Dios es saber que Su Esencia no corresponde a ninguno de los términos que utilizamos para describirlo. En este sentido, el término *Ein Sof* es también la idea de "la Nada Absoluta" (*Inner Space*, Rabí Aryeh Kaplan, p.50). De este modo, en los escritos del Ari, Dios es descrito como el Ser Infinito, Quien es ubicuo, omnisciente, omnipotente y también como la Absoluta Unidad Que carece de toda forma (*Etz Jaim* 1:2). En términos de la jerarquía Kabalista de los mundos y de las *sefirot*, *Ein Sof* indica el más alto de los niveles, aquél que está más allá de toda comprensión humana y que se corresponde con la *sefirá* incognoscible de *Keter*.

111. **zarka.** Las letras de la raíz de la palabra *ZaRKa* (זרק) forman la palabra hebrea que designa "arrojar". *Zarka* es una de las notaciones musicales utilizadas al leer la Torá en la sinagoga. El *Zohar* trata en profundidad estas notaciones y explica su significado espiritual (*Tikuney Zohar* #21, p.47a y sig.).

112. **arrojado...del cual fue tomado.** El *Tikuney Zohar* (#21, p.60a) explica el arrepentimiento como arrojar algo de vuelta hacia su fuente, de la cual ha sido separado. En nuestro contexto, esto se relaciona con retornar *Maljut* hacia su fuente por medio del arrepentimiento, es decir, la confesión en presencia de un estudioso de Torá. Además, *zarka* es símbolo de la capacidad del Tzadik para liberarse de los deseos materiales y de las pasiones. En relación con la raíz del alma de la persona, tales deseos son extremadamente viles y despreciables. Al purificar su cuerpo, el Tzadik libera su alma permitiéndole remontarse en los ámbitos de la santidad. Su alma es, por decirlo de alguna manera, arrojada, *zarka*, a las magníficas alturas donde llega a unirse con su fuente (*Rabí Iaacov Meir Shechter*).

113. **Maljut hacia Ein Sof.** Todas las *sefirot* (Emanaciones Divinas) emanaron del *Ein Sof*, que corresponde a *Keter*, la *sefirá* más elevada. De esta manera, *Ein Sof* es la fuente de las nueve *sefirot* que se encuentran debajo, incluyendo a *Maljut*, la *sefirá* final. En un extremo de la estructura de las *sefirot* está *Keter*, también conocida como *Ain* (la Nada). En el otro extremo

הָרְצוֹנוֹת, הַיְנוּ הַתַּמּוּנוֹת וְכָל הַיֵּשׁוּת, הַיְנוּ בְּחִינַת מַלְכוּת מְקַבְּלִים חִיּוּתָם מֵרָצוֹן אֵין סוֹף. כְּמוֹ שֶׁכָּתוּב (מגלה לא.): 'בְּכָל מָקוֹם שֶׁאַתָּה מוֹצֵא גְדֻלָּתוֹ שֶׁל הַקָּדוֹשׁ־בָּרוּךְ־הוּא', הַיְנוּ מַלְכוּתוֹ, הַיְנוּ רְצוֹנוֹת 'שָׁם אַתָּה מוֹצֵא עֲנְוְתָנוּתוֹ', הַיְנוּ רָצוֹן אֵין סוֹף. וְזֶה בְּחִינַת הִתְפַּשְׁטוּת הַגַּשְׁמִיּוּת. כִּי כְּשֶׁרוֹצֶה לְהִכָּלֵל בְּרָצוֹן אֵין סוֹף, צָרִיךְ לְבַטֵּל אֶת הַיֵּשׁוּת שֶׁלּוֹ.

וְזֶהוּ שֶׁכָּתוּב בַּזֹּהַר (חלק ב' פח:), שֶׁהִסְתַּלְּקוּת מֹשֶׁה בְּשַׁבָּת בְּשַׁעְתָּא דְמִנְחָה, שֶׁאָז הִתְגַּלּוּת רַעֲוָא דְרַעֲוִין, שֶׁהוּא בְּחִינַת רָצוֹן אֵין סוֹף, שֶׁכָּל הָרְצוֹנוֹת מְקַבְּלִין חִיּוּתָם מִמֶּנּוּ, וְזֶה מֵחֲמַת שֶׁבִּטֵּל מֹשֶׁה כָּל יֵשׁוּתוֹ, כְּמוֹ שֶׁכָּתוּב (שמות ט"ז): "וְנַחְנוּ מָה".

paraot LeJojmá). El Rabí Natán agrega que este es el objetivo último: despojarse de lo corpóreo para alcanzar la unidad con el *Ein Sof*, en Quien todo es bueno y para bien. Sin embargo, apunta el Rabí Natán, no todos pueden alcanzar este nivel, que requiere que la persona anule por completo su ego, es decir, quebrar todos los malos deseos que surgen de los cuatro elementos y confesarse delante del Tzadik, como explicó el Rebe más arriba (sección 8; *Torat Natán* 6-7).

121. **anular su ser material.** Esto se debe a que toda la existencia material es un resultado de *Maljut* (como arriba, notas 117-119). Negar el ser material es retornar *Maljut* a su fuente.

122. **a la hora de Minja.** La tarde, el momento de la plegaria de Minja, es un momento de juicio. La excepción es durante el Shabat, cuando los juicios del tiempo de Minja son silenciados y sólo prevalece la bondad.

123. **se revela la Voluntad de las Voluntades.** La más elevada revelación espiritual de la semana tiene lugar el Shabat a la tarde, cuando se manifiesta en el mundo un influjo de energía espiritual proveniente de *raava deraavin* (la Voluntad de las Voluntades). Este influjo espiritual emana de *Keter*, y más específicamente del aspecto superior de *Keter* conocido como *Atika Kadisha* (ver Apéndice: La Persona Divina). En el grado en que esta voluntad, la voluntad del *Ein Sof*, se revela y es reconocida, en la misma medida se anula *Maljut*.

124. **recibe su vitalidad.** Como arriba, notas 113-114.

125. **najnu *mah*. Qué somos nosotros.** Éste fue el nivel distintivo de humildad en el cual Moshé sobrepasó a todos los otros Tzadikim. Mientras que Abraham dijo (Génesis 18:27), "no soy más que polvo y ceniza", y el Rey David dice (Salmos 22:7), "soy un gusano, menos que humano", Moisés dijo de él mismo y de Aarón, "¿Qué somos nosotros?" (*Julin* 89a), tan absoluta fue su anulación en la voluntad del *Ein Sof*. Y debido a que Moshé anuló su ser material de manera tan completa, falleció en el momento de la revelación de *Keter*, cuando todos los juicios son mitigados y sólo prevalece la bondad. En nuestro contexto esto es cuando *IHVH* y *Elohim* son uno, cuando *Maljut* está unido con *Keter*.

la existencia material, correspondientes a *Maljut*, reciben su vitalidad de la voluntad del *Ein Sof*.[118] Como se enseñó (*Meguila* 31a): "En todo lugar en que encuentres la grandeza del Santo, bendito sea", es decir, Su *Maljut*/voluntad - "allí encontrarás Su humildad", es decir, la voluntad del *Ein Sof*.[119]

Y éste es el aspecto de despojarse de lo corpóreo.[120] Pues cuando la persona desea quedar incluida en la voluntad del *Ein Sof*, debe anular su ser material.[121]

Esto es lo que está escrito en el *Zohar* (II, 88b), que Moshé falleció en Shabat, a la hora de Minja.[122] Pues es entonces que se revela *raava deraavin* (la Voluntad de las Voluntades).[123] Ésta es la voluntad del *Ein Sof*, del cual reciben su vitalidad todas las voluntades <y toda la existencia material>.[124] Esto se debió a que Moshé anuló por completo su ser material, como está escrito, "Pues, ¿*najnu mah*? (¿Qué somos nosotros?)" (Éxodo 16:7).[125]

---

sabemos que la creación fue resultado de la voluntad de Dios de revelar Su *Maljut* en el mundo (*Mei HaNajal*).

118. **Todas las voluntades...Ein Sof.** El Rebe Najmán establece aquí dos ideas: La primera es que toda la creación física surge de *Maljut*/el habla. La segunda es que *Maljut* mismo es la revelación de la voluntad última de Dios, haciéndolo de este modo una extensión del *Ein Sof* con el cual está íntimamente unido. Y aunque nuestra finita mente consciente tiene dificultades en comprender cómo es esto posible, la implicancia de esta conexión entre *Maljut* y *Keter/Ein Sof* es que en esencia todas las diferentes voluntades son en realidad una sola voluntad, es decir, las miríadas de formas separadas son en esencia parte de la unidad.

119. **grandeza...Maljut...humildad...Ein Sof.** El *Etz Iosef* (*Meguila* 31a, v. i. kol) explica este pasaje del Talmud de la siguiente manera: Aunque la gente que ocupa cargos de prestigio y de autoridad sólo disfrutan de la alabanza de sus pares y de aquéllos que se encuentran por sobre ellos, y consideran de poco valor la alabanza que reciben de sus inferiores, en contraste, las Escrituras demuestran que cada vez que se menciona la grandeza de Dios, Él está asociado con los niveles "inferiores" de la sociedad: los pobres, las viudas, los huérfanos, los conversos y demás. Su insondable grandeza se manifiesta en Su asombrosa humildad, que pese a nuestra falta de dignidad Él nos valora lo suficiente como para revelar Su grandeza y aceptar nuestra alabanza.

En nuestro contexto, la revelación de la grandeza de Dios corresponde a *Maljut*, el nivel en el cual se hace manifiesta Su voluntad. Y, como se explicó, *Maljut* es de hecho una extensión de *Ain* (la Nada), que es Su humildad (ver notas 69, 70). Por lo tanto, "En todo lugar en que encuentres la grandeza/*Maljut*... allí encontrarás Su humildad/*Ein Sof*".

120. **despojarse de lo corpóreo.** Este concepto está mencionado en el *Shuljan Aruj* (*Oraj Jaim* 98:1) como el estado mental ideal para orar. Esto se debe a que la plegaria corresponde a *Maljut*, y ascender hacia el *Ein Sof* durante la plegaria corresponde a elevar a *Maljut* hacia su fuente (*Par-*

וְזֶה פֵּרוּשׁ (דברים ל"ד): "וַיִּקְבֹּר אוֹתוֹ בַגַּיְא" - זֶה בְּחִינַת אַיִן, כְּמוֹ שֶׁכָּתוּב (ישעיהו מ): "כָּל גֵּיא יִנָּשֵׂא". "בְּאֶרֶץ מוֹאָב" - זֶה בְּחִינַת מַלְכוּת, שֶׁדָּוִד בָּא מִמּוֹאָב, שֶׁנִּסְתַּלֵּק מֹשֶׁה בְּתוֹךְ אֵין סוֹף, בְּתוֹךְ רָצוֹן שֶׁבָּרְצוֹנוֹת, בְּתוֹךְ רַעֲוָא דְּרַעֲוִין, שֶׁהוּא בְּחִינַת רָצוֹן אֵין סוֹף, הַמְלֻבָּשׁ בִּרְצוֹנוֹת, בִּתְמוּנוֹת אוֹתִיּוֹת, בִּבְחִינַת מַלְכוּת, כְּמוֹ שֶׁכָּתוּב: "בְּכָל מָקוֹם שֶׁאַתָּה מוֹצֵא גְדֻלָּתוֹ", הַיְנוּ מַלְכוּת בִּבְחִינַת רַעֲוִין, "שָׁם אַתָּה מוֹצֵא" רַעֲוָא, רָצוֹן אֵין סוֹף. וְזֶה "מוּל בֵּית פְּעוֹר", כִּי אָמְרוּ חֲכָמֵינוּ, זִכְרוֹנָם לִבְרָכָה (מדרש אגדה; מובא בתוספות סוטה יד.): 'לָמָה נִקְרָא שְׁמוֹ פְּעוֹר - עַל שֵׁם שֶׁפּוֹעֵר פִּיו', כִּי כְּשֶׁפּוֹגְמִין בְּמַלְכוּת, אֲזַי יֵשׁ לוֹ כֹּחַ לִפְעֹר פִּיו בְּצֵרוּפִים רָעִים, אֲבָל מֹשֶׁה שֶׁתִּקֵּן מִדַּת הַמַּלְכוּת, עַל-יְדֵי זֶה לֹא הָיָה יְכֹלֶת בְּיַד פְּעוֹר לִפְעֹר פִּיו. וְזֶה: "וְלֹא יָדַע אִישׁ", אֲפִלּוּ מֹשֶׁה לֹא יָדַע, כְּמוֹ שֶׁאָמְרוּ רַבּוֹתֵינוּ, זִכְרוֹנָם לִבְרָכָה (סוטה יד.),

---

esposa a Rut, una mujer de Moav (Rut 4:13). El *Parparaot LeJojmá* explica de la siguiente manera el significado de que Moshé fue enterrado en Moav: La rectificación de *Maljut* de Santidad realizada por Moshé fue tan completa que incluso desde Moav, un *maljut* de los *akum* (naciones), fue capaz de extraer y de elevar a *Maljut*, es decir, al Rey David.

128. **envestido en las voluntades....** Como se explicó, la voluntad del *Ein Sof* es la fuente de *Maljut*/las letras de la creación (ver notas 116, 118).

129. **Bet-Peor.** Bilaam les aconsejó a los Moavitas que para conquistar a los judíos, primero debían hacerlos pecar. Con este objetivo, los Moavitas enviaron a sus hijas para seducir a los judíos y llevarlos finalmente a servir a la idolatría de Moav, a Peor.

130. **abre grande su boca.** El nombre Peor sugiere una abertura. De acuerdo con la tradición, la adoración de este ídolo implicaba prácticas escatológicas y en particular la apertura del ano para defecar en su presencia (*Sanedrín* 60b; *Rashi*, Números 25:3).

En otra parte, enseña el Talmud: Cada año, en el momento correspondiente a cuando los judíos pecaron con las hijas de Moav, Peor se yergue para recordar sus pecados y denunciarlos. Pero cuando ve la tumba de Moshé frente a él, vuelve a hundirse (*Tosafot*, *Sotá* 14a; *v.i. mipnei*).

131. **combinaciones negativas de letras.** Aplicando esto a nuestro contexto, el Rebe Najmán explica que Peor abre la boca para dañar a *Maljut* a través de las combinaciones negativas de letras (ver arriba, sección 5).

132. **Moshé rectificó...Maljut....** Moshé rectificó completamente a *Maljut*, que corresponde

{**"Así Moshé, siervo del Señor, murió allí en la tierra de Moav, por la palabra del Señor. [Dios] lo enterró en un valle en la tierra de Moav, frente a Bet-Peor. Y hasta el día de hoy ningún hombre conoce el lugar de su sepultura"** (Deuteronomio 34:5-7).}

Éste es el significado de "[Dios] lo enterró en un valle" - ello alude al *Ein Sof*, como está escrito (Isaías 40:4), "Todo valle será elevado".[126] "En la tierra de Moav" - esto alude a *Maljut*, pues el Rey David desciende de Moav.[127] Moshé ascendió al *Ein Sof*, a la Voluntad de las Voluntades, <el aspecto de> *raava deraavin*. Esto corresponde a la voluntad del *Ein Sof*, que se enviste en las voluntades/formas de las letras, el aspecto de *Maljut*.[128] Como se explicó, "En todo lugar en que encuentres Su grandeza", es decir, *Maljut*, el aspecto de <voluntad>, "allí encontrarás <Su humildad>", es decir, la voluntad del *Ein Sof*.

Esto es: "frente a Bet-Peor".[129] Como enseñan nuestros sabios: ¿Por qué fue [el ídolo] llamado "Peor"? Porque abre grande la boca.[130] Pues cuando uno daña a *Maljut*, [Peor] tiene entonces el poder de abrir la boca con combinaciones negativas de letras.[131] Pero Moshé rectificó el aspecto de *Maljut* y, como resultado, Peor no pudo abrir la boca (Sotá 14a).[132]. Esto es: "Ningún hombre conoce [el lugar de su sepultura]", ni

---

El Rebe Najmán conecta ahora el ir a ver al Tzadik y confesarse delante de él con el hecho de que el Tzadik, debido a su profunda humildad, asegura el perdón de Dios para la persona y de este modo rectifica todo. Esto sucede debido a que el Tzadik asciende hacia el *Ein Sof*, el nivel más elevado, la Voluntad de las Voluntades. Allí obtiene el poder para vencer a *Maljut* del Otro Lado y elevar hacia *Keter* al *Maljut* rectificado. Este, explica el Rebe, es el significado profundo del hecho de que Moshé falleciera el Shabat a la tarde: se anuló en la Voluntad de las Voluntades y obtuvo así el perdón de los pecados del pueblo judío, como veremos a continuación.

Agrega el Rabí Natán: La enseñanza del Rebe sobre el significado del fallecimiento de Moshé y el lugar de su entierro puede ampliarse y aplicarse incluso hoy, cuando visitamos las tumbas de los Tzadikim, uniéndonos a los Tzadikim al orar allí, confesando nuestros pecados y buscando una guía para quebrar nuestros malos deseos (*Torat Natán* 8; ver más abajo, nota 202).

126. **elevado.** El *Mei HaNajal* explica: Las Escrituras utilizan el término "valle" como una metáfora para alguien muy humilde y cuya posición es insignificante. Así, enseña el Talmud: Si el estudioso de Torá es orgulloso, el Santo, bendito sea, lo hace descender, como en (Números 212.20), "Desde las alturas [hacia abajo], al valle". Pero si entonces se arrepiente, el Santo, bendito sea, lo eleva, como en (Isaías 40:4), "Todo valle será elevado" (*Nedarim* 55b). La Kabalá extiende esta connotación de "valle" para incluir la cualidad de la nada asociada con *Ain*. Es por esto que dice con respecto al lugar del entierro de Moshé: "Todo valle será elevado", toda persona humilde será elevada en mérito a Moshé (*Zohar* III, 280a). En nuestro contexto esto se refiere a Moshé, capaz de efectuar el perdón para todos, incluso hasta para el peor de los pecadores. Así, el sitio del entierro de Moshé es una metáfora para su anulación en *Ain*.

127. **desciende de Moav.** El Rey David era el bisnieto de Boaz, quien había tomado como

כִּי נִתְבַּטֵּל לְגַבֵּי אֵין סוֹף.
וְכָל זֶה הָיָה בְּמוֹתוֹ, אֲבָל בְּוַדַּאי גַּם בְּחַיָּיו הָיָה לוֹ הִתְפַּשְּׁטוּת הַגַּשְׁמִיּוּת, וְהָיָה מְדַבֵּק אֶת עַצְמוֹ בְּאוֹר אֵין סוֹף, אֲבָל הַהִתְפַּשְּׁטוּת הָיָה בִּבְחִינַת (יחזקאל א): וְהַחַיּוֹת רָצוֹא וָשׁוֹב. כִּי הַקָּדוֹשׁ־בָּרוּךְ־הוּא רוֹצֶה בַּעֲבוֹדָתֵנוּ, כְּמוֹ שֶׁכָּתוּב: 'וְאָבִיתָ תְהִלָּה מִגּוּשֵׁי עָפָר,

El *Parparaot LeJojmá* muestra cómo esto se relaciona con Iehudá, el aspecto de *Maljut* (sección 5). Enseña el Talmud que Iehudá mereció *Maljut* por varias razones: debido a que confesó su relación con Tamar; porque se humilló ante Iosef; debido al autosacrificio que mostró la tribu de Iehudá en el Mar Rojo (*Tosafot, Berajot* 4:16). Todos estos conceptos se encuentran en nuestra lección como aspectos de *Maljut*. La confesión eleva a *Maljut* (sección 5). La humildad es el origen de *Maljut* (sección 7, ver nota 76). Y el arrepentimiento, mediante el cual *Maljut* se eleva hacia su fuente, se logra a través del autosacrificio, es decir, anulando por completo el yo en el *Ein Sof*. Con esto, podemos comprender mejor la bendición que Iaacov le dio a Iehudá (Génesis 49:8), "Iehudá, tus hermanos te *iodu* (te alabarán). Tu mano estará sobre el *oreph* (cuello) de tus enemigos; los hijos de tu padre se inclinarán ante ti". El *Targum* traduce *iodu* como una variación de *hodaa* (הודאה), refiriéndose a la confesión de Iehudá (ver arriba, nota 46), por medio de la cual rectificó a *Maljut*. *Rashbam* (*ad. loc.*) traduce *iodu* como una variación de *hod* (הוד, esplendor real), aludiendo a *Maljut*. Esto es lo que implica el término *iodu*: los hermanos lo reconocieron como a su líder. Y, debido a que Iehudá mereció *Maljut*, fue capaz de subyugar a sus enemigos: "Tu mano estará sobre el *oreph* (cuello) de tus enemigos". Como indica el Ari, *ORePh* (עורף) corresponde a *PeOR* (פעור). Al rectificar a *Maljut*, Iehudá fue capaz de superar las combinaciones negativas de letras.

134. **durante su vida....** Las Escrituras relatan que Moshé ascendió tres veces a los cielos, cada vez por un lapso de 40 días y 40 noches (ver *Rashi*, Deuteronomio 9:18). Este abandono de su corporeidad por los que fueran esencialmente 120 días consecutivos indica que aún en vida su anulación no fue algo extraño para Moshé.

135. **las criaturas vivientes corrían y retornaba.** Esta frase aparece en la profecía de Ezequiel sobre la Carroza Divina. Estas *jaiot* (criaturas vivientes) que portaban la Carroza estaban en un constante estado de "correr y retornar". En nuestro contexto, esto es un paralelo del Tzadik/Moshé que siempre busca despojarse de su corporeidad y quedar absorbido en el *Ein Sof*, pero que aun así no puede mantenerse en ese nivel. Está obligado a retornar a lo físico, hasta que Dios Mismo tome su alma.

El Rabí Natán explica que aunque "correr", es decir, quedar anulado en el *Ein Sof*, es algo muy valioso y de hecho indispensable, sin embargo, la verdadera medida del éxito se encuentra en el "retornar". Él ilustra esto con una semilla de trigo. Para que la semilla dé frutos, debe primero "negarse", ser absorbida totalmente en la tierra. Recién después de perder por completo su forma y su identidad como semilla podrá echar raíces. Finalmente crecerá y dará muchos más frutos que lo que fue en su forma original. Lo mismo se aplica al hombre. Primero debe despojarse de su identidad separada y anularse en Dios. Esto es "correr". Luego, al "retornar", lo hará con un nivel mayor de espiritualidad (*Likutey Halajot, Kilaei HaKerem* 2:1).

siquiera Moshé lo conoció (*Ibid.*). Pues él se anuló en el *Ein Sof*.[133]

Todo esto sucedió al fallecer. Sin embargo, por cierto que también en vida [Moshé] se despojó de toda corporeidad[134] y se unió a la Luz del *Ein Sof*. Pero entonces, su despojarse fue en el aspecto de "las criaturas vivientes corrían y retornaban" (Ezequiel 1:14).[135] Esto se debe a que el Santo, bendito sea, desea nuestro servicio, como está escrito (Liturgia de Iom Kipur), "Tú deseas la alabanza de montículos de polvo, de terrones

---

al habla. Así, Peor no puede "decir" nada, es decir, no puede abrir la boca con combinaciones negativas de letras, pues ve la tumba de Moshé frente a él y vuelve a hundirse.

El *Be Ibey HaNajal* explica esto. El pecado de Adán y los pecados de la humanidad a lo largo de las generaciones habían hecho que *Maljut* de Santidad descendiera hacia el ámbito del Otro Lado. El alma del Rey David, siendo la personificación de *Maljut* de Santidad, quedó así atrapada dentro de la nación de Moav. Tal como ha explicado el Rebe Najmán, *Maljut* del Otro Lado, la idolatría de Peor de Moav, gana el control a través de los pecados de la gente y abre grande la boca con las combinaciones de letras provenientes del ámbito del Otro Lado (sección 5). Esto ya se hizo evidente en la nación de Moav desde su misma concepción. Cuando la hija de Lot dio a luz al hijo que concibiera tras dormir con su padre, le puso de nombre MoAV que significa este proviene de *MeAV*, de su *av* (padre; *Rashi*, Génesis 19:37). Esta combinación negativa de letras fue una señal de que el alma del Rey David, *Maljut* de Santidad, había quedado atrapada en el ámbito del Otro Lado. Cuando, más tarde, los Moavitas intentaron vencer a los judíos exponiéndolos a Peor, Moshé logró protegerlos y anuló en forma tan absoluta a Peor que liberó a *Maljut* de Santidad y permitió que el alma del Rey David pudiese finalmente liberarse de allí. El mismo Rey David continuó rectificando y elevando a *Maljut* de Santidad componiendo combinaciones santas de letras, es decir, las canciones y plegarias a Dios que conforman el Libro de los Salmos.

133. ...se anuló en el Ein Sof. Éste es el significado profundo de que incluso Moshé *no conoció* en dónde estaba enterrado: al fallecer, Moshé se libró de los últimos vestigios de corporeidad. Fue entonces tan absorbido en el *Ein Sof*, habiendo anulado completamente toda conciencia del yo, que "no conoció", es decir, su *daat* no diferenció entre el yo y el otro, pues el *daat* mismo (la conciencia) fue anulado (el Rebe aclara esto en el párrafo que sigue). El *Mei HaNajal* explica que éste es el concepto de confesarse en presencia del estudioso de Torá. Cuando el Tzadik fallece, se incluye en el *Ein Sof*. Pero incluso antes de ello, cuando la persona se confiesa frente a un estudioso de Torá, este estudioso de Torá se niega a sí mismo en el *Ein Sof*. En ese punto, también él es absorbido en el nivel donde no hay diferenciación entre la bondad y el juicio. Tal como continúa explicando el Rebe, cuando el Tzadik emerge de este nivel, también él comprende que todo lo que sucede es para bien, es decir, que todo es uno.

El versículo se traduce así en nuestro texto como sigue: **Dios lo enterró en un valle** - debido a que Moshé se había anulado totalmente en el *Ein Sof*, **en la tierra de Moav** - fue capaz de rectificar a *Maljut*; **frente a Bet-Peor** - y al rectificar a *Maljut*, Moshé desmanteló y destruyó las combinaciones negativas de letras. **Y ningún hombre ha conocido...ni siquiera Moshé lo conoció** - Moshé fue capaz de hacer esto debido a que había ascendido al nivel más elevado, a *Keter*, donde no hay forma ni materia física, donde todo es uno y donde se anula el mismo *daat* (conciencia).

מִקְּרוּצֵי חֹמֶר', וּבִשְׁבִיל זֶה צָרִיךְ שֶׁלֹּא יִשָּׁאֵר כֵּן, אֶלָּא עַד עֵת שֶׁיָּבוֹא הַקָּדוֹשׁ בָּרוּךְ הוּא בְּעַצְמוֹ וְיִטֹּל נִשְׁמָתוֹ.

וְזֶה שֶׁאָנוּ רוֹאִים, שֶׁלִּפְעָמִים נִתְלַהֵב אָדָם בְּתוֹךְ הַתְּפִלָּה וְאוֹמֵר כַּמָּה תֵּבוֹת בְּהִתְלַהֲבוּת גָּדוֹל, זֶה בְּחֶמְלַת ה' עָלָיו, שֶׁנִּפְתַּח לוֹ אוֹר אֵין סוֹף וְהֵאִיר לוֹ. וּכְשֶׁרוֹאֶה אָדָם הַהִתְנוֹצְצוּת הַזֹּאת, אַף־עַל־גַּב דְּאִיהוּ לָא חָזֵי מַזָּלֵיהּ חָזֵי (מגלה ג.), תֵּכֶף נִתְלַהֵב נִשְׁמָתוֹ לִדְבֵקוּת גָּדוֹל, לְדַבֵּק אֶת עַצְמוֹ בְּאוֹר אֵין סוֹף, וּכְשִׁעוּר הִתְגַּלּוּת אֵין סוֹף, לְפִי מִנְיַן הַתֵּבוֹת שֶׁנִּפְתְּחוּ וְהִתְנוֹצְצוּ, כָּל אֵלּוּ הַתֵּבוֹת אוֹמֵר בִּדְבֵקוּת גָּדוֹל וּבִמְסִירַת נֶפֶשׁ וּבְבִטּוּל כְּחוּשָׁיו. וּבְשָׁעָה שֶׁנִּתְבַּטֵּל לְגַבֵּי אֵין סוֹף, אֲזַי הוּא בִּבְחִינַת: "וְלֹא יָדַע אִישׁ", שֶׁאֲפִלּוּ הוּא בְּעַצְמוֹ אֵינוֹ יוֹדֵעַ מֵעַצְמוֹ. אֲבָל זֹאת הַבְּחִינָה צָרִיךְ לִהְיוֹת רָצוֹא וָשׁוֹב, כְּדֵי שֶׁיִּתְקַיֵּם יֵשׁוּתוֹ.

Sin embargo, cuando *daat* retorna de su estado de anulación lleva de vuelta hacia la mente consciente percepciones nuevas y tremendas (como seguidamente explicará el Rebe). Sin embargo, si la mente misma no ha alcanzado pureza y santidad, será incapaz de incorporar apropiadamente estas nuevas percepciones. Como relata el Talmud (*Jaguigá* 14b): Cuatro grandes sabios ascendieron a los planos espirituales más elevados y sólo el Rabí Akiva retornó sin daño (*Torat Natán* 7; ver también *Cuatro lecciones del Rabí Najmán de Breslov, Maim*, Breslov Research Institute).

138. **su mazal ve.** Cada persona tiene un ángel guardián en el cielo, que los sabios llaman el *mazal* de la persona (*Rashi, loc. cit., v.i. mazlaiu*). Aunque la persona tal vez no sea consciente de todas las fuerzas espirituales que la afectan, sin embargo, "su *mazal* ve" y esto inspira su devoción.

139. **devoción...abandono...anulación de todos sus sentidos.** Esto es *Maljut*, las letras que le han sido reveladas, buscando su fuente.

140. **no es consciente de su propia existencia.** Pues ha quedado absorbida en el *Ein Sof*, donde todas las formas de vida separadas se anulan en la unidad de Dios. Como resultado, también ella anula su identidad separada, abandonando su yo en la unidad del Uno.

141. **preservar su alma dentro de sí.** Pues Dios desea la alabanza de los "montículos de tierra" y de los "terrones de arcilla", como arriba (nota 136). Hay quienes explican que esto fue precisamente lo que dos de los cuatro sabios que entraron al Jardín (ver nota 137) fueron incapaces de hacer. Ellos ascendieron hasta los planos espirituales más elevados, pero cuando llegó el momento descender, Ben Zoma no pudo y Ben Azai no quiso (*Cuatro lecciones del Rabí Najmán de Breslov, Maim*).

de arcilla".[136] Por lo tanto, es imperioso no quedarse [en ese estado de anulación], hasta que llegue el momento en que el Mismo Santo, bendito sea, venga y tome el alma.

Es por esto que cada tanto vemos una persona que se siente inspirada al orar y que recita varias palabras con un tremendo fervor. Esto se debe a la compasión de Dios por ella; la Luz del *Ein Sof* se le ha abierto y brilla para ella.[137] Cuando la persona ve este brillo, y aunque no lo vea, su *mazal* sí ve (*Meguilá* 3a),[138] su alma se inflama al instante con una gran devoción y se une a la Luz del *Ein Sof*. Y en el grado en que se revela el *Ein Sof*, en la medida del número de palabras que han sido abiertas y que comenzaron a irradiar, recita ahora todas estas palabras con gran devoción, con abandono del yo y con la anulación de todos sus sentidos.[139] Entonces, durante el tiempo en que se anula en el *Ein Sof*, está en un estado de "ningún hombre conoce", de modo que ella misma no es consciente de su propia existencia.[140] Pero esto debe ser en el aspecto de "correr y retornar", para preservar <su alma dentro de sí>.[141]

---

136. **Tú deseas la alabanza de montículos de polvo....** Esta frase, que proviene del Servicio de la Noche (Maariv) de Iom Kipur, enfatiza la preferencia de Dios por el servicio de seres humanos de carne y hueso por sobre el servicio de seres sin corporeidad. En términos similares, el Rebe Najmán dijo cierta vez que él podía transformar a todos sus seguidores en Tzadikim completos, es decir, llevarlos al nivel de anulación en el *Ein Sof*, pero ¿de qué valdría? "Sería como Dios sirviéndose a Sí Mismo", explicó (*Tzaddik* #330). Por lo tanto, durante su vida, el Tzadik también debe estar en un estado de "correr y retornar".

Como se mencionó, esta cita proviene de las plegarias de Iom Kipur, que también incluyen la confesión y son recitadas cuando la gente ayuna y se niega los placeres físicos, despojándose de su corporeidad.

137. **brilla para ella.** La Luz del *Ein Sof* se manifiesta a través de las letras, de *Maljut*.

Hasta ahora, el Rebe Najmán ha hablado sobre el Tzadik que ha alcanzado el nivel de *Keter* y que se anula en el *Ein Sof*. También ha mencionado que cada persona puede obtener una medida de esta anulación espiritual al negarse a sí misma frente al Tzadik, quien a su vez se ha negado en el *Ein Sof* (ver arriba, nota 133). Aquí, el Rebe indica que la cantidad de Luz del *Ein Sof* que la persona percibe se debe en igual medida a sus propios logros y a la compasión de Dios. Uno debe afanarse para alcanzar su nivel y reconocer al mismo tiempo que todo es un regalo de Dios.

Agrega el Rabí Natán: La persona debe también orar a Dios para que la salve de "correr" más allá de sus capacidades. Aquél cuyo ascenso espiritual es demasiado elevado o demasiado rápido, sin las herramientas necesarias para contener las percepciones que alcance, puede de hecho caer más tarde como resultado de la conciencia que obtuvo. Esto sucede, explica el Rabí Natán, pues el *daat* se libera de la mente consciente para quedar absorbido en el *Ein Sof*. Debe hacer esto pues la mente consciente es finita y por tanto incapaz de recibir la Luz.

נִמְצָא כְּשֶׁהוּא בִּבְחִינַת וָשׁוֹב, אֲזַי צָרִיךְ לְהַרְאוֹת גַּם לְדַעְתּוֹ. כִּי מִתְּחִלָּה, בִּשְׁעַת דְּבֵקוּת הָיָה נִתְבַּטֵּל הַדַּעַת, כְּמוֹ שֶׁכָּתוּב: "וְלֹא יָדַע אִישׁ", וּכְשֶׁהוּא בִּבְחִינַת וָשׁוֹב, שֶׁשָּׁב (לְדַעְתּוֹ) לְיֵשׁוּתוֹ, אָז שָׁב לְדַעְתּוֹ, וּכְשֶׁשָּׁב לְדַעְתּוֹ, אָז הוּא יוֹדֵעַ אַחְדוּת הָאֵין סוֹף וְטוּבוֹ, וַאֲזַי אֵין חִלּוּק בֵּין ה' לֵאלֹהִים, בֵּין מִדַּת הַדִּין לְמִדַּת הָרַחֲמִים. כִּי בְּאֵין סוֹף אֵין שַׁיָּךְ, חַס וְשָׁלוֹם, שִׁנּוּי רָצוֹן, כִּי הַשִּׁנּוּיִים אֵינוֹ אֶלָּא בְּשִׁנּוּי הַתְּמוּנוֹת, אֲבָל עַל־יְדֵי הַדְּבֵקוּת שֶׁל אָדָם בְּאֵין סוֹף, שֶׁשָּׁם אֵין שִׁנּוּי רָצוֹן, כִּי שָׁם רָצוֹן פָּשׁוּט, וְאַחַר־כָּךְ נִשְׁאַר בּוֹ רְשִׁימוּ מֵאַחְדוּת הַזֹּאת, וְאַחַר־כָּךְ נַעֲשֶׂה בִּבְחִינַת וָשׁוֹב, אֲזַי הָרְשִׁימוּ מַרְאֶה לַדַּעַת, שֶׁיֵּדַע שֶׁכֻּלּוֹ טוֹב וְכֻלּוֹ אֶחָד.

וְזֶה שֶׁאָמַר מֹשֶׁה לְדוֹרוֹ (דברים ד): "אַתָּה הָרְאֵתָ לָדַעַת כִּי ה' הוּא הָאֱלֹהִים". כִּי מֹשֶׁה הוּא בְּחִינַת אַיִן, וְדוֹרוֹ הַדְּבוּקִים אֵלָיו

impureza es que un *reshimu* santo nunca puede ser destruido, mientras que un *reshimu* impuro puede ser erradicado. El Rebe Najmán ilustró esto más arriba (sección 5), explicando que el pecado deja una impresión sobre los huesos de la persona y que esta impresión, en la forma de combinación negativa de letras, puede ser purgada mediante la confesión.

En nuestro contexto, el *reshimu* que queda cuando el *daat* de la persona que se ha anulado en el *Ein Sof* retorna a la conciencia normal, es un sentimiento de la unidad de Dios y de la uniformidad de Su voluntad. La implicancia de esta unidad de voluntad es que en su esencia, el juicio y la compasión de Dios son lo mismo. El Santo, bendito sea, no actúa primero con una voluntad de juicio y un deseo de castigar y, luego de recibir alguna nueva información, cambia Su voluntad hacia la compasión y el deseo de recompensar. Más bien, desde el mismo comienzo todo es bueno y todo es uno, "completamente Quien es bueno y hace el bien" (sección 1, nota 7), y la comprensión de esto es llamada una conciencia plena, un anticipo del Mundo que Viene. El Rabí Natán agrega que esto se debe a que la santidad se encuentra en un estado perpetuo de unidad, aunque a nuestros ojos se muestre como separada. No así las fuerzas del Otro Lado que, aunque en su esencia tienen su raíz en la santidad y por lo tanto comienzan en la unidad, siempre concluyen en un estado de desunión (*Torat Natán* 9).

148. **claramente le fue demostrado a tu daat....** Rashi (*loc. cit.*) explica que cuando Dios entregó la Torá, abrió los cielos y reveló Su unidad. En nuestro contexto, esto alude a la persona cuyo *daat* ha estado anulado y absorbido en el *Ein Sof*. Luego, después que su *daat* ha retornado a la mente consciente, sabe con claridad, tiene una conciencia plena, pues le ha sido demostrado a su *daat* la unidad de "*IHVH* es el *Elohim*".

149. **Pues Moshé...daat....** Ver *Etz Jaim* 32:1, y *Likutey Moharán* I, 15:3 y nota 16.

Vemos entonces que cuando está en un estado de "retornar",[142] debe también revelar <esta percepción> a su *daat*. Pues al comienzo, en el momento de la devoción, su *daat* fue anulado, como en, "ningún hombre conoce". Pero cuando se encuentra en un estado de "retornar", volviendo a su ser material, entonces también retorna a su *daat*.[143] Y cuando retorna a su *daat*, sabe de la unidad y bondad del *Ein Sof*. Entonces, no hay diferencia entre *IHVH* y *Elohim*, entre el atributo divino de juicio y el atributo divino de compasión.[144]

Pues al *Ein Sof* no puede atribuírsele ningún cambio de voluntad, el Cielo no lo permita. Las modificaciones sólo ocurren en el cambio de las formas.[145] Sin embargo, en virtud de la unión de la persona con el *Ein Sof*, donde no hay cambio de voluntad pues allí la voluntad es uniforme,[146] permanece con ella una impresión de esta unidad. Entonces, cuando más tarde se encuentra en un estado de "retorno", esta impresión ilumina <su *daat*>, de modo que ahora sabe que todo es bueno y que todo es uno.[147]

Esto es lo que Moshé le dijo a su generación: "Claramente le fue demostrado a tu *daat*, que *IHVH* (Dios) es el *Elohim* (Señor)" (Deuteronomio 4:35).[148] Pues Moshé corresponde a <*daat*, como es sabido>.[149] Por lo tanto, fue correcto que su generación, que estaba unida a él, [tuviese]

---

142. **estado de retornar.** Luego de haber probado algo de la bondad y unidad del *Ein Sof*.

143. **retorna a su daat.** A su estado normal de conciencia. Ver la explicación del Rabí Natán en la nota 137, donde aclara que este *daat* retorna a la mente consciente, que es donde suele residir generalmente.

144. **Entonces, no hay diferencia....** Pues en el *Ein Sof* todo es uno, la unidad de todas las voluntades (ver arriba, nota 114). Y ya no hace diferencia entre la bondad y el juicio, sino que bendice "Quien es bueno y hace el bien" por todo lo que sucede (como se explicó en sección 4 y notas).

145. **de las formas.** Que están en *Maljut*, no en el *Ein Sof*.

146. **es uniforme.** El *Ein Sof* es omnisciente. Con Su infinito conocimiento y consciencia Él conoce todo lo que fue, es y será. Por lo tanto, un cambio de voluntad, que tiene lugar cuando algo no previsto es ahora tomado en cuenta, o algo considerado es ahora reconsiderado, no tiene lugar en Su unicidad y unidad. La voluntad del Santo, bendito sea, es por lo tanto simple y uniforme (ver nota 110).

147. **impresión....** El concepto Kabalista de impresión, *reshimu* en arameo, hace referencia a la impresión dejada por toda acción o logro, así sea en santidad o en lo opuesto. Es lo que la persona retiene consigo a partir de su experiencia directa más que de su percepción intelectual. Los Kabalistas agregan que la diferencia entre una impresión de santidad y una dejada por la

רָאוּי לָהֶם לָדַעַת, הַיְנוּ לְהָאִיר לַדַּעַת, בְּחִינַת אֵין סוֹף, בְּחִינַת רַעֲוָא דְּרַעֲוִין, בְּחִינַת: ה' הוּא הָאֱלֹהִים:

וְזֶה פֵּרוּשׁ (בבא בתרא עג:):

אָמַר רַבָּה בַּר בַּר חָנָא: זִמְנָא חֲדָא הֲוָה קָאזְלִינָן בִּסְפִינְתָּא, וַחֲזֵינָן הַהוּא כֻּוָרָא דְּיָתְבָא לֵיהּ אָכְלָה טִינָא בְּאוּסְיֵהּ. וְאִידְּחוּהוּ מַיָּא, וְשַׁדְיוּהוּ לְגוּדָא, וַחֲרוּב מִנֵּיהּ שִׁיתִּין מָחוֹזֵי, וְאָכְלוּ מִנֵּיהּ שִׁיתִּין מָחוֹזֵי, וּמַלְחוּ מִנֵּיהּ שִׁיתִּין מָחוֹזֵי, וּמְלָאוּ מֵחַד גַּלְגְּלָא דְּעֵינֵיהּ תְּלַת מְאָה גַּרְבֵי מִשְׁחָא. וְכִי הָדְרָן לְבָתַר תְּרֵיסַר יַרְחֵי שַׁתָּא, חֲזֵינָן דְּהֲוָה קָא מְנַסְּרֵי מִגַּרְמֵיהּ מְטַלְּלְתָּא, וִיהָבֵי לְמִבְנֵיְנְהוּ הַנָּךְ מָחוֹזֵי:

רַשְׁבַּ"ם:

כּוּרָא דָג: אָכְלָא טִינָא שֶׁרֶץ קָטָן: בְּאוּסְיֵהּ בִּנְחִירָיו שֶׁל דָּג נִכְנַס הַשֶּׁרֶץ: וְאִידְחוּהוּ מַיָּא הַדִּיחוּהוּ הַמַּיִם וְהִשְׁלִיכוּהוּ לַיַּבָּשָׁה כְּדֶרֶךְ יָם, שֶׁאֵינוֹ סוֹבֵל דָּבָר מֵת: חָרְבוּ מִנֵּיהּ שִׁיתִּין מָחוֹזֵי שֶׁהִשְׁלִיכוּהוּ הַמַּיִם עַל שָׁשִׁים כְּרַכִּים וְשִׁבְּרָן כֻּלָּם, שֶׁהָיָה גָּדוֹל כָּל כָּךְ: וְאָכְלוּ מִנֵּיהּ שִׁיתִּין מָחוֹזֵי בְּעוֹדֶנּוּ לַח: וּמַלְחוּ מִנֵּיהּ שִׁיתִּין מָחוֹזֵי אֲחֵרִים, שֶׁהָיוּ רְחוֹקִין מִשָּׁם, מָלְחוּ מִנֵּיהּ וּנְשָׂאוּהוּ לִמְקוֹמָן: מֵחַד גַּלְגְּלָא דְּעֵינָא מִגַּלְגַּל עֵינוֹ לָקְחוּ שֶׁמֶן תְּלַת מְאָה גַּרְבֵי: הֲוָה מְנַסְרֵי לִבְנוֹת מֵעַצְמוֹת הַדָּג אוֹתָן מָחוֹזֵי שֶׁהִפִּיל:

es necesario confesar los pecados delante de un Tzadik/estudioso de la Torá. De este modo se curan los huesos (#5). La confesión ante un estudioso de la Torá corresponde a retornar a *Maljut* a su fuente. Esto se debe a que el fuego/Torá es la fuente de *Maljut* y los estudiosos de la Torá son la esencia misma de la Torá. La presencia del Tzadik es por lo tanto vital (#6). Y el Tzadik puede efectuar el perdón luego de escuchar la confesión, pues en virtud de su profunda humildad, él puede elevar el *Maljut* rectificado hacia su fuente original, *Ain* (#7). Confesarse en presencia de un Tzadik es de hecho el tercero de los tres pasos para alcanzar el arrepentimiento. Los primeros dos pasos son unirse al Tzadik y darle caridad. Entonces el Tzadik puede dirigir a la persona de acuerdo con la raíz de su alma, para que pueda entrar en el ámbito de la santidad (#8). Y cuando el Tzadik se anula en el *Ein Sof*, donde todo es bueno y para bien, también lleva a la persona que se confiesa en su presencia al nivel de *Ain* (la Nada). El arrepentimiento así generado eleva a *Maljut*/las letras, hacia su fuente original en el *Ein Sof*, la Voluntad de las Voluntades, donde todo es uno. Luego del abandono de la corporeidad y la liberación del *daat* requeridos para ser absorbida en el *Ein Sof*, la persona retorna a su mente consciente con un *daat* completo. Sabe que IHVH y *Elohim* son uno (#9).

151. **Ésta es la explicación.** El Rebe Najmán demuestra ahora cómo los conceptos de esta lección están aludidos dentro del marco de la historia de Raba bar bar Janá.

daat, es decir, iluminase el *daat* [con la conciencia del] *Ein Sof/raava deraavin*, el aspecto de "*IHVH* es el *Elohim*".[150]

10. Ésta es la explicación[151]:
Relató Raba bar bar Janá: Cierta vez estábamos viajando en un *sefina* (barco) y vimos este *kavra* en cuyas fosas nasales estaba sentado un comedor de barro. El *kavra* murió y el agua lo empujó, arrojándolo a la orilla. Destruyó sesenta ciudades. Sesenta ciudades comieron de él. Sesenta ciudades salaron su carne. Y de un ojo llenaron tres *meah* (cientos) barrilitos de aceite. Cuando retornamos luego de doce meses, los vimos aserrando sus huesos para hacer planchas con las cuales reconstruir esas ciudades (Bava Batra 73b).

Rashbam:
kavra - un pez; **comedor de barro** - un pequeño gusano [parásito]; **en cuyas fosas nasales** - el gusano entró en la nariz del pez; **el agua lo empujó** - el agua lo arrastró y lo arrojó sobre tierra seca; siendo la naturaleza del mar intolerante de toda cosa muerta; **destruyó sesenta ciudades** - el agua arrojó al pez sobre sesenta ciudades y las destruyó a todas; así era de inmenso; **sesenta ciudades comieron de él** - mientras aún estaba fresco; **sesenta ciudades salaron su carne** - otras ciudades, lejanas, salaron su carne y la llevaron de vuelta a sus casas; **de un ojo** - de su ojo tomaron trescientos barrilitos de aceite; **aserrando** - para reconstruir con los huesos del pez aquellas ciudades que había destruido.

---

150. **su generación...IHVH es el Elohim.** El *Mei HaNajal* explica: En el momento de la Revelación, el primero de los Diez Mandamientos fue "*Anoji IHVH Eloheja* (Yo soy Dios tu Señor)". Con esto, Dios le *demostró* al pueblo judío que Él/*IHVH* y Su Nombre/*Elohim* son uno. Esto siguió al ascenso de Moshé al Monte Sinaí, donde se despojó de su corporeidad y fue absorbido en el *Ein Sof*. Su generación, aquéllos que estaban unidos a Moshé, fueron por lo tanto capaces de *saber* (conciencia plena) que *IHVH* y *Elohim* son uno.

También, como se explicó, cuando el Tzadik es absorbido en el *Ein Sof*, su identidad separada y su yo son totalmente anulados (ver el texto arriba y nota 140). Así, aparte de la percepción de la unidad de Dios, el *reshimu* con el cual retorna del estado de negación incluye también un profundo sentimiento de humildad. Como se ha explicado con respecto Moshé (ver comienzo de sección 7 con nota 68), el Tzadik utiliza esta humildad como un canal para llevar a los demás la conciencia de la unidad del *Ein Sof*.

Resumen: Cuando la persona percibe que todo lo que le sucede es para su propio bien, alcanza un anticipo del Mundo que Viene (#1). Sólo es posible alcanzar esta percepción cuando se libera a *Maljut* de Santidad del control de las naciones y se lo devuelve a Dios (#2). Esto se logra confesando los pecados en presencia de un estudioso de la Torá, lo que une los santos nombres *IHVH* y *Elohim* (#3). Saber que todo es para bien, el conocimiento de que el sufrimiento también surge del amor de Dios, es considerado un *daat* completo (#4). Los pecados de la persona dañan a *Maljut* y quedan grabados sobre sus huesos. Para rectificar a *Maljut* y eliminar el daño

פֵּרוּשׁ:

סְפִינָה – לְשׁוֹן חֲשִׁיבוּת, בְּחִינַת מַלְכוּת. שֶׁרַבָּה בַּר בַּר חָנָא חָקַר בְּשִׂכְלוֹ אוֹדוֹת הַמַּלְכוּת, אֵיךְ בְּנֵי־יִשְׂרָאֵל מַעֲלִין אוֹתָהּ.
וַחֲזִינָן הַאי כַּוְרָא – יִשְׂרָאֵל מְכַנִּין בְּשֵׁם דָּגִים, כְּמוֹ שֶׁכָּתוּב (בראשית מ"ח): "וְיִדְגּוּ לָרֹב בְּקֶרֶב הָאָרֶץ".

דְּיָתְבֵי לֵיהּ אָכְלָא טִינָא בִּנְחִירָיו – זֶה בְּחִינַת תְּפִלָּתָן שֶׁל יִשְׂרָאֵל, כְּמוֹ שֶׁכָּתוּב: "וּתְהִלָּתִי אֶחֱטָם לָךְ", שֶׁנִּתְעָרֵב שֶׁרֶץ, הַיְנוּ טֻמְאָה בִּתְפִלָּתוֹ וַעֲבוֹדָתוֹ וּבִלְבֵּל אוֹתוֹ. וְלֹא הָיָה יָכוֹל אִישׁ הַיִּשְׂרְאֵלִי הַזֶּה לַעֲבֹד עֲבוֹדָתוֹ תַּמָּה. מֶה עָשָׂה הָאִישׁ הַזֶּה? עָשָׂה שָׁלֹשׁ בְּחִינוֹת הַנַּ"ל. הַיְנוּ הִתְקַשְּׁרוּת לְהַצַּדִּיק וּנְתִינַת הַצְּדָקָה וּוִדּוּי דְּבָרִים.

וְזֶה פֵּרוּשׁ:

וּמֵתָה, וְאִידַּחוּהוּ מַיָּא, וְשַׁדְיוּהוּ לְגוּדָא. וְהִזְכִּיר הַשָּׁלֹשׁ בְּחִינוֹת מֵעֵילָּא לְתַתָּא.

וּמֵתָה – זֶה בְּחִינַת וִדּוּי דְּבָרִים, כְּמוֹ שֶׁכָּתוּב: "כָּל הַמּוּמָתִין מִתְוַדִּין".

156. **Un gusano....** Éste es el comedor de barro, alusión a una impureza. El judío que deseaba orar a Dios no podía hacerlo, pues su concentración estaba siendo perturbada por una impureza.

    Una vez más cabe destacar que aunque el Rebe Najmán ha dedicado mucho tiempo a la explicación del papel del Tzadik en todo esto (rectificando a *Maljut* y dirigiendo a la persona en el sendero correcto), lo más importante y principal es el deseo del judío, motivado por su unión a Dios y por algo que le falta en sus devociones, lo que da inicio al proceso del arrepentimiento. Es el deseo del judío de mejorar lo que provoca la rectificación de *Maljut* de Santidad.

157. **tres pasos mencionados más arriba.** En la sección 8.

158. **unirse al Tzadik.** Este primer paso fue descrito previamente como *ver* al Tzadik. Sin embargo, como se explicó allí, el propósito de ver su rostro es crear un vínculo cercano entre la persona y el Tzadik. Ver arriba, sección 8, nota 90.

159. **de arriba hacia abajo.** Pues la confesión y la caridad deben ser realizadas de manera constante, y no sólo en presencia del Tzadik. Aun así, la intención detrás de estas acciones debe ser también aumentar la unión con el Tzadik (*Parparaot LeJojmá*).

160. **los condenados a muerte se confiesan.** De este modo hace que el Tzadik lo guíe por el sendero más acorde con la raíz de su alma. Ver arriba, sección 8, nota 104.

La explicación es:

SeFiNa - Esto connota importancia, correspondiente a *Maljut*.[152] Raba bar bar Janá utilizó su intelecto para investigar la situación de *Maljut* y los medios mediante los cuales el pueblo judío podía elevarlo.

vimos este kavra - El pueblo judío es llamado "pez", como en (Génesis 48:16), "Que se incrementen en la tierra como peces".[153]

en cuyas fosas nasales estaba sentado un comedor de barro - Esto corresponde a las plegarias del pueblo judío.[154] Como está escrito (Isaías 48:9), "Por Mi alabanza, *ejtom* (refrenaré mi cólera) de ustedes".[155] Un gusano, una impureza, se había mezclado en su plegaria y su servicio divino y lo molestaba. Y este judío no podía cumplir apropiadamente con su servicio divino.[156] ¿Qué hizo esta persona? Realizó los tres pasos mencionados más arriba.[157] Estos son: unirse al Tzadik,[158] dar caridad y la confesión verbal.

Y ésta es la explicación:

El pez murió y el agua lo empujó, arrojándolo a la orilla - Los tres pasos son mencionados de arriba hacia abajo.[159]

murió - Este es el paso de la confesión verbal, como está dicho: "Todos los condenados a muerte se confiesan".[160]

---

152. **importancia...Maljut.** La palabra hebrea para "barco", *sefina* (ספינה), se asemeja a *sefin* (ספין), que es la palabra aramea para designar importancia. Ver *Moed Katan* 28a (cf. Lección 1 y nota 65 y siguientes).

153. **kavra...pez.** Este versículo proviene de la bendición de Iaacov a los hijos de Iosef. Rashi (*loc. cit.*) explica que los peces se reproducen en gran número y que el mal ojo no tiene poder sobre ellos. El *kavra* o pez de la historia de Raba bar bar Janá alude así al pueblo judío cuando ellos cuidan su pacto con Dios (ver nota 172).

154. **plegarias del pueblo judío.** La plegaria, una de las formas más elevadas del habla, es un aspecto de *Maljut* (ambos ejemplificados en la persona del Rey David). El *Shuljan Aruj* explica que cuanto más se acerca la persona a la perfección de la plegaria, más pierde su conciencia del yo. Aquél que está orando en este nivel se ha unido, al menos por un momento, con el *Ein Sof* haciendo así que *Maljut* retorne a su fuente. Por el contrario, mientras uno no ha devuelto *Maljut* a su fuente, ciertamente está muy lejos de lograr la perfección en la plegaria (*Parparaot LeJojmá*; ver arriba, nota 120).

155. **ejtom, refrenaré....** Leído literalmente, *ejtom* es "Voy a tapar mi nariz (*jotem*)", para prevenir que escape el humo de la cólera (*Rashi, loc. cit.*). Así, "Por Mi alabanza, *ejtom*" muestra la conexión entre la plegaria y *jotem* (ver también *Likutey Moharán* 2:1). La nariz del *kavra* alude por tanto a la plegaria del judío.

וְאִידְּחוּהוּ מַיָּא – זֶה בְּחִינַת צְדָקָה, כְּמוֹ שֶׁכָּתוּב (קהלת י"א): "שַׁלַּח לַחְמְךָ עַל פְּנֵי הַמָּיִם". וּכְתִיב (ישעיהו ל"ב): "אַשְׁרֵיכֶם זוֹרְעֵי עַל כָּל מָיִם".

וְשַׁדְיוּהוּ לְגוּדָא – הַצַּדִּיק נִקְרָא גּוּדָא, לְשׁוֹן גָּדֵר, שֶׁהוּא גּוֹדֵר פִּרְצוֹתֵיהֶן שֶׁל יִשְׂרָאֵל (יחזקאל כ"ב; ישעיהו נ"ח). וְזֶה: 'וְשַׁדְיוּהוּ לְגוּדָא', שֶׁהִקְרִיב אֶת עַצְמוֹ לַצַּדִּיק.

וְעַל־יְדֵי שָׁלשׁ בְּחִינוֹת אֵלּוּ,

וְחָרוּב מִינֵיהּ שִׁיתִּין מְחוֹזָא – שֶׁעַל־יְדֵי הַמִּיתָה, הַיְנוּ וִדּוּי דְּבָרִים, הֶעֱלָה אֶת הַמַּלְכוּת מִבֵּין הַסִּטְרָא אָחֳרָא. וְהַצַּדִּיק הוֹרָה לוֹ אֶת הַדֶּרֶךְ הַיָּשָׁר,

כְּמוֹ שֶׁכָּתוּב בְּהַפְטָרַת בְּרֵאשִׁית (ישעיהו מ"ב): "אַחֲרִיב הָרִים וּגְבָעוֹת", רֶמֶז עַל חֻרְבַּן מֶמְשֶׁלֶת הָעַכּוּ"ם. "וְהוֹלַכְתִּי עִוְרִים בְּדֶרֶךְ לֹא יָדָעוּ", זֶה בְּחִינַת שֶׁהַצַּדִּיק הוֹרָה לוֹ דֶּרֶךְ יָשָׁר. זֶה בְּחִינַת פָּרָשַׁת דְּרָכִים כַּנַּ"ל. 'וְשִׁיתִין מְחוֹזָא', רֶמֶז עַל עֲלִיַּת

164. **estos tres pasos.** Pues los tres son necesarios para rectificar a *Maljut*.

El Rebe mostrará ahora cómo las tres instancias de las "sesenta ciudades" de la historia: "destruyó sesenta ciudades", "sesenta ciudades comieron de él", "sesenta ciudades salaron su carne", aluden a los tres pasos del arrepentimiento de los que ha tratado en esta lección.

165. **mediante la muerte...la confesión.** Las sesenta ciudades destruidas aluden al Infierno, que es sesenta veces más grande que el mundo. La muerte, como hemos visto, sugiere confesión: "los condenados a muerte se confiesan" (ver notas 104 y 160).

166. **haftará de Bereshit.** La porción de los profetas leída en la sinagoga luego de la lectura semanal de la Torá (ver *Oraj Jaim* 284).

167. **montañas y colinas...gobierno de las naciones.** *Radak* (Isaías 42:15) traduce esto como: "Destruiré a los *melajim* y gobernantes de las naciones".

168. **una encrucijada.** Al destruir a *Maljut* del Otro Lado, el Tzadik puede entonces guiar a la persona "ciega" por el sendero apropiado del servicio a Dios (como arriba, sección 8, notas 103-106).

El *Parparaot LeJojmá* hace notar que el Rebe Najmán toma la cita de la "*haftará* de la lectura de *Bereshit*" en lugar de tomarla directamente de Isaías, y que al hacerlo agrega otra dimensión a su prueba. El relato de la Creación que hacen las Escrituras comienza con

el agua lo empujó - Ésta es la caridad. Como está escrito: "Arroja tu pan sobre las aguas" (Eclesiastés 11:1) y "Felices de ustedes que siembran junto a todas las aguas" (Isaías 32:20).[161]

arrojándolo a la orilla - El Tzadik es llamado "orilla", lo que tiene la connotación de valla, pues él "Cierra las brechas de Israel".[162] Esto es, **arrojándolo a la orilla**. <Él le da caridad al Tzadik a quien se ha acercado>.[163]

Y debido a estos tres pasos [164]:
Destruyó sesenta ciudades - Es decir, mediante la muerte, que es la confesión verbal,[165] elevó a *Maljut* de entre las naciones y el Tzadik le enseñó el camino correcto.

{"**Destruiré montañas y colinas... Guiaré a los ciegos por una senda que no conocen**" (Isaías 42:15-16).}

Como está escrito en la *haftará* de *Bereshit*,[166] "Destruiré montañas y colinas" - esto alude a la destrucción del gobierno de las naciones.[167] <Y luego>: "Guiaré a los ciegos por una senda que no conocen" - corresponde al Tzadik, quien lo guía por el sendero correcto. Éste es el aspecto de "una encrucijada".[168] Y **sesenta ciudades** alude al ascenso

---

161. **sobre las aguas...junto a todas las aguas.** Rashi explica que estos versículos se refieren a actos de caridad y de bondad. Cuando la persona da caridad, parece como si estuviese arrojando su alimento al agua, un acto que no conlleva ningún beneficio material. Pero, en última instancia, la caridad sí da sus frutos. Es como alguien que siembra en un campo bien regado. Puede estar seguro de que tendrá una buena cosecha. De la misma manera, la persona caritativa tiene la seguridad de que sus buenas acciones le traerán prosperidad. Así, "el agua lo empujó" en la historia de Raba bar bar Janá alude a la caridad. Y como se explicó antes, darle caridad al Tzadik elimina los vicios que surgen de las formas de vida animal y humana (arriba, sección 8).

162. **Cierra las brechas de Israel.** Versiones de esta frase aparecen en Isaías 58:12 y en Ezequiel 22:30. Ambas hablan de alguien, un Tzadik, que puede "cerrar las brechas" producidas por los malvados y llevarlos al arrepentimiento. El Talmud aplica esta frase a Moshé, dado que fue él quien le dio la Torá al pueblo judío (*Meguilá* 13a; *Maharsha, v.i. kol devareja*). Anteriormente, el Rebe Najmán se refirió al Tzadik como "Madre" (sección 8, nota 93), pues él nutre a los judíos con su Torá. El Tzadik que puede alimentar al pueblo judío con su Torá es aquél a quien uno debe acercarse, pues con su Torá él puede "cerrar todas nuestras brechas".

163. **al Tzadik a quien se ha acercado.** Como se explicó, la cercanía con el Tzadik elimina los vicios que surgen de las formas de vida mineral y vegetal (arriba sección 8).

Así, al dar caridad y acercarse al Tzadik, este judío de la historia de Raba bar bar Janá fue capaz de eliminar todos los vicios que surgen de los cuatro *iesodot*.

הַמַּלְכוּת, דִּכְתִיב בָּהּ (שיר־השירים ו): "שִׁשִּׁים הֵמָּה מְלָכוֹת".
וְאָכְלוּ מִינָהּ שִׁיתִּין מְחוֹזָא – רֶמֶז עַל שְׁנֵי מִדּוֹת רָעוֹת שֶׁל חַי מְדַבֵּר, שֶׁעַל־יָדוֹ בָּא עֲנִיּוּת כַּנַּ"ל, וְעַל־יְדֵי צְדָקָה מְתַקֵּן אוֹתָם וְיַמְשִׁיךְ שֶׁפַע. וְזֶה: 'אָכְלוּ מִינֵיהּ'. וְ'שִׁיתִּין מְחוֹזָא', רֶמֶז עַל בְּחִינַת שִׁשִּׁים גִּבּוֹרִים, שֶׁמִּשָּׁם בָּא פַּרְנָסָה, כְּמוֹ שֶׁאָמְרוּ (ברכות לג; תענית ב. עין שם): 'גְּבוּרוֹת גְּשָׁמִים'.

וּמָלְחוּ מִינָהּ שִׁיתִּין מְחוֹזָא – זֶה רֶמֶז עַל תִּקּוּן שְׁתֵּי מִדּוֹת רָעוֹת – 'דּוֹמֵם צוֹמֵחַ', עַל־יְדֵי קְרֵבָתוֹ לְהַצַּדִּיק, כִּי הַצַּדִּיק הוּא "בְּרִית מֶלַח עוֹלָם". גַּם עֲצָבוּת וְתַאֲווֹת בָּאִים מִדָּמִים עֲכוּרִים, וְעַל־יְדֵי מֶלַח פּוֹלֵט הַדָּמִים רָעִים. וְ'שִׁיתִּין מְחוֹזָא', זֶה רֶמֶז עַל שִׁשִּׁים אוֹתִיּוֹת שֶׁבְּבִרְכַּת כֹּהֲנִים, שֶׁהֵם בְּיַד הַצַּדִּיק, כְּמוֹ שֶׁכָּתוּב (משלי י): "בְּרָכוֹת לְרֹאשׁ צַדִּיק".

El viento y el frío que acompañan a la estación de lluvias están conectados con la *sefirá* de *Guevurá* (Fuerza). Esta *sefirá* es así la fuente del sustento y de la abundancia, y está ubicada a la izquierda de la jerarquía de las *sefirot*. Por lo tanto, afirman las Escrituras (Proverbios 3:16): "En su mano izquierda hay riquezas y honor". Y para recibir una medida apropiada y manejable de abundancia divina, deben establecerse limitaciones y confines. Esta es la función del *tzimtzum* (restricción), un aspecto de *Guevurá*. Así, los "sesenta hombres fuertes" aluden a la abundancia, es decir, las "sesenta ciudades" que "comieron de él" al dar caridad.

172. **un pacto de sal eterno.** La santidad del Tzadik se debe a que ha guardado el *brit*, el Pacto (ver *Likutey Moharán* I, 2:2,9 y notas, donde esto aparece explicado en detalle). En general, toda referencia al Pacto alude al Tzadik. Ver también *Likutey Moharán* 23:2, donde el Rebe Najmán explica que el Pacto es un aspecto de sal, que endulza la amargura del esfuerzo por ganarse la vida disminuyendo los deseos por los placeres materiales. Así, ver y acercarse al Tzadik reduce y quiebra los malos deseos.

173. **la sal expele la sangre mala.** Esto es evidente a partir del proceso de *kasherizar* la carne: se la sala abundantemente para eliminar la sangre (*Julín* 113a). En nuestro contexto, por tanto, la sal/el Tzadik elimina la sangre mala/la melancolía.

174. **sesenta ciudades...Birkat Kohanim.** Finalmente, las sesenta ciudades aluden a las sesenta letras del *Birkat Kohanim*, la bendición de los sacerdotes, que se encuentra en Números 6:24-26. En los párrafos precedentes se explicó cómo al darle caridad al Tzadik se eliminan aquellos vicios que llevan a la pobreza. Sin embargo, la persona que se salva de la pobreza aún corre el peligro de caer en el siguiente grupo de vicios, la melancolía y las malas pasiones. Como enseñan los sabios: "Cuantas más posesiones, más preocupación" (*Avot* 2:8) y, "Cuando

LIKUTEY MOHARÁN #4:10

de *MaLJuT*, como está escrito (Cantar de los Cantares 6:8), "Sesenta *MeLaJoT* (reinas)".[169]

Sesenta ciudades comieron de él - Esto alude a los dos vicios que surgen de las formas de vida animal y humana, que, como se mencionó, llevan a la pobreza. Pero al dar caridad, son rectificados y la abundancia es traída [al mundo]. Esto es: **comieron de él**.[170] Y **sesenta ciudades** alude al aspecto de los "sesenta hombres fuertes" (Cantar de los Cantares 3:7). El sustento proviene de allí, como se enseñó: "Las fuertes lluvias" (*Berajot* 33a).[171]

Sesenta ciudades salaron su carne - Esto alude a la rectificación de los dos vicios [que provienen de] las formas de vida mineral y vegetal. Esto se logra por medio de <acercarse a los Tzadikim>, pues el Tzadik es "un pacto de sal eterno" (Números 18:19).[172] Tanto la melancolía como las malas pasiones provienen de la sangre pútrida, mientras que la sal expele la sangre mala.[173] Y **sesenta ciudades** alude a las sesenta letras del *Birkat Kohanim* (Bendición de los Sacerdotes), que están en manos del Tzadik, como está escrito (Proverbios 10:6), "Bendiciones para la cabeza del Tzadik".[174]

Dios creando el mundo para revelar Su *Maljut*. Pero desde el comienzo, las Escrituras afirman (Génesis 1:2): "La tierra estaba informe y vacía...", lo que denota a *Maljut* del Otro Lado (de las naciones, *Bereshit Rabah* 2:4) habiendo suplantado a *Maljut* de Santidad. Sin embargo, las Escrituras agregan inmediatamente: "Pero el espíritu de Dios sobrevolaba", refiriéndose al espíritu del Mashíaj, el Tzadik (*Zohar* I, 192b), quien destruye a *Maljut* del Otro Lado, como en, "destruiré montañas y colinas", y eleva a *Maljut* de Santidad hacia su fuente. También guía a la gente por el sendero apropiado, como en, "Guiaré a los ciegos por una senda que no conocen", correspondiente a, "Que haya luz....". El *Parparaot LeJojmá* concluye: a partir de aquí vemos que todo el proceso de la Creación, tal como está delineado al comienzo del Génesis, puede ser comprendido como Dios informando a todos los elementos de la creación cuales son sus senderos apropiados, cada uno de acuerdo con su raíz Superior.

169. **...sesenta MeLaJoT.** Las sesenta ciudades corresponden a los "sesenta *melajot*", que Rashi explica como "sesenta reinos" o *Maljut*.

170. **comieron de él.** Comieron de la abundancia llegada al mundo como resultado de la caridad que este judío le dio al Tzadik (ver sección 8, nota 101). De este modo, la caridad contrarresta a la pobreza y elimina los vicios que surgen de las formas de vida animal y humana, es decir, de las habladurías, el orgullo y sus derivados.

171. **sesenta ciudades...fuertes lluvias.** Aquí el Rebe Najmán conecta las sesenta ciudades con "sesenta hombres fuertes", y "fuerza" con fuertes lluvias. Cuando las lluvias son fuertes y abundantes, germinan las semillas, de modo que "fuertes lluvias" denota abundancia material.

וּמָלְאוּ מֵחַד גַּלְגְּלָא דְּעֵינָא תְּלַת מְאָה גַּרְבֵּי מִשְׁחָא – גַּרְבֵּי מִשְׁחָא, זֶה בְּחִינוֹת הַדַּעַת, כִּי "שֶׁמֶן מִשְׁחַת קֹדֶשׁ" (שמות ל), זֶה בְּחִינַת שֵׂכֶל.

וּתְלַת מְאָה, זֶה בְּחִינַת מֹשֶׁה, שֶׁהוּא בְּחִינַת מַה שֶׁהַצַּדִּיק מַקְטִין אֶת עַצְמוֹ, בִּבְחִינַת מָה. בִּשְׁלֹשׁ בְּחִינוֹת צָרִיךְ לְהַקְטִין אֶת עַצְמוֹ, כְּמוֹ שֶׁכָּתוּב (ירמיהו ט): "אַל יִתְהַלֵּל חָכָם, גִּבּוֹר וְעָשִׁיר". נִמְצָא שֶׁבְּכָל בְּחִינָה מֵאֵלּוּ שָׁלֹשׁ בְּחִינוֹת הוּא נַעֲשֶׂה מָה.

וְעַל־יְדֵי זֶה יֵשׁ לוֹ הִתְפַּשְּׁטוּת הַגַּשְׁמִיּוּת, וּמִדַּבֵּק בְּאוֹר אֵין סוֹף, שֶׁאֵין שָׁם שׁוּם שִׁנּוּי רָצוֹן, אֶלָּא: ה' הוּא הָאֱלֹקִים, כַּנַּ"ל, הַיְנוּ כֻּלּוֹ הַטּוֹב וְהַמֵּטִיב. וְזֶה בְּחִינַת 'חַד גַּלְגְּלָא דְּעֵינָא', כַּמּוּבָא

Likutey Moharán I, 21:11, nota 112). Esto se debe a que el intelecto es una gran luz que ilumina el sendero de la persona durante su vida (Lección 1, sección 2). Además, tal como el aceite es llevado hacia la llama, los fluidos grasos del cuerpo son tomados como combustibles para la mente (*Likutey Moharán* II, 8:12). Así, *daat*/intelecto es el "aceite santo de unción". En nuestro contexto, el aceite corresponde a Moshé. Como se mencionó, a lo largo de la Torá Moshé es sinónimo de *daat* (ver nota 149).

El *Mei HaNajal* agrega: los barrilitos conteniendo el aceite aluden al recipiente, a la mente consciente, que retiene el *reshimu* que queda cuando la persona que ha estado anulada en el *Ein Sof* retorna a la conciencia normal (ver arriba, nota 147).

176. **tres MeaH alude a Moshé.** La letra hebrea *shin* (ש) tiene el valor numérico de 300, tres *meah*. El nombre MoSHéH (משה) está compuesto por esta *shin* y las letras principales de *MeaH*. El Rebe Najmán explicará ahora por qué "tres *meah*" también se relaciona con la esencia de Moshé.

177. **sabio...fuerte...rico...se vuelve *mah*.** La sabiduría, la fortaleza y la riqueza son los tres atributos de los cuales más se enorgullecen los hombres. Al mismo tiempo, es necesario poseer estos tres atributos para ser digno de una revelación de Dios. Como dice el Rabí Iojanan, "El Santo, bendito sea, sólo deposita su *Shejiná* sobre una persona que es fuerte, rica y sabia. Y también debe ser humilde. Todo esto lo aprendemos de Moshé" (*Nedarim* 38a). Moshé poseía los tres atributos: era sabio, fuerte y rico. Pero aun así Moshé era capaz de anularse por completo en el *Ein Sof*. Él había alcanzado un nivel único de humildad, como se evidencia en sus palabras (Éxodo 16:7), "¿*najnu MaH?*" (ver nota 125). Era como si *MoSHéH* (משה) hubiera retirado la *shin* (ש), es decir, los tres atributos que vuelven orgulloso al hombre y hubiese alcanzado la humildad completa, *MaH* (מה). A esto se refería el Rebe Najmán arriba, al decir que en virtud de su profunda humildad el Tzadik queda absorbido en la Nada/*Ein Sof* (ver notas 64 y 125).

178. **ningún cambio de voluntad...bueno y hace el bien.** Como se explicó arriba, sección 9 y nota 147 (ver también sección 4, nota 21).

Y de un ojo llenaron tres meah (cientos) barrilitos de aceite - El **barrilito de aceite** corresponde al *daat*, pues "el aceite santo de unción" (Éxodo 30:31) es el aspecto de intelecto.[175]

Ahora bien, **tres MeaH** alude a Moshé.[176] Este es el concepto del Tzadik restringiéndose en el aspecto de *MaH*. Debe hacerse insignificante en tres atributos: <sabiduría, fortaleza y riqueza>. Como está escrito (Jeremías 9:22) "No se regocije el sabio... ni el fuerte... ni el rico...". Vemos entonces que en cada uno de estos pasos él se vuelve *MaH*.[177]

De esta manera es capaz de deshacerse de la corporeidad y de adherirse a la Luz del *Ein Sof*, donde no hay ningún cambio de voluntad en absoluto. Más bien, "*IHVH* es el *Elohim*", es decir, "enteramente 'Que es bueno y hace el bien'".[178] Éste es el aspecto de **un ojo**. Como se dice

---

la persona tiene cien, desea doscientos" (*Kohelet Rabah* 1:34). Es por lo tanto necesario tener la sal/el Tzadik que remedie la preocupación y el deseo apasionado por el dinero que, en general, trae consigo la riqueza. Esto, entonces, son las "sesenta ciudades" finales: corresponden a la bendición recibida a través de las sesenta letras del *Birkat Kohanim*, correspondiente a "Sólo la bendición de Dios enriquece y Él no añade preocupación con ella" (Proverbios 10:22). Todo rasgo de melancolía o de malas pasiones que pudieran acompañar a la abundancia material son abolidos por el *Birkat Kohanim*, es decir, la bendición recibida del Tzadik (*Parparaot LeJojmá*).

Hasta aquí, la historia de Raba bar bar Janá puede traducirse en nuestro texto como sigue:

Cierta vez estábamos viajando en un sefina - Raba bar bar Janá fue a ver cómo elevar a *Maljut*.

vimos este kavra en cuyas fosas nasales estaba sentado un comedor de barro - Él vio un judío cuya plegaria estaba perturbada por una impureza. ¿Qué hizo el judío para rectificar esto? Fue a ver al Tzadik y cumplió con los tres pasos del arrepentimiento.

El kavra murió - se confesó;

y el agua lo empujó - y dio caridad;

arrojándolo a la orilla - y vio y se acercó al Tzadik.

Destruyó sesenta ciudades - Su confesión rectificó a *Maljut* y el Tzadik lo guió hacia su sendero apropiado.

Sesenta ciudades comieron de él - Como resultado de haber dado caridad, fue bendecido con abundancia. Esto lo libró del vicio de las habladurías y del orgullo, que engendran pobreza.

Sesenta ciudades salaron su carne - Y viendo al Tzadik y recibiendo su bendición, se libró de los vicios de la melancolía y de las malas pasiones.

175. **aceite santo de unción...intelecto.** El Rebe Najmán continúa con su lectura de la historia de Raba bar bar Janá.

La Kabalá enseña que el término *kodesh* (santo) se refiere a la sabiduría (ver *Likutey Moharán* I, 21:3, nota 22) y asemeja al intelecto con una lámpara de aceite (*Zohar* III, 39a: ver

בְּאִידְרָא (זהר נשא קלז:): 'וּלְזִימְנָא דְּאָתֵי יִשְׁתַּכַּח בָּהּ עֵינָא חַד דְּרַחֲמֵי', זֶה בְּחִינַת כֻּלּוֹ הַטּוֹב וְהַמֵּטִיב.

נִמְצָא כְּשֶׁהַצַּדִּיק עוֹשֶׂה עַצְמוֹ מָה, מְדַבֵּק אֶת עַצְמוֹ לְעֵינָא חַד דְּרַחֲמֵי, הַיְנוּ לְאֵין סוֹף, וְאַחַר כָּךְ כְּשֶׁחוֹזֵר בִּבְחִינַת רָצוֹא וָשׁוֹב, אָז מַמְשִׁיךְ מֵאוֹר אֵין סוֹף הָאַחְדוּת הָרָצוֹן הַפָּשׁוּט שָׁם דֶּרֶךְ הַמָּה שֶׁלּוֹ, וְנַעֲשֶׂה מִמָּה מֵאָה, כְּמוֹ שֶׁנֶּאֱמַר: 'אַל תִּקְרֵי מָה אֶלָּא מֵאָה'. וְנַעֲשֶׂה תְּלַת מֵאָה מִתְּלַת מָה, וּמַמְשִׁיךְ אוֹר הַזֶּה לְדַעְתּוֹ וּלְשִׂכְלוֹ, הַיְנוּ גַּרְבֵּי דְמִשְׁחָא, שֶׁהוּא בְּחִינַת שֵׂכֶל, כַּנַּ"ל.

אַתָּה הָרְאֵיתָ לָדַעַת, שֶׁמַּמְשִׁיךְ אוֹר אֵין סוֹף לְדַעְתּוֹ, שֶׁיֵּדַע הָאַחְדוּת, שֶׁה' הוּא הָאֱלֹקִים, וִיבָרֵךְ הַטּוֹב וְהַמֵּטִיב עַל הַכֹּל כְּמוֹ לֶעָתִיד לָבוֹא.

כִּי הַדְרָן וְאָתָאן לְבָתַר תְּרֵיסַר יַרְחֵי שַׁתָּא וְקָחֲזֵינָן דַּהֲוֵי מְנַסְרָא מִגַּרְמַיְהוּ לְבִנְיָנָא הָנָךְ מְחוֹזָא – כִּי מֵאֲחוֹרֵי הַקְּדֻשָּׁה, שֶׁהֵם שְׁנֵים-עָשָׂר שְׁבָטִים, שֶׁעַל-יָדָם נִתְתַּקֵּן מַלְכוּת הַנַּ"ל, וְאַחֲרֵיהֶם

transformarla en *MeAH* (מאה) es la primera letra del alfabeto hebreo y tiene el valor numérico de uno. Simboliza la unicidad y la unidad que se encuentran en el *Ein Sof*, al igual que en el *reshimu* (impresión) que permanece con el Tzadik (o la persona) cuando retorna a la conciencia normal luego de haber estado anulado en el *Ein Sof*. En otras palabras, la persona que se vuelve *mah*, humilde en los tres atributos, queda absorbida en el *Ein Sof* donde obtiene la conciencia de que todo es bueno y que todo es uno. Trae la *Alef*, la conciencia de unidad, hacia *mah*, transformándola así en *meAH*.

184. **Trescientos...de los tres *mah*.** Al volverse *mah* en los atributos de sabiduría, fortaleza y riqueza, trae sobre sí la conciencia de la unidad de Dios, la *Alef*, en los tres aspectos, produciendo así tres *meah*. Esto es, ahora el mismo Tzadik es capaz de traer beneficencia y bien hacia todas las áreas de la vida material.

185. **como se explicó.** Ver arriba, nota 175, que esto es el *daat*/intelecto ubicado dentro de la mente consciente.

186. **en el Futuro.** Tomar de la Luz del *Ein Sof* deja en su *daat* una impresión del bien y de la beneficencia que se encuentran allí. Esto le permite al ojo de su mente ver la bondad de Dios en todas partes y en todas las cosas; comprender que sea lo que fuere que le suceda es bueno y para bien. Esto, como explicó el Rebe Najmán al comienzo de la lección, es una percepción que la creación en su totalidad apreciará recién en el Futuro, en el Mundo que Viene.

en el *Idra* (Zohar III, 137b): En el futuro, existirá el ojo de la compasión.[179] Esto corresponde a "enteramente 'Que es bueno y hace el bien'".

Vemos entonces, que cuando el Tzadik se vuelve *mah*, se une al "ojo de compasión", al *Ein Sof*.[180] Y luego, cuando vuelve en un aspecto de "correr y retornar",[181] toma de la Luz del *Ein Sof*, la unicidad <y> la voluntad uniforme, por medio de su *mah*.[182] De este modo *mah* se transforma en *MeAH*. Como se enseñó: No leas *mah*, sino *meah* (Menajot 43b).[183] **Trescientos** se hacen a partir de tres *mah*,[184] y él trae esta luz a su *daat* e intelecto. Esto es **barrilitos de aceite**, que es el intelecto, tal como se explicó.[185]

[Este es el significado de] "Ha sido claramente demostrado a tu *daat*" (Deuteronomio 4:35). Él trae la Luz del *Ein Sof* a su *daat*, para así conocer la unidad: "*IHVH* es el *Elohim*". Entonces bendice "Que es bueno y hace el bien" por todo, como ocurrirá en el Futuro.[186]

Cuando retornamos luego de doce meses, los vimos aserrando sus huesos para hacer planchas con las cuales reconstruir esas ciudades - Detrás de la santidad, [la santidad son] las doce tribus, a través de las

---

179. **un ojo de compasión.** El ojo de compasión es símbolo de la constante providencia compasiva de Dios, de Su guiar a todo lo que Él creó con un amor abierto e infinito. Como indica el *Zohar* (*loc. cit.*), esto se hará manifiesto "en el tiempo futuro". Esto corresponde a la percepción del Mundo que Viene, que, como ha explicado el Rebe Najmán, es una revelación de la unidad entre Dios y Su Nombre. Así, en nuestro contexto, "de un ojo" alude a la unidad de *IHVH* y *Elohim*, es decir, al *Ein Sof*, en el cual todo es uno y enteramente bueno y benefactor.

180. **Tzadik...mah...Ein Sof.** Como se explicó (sección 9), el Tzadik asciende al *Ein Sof* anulándose totalmente ante Dios. De este modo experimenta la unidad y la bondad del *Ein Sof*: donde no hay diferencia entre *IHVH* y *Elohim*, entre el atributo divino del juicio y el atributo divino de compasión (nota 144). Esto corresponde a la providencia que emana del "ojo de compasión".

181. **correr y retornar.** Ver arriba, sección 9, nota 135.

182. **su *mah*.** Su ascenso al *Ein Sof* fue en virtud de su *mah*, de su completa humildad. Y es esta profunda humildad la que entonces le sirve como un conducto para tomar de la Luz del *Ein Sof*.

183. **MaH...transformado en MeaH....** El Talmud enseña (*loc. cit.*): Se requiere que la persona recite cien bendiciones por día, como está escrito (Deuteronomio 10:2), "Ahora, Israel, ¿*mah* (qué) es lo que Dios tu Señor pide de ustedes?": no leas *mah* sino *meah*. *Tosafot* apunta que cuando se lee *meah* en lugar de *mah* hay cien letras hebreas en el versículo, correspondientes a las cien bendiciones requeridas.

El *Mei HaNajal* agrega: La letra *alef* (א) que se le agrega a la palabra *MaH* (מה) para

הוּא הַטְּמֵאָה.

וְיֵשׁ בְּנֵי־אָדָם שֶׁיּוֹצְאִין מֵהַקְּדֻשָּׁה, וְזֶה שֶׁסִּפֵּר הַתַּנָּא, שֶׁהִדֵּר וְחָזַר לְעַיֵּן בְּאֵלּוּ שֶׁהֵם בָּתַר תְּרֵיסַר יַרְחֵי שַׁתָּא, שֶׁהֵם אֲחוֹרֵי שְׁנֵים־עָשָׂר שְׁבָטִים דִּקְדֻשָּׁה, שֶׁיּוֹצְאִין מִכְּלַל יִשְׂרָאֵל עַל־יְדֵי מַעֲשֵׂיהֶם הָרָעִים.

וַחֲזִינָן דְּהָווּ מְנַסְּרֵי מִגַּרְמַיְהוּ – הַיְנוּ שֶׁעַל־יְדֵי מַעֲשֵׂיהֶם הָרָעִים הַחֲקוּקִים עַל עַצְמוֹתָם, וְהַחֲקִיקָה עוֹבֵר מֵעֵבֶר לְעֵבֶר כִּנְסִירָה מַמָּשׁ.

אֲבָל עַל־יְדֵי שֶׁאִישׁ הַיִּשְׂרְאֵלִי הַנַּ"ל נִתְעוֹרֵר בִּתְשׁוּבָה עַל־יְדֵי שֶׁרֶץ קָטָן שֶׁבִּנְחִירָיו, עַל־יְדֵי שֶׁהִרְגִּישׁ טֻמְאָה קְטַנָּה שֶׁמְּבַלְבֶּלֶת אוֹתוֹ, עַל־יְדֵי תְּשׁוּבָתוֹ גּוֹרֵם, שֶׁגַּם אֵלּוּ הָרְשָׁעִים נַעֲשׂוּ כִּסֵּא לַקְּדֻשָּׁה.

Maljut están unidas y juntas. Sabiendo esto, los Tzadikim buscan elevar a *Maljut*, trayendo de retorno dentro de su ámbito a todos aquéllos que están detrás de la santidad.

192. **malas acciones...de un lado al otro....** Como se explicó arriba, sección 5 (nota 57). Al investigar cómo podía elevarse a *Maljut*, Raba bar bar Janá tomó nota de un judío que tenía dificultades al orar y que se dirigió al Tzadik para que lo ayudase a arrepentirse. Raba comprendió que este judío, al arrepentirse, traería la rectificación para sí mismo y para su aspecto de *Maljut*. Sin embargo, lo que le preocupaba era la suerte de aquéllos que estaban fuera del ámbito de la santidad, en cuyos huesos estaban grabados sus pecados. No sólo que no tendrían rectificación, sino que continuarían dañando a *Maljut* de Santidad e impidiendo su ascenso hacia el *Ein Sof*.

Tanto este párrafo como la explicación que cierra esta sección de la lección no aparecen en la versión manuscrita del *Likutey Moharán*. En su lugar vemos: Con esto podemos comprender cómo es que las naciones son capaces de gobernar. Esto se debe a la pequeña impureza mencionada más arriba. Pues el judío ha realizado los tres pasos y se esperaría que *Maljut* ascendiera de entre las naciones. La respuesta es que hay gente que se encuentra detrás de la santidad. Ellos le quitan el poder a *Maljut* y les dan la fuerza a las naciones, permitiéndoles gobernar. (Aquí se le dio preferencia a la versión publicada por sobre el manuscrito, pues es la versión a la cual hacen referencia los comentarios del *Likutey Moharán*).

193. **arrepentimiento...esos malvados se transformen....** Las acciones de cada individuo afectan al mundo entero. Así, la persona que trabaja para rectificarse trae una rectificación similar al mundo en su totalidad. Esto lo vemos en el judío que quería orar pero no podía. Una impureza, posiblemente resultado de sus acciones o proveniente quizás de otros, interfería con su concentración. Pero al ir al Tzadik, darle caridad y confesarse, él se incluyó en el Tzadik y fue llevado

cuales se rectifica *Maljut*,[187] está la impureza.[188]

Hay gente que sale fuera del ámbito de la santidad. Esto es lo que relató el *Tana*[189]: Él retornó para preguntar por aquellos que están **luego de doce meses**, aquellos que están detrás de las doce tribus de santidad.[190] Ellos salen fuera de la comunidad judía como resultado de sus malas acciones.[191]

los vimos aserrando sus huesos - Esto es, como consecuencia de sus malas acciones, que estaban grabadas en sus huesos; con la marca cruzando de un lado al otro,[192] igual que la marca de una sierra.

Pero debido al judío mencionado arriba, que fue motivado al arrepentimiento por el pequeño gusano que tenía en sus fosas nasales, debido a que [su plegaria] se vio perturbada por una pequeña impureza, [ellos pueden ser salvados]. Por medio de su arrepentimiento, él hace también que esos malvados se transformen en un asiento para la santidad.[193]

---

187. **doce tribus...rectifica Maljut.** Aquí, el Rebe Najmán comienza su explicación de la parte final de la historia de Raba bar bar Janá.

El *Zohar* (I, 240b, 241a) enseña: *Maljut* se restaura por medio de las doce rectificaciones (12 formaciones diferentes de las *sefirot* desde *Jesed* hasta *Iesod*). Estas doce rectificaciones están personificadas por los doce hijos del patriarca Iaacov, las doce tribus. Cada uno era un gran Tzadik y un paradigma de pureza y santidad.

188. **detrás de la santidad...está la impureza.** Se dice de todo aquél que se encuentra dentro del ámbito de la santidad que está incluido en las doce tribus. Todo aquél que deja este ámbito está "detrás de la santidad", fuera de ella, y dentro del ámbito de la impureza.

189. **Tana.** Esto se refiere a Raba bar bar Janá. De hecho, Raba bar bar Janá era un *Amorá* (de la era Talmúdica), y no un *Taná* (de la era de la Mishná). Sin embargo este uso es común en las enseñanzas el Rebe Najmán cuando quiere referirse a uno de los grandes sabios anteriores.

190. **luego de doce meses....** Cada mes del calendario judío corresponde a una de las doce tribus. Así, la rectificación de *Maljut* de Santidad tiene lugar, por así decirlo, dentro de un tiempo de doce meses. "Luego de doce meses" alude por lo tanto a detrás de la santidad, es decir, la impureza.

191. **Él retornó para preguntar...de sus malas acciones.** El retorno de Raba bar bar Janá y su preguntar sobre aquéllos que están detrás de las doce tribus alude al accionar de los verdaderos Tzadikim, que siempre buscan maneras de ayudar a todos los judíos, incluso a los que están fuera del ámbito de la santidad.

Agrega el *Mei HaNajal*: Esto explica el versículo citado más arriba por el Rebe Najmán (final de sección 7): "Hubo un rey en Ishurun cuando... las tribus de Israel estaban juntas". ¿Cuándo hubo un *MeLeJ* en Ishurun?, es decir, ¿cuándo es rectificado *Maljut* en su fuente? Cuando las tribus de Israel estaban juntas, es decir, cuando las doce tribus que completan a

וִיהֵבִי לִבְנִינָא הַנָּךְ מְחוֹזָא – שֶׁעוֹזְרִים גַּם הֵם לְעוֹבְדֵי הַשֵּׁם,
שֶׁיִּבְנוּ הַנָּךְ מְחוֹזָא הַנַּ"ל.

וְזֶה פֵּרוּשׁ:

אָנֹכִי ה' אֱלֹהֶיךָ – פֵּרוּשׁ הֵן ה' הֵן אֱלֹהֶיךָ תָּבִין, שֶׁכָּל זֹאת אָנֹכִי, הַיְנוּ שֶׁתִּקַיֵּם: "בַּה' אֲהַלֵּל דָּבָר, בֵּאלֹהִים אֲהַלֵּל דָּבָר", הַיְנוּ כֻּלּוֹ הַטּוֹב וְהַמֵּטִיב, כַּנַּ"ל.

esto lo liberó de los vicios engendrados por la pobreza: es decir las habladurías, el orgullo y sus derivados.

Sesenta ciudades salaron su carne - Vio y se unió al Tzadik en aras del arrepentimiento, de modo que el Tzadik, que se asemeja a la sal, le trajo bendición y lo ayudó a eliminar los vicios asociados con la sangre, es decir, la melancolía, las malas pasiones y sus derivados.

Y de un ojo - Para que este judío completase el tercer paso del arrepentimiento, la confesión en presencia del Tzadik (aquí el orden está invertido), el Tzadik anuló su propia corporeidad y en virtud de su profunda humildad quedó absorbido en el *Ein Sof*. Esto logró una serie de cosas: *Maljut*, que había sido dañado por los pecados del judío, ahora fue rectificado y devuelto a su fuente, el *Ein Sof*. Además, el Tzadik expió por los pecados del judío que se unió a él, y también le otorgó *a él* una percepción del *Ein Sof*, en la cual se manifiesta el ojo único de compasión de Dios.

llenaron trescientos barrilitos de aceite - Como se explicó, para quedar anulado en el *Ein Sof*, el Tzadik se minimiza con respecto a los tres atributos de los cuales los hombres más se enorgullecen: la sabiduría, la fortaleza y la riqueza. Esto lo lleva a un estado de total humildad conocido como *mah*, una total negación del yo. Sin embargo, cuando retorna de su absorción en la Nada hacia la conciencia normal y la corporeidad, descubre su conciencia mente/barrilito llena del intelecto/aceite de la Luz del *Ein Sof*. Específicamente, como resultado de la unicidad que ha experimentado, retorna con la percepción de que todo lo que Dios hace es siempre bueno y para bien.

Cuando retornamos luego de doce meses - Raba bar bar Janá también notó que incluso aquellos judíos que estaban fuera del ámbito de la santidad se habían beneficiado del arrepentimiento y de los logros espirituales de este judío.

los vimos aserrando sus huesos para hacer planchas con las cuales reconstruir esas ciudades - Vio cómo estos malvados también eran llevados a reconstruir y a rectificar a *Maljut*. Esto se debe a que incluso cuando un simple judío se arrepiente y en el proceso hace que *Maljut* sea unido con el *Ein Sof*, promueve en aquéllos que están del lado de la impureza el deseo de arrepentirse también y de retornar a Dios.

195. **Anoji.** Esto alude a la unicidad y unidad de Dios: "*IHVH* es el *Elohim*". Sólo existe el Uno.

196. **como arriba.** Ver secciones 1 y 4. Éste es el reconocimiento de que lo que es doloroso y parece malo es en realidad bueno; alabando a Dios por ambos.

con las cuales reconstruir esas ciudades - Estos [malvados] también ayudan a aquéllos que sirven a Dios en la reconstrucción de las ciudades mencionadas más arriba.[194]

11. Ésta es la explicación [del versículo inicial]:

{"*Anoji IHVH Eloheja* (Yo Soy Dios tu Señor) Quien te sacó de la tierra de *Mitzraim* (Egipto), de la casa de esclavitud".}

Anoji IHVH Eloheja - Así sea *IHVH* o *Eloheja*, comprende que todo es *Anoji* ("Yo").[195] Esto es, uno debe cumplir: "Cuando Él es *IHVH*, yo alabo Su palabra; Cuando Él es *Elohim*, yo alabo Su palabra", es decir "enteramente 'Quien es bueno y hace el bien'", como más arriba.[196]

---

así a la percepción de la Luz del *Ein Sof*. Este judío, si bien previamente había estado atrapado en sus vicios, alcanzó un muy elevado nivel espiritual, una percepción de la unidad y de la bondad de Dios. Más aún, cuando el Tzadik retorna de su anulación en el *Ein Sof*, trae un *reshimu* al mundo. Esta impresión en el *daat* del Tzadik les da a los demás un mayor reconocimiento de Dios, incluso a quienes están lejos de Él. Así, incluso aquellos judíos que están lejos de la santidad también son salvados del mal. Debido al proceso iniciado por un simple judío que busca el arrepentimiento, también ellos contribuyen en última instancia a la rectificación de *Maljut* (*Parparaot LeJojmá*). El Rabí Natán agrega que cuanto más uno busca lograr estas rectificaciones, más gente es capaz de percibir la Luz del *Ein Sof* y de retornar a Dios (*Torat Natán* 11). Como se mencionó (arriba, nota 1), luego de escuchar estas ideas, tres de los seguidores del Rebe Najmán (Rev Aharón, Reb Iudel y Reb Shmuel Isaac) cumplieron un papel fundamental en el retorno a Dios de muchos judíos que se habían alejado de su herencia.

194. **las ciudades mencionadas más arriba.** Es decir, rectificando a *Maljut*. Ver nota 169.

Así, la historia de Raba bar bar Janá se lee como sigue:

Contó Raba bar bar Janá: Cierta vez estábamos viajando en un sefina - Raba bar bar Janá salió para ver cómo rectificar a *Maljut*.

vimos este kavra - Vio a este judío.

en cuyas fosas nasales estaba sentado un comedor de barro - quien quería orar pero se lo impedía una impureza. Fue a ver al Tzadik y cumplió con los tres pasos del arrepentimiento, pasos mediante los cuales también se rectifica a *Maljut*.

El kavra murió - Él se confesó,

y el agua lo empujó - y dio caridad,

arrojándolo a la orilla - y vio al Tzadik y se unió a él.

Destruyó sesenta ciudades - Se confesó para arrepentirse, lo que destruyó la combinación negativa de letras producida por sus pecados y al hacerlo reconstruyó la combinación positiva de letras de *Maljut* de Santidad.

Sesenta ciudades comieron de él - Dio caridad para arrepentirse, lo que trajo abundancia y

אֲשֶׁר הוֹצֵאתִיךָ מֵאֶרֶץ מִצְרַיִם – דְּאִיתָא בַּמִּדְרָשׁ (בראשית־רבה טז), כִּי כָּל הַגָּלֻיּוֹת נִקְרָאִים עַל שֵׁם גָּלוּת מִצְרַיִם, מִפְּנֵי שֶׁהֵם מְצֵרִים לְיִשְׂרָאֵל. הַיְנוּ שֶׁעַל יְדֵי הַצַּדִּיק נִתְבַּטֵּל מַלְכוּתָם וּמֶמְשַׁלְתָּם שֶׁל הָעַכּוּ"ם, כִּי עַל־יְדֵי זֶה עוֹלָה מִתּוֹכָם מַלְכוּת דִּקְדֻשָּׁה כַּנַּ"ל.

מִבֵּית עֲבָדִים – זֶה רֶמֶז עַל בִּטּוּל הַמִּדּוֹת רָעוֹת שֶׁל אַרְבַּע יְסוֹדוֹת, הַמְכֻנִּים בְּשֵׁם עֲבָדִים, כִּי כָּל הָאַרְבָּעָה יְסוֹדוֹת הֵם מִתַּחַת גַּלְגַּל הַיָּרֵחַ. וְהַיָּרֵחַ מְכֻנֶּה בְּשֵׁם עֶבֶד, כַּמּוּבָא בַּזֹּהַר (וישב קפ"א): "הִנֵּה יַשְׂכִּיל עַבְדִּי" – דָּא סִיהֲרָא.

פֵּרוּשׁ: עַל־יְדֵי הַצַּדִּיק עוֹלָה הַמַּלְכוּת מִן הַסִּטְרָא אָחֳרָא, וְנִתְבַּטְּלִים הַמִּדּוֹת רָעוֹת, וְעַל־יְדֵי זֶה הָאָדָם בָּא לִבְחִינַת עוֹלָם

Zohar: Desde que la luna dejó de brillar, no hay un día que no tenga una maldición, en el cual no haya dolor y sufrimiento en el mundo. Sin embargo, tal como profetizó Isaías, en el Futuro "Mi esclavo se volverá sabio": en el Mundo que Viene, la luna brillará nuevamente como en el momento de la Creación. En nuestro contexto, *Maljut* se unirá con el *Ein Sof* y así estará pleno de un *daat* completo, de modo que todos bendecirán "Quién es bueno y hace el bien" por todas las cosas.

Explica el Rabí Natán que la luna/*Maljut* es llamada "esclava" porque, aunque busca ascender hacia su fuente, se ve impedida de hacerlo debido a su disminución/daño. Como se explicó (sección 9), la devoción que más desea Dios del hombre es que éste domine su *ieshut* (materia física) y anule el ser material en Su servicio. Pero si en lugar de ello el hombre entrega su ser material a sus vicios y permite que su voluntad sucumba ante los malos deseos, entonces *Maljut* (la voluntad) se ve dañado y se ve impedido de ascender hacia su fuente. Esto es la esclavitud. Es incapaz de ascender al *Ein Sof*, desde donde retornaría con bondad y beneficencia para todas las formas de vida de la creación de Dios (*Torat Natán* 14).

201. **Esto quiere decir que con la ayuda del Tzadik....** Venciendo a los "esclavos" y rectificando a *Maljut*, es posible merecer una comprensión de la unidad de *IHVH* y *Elohim*. Pero alcanzar esto es en verdad muy difícil. No es algo que la persona común pueda lograr por sí misma. Sin embargo, con la ayuda del Tzadik, viéndolo, dándole caridad y confesándose delante de él, la persona anula sus vicios y *Maljut* se ve libre del ámbito de la impureza. Y, en virtud de la profunda humildad del Tzadik, éste eleva a *Maljut* hacia su fuente, la Luz del *Ein Sof*, y lleva también a la persona que se ha arrepentido hacia la comprensión de que *IHVH*/la bondad y *Elohim*/el juicio son uno: un anticipo del Mundo que Viene (ver *Mei HaNajal*).

Por tanto, el versículo se traduce en nuestro texto como sigue:
Anoji IHVH Eloheja - *IHVH* y *Elohim* son uno.

Quien te sacó de la tierra de Mitzraim - Para que esto sea una parte de su comprensión, la persona debe primero elevar a *Maljut* fuera de su exilio entre las naciones. ¿Cómo?

Quien te sacó de la tierra de Mitzraim, Egipto - Afirma el Midrash (*Bereshit Rabah* 16:4): Todos los exilios se denominan *MiTZRaIM*, pues ellos *MeTZeiRIM* (causan angustia y sufrimientos) al pueblo judío.[197] <Pero cuando *Maljut* de Santidad asciende de entre ellos, no hay exilio.>[198]

de la casa de esclavitud - Esto alude a la anulación de los vicios que surgen de los cuatro *iesodot*, que son llamados "esclavos". Pues los cuatro *iesodot* se encuentran debajo de la esfera celestial de la luna.[199] Y la luna es llamada "esclava", como está dicho en el *Zohar* (I, 181a): "He aquí, Mi esclavo se volverá sabio" (Isaías 52:13), esto se refiere a la luna.[200]

Esto quiere decir que con la ayuda del Tzadik, *Maljut* asciende de entre las naciones y se anulan los vicios. Mediante esto, la persona alcanza [una comprensión que es] un aspecto del Mundo que Viene,[201]

---

197. **MiTZRaIM...MeTZeiRIM...al pueblo judío.** Así, en nuestro contexto, *Mitzraim* corresponde al sufrimiento de *Maljut* en el exilio entre las naciones (como arriba, sección 2).

Agrega el Rabí Natán: A un nivel personal, "el exilio en Mitzraim" representa la esclavitud de la persona bajo sus propios malos deseos y materialidad. El sufrimiento de *este* exilio se debe únicamente a que aún no se ha liberado de sus apegos, de su corporeidad. Si lo hiciese, sabría que Dios es siempre bueno. Esta comprensión es, en sí misma, la libertad, un anticipo del Mundo que Viene (*Torat Natán* 12).

198. **asciende de entre ellos.** Ver arriba, secciones 3, 4 y 6, que la confesión en presencia del Tzadik restaura de su exilio al caído *Maljut*. Como se explicó, la confesión debe ser ante el Tzadik, pues él es la fuente de *Maljut*, y *Maljut* siempre busca ascender hacia su fuente.

199. **debajo de la esfera celestial de la luna.** Como se explicó más arriba (nota 83), las esferas celestiales de los cuatro *iesodot* se encuentran más abajo de la esfera celestial dentro de la cual tiene su órbita la luna. El mal de los cuatro *iesodot* es causado por la disminución de la luna. Esto se debe a que la luna corresponde a *Maljut* (ver Apéndice: La Persona Divina, nombres alternativos de *Maljut*). Su disminución significa una pérdida de poder de *Maljut* de Santidad y un aumento del poder de *Maljut* del Otro Lado. Esto, junto con los pecados del hombre, subyugan a los cuatro *iesodot* bajo el gobierno de *Maljut* del Otro Lado. Y, a la inversa, al rectificar los cuatro *iesodot*, al ver al Tzadik y al darle caridad (sección 8), se fortalece a *Maljut* de Santidad. Entonces, *Maljut* busca ascender hacia su fuente, como en (Isaías 30:26), "La luz de la luna será tan intensa como la luz del sol" (*Parparaot LeJojmá*). El Rabí Natán agrega que el grado de liberación de la persona "de la casa de esclavitud" está siempre en relación con el grado en el cual subyuga sus malos deseos (como arriba, nota 197; *Torat Natán* 13).

200. **Mi esclavo...la luna.** Enseña el *Zohar* (*loc. cit.*): Dios creó a la luna con la intención de que brillase siempre, con una luz propia, tan fuerte como la del sol. El papel de la luna, similar al de *Maljut*, era ser el conducto para traer prosperidad hacia este mundo. Sin embargo, debido a la arrogancia de la luna, Dios decretó que fuese disminuida (ver *Julin* 60b). En nuestro contexto, la disminución de la luna es símbolo de *Maljut* siendo separado de su fuente. En palabras del

הַבָּא, לִבְחִינַת: "בַּהּ׳ אֲהַלֵּל דָּבָר, בֵּאלֹהִים אֲהַלֵּל דָּבָר":

Tzadik fallece y abandona su ser material, su poder es mucho mayor. Puede entonces quedar absorbido total y perpetuamente en el *Ein Sof*. Las almas de los Tzadikim que han partido también retornan a visitar sus tumbas y podemos asegurar que esto ocurre especialmente con el Tzadik que hizo la promesa de interceder por todo aquél que orase en su *tziun*, es decir, el mismo Rebe Najmán.

Esto se deduce de la confesión de Iehudá (sección 5) que recién fue recordada por Moshé varias generaciones después de haber tenido lugar. Esto demuestra que el poder del Tzadik para rectificar el *Maljut* dañado no está sujeto al tiempo (ver arriba, nota 46). Ciertamente, una vez que el Tzadik ya ha estado en el mundo, tiene el poder de elevar a *Maljut* incluso luego de su fallecimiento. Pues entonces se encuentran en un perpetuo ascenso, cada vez más exaltado, en el *Ein Sof*. Sin embargo, debido a que las rectificaciones logradas por el Tzadik se encuentran en un plano espiritual mucho más elevado y mucho más alejado de la comprensión humana que cuando él estaba vivo físicamente, debemos ser muy firmes en creer que estas rectificaciones aún continúan surtiendo efecto.

Vemos entonces que todos los *tikunim* también pueden llevarse a cabo hoy en día, pero de una manera mucho más refinada, mucho más espiritual. Por lo tanto, debemos ser muy decididos y dedicarnos a su cumplimiento. Debemos ir a la tumba del Tzadik y derramar nuestros corazones ante Dios, pidiendo que se nos muestre el sendero correcto y apropiado, que esté en armonía con las raíces de nuestras almas. Debemos pedir por la oportunidad de servir a Dios y por el perdón de todas nuestras transgresiones. Entonces seremos capaces de confesarnos desde lo más profundo de nuestros corazones hasta que las palabras emerjan desde nuestros mismos huesos. Este es el significado de "Todos mis huesos dicen", es decir, las palabras surgen desde el ser y la esencia más profundos del que se confiesa y la fuerza de todos sus miembros y todos sus huesos es puesta en sus palabras. Luego de esto, podemos estar seguros de que será destruida toda la estructura completa de *Maljut* del Otro Lado. Las combinaciones de letras en su poder serán liberadas y reconstruidas como *Maljut* de Santidad.

Una vez que suceda esto, cada uno de nosotros reconocerá automáticamente su sendero apropiado. Ciertamente, cuando el Tzadik está vivo, es él quien nos informa cuál es el sendero adecuado. Pero ahora, cuando el Tzadik ya no está más presente físicamente, debemos tener fe en que cuando cumplimos totalmente con todos estos *tikunim*, Dios nos envía los pensamientos adecuados concernientes al curso de acción que debemos seguir. Y debemos creer que hoy en día esto es, en sí mismo, nuestro sendero apropiado.

Es evidente que para encontrar el sendero adecuado, debemos dedicarnos al estudio de las obras del Tzadik. Si podemos conversar sobre estas ideas con otros que también están interesados en rectificarse a sí mismos, nos beneficiaremos mucho más. Hay veces en que lo que alguien tiene para decir nos ayuda a lograr comprensión y conciencia de nuestra propia búsqueda. También es muy útil la práctica devocional conocida como *Hitbodedut*. Ésta es la plegaria personal en reclusión que el Rebe Najmán les exhortó a sus seguidores a que la realizasen a diario. Debemos derramar nuestros corazones en la plegaria, pidiéndole a Dios que nos guíe por el sendero correcto. (*Hitbodedut* está explicado en gran detalle en: *Meditación, Fuerza Interior y Fe*; *Bajo la Mesa*, Capítulo 6; y *Cruzando el Puente Angosto*, Capítulo 9).

En conclusión, debemos comprender que todo lo que sucede se encuentra en relación con nuestros esfuerzos y anhelos. Si somos sinceros, aceptaremos que estos *tikunim* realmente están

correspondiente a, "Cuando Él es *IHVH*, yo alabo Su palabra; Cuando Él es *Elohim*, yo alabo Su palabra".²⁰²

de la casa de esclavitud - Viendo al Tzadik y dándole caridad, lo que vence a los vicios/esclavos. Entonces, al confesarse en presencia del Tzadik, *Maljut* es sacado de la esclavitud, es decir, elevado hacia su fuente, en el *Ein Sof*. Como resultado, tanto él como los otros ven que todo es bueno y beneficioso, es decir, que *IHVH* y *Elohim* son uno.

202. **alabo Su palabra.** Habiendo alcanzado la conclusión de la lección, queda aún una pregunta por ser respondida: ¿Dónde está hoy en día el Tzadik que puede anularse tan completamente en *Ain* que es capaz de hacer retornar *Maljut* hacia el *Ein Sof* y en el proceso expiar nuestros pecados? Cuando el Rebe Najmán estaba con vida, habló de estas rectificaciones y las implementó. Pero ahora, con el Rebe entre nosotros sólo en espíritu y no en cuerpo, ¿qué sucede con los *tikunim* (rectificaciones) efectuados por los tres pasos del arrepentimiento? ¿Existe alguna manera de ver al Tzadik, de darle caridad y de confesarse en su presencia, que pueda aplicarse en la actualidad? El *Parparaot LeJojmá* explica cómo esto se aplica hoy en día y cómo los *tikunim* específicos mencionados en la lección pueden ser realizados incluso hoy (una explicación más completa del concepto del Tzadik se encuentra en *Cruzando el Puente Angosto*, Capítulo 17).

Escribe el Parparaot LeJojmá:
Con respecto a la rectificación que se logra al mirar el rostro del Tzadik, ver *Likutey Moharán* 192. Allí se explica que la apariencia y el rostro del Tzadik pueden encontrarse en las enseñanzas del Tzadik (ver arriba, nota 95).

Unirse a los seguidores del Tzadik en el *kibutz* (reunión) de Rosh HaShaná es también un aspecto de esta rectificación. En el *kibutz* uno comprende que el intenso deseo de aquéllos presentes de seguir el sendero del Tzadik sólo surge de la luz del alma del Tzadik y de sus enseñanzas de Torá. Esta "luz" es su rostro brillante, de modo que estar presentes en el *kibutz* de Rosh HaShaná es en sí mismo un aspecto de observar el rostro del Tzadik. De esta manera podemos rectificar incluso hoy en día los vicios que surgen de las formas de vida mineral y vegetal. (El concepto de viajar hacia el Tzadik para Rosh HaShaná, especialmente a la tumba del Rebe Najmán en Umán, aparece explicado en dos libros editados por el Breslov Research Institute, *Cruzando el Puente Angosto*, Capítulo 18; y *Umán, Umán Rosh HaShaná*).

Con respecto a la rectificación que se alcanza al darle caridad al Tzadik, es claro que esto puede lograrse dando caridad a los descendientes del Tzadik y a sus discípulos. Esto también se aplica a apoyar las actividades que perpetúan la obra del Tzadik, incluyendo proyectos dedicados al nombre del Tzadik (tal como una sinagoga), así como también la publicación de sus enseñanzas. De esta manera podemos rectificar aun hoy en día los vicios que surgen de las formas de vida animal y humana.

Finalmente, la rectificación lograda mediante la confesión en presencia del Tzadik puede realizarse hoy en día viajando a su *tziun* (tumba) y dedicándose allí a la plegaria y a la confesión. Esto puede de hecho inferirse de la lección misma. Al tratar sobre el estado de total anulación del Tzadik, cuando queda absorbido en el *Ein Sof*, afirma el Rebe Najmán: "Todo esto sucedió al fallecer. Sin embargo, también durante su vida [Moshé] se despojó de toda corporeidad y se unió a la Luz del *Ein Sof*. Pero entonces, su despojarse era en el aspecto de 'las criaturas vivientes corrían y retornaban'" (sección 9). De aquí podemos comprender que el Tzadik, que es un aspecto de Moshé/*Ain*, estaría siempre absorbido en la Luz del *Ein Sof*, si no fuese porque la corporeidad necesita que su unión sea de "correr y retornar". Por tanto, cuando este

de beneficiar a muchos otros, incluso a aquéllos para quienes el servicio sagrado de Dios se encuentra por el momento muy lejos de sus mentes. Cuánto más aún, entonces, ayudará el éxito de otro judío a aquellos de nosotros que sí *estamos* buscando el arrepentimiento y el retorno hacia Él. Indudablemente, si nos mantenemos firmes en nuestros esfuerzos y en nuestro anhelo, merecemos el arrepentimiento total y la rectificación de todos nuestros pecados. También lograremos la conciencia de la unidad de Dios que tanto deseamos.

teniendo lugar, aunque no podamos observar un mayor progreso personal en nuestra búsqueda del arrepentimiento. Aceptaremos que, sea cual fuere el paso que tomemos en la dirección adecuada, eso es una gran ayuda para acercarnos a Dios. Pues Dios dirige siempre a cada individuo por los caminos que conducen a Él. Y, aunque veamos que hay otros que tienen éxito, y nos parezca que quedamos detrás, no debemos perder la esperanza. Tal como está indicado al final de la lección del Rebe Najmán, el arrepentimiento de un judío tiene el poder

ליקוטי מוהר"ן סימן ה'

בַּחֲצוֹצְרוֹת וְקוֹל שׁוֹפָר הָרִיעוּ לִפְנֵי וְכוּ' (תהלים צ"ח).

א כִּי צָרִיךְ כָּל אָדָם לוֹמַר: כָּל הָעוֹלָם לֹא נִבְרָא אֶלָּא בִּשְׁבִילִי (סנהדרין לז.). נִמְצָא כְּשֶׁהָעוֹלָם נִבְרָא בִּשְׁבִילִי, צָרִיךְ

(e incluso menores), forzándolos a alimentarse con comida no kosher y bautizándolos, para luego, a la edad de dieciocho años, reclutarlos en el ejército del zar por un lapso de veinticinco años. Además, en connivencia con los seguidores de la *Haskalá*, el gobierno ruso logró imponer la educación secular en la juventud judía y así desarraigar de su herencia a segmentos enteros de la sociedad judía (ver *Through Fire and Water*, capítulo 32). Fue para mitigar estos decretos que el Rebe Najmán reveló esta lección de Torá, "*Bejatzotzrot* (Con trompetas)", que alude a estas reformas (*Tzaddik* #127; *Parparaot LeJojmá*; *Siaj Sarfei Kodesh* 508, 1-31).

Como sucede con la mayor parte de las enseñanzas del Rebe Najmán, esta lección hace referencia tanto a lo general como a lo particular, a lo comunitario como a lo personal. Así, además de dar cuenta de los decretos con el tema que abre la lección, el Rebe Najmán trata también sobre la necesidad de liberarse de los pensamientos indeseables que fermentan la mente como el *jametz* (sección 4). Mientras que por un lado esta es una referencia clara a los esfuerzos de la *Haskalá* por infundir filosofías e ideologías ajenas dentro de la mente y el corazón judío, a un nivel más individual, también se refiere a estar libre para poder concentrar los pensamientos y sentimientos en la oración. En ese momento, este tema era de particular importancia para el Rabí Natán, el nuevo seguidor del Rebe. Hacía tiempo que le resultaba difícil concentrarse en la plegaria y estaba esperando que el Rebe Najmán le ofreciera una guía sobre esto.

No era sólo esta dificultad del Rabí Natán por concentrarse en la plegaria lo que el Rebe Najmán desarrolló en esta lección. El Rabí Natán provenía de una familia de *mitnagdim* (opositores al Jasidismo). Su suegro, el Rabí Dovid Zvi Orbaj, aunque reconocido por su piedad y autoridad halájica muy respetada en la región de Podolia, era un obcecado *mitnagued*. No fue por lo tanto algo fácil para el Rabí Natán decidirse a tomar el camino jasídico, lo cual llevó a cabo en algún momento del año 1796, a la edad de dieciséis años. Ahora, seis años después, aún era sensible a las críticas en contra del sendero establecido por el Baal Shem Tov. No sólo no había disminuido la oposición externa al Jasidismo, sino que, aún peor para el Rabí Natán, se había desatado lo que parecía ser una constante lucha interna entre varios Tzadikim. En ese momento, la mudanza del Rebe Najmán a Breslov aumentó la que resultó ser una constante y obsesiva campaña del Shpola Zeide para desacreditar al Rebe. El Rabí Natán había tenido problemas en comprender cómo tales individuos rectos, cuyas vidas enteras estaban dedicadas al servicio a Dios, podían estar envueltos en tales contiendas y conflictos. El Rebe Najmán también hace referencia a esto en la lección (sección 4), aconsejando al Rabí Natán no prestar atención a las disputas entre Tzadikim, porque ellas implican temas mucho más elevados de los que la mayoría de la gente es capaz de percibir.

2. sólo para mí. El Talmud enseña que en el momento de la Creación, todo fue creado macho

Likutey Moharán 5[1]

*"**Bejatzotzrot** (Con trompetas) y son de shofar, aclamen ante Dios, el Rey".*

(Salmos 92:6)

Pues es necesario que cada persona diga: "El mundo entero fue creado sólo para mí" *(Sanedrín 37a)*.[2] Por lo tanto, dado que el mundo

---

1. **Likutey Moharán 5.** El Rebe Najmán enseñó esta lección un lunes, Rosh HaShaná del año 5563 (27 de septiembre de 1802), poco después de haberse mudado a la ciudad de Breslov. El domingo de la semana anterior (19 de septiembre), el Rabí Natán, quien llegaría a ser el discípulo más cercano del Rebe Najmán y su escriba, se había encontrado por primera vez con el Rebe. El texto de la lección es *leshón Rabeinu z'l* (ver final de la primera nota de la Lección 2 donde se explica esta terminología). A partir del propio testimonio del Rebe sabemos que en sus secciones se ocultan las intenciones místicas relacionadas con los tefilín (ver *Likutey Moharán* I, 38:final, en nota). De hecho, el Rabí Natán compuso más tarde su propio discurso, basado en esta lección, explicando los conceptos de los tefilín (ver *Likutey Halajot, Oraj Jaim, Tefilín* 4). Los temas principales de la lección son: mitigar los decretos; cumplir las mitzvot con alegría y la recompensa por las mitzvot; la plegaria intensa; limpiar la mente de pensamientos indeseables; y el conflicto entre los Tzadikim. El Rabí Natán dijo cierta vez que la inspiración y la guía que recibió de esta lección, el primer discurso completo que escuchó del Rebe Najmán, le sirvió para toda la vida.

En el momento en que el Rebe Najmán enseñó esta lección, los decretos eran un tema muy importante en las comunidades judías bajo el gobierno zarista. El "Comité para el Mejoramiento de los Judíos" del Zar estaba considerando varios decretos. En su momento, estos decretos llevarían a la educación secular forzada, al Edicto de los Cantonistas y finalmente al establecimiento de la Zona de Asentamiento Judía. En el año 1802, los líderes judíos intentaron buscar maneras de evitar estos decretos desastrosos, pero sus esfuerzos encontraron mucha resistencia, en particular debido al apoyo que el gobierno ruso recibiera del incipiente movimiento iluminista judío, conocido como la *Haskalá*.

Escribe Reb Najmán de Tcherin: Le oí decir a mi padre (Reb Zvi Arie, hijo de Reb Aarón de Breslov) que el Rebe Najmán insinuó que en ese momento los veredictos ya habían sido decretados en el Cielo. Aun así, el Rebe trabajó un año entero para mitigar de alguna manera estos decretos. (Varias de las otras lecciones enseñadas por el Rebe en el año 5563 (1802-1803) también están relacionadas con el concepto de mitigar decretos, por ejemplo, *Likutey Moharán* I, 10, 49). Algunos de los otros jasidim recuerdan que el Rebe comentó, "Si todos los Tzadikim se unieran conmigo en esto, yo podría evitar por completo estos decretos. Pero así como están las cosas, los he retrasado unos veinte años". Y eso fue precisamente lo que sucedió.

Gracias a las plegarias del Rebe, estos decretos fueron postergados. No fue sino hasta 1827, veinticinco años luego de que el Rebe enseñara esta lección, que el gobierno zarista, bajo el Zar Nikolai I (el "Zar de hierro"), reflotara el tema y las autoridades decidieran decretar una serie de reformas sociales y educativas. Los Cantonistas secuestraban niños judíos de doce años

אֲנִי לִרְאוֹת וּלְעַיֵּן בְּכָל עֵת בְּתִקּוּן הָעוֹלָם. וּלְמַלֹּאות חֶסְרוֹן הָעוֹלָם, וּלְהִתְפַּלֵּל בַּעֲבוּרָם.

וְעִנְיַן הַתְּפִלָּה הֵן בִּשְׁנֵי פָנִים. הַיְנוּ קֹדֶם גְּזַר דִּין מִתְפַּלְלִין כְּסֵדֶר הַתְּפִלָּה, וְאֵין צָרִיךְ לְהַלְבִּישׁ הַתְּפִלָּה, אֲבָל לְאַחַר גְּזַר דִּין צָרִיךְ לְהַלְבִּישׁ הַתְּפִלָּה, כְּדֵי שֶׁלֹּא יָבִינוּ הַמַּלְאָכִים הָעוֹמְדִים לִשְׂמֹאל, וְלֹא יְקַטְרְגוּ. כְּמוֹ שֶׁכָּתוּב (דניאל ד): "בִּגְזֵרַת עִירִין פִּתְגָמִין", הַיְנוּ לְאַחַר גְּזַר דִּין, אֲזַי "בְּמֵאמַר קַדִּישִׁין שְׁאֵלְתִין",

las Escrituras (Lamentaciones 3:8), "Aunque grito y clamo, Él cierra mi plegaria". De esto aprendemos que hay una diferencia entre antes y después de la emisión del decreto. Antes del decreto, los canales están abiertos y uno puede orar de la manera usual.

6. **ángeles parados a la izquierda...objeten.** El profeta Mijaihu dice (Reyes I, 22:19), "Yo vi a Dios sentado en Su trono, con todas las huestes del cielo paradas a Su derecha y a Su izquierda". Rashi pregunta: ¿Existe [una derecha o] una izquierda arriba? No, pero están aquéllos [ángeles] que se inclinan hacia la derecha y aquéllos que se inclinan hacia la izquierda. Aquéllos hacia la derecha hablan favorablemente, mientras que los que están hacia la izquierda encuentran faltas (*loc. cit.*). Los ángeles de la izquierda, los ángeles acusadores, son creados por los pecados de los hombres. Ellos critican y encuentran faltas en las plegarias de la persona, diciendo: "Esta persona ha pecado. ¡No merece que sus plegarias sean respondidas!". Cuando sucede esto, la persona debe enmascarar y encubrir sus plegarias para ocultarlas de estos ángeles acusadores.

7. **decretado por los ángeles destructores.** Es decir, el veredicto ha sido emitido debido a los ángeles acusadores (*Metzudat David*). El decreto es hecho conocer entonces a los ángeles destructores, los mensajeros dispuestos a ejecutar el castigo decretado por el Santo, bendito sea (*Parparaot LeJojmá*).

8. **maamar.** La palabra *maamar* tiene varios usos. Literalmente connota toda clase de expresión. Así, en el versículo citado de Daniel, indica un decreto que es emitido por la palabra de Dios. También puede referirse a una frase hablada, un discurso oral sobre un tema de Torá, una simple conversación, o incluso contar una historia. Éstas son las diferentes formas que los Tzadikim utilizan para encubrir sus plegarias (ver nota 177).

En general, la intención del Rebe Najmán es que cada persona ejercite el poder de la plegaria en beneficio del mundo. Aun así, cuando el Rebe habla sobre encubrir las plegarias, se está refiriendo a los Tzadikim, quienes saben que deben enmascarar sus plegarias para que puedan ser efectivas. En el curso de la lección, una vez que el Rebe explica cómo es posible saber si es antes o después de que el decreto ha sido emitido, queda en claro que sólo los más grandes Tzadikim pueden alcanzar este conocimiento en plenitud. Aun así, existen muchos aspectos de esta enseñanza que se aplican a cada uno, de acuerdo con el nivel espiritual que haya alcanzado. Y estos aspectos hacen imperativo que cada persona se dedique a orar por el mundo y por todas las cosas lo mejor que pueda. Esto es posible particularmente a través de

fue creado para mí, debo constantemente mirar y considerar maneras de mejorar el mundo; de proveer aquello que falta en el mundo y de orar por él.³

{"**El veredicto es decretado por los ángeles destructores y el pedido es por el *maamar* de los seres santos**" (Daniel 4:14).}

Y con respecto a la oración,⁴ hay dos enfoques. Antes de que se emita el decreto seguimos el orden normal de la plegaria y no hay necesidad de velar las oraciones.⁵ Pero una vez que el decreto ha sido emitido, nuestras plegarias deben ser encubiertas <dentro de historias>, para que <los ángeles acusadores> parados a la izquierda no comprendan y objeten.⁶ Tal como está escrito, "El veredicto es decretado por los ángeles destructores",⁷ es decir, después de que el decreto ha sido emitido, entonces, "el pedido es a través del *maamar*⁸ de los seres

---

y hembra: los peces, las aves, los animales, etcétera. La única excepción fue el hombre, Adán, que fue creado sin pareja. Fue a partir de él que Dios formó a la mujer, Eva. ¿Por qué? Nuestros sabios explican que esto fue para enseñar que cada individuo es considerado un mundo completo en sí mismo. Cada uno puede decir por lo tanto que el mundo fue creado para él. Además, esto es para mostrar que cada persona nace con la capacidad innata de elegir entre el bien y el mal; pese a la influencia de la herencia, las cualidades predeterminadas no impiden en manera alguna nuestra libertad de elección (*Maharsha, loc. cit., v.i. lefijaj*). Ver nota siguiente.

3. **debo constantemente mirar...orar por él**. El Rebe Najmán agrega una dimensión más profunda a "El mundo entero fue creado sólo para mí". Dice: Si es *para* mí, entonces es mi *responsabilidad*. Y me corresponde específicamente a mí ocuparme de que el mundo se transforme en un lugar mejor y a la inversa, debido a que el mundo es *mi* responsabilidad, debo alejarme de todo mal, así sea en pensamiento, palabra o acción. Esto es porque todo acto negativo genera daño, un daño que yo debo prevenir (*Mei HaNajal*; ver también *Rashi, loc. cit., v.i. bishvili*).

4. **con respecto a la oración**. El Rebe Najmán mostrará que la plegaria, junto con el temor a Dios, es el medio principal a través del cual la persona puede mejorar el mundo. Escribe el Rabí Natán que sin el temor a Dios el mundo está incompleto, como puede comprenderse a partir de lo opuesto (Salmos 34:10), "Nada les falta a aquéllos que Le temen". Esto indica que es el temor a Dios lo que hace que el mundo sea un mejor lugar para vivir (*Likutey Halajot, Harshaá* 3:20).

5. **no hay necesidad de velar las oraciones**. Dios creó el mundo con la intención de que la humanidad Lo sirviese. Con este fin, Dios preparó todo lo necesario para el hombre y le dio entonces el canal de la plegaria mediante el cual el hombre podía pedir por todo aquello que necesitase y así conectarse directamente con Él (ver *Rashi*, Génesis 2:5). Así es como debía suceder mientras el canal se mantuviese abierto. Pero, tal como ha descubierto la humanidad, el pecado y la iniquidad hacen que el canal de la plegaria se vea obturado y oscurecido; tal como ocurrió con el decreto del Diluvio (ver más abajo sección 2), y más tarde, cuando se implementó el decreto de la destrucción del Santo Templo. Con respecto a esto último afirman

אֲזַי הַצַּדִּיקִים מַלְבִּישִׁים שְׁאֵלָתָם בְּמַאֲמָר.

ב. **אֲבָל** אֵיךְ יַדְעִינָן בֵּין קֹדֶם גְּזַר דִּין בֵּין לְאַחַר גְּזַר דִּין – עַל־יְדֵי הַמִּצְוֹת שֶׁאָנוּ עוֹשִׂים, יְכוֹלִין אֲנַחְנוּ לֵידַע בֵּין קֹדֶם גְּזַר דִּין לְאַחַר גְּזַר דִּין.

וְדַוְקָא כְּשֶׁעוֹשִׂין הַמִּצְוֹת בְּשִׂמְחָה גְּדוֹלָה כָּל כָּךְ, עַד שֶׁאֵין רוֹצֶה בְּשׁוּם שְׂכַר עוֹלָם הַבָּא, אֶלָּא הוּא רוֹצֶה שֶׁיְּזַמֵּן לוֹ הַקָּדוֹשׁ־בָּרוּךְ־הוּא מִצְוָה אַחֶרֶת בִּשְׂכַר מִצְוָה זֹאת, כְּמַאֲמַר חֲכָמֵינוּ, זִכְרוֹנָם לִבְרָכָה (אבות ד): 'שְׂכַר מִצְוָה־מִצְוָה', כִּי הוּא נֶהֱנֶה מֵהַמִּצְוָה בְּעַצְמָהּ.

וְזֶהוּ הַחִלּוּק שֶׁבֵּין נְבוּאַת מֹשֶׁה רַבֵּנוּ לְבֵין נְבוּאַת שְׁאָר נְבִיאִים, כְּפֵרוּשׁ רַשִׁ"י: "וַיְדַבֵּר מֹשֶׁה אֶל רָאשֵׁי הַמַּטּוֹת וְכוּ' זֶה הַדָּבָר אֲשֶׁר צִוָּה ה'". פֵּרֵשׁ רַשִׁ"י: כָּל הַנְּבִיאִים נִתְנַבְּאוּ בְּ"כֹה אָמַר

ompensa el cumplimiento de una mitzvá dándole a la persona los medios para cumplir con otra mitzvá y así merecer una recompensa mayor por sus esfuerzos (*Rabeinu Iona, loc. cit.*). La interpretación del Rebe Najmán es que la persona que realiza la mitzvá no desea otra recompensa más que realizar otra mitzvá. Para esta persona, la recompensa se percibe en el cumplimiento de la mitzvá misma. Este es en verdad un nivel espiritual muy elevado; un estado de conciencia que no es común en el mundo. El Rabí Natán lo describe como habiendo alcanzado el nivel de perfección más elevado (*Torat Natán* 2). Por lo tanto, siendo esto un requisito previo para determinar si es antes o después de que el decreto ha sido emitido, es comprensible por qué la mayor parte de la gente nunca es capaz de tal discernimiento. Sin embargo, eso no quiere decir que la persona común no tenga un papel que cumplir en mitigar los decretos del cielo. Por el contrario, cuanto más grande sea el nivel de alegría que logre la persona al cumplir con las mitzvot, mayor será el nivel de sus plegarias y mayor será su efectividad, aunque indirecta, en mitigar un decreto.

13. **Moshé...otros profetas.** El Rebe Najmán presenta a Moshé como un ejemplo de alguien que ha realizado las mitzvot sin buscar una recompensa. En esto sobrepasaba a todos los otros profetas, tal como los sobrepasaba en su capacidad profética. Como veremos, los sabios asocian la profecía con la recompensa. En nuestro contexto, esto implica que así como la profecía permite ver el futuro y discernir los decretos pendientes, de la misma manera, la recompensa por cumplir con las mitzvot en aras de sí mismas es la capacidad de saber si es antes o después de que el decreto ha sido emitido. El Rebe explica esto en detalle:

14. **Ze hadavar....** Esto fue dicho a los jefes de las tribus con respecto a las leyes de los votos. Ver más abajo, nota 21.

santos", entonces los Tzadikim encubren sus pedidos en un *maamar*.⁹

2. Pero, ¿cómo sabemos si es antes de que el decreto ha sido emitido o después que el decreto ha sido emitido? Podemos determinar si es antes del decreto o después del decreto por medio de las mitzvot que realizamos.¹⁰

Y esto ocurre en especial cuando la persona realiza las mitzvot con una alegría tan grande que no tiene deseo alguno de recompensa en el Mundo que Viene.¹¹ En cambio, su único deseo es que el Santo, bendito sea, le dé la oportunidad de realizar otra mitzvá como recompensa de la primera mitzvá. Como en el dicho de los sabios: La recompensa por una mitzvá es una mitzvá (*Avot* 4:2), pues siente satisfacción en la mitzvá misma.¹²

Ésta es la diferencia entre la profecía de Moshé Rabeinu y la profecía de los otros profetas.¹³ Esto es similar al comentario de Rashi sobre, "Moshé les habló a los jefes de las tribus de los hijos de Israel, diciendo '*ze hadavar* (ésta es la palabra) que Dios ha ordenado'" (Números 30:2).¹⁴ Rashi explica: Todos los profetas profetizaban con "*Koh*

---

la práctica de *hitbodedut*, la plegaria personal y en reclusión que el Rebe Najmán aconseja firmemente (ver *Meditación, Fuerza Interior y Fe*; *Cruzando el Puente Angosto*, capítulo 9; *Bajo la Mesa*, capítulo 6). Formular las plegarias de *hitbodedut* en la lengua madre, de acuerdo con los dictados de cada nuevo día, le da a la persona la libertad de orar de manera directa o encubierta, dependiendo de lo que indique cada situación en particular. De esta manera, la enseñanza del Rebe se aplica a todos y no sólo a los Tzadikim.

9. **en un maamar.** Resumen: Cada persona es responsable de hacer del mundo un lugar mejor. Esto puede hacerlo orando para el bien del mundo, pues la plegaria tiene el poder de mitigar los decretos. Sin embargo, cuando los decretos son emitidos y las plegarias del hombre están oscurecidas por sus pecados, tiene que ocultar sus plegarias en un *maamar*.

10. **Pero...mitzvot que realizamos.** Habiendo enseñado que la plegaria tiene el poder de mitigar los decretos, pero que debe tomar una forma diferente una vez que el decreto ha sido emitido, el Rebe Najmán muestra ahora cómo es posible saber si es antes o después de la emisión del decreto. Esto implica realizar las mitzvot con alegría, como el Rebe explica ahora, y ser sensible a las estructuras de Mundo-Año-Alma, tal como se explica más abajo.

11. **con una alegría tan grande....** El primer elemento necesario para discernir el estado del decreto es realizar las mitzvot con una alegría pura, solamente en aras del cumplimiento de las mitzvot.

12. **La recompensa por una mitzvá....** La explicación simple de la Mishná es que Dios rec-

ה'", נוֹסָף עֲלֵיהֶם מֹשֶׁה, שֶׁהִתְנַבֵּא: בְּ"זֶה הַדָּבָר". כִּי בְּחִינַת "כֹּה" הוּא אַסְפַּקְלַרְיָא שֶׁאֵינָהּ מְאִירָה, וְ"זֶה הַדָּבָר" הוּא בְּחִינַת אַסְפַּקְלַרְיָא הַמְּאִירָה.

וְאֵלּוּ הַשְׁתֵּי בְּחִינוֹת נְבִיאוּת יֵשׁ בַּעֲבוֹדַת הַבּוֹרֵא. יֵשׁ אָדָם הָעוֹשֶׂה הַמִּצְוָה בִּשְׂכַר עוֹלָם הַבָּא, שֶׁאֵינוֹ נֶהֱנֶה מֵהַמִּצְוָה בְּעַצְמָהּ, אִלּוּ לֹא הָיוּ נוֹתְנִין לוֹ עוֹלָם הַבָּא בִּשְׂכָרָהּ, לֹא הָיָה עוֹשֶׂה אוֹתָהּ, וְזֶה בְּחִינַת "כֹּה", אַסְפַּקְלַרְיָא שֶׁאֵינָהּ מְאִירָה. כְּמוֹ אָדָם שֶׁרוֹאֶה אֵיזֶה דָּבָר מֵרָחוֹק, כֵּן הוּא עוֹשֶׂה הַמִּצְוָה בִּשְׁבִיל שְׂכָרָהּ הַבָּא לְעֵת רָחוֹק, הַיְנוּ אַחַר עוֹלָם הַזֶּה.

todos ellos buscaron fortalecer la observancia de la Torá tal como la enseñara Moshé, como en (Malají 3:22), "Recuerda la Torá de Moshé". Esto unía a los profetas/*koh* con Moshé/*ze*, y los dos aspectos se volvían uno. Ahora bien, en cada generación hay grandes Tzadikim cuya percepción de la Divinidad se encuentra al nivel de *ze* (ver *Suká* 45b). Todos los demás deben unirse a estos Tzadikim. Al hacerlo, se anula el mal, se mitigan los decretos y se completa todo aquello que faltaba. Entonces todos sirven a Dios con verdadera alegría (*Torat Natán* 3). Agrega el *Parparaot LeJojmá*: Moshé tiene una porción en cada mitzvá que cumple un judío (pues a través de él los judíos recibieron los preceptos). A la inversa, al cumplir con una mitzvá, especialmente cuando la realizamos con gran alegría, tomamos de la claridad de visión que tenía Moshé. Cada uno de nosotros, en la medida del nivel espiritual que haya logrado, se incluye entonces en el *ze* de Moshé.

17. **ninguna satisfacción...Mundo que Viene.** Servir a Dios sólo por la recompensa final no es la más virtuosa de las intenciones. Aun así, la persona que lo hace de esta manera es considerada como alguien que sirve a Dios. Es también un hecho que las mitzvot proveen de tremendas recompensas a aquéllos que las cumplen. Pero las mitzvot son expresiones Divinas, en reconocimiento de lo cual los judíos han cumplido Su Voluntad incluso en los momentos más difíciles. Siendo así, ¿por qué dice el Rebe Najmán: "No la haría si no fuera a recibir la recompensa del Mundo que Viene?". Debe ser que el Rebe se está refiriendo a alguien cuya satisfacción al cumplir con las mitzvot surge de la recompensa final que sabe que le espera. En su caso, "No la haría si no fuera a recibir la recompensa del Mundo que Viene" significa que no la realizaría con alegría y satisfacción en su corazón sino sólo por obligación (*Parparaot LeJojmá*).

El *Parparaot LeJojmá* ofrece también otra aplicación para "No la haría si no fuera a recibir la recompensa...". Escribe: Ciertas mitzvot son condicionales. Por ejemplo, los tzitzit son necesarios sólo en una prenda que tenga cuatro esquinas. La persona que no tenga una prenda de cuatro esquinas está exceptuada de la mitzvá. Si, pese a ello y en aras de la mitzvá misma, adquiere una prenda de cuatro esquinas para tener la obligación de colocarle tzitzit, su acto es de hecho muy valioso. Pero si su motivación al adquirir la prenda de cuatro esquinas y colocarle los tzitzit es ganar una recompensa en el Mundo que Viene, entonces es como si estuviese mirando a través de una lente opaca: mira a la distancia, faltándole claridad de visión.

(Así) dice Dios". Moshé alcanzó mucho más que ellos al profetizar con "*ze hadavar*". Pues *koh* corresponde a una lente opaca, mientras que *ze hadavar* corresponde a una lente traslúcida.[15]

Estos dos aspectos de la profecía también se encuentran en nuestro servicio al Creador.[16] Está la persona que realiza la mitzvá por la recompensa del Mundo que Viene, que no obtiene ninguna satisfacción de la mitzvá misma. No la haría si no fuera a recibir la recompensa del Mundo que Viene.[17] Esto corresponde a *koh*, una lente opaca. Tal como la persona que ve algo desde lejos, de la misma manera, también ella cumple con la mitzvá por la recompensa que le traerá en un tiempo distante, luego de este mundo.

---

15. **koh...ze...lente.** Moshé fue el más grande de todos los profetas y la claridad de sus revelaciones no ha sido igualada (*Ievamot* 49b). Dios Mismo atestigua esto: "Si hubiese profeta del Señor entre ustedes, Yo Me daría a conocer a él en visión, o en sueños le hablaría. No así con Mi siervo Moshé... Cara a cara hablo con él; y él contempla la apariencia y la imagen del Señor, no por alegorías" (Números 12:6-8). El Rabí Moshé Jaim Luzzatto escribe: Incluso en el caso de Moshé, la Gloria sólo podía ser revelada en la medida en que él era capaz de aceptarla. Ni siquiera él podía ver la Gloria directamente, sino sólo como una imagen formada en un espejo, dado que sin esto, ningún ser humano puede tener una percepción del Creador. Sin embargo la imagen que vio Moshé era completa y clara, tal como una imagen que es vista a través de un espejo altamente pulido y limpio, sin ninguna traza de opacidad.... Esto no sucedía con ninguno de los otros profetas dado que ninguno podía alcanzar semejante visión (*The Way of God* 3:5:5, traducido por Arye Kaplan, Feldheim Publishers).

Rashi apunta que la diferencia en la cualidad de la profecía de Moshé y la de los otros profetas está indicada por la elección de sus palabras. Moshé introduce su visión utilizando la palabra *ze*, que indica precisión: "precisamente *esto*". La claridad de su visión puede asemejarse a mirar con una lente bien pulida y clara. Otros profetas introducen sus visiones utilizando la palabra *koh*, que indica imprecisión: "aproximadamente *esto*". La falta de claridad de sus visiones puede asemejarse a mirar con una lente empañada y opaca. Los otros profetas profetizaron con *koh* pues sus visiones carecían de la claridad de las de Moshé (ver Rashi sobre Números 30:2, y Siftei Jajamim, ad loc.).

Agrega el *Parparaot LeJojmá*: Ahora podemos apreciar mejor el deseo de Moshé de entrar en la Tierra Santa. No sólo quería entrar a la Tierra, una mitzvá en sí misma, sino que también deseaba poder cumplir con aquellas mitzvot que sólo son aplicables en la Tierra de Israel. Así, la recompensa por la mitzvá de entrar a la Tierra Santa sería la capacidad de cumplir con más mitzvot.

16. **servicio al Creador.** El Rabí Natán explica que, de manera ideal, cada persona debe intentar unificar los dos aspectos de *koh* y de *ze*. Debe unirse (unir su *koh*) con los verdaderos Tzadikim, quienes han alcanzado el nivel de *ze*. Esto es lo que hicieron los profetas a los que les estaba prohibido derivar nuevas leyes basándose en sus visiones proféticas (*Shabat* 104a). En cambio,

וְשָׁלוֹם שָׂכָר נִקְרָא בְּשֵׁם נָבִיא, כִּי רָאשֵׁי תֵּבוֹת שֶׁל: יָבֹא בְרִנָּה נֹשֵׂא אֲלֻמּוֹתָיו.

וְשָׁם בַּפָּסוּק הַזֶּה נִרְמַז עַל שָׁלוֹם שָׂכָר (תהלים קכ"ו): "הָלוֹךְ יֵלֵךְ וּבָכֹה נֹשֵׂא מֶשֶׁךְ הַזָּרַע", שֶׁמִּצְטַעֵר בַּעֲשִׂיָּתָהּ, "בֹּא יָבֹא בְרִנָּה נֹשֵׂא אֲלֻמּוֹתָיו", שֶׁיִּשְׂמַח לֶעָתִיד, כְּשֶׁיְּקַבֵּל שְׂכַר הַמִּצְווֹת. רָאשֵׁי תֵּבוֹת שֶׁל יָבֹא בְרִנָּה נֹשֵׂא אֲלֻמּוֹתָיו, רָאשֵׁי־תֵּבוֹת נָבִיא.

אֲבָל נָבִיא שֶׁמִּתְנַבֵּא בְּ"זֶה הַדָּבָר", שֶׁאֵינוֹ רוֹצֶה בִּשְׂכַר הַמִּצְווֹת, אֶלָּא רוֹצֶה בַּמִּצְוָה בְּעַצְמָהּ, שֶׁהוּא מְשַׂמֵּחַ כָּל כָּךְ בַּעֲשִׂיָּתָהּ, עַד שֶׁמְּמָאֵס בְּכָל מִין שָׂכָר, נִמְצָא שֶׁעוֹלָם הַבָּא שֶׁלּוֹ בְּהַמִּצְוָה בְּעַצְמָהּ.

וְזֶה בְּחִינַת נָבִיא, הַיְנוּ שָׁלוֹם שָׂכָר, בִּבְחִינַת: "זֶה הַדָּבָר", בִּבְחִינַת אַסְפַּקְלַרְיָא הַמְּאִירָה, כְּמוֹ אָדָם הָרוֹאֶה דָּבָר מִקָּרוֹב בִּרְאִיָּה יָפָה וּבָרָה, כְּמוֹ כֵן הוּא נֶהֱנֶה מֵהַמִּצְוָה בְּעַצְמָהּ, וּשְׂכָרוֹ נֶגֶד עֵינָיו.

    Hoy en día, este tipo de percepción es un aspecto de la profecía que nos ha quedado. Pero incluso en esto existen dos niveles. La alegría de algunas personas se debe sólo a que sus almas sienten la gran recompensa que recibirán en el Mundo que Viene. Esto corresponde a la lente opaca. Otros, sin embargo, logran alegrarse con la mitzvá misma. Esto corresponde a la lente traslúcida, una visión profética en el aspecto de *ze* y aunque en este mundo tal conciencia en su plenitud se encuentra ciertamente más allá de la comprensión humana, sí existe en el presente en la forma de una chispa sagrada; una chispa derivada incomprensiblemente de la genuina profecía (*Parparaot LeJojmá*).

20. **Pero el profeta.** Basado en lo que ha dicho, el Rebe Najmán utiliza aquí el término "profeta" para referirse a alguien que cumple con las mitzvot. Están aquéllos que profetizan con el futuro e indeterminado *koh*, es decir, cumplen con las mitzvot por la recompensa futura en el Mundo que Viene. Y están aquéllos que profetizan con el inmediato y preciso *ze*, es decir, cumplen con las mitzvot sin ningún pensamiento de recompensa futura. Éste, como se mencionó, era el nivel de servicio a Dios de Moshé.

21. **su recompensa está delante de sus ojos.** Ahora podemos apreciar por qué la explicación de Rashi de *ze* y *koh* aparece específicamente en conexión con los versículos del Libro de Números que tratan de los votos (ver notas 14-15). Cuando la persona hace un voto por razones personales, se obliga voluntariamente a hacer algo que no se requiere que haga. Sin embargo, la Torá estipula una recompensa para la persona que cumple con esta obligación autoimpuesta. Basándonos en las ideas del Rebe Najmán, podemos decir que incluso en caso de votos, Moshé aconseja a los líderes del pueblo judío a hacerlo sólo por el aspecto de *ze*, sin ningún interés en la recompensa futura (*Parparaot LeJojmá*).

{"**Va andando y llorando el que carga el saco de semillas, *iavo verina nose alumotav* (pero habrá de venir cantando, cargado con sus gavillas)**" (Salmos 126:6).}

Y el pago de la recompensa es llamado *navi* (profeta). Esto se debe a que las primeras letras de "*Iavo Verina Nose Alumotav*" <conforman la palabra *NAVI*>.[18]

El pago de la recompensa también está aludido en el versículo mismo. <Como explica Rashi:> "Va andando y llorando el que carga el saco de semillas": sufre por la realización [de la mitzvá]. "Pero habrá de venir cantando, cargado con sus gavillas", se alegrará en el Futuro, cuando reciba la recompensa por las mitzvot.[19]

Pero el profeta[20] que profetiza con *ze hadavar* no desea la recompensa de las mitzvot. Más bien desea la mitzvá misma. Se alegra tanto con su cumplimiento que rechaza toda clase de recompensas. Vemos, entonces, que su Mundo que Viene está en la mitzvá misma.

Éste es por lo tanto el concepto de *NAVI*, es decir, el pago de la recompensa, correspondiente a *ze hadavar*, una lente traslúcida. Así como la persona que ve algo de cerca, con una visión espléndidamente clara, de la misma manera, él disfruta de la mitzvá misma y su recompensa está delante de sus ojos.[21]

---

18. **Iavo Verina Nose Alumotav...NAVI**. Aparte de la conexión directa del versículo con la recompensa (ver nota siguiente), en el contexto de la lección las letras también aluden a la recompensa, o más específicamente a la profecía, que el Rebe Najmán ha conectado con la recompensa. Como indica el Rebe, el término hebreo para profeta *navi* (נביא) es una sigla de la frase *iavo verina nose alumotav* (יבא ברינה נשא אלמותיו).

19. **el pago...por las mitzvot.** Es muy común que la oportunidad para realizar una mitzvá se presente juntamente con alguna dificultad. Este es el significado implícito en "Va andando y llorando...". Pero las Escrituras aseguran que esta persona "Habrá de venir cantando, cargada con sus gavillas". Más aún, su recompensa estará en relación con el esfuerzo y al sufrimiento pasados, de modo que su alegría será así mucho mayor (cf. *Metzudat David*).

La cuestión es, ¿cómo es posible que la gente sea capaz de alegrarse en este mundo, cuando al mismo tiempo está sufriendo las dificultades (físicas, psicológicas y/o monetarias) que se les presentan en el cumplimiento de las mitzvot? Porque de hecho vemos que los judíos están contentos de merecer cumplir con los preceptos de Dios aunque no perciban una recompensa tangible por sus esfuerzos. ¿De dónde proviene esta alegría? Sin embargo, para citar el Talmud, si los judíos no son profetas, son ciertamente descendientes de profetas (*Pesajim* 66a). Como enseñaron los sabios: Aunque la persona no vea, su ángel guardián sí ve (*Meguila* 3a). El alma de cada judío es perfectamente consciente de la porción maravillosamente dulce reservada para la persona que logra realizar una mitzvá. Esto es, "Iavo Verina Nose Alumotav", *NAVI*. En el sentido de que es un "profeta", cada judío es capaz de percibir la chispa y la iluminación de la recompensa futura por las mitzvot.

וּמִי שֶׁהוּא בַּמַּדְרֵגָה הַזֹּאת, שֶׁעוֹשֶׂה הַמִּצְוָה בְּשִׂמְחָה גְּדוֹלָה כָּל כָּךְ, עַד שֶׁאֵין רוֹצֶה בְּשׁוּם שְׂכַר עוֹלָם הַבָּא בִּשְׁבִילָהּ, הוּא יָכוֹל לֵידַע בֵּין קֹדֶם גְּזַר דִּין לְאַחַר גְּזַר דִּין.

כִּי הַמִּצְווֹת הֵם קוֹמָה שְׁלֵמָה, וְהֵם מְחַיִּין אֶת כָּל הַקּוֹמוֹת, הֵן קוֹמַת אָדָם, הֵן קוֹמַת עוֹלָם, הֵן קוֹמַת שָׁנָה, כִּי עוֹלָם שָׁנָה נֶפֶשׁ, הֵן מְקַבְּלִין הַחִיּוּת מֵהַמִּצְווֹת, כְּמוֹ שֶׁכָּתוּב (תהלים ל"ג): "וְכָל מַעֲשֵׂהוּ בֶּאֱמוּנָה", וּכְתִיב (שם קי"ט): "כָּל מִצְוֹתֶיךָ אֱמוּנָה". וְהַקָּדוֹשׁ־בָּרוּךְ־הוּא הוּא אַחְדוּת פָּשׁוּט עִם הַמִּצְווֹת.

וּכְשֶׁמְּעַשֶּׂה הַקָּדוֹשׁ־בָּרוּךְ־הוּא כְּתִקּוּנָן וּכְסִדְרָן, אֲזַי הַקָּדוֹשׁ־

sinónimo de las mitzvot, como en, "todas Tus mitzvot son fe". Las mitzvot, como una estructura completa, corresponden a todas las diferentes estructuras, es decir, que son el vehículo a través del cual Dios provee de vitalidad espiritual a todas Sus creaciones.

27. **en simple unidad con las mitzvot.** Todos los elementos que constituyen la creación pueden ser divididos en componentes más pequeños. Esto, sin embargo no puede decirse del Creador, Cuya unidad es absoluta. Una consecuencia de esto es que, a diferencia del hombre, Dios y Su voluntad son uno: ni la dualidad ni el cambio son atribuibles a Su voluntad (cf. Lección 4, nota 146). Lo mismo se aplica a los preceptos de la Torá, las mitzvot, que son las expresiones espirituales de la voluntad de Dios. Esta es la razón por la cual se dice que el Santo, bendito sea, está en simple unidad con las Mitzvot (*Rabí Iaacov Meir Shechter*).

Agrega el *Mei HaNajal*: El Talmud menciona diferentes métodos mediante los cuales las letras del alfabeto hebreo pueden ser intercambiadas. Uno de estos métodos permite cambiar la primer letra, *alef*, con la última letra, *tav*, la segunda letra, *bet*, con la penúltima letra, *shin*, etc. (ver *Shabat* 104a). Utilizando este alfabeto, las dos primeras letras de la palabra "mitzvá" (מצוה), la *mem* y la *tzadik*, se transforman en *iud* y *hei*, respectivamente. Estas son las primeras dos letras del santo nombre de Dios, *IHVH* (יהוה). Y, dado que las dos últimas letras de *mitzVáH* y *IHVH* son las mismas, podemos decir que ambos son uno.

El *Biur HaLikutim* presenta una concepción más profunda sobre lo que significa experimentar el propio Mundo que Viene en la misma mitzvá. La recompensa final, la recompensa del Mundo que Viene, es que al hombre se le da una mayor conciencia de Dios para que pueda acercarse a Él (ver *Likutey Moharán* I, 21). Ahora bien, debido a que Dios y Sus mitzvot son uno, cuando la persona realiza las mitzvot con una alegría completa, puede, incluso en este mundo, obtener un atisbo de esta conciencia. Es entonces capaz de disfrutar de un anticipo de la alegría y de la recompensa del Mundo que Viene. Como será explicado, en la terminología de la Kabalá esto es conocido como ascender a la *sefirá* de *Biná*, que corresponde al Mundo que Viene (*Etz Jaim* 15:5, ver *Likutey Moharán* 15:5, nota 46). Cuando la persona realiza las mitzvot con gran alegría, asciende espiritualmente al nivel de *Biná* (ver más abajo, nota 167).

Y es la persona que se encuentra a este nivel, que cumple con la mitzvá con una alegría tan grande que no tiene deseo de recibir en retorno recompensa alguna en el Mundo que Viene, la que es capaz de diferenciar entre antes de que el decreto ha sido emitido y luego de que el decreto ha sido emitido.²²

Esto se debe a que las mitzvot conforman una estructura completa.²³ Y ellas les dan vida a todas las otras estructuras: a la estructura del Hombre, a la estructura del Mundo, y a la estructura del Año.²⁴ Pues Mundo-Año-Alma²⁵ reciben vitalidad de las mitzvot, como en (Salmos 33:4) "Toda Su obra es hecha con fe" y también (ibid. 119:86) "Todas Tus mitzvot son fe".²⁶ Y el Santo, bendito sea, está en simple unidad con las mitzvot.²⁷

Por lo tanto, cuando las obras del Santo, bendito sea, son como

---

22. **Y es la persona que se encuentra a este nivel....** Éste es el segundo elemento para saber si es antes o después de que el decreto ha sido emitido (ver nota 10).

23. **mitzvot forman una estructura completa.** Existen 248 preceptos positivos, correspondientes a los 248 miembros del cuerpo humano. Y hay 365 preceptos prohibitivos correspondientes a las 365 venas y tendones del cuerpo (*Mei HaNajal*). Se dice por lo tanto que las mitzvot conforman un cuerpo completo o estructura.

24. **les dan vida a todas las otras estructuras....** A través de las mitzvot se les da vitalidad espiritual a los 248 miembros y 365 tendones y venas que constituyen la estructura del cuerpo humano. A partir de las enseñanzas de la Kabalá, sabemos que el Mundo también es una estructura, compuesta por una cabeza, un corazón y todos los otros miembros (cf. *Kohelet Rabah* 1:9; *Sefer Ietzirá* 3:4, 4:5-11, 5:2). De manera similar, el Año es una estructura, con una cabeza, un corazón, etc. (por ej. Rosh HaShaná es la "cabeza" del año y las Tres Festividades son su "corazón"; *Likutey Moharán* I, 30:5). Estas tres estructuras reciben su vitalidad del cumplimiento de las mitzvot con alegría (*Mei HaNajal*).Ver las dos notas siguientes.

El *Parparaot LeJojmá* indica que las letras del nombre *Moshé Rabeinu* (משה רבינו, Moshé nuestro maestro) tienen el valor numérico de 613, equivalente al número total de mitzvot en la Torá (*Megalé Amukot*, Sección 113). Esto alude al hecho de que Moshé mismo corresponde a la estructura completa de las mitzvot. Su nivel profético era por tanto *ze*, claridad y alegría en las mitzvot. Agrega el Rabí Natán que es por esto que el Tzadik que cumple con las mitzvot con gran alegría, volviéndose así un aspecto de Moshé, tiene la capacidad de llevar al mundo entero hacia el servicio a Dios. A través de él se rectifican todas las estructuras y se completa todo lo que falta en el mundo (*Torat Natán* 1).

25. **Mundo-Año-Alma.** En hebreo, *Olam-Shaná-Nefesh*. Cada ser, *nefesh*, existe en un momento en particular, *shaná*, y en un lugar determinado, *olam*, de esta manera, el concepto de Mundo-Año-Alma engloba a toda la creación.

26. **obra...mitzvot...fe.** La creación de Dios, que es "toda Su obra", se establece con fe, que es

בָּרוּךְ־הוּא מְשַׂמֵּחַ בָּהֶם וּמִתְעַנֵּג בָּהֶם, כְּמוֹ שֶׁכָּתוּב (שם ק"ד): "יִשְׂמַח ה' בְּמַעֲשָׂיו". כְּמוֹ בַּעַל־מְלָאכָה, שֶׁעוֹשֶׂה אֵיזֶה כְּלִי, וְהַכְּלִי הוּא יָפֶה, אֲזַי הוּא מִתְעַנֵּג בָּהּ, וְהַשִּׂמְחָה שֶׁל הַקָּדוֹשׁ־בָּרוּךְ־הוּא הִיא מִלְבֶּשֶׁת בְּהַמִּצְוֹות, כִּי הֵם אַחְדוּתוֹ.

וּמִי שֶׁעוֹשֶׂה הַמִּצְוָה בְּשִׂמְחָה מֵהַמִּצְוָה בְּעַצְמָהּ, נִמְצָא כְּשֶׁנִּכְנָס בְּהַשִּׂמְחָה שֶׁבַּמִּצְוָה, הוּא נִכְנָס בְּשִׂמְחַת הַקָּדוֹשׁ־בָּרוּךְ־הוּא, שֶׁמְּשַׂמֵּחַ בְּמַעֲשָׂיו, וְזֶה בְּחִינַת (שם קמ"ט): "יִשְׂמַח יִשְׂרָאֵל בְּעוֹשָׂיו".

נִמְצָא כְּשֶׁיֵּשׁ אֵיזֶה צַעַר וְדִין בְּעוֹלָם שָׁנָה נֶפֶשׁ, אֲזַי בְּוַדַּאי נִגְרַע מִשִּׂמְחַת הַקָּדוֹשׁ־בָּרוּךְ־הוּא, כְּמוֹ שֶׁכָּתוּב (בראשית ו): "וַיִּתְעַצֵּב אֶל לִבּוֹ", וּכְמוֹ שֶׁכָּתוּב (סנהדרין מו.): 'שְׁכִינָה מָה אוֹמֶרֶת - קַלַּנִי מֵרֹאשִׁי' וְכוּ'.

וְזֶה שֶׁנִּכְנָס בְּתוֹךְ הַשִּׂמְחָה. יָכוֹל בְּוַדַּאי לֵידַע לְפִי עִנְיַן הַשִּׂמְחָה אִם הוּא קֹדֶם גְּזַר דִּין, אִם הוּא לְאַחַר גְּזַר דִּין. גַּם יָכוֹל לֵידַע עַל

decretos, acosan al mundo, la alegría de Dios es incompleta. Y esta falta de alegría se siente en todas Sus obras, las estructuras del Mundo-Año-Alma.

El Rebe Najmán ha traído dos textos de prueba, uno que indica que la angustia de Dios está en Su corazón, y el otro, que está en Su cabeza y en Sus brazos. Esto fundamenta la siguiente afirmación del Rebe, de que a partir de las diferentes partes de la estructura de la mitzvá que carecen de alegría, así sea la cabeza, el corazón, el brazo, etc., uno puede discernir qué parte de la estructura del Mundo-Año-Alma ha sido afectada por un decreto.

Agrega el *Biur HaLikutim*: Como se mencionó, el Rebe Najmán incluyó esta lección entre aquéllas en las cuales aludió a las intenciones místicas de los tefilín (ver nota 1). Un ejemplo obvio lo constituye el texto de prueba que trae el Rebe concerniente a la cabeza y al brazo, que claramente se conecta con los tefilín de la cabeza y con los tefilín del brazo. Además, los tefilín del brazo están ubicados cerca del corazón, que es el tema de la primera prueba. Ver *Likutey Halajot, Tefilín*, 4, sobre cómo esta lección contiene las intenciones de los tefilín.

34. de acuerdo con el estado de la alegría.... La persona que cumple con una mitzvá se conecta con Dios y con Su alegría investida en las mitzvot. Por lo tanto, si es capaz de realizar la mitzvá con alegría, sabrá que el decreto aún no ha sido emitido. Pero una vez que el decreto ha sido emitido, disminuye la alegría del Santo, bendito sea, investida en las mitzvot, y le será imposible realizar la mitzvá con una alegría completa. Así es como se posibilita que la persona sepa con certeza si el decreto ya ha sido emitido.

deben ser y en el orden apropiado,[28] el Santo, bendito sea, Se regocija y Se deleita en ellas, como está escrito (Salmos 104:31), "Dios Se regocija en Sus obras".[29] Como un artesano que fabrica algún recipiente. Si el recipiente es hermoso, entonces él se regocija con ello. Y la alegría del Santo, bendito sea, está envestida en las mitzvot, porque ellas son Su unidad.[30]

Ahora bien, cuando la persona que realiza la mitzvá con alegría derivada de la mitzvá misma, entra en la alegría de la mitzvá, entonces entra en la alegría del Santo, bendito sea, Quien Se regocija en Sus obras. Esto corresponde a "Israel se regocija en su Hacedor" (Salmos 149:2).[31]

Vemos, entonces, que si hay alguna desgracia o decreto severo que afecta al Mundo-Año-Alma, entonces de seguro disminuye la alegría del Santo, bendito sea, como en (Génesis 6:6), "Se afligió en Su corazón".[32] Como <enseñaron los sabios: Cuando la persona peca,> ¿qué dice la *Shejiná*? "¡Me pesa la cabeza! ¡Me pesan los brazos!" (*Sanedrín* 46a).[33]

Así, esta persona que ha entrado en la alegría [de la mitzvá] sabrá con certeza, de acuerdo con el estado de la alegría, si es antes de que el decreto ha sido emitido o luego de que el decreto ha sido emitido.[34]

---

28. **orden apropiado.** Es decir, cuando la gente cumple con las mitzvot y evita cometer pecados.

29. **Dios Se regocija en Sus obras.** El versículo comienza, "Que el honor de Dios sea por siempre". Cuando el hombre cumple con las mitzvot y se mantiene alejado del pecado, honra a Dios. Entonces, "Dios Se regocija en Sus obras".

30. **...mitzvot...son Su unidad.** Es decir, la alegría de Dios se siente a través de las mitzvot, las que dan vitalidad a todas las partes de la creación.

31. **entra en la alegría de la mitzvá....** Esta alegría se encuentra en la mitzvá misma. En este sentido, se une con la mitzvá, es decir, con Dios Mismo. El Rabí Natán agrega que los Tzadikim, al cumplir las mitzvot con gran alegría, elevan toda la estructura del mundo al punto en que éste se une con Dios (*Torat Natán* 5). Esta es la manera en que Dios, las mitzvot y el mundo entero se vuelven una unidad.

32. **Se afligió en Su corazón.** Este versículo se refiere a la decisión de Dios de destruir el mundo mediante el diluvio en la época de Noé. En contraste con la alegría de las mitzvot, que sostienen la estructura, la tristeza generada por los pecados de la humanidad llevaron hacia la casi total destrucción de todas las estructuras del mundo.

33. **la cabeza...me pesan los brazos.** El Talmud enseña que cuando se ejecuta una sentencia de muerte, la Divina Presencia de Dios sufre junto con el pecador, aunque él fue quien causó su propio sufrimiento. Esto demuestra que cuando el sufrimiento y la desgracia, es decir, los

אֵיזֶהוּ חֵלֶק מֵהַקּוֹמָה נִגְזַר הַדִּין, כִּי יוֹדֵעַ לְפִי קוֹמַת הַמִּצְווֹת. אִם אֵין יָכוֹל לַעֲשׂוֹת בְּשִׂמְחָה רָאשֵׁי הַמִּצְווֹת, הַיְנוּ מִצְווֹת הַתְּלוּיִים בָּרֹאשׁ, יֵדַע שֶׁהַדִּין נִגְזַר עַל רָאשֵׁי עוֹלָם שָׁנָה נֶפֶשׁ, וְכֵן בִּשְׁאָר קוֹמַת הַמִּצְווֹת.

וְזֶהוּ שֶׁאָמְרוּ רַבּוֹתֵינוּ, זִכְרוֹנָם לִבְרָכָה (מכילתא; ועין ביצה טז.): 'בְּשַׁבָּת - זָכְרֵהוּ מֵאֶחָד בְּשַׁבַּתְ', הַיְנוּ שֶׁשִּׂמְחַת וְתַעֲנוּג עוֹלָם הַבָּא, שֶׁהוּא בְּחִינַת שַׁבָּת, יַרְגִּישׁ בְּשֵׁשֶׁת יְמֵי הַמַּעֲשֶׂה, שֶׁהֵן בְּחִינַת מַעֲשֵׂה הַמִּצְווֹת, שֶׁבָּהֶם נִבְרְאוּ עוֹלָם שָׁנָה נֶפֶשׁ.

[וְזֶהוּ] (דברים כ"ד): "בְּיוֹמוֹ תִתֵּן שְׂכָרוֹ", שֶׁיְּהֵא שְׂכָרוֹ מֵהַמִּצְווֹת בְּעַצְמָן, "וְלֹא תָבוֹא עָלָיו הַשֶּׁמֶשׁ", שֶׁלֹּא יַעֲשֶׂה הַמִּצְווֹת בִּשְׂכַר עוֹלָם הַבָּא, שֶׁהִיא בִּיאַת שִׁמְשׁוֹ אַחַר מוֹתוֹ:

emitido en contra de las cabezas del Mundo-Año-Alma, y lo mismo ocurre con las otras partes de cada una de las diferentes estructuras (*Mei HaNajal*).

36. **Recuérdalo....** Enseñan nuestros sabios que apenas termina un Shabat, debemos comenzar a pensar en el siguiente y empezar a prepararnos para él. Aunque tengamos toda la semana por delante, nuestro anhelo por el *Shabat* debe ser tal que siempre estemos conscientes de él, incluso durante la semana. El Rebe demuestra ahora cómo se une esto con nuestra lección.

37. **un aspecto del Shabat.** Afirma el Talmud: El *Shabat* es una sesentava parte del Mundo que Viene (*Berajot* 57b). La alegría del *Shabat* es un anticipo, una experiencia en este mundo, de la alegría y de la recompensa del Mundo que Viene.

38. **fueron creados en ellos.** Mundo-Año-Alma, es decir todo, fue creado durante los Seis Días de la Creación. Como se explicó más arriba (notas 24-26), estas estructuras corresponden a la estructura de las mitzvot. Al cumplir con las mitzvot con alegría, alegría en las mitzvot mismas, la persona trae su recompensa final/Shabat hacia los Seis Días de la Creación, es decir, hacia todos los aspectos de este mundo. Mediante esto puede saber si es antes o después del decreto (*Mai HaNajal*).

39. **su salario en el mismo día.** En su sentido simple, este versículo prohibe al empleador retrasar el pago de sus trabajadores. Si el acuerdo entre ellos indica que el empleado debe recibir el sueldo de su trabajo diario al final de ese día, el empleador no puede postergarlo (ver *Rashi, loc. cit*). A partir del Ari aprendemos que las primeras letras de *Beiomo Titén Sejaró* ("Le pagarás su salario ese mismo día", ביומו תתן שכרו) conforman la palabra ShaBaT (שבת) (*Shaar HaPesukim*, p. 198). Ver nota siguiente.

40. **se ponga su sol...muerte.** El Rebe Najmán explica la conexión entre el Shabat y pagar el salario en el contexto de nuestra lección: La persona debe buscar su salario/recompensa/*Shabat*

También puede discernir la parte de la estructura contra la cual han sido decretados los juicios. Sabe esto basándose en la estructura de las mitzvot. Si no puede cumplir con alegría la "cabeza" de las mitzvot, es decir, aquellas mitzvot relacionadas con la cabeza, sabrá que un juicio ha sido decretado en contra de las "cabezas" del Mundo-Año-Alma. Lo mismo con respecto al resto de la estructura de las mitzvot.[35]

Éste es el significado de lo que dicen los sabios con respecto al Shabat: Recuérdalo desde el primer día de la semana (*Mejilta, Itró* 7; *Beitzá* 16a).[36] La alegría y el goce del Mundo que Viene, que es un aspecto del Shabat,[37] debe ser experimentado durante los seis días de trabajo. [Estos seis días] corresponden al cumplimiento de las mitzvot, pues el Mundo-Año-Alma fueron creados en ellos.[38]

{**"Le pagarás su salario en el mismo día, antes de que se ponga el sol"** (Deuteronomio 24:15).}

Esto es, "Le pagarás su salario en el mismo día"[39]: la recompensa de la persona provendrá de las mismas mitzvot. "Antes de que se ponga el sol", pues él no realiza las mitzvot por la recompensa del Mundo que Viene, que es luego de que "se ponga su sol", luego de su muerte.[40]

El *Mei HaNajal* agrega: Al incluir la frase "estado de la alegría", el Rebe Najmán parece estar implicando que también es posible determinar la severidad del juicio una vez que ha sido decretado. Así, si la persona siente que puede cumplir con cierta mitzvá con alegría, pero que su alegría no es completa, puede concluir que aunque el decreto ha sido emitido, no es sumamente severo. Si, por otro lado, encuentra tremendas dificultades para cumplir determinada mitzvá con alegría, al punto en que siente muy poco o nada de alegría, puede concluir con seguridad que el decreto es severo. De esta manera, el cumplimiento de cada mitzvá sirve como un barómetro para medir en qué medida el mundo ha sido acosado por decretos.

35. **Mundo-Año-Alma...mitzvot.** También es posible determinar la parte específica de la estructura contra la cual ha sido pronunciado el decreto. En general, Mundo-Año-Alma reciben su energía espiritual de las mitzvot. Específicamente, las cabezas de las diferentes estructuras reciben vitalidad de aquellas mitzvot que se relacionan con la cabeza; los brazos, de aquellas mitzvot que se relacionan con el brazo y así en más. Por ejemplo, colocarse los tefilín del brazo y de la cabeza proveen de vitalidad espiritual no sólo a las partes correspondientes de la estructura del Alma de la persona, sino también a las partes correspondientes de las estructuras del Mundo y del Año. Y esto también sucede con los demás miembros, pues la estructura de las mitzvot y las estructuras del Mundo-Año-Alma están alineadas y conectadas espiritualmente (ver *Tikuney Zohar* 370, p.131a; el *Sefer Jaredim*, por el Rabí Elazar Azikri, explica cómo todas las mitzvot pueden aplicarse hoy en día y cómo corresponden a las diferentes partes del cuerpo: por ejemplo, escuchar el shofar, al oído; caminar hacia la sinagoga, a los pies; dar caridad, a las manos; orar y estudiar Torá, a la boca; etc.; ver *Anatomía del Alma*). Por lo tanto, cuando uno no puede cumplir con alegría las mitzvot relacionadas con la cabeza, sabe que un decreto ha sido

LIKUTEY MOHARÁN #5:3

ג וְעִקַּר הַשִּׂמְחָה הוּא בַּלֵּב, כְּמוֹ שֶׁכָּתוּב (תהלים ד): "נָתַתָּה שִׂמְחָה בְלִבִּי". וְאִי אֶפְשָׁר לַלֵּב לִשְׂמֹחַ, אֶלָּא עַד שֶׁיָּסִיר עַקְמוּמִיּוּת שֶׁבְּלִבּוֹ, שֶׁיְּהֵא לוֹ יַשְׁרוּת לֵב, וְאָז יִזְכֶּה לְשִׂמְחָה, כְּמוֹ שֶׁכָּתוּב (שם צ"ז): "וּלְיִשְׁרֵי לֵב שִׂמְחָה".

וְעַקְמוּמִיּוּת שֶׁבַּלֵּב מַפְשִׁיטִין עַל־יְדֵי רְעָמִים, כְּמוֹ שֶׁאָמְרוּ חֲכָמֵינוּ, זִכְרוֹנָם לִבְרָכָה (ברכות נט.): 'לֹא נִבְרְאוּ רְעָמִים אֶלָּא לְפַשֵּׁט עַקְמִימִיּוּת שֶׁבַּלֵּב', וּרְעָמִים הוּא בְּחִינַת קוֹל שֶׁאָדָם מוֹצִיא בְּכֹחַ בִּתְפִלָּתוֹ, וּמִזֶּה נַעֲשֶׂה רְעָמִים.

כִּי אִיתָא בַּזֹּהַר (פינחס רלה:) 'כַּד קָלָא נָפִיק וְאַעֲרָא בְּעָבֵי מִטְרָא

---

las Escrituras al utilizar el santo nombre de Dios *Elohim*, que en sí mismo alude al juicio, las severidades de la *sefirá* de *Biná* que pronto serán tratadas en nuestro texto.

45. voz. El término hebreo *kol* ha sido traducido alternativamente en nuestro texto como "sonido" y "voz". Existen un número de instancias donde otro término podía haber sido más apropiado, tal como "trompeteo" para el *kol* del Shofar, o "tronar" para el *kol* del trueno. Sin embargo, para resaltar las conexiones que el Rebe Najmán hace entre todas estas diferentes "voces", la traducción de *kol* se ha limitado a las dos primeras.

46. gran fuerza al orar...trueno.... *Becoaj* significa literalmente "con fuerza" o "forzadamente" y puede comprenderse como orar con tal intenso fervor y entusiasmo que el sonido de la voz resuena y vibra como un trueno. Pues hay otra clase de trueno, parecido al fenómeno natural que llamamos trueno, mediante el cual es posible llegar a la verdadera alegría. El Rebe Najmán explica que de acuerdo con la energía que la persona aplique al recitado de las palabras de la plegaria, el "trueno" resultante tendrá el poder de enderezar su corazón torcido y hacerla así merecedora de la alegría. El Rebe explica ahora cómo funciona esto.

47. se afirma en el Zohar. El Rebe Najmán hace referencia a este pasaje del *Zohar* (*loc. cit.* y *Raaia Mehemena, ibid.*) en esta sección de la lección y en la próxima. Aunque la siguiente traducción incluye todos los conceptos pertinentes que serán mencionados (basados en el comentario de *Matok Midvash*), se presentarán notas explicativas individuales sólo en el lugar donde cada concepto aparece en el texto. Dice el *Zohar*:

Los seis anillos de la tráquea corresponden a los seis niveles de ángeles que se juntan y son llamados "*bnei aelim* (poderosos)" (Salmos 29:1; ver *Metzudat David*). Estos ángeles, que provienen del lado de *Guevurá* (Fuerza; ver nota siguiente), generan el viento que sopla en el mundo. (Una tráquea relajada emite un sonido suave, mientras que una tráquea "apretada" o contraída emite un sonido fuerte). Cuando los ángeles/los seis anillos se unen, el sonido fuerte que emiten se parece al sonido del Shofar del *AeIL* (איל, carnero) de Itzjak (ver nota 69), correspondiente a los *bnei AeLIm* (אלים). Este poderoso sonido que emiten los *bnei aelim*-ángeles encuentra las nubes de lluvia y es transmitido a la creación. Con respecto a esto está

3. Ahora bien, la esencia de la alegría se encuentra en el corazón, como está escrito (Salmos 4:8), "Tú has puesto alegría en mi corazón".[41] Pero es imposible que el corazón se alegre a menos que la persona enderece su corazón torcido,[42] para que pueda tener un corazón recto. Entonces merecerá <verdadera> alegría, como está escrito *(ibid.* 97:11), "y alegría para el recto de corazón".[43]

Y el corazón torcido se endereza por medio del trueno. Como enseñaron nuestros sabios: El trueno sólo fue creado para enderezar el corazón torcido *(Berajot* 51a).[44] El trueno corresponde a la voz[45] que la persona emite <con gran fuerza> al orar. A partir de esta [voz], se genera el trueno.[46]

Como afirma el *Zohar* (III, 235b)[47]: Cuando la voz es emitida y

---

por el cumplimiento de las mitzvot "en el mismo día", es decir, en las mitzvot mismas, en vez de esperar hasta "que se ponga el sol", luego de su muerte, es decir, en el Mundo que Viene.

Resumen: Cada persona es responsable de hacer del mundo un lugar mejor. Esto puede hacerlo orando para el bien del mundo, pues la plegaria tiene el poder de mitigar los decretos. Sin embargo, cuando los decretos son emitidos y las plegarias del hombre están oscurecidas por sus pecados, es necesario ocultar las plegarias en un *maamar* (#1). Para saber si es antes o después del decreto se debe cumplir con las mitzvot con alegría, sin esperar la recompensa futura, sintiendo la recompensa en el cumplimiento mismo. Entonces la medida de la alegría que sienta será indicador de si Dios, Cuya propia alegría está investida en las mitzvot, está alegre o si es que el decreto ya ha sido emitido (#2).

41. **alegría en mi corazón.** Habiendo enseñado que la alegría es la clave para discernir el estado del decreto, el Rebe Najmán enseña ahora cómo lograrla.

42. **corazón torcido.** El corazón torcido se refiere a la maldad y a los rasgos de carácter negativos que posee el corazón de la persona. Como en la plegaria del Rey David (Salmos 101:4), "El corazón torcido se alejará de mí; no conoceré el mal" *(Mei HaNajal).* El Rebe va a explicar en breve cómo uno puede enderezar el corazón.

43. **recto de corazón.** Debido a la rectitud de su corazón, será capaz de cumplir con las mitzvot con una alegría derivada de la mitzvá misma. Éste es el nivel de la lente traslúcida, mencionado arriba *(Mei HaNajal).* El Rabí Natán agrega que esta es la principal vitalidad y alegría del corazón: su rectitud *(Torat Natán* 6).

44. **Trueno...del corazón.** Luego de indicar qué bendición debe recitarse al oír el trueno, el Talmud *(loc. cit.)* trae una corta disquisición sobre la naturaleza del trueno y su propósito. Nuestros sabios afirman que el trueno fue creado para generar temor en el corazón de la gente, como en (Eclesiastés 3:14), "El *Elohim* (Señor) lo ha hecho así para que Se le tema". El Maharsha explica que aparentemente el mundo no obtiene ningún beneficio real del trueno. ¿Por qué entonces, Dios lo incluyó en Su creación? La conclusión es que fue creado para sacudir y "enderezar" aquellos corazones que no sienten temor a Dios *(v.i. lifshot).* Esto está indicado en

אִשְׁתְּמַע קָלָא לִבְרִיָּתָא וְדָא אִינּוּן רְעָמִים', וְעִקַּר הָרְעָמִים הֵם מִגְּבוּרוֹת, כְּמוֹ שֶׁכָּתוּב (איוב כ"ו): "וְרַעַם גְּבוּרוֹתָיו מִי יִתְבּוֹנָן".
וּבִשְׁבִיל זֶה אָנוּ מְבָרְכִין: שֶׁכֹּחוֹ וּגְבוּרָתוֹ וְכוּ'. וְהַגְּבוּרוֹת הֵם בְּחִינַת כֹּחַ וּגְבוּרָה, שֶׁאָדָם מוֹצִיא אֶת הַקּוֹל בְּכֹחַ גָּדוֹל, וְהַקּוֹל הַזֶּה פּוֹגֵעַ בְּעָבֵי מִטְרָא, הַיְנוּ בְּחִינַת מֹחִין, שֶׁמִּשָּׁם יוֹרְדִין טִפִּין טִפִּין, כְּמוֹ שֶׁכָּתוּב בַּזֹּהַר (פינחס רלה:): "בְּאֵר מַיִם חַיִּים וְנוֹזְלִים מִן לְבָנוֹן" – 'מִן לְבוּנָא דְּמֹחָא'.
וּכְשֶׁפּוֹגֵעַ בְּעָבֵי מִטְרָא, אֲזַי אִשְׁתְּמַע קָלָא לִבְרִיָּתָא, הַיְנוּ בְּחִינַת רְעָמִים, וְזֶהוּ (תהלים ע"ז): "קוֹל רַעַמְךָ בַּגַּלְגַּל", הַיְנוּ בְּגֻלְגַּלְתָּא

49. **guevurá colman el universo.** Ver *Berajot* 54a, 59a; *Oraj Jaim* 221:1. Aparte de la conexión obvia con las *guevurot*, el Rebe Najmán implica que el acto mismo de recitar una bendición por el trueno, o incluso cualquier bendición, es equivalente a la plegaria.

50. **gran fuerza.** Como se mencionó, esto se refiere al orar con intenso fervor y entusiasmo: *koaj* (ver nota 46; ver también en nota 67 que los *guiborei koaj* son aquellas personas temerosas de Dios que recitan sus plegarias con gran fuerza).

51. **nubes de lluvia...mentalidades superiores.** La Kabalá se refiere a las *sefirot* superiores de *Jojmá* y *Biná* como mentalidades, *mojín* en hebreo. Más generalmente, *mojín* indica la capacidad intelectual y mental de la persona. El agua, como lluvia o en cualquiera de sus otras formas, simboliza generalmente *mojín* e intelecto, como en el versículo (Isaías 11:9), "Tal como el agua cubre el mar, así la tierra estará llena del conocimiento de Dios". El símbolo del agua aparece a lo largo de esta lección, donde el Rebe se refiriere al mar de la sabiduría; "el mar retornó a su fuerza"; las Aguas del Conflicto; y "que ruja el mar".

52. **desciende gota tras gota.** Como se indicó en la nota 4, estas gotas de lluvia son los *jasadim* que surgen de *Jojmá*/mentalidades. Son la humedad que atempera las llamas de las *guevurot*. (Ver más adelante, nota 99, donde se explica con más detalle la naturaleza de estas gotas).

53. **blancura de la mente.** La materia cerebral es básicamente blanca. En la naturaleza, cuando los vapores de la tierra se elevan y se encuentran con las nubes de lluvia, se produce el trueno y la gente se atemoriza. De la misma manera, cuando el hombre ora en voz alta, con poder y fuerza (las llamas de su corazón), la voz golpea su mente (la humedad) y se genera el trueno (en la tráquea, de la cual emana la voz). Ver también *Likutey Moharán* I, 29 y notas 56 y 57, que la "blancura de la mente" connota una mente pura y así se asemeja a las aguas claras del Líbano.

54. **la voz es...trueno.** Es decir, cuando el anhelo ardiente de servir a Dios se canaliza hacia la conciencia en el momento de orar, de modo que las plegarias son una combinación de intensa concentración en las palabras que se recitan y un intenso fervor con el cual se las recita, entonces se produce el trueno.

encuentra las nubes de lluvia, la voz es transmitida a la creación, y éste es el trueno. Pues el trueno proviene esencialmente de las *guevurot* (severidades), tal como está escrito (Job 26:14), "¿Quién puede comprender el trueno de Sus *guevurot* (fuerzas)?".[48]

Es por esto que [al oír un trueno] recitamos la bendición "...pues Su poder y *guevurá* colman el universo".[49] Estas *guevurot* son un aspecto de poder y fuerza. La persona emite la voz con gran fuerza,[50] y esta voz golpea las nubes de lluvia, es decir, el aspecto de las mentalidades <superiores>[51] de donde desciende gota tras gota.[52] Como está escrito en el *Zohar* (III, 235b): "un pozo de agua fresca y gotas del LeBaNon" (Cantar de los Cantares 44:15), de la *LiBuNa* (blancura) de la mente.[53]

Y cuando [esta voz] golpea las nubes de lluvia, entonces "la voz es transmitida a la creación", es decir, el aspecto de trueno.[54] Éste es el significado de "El sonido de Tu trueno estaba en la esfera" (Salmos 77:19),

---

escrito, "¿Quién puede comprender el trueno de Su fortaleza?" (explicado en la nota siguiente). Pues, por cierto, ellos provienen del lado de *Guevurá*. Esto es (Salmos 29:3), "La voz de Dios está sobre las aguas, el Dios de Gloria truena...". Nadie puede comprender la fuente de este Shofar porque surge de *Biná* (Comprensión), y "¿quién puede comprender el trueno de Su fortaleza?".

Ahora bien, la tráquea incluye tres elementos: el primero es el fuego del corazón (el aire caliente expelido por la tráquea, correspondiente a las *guevurot*, severidades), el segundo es el aire frío hecho descender por la tráquea (que corresponde a la *sefirá* de *Tiferet*), y el tercero es la humedad llevada hacia los pulmones que están unidos a la tráquea (agua correspondiente a los *jasadim*, bondades). La combinación de estas fuerzas, agua, viento y fuego, produce el *kol* (voz).... Cuando las llamas del corazón encuentran la humedad de los pulmones esto es "¿Quién puede comprender el trueno de Sus *guevurot*?". Este [trueno] trae comprensión al corazón, que está en *Biná*. Pues las [llamas del] corazón son las *guevurot* a la izquierda; mientras que la humedad de los pulmones son los *jasadim* a la derecha (ver notas 48 y 114). La fuente de estos *jasadim* es *Jojmá* (Sabiduría), el intelecto, del cual fluye "fuente de huertos, pozo de aguas vivas, que gotean del Lebanon" (Cantar de los Cantares 4:15), éste es el *libuna* (blancura) de la mente goteando en la tráquea de los pulmones (ver nota 53).... *JoJMá* (חכמה) es *KoaJ Mah* (כח מה): *koaj* en el corazón, *mah* en la mente. Y *kané* (la tráquea) que es *Tiferet*, correspondiente a las seis *sefirot* de *Zeir Anpin* (ver Apéndice: La Persona Divina)... Y así, "*kné* sabiduría, *kné* comprensión" (ver nota 94).

El Rebe demuestra cómo se aplican estos conceptos dentro del contexto de nuestra lección.

48. ...el trueno de Sus guevurot. Todo fenómeno natural proviene de un elemento espiritual correspondiente. El trueno deriva de las fuerzas espirituales conocidas como *guevurot* (severidades). La fuente de estas *guevurot* es la *sefirá* de *Biná*, aunque ellas impregnan todo el lado izquierdo de la estructura de las *sefirot* (ver Apéndice: La Estructura de las *Sefirot*), al cual el *Zohar* se refiere en general como el lado de *Guevurá* (como en la nota anterior).

דְּמֹחָא, כַּד אַעֲרָא בְּגֻלְגַּלְתָּא דְּמֹחָא, נַעֲשֶׂה מֵהַקּוֹל רְעָמִים, וְנִשְׁמָע לִבְרִיָּתָא.

וְזֶה (שם מ״ט): "פִּי יְדַבֵּר חָכְמוֹת", הַיְנוּ הַדִּבּוּר הַיּוֹצֵא מִפִּי פּוֹגֵעַ בַּחָכְמָה, הַיְנוּ בְּגֻלְגַּלְתָּא דְּמֹחָא, וְעַל־יְדֵי־זֶה: "וְהָגוּת לִבִּי" וְכוּ', הַיְנוּ שֶׁנִּתְעוֹרֵר עַל־יְדֵי־זֶה הָרַעַם, נִתְעוֹרֵר הַלֵּב, כְּמוֹ שֶׁאָמְרוּ: 'קוֹל מְעוֹרֵר הַכַּוָּנָה'.

וְזֶה שֶׁאָמְרוּ חֲכָמֵינוּ, זִכְרוֹנָם לִבְרָכָה (ברכות ו:) 'מִי שֶׁיֵּשׁ בּוֹ יִרְאַת שָׁמַיִם, דְּבָרָיו נִשְׁמָעִין', כִּי מִי שֶׁיֵּשׁ בּוֹ יִרְאָה, קוֹלוֹ נַעֲשֶׂה רְעָמִים, כִּי רַעַם מִסִּטְרָא דְּיִצְחָק, כְּמוֹ שֶׁכָּתוּב: "וְרַעַם גְּבוּרוֹתָיו", וְעַל־יְדֵי־זֶה דְּבָרָיו נִשְׁמָעִין, הַיְנוּ מִשְׁתַּמַּע קָלָא לִבְרִיָּתָא, כִּי תַּמָּן תַּלְיָא שְׁמִיעָה (ב), כְּמוֹ שֶׁנֶּאֱמַר (חבקוק ג): "ה', שָׁמַעְתִּי שִׁמְעֲךָ יָרֵאתִי".

Así, el trueno en la esfera de la mente no sólo es trasmitido hacia fuera, hacia la creación, sino también hacia dentro, para aumentar la *kavaná* y purificar el corazón. En otra parte (*Likutey Moharán* I, 270), el Rebe Najmán enseña que a veces es posible orar con concentración como resultado de oír a otra persona decir la plegaria con *kavaná* (es decir, oír su voz de trueno). Otras veces, es posible recibir inspiración de las propias plegarias; se comienza a orar con poco entusiasmo y, estimulado por un modesto éxito inicial, uno va poniendo cada vez mayor esfuerzo en sus devociones.

58. **temor al cielo, sus palabras son escuchadas.** La persona que corrige a otros cuando ella misma no está libre de pecado tiene pocas posibilidades de ser escuchada. Pero cuando la persona tiene temor al Cielo, está libre de pecado y así sus palabras son aceptadas (*Iun Iaacov, loc. cit.*). El Rebe Najmán agrega otra dimensión más a esta afirmación Talmúdica.

59. **Itzjak...de Sus guevurot.** Explica el *Mei Ha Najal*: Es el temor al Cielo lo que le permite a la persona orar con una voz poderosa, es decir, trueno. Esto se debe a que la voz de *koaj* y el temor al Cielo, provienen ambos de las *guevurot*, del lado de *Guevurá* (ver notas 48-50). E Itzjak, el parangón del tzadik temeroso de Dios, también corresponde al lado de *Guevurá*. Por lo tanto, las Escrituras se refieren al temor al Cielo como "el temor de Itzjak" (Génesis 31:42)

60. **hace que sus palabras sean oídas....** Como se explicó arriba, notas 54-56.

61. **oí...tuve miedo.** El *Zohar* (*loc. cit.*) conecta Itzjak/temor, al oír, y enseña que oír (es decir, aceptar) las palabras de otro o la corrección, sólo se produce cuando hay temor. En nuestro contexto, la plegaria intensa y ferviente corresponde a las llamas de las *guevurot*. La voz es así el trueno que puede ser oído por otros y despertar en ellos el temor al Cielo (ver *Biur HaLikutim*). Por tanto, aquello que dicen nuestros sabios, "Cuando la persona tiene temor al Cielo, sus palabra son escuchadas", puede comprenderse como: Cuando la persona tiene temor al Cielo,

es decir, en la esfera de la mente.⁵⁵ Pues cuando encuentra el cráneo, la voz se convierte en trueno y es transmitida a la creación.⁵⁶

{**"Mi boca hablará sabiduría y la meditación de mi corazón será comprensión"** (Salmos 49:4).}

Esto <corresponde a> "Mi boca hablará sabiduría...". El habla que sale de mi boca golpea a la sabiduría, es decir, la esfera de la mente. Como resultado, "la meditación de mi corazón será comprensión", es decir, <el corazón> será despertado por el trueno. <Esto se debe a que> la voz estimula la *kavaná* (Berajot 24b).⁵⁷

Esto es lo que enseñaron nuestros sabios: Cuando la persona tiene temor al Cielo, sus palabras son escuchadas (Berajot 6b).⁵⁸ Pues cuando alguien tiene temor al Cielo, su voz se convierte en trueno. Esto se debe a que el trueno proviene del lado de Itzjak, como en, "el trueno de Sus *guevurot*".⁵⁹ Esto hace que sus palabras sean oídas, es decir, "la voz es transmitida a la creación".⁶⁰ Pues oír está relacionado con el [temor al Cielo], como está escrito (Habakuk 3:2) "Oh Dios, oí Tú mensaje; tuve miedo" (*Zohar* III, 230a).⁶¹

---

55. **esfera de la mente.** En nuestro contexto, la esfera se refiere al lugar donde la voz de la persona, el entusiasmo de su corazón, se encuentra con su intelecto. En el plano físico, este es el cráneo, que alberga a la mente. El trueno se genera allí.

56. **transmitida a la creación.** La persona que ora con entusiasmo despierta el temor al Cielo en la gente que oye su voz de trueno (ver nota 44). Esto acerca toda la creación a Dios (*Mei HaNajal*).

A un nivel más profundo, vemos que el Rebe Najmán ha introducido dos fases del trueno: en potencia y en acto. El trueno de la voz al recitar la plegaria es el trueno en potencia; el trueno generado cuando la voz golpea la mente, el trueno trasmitido a la creación, es el trueno en acto. La diferencia es que la voz sólo se transforma en trueno una vez que ha alcanzado la mente. Pero, aun antes, al cuidar su mente, la persona rectifica las *guevurot* (como será explicado en la cuarta parte) y así su voz ya contiene el elemento del trueno en potencia (*Biur HaLikutim*).

57. **la voz estimula la kavaná.** El término hebreo *kavaná* se traduce generalmente como "concentración" o "conciencia dirigida", estando ambas asociadas con la mente. Sin embargo, el término aparece generalmente en los escritos de los sabios (por ejemplo, *Berajot* 13a, b; *Zohar* I, 72a) como "*kavaná* del corazón". En ese caso *kavaná* puede traducirse también como "fervor" o "inspiración". El hecho es que cuando la persona ora con fervor, su mente *está* concentrada. Tal como enseña el Rebe Najmán aquí, elevar la voz en la plegaria, siendo un aspecto del trueno, despierta el corazón, de modo que la persona puede concentrarse verdaderamente en lo que está diciendo. La profundidad interior de las palabras endereza la tortuosidad interna de su corazón y merece así la alegría (*Mei HaNajal*). Ver también *Likutey Moharán* I, 20:10 y nota 81. En otra instancia, el Rebe Najmán enseña que tal como la voz despierta la *kavaná*, la *kavaná* despierta la voz (*Sabiduría y Enseñanzas del Rabí Najmán de Breslov* #293).

וְזֶה פֵּרוּשׁ (תהלים ק״ג): "גִּבּוֹרֵי כֹחַ עוֹשֵׂי דְבָרוֹ לִשְׁמֹעַ בְּקוֹל דְּבָרוֹ". אִיתָא בַּזֹּהַר (לך צ.): 'זְכִין לְמִשְׁמַע קָלִין מִלְּעֵילָא', הַיְנוּ עַל יְדֵי הַגְּבוּרוֹת נַעֲשֶׂה רְעָמִים, וְעַל־יְדֵי־זֶה הַלֵּב שׁוֹמֵעַ, וְהַיְנוּ: "וְהָגוּת לִבִּי תְבוּנוֹת", וּכְמוֹ שֶׁכָּתוּב (מלכים־א׳ ג): "וְנָתַתָּ לְעַבְדְּךָ לֵב שׁוֹמֵעַ", וְגַם דְּבָרָיו נִשְׁמָעִין לַבְּרִיָּתָא, וְזֶהוּ: "לִשְׁמֹעַ בְּקוֹל דְּבָרוֹ".

וְזֶה בְּחִינַת קוֹל הַשּׁוֹפָר, דָּא שׁוֹפָר שֶׁל אַיִל, אֵילוֹ שֶׁל יִצְחָק, בְּחִינַת: "וְרַעַם גְּבוּרוֹתָיו".

verdadero temor al Cielo sólo surge cuando la persona ora por ello. Esto es un ejemplo clásico de *hitbodedut*, la plegaria especial que el Rebe recomienda tan fervientemente (ver nota 8).

67. **escuchando la voz de Su palabra.** Así, el Rebe Najmán interpreta este versículo de dos maneras diferentes. Primero, los *guiborei koaj* son aquellas personas temerosas de Dios que expresan sus plegarias con gran fuerza. De ellos se dice que "escuchan la voz de Su palabra" pues sus corazones están atentos al significado de las palabras de la plegaria. La otra interpretación de "escuchan la voz de Su palabra" es que otra gente también escucha y se siente afectada por el sonido de su plegaria, pues su voz genera el trueno que es "trasmitido a la creación" (*Mei Ha Najal*).

68. **el sonido del shofar.** Aquí, el Rebe Najmán demuestra que el trueno generado por la persona temerosa de Dios corresponde al sonido del shofar.

Esta lección fue dada en Rosh HaShaná (ver nota 2). Como es evidente a partir de las enseñanzas recogidas de muchos líderes jasídicos, era costumbre que los Rebes dieran un discurso sobre el "tema del día". Es sorprendente, por lo tanto, que nuestra lección no haga mención del santo día. Sin embargo, como suele ocurrir en sus lecciones, el Rebe Najmán alude aquí al "tema del día" sin mencionarlo en forma específica; de modo que hace una serie de conexiones con Rosh HaShaná, comenzando con esta referencia al shofar.

69. **carnero de Itzjak...trueno....** Esto hace referencia al carnero sacrificado por Abraham luego que le fuera ordenado no dañar a Itzjak (Génesis 22:13). Enseñan nuestros sabios (*Rosh HaShaná* 16a): ¿Por qué soplamos en un cuerno de carnero? Es porque Dios dijo, "Hagan sonar el cuerno de carnero delante de Mí para que Yo recuerde la *akedá* de Itzjak, cuando él fue ofrecido en el altar".

Tal como hemos citado del *Zohar* (más arriba, nota 47), este cuerno de carnero corresponde al trueno de las *guevurot*: "...el sonido fuerte que emiten, se parece al sonido del shofar del cordero de Itzjak.... Este poderoso sonido que emiten los *bnei aelim* se encuentra con las nubes de lluvia y es transmitido a la creación. Con respecto a esto está escrito, '¿Quién puede comprender el trueno de Sus *guevurot*?'".

Así, el trueno generado por la voz de la persona temerosa de Dios es un paralelo del Shofar/el carnero de Itzjak: Itzjak personifica el temor al Cielo (ver nota 59; *Mei HaNajal*). Itzjak, la voz de trueno, es así símbolo del temor que se despierta debido a la plegaria intensa.

Y ésta es la explicación de *"guiborei koaj* (poderosos) que ejecutan Sus mandatos, escuchando la voz de Su palabra" (Salmos 103:20).⁶² [Como] afirma el *Zohar* (I, 90a): "Ellos merecen escuchar voces de Arriba".⁶³ En otras palabras, por medio de las *guevurot*, se genera el trueno.⁶⁴ Esto hace que el corazón oiga, es decir, "la meditación de mi corazón será comprensión"⁶⁵, como está escrito (Reyes I, 3:9), "Da a tu siervo un corazón que escuche [para juzgar a Tu pueblo]".⁶⁶ Y entonces sus palabras son "transmitidas a la creación"; esto es "escuchando la voz de Su palabra".⁶⁷

Esto también corresponde al sonido del shofar⁶⁸, es decir, el cuerno-shofar del carnero, el carnero de Itzjak (Zohar III,235b), que es un aspecto de "el trueno de Sus *guevurot*".⁶⁹

---

cuando ha despertado las *guevurot*, puede orar con intensidad y su voz es escuchada por la creación. Como se explicó, esto instila en ellos el temor al Cielo, corrigiendo su corazón torcido.

Incidentalmente, de esto aprendemos que la corrección directa no es siempre necesaria. Al orar apropiadamente y con intensidad la voz se transforma en trueno, de modo que aquellos que la escuchan son inspirados naturalmente a retornar a Dios y a servirlo.

62. **guiborei...la voz de Su palabra.** Los "poderosos" a los cuales se refiere el versículo son los ángeles. Ellos cumplen con la orden de Dios no por la recompensa, sino sólo para cumplir con la voz de Dios (*Metzudat David*). En nuestro contexto, esto se refiere a la persona que cumple con las mitzvot sin esperar recompensa alguna. El término *GuiBoRei koaj* (גבורי כח) connota *GueVuRot* (גבורות), que el Rebe ha denominado más arriba "un aspecto de *koaj* y fortaleza". El Rebe Najmán continúa explicando esto y demuestra cómo se relaciona con nuestra lección.

63. **escuchar voces de Arriba.** El *Zohar* (*loc. cit.*) enseña que los "poderosos" de los cuales habla el Salmo son de hecho los Tzadikim que utilizan su fuerza interior para anular totalmente su mala inclinación. En nuestro contexto, "Arriba" puede comprenderse como una alusión a los *mojín* superiores, el intelecto (ver nota 51). Estos poderosos Tzadikim, que utilizan la llama de sus corazones para servir a Dios (al tiempo que anulan el ardiente deseo por lo mundano), merecen escuchar la voz cuando golpea la esfera de la mente. Ver también la nota siguiente.

64. **guevurot, se genera el trueno.** Anular la mala inclinación requiere fortaleza. Los Tzadikim, que en su temor al Cielo/*guevurot*/fortaleza subyugan su mala inclinación, son capaces de generar el trueno.

65. **corazón será comprensión.** Pues cuando la voz se transmite y golpea la mente (ver nota 57), trae temor al corazón.

66. **un corazón que escuche....** Ésta fue la plegaria del Rey Salomón: quería un corazón que escuchase y comprendiese. A un nivel simple, el Rebe Najmán trae este texto de prueba para demostrar que el corazón escucha. Aun así, también enseña que tal como el Rey Salomón *oró* para tener un "corazón que escuche", de la misma manera la persona debe orar si quiere alcanzar el temor al Cielo. Es decir, aunque hace falta el temor al Cielo para orar con fervor, el

וְזֶהוּ (תהלים פ"ט): "אַשְׁרֵי הָעָם יוֹדְעֵי תְרוּעָה", 'יוֹדְעֵי' דַּיְקָא, שֶׁיִּפְגַּע הַקּוֹל בַּמֹּחַ, בְּחִינוֹת עָבֵי מִטְרָא, וְיִהְיֶה בִּבְחִינַת רְעָמִים, וּמִי שֶׁשּׁוֹמֵעַ תְּקִיעַת שׁוֹפָר מֵאִישׁ יָרֵא וְחָרֵד, בְּוַדַּאי לֹא יִדְאַג כָּל הַשָּׁנָה מֵרְעָמִים, כְּמוֹ שֶׁכָּתוּב: "בְּקוֹלוֹת וּבְרָקִים עֲלֵיהֶם נִגְלֵיתָ, וּבְקוֹל שׁוֹפָר עֲלֵיהֶם הוֹפַעְתָּ", שֶׁבְּקוֹל הַשּׁוֹפָר הוֹפִיעַ עֲלֵיהֶם מִקּוֹלוֹת וּבְרָקִים:

ד אֲבָל צָרִיךְ לִפְנוֹת אֶת הַמֹּחִין מֵחָכְמוֹת חִיצוֹנִיּוֹת וּמִמַּחֲשָׁבוֹת זָרוֹת. מֵחָמֵץ שֶׁלֹּא יַחְמִיץ אֶת חָכְמָתוֹ בְּחָכְמוֹת חִיצוֹנִיּוֹת וּבְתַאֲווֹת, כְּדֵי כְּשֶׁיּוֹצִיא אֶת הַקּוֹל וְיִפְגַּע בְּמֹחוֹ,

sintiendo la recompensa en el cumplimiento mismo. Entonces la medida de la alegría que sienta será indicador de si Dios, Cuya propia alegría está investida en las mitzvot, está alegre o si es que el decreto ya ha sido emitido (#2). Para sentir esta alegría, es necesario tener un corazón recto, un corazón cuya perversión haya sido eliminada por el trueno, es decir, una revelación del intelecto. Este trueno se genera al despertar el temor al cielo mediante la plegaria intensa (#3).

74. **Pero es necesario primero.** Habiendo establecido que la persona debe despertar un deseo ardiente en su corazón en el servicio a Dios, para que esto a su vez despierte su intelecto y genere el trueno, el Rebe Najmán ahora advierte contra los elementos que interfieren con los *mojín* (mentalidades) e incluso dañan la posibilidad de obtener el intelecto.

75. **jametz.** El *Jametz* (levadura) es símbolo de la inclinación del hombre hacia el mal. Como se enseñó en el Talmud (*Berajot* 17a): Cuando el Rabí Alexandri terminaba de orar solía decir: "Señor de todos los mundos, es revelado y conocido ante Ti que nuestro deseo es hacer Tu voluntad. ¿Qué es lo que nos lo impide? Sólo la levadura en la masa (la mala inclinación)".

El *Biur HaLikutim* agrega: Aunque el Rebe Najmán acaba de enseñar que la perversión del corazón necesita ser corregida, ahora explicará qué es lo más esencial para cuidar la mente. Esto muestra que de hecho todo surge de la mente (*Jojmá*) y que luego desciende hacia el corazón (*Biná*). El paso inicial debe ser por lo tanto la liberación de todo aquello que pueda fermentar la mente.

76. **sabiduría secular o con malas pasiones.** Éstos son en verdad dos conceptos separados, correspondientes respectivamente a la mente y al corazón. Dejarse llevar por el deseo natural de alimento, sexo, etc., hace que estas necesidades se transformen en lo que el Rebe llama en nuestra lección "las malas pasiones". Controlarlas se denomina por tanto "subyugar la mala inclinación". En lugar de dejarse llevar por este ardiente deseo por lo mundano, la persona utiliza la llama de su corazón en el servicio a Dios (ver nota 63). Por el contrario, la sabiduría secular que aleja a la gente de Dios se relaciona con el intelecto, del cual proviene la sabiduría. Así, para que la voz de la persona genere el trueno, debe purificar tanto su mente como su corazón, tal como el Rebe explica a continuación.

Éste, entonces es el significado de (Salmos 89:16), "Feliz la nación que conoce el sonido del shofar".[70] Precisamente "conoce", pues la voz golpea la mente, correspondiente a las nubes de lluvia, y se convierte en el aspecto de trueno.[71] Y todo aquél que oiga el sonido del shofar hecho sonar por un hombre piadoso y temeroso de Dios, de seguro no temerá al trueno durante todo el año.[72] Como está escrito: "Con los sonidos [del trueno] y con rayos, Tú Te revelaste a ellos, y con el sonido del shofar Te les apareciste". Tú Te les apareciste a través del sonido del shofar, [protegiéndolos] del trueno y del rayo.[73]

4. Pero es necesario [primero][74] limpiar las mentalidades de toda sabiduría secular y de todo pensamiento indeseable, de *jametz*.[75] La persona no debe fermentar su sabiduría con sabiduría secular o con <malas> pasiones,[76] para que la voz emerja <pura y limpia>. Entonces

---

70. **conoce el sonido del shofar.** La Escritura se está refiriendo al pueblo judío. Al soplar en el shofar, ellos saben cómo despertar la compasión de Dios en Rosh HaShaná y mitigar los decretos (*Rashi, loc. cit.*). El Midrash también habla de la capacidad del shofar de abolir los decretos severos, como vemos en, "Dios dice, 'Cuando estén delante de Mí en Rosh HaShaná, tomen shofares y soplen en ellos. Y aunque hubiere muchos adversarios hablando en contra de ustedes, todos serán destruidos'" (*Pesikta de Rav Kahana*). El Rebe Najmán conectará ahora el shofar con la plegaria intensa, pues ambos tienen la capacidad de mitigar los decretos.

El *Biur HaLikutim* indica que el versículo siguiente de los Salmos (89:17) dice: "Ellos se regocijan en Tu nombre todo el día...". Esto es, cuando el judío despierta la voz de trueno, merece regocijarse en Dios, es decir, sentir la alegría de las mitzvot.

71. **precisamente conoce...trueno.** Esto es, el sonido del shofar/la plegaria intensa golpea la mente y despierta el intelecto, el cual genera temor en el corazón. Esto corrige su corazón torcido, permitiéndole sentir la alegría. Y a través de la alegría de su "corazón corregido" la persona conoce la naturaleza y el estado del decreto y puede orar con efectividad para mitigarlo.

72. **y todo aquél que escucha el sonido del shofar...no temerá al trueno....** Tanto la voz de la persona temerosa de Dios como el sonido del shofar poseen el aspecto potencial del trueno. Como recompensa por escucharlos y sentirse motivada al servicio divino, Dios protege a la persona para que no sea dañada por ninguna manifestación externa del trueno (*Mei HaNajal*).

73. **como está escrito....** Esta frase, que es parte de la liturgia de Musaf de Rosh HaShaná, no aparece en la versión manuscrita del *Likutey Moharán*.

Resumen: Cada persona es responsable de hacer del mundo un lugar mejor. Esto puede hacerlo orando para el bien del mundo, pues la plegaria tiene el poder de mitigar los decretos. Sin embargo, cuando los decretos son emitidos y las plegarias del hombre están oscurecidas por sus pecados, es necesario ocultar las plegarias en un *maamar* (#1). Para saber si es antes o después del decreto se debe cumplir con las mitzvot con alegría, sin esperar la recompensa futura, sino

יִתְעַבֵד מִמֶּנּוּ רַעַם, אֲבָל כְּשֶׁגִּלְגֻּלְתָּא דְּמֹחָא אָטוּם בְּטֻמְאָה, כְּמוֹ שֶׁכָּתוּב (ויקרא י"א): "וְנִטְמֵתֶם בָּם", אֲזַי אֵין קוֹלוֹ נִשְׁמָע. גַּם יִשְׁמֹר יִרְאָתוֹ, שֶׁמִּמֶּנּוּ תוֹצָאוֹת הַקּוֹל, כְּמוֹ שֶׁכָּתוּב: "וְרַעַם גְּבוּרוֹתָיו", שֶׁלֹּא יִהְיֶה לוֹ יִרְאָה חִיצוֹנִית, וְזֶה (אבות פרק ג): 'אִם אֵין חָכְמָה אֵין יִרְאָה'; אִם אֵין יִרְאָה אֵין חָכְמָה.

וְזֶהוּ (שבת נו: ובסנהדרין כא:): 'יָרַד גַּבְרִיאֵל וְנָעַץ קָנֶה בַּיָּם'. פֵּרוּשׁ: מֵהִשְׁתַּלְשְׁלוּת הַגְּבוּרוֹת, הַיְנוּ יִרְאָה חִיצוֹנִית, נָעַץ קָנֶה בְּיָם הַחָכְמָה. קָנֶה דָּא בְּחִינַת קוֹל הַיּוֹצֵא מֵהַקָּנֶה. הַיְנוּ עַל-יְדֵי הִשְׁתַּלְשְׁלוּת הַגְּבוּרוֹת, שֶׁהִיא בְּחִינַת סוּסְפִּיתָא דְּדַהֲבָא, יִרְאָה

corazón (temor) y su intelecto (sabiduría). Cada uno complementa y depende del otro. Así: cuando su mente está expuesta a la sabiduría secular, el temor en su corazón se ve dañado; y cuando el temor en su corazón es producido por causas externas, el intelecto se vuelve hacia la sabiduría secular y se embota la mente (*Parparaot LeJojmá*; *Mei HaNajal*). Esto explica por qué más adelante en la lección, el Rebe y los comentarios citados en las notas incluyen las malas pasiones como enemigos de la mente, aunque, al igual que el temor, estas pasiones se encuentran de hecho enraizadas en el corazón.

El Rebe Najmán trae ahora un texto de prueba mostrando la conexión entre el corazón/temor y la mente/sabiduría.

81. **Gabriel...caña en el mar.** Cuando el Rey Salomón se casó con la hija del faraón, Gabriel descendió y clavó una caña en el mar. Alrededor de esta caña se juntó una marisma y sobre ésta se levantó la ciudad de Roma (*Shabat*, *loc. cit.*, y *Rashi*; Roma representa el cuarto y último exilio del pueblo judío).

82. **encadenamiento descendente de las guevurot.** El ángel GaBRiEL (גבריאל) - *GueVuRá EL* (גבורה אל, el fuerte del Todopoderoso) - corresponde a las *GueVuRoT* (גבורות). Haber descendido se describe así como el encadenamiento descendente de las *guevurot*, indicando que ha habido una declinación en la espiritualidad. Estas *guevurot* corruptas se han investido en los temores externos más que en un temor directo a Dios.

83. **escoria del oro, los temores externos.** A partir de la Kabalá aprendemos que el oro corresponde a los aspectos del temor y de las *guevurot* (cf. *Zohar* II, 90b; *Tikuney Zohar* #24, p.69b). Las impurezas que se forman sobre la superficie del oro, la escoria del oro, son así un aspecto de los temores externos (*Mei HaNajal*).

84. **kané, caña...kané, tráquea.** El Rebe Najmán conecta el *kané* de Gabriel con el *kané* personal, la tráquea. Encontramos en el Talmud: La voz surge a través del *kané* (*Berajot* 61a); siendo la tráquea una especie de caña o tubo a través del cual el aire de los pulmones pasa a la laringe, donde es transformado en los sonidos de voz.

la voz golpeará <las mentalidades superiores> y se convertirá en trueno. Pero cuando la esfera de la mente está embotada con impurezas, como en (Levítico 11:43), "...porque *nitmetem* (ustedes se impurificarán) con ellos",[77] entonces su voz no es oída.[78]

Debe también cuidar su temor al Cielo, del cual emerge la voz, como en, "el trueno de Sus *guevurot*", para que no tenga ningún temor externo <sino sólo el temor al Santo, bendito sea>.[79] Esto es: Donde no hay sabiduría, no hay temor al Cielo; donde no hay temor al Cielo, no hay sabiduría (*Avot* 3:21).[80]

Y <esto corresponde a lo que enseñaron nuestros sabios: Cuando el Rey Salomón se casó con la hija del faraón>, el ángel GaBRiel descendió y clavó una caña en el mar (*Shabat* 56b; *Sanedrín* 21b).[81] La explicación es: Del encadenamiento descendente de las *GueVuRot*[82], <que corresponden a la escoria del oro>, los temores externos[83], él "clavó una caña en el mar" de la sabiduría. Una *kané* (caña) es el aspecto de la voz que sale de la *kané* (tráquea).[84] Así, <debido a la sabiduría secular y> a los temores

---

77. **se impurificarán con ellos.** El Rebe Najmán alude aquí a la enseñanza Talmúdica que apunta a la similitud entre las palabras *NiTMeTeM* y *NeTaMTeM* (literalmente, "quedarán embotados"). Enseñan nuestros sabios (*Ioma* 39a): El pecado embota el corazón de la persona. Esto lo aprendemos del versículo, "No se impurifiquen con [alimento no kosher], porque *nitmetem* con ellos". No leas *NiTMeTeM* (נטמאתם) sino *NeTaMTeM* (נטמתם), ellos te volverán espiritualmente insensible (ver *Living Torah*, sobre Levítico 11:43). Si alguno de los dos canales, la mente o el corazón, se ve embotado por impurezas, la voz no puede penetrar en la esfera de la mente y así no se puede generar el trueno.

78. **su voz no es escuchada.** Esto explica indirectamente por qué tantos individuos que hacen alarde de ejercer influencia sobre los demás no son en realidad muy efectivos: les falta el verdadero temor al Cielo. Sus palabras no son escuchadas ni aceptadas debido a que aún no han subyugado su propia mala inclinación, y su sabiduría secular y sus pasiones los alejan de Dios.

El *Biur HaLikutim* explica que dañar la mente con impurezas lleva a que ésta se embote y se vuelva insensible. En respuesta, Dios, si así pudiera decirse, cierra Su oído y Se hace insensible a las plegarias de esta persona. Y esto es lo que hace que se emitan los decretos, Dios no lo permita.

79. **ningún temor externo....** La persona sólo debe temer a Dios (*Consejo*, p. 127). Si su único temor es el Santo, bendito sea, entonces, incluso si algo periférico le hace temer, será totalmente consciente de que estos temores son de hecho un recordatorio de que sólo debe temer a Dios (*Likutey Halajot, Pesaj* 9:15-17). Tener temores externos, por otro lado, socava automáticamente nuestro temor al Cielo.

80. **no hay sabiduría...no hay temor...no hay sabiduría.** El hombre debe siempre cuidar su

חִיצוֹנִית, נִשְׁאָר הַקּוֹל נָעוּץ בַּאֲטִימַת הַשֵּׂכֶל, וְלֹא יִשְׁתַּמַּע לִבְרִיתָא.

וְעִקָּר לִשְׁמֹר מֹחוֹ שֶׁלֹּא יַחְמִיץ, וְזֶהוּ (תהלים ס"ח): "גְּעַר חַיַּת קָנֶה", כִּדְאִיתָא בַּזֹּהַר (פינחס רנ"ב): קָנֶה חֵי"ת תְּשַׁבֵּר וְתַעֲשֶׂה מִמֶּנָּה הֵ"א, וְתַעֲשֶׂה מֵאוֹתִיּוֹת חָמֵץ - מַצָּה, הַיְנוּ שֶׁלֹּא תַחְמִיץ חָכְמָתְךָ.

וְזֶהוּ לְשׁוֹן גְּעַר - לְשׁוֹן מְרִיבָה, כִּי מַצָּה - לְשׁוֹן מְרִיבָה. דְּצַדִּיקַיָּא עָבְדִין מַצּוּתָא בְּסִטְרִין אָחֲרָנִין, דְּלָא יִתְקָרִיבוּ לְמִשְׁכָּנָא דִקְדֻשָּׁה.

de Roma. Esto le da vida al Otro Lado. El *kané* (caña) se refiere a la fuerza vital de la bestia del mal. (El término hebreo *jaiá* significa tanto bestia como vida). Ésta es la caña que le da fuerzas al dominio del mal sobre el mundo. ¿Por qué una caña? Debido que la caña se raja y se quiebra fácilmente. Esto es Egipto. Los egipcios gobernaron el mundo entero. Pero cuando llegó el momento, los egipcios, que son como *jametz*, fueron quebrados; los judíos, que son como *matzá*, fueron redimidos. ¿Cómo fueron quebrados los egipcios? Quebrando la pata de la *jet* y transformándola en una *hei* (*Zohar* III, 251b, 252a y *Matok Midvash*). Fonéticamente, la letra hebrea *JeT* (deletreada חית) es similar a la palabra *JaiaT* (חית, la bestia de). Cuando la pata izquierda de la letra *JeT* (ח) se separa de su parte superior, se forma la letra *Hei* (ה). Así, cuando se quiebra la *jet* de la palabra *JaMeTZ* (חמץ), se forma la palabra *MaTZáH* (מצה). Y la *jet* se asemeja a un *kané*, pues al igual que una caña es fácil de quebrar. Ver nota siguiente.

89. **Tu sabiduría entonces no fermentará.** En nuestro contexto, el versículo y comentario puede comprenderse como sigue: La "bestia" (*jaiá*) alude al mal y específicamente a los malos pensamientos que entran en la mente. "Reprender" es el grito y el clamor de la persona como protesta en contra de estos pensamientos no deseados. Esto quiebra a la bestia. Así: **Reprende -** clama en plegaria, **la bestia del cañaveral -** quiebra y elimina los malos pensamientos.

90. **reprende...conflicto.** Pues cuidar la mente es una batalla constante. El Rebe Najmán muestra ahora un significado adicional de esta batalla.

91. **MaTzáH...conflicto...MaTzuta.** Como en (Isaías 41:12), "Buscarás, pero no encontrarás *MaTZuteja* (aquéllos que peleaban contra ti)". Así *matzáh* (מצה), que comparte las mismas letras en su raíz que *matzuta* (מצותא), sugiere conflicto y reprobación.

92. **...evitar que se acerque...santidad.** Como se explicó arriba (nota 8), las lecciones del Rebe Najmán son igualmente relevantes tanto para los más grandes Tzadikim como para las personas más simples. Luego de señalar la necesidad de luchar en contra de los pensamientos indeseables, el Rebe muestra ahora que los esfuerzos de cada persona en esta contienda son un microcosmos de la batalla mayor que los Tzadikim llevan a cabo en contra del *Sitra Ajara* (Otro Lado). Los Tzadikim oran y libran una diaria batalla en contra de las fuerzas del mal para evitar

externos, la voz se queda hundida en el pantano del intelecto y no es transmitida a la creación.⁸⁵

Pero lo más importante es que la persona cuide su mente de volverse *jametz*.⁸⁶ Esto es (Salmos 68:31), "Reprende a la *JaiaT* (a la fiera) del cañaveral".⁸⁷ Como dice el *Zohar* (III, 252a): Quiebra la caña de la *JeT* y haz de ella una *hei*, transformando así las letras *JaMeTZ* en *MaTZáH*.⁸⁸ Tu sabiduría entonces no fermentará.⁸⁹

Ésta es la connotación de "reprende", que indica conflicto.⁹⁰ Pues la palabra *MaTZáH* también implica conflicto: los Tzadikim libran *MaTZuta* (batalla)⁹¹ con el Otro Lado para evitar que se acerque al lugar de la santidad (*Zohar* III, 251b).⁹²

---

85. **la voz se queda hundida....** En su fuente, las *guevurot* emanan de un nivel extremadamente elevado: la *sefirá* de *Biná* (Comprensión; *Zohar* III, 10b; ver también *Likutey Moharán* I, 41). Sin embargo, cuando las *guevurot* descienden hacia este mundo material, asumen la forma de la "escoria del oro", es decir, la sabiduría secular y los temores externos. Cualquiera de estos males puede transformarse en el primer paso de la caída de la persona en su devoción a Dios; por lo tanto, "Donde no hay sabiduría, no hay temor al Cielo...", como arriba (ver nota 80; *Parparaot LeJojmá*; *Mei HaNajal*).

El pasaje de *Shabat* y de *Sanedrín* (nota 81) se lee así: **Cuando el Rey Salomón -** Cuando la sabiduría, **se casó con la hija del faraón -** se volvió sabiduría secular, **GaBRiel descendió -** esto hizo que las *guevurot* descendieran hacia los temores externos, etcétera, **y clavó una caña en el mar -** y la voz que emergió del *kané* quedó empantanada en el mar de la sabiduría, en el intelecto. Como resultado, la voz fue incapaz de retumbar como el trueno para despertar a la creación al servicio a Dios.

Entonces, **Alrededor de esta caña se juntó una marisma y sobre ésta se levantó la ciudad de Roma -** La caña se transformó en una vara alrededor de la cual comenzaron a juntarse los desechos del mar, hasta que se formó una marisma... (*Rashi, v.i. naatz*). Esto es, si la persona sucumbe a algún pensamiento indeseable y no lo elimina inmediatamente, ese pensamiento se transforma en una vara que atrae la "escoria del oro" de la sabiduría secular y de los temores externos. Finalmente, esto hace que la persona caiga en el exilio espiritual que es Roma.

86. **cuide su mente de no volverse jametz.** Evidentemente, no sucumbir nunca a un rasgo negativo o no permitir que un pensamiento indeseable entre en la mente es un ideal. Este es el nivel más elevado del cuidado de la mente evitando que fermente como *jametz*. Pero la mayoría de nosotros nos encontramos arrastrados fácilmente y a veces incluso superados por los rasgos y pensamientos negativos. ¿Qué hacer entonces?

87. **reprende a la bestia del cañaveral.** Ésta era la plegaria del Rey David para que Dios destruyese el reinado del mal. Rashi explica que la "bestia" es Amalek, a quien el Rebe Najmán iguala con la sabiduría secular (ver *Likutey Moharán* II, 19).

88. **como dice el Zohar....** El pasaje en el *Zohar* dice lo siguiente: Cuando el Rey Salomón se casó con la hija del faraón, Gabriel descendió y clavó una caña en el mar... se levantó la ciudad

הַיְנוּ כְּשֶׁתִּשְׁמֹר אֶת חָכְמָתְךָ שֶׁלֹּא יִכָּנֵס בּוֹ חָכְמוֹת חִיצוֹנִיּוֹת, שֶׁלֹּא תְּהַרְהֵר בְּהִרְהוּרִים רָעִים, שֶׁהֵם בְּחִינַת קָנֶה דְּסִטְרָא אָחֳרָא, כְּנֶגֶד 'קָנֶה חָכְמָה קָנֶה בִּינָה' דִּקְדֻשָּׁה, עַל־יְדֵי־זֶה תִּנָּצֵל מִבְּחִינַת חָמֵץ, שֶׁהִיא סִטְרָא דְּמוֹתָא, כְּדְאִיתָא מַחְמֶצֶת, תַּמָּן סִטְרָא דְמוֹתָא. וְתַאֲמִין, כִּי כָּל מַצּוּתָא וּמְרִיבָה שֶׁיֵּשׁ בֵּין הַצַּדִּיקִים הַשְּׁלֵמִים, אֵין זֶה אֶלָּא כְּדֵי שֶׁיְּגָרְשׁוּ סִטְרִין אָחֳרָנִין. וְזֶה פֵּרוּשׁ (משלי ט״ו): "אֹזֶן שׁמַעַת תּוֹכַחַת חַיִּים בְּקֶרֶב חֲכָמִים תָּלִין" - לְשׁוֹן תְּלוּנָה וּמְרִיבָה. כְּשֶׁאַתָּה שׁוֹמֵעַ מְרִיבוֹת שֶׁבֵּין

disputa entre verdaderos Tzadikim como tal. Más bien, la batalla que un Tzadik libra en contra de otro es de hecho una batalla, en forma disfrazada, en contra de *Sitra Ajara*. Nuevamente, ésta es sólo una explicación. Más adelante en la lección, el Rebe Najmán presenta otro motivo más para la disputa entre los Tzadikim (ver el texto y las notas 99, 100; ver también *El Libro de los Atributos*, Disputa). Está claro, por lo tanto, que comprender las verdaderas intenciones de los Tzadikim no es cosa fácil. Sus disputas no deben ser un tema de preocupación para la gente común, como desafortunadamente se ha vuelto muy corriente hoy en día. Ver también *Likutey Halajot, Ribit* 5).

El *Parparaot LeJojmá* explica esta forma de disputa de una manera que une los diferentes puntos de la lección. Dice así: La mente del judío se asemeja a un campamento santo. La sabiduría secular que busca infiltrarse en este campamento surge de las *guevurot* corruptas, la escoria del oro, que son elementos del Otro Lado (ver notas 82,83). Sus intentos de infiltrarse denotan en sí un conflicto, pues la intención del Otro Lado es perseguir a la persona y oponerse a su búsqueda de la santidad. La persona, a su vez, debe mitigar este decreto (la persecución del Otro Lado) y volver a conectar a las *guevurot* caídas con su fuente en la santidad. Esto requiere que utilice precisamente los mismos medios, es decir el conflicto. Sin embargo, en su caso esto es un "conflicto santo". La persona lucha en contra de su mala inclinación, en contra de su interés en la sabiduría secular y de su deseo por las malas pasiones, transformando por tanto las fuerzas del mal en santidad, la *jet* en *hei* y *jametz* (impurezas) en *matzá* (conflicto santo).

Desafortunadamente, no todos son capaces de librar esta batalla. Es tarea entonces de los Tzadikim, quienes sí pueden luchar, enfrentar el conflicto en contra del Otro Lado y así impedirle que se infiltre en el campamento de santidad. Ellos luchan para mantener lejos de los judíos la sabiduría secular y la herejía. Es así que la gente debe tener fe en los Tzadikim y comprender que sus conflictos y desacuerdos son sólo en beneficio del pueblo judío. De hecho, toda sugerencia de que estas disputas son una indicación de una verdadera enemistad entre los Tzadikim es en sí misma un pensamiento externo, un pensamiento que fortalece al Otro Lado (embotando la mente).

97. **amonestaciones de la vida....** El significado simple es que la persona que desea escuchar la amonestación será considerada entre los sabios (*Metzudat David*).

98. **TaLiN...TeLuNá...conflicto.** Enseña el *Zohar Jadash*: Cuando Iaacov se alojó en Betel de

Esto es, cuando proteges tu sabiduría de modo que la sabiduría secular no penetre allí, <y> no tienes pensamientos malos, que es el *KaNé* (caña) del Otro Lado,[93] en contraste <del *KaNé* (tráquea) de santidad, es decir> "*KNé* sabiduría, *KNé* comprensión"[94] de santidad, serás salvado del aspecto del *jametz*, que es el lado de la muerte. Como está dicho (Zohar, ibid.): *MaJMeTzeT*, contiene *JaMeTz* y *MeT*.[95] Y debes creer que todas las disputas y conflictos entre los Tzadikim que han alcanzado la perfección es sólo para eliminar el Otro Lado.[96]

Éste es el significado de (Proverbios 15:31), "El oído que oye las amonestaciones de la vida, *talin* (habitará) en medio de los sabios".[97] <*TaLiN*> es similar a *TeLuNá* (queja) y conflicto.[98] Cuando oigas a

---

que éstas se acerquen a la santidad. La persona que lucha en contra de sus malos pensamientos está librando la misma contienda aunque en escala menor. Así como puede decirse que, en el esquema general de las cosas, los Tzadikim han tenido éxito en proteger a la santidad, manteniendo al pueblo judío vivo y prosperando pese a una historia repleta de decretos devastadores, de la misma manera, cada individuo, en la medida del esfuerzo que le ha dedicado a la batalla, ha tenido éxito en construir y en salvaguardar su propio "campamento santo" (ver nota 96), es decir, su mente.

El *Biur HaLikutim* agrega que hay veces en que la batalla y la contienda que libran los Tzadikim parece no ser con el Otro Lado sino entre ellos. En verdad, su intención es anular las fuerzas del mal, los decretos. Sin embargo, debido a que saben que el decreto ya ha sido emitido, ocultan sus plegarias y su lucha en un *maamar*, dando la impresión de que están peleando entre ellos. Ver el texto y nota 96, más abajo.

93. **Kané del Otro Lado.** Pues el Otro Lado obtiene su sustento y su fuerza vital del *kané*, como en la nota 88 más arriba.

94. **KNé sabiduría...comprensión.** En Proverbios (4:5), el Rey Salomón dice: "Adquiere sabiduría, adquiere comprensión". El Rebe Najmán hace una asociación de ideas mediante la similitud fonética entre las palabras *KaNé* y *KNé* (adquirir). Esto es, al usar su *kané* (tráquea) para reclamar en la plegaria en contra de los malos pensamientos, la persona puede superar el *kané* (caña) del Otro Lado y *kné* (adquirir) verdadera sabiduría y comprensión. Además, "sabiduría" y "comprensión" corresponden a *Jojmá* y *Biná*, la mente y el corazón, es decir, los dos órganos que al estar unidos forman la voz de santidad que despierta el temor al Cielo (como arriba, sección 3 y notas 47-58).

95. **MaJMeTzeT...JaMeTz...MeT**. Las letras de la palabra *majmetzet* (מחמצת, hacer agrio o leudar) pueden ordenarse para formar las palabras *jametz* (חמץ, levadura) y *met* (מת, muerte). Así, las letras mismas aluden a la conexión entre la masa leudada y el Otro Lado, el lado de la muerte (cf. *Zohar* III, 251b, "Aquél que come *jametz* en Pesaj"). Y dado que el Otro Lado es considerado *jametz*, muerte, la persona que cuida su mente de los malos pensamientos elimina al Otro Lado y se libra de una muerte espiritual.

96. **para disipar el Otro Lado.** Como se mencionó al final la nota 92, es un error tomar la

הַצַּדִּיקִים תֵּדַע, שֶׁזֶּה מַשְׁמִיעִין אוֹתְךָ תּוֹכָחָה, עַל שֶׁפָּגַמְתָּ בְּטִפֵּי מֹחַךָ, שֶׁעַל זֶה נֶאֱמַר (משלי ב): "כָּל בָּאֶיהָ לֹא יְשׁוּבוּן, וְלֹא יַשִּׂיגוּ אָרְחוֹת חַיִּים", שֶׁאַתָּה דָּבוּק בְּסִטְרָא דְמוֹתָא, בְּחִינַת

elige no reconocer su daño y negar responsabilidad en el conflicto entre los Tzadikim, entonces este conflicto sólo hará que se aleje más aún de Dios (ver también *Torat Natán* 7).

100. **Los que se lleguen...no volverán...ni alcanzarán....** En su significado simple, el versículo se relaciona con la inmoralidad, pero también se refiere a los pensamientos indeseables y a la herejía (*Rashi*, Proverbios 2:16). El Rebe Najmán muestra que de hecho ambos están conectados. No proteger la mente de la sabiduría secular (herejías) daña la mente. El pecado sexual daña el temor al Cielo, que a su vez daña la mente. El Talmud enseña que es muy difícil arrepentirse de estos pecados (*Avoda Zara* 17a), por lo cual afirman las Escrituras: "Cuantos se lleguen a ella no volverán más, ni alcanzarán los senderos de la vida".

Superficialmente, esto parece indicar que es imposible el arrepentimiento por los pecados asociados con el daño del Pacto (la pureza sexual). Pero, a partir de las enseñanzas del Rebe Najmán, sabemos que esto ciertamente no es así. Explica el Rabí Natán: Como se mencionó, el conflicto entre los Tzadikim tiene el poder de alejar a la persona de Dios. ¡En un sentido, éste es precisamente el propósito del conflicto! Hay ciertos pecados que engendran un daño espiritual tan devastador que, como afirma el *Zohar*, el arrepentimiento se vuelve imposible (ver *Zohar* I, 118 a; ver *Sabiduría y Enseñanzas del Rabí Najmán de Breslov* #71). Aun así, la capacidad de Dios para la compasión es ilimitada y Él desea que todos se arrepientan. Por lo tanto, el arrepentimiento es siempre posible. ¿Por qué entonces afirma el *Zohar* que uno no puede arrepentirse? Sin embargo, esto es lo mismo que la disputa entre Tzadikim. Esto sucede, por derecho, cuando la persona ha pecado de manera tan terrible que merece ser distanciada de la santidad. Por lo tanto, se la somete a una prueba. Es natural que si se le muestra el conflicto entre Tzadikim, o se le dice a través de las sagradas escrituras que nunca podrá arrepentirse, se alejará más aún de la santidad. Ésta es su prueba. Si se rehusa a ser engañada y rechazada, si se mantiene firme ante las puertas de la santidad y se niega a partir, si clama a Dios por ayuda sin importar su oscuro pasado y los dobleces de su corazón, entonces, incluso ella merecerá el arrepentimiento. No puede haber mejor prueba de esto que los tremendos pecadores que han logrado arrepentirse. A partir de su ejemplo aprendemos que ser alejados de la santidad es de hecho la etapa inicial hacia el arrepentimiento (*Torat Natán* 7).

101. **muerte...jametz.** Como arriba, nota 95.

102. **...Gabriel descendió.** Ver arriba, notas 82 y 88. Como se ha explicado en las lecciones anteriores, lo que parece ser una repetición de asociaciones ya establecidas es de hecho la manera del Rebe Najmán para conectar directamente otro concepto a la ecuación. El Rebe Najmán ya ha conectado la mente dañada con el *jametz*/muerte. Aquí, agrega a esta ecuación el concepto arriba mencionado de las *guevurot* corruptas (Gabriel).

El *Parparaot LeJojmá* agrega: El Rebe Najmán mencionan tres aspectos: muerte, *jametz* y las letras *jet* y *hei*. Éstos pueden comprenderse como simbolizando tres niveles de declinación espiritual. En un nivel están aquéllos cuyo descenso es tan completo que son considerados como espiritualmente muertos. En un segundo nivel están aquéllos cuyas mentes han fermentado

los Tzadikim disputando, deberás saber que esto es para que tú oigas la amonestación por haber dañado las gotas de tu mente.⁹⁹ Está dicho concerniente a esto (Proverbios 2:19), "Los que se lleguen a ella no volverán más, ni alcanzarán los senderos de la vida".¹⁰⁰ Pues te has apegado al lado de la muerte, el aspecto de *jametz*,¹⁰¹ de "Gabriel descendió".¹⁰²

camino rumbo a la casa de Laban (Génesis 28:11), contendió con Dios sobre el hecho de que Esaú había recibido el control sobre su mundo. Aprendemos esto de la palabra *LaN* (alojó), que se parece a *vaiaLoNu* (ellos arguyeron) (*Zohar Jadash, Vaietzá* p.27; nota marginal del Rav de Tcherin). De manera similar, en nuestro texto, el Rebe hace la conexión entre *talin* (תלין) y *teluná* (תלונה).

99. **gotas de tu mente.** Anteriormente en esta sección el Rebe Najmán habló sobre cuidar la mente para que no se transforme en *jametz*. Aquí, agrega otra dimensión más: evitar que sean dañadas las gotas de la mente. Esencialmente, esto implica cuidar el Pacto, es decir, evitar los pecados sexuales (por ejemplo, tener relaciones con una *nidá*, una mujer no judía, o cualquier mujer con la cual se tenga prohibido contraer matrimonio, al igual que no volcarse a la homosexualidad o a la masturbación). Como se enseña, la mente es el origen del semen o simiente (cf. *Iebamot* 53b; *Zohar Jadash, Bereshit* 15a; ver *Likutey Moharán* I, 7:3, nota 39; *ibid.* 11:4, nota 42; ver también *Rebbe Nachman's Tikkun*, Breslov Research Institute, 1984, en especial las páginas 74-76). La simiente es por lo tanto conocida como las "gotas de la mente". Como se mencionó más arriba (notas 47, 53), estas gotas, que descienden desde lo blanco de la mente, son los *jasadim* que descienden desde *Jojmá* y atemperan las *guevurot*. Un daño del Pacto es considerado por lo tanto un daño del intelecto y un encendido de las *guevurot*.

Ahora bien, como se explicó, el conflicto entre los verdaderos Tzadikim es de hecho un conflicto espiritual, una batalla en contra del Otro Lado. Por lo tanto, cuando la persona oye hablar de este conflicto, debe comprender que la disputa y el daño se encuentran en su propia mente, una disputa entre lo sagrado y lo secular, entre la santidad y la impureza. Está siendo reprendida por haber fermentado su mente con pensamientos indeseables.

El *Parparaot LeJojmá* explica esto con mayor profundidad: Si esta persona hubiera sido digna de vencer su mala inclinación y de expulsar todos los malos pensamientos, enfrentando al Otro Lado por sí misma, los Tzadikim no habrían tenido que entrar en conflicto para su beneficio. Sus batallas no le habrían pertenecido a ella, y ciertamente no habría tenido que escuchar sobre ello. Por el contrario, habría comprendido que esto no era un conflicto ni una disputa, sino una manera de mitigar los decretos y de superar las fuerzas del mal para beneficio de todos. Pero debido a que esta persona dañó las gotas de su mente y quedó aferrada al aspecto de *jametz*, ahora escucha sobre el conflicto y lo interpreta superficialmente, considerándolo igual a la rivalidad y disputa de la gente común y corriente. Sin embargo, es precisamente esta interpretación la que indica que su mente está dañada. ¡Si sólo comprendiera que le están mostrando esto para su propio beneficio, como una prueba! Se le está dando la oportunidad de evitar caer más aún; la posibilidad de transformar los pensamientos-*jametz* en *matzá*, de modo que con el aspecto de *matzá*, es decir, el conflicto sagrado, ella misma pueda luchar en contra del Otro Lado. Pero incluso si esto le resulta demasiado, de modo que los Tzadikim están obligados a enfrentar la batalla en su lugar, su fe en la intención sagrada que se oculta tras sus conflictos es en sí misma suficiente para mitigar los decretos en su contra. Por el contrario, si

חָמֵץ, בְּחִינַת יָרַד גַּבְרִיאֵל וְכוּ', וְתֵדַע שֶׁנַּעַץ קָנֶה, הַיְנוּ חָכְמוֹת חִיצוֹנִיּוֹת נְעוּצִים בְּיַם חָכְמָתְךָ.

וּבְוַדַּאי אִם לֹא הָיָה נִפְגָּם מֹחֲךָ, לֹא הָיָה נִשְׁמָע לְךָ מְרִיבוֹת שֶׁבֵּין הַצַּדִּיקִים, וְאֵין הַמְּרִיבָה אֶלָּא בִּשְׁבִילְךָ, כְּדֵי שֶׁתָּשׁוּב מִמָּוֶת לְחַיִּים, מֵחָמֵץ לְמַצָּה, מֵחִ"ת לְהֵ"א, וְתָשׁוּב מִיִּרְאָה רָעָה, מִקּוֹל פְּגוּם, מֵחָכְמָה פְּגוּמָה לְיִרְאָה טוֹבָה, לְקוֹל טוֹב, לְחָכְמָה טוֹבָה. וּכְשֶׁתִּשְׁתַּמֵּר אֶת מֹחֲךָ מִבְּחִינַת חָמֵץ, שֶׁלֹּא יִהְיֶה אָטוּם, אֲזַי יִפְגַּע קוֹלְךָ בְּגֻלְגָּלְתְּךָ, וְיִתְעַבֵּד רַעַם, וְיִתְפַּשֵּׁט עַקְמוּמִיּוּת שֶׁבְּלִבְּךָ, וְאָז תִּזְכֶּה לְשִׂמְחָה, כְּמוֹ שֶׁכָּתוּב: "וּלְיִשְׁרֵי לֵב שִׂמְחָה". וְזֶה פֵּרוּשׁ (תהלים פ"א): "אֶעֶנְךָ בְּסֵתֶר רַעַם, אֶבְחָנְךָ עַל מֵי מְרִיבָה סֶלָה", 'מֵי מְרִיבָה' זֶה בְּחִינַת מַצָּה, בְּחִינַת מֹחִין. עַל-יְדֵי-זֶה

Si en lugar de alejarse de los Tzadikim debido a sus discusiones, la persona se acerca más aún a ellos con el deseo de arrepentirse, éstos le enseñarán cómo "retornar... y retomar los senderos de la vida" (*Consejo* p. 211 y sig.; *Paraparaot LeJojmá*).

107. **cuides tu mente...jametz.** Luchando contra los malos pensamientos y rechazando la sabiduría secular. Como hemos visto (notas 46, 89), esto se logra principalmente a través de la plegaria.

108. **contra tu cráneo.** Las llamas del corazón golpean la humedad de la mente (ver nota 55).

109. **convertirá el trueno.** Como arriba, nota 47.

110. **tu corazón...alegría...recto....** Como en la sección 3 y notas 42-44.

111. **llamaste...te probé....** Este versículo de Salmos (*loc. cit.*) se refiere a la esclavitud del pueblo judío en Egipto. En nuestro contexto, su esclavitud corresponde a la implementación de decretos severos. El salmista dice que cuando ellos Le oraron a Dios, Él les respondió. El Rebe Najmán, que ha tratado sobre la importancia de la plegaria para anular los decretos, explica ahora cómo el resto del versículo se corresponde con nuestra lección.

Es interesante notar que Rashi explica "Te respondí desde el escondite del trueno" como: Mostré abiertamente Mis *guevurot*. Esto apoya la afirmación anterior del Rebe Najmán: Pues el trueno proviene esencialmente de las *guevurot*, como está escrito, "...el trueno de Sus *guevurot* (fuerzas)" (ver sección 3, nota 48).

El *Biur HaLikutim* apunta que el Salmo 81 tiene otra conexión más con la lección del Rebe Najmán en el hecho de que también habla de Rosh HaShaná y del shofar.

112. **Aguas del Conflicto...matzá...mentalidades.** Cuando falleció Miriam, también desapareció el pozo de agua que Israel había recibido en el desierto en mérito a ella. El pueblo airado comenzó a pedirles agua a Moshé y a Aarón. El lugar donde Israel disputó con Dios, donde

Debes saber también que "una caña se ha clavado", la sabiduría externa ha sido clavada, en el mar de tu sabiduría.[103]

Y, ciertamente, si tu mente no hubiera estado dañada, no te habrían dado a oír los conflictos entre los Tzadikim.[104] Este conflicto es sólo para tu bien, para que retornes de la muerte a la vida, del *jametz* a la *matzá*, de la *jet* a la *hei*[105]; para que retornes de un temor malsano <hacia el temor de Su grandeza>, de una voz estropeada <a una voz sin fallas>, de una sabiduría dañada <a una sabiduría completa y verdadera>.[106]

Y cuando cuides tu mente del aspecto de *jametz*,[107] de modo que no quede embotada, entonces tu voz golpeará contra tu cráneo[108] y se convertirá en trueno,[109] y se enderezará tu corazón torcido. Entonces, merecerás la alegría, como en, "y alegría para el recto de corazón".[110] Éste es el significado de (Salmos 81:8), "En la angustia llamaste y Yo te liberé; te respondí desde el escondite del trueno; te probé junto a las Aguas del Conflicto, Selá".[111] Las Aguas del Conflicto son un aspecto de *matzá*, de las mentalidades,[112] a través de las cuales se

---

espiritualmente. Ellos están conectados a la muerte, o como dice el Rebe, "se han unido al lado de la muerte", aunque no en el mismo grado que los del nivel anterior. Finalmente, están aquéllos que están algo separados de la santidad, tal como hay una pequeña diferencia entre la *jet* y *hei*. Lo que estas personas de niveles diferentes tienen en común es la responsabilidad de hacer del mundo un lugar mejor (ver sección 1). Para esto, deben hacer lo posible por arrepentirse, sin importar en qué nivel se encuentren. Y al hacerlo, pueden entonces merecer los tres niveles positivos (de los cuales trata el Rebe Najmán a continuación): el temor a la grandeza de Dios, una voz sin fallas y una sabiduría completa y verdadera.

103. **sabiduría externa....** Como arriba, notas 82,83 y 85.

104. **no te habrían dado a oír los conflictos....** El versículo se traduce así en nuestro texto como sigue: **El oído que escucha las amonestaciones de la vida** - Existe una lección personal que debe ser aprendida cuando la persona escucha, **en medio de los sabios** - los Tzadikim discutiendo.

105. **desde la muerte hacia la vida....** Ver arriba, notas 88 y 95.

106. **Este conflicto es sólo para tu bien...sabiduría completa.** Como se explicó arriba (ver nota 100), la persona tiene que comprender y creer que la verdadera razón de la discusión entre Tzadikim es sólo para ponerla a prueba a *ella misma*. El hecho mismo de que haya escuchado esta disputa debe servirle como advertencia de que, de acuerdo con los dictados de la justicia estricta, merece ser alejada de la santidad por haber abusado de las gotas de su intelecto. Si pasa esta prueba ignorando las disputas y reconociendo la gravedad de sus malas acciones previas, será capaz de acercarse a Dios en lugar de ser rechazada. Pues la verdad es que Dios ama la misericordia y desea que aquéllos que están distantes puedan acercarse, pese a ser indignos. Pero la única manera en que esto puede llevarse a cabo es mediante la prueba que los enfrenta.

נַעֲשֶׂה רְעָמִים:

ה וְתֵדַע, שֶׁצָּרִיךְ לְשַׁתֵּף הַגְּבוּרוֹת בַּחֲסָדִים, שְׂמֹאלָא בִּימִינָא, כְּמוֹ שֶׁכָּתוּב (תהלים כ): "בִּגְבוּרוֹת יֵשַׁע יְמִינוֹ", כִּי עִקַּר הִתְגַּלּוּת

malas pasiones, en especial los daños al Pacto. Esta batalla librada por el intelecto en contra de los malos pensamientos es un paralelo de la batalla de los Tzadikim en contra del Otro Lado. Así, cuando esta última batalla se manifiesta como un conflicto entre Tzadikim, la persona que escucha sobre esto debe comprender que está siendo advertida para que se arrepienta y rectifique su propio intelecto dañado. Sólo entonces podrá alcanzar la voz del trueno que enderece su corazón torcido, y así cumplir con las mitzvot con la alegría apropiada. (Con esta alegría podrá discernir entre antes y después del decreto y orar apropiadamente por el mundo) (#4).

114. **...jasadim...derecha.** Previamente, el Rebe Najmán enseñó que la persona debe despertar su temor al Cielo. Aquí, enfatiza la importancia de servir a Dios también por amor, por Él y Sus mandamientos. En la Kabalá, la *sefirá* de *Jesed* (Bondad), los *jasadim* (benevolencias) y las cualidades del amor, la hospitalidad y el dar de manera incondicional están asociadas con el lado derecho (ver también notas 47, 48); mientras que la *sefirá* de *Guevurá* (Fuerza), las *guevurot* (severidades), los juicios, los decretos y las cualidades del temor y la restricción están todas asociadas con la izquierda (ver Apéndice: Estructura de las *Sefirot*).

A pesar de lo deseable que parecería en primera instancia, un mundo gobernado exclusivamente por *Jesed* y los *jasadim* no funcionaría tan bien. El dar incondicional y el amor sin límites serían demasiado abrumadores. También darían como resultado la falta de límites y por tanto de restricción, de disciplina y de responsabilidad. Por otro lado, un mundo gobernado solamente por *Guevurá* y por las *guevurot* no sería ciertamente algo deseable. La restricción y el juicio serían imposibles de soportar. Sólo una combinación de *Jesed* y de *Guevurá*, un equilibrio entre *jasadim* y *guevurot*, en el cual las cualidades extremas de cada uno son atemperadas por las otras, produce una solución factible para la vida en este mundo. Este es el concepto más importante de esta sección, un concepto al que se aludió más arriba (sección 3, nota 47) cuando el Rebe Najmán habló de atemperar las llamas del corazón (*guevurot*) con la humedad de la mente (*jasadim*) para producir la voz (*Tiferet*). En lugar de permanecer como influencias separadas, una a la derecha y otra a la izquierda, los *jasadim* y las *guevurot* deben unirse para proveer al mundo con un equilibrio de benevolencias y severidades atemperadas.

El *Mei HaNajal* agrega que atemperar las *guevurot*/temor con *jasadim*/alegría mitiga los decretos, de modo que las plegarias de la persona, así sean reconocibles o estén ocultas, puedan anularlos completamente.

115. **fuerza salvadora...Su diestra.** Esto es, el "salvar" de Dios, o la salvación, se produce cuando Sus actos de fuerza (*Guevurá*) emanan de Su diestra (*Jesed*). El *Mei HaNajal* explica que aunque los ángeles de la izquierda están dispuestos a acusar, al reunir la izquierda/*guevurot* con la derecha/*jasadim*, la "derecha" se vuelve salvación en el hecho de que impide que los ángeles de la izquierda protesten en contra de la plegaria que esta velada en un *maamar* (cf. nota 6 arriba).

116. **Pues la principal revelación....** En general, se dice que las tres *sefirot* superiores, *Keter*, *Jojmá* y *Biná*, están ocultas. En su mayor parte, los atributos de Dios representados por estas

genera el trueno.[113]

5. Debes saber también que la persona debe unir las *guevurot* (severidades) con los *jasadim* (benevolencias), la izquierda con la derecha,[114] como está escrito (Salmos 20:7), "con las *guevurot* (fuerzas) salvadoras de Su diestra".[115] Pues la principal revelación tiene lugar <a través de la derecha> por medio de los *jasadim*,[116] como está escrito

---

Moshé no santificó el nombre de Dios al golpear la roca en lugar de hablarle, fue llamado Aguas del Conflicto, *Mei Merivá* (Números 20:13). En nuestro contexto, "Aguas" connota la humedad de la mente, el intelecto/*mojín*, y "Conflicto" corresponde a la *matzá* (como arriba, notas 91, 96). Así, "Aguas del Conflicto" alude al conflicto entre los Tzadikim, que rectifica el intelecto.

113. **...se genera el trueno.** Al traer este versículo de los Salmos, el Rebe Najmán une varios puntos de la lección: "En la angustia llamaste y Yo te liberé; te respondí desde el escondite del trueno... Selá". Es decir, ¿qué es lo que te hizo digno de que Yo te respondiera y fortaleciera cuando Me llamaste en la angustia? Fue tu voz en el aspecto del trueno. "Te probé junto a las Aguas del Conflicto", es decir, te probé con el conflicto entre los Tzadikim y vi que tu intelecto era puro, un aspecto de *matzá*. No te alejaste ni te confundiste por su disputa. Y así tu voz fue como el trueno, enderezando tu corazón torcido. Como resultado, mereciste la alegría y llegar a conocer la diferencia entre antes y después del decreto. Esto te permitió orar incluso luego de que el decreto fuese emitido, ocultando tu plegaria en un *maamar*. Esto es, "desde el escondite", pues la plegaria está velada y oculta en el *maamar*, y debido a esto "te respondí" (*Mei HaNajal*).

Estas dos últimas secciones de la lección estaban dirigidas en particular al Rabí Natán, como una guía para mantenerse concentrado al orar (ver nota 1). Ésta era una de las mayores preocupaciones del Rabí Natán, quien ya había buscado la ayuda de algunos de los más grandes maestros jasídicos de la época (ver *Through Fire and Water*, Capítulos 3-6). Además, el Rebe Najmán hizo referencia a un dilema personal del Rabí Natán con respecto al conflicto y a la disputa entre los Tzadikim más importantes de ese momento. Podemos también dar por sentado que las referencias del Rebe a la sabiduría secular estaban dirigidas como una crítica hacia el movimiento de la *Haskalá*, y que su mención de las "batallas" sea posiblemente una referencia velada a los decretos futuros sobre la conscripción forzosa (ver nota 1).

Resumen: Cada persona es responsable de hacer del mundo un lugar mejor. Esto puede hacerlo orando para el bien del mundo, pues la plegaria tiene el poder de mitigar los decretos. Sin embargo, cuando los decretos son emitidos y las plegarias del hombre están oscurecidas por sus pecados, es necesario ocultar las plegarias en un *maamar* (#1). Para saber si es antes o después del decreto se debe cumplir con las mitzvot con alegría, sin esperar la recompensa futura, sino sintiendo la recompensa en el cumplimiento mismo. Entonces la medida de la alegría que sienta será indicador de si Dios, Cuya propia alegría está investida en las mitzvot, está alegre o si es que el decreto ya ha sido emitido (#2). Para sentir esta alegría, es necesario tener un corazón recto, un corazón cuya perversión haya sido eliminada por el trueno, es decir, una revelación del intelecto. Este trueno se genera al despertar el temor al cielo mediante la plegaria intensa (#3). Pero para que el trueno se genere cuando la voz golpea su mente, la persona debe cuidar su temor al Cielo, y más importante aún, mantener su mente libre de toda sabiduría secular y de las

עַל יְדֵי הַחֲסָדִים, כְּמוֹ שֶׁכָּתוּב (שם ק"י): "שֵׁב לִימִינִי".
וְכֵן צָרִיךְ לְשַׁתֵּף הָאַהֲבָה עִם הַיִּרְאָה, כְּדֵי שֶׁיִתְעַבֵּד רְעָמִים, וְזֶה
מִסִּטְרָא דִימִינָא, מֹחָא חִוְּרָא כְּכַסְפָּא (תקון ע).
וְזֶה "וַיָּשָׁב הַיָּם", הַיְנוּ יָם הַחָכְמָה, "לִפְנוֹת בֹּקֶר" – דָּא בֹּקֶר
דְּאַבְרָהָם. בְּחִינַת: "אַבְרָהָם אוֹהֲבִי" (ישעיהו מ"א). "לְאֵיתָנוֹ" –

diferentes textos de prueba y de base que se encuentran en la lección. Así, las *guevurot* y los *jasadim* del párrafo previo son llamados aquí temor y amor, aunque el orden está invertido (ver nota siguiente).

119. **generar el trueno.** La "unión" antedicha enseñó que la revelación/*guevurot* de la salvación de Dios proviene de los *jasadim*. Ésta "unión" enseña que al combinar el amor con el temor se produce el trueno (ver nota 47).

120. **una mente blanca como la plata.** El *Tikuney Zohar* (*loc. cit.*) aplica esto a Abraham, quien personifica a *Jesed* (la *sefirá* y el atributo), el amor a Dios y el lado derecho en general. Todas las cualidades asociadas con el lado derecho emanan de la primera *sefirá* ubicada a la derecha, de *Jojmá* (Sabiduría), de la mente como plata blanca, la "blancura" de la mente (ver nota 53), pero sólo se perfeccionan una vez que la mente se ve purgada de la sabiduría secular, de los pensamientos externos y de las malas pasiones. Éstas provienen del lado oscuro del amor y son los "enemigos" que intentan impedir que la persona desarrolle su potencial en santidad. Es necesario reprenderlas y expulsarlas, como en, "Reprende a la bestia del cañaveral", transformando entonces el *jametz* de la mente en *matzá* (ver sección 4 y notas 87, 88). La fuerza necesaria para esto surge del amor a Dios, de un amor santo. Éste es el significado del versículo, "Siéntate a Mi diestra hasta tanto que ponga a tus enemigos por escabel de tus pies". Y cuando su amor a Dios lo salve de estos enemigos de modo que su mente se vea liberada de la sabiduría secular y de las malas pasiones, entonces su voz golpeará la esfera de la mente y generará el trueno que lo llevará hacia la alegría (*Mei HaNajal*).

121. **Al despuntar la mañana....** Más arriba (ver nota 88) el Rebe Najmán citó un pasaje del *Zohar* que incluye la siguiente referencia a Egipto: "¿Por qué una caña? Porque la caña se quiebra fácilmente. Esto es Egipto. Los egipcios gobernaron el mundo entero. Pero cuando llegó el momento, los egipcios, que son como *jametz*, fueron quebrados; los judíos, que son como *matzá*, fueron redimidos". El Rebe también citó el Salmo 81, que se refiere a la esclavitud del pueblo judío en Egipto (ver nota 111), aunque no de manera directa. Aquí, al citar este versículo de Éxodo que relata la apertura del Mar Rojo, el Rebe conecta directamente esta lección con los egipcios, los enemigos subyugados del pueblo judío.

122. **mar de la sabiduría.** El Midrash enseña que la apertura del Mar Rojo fue un momento de gran juicio (*Shemot Rabah* 21:7). En nuestro contexto, fue un tiempo de embotamiento del intelecto, el mar de la sabiduría.

123. **la mañana de Abraham.** En la terminología de la Kabalá, el atributo de *Jesed* corresponde al día, mientras que el atributo de *Guevurá* corresponde a la noche. Así, cada mañana, cuando la noche se transforma en día, predomina la *sefirá* de *Jesed* (Bondad). Esto corresponde

(*ibid.* 110:1), "Siéntate a Mi diestra [hasta tanto que ponga a tus enemigos por escabel de tus pies]".[117]

Es igualmente necesario unir el amor con el temor al Cielo,[118] para así generar el trueno.[119] Este [amor] proviene del lado derecho, de "una mente blanca como la plata" (*Tikuney Zohar* #70).[120]

Este es <el significado de "Al despuntar la mañana el mar volvió a su estado de fuerza"> (Éxodo 14:27).[121] "El mar" alude al mar de la sabiduría[122]; "al despuntar la mañana", ésta es la mañana de Abraham (*Zohar* II, 170b),[123] correspondiente a "Abraham Mi amado" (Isaías

---

tres *sefirot*, los *mojín* (ver nota 51), no están manifiestos. En contraste, se dice que las siete *sefirot* inferiores, desde *Jesed* hasta *Maljut*, están reveladas. Los atributos de Dios representados por estas siete *sefirot* están manifiestos. Así, la principal revelación de Dios comienza con *Jesed*, la primera de las *sefirot* inferiores, ubicada del lado derecho de la estructura de las *sefirot* (ver Apéndice: Estructura de las *Sefirot*). También en términos de las *guevurot* y de los *jasadim*, la revelación, o, en este caso el atemperar, proviene de la derecha. Pues mientras que las *guevurot* descienden de *Biná* hacia *Guevurá* por el lado izquierdo, ellas se ven atemperadas por los *jasadim* que descienden de *Jojmá* por el lado derecho. Ver nota siguiente.

117. Siéntate a Mi diestra.... Rashi (*loc. cit.*) explica que "siéntate" significa aquí "espera". Es decir, "Espera a Mi diestra hasta tanto...". En nuestro contexto, esto se refiere a las *guevurot*/decretos "esperando" ser unidos con los *jasadim* antes de descender a *Guevurá*. De esta manera serán atemperados y no se desarrollarán como decretos severos. El final del versículo, "hasta tanto que ponga a tus enemigos por escabel de tus pies", indica también esto: "tus enemigos", los decretos, serán "tu escabel", anulados y vencidos. El *Mei HaNajal* agrega que "enemigos" alude a la sabiduría secular y a los malos pensamientos y pasiones, los cuales dañan la mente (ver nota 80). Enseña el Talmud (*Bava Batra* 16a): "Satán es el seductor, el acusador y el Ángel de la Muerte". Es decir, los ángeles del lado izquierdo tientan a la persona con los deseos físicos y la sabiduría secular. Entonces, habiendo seducido a la persona al pecado, se vuelven sus acusadores, pidiendo la emisión de decretos en su contra debido a estos pecados. Y, al igual que el Ángel de la Muerte, están deseosos de ser ellos quienes lleven a cabo los decretos. La única manera de contrarrestar esta seducción y de mitigar los decretos es mediante el amor a Dios, un aspecto del lado derecho, que hace posible orar y velar las plegarias ante los ángeles de la izquierda.

El *Biur HaLikutim* enseña también que estos "enemigos" son de una naturaleza espiritual. Específicamente, son los elementos del Otro Lado mencionados previamente, las fuerzas que dañan y embotan a la mente y bloquean su funcionamiento correcto. Y aunque la voz de trueno y el atributo del temor subyugan estas fuerzas y abren la mente, el medio esencial para superarlas y lograr una pureza total son las cualidades que surgen del lado derecho, es decir, amor y *Jesed*.

118. amor con el temor al Cielo. Esto es la combinación de *Jesed* con *Guevurá*, la derecha con la izquierda (*Mei HaNajal*). Es común que el Rebe Najmán intercambie los diferentes nombres y atributos correspondientes a un concepto particular. Ésta es una forma adicional de unir los

דָּא גְבוּרוֹת. הַיְנוּ בְּחִינַת: "קוֹל רַעַמְךָ בַּגַּלְגַּל".

וְזֶהוּ (שיר־השירים ח): "מַיִם רַבִּים לֹא יוּכְלוּ לְכַבּוֹת אֶת הָאַהֲבָה", כִּי עִקַּר הִתְגַּבְּרוּת עַל יְדֵי הָאַהֲבָה, כְּמוֹ שֶׁכָּתוּב: "שֵׁב לִימִינִי" וְכוּ'.

וְזֶהוּ פֵּרוּשׁ (תהלים כ״ט): "אֵל הַכָּבוֹד". 'אֵל' – דָּא חֶסֶד. 'כָּבוֹד' – דָּא חָכְמָה, כְּמוֹ שֶׁכָּתוּב (משלי ג): "כָּבוֹד חֲכָמִים יִנְחָלוּ". 'הָרְעִים' – דָּא בְּחִינַת רְעָמִים, הַיְנוּ הַגְּבוּרוֹת בְּחִינַת רְעָמִים,

Cantar de los Cantares (1:11), "Haremos para ti collares de oro con adornos de plata". Rashi dice que esto se refiere al botín de oro y de plata que los judíos obtuvieron cuando se abrió el Mar Rojo. En nuestro contexto, esto se refiere a las *guevurot* de oro y a los *jasadim* de plata, el temor y el amor, que el pueblo judío alcanzó en ese momento (*Mei HaNajal*).

126. **Muchas aguas....** Las "muchas aguas" son todas las naciones que han intentado avasallar y aplastar al pueblo judío (*Shir HaShirim Rabah* 8:7). En nuestro contexto, esto se refiere a la sabiduría secular y a todos los vicios que buscan hundir el intelecto, el campamento santo del judío. ¿Cómo puede la persona contrarrestar estas "muchas aguas"?

127. **conquistar...al amor.** Es decir, a través de actos de bondad, el atributo de *Jesed*. Cumplir con las Mitzvot con amor y alegría ayuda a la persona a librar la batalla en contra de sus enemigos, es decir, la sabiduría secular y las malas pasiones, quienes constantemente intentan abrumarla y minar su temor al Cielo. Así, luego de desarrollar primero el temor al Cielo (que la lleva a cumplir con las Mitzvot), la persona debe llevar a cabo estas Mitzvot con alegría (por amor a Dios). Sólo esto le dará la capacidad de conquistar y de vencer todos los elementos que se oponen a su desarrollo espiritual.

El consejo del Rebe Najmán se aplica también a nuestra vida diaria. La clave para superar toda oposición, cuya fuente son las *guevurot*, es el amor, los *jasadim*. Esto como opuesto a enfrentar las *guevurot* con *guevurot*, como comúnmente hacemos.

128. **Siéntate a Mi diestra.** Pues el "enemigo", las *guevurot* caídas/el Otro Lado, deben ser atemperadas y conquistadas mediante el amor (como arriba, nota 117).

129. **El es Jesed.** El santo nombre de Dios, *El*, indica bondad, como en (Salmos 52:3), "El *jesed* (bondad) de *El* durante todo el día" (ver Apéndice: Las *Sefirot* y los Nombres de Dios Asociados con Ellas).

130. **sabio heredará gloria.** Ambos *Jojmá* (Sabiduría) y *Jesed* (Bondad) se encuentran del lado derecho de la estructura de las *Sefirot*. A partir de este versículo de Proverbios vemos que la sabiduría y la gloria son sinónimos. Así, cuando la persona cumple con las Mitzvot con alegría, es decir, amor/*jesed*, merece gloria, es decir, sabiduría/un intelecto puro.

131. **Truena...trueno.** Entonces merece el trueno, es decir, despertar el temor al Cielo en los demás tanto como en sí mismo, pues su intelecto y su temor son puros y están atemperados con el amor.

41:8)¹²⁴; "a su estado de fuerza", esto es *guevurot*, correspondiente a "El sonido de Tu trueno estaba en la esfera".¹²⁵

Y esto es (Cantar de los Cantares 8:7), "Muchas aguas no puede extinguir el amor".¹²⁶ Pues la capacidad para conquistar es principalmente por medio del amor,¹²⁷ como en, "Siéntate a Mi derecha...".¹²⁸

Y ésta es la explicación de (Salmos 29:3), "Truena *El* (Dios) de la Gloria". "*El*" es *Jesed* (bondad)¹²⁹, "Gloria" es sabiduría, como está escrito (Proverbios 3:35), "El sabio heredará gloria"¹³⁰; "Truena" alude al trueno.¹³¹ En otras palabras, las *guevurot*, un aspecto del trueno, deben

---

a Abraham, que ejemplificó el atributo de la bondad. Más específicamente, el *Zohar* agrega aquí: Abraham es símbolo de la mañana, tal como apuntan las Escrituras (Génesis 22:3), "Abraham se levantó temprano a la mañana" para hacer la voluntad del Santo, bendito sea. De aquí la frase "la mañana de Abraham". El *Zohar* entiende por tanto que la frase "al despuntar la mañana..." alude a Abraham, y dice: Los juicios contra los judíos en ese momento eran tan grandes que si Dios no hubiese hecho valer el mérito de Abraham, todo Israel se habría ahogado en el Mar Rojo. Éste se abrió para los judíos sólo en su mérito, por haberse levantado a la mañana temprano para cumplir con la voluntad de Dios, y así fue como pudieron cruzarlo (*Zohar* II, 170b). En nuestro contexto, en que "el mar" connota el mar de la sabiduría, el hecho de que Dios abriera el mar para los judíos alude a Su abertura de sus mentes embotadas y el darles mentes "blancas como la plata" en mérito de Abraham (ver nota 120). Ver nota 125, donde se encuentra toda la explicación que ofrece el Rebe Najmán de este versículo.

Las referencias que hace aquí el Rebe Najmán a Abraham, la personificación de *Jesed*, también tienen la intención de resaltar el contraste entre él e Itzjak, la personificación de *Guevurá*. Las *guevurot* de Itzjak están atemperadas por los *jasadim* de Abraham. Esto es especialmente necesario en Rosh HaShaná, cuando el temor es el atributo dominante, pues Rosh HaShaná es el Día del Juicio. El sonar del Shofar (trueno) es así un medio para despertar el temor al Cielo pero también el amor a Dios (cf. notas 68 y 69).

124. **Abraham Mi amado.** Abraham, quien es amor, es *el amado* de Dios.

125. **fuerza...guevurot...esfera.** Tal como explicó el Rebe Najmán más arriba: El trueno es un aspecto de las *guevurot*... Estas *guevurot* corresponden al poder y la fuerza. La persona emite la voz con gran fuerza y... cuando se encuentra con el cráneo (esfera de la mente), la voz se convierte en trueno y es transmitida a la creación (ver sección 3 y notas 48-50, 55).

Así, si bien cuando los judíos llegaron al Mar Rojo fue un tiempo de juicio, de las *guevurot* caídas, al atemperar estas *guevurot* con *jasadim*, el decreto en contra del pueblo judío fue mitigado y todo Israel pudo pasar a través del mar, el mar de sabiduría, vale decir, el intelecto. Esto se debió a que en el Mar Rojo el pueblo judío había alcanzado las devociones mencionadas en nuestra lección. Ellos se separaron del *jametz*/muerte/sabiduría secular y comieron *matzá*, que representa un intelecto puro. Su temor al Cielo/*guevurot*/"poder" también estaba completo, como en (Éxodo 14:31), "el pueblo temió a Dios". Con el intelecto y el temor purificados, sus plegarias fueron como el trueno y de este modo aceptadas por Dios (Éxodo 14:10). Esto también nos permite comprender con más profundidad la explicación de Rashi sobre el versículo del

צָרִיךְ לְשַׁתֵּף עִמָּהֶם אַהֲבָה, כְּדֵי שֶׁיִּפְגְּעוּ בַּכָּבוֹד, בִּבְחִינַת חָכְמָה, שֶׁיִּתְעַבֵּד מֵהֶם רְעָמִים, וְתִתְגַּבֵּר עַל אוֹיְבֶיךָ, כְּמוֹ שֶׁכָּתוּב: "שֵׁב לִימִינִי" וְכוּ':

וְזֶה פֵּרוּשׁ:

אָמַר רַבָּה בַּר בַּר חָנָא: זִמְנָא חֲדָא הֲוָה אַזְלִינָן בִּסְפִינְתָּא, וְסַגַּאי סְפִינְתָּא בֵּין שִׁיצָא לְשִׁיצָא דְּכוּרָא תְּלָתָא יוֹמָא וּתְלָתָא לֵילְוָתָא, אִיהוּ בִּזְקִיפוּ וַאֲנָן בִּשְׁפּוּלֵי. וְכִי תֵּימָא, לָא מַסְגֵּי סְפִינְתָּא טוּבָא? כִּי אָתָא רַב דִּימִי אָמַר כְּמֵיחַם קַמְקוּמָא דְמַיָא מַסְגֵּי שִׁתִּין פַּרְסֵי, וְשָׁדֵי פָּרָשָׁא גִירָא וְקָדְמָה לֵיהּ אִיהִי. וְאָמַר רַב אַשִּׁי הַהוּא גִּילְדָּנָא דְּיַמָּא הֲוַאי, דְּאִית לֵיהּ תְּרֵי שִׁיצָא (בבא בתרא עג:).

רַשְׁבַּ"ם:

שִׁיצָא סַנְפִּיר: בֵּין שִׁיצָא לְשִׁיצָא סְנַפִּירִין בְּגַב הַדָּג, אֶחָד לְצַד הָרֹאשׁ וְאֶחָד לְצַד הַזָּנָב: אִיהוּ בִּזְקִיפוּ שֶׁהָיָה הוֹלֵךְ כְּנֶגֶד הָרוּחַ: וַאֲנַן אַזְלִינָן בִּשְׁפּוּלֵי כְּמוֹ שֶׁהָרוּחַ הוֹלֵךְ, דְּמַיִם שֶׁל יָם אֵינָם נוֹבְעִין, אֶלָּא עַל-יְדֵי רוּחַ הוֹלְכִין בָּהֶן: כְּמֵיחַם קַמְקוּמָא דְמַיָּא כְּשִׁעוּר שֶׁמְּחַמְּמִים קַמְקוּמָא שֶׁל מַיִם חַמִּין: וְשָׁדֵי פָּרָשָׁא גִירָא כְּשֶׁהָיָה שׁוּם אָדָם יוֹרֶה בְּחֵץ וּבְקֶשֶׁת עַל שְׂפַת הַיָּם לָאָרֶץ, הֲוֵי חָזֵינָן דְּקָדְמָה לָהּ סְפִינְתָּא לַחֵץ:

(#3). Pero para que el trueno se genere cuando la voz golpea su mente, la persona debe cuidar su temor al Cielo, y más importante aún, mantener su mente libre de toda sabiduría secular y de las malas pasiones, en especial los daños al Pacto. Esta batalla librada por el intelecto en contra de los malos pensamientos es un paralelo de la batalla de los Tzadikim en contra del Otro Lado. Así, cuando esta última batalla se manifiesta como un conflicto entre Tzadikim, la persona que escucha sobre esto debe comprender que está siendo advertida para que se arrepienta y rectifique su propio intelecto dañado. Sólo entonces podrá alcanzar la voz del trueno que enderece su corazón torcido, y así cumplir con las mitzvot con la alegría apropiada. (Con esta alegría podrá discernir entre antes y después del decreto y orar apropiadamente por el mundo) (#4). También debe tener amor a Dios y cumplir con las Mitzvot con alegría. Pues el equilibrio apropiado entre el amor y el temor le permite a la persona luchar contra sus malos pensamientos y deseos y llegar incluso a superarlos (#5).

133. **Ésta es la explicación.** El Rebe Najmán muestra ahora cómo los conceptos de esta lección se encuentran a aludidos dentro del marco de la historia de Raba bar bar Janá.

estar unidas al amor, para que puedan golpear la gloria, el aspecto de sabiduría, y ser convertidas en trueno. Entonces, conquistarás a tus enemigos, como en, "Siéntate a Mi diestra hasta tanto que ponga a tus enemigos por escabel de tus pies".[132]

6. Ésta es la explicación[133]:

Relató Raba bar bar Janá: Cierta vez estábamos viajando en un *sefinta* (barco). Le llevó al barco tres días y tres noches navegar entre las dos *shitza* (aletas) de un pez, [aunque éste] estaba nadando contra el viento y nosotros estábamos navegando a favor del viento. Y para que no pienses que el barco no navegaba rápidamente, cuando vino Rav Dimi, dijo, "En el tiempo que lleva calentar una marmita de agua, avanzó sesenta *parsai* (parasangas). Y un *parsha* (jinete) lanzó una flecha, pero [el barco] la precedía". Rav Ashi dijo, "Este [pez] era una *guildana* de mar, que tiene dos aletas" (Bava Batra 73b).

Rashbam:

shitza - una aleta; **entre las dos shitza** - éstas son las aletas sobre la espalda del pez, una del lado de la cabeza y la otra del lado de la cola; **estaba nadando contra el viento** - avanzaba en contra del viento; **nosotros estábamos navegando a favor del viento** - en la misma dirección del viento; pues las aguas del mar no fluyen y uno navega utilizando el viento; **En el tiempo que lleva calentar una marmita de agua** - en el tiempo que llevaría hacer hervir una marmita de agua; **Y un jinete lanzó una flecha** - si alguien en la costa hubiera lanzado una flecha habríamos visto que el barco le ganaba a la flecha;

El versículo se traduce así en nuestro texto: **El** - Cuando se hace *jesed*, **de la Gloria** - uno merece el intelecto, y así él **truena** - su voz despierta el temor al Cielo.

132. **...escabel.** Como se explicó, cuando el amor y el temor a Dios están apropiadamente equilibrados, la persona tiene las armas para luchar y superar a sus enemigos.

Resumen: Cada persona es responsable de hacer del mundo un lugar mejor. Esto puede hacerlo orando para el bien del mundo, pues la plegaria tiene el poder de mitigar los decretos. Sin embargo, cuando los decretos son emitidos y las plegarias del hombre están oscurecidas por sus pecados, es necesario ocultar las plegarias en un *maamar* (#1). Para saber si es antes o después del decreto se debe cumplir con las mitzvot con alegría, sin esperar la recompensa futura, sino sintiendo la recompensa en el cumplimiento mismo. Entonces la medida de la alegría que sienta será indicador de si Dios, Cuya propia alegría está investida en las mitzvot, está alegre o si es que el decreto ya ha sido emitido (#2). Para sentir esta alegría, es necesario tener un corazón recto, un corazón cuya perversión haya sido eliminada por el trueno, es decir, una revelación del intelecto. Este trueno se genera al despertar el temor al cielo mediante la plegaria intensa

סְפִינְתָּא – לְשׁוֹן חֲשִׁיבוּת, דָּא בְּחִינַת גְּבוּרָה יִרְאָה, כְּמוֹ שֶׁכָּתוּב (ישעיהו ל״ג): "יִרְאַת ה' הִיא אוֹצָרוֹ", שֶׁהִיא עִקַּר הַחֲשִׁיבוּת.

שִׁיצָא – לְשׁוֹן צָרָה, כְּמוֹ שֶׁכָּתוּב (במדבר ט״ז) "וַאֲכַלֶּה אֹתָם כְּרָגַע", וְתַרְגּוּמוֹ: 'וַאֲשֵׁיצֵי יַתְהוֹן'.

תְּלָתָא יוֹמָא וְלֵילְוָתָא – דָּא בְּחִינַת מִצְווֹת, שֶׁיֵּשׁ בָּהֶם מֻשְׂכָּלוֹת וּמְקֻבָּלוֹת וְחֻקּוֹת, וּכְתִיב בָּהֶם (יהושע א): "וְהָגִיתָ בּוֹ יוֹמָם וָלַיְלָה".

אִיהוּ בְּזִקִּיפוּ וַאֲנַן בִּשְׁפוּלֵי – זֶה בְּחִינַת: "יִשְׂמַח ה' בְּמַעֲשָׂיו, יִשְׂמַח יִשְׂרָאֵל בְּעוֹשָׂיו".

כְּמֵיחַם קַמְקוּמָא דְּמַיָּא – דָּא מֵחָא, כְּמוֹ שֶׁכָּתוּב (שיר-השירים ד): "וְנוֹזְלִים מִן לְבָנוֹן".

erdo parece ser lo que en nuestra lección el Rebe Najmán llama un conflicto entre Tzadikim. Pero, al rebelarse en contra de Moshé, Koraj dañó su mente, haciendo que fermentara como el *jametz*, y así fue castigado con la muerte (cf. nota 95). Esto es *shitza*, lo cual indica infortunio y decretos.

138. **lo racional, lo basado en la tradición y los estatutos.** Las mitzvot racionales son aquellos mandamientos que son evidentes y a los cuales se puede llegar intelectualmente, sin ninguna clase de inspiración profética, por ejemplo honrar a los padres y las prohibiciones del asesinato y del robo. Las mitzvot basadas en la tradición son aquellas que son transmitidas originalmente a través de la inspiración profética y que una vez otorgadas son comprendidas como beneficiosas para el individuo y la nación, por ejemplo, celebrar el *Shabat* y las Festividades. Los estatutos son los mandamientos eternamente incomprensibles, por ejemplo, la Vaca Roja (cf. *Iad Jazaká, Hiljot Meila* 8:8; *Or HaJaim*, Números 19:2).

139. **día y noche.** Así, "tres días y tres noches" también alude al cumplimiento de las mitzvot.

140. **Dios Se regocija...Israel se regocija....** Esto corresponde a cumplir con las mitzvot con alegría, mediante lo cual la persona puede entrar y llegar a sentir la alegría de Dios (como arriba, sección 2, notas 29-31).

141. **calentar...agua...mente.** Como se explicó, la mente corresponde a la humedad, las nubes de lluvia (notas 47, 51-53). "Calentar una marmita de agua" corresponde así a combinar el deseo ardiente del corazón por servir a Dios (temor, *guevurot*) con una mente pura (intelecto, *jasadim*) para producir así el trueno. Ver también *Sabiduría y Enseñanzas del Rabí Najmán de Breslov* #79.

sefinta - Esto connota importancia.[134] Corresponde a *guevurá*/temor, como está escrito (Isaías 33:6), "El temor a Dios es Su tesoro".[135] Pues [el temor al Cielo] es lo más importante.[136]

ShiTZa - Esto connota infortunio, como está escrito (Números 16:21), "[Sepárense de esta congregación] y Yo los destruiré en un instante". La traducción aramea [de "y Yo los destruiré"] es *vaaShaTzey iathon*.[137]

tres días y tres noches - Esto corresponde a las mitzvot, que están [divididas en tres categorías]: lo racional, lo basado en la tradición y los estatutos.[138] Concerniente a ellas está escrito (Ioshúa 1:8), "estudiarás [la Torá] día y noche".[139]

estaba nadando contra el viento y nosotros estábamos navegando a favor del viento - Esto corresponde a "Dios Se regocija en Sus obras; Israel se regocija en su Creador".[140]

En el tiempo que lleva calentar una marmita de agua - Ésta es la mente, como en, "y gotas del Lebanon".[141]

---

134. **sefinta...importancia.** El término arameo para barco, *sefinta* (ספינתא), se asemeja a *sefin* (ספין), que en arameo significa "importante". Ver *Moed Katan* 28a (cf. Lección 1 y nota 65).

135. **temor...Su tesoro.** Rashi explica que la persona que teme a Dios merece el tesoro de Dios, y el Talmud asocia el tesoro de Dios con *guevurot gueshamim* (poderosas lluvias; *Taanit* 2a). Esto muestra la conexión entre temor y *guevurot*, como más arriba (sección 3).

136. **temor...es lo más importante.** Al exponer sobre este versículo de Isaías, "El temor a Dios...", el Talmud enseña que el tesoro más grande de Dios es la Torá. Aun así, cuando la persona tiene conocimiento de Torá pero le falta el temor a Dios, es como aquel que tiene las llaves de la puerta interior pero no tiene la llave para abrir la puerta exterior. ¿Cómo puede entonces entrar? (*Shabat* 31a). Y aunque en nuestra lección el Rebe Najmán no menciona explícitamente el concepto de Torá, ello está implícito en lo que dice concerniente al intelecto, pues la sabiduría de la Torá es el opuesto de la sabiduría secular. Así, tal como es imposible tener un intelecto puro sin temor al Cielo (ver nota 80), también es imposible alcanzar las profundidades internas y la verdad de la Torá sin temor al Cielo. Aunque la persona estudie Torá, su Torá se asemeja a la sabiduría secular, el lado de la muerte, *jametz*. Por lo tanto, dice el Rebe: El temor al Cielo es lo más importante. Agrega el *Mei HaNajal* que es muy apropiado interpretar *sefinta* (barco) como una metáfora del temor al Cielo. Pues es a través del *sefinta*/temor que la persona atraviesa el mar de la sabiduría/intelecto, como en, "donde no hay temor al Cielo, no hay sabiduría" (como arriba, sección 4, nota 80).

137. **ShiTZa...vaaShaTzey iaton**. Dios le dijo esto a Moshé y a Aarón cuando Koraj lideró al grupo de sus seguidores en la rebelión en contra de ellos. En primera instancia, su desacu-

מַסְגָּא שְׁתִין פַּרְסֵי – דָּא בְּחִינַת גְּבוּרוֹת, שִׁשִּׁים גִּבּוֹרִים, וְרַעַם גְּבוּרוֹתָיו.

וְכִי שָׁדֵי פָּרְשָׁא גִירָא – 'פָּרְשָׁא': דָּא בְּחִינַת חֶסֶד, שֶׁהוּא מוֹצִיא לָאוֹר תַּעֲלוּמוֹת, דְּבָרִים הַמִּצְמַצְמִין הוּא מְפָרֵשׁ אוֹתָם.

גִירָא – דָּא (תהלים קמ"ד): "שְׁלַח חִצֶּיךָ וּתְהֻמֵּם", דָּא בְּחִינַת: "שֵׁב לִימִינִי" וְכוּ'.

קָדְמָה לֵיהּ אִיהִי – דָּא בְּחִינַת יִרְאָה שֶׁהִיא קֹדֶם, שֶׁהַיִּרְאָה הִיא קוֹדֶמֶת, כְּמוֹ שֶׁכָּתוּב (שם קי"א): "רֵאשִׁית חָכְמָה" וְכוּ'.

שֶׁרַבָּה בַּר בַּר חָנָא סְפֵּר, שֶׁהָלַךְ כָּל כָּךְ בְּמִדַּת הַיִּרְאָה, וְרָאָה גֹדֶל כֹּחַ הַיִּרְאָה, עַד שֶׁיָּכוֹל לְהָבִין עַל יָדָהּ בֵּין קֹדֶם גְּזַר דִּין לְאַחַר גְּזַר דִּין, וְזֶהוּ בֵּין שִׁיצָא וְכוּ'.

lo que explicó el Rebe Najmán más arriba, que la principal revelación comienza en la *sefirá* de *Jesed* (sección 5, nota 116). Así, *parsha* (פרשא, jinete) alude a la revelación de lo oculto, como en aquel que *mefaresh* (מפרש, explica) y revela el significado de lo que es difícil y confuso.

145. **Tus flechas...confúndelos**. El *Metzudat David* explica "Tus flechas" como "Tu trueno". Así, el Rey David Le pide a Dios que lo ayude en la batalla: "Lanza Tu trueno y confúndelos".

146. **Siéntate...diestra....** Como se explicó, esto es unir las *guevurot* con los *jasadim* (ver sección 5, nota 117). El Rey David pasó toda su vida luchando contra los enemigos de Israel. A un nivel más profundo, sus batallas simbolizaban las batallas de los Tzadikim en contra del Otro Lado, para evitar que éste penetre en el campamento santo (sección 4). Así, aquellas plegarias y salmos que compuso el Rey David para invocar la ayuda de Dios en la batalla también son profundos pedidos de ayuda para contrarrestar toda oposición espiritual. Ésta es la intención más profunda detrás de "Lanza Tus flechas..." y "Siéntate a Mi diestra...", así como de muchos otros versículos similares que el Rebe Najmán cita en sus lecciones a partir del Libro de Salmos.

147. **la precedía...es el temor a Dios**. El salmista dice que precediendo a la sabiduría, es decir, antes que la persona alcance la sabiduría, primero debe tener temor a Dios. En nuestro contexto, los *jasadim*/amor a Dios deben ser precedidos por las *guevurot*/temor a Dios.

Habiendo mostrado cómo los diferentes elementos de la historia de Raba bar bar Janá aluden a los conceptos tratados en la lección, el Rebe Najmán se detiene aquí para unirlos por medio de una revisión.

148. **había investigado...temor al Cielo**. "Cierta vez estábamos viajando en un barco (temor)..." (notas 134-136).

149. **discernir entre....** Discernir entre los diferentes infortunios, que corresponden a los decretos. Ver arriba, nota 137.

avanzó sesenta parsai - Esto corresponde a las *guevurot*[142]: "sesenta *guiborim* (hombres poderosos)" (Cantar de los Cantares 3:7), y "el trueno de Su fortaleza".[143]

Y un parsha lanzó una flecha - *PaRSha* es el aspecto de *Jesed* (bondad). Se refiere a alguien que saca a la luz aquello que está oculto, alguien que *meFaReSh* (explica) aquellos temas que son oscuros.[144]

una flecha - Como en, "Lanza Tus flechas y confúndelos" (Salmos 144:6).[145] Esto corresponde a "Siéntate a Mi diestra hasta tanto que ponga a tus enemigos por escabel de tus pies".[146]

el barco la precedía - Éste es el aspecto del temor, que "precede". Pues el Temor al Cielo precede a todo lo demás, como está escrito (Salmos 111:10), "El comienzo de la sabiduría es el temor a Dios".[147]

Raba bar bar Janá relató que había investigado con tanta profundidad el atributo del temor al Cielo[148] y había visto el gran poder de este temor, que ahora era capaz de utilizarlo para discernir entre antes de la emisión del decreto y luego de la emisión del decreto, es decir, **entre dos shitza**.[149]

---

142. **sesenta parsai...guevurot.** El término *parsai* es el plural de *parsa* (parasanga, una medida de distancia persa) y se asemeja al término hebreo *parsi*, que designa a la persona de descendencia persa. El Talmud indica que, en tanto que pueblo, los persas eran especialmente fuertes y poderosos (cf. *Kidushin* 72a), lo que en nuestro contexto corresponde a las *guevurot*.

143. **sesenta hombres poderosos...trueno....** "Sesenta *parsai*" alude a los "sesenta hombres poderosos" del versículo (*loc. cit.*), "He aquí el lecho de Salomón, rodeado por sesenta hombres poderosos...". Dios le dio al Rey Salomón la capacidad de gobernar sobre toda la creación, incluyendo los demonios. Pero luego de contraer matrimonio con la hija del Faraón, el Rey Salomón fue asediado por temores externos, debido a lo cual tuvo que colocar sesenta guerreros para que hicieran guardia alrededor de su lecho (*Shir HaShirim Rabah* 3:7). En nuestro contexto, el error del Rey Salomón hizo que las *guevurot* descendieran y asumieran la forma de temores externos. Para rectificar esto necesitó "sesenta hombres poderosos", es decir, "El trueno de Sus *guevurot*".

A partir de las enseñanzas de la Kabalá aprendemos que cada una de las *Diez Sefirot* contiene una medida de las otras *sefirot* (por ejemplo, *Maljut* consiste de *Keter* de *Maljut*, *Jojmá* de *Maljut*, *Biná* de *Maljut*, y así en más hasta *Maljut* de *Maljut*). De esta manera, los seis anillos de la tráquea que emite el sonido del shofar/trueno (ver nota 47), que corresponde a las seis *sefirot* desde *Jesed* hasta *Iesod*, son de hecho sesenta, es decir, los sesenta hombres poderosos que rectifican las *guevurot*/temores externos corruptos y así generan la voz del trueno.

144. **PaRSha...meFaReSh...oscuros.** Explica el *Zohar*: La diferencia entre *tov* (bueno) y *jesed* (bondad) es que la naturaleza de *tov* está restringida, de modo que el bien está contenido dentro de sí mismo. *Jesed*, por otro lado, se expande hacia fuera, extendiendo la bondad tanto a los rectos como a los malvados (*Zohar* II, 168b; ver *Likutey Moharán* I, 283). Esto se conecta con

וְהָדַר מְפָרֵשׁ אֵיךְ יָכוֹל לְהָבִין, הַיְנוּ עַל־יְדֵי הַמִּצְוֹות, שֶׁהֵם בְּחִינַת תְּלָתָא יוֹמָא וְכוּ', יָכוֹל לְהָבִין. וְדַוְקָא כְּשֶׁעוֹשִׂין אוֹתָן בְּשִׂמְחָה, וְעַל־יְדֵי שִׂמְחַת הַמִּצְוֹות יָכוֹל לְהָבִין. כִּי הַקָּדוֹשׁ־בָּרוּךְ־הוּא מְשַׂמֵּחַ בְּמַעֲשָׂיו, וְהַשִּׂמְחָה הִיא מְלֻבֶּשֶׁת בְּמִצְוֹות, כַּנַּ"ל, וַאֲנַחְנוּ מְשַׂמְּחִין לְמַטָּה גַּם כֵּן בְּהַקָּדוֹשׁ־בָּרוּךְ־הוּא, כְּמוֹ שֶׁכָּתוּב: "יִשְׂמַח יִשְׂרָאֵל בְּעוֹשָׂיו", וְאֵין רְצוֹנֵנוּ בְּשׁוּם שָׂכָר, אֲפִלּוּ שְׂכַר עוֹלָם הַבָּא, כַּנַּ"ל. וְזֶה, 'אִיהוּ בְּזִקְפוּ וְאֲנַן בְּשִׁפּוּלֵי', לְפִי שִׂמְחָתוֹ כֵּן שִׂמְחָתֵנוּ, וְעַל־יְדֵי־זֶה אֲנַחְנוּ יְכוֹלִין לְהָבִין.

וְהָדַר מְפָרֵשׁ אֵיךְ לְהַשִּׂיג בְּחִינַת שִׂמְחָה, עַל־יְדֵי בְּחִינַת רַעַם. וְזֶהוּ: כִּי אָתָא רַב דִּימִי אָמַר: כְּמֵיחַם קַמְקוּמָא דְמַיָּא וְכוּ', הַיְנוּ בְּחִינַת: קוֹל רַעַמְךָ בַּגַּלְגַּל. שִׁיתִּין זֶה בְּחִינַת גְּבוּרוֹת, הַפּוֹגְעִין בְּגַלְגַּלְתָּא, וְנַעֲשֶׂה מֵהֶם רְעָמִים. וְאִשְׁתְּמַע קָלָא: זֶה בְּחִינַת הַקּוֹל מְעוֹרֵר הַכַּוָּנָה, בְּחִינַת: לֹא נִבְרְאוּ רְעָמִים וְכוּ'.

וְהָדַר אָמַר, שֶׁעִקַּר הִתְגַּבְּרוּת הַגְּבוּרוֹת אֵינוֹ אֶלָּא עַל־יְדֵי חֲסָדִים. וְצָרִיךְ לְאַכְלְלָא שְׂמָאלָא בִּימִינָא, כַּנַּ"ל, וְאַף־עַל־פִּי־כֵן צָרִיךְ לְאַקְדָּמָא אֶת הַיִּרְאָה. כִּי בַּעַל אֲבֵדָה מַחֲזִיר עַל אֲבֵדָתוֹ (כְּמוֹ

---

es posible generar este trueno a no ser que la mente haya sido purificada, Raba bar bar Janá continúa citando las palabras de Rav Dimi (*Parparaot LeJojmá*).

154. **agua...esfera...kavaná.** El Rebe Najmán ya ha mostrado que "marmita de agua" alude a la mente suficientemente pura como para generar el trueno (ver nota 141), de modo que aquí lo une con los dos versículos citados anteriormente que hablan del corazón y de su relación con el trueno/voz.

155. **sesenta...guevurot...trueno.** Como arriba, nota 142-143.

156. **la voz es transmitida....** Esto se relaciona con la sección 3 y la nota 57.

157. **es necesario envolver la izquierda....** Arriba, sección 5.

158. **temor...primero.** Como en la nota 147 arriba (ver también nota 129).

159. **Como enseñaron los sabios.** Esto no aparece en el manuscrito original del Rebe Najmán. El Rabí Natán, que fue quien lo agregó, escribe: "Yo oí este ejemplo explícitamente de los santos labios del Rebe Najmán".

Luego explica cómo podía discernir: Es posible discernir por medio de las mitzvot, que son el aspecto de **tres días....**[150] Y esto sólo cuando uno cumple [las mitzvot] con alegría, pues a través de la alegría de las mitzvot es posible discernir. Esto se debe a que el Santo, bendito sea, Se regocija en Sus obras y esta alegría está investida en las mitzvot, como se explicó.[151] Y nosotros aquí abajo también nos regocijamos en el Santo, bendito sea, como en "Israel se regocija en su Creador". No deseamos recompensa alguna, ni siquiera la recompensa del Mundo que Viene. Esto es, **estaba nadando contra el viento y nosotros estábamos navegando a favor del viento** - nuestra alegría <debajo> está en relación con Su alegría <Arriba>. De esta manera podemos discernir [si es antes o después de que el decreto ha sido emitido].[152]

[Raba bar bar Janá] explicó entonces cómo lograr esta alegría: por medio del aspecto del trueno.[153] Esto es, **cuando vino Rav Dimi, dijo: En el tiempo que lleva calentar una marmita de agua, avanzó sesenta parsai**, es decir, correspondiente a "El sonido de Tu trueno estaba en la esfera", <y a "La voz estimula la *kavaná*">.[154] **Sesenta** es una alusión a las *guevurot*, que golpean el cráneo y son convertidas en trueno.[155] Y entonces "La voz es transmitida": esto corresponde a "La voz estimula la *kavaná*", y a "El trueno sólo fue creado [para enderezar el corazón torcido]".[156]

Él dijo entonces que, en esencia, la capacidad de conquista de las *guevurot* sólo se debe a los *jasadim*. Así, es necesario cubrir la izquierda con la derecha, como se explicó.[157] Pero aun así, la persona debe colocar primero el temor al Cielo,[158] pues "el dueño de un objeto perdido busca aquello que perdió". {Como enseñaron los sabios[159]: Es la manera del

---

150. **mitzvot...tres días....** Como arriba y nota 139.

151. **como se explicó.** Ver sección 2 y notas 29,30.

152. **podemos discernir....** Como arriba, sección 2.

153. **cómo lograr esta alegría...trueno.** Habiendo explicado que cumplir con las mitzvot con alegría es la clave para discernir entre antes y después del decreto, las palabras de Raba bar bar Janá generan la siguiente pregunta: ¿Qué valor tiene el temor? Por tanto, él indica que para alcanzar la alegría uno debe tener el aspecto del trueno. El Rebe Najmán ha explicado que la verdadera alegría sólo es posible una vez que ha sido enderezado el corazón torcido por medio del trueno que proviene de las *guevurot*. Estas *guevurot*, como hemos visto, son un aspecto del temor. Así, el temor es también un componente fundamental en el proceso. Y, debido a que no

שֶׁאָמְרוּ רַבּוֹתֵינוּ, זִכְרוֹנָם לִבְרָכָה [קִדּוּשִׁין בּ:]): 'דַּרְכּוֹ שֶׁל אִישׁ לְחַזֵּר אַחַר אִשָּׁה. מָשָׁל לְאָדָם, שֶׁאָבְדָה לוֹ אֲבֵדָה' וְכוּ'. פֵּרוּשׁ: כִּי אַהֲבָה הוּא בְּחִינַת אִישׁ וְיִרְאָה הִיא בְּחִינַת אִשָּׁה, כַּיָּדוּעַ. וְעַל כֵּן צָרִיךְ לְהַקְדִּים אֶת הַיִּרְאָה, כִּי אָז תָּבוֹא אֵלָיו הָאַהֲבָה מִמֵּילָא, כִּי הָאַהֲבָה הוֹלֶכֶת וּמְחַזֶּרֶת אַחַר הַיִּרְאָה תָּמִיד, כִּי בַּעַל אֲבֵדָה מַחֲזִיר אַחַר אֲבֵדָתוֹ, כַּנַּ"ל; כָּךְ שָׁמַעְתִּי מִפִּיו הַקָּדוֹשׁ בְּפֵרוּשׁ). וְזֶהוּ בְּחִינַת: וְכִי שָׁדָא פַּרְשָׁא גִּירָא וְכוּ'.

וְאָמַר רַב אַשִּׁי: הַאי גֻּלְדָּנָא דְּיַמָּא וְכוּ': גּ'י'ל'דָּ'נָ'א - הוּא בְּחִינַת שֵׁם אֲג"לָא, שֶׁהוּא בְּחִינַת גְּבוּרוֹת, כִּי הוּא רָאשֵׁי תֵבוֹת: אַ'תָּ'ה

temor? En otras palabras, si el principal medio para superar los malos pensamientos y las pasiones es el amor a Dios, si la izquierda tiene que ser cubierta por la derecha, entonces, ¿por qué Raba bar bar Janá enfatiza la importancia (*sefinta*) del temor, como si fuese el atributo clave para acercar a la persona a Dios? La respuesta del Rebe Najmán es que incluso aunque el *"parsha* (jinete) lanzó una flecha...", es decir, el amor estaba combinado con el temor, "el barco la precedía". Esto es, el temor al Cielo debe preceder a todo lo demás. El temor debe ser siempre el atributo motivador inicial y primario, si la persona desea alcanzar un verdadero nivel de amor y la subsecuente rectificación de su mente y de su intelecto. Como en el versículo citado más arriba por el Rebe: "El comienzo de la sabiduría es el temor a Dios".

164. **AGLA...Ata Guibor....** *Ata Guibor Leolam*, las palabras iniciales de la segunda bendición de la plegaria de la *Amidá*, recuerdan el poder (*guevurot*) de Dios. La bendición también recuerda el poder de Dios para proveer al mundo de lluvia (sustento) y Su poder para resucitar a los muertos. El *Zohar* enseña que la bendición *Ata Guibor* tiene cuarenta y nueve letras (incluyendo *morid a tal*, "Quien hace descender el rocío"). Esto corresponde a *Biná* (*Zohar Jadash, Terumá* p. 42a), que es la fuente de todos los juicios y decretos (ver nota 85). La persona debe buscar mitigar los decretos que emanan de *Biná* con los *jasadim* de *Jojmá* (que corresponden a las primeras bendiciones de la *Amidá*). Y, dado que esta bendición corresponde a las *guevurot*, los santos nombres asociados con ella, *AGLA* en particular, son nombres santos de las *guevurot*. El *Parparaot LeJojmá* ofrece una idea adicional para mostrar que el santo nombre de *AGLA* se relaciona al temor/juicio. En nuestro texto, hemos visto que las *guevurot* corresponden a las lluvias/sustento (ver nota 135), mientras que las *guevurot* caídas corresponden al *jametz*/muerte (sección 4). Así, cuando las *guevurot* se encuentran en un estado rectificado, conectadas con la santidad, llevan a la persona hacia el temor al Cielo. Entonces puede recibir las bendiciones asociadas con *Ata Guibor*: sustento, vitalidad e incluso resurrección de los muertos, es decir, restaurar su intelecto hacia la santidad y librarse de la sabiduría secular/*jametz*/muerte.

hombre buscar a la mujer. Esto es análogo a la persona que ha perdido algo. ¿Quién busca a quién? Ciertamente, el dueño del objeto busca aquello que ha perdido (*Kidushin* 2b).¹⁶⁰

La explicación de esto es: El hombre es el aspecto del amor, mientras que la mujer es el aspecto del temor, como es sabido.¹⁶¹ Es por lo tanto necesario colocar primero el temor al Cielo, pues entonces, el amor seguirá automáticamente. Pues el amor [de Dios] constantemente sale a buscar el temor al Cielo, así como el dueño de un objeto busca aquello que ha perdido.}¹⁶² Esto es, **Y un jinete lanzó una flecha....**¹⁶³

Rav Ashi dijo, Este [pez] era una *guildana* de mar. *Guildana* alude al santo nombre *AGLA*, que es un aspecto de *guevurot* en el hecho de que es una sigla de "*Ata Guibor Leolam Adonai* (Tú eres poderoso por siempre, Señor)" (Plegaria de Amidá),¹⁶⁴ tal como está explicado (*Zohar Jadash*,

---

160. **Es la manera del hombre buscar....** El Talmud pregunta por qué es el hombre quien toma la iniciativa al buscar su pareja. La respuesta, dicen los sabios, es que su búsqueda es como buscar un objeto perdido. ¿Quién busca a quién? Obviamente la persona que pierde un objeto es quien lo busca y no al revés. Java, la primera mujer, fue creada a partir de la costilla de Adán. Ella fue tomada de él de modo que él ahora debe buscar aquello que perdió (*Kidushin, loc.cit., Rashi, v.i. aveidá*).

161. **como es sabido.** Masculino y femenino corresponden respectivamente a las *sefirot* de *Jesed* y *Guevurá*, amor y temor, derecha e izquierda (ver *Zohar* I, 70a).

Anteriormente, el Rebe Najmán enseñó que la principal revelación comienza en *Jesed* (sección 5). Así, en la Creación, Adán/hombre/*jesed* fue creado primero. Pero, como afirman las Escrituras (Génesis 2:18): "No es bueno que el hombre esté solo": no es bueno que el amor esté sin temor. Por lo tanto Dios continuó Su creación (revelación) de Adán con la creación (revelación) de Java/mujer/*guevurá*.

162. **colocar primero el temor al Cielo.....** De manera similar, enseña el *Zohar*: El temor al Cielo debe preceder al amor (*Zohar* II, 216a). Así, aunque la principal revelación comienza en *Jesed* y de allí la rectificación se extiende a todas las *sefirot* que hay debajo, amor a Dios no puede ser alcanzado apropiadamente a no ser que uno haya logrado primero el temor al Cielo. Es este temor, el trueno, el que despierta el intelecto para que el trueno pueda ser generado y escuchado (*Torat Natán* 9). Todo servicio a Dios debe por lo tanto comenzar con la búsqueda del temor al Cielo: el hombre que busca a la mujer.

163. **un jinete lanzó una flecha....** Ésta es la unión de los *jasadim* (jinete) con las *guevurot* (flecha), hombre y mujer... como en la nota 146.

Agrega el *Parparaot LeJojmá*: Si los *jasadim* son los que les dan el poder a las *guevurot*, entonces volvemos a la pregunta anterior (ver nota 153), ¿Qué valor tiene el

גִּ׳בּוֹר לְ׳עוֹלָם אֲ׳דֹנָי, כַּמּוּבָא, כִּי גֻלְדָּנָא הוּא אוֹתִיוֹת אג"ל,
וְשֵׁם אֲדֹנָ"י בִּשְׁלֵמוּת הַיְנוּ שֵׁם אגל"א, כַּנַּ"ל.

las palabras de su plegaria sin preocuparse por los ángeles acusadores. Pero luego de que el decreto ha sido emitido, correspondiente a "Se afligió en Su corazón" (ver sección 2 y nota 32), uno debe guardar el decreto solamente en el pensamiento. No debe articularlo para que los mensajeros del Otro Lado no despierten más acusaciones. Guardar el decreto en el pensamiento es precisamente lo que hace falta para rectificar las *guevurot* caídas, pues esto las retorna a su fuente, *Biná*, el Mundo del Pensamiento, y así deshace el sufrimiento de "Su corazón" que llevó en primera instancia a emitir el decreto. Así, orando en el pensamiento para anular el decreto y, mientras tanto, ocultando sus plegaria en un *maamar*, la persona puede mitigar el decreto incluso luego de que ha sido emitido.

La historia de Raba bar bar Janá se lee entonces como sigue:

Cierta vez estábamos viajando en un sefinta - Raba bar bar Janá profundizó en la naturaleza del temor al Cielo y llegó a reconocer su gran importancia.

entre las dos shitza de un pez - Aprendió que el atributo del temor es el paso inicial para distinguir entre los dos estados de un infortunio/decreto, es decir, antes o después de que ha sido emitido.

Le llevó al barco tres días y tres noches para navegar...aunque éste estaba nadando contra el viento y nosotros estábamos navegando a favor del viento - Llevar a cabo las mitzvot con alegría es el medio para saber si es antes o después de que el decreto ha sido emitido. La alegría de las mitzvot opera en dos direcciones, hacia arriba y hacia abajo: nuestro regocijarnos en Dios y Dios regocijándose en nosotros. Mediante esta alegría es posible sentir si es que la alegría de Dios está completa o, de lo contrario, evaluar la severidad del decreto (sección 2).

Y para que no pienses que el barco no navegaba rápidamente, cuando vino Rav Dimi, dijo: En el tiempo que lleva calentar una marmita de agua, avanzó sesenta parsai - Pero para despertar la alegría, la persona debe primero liberar a su corazón torcido de toda maldad. Esto se logra a través del elemento del temor, es decir, el trueno generado cuando la voz golpea una mente libre de sabiduría secular y de malas pasiones (secciones 3-y 4). Esto endereza el corazón elevando las *guevurot* caídas y despertando el temor al Cielo.

Y un parsha lanzó una flecha - Y para generar el trueno es también necesario que los *jasadim*/amor atemperen las *guevurot*/temor. Esto le da al trueno de las *guevurot* el poder que necesita para vencer a los enemigos de la mente: la sabiduría secular, las malas pasiones y demás (sección 5).

pero el barco la precedía - Incluso así, el amor a Dios debe ser precedido por el temor al Cielo, que como afirman las Escrituras es "el principio de la sabiduría".

Rav Ashi dijo: Este pez era una guildana de mar, que tenía dos aletas - Así, cuando la persona atempera las *guevurot*/temor con amor, genera el trueno que endereza el corazón a fin de que pueda entonces sentir la alegría en las mitzvot. Esta alegría le permite discernir si el decreto aún no ha sido emitido, en cuyo caso debe ser mitigado a través de la plegaria común, o si ya ha sido emitido, en cuyo caso sólo puede ser mitigado o anulado a través de la plegaria oculta en un *maamar*.

Terumá). *GuILDaNA* está compuesto enteramente por las letras *AGL* y el santo nombre *AdoNaI*,[165] es decir, el santo nombre *AGLA*.[166] <Y a esto se alude con **dos aletas**.[167]>

165. **AGL...AdoNaI.** El santo nombre *Adonai* (Señor) está asociado con *Maljut*, que en sí mismo indica juicios. *AGL* (אגל) tiene el valor numérico de treinta y cuatro, el número de letras del santo nombre *Adonai* (אדני) cuando éste es expandido con el tercer poder, o *milui demilui* (esto se hace como sigue: אלף=אלף למד פא, דלת=דלת למד תיו, נון=נון ואו נון, יוד=יוד ואו דלת). El santo nombre *AGLA* (=35) es así la expansión *milui demilui* de *Adonai* con un 1 más agregado por la palabra misma, y es por lo tanto indicación de varios juicios (ver *Pri Etz Jaim, Shaar HaAmidá* #18, p.241; *Shaar HaKavanot, Inian Kavanat HaAmidá, Drush #5, p.225*). Explica el *Parparaot LeJojmá* que estos juicios son los decretos que emanan de *Biná*. En nuestro contexto, los *diversos* juicios corresponden a los diferentes decretos: aquéllos que aún no han sido emitidos y aquéllos que ya han sido emitidos.

166. **GuILDaNA...AGLA.** La *Guildana* (גילדנא) de la historia de Raba bar bar Janá alude a los dos santos nombres de las *guevurot* recién mencionados: *ADoNaI* (אדני) y *AGLA* (אגלא; usando la א en ambos).

167. **dos aletas.** La Kabalá enseña que las *guevurot* de *Biná* descienden como juicios hasta *Maljut/Adonai*. Enseña también que allí donde se utiliza la expansión *milui demilui*, como al transformar *Adonai* en *AGLA* (ver nota 165), el grado de las *guevurot* aumenta en severidad. En nuestro contexto, podemos por tanto alinear el santo nombre *Adonai* con las santas *guevurot* antes de que sean reveladas (emitidas), y *AGLA* con las *guevurot* luego de que los decretos han sido emitidos. Estas son las dos *shitza* (aletas), infortunios/decretos, de la *Guildana* de mar.

El *Parparaot LeJojmá* repasa todo esto en el contexto de nuestra lección. Dice así: Toda la historia de Raba bar bar Janá gira en torno a la rectificación de las *guevurot* atemperándolas en su fuente, la fuente de todos los juicios, *Biná* (ver sección 1 y también nota 85). Estas *guevurot* producen temor en la gente (sección 3). Si éstos son temores externos, *guevurot* corruptas, hacen que la mente "fermente" (la escoria del oro), haciendo que la persona no pueda rectificar su intelecto (sección 4). Por el contrario, cuando las *guevurot* están unidas a la santidad, cuando el temor de la persona es el temor al Cielo, entonces automáticamente merece amor a Dios. Tal amor/*jesed* es indicador de una mente pura (blanca como la plata) (sección 5). Ésta es la rectificación final, pues entonces las *guevurot* son atemperadas con los *jasadim* de modo que no se vuelven juicios severos/decretos. Atemperar estas *guevurot*/decretos en su fuente le permite a la persona discernir en la alegría de las mitzvot que realiza si es antes o después del decreto. Y el modo de llegar a esta alegría es generando el trueno, que es en sí mismo un aspecto de las *guevurot* (sección 3). El trueno endereza el corazón torcido (sección 2). Precisamente el corazón, pues el corazón es el asiento de la alegría y también corresponde a la fuente de las *guevurot*, *Biná* (ver Apéndice: Las *Sefirot* y el Hombre). Al cumplir con las mitzvot con gran alegría la persona asciende al nivel de *Biná*, y a partir del grado de su alegría, que es un espejo del grado de alegría Arriba, puede discernir si es que el decreto (*guevurot*) ya ha sido emitido de *Biná*/el corazón o no. Si el decreto aún está por ser emitido, puede orar una plegaria regular para impedirlo. De lo contrario, la única manera de lograr que los decretos sean pospuestos o incluso anulados es disfrazando sus plegarias en un *maamar* (sección 1; ver notas 7-8). La razón es que hasta que el decreto sea emitido, la persona puede orar abiertamente, expresando

וְזֶה פֵּרוּשׁ:

בַּחֲצֹצְרוֹת וְקוֹל שׁוֹפָר – וְכוּ', הַיְנוּ עַל-יְדֵי בְּחִינַת קוֹל דְּנָפִיק, כַּנַּ"ל,

עַל-יְדֵי-זֶה יִרְעַם הַיָּם וְכוּ', נַעֲשֶׂה בְּחִינַת רְעָמִים, בְּחִינַת: "קוֹל רַעַמְךָ בַּגַּלְגַּל".

תֵּבֵל וְיֹשְׁבֵי בָהּ – דָּא בְּחִינַת לִבָּא וְעֻרְקִין דִּילֵהּ, כְּמוֹ שֶׁאָמְרוּ: לֹא נִבְרְאוּ רְעָמִים וְכוּ',

כִּי תֵּבֵל – אוֹתִיּוֹת תָּיו לֵב. תָּיו – לְשׁוֹן רְשִׁימָה, כְּמוֹ שֶׁכָּתוּב (יחזקאל ט): "וְהִתְוִיתָ תָּו", שֶׁנִּרְשָׁם הַקּוֹל בַּלֵּב, כְּמוֹ שֶׁנֶּאֱמַר: לֹא נִבְרְאוּ רְעָמִים וְכוּ'. וְעַל-יְדֵי-זֶה:

נְהָרוֹת יִמְחֲאוּ כָף – בְּחִינַת שִׂמְחָה, כַּנַּ"ל, "וּלְיִשְׁרֵי לֵב שִׂמְחָה". וְעַל יְדֵי הַשִּׂמְחָה

יַחַד הָרִים יְרַנֵּנוּ – רִנָּה: לְשׁוֹן תְּפִלָּה, כְּמוֹ שֶׁכָּתוּב (מלכים-א' ח): "לִשְׁמֹעַ אֶל הָרִנָּה" וְכוּ'.

הָרִים בְּחִינַת צַדִּיקִים. הַיְנוּ עַל יְדֵי שִׂמְחַת הַלֵּב יְכוֹלִין לְהִתְפַּלֵּל וּלְהַלְבִּישׁ אֶת תְּפִלָּתָן בְּמַאֲמָר, כְּשֶׁיָּבִינוּ כִּי נִגְזַר הַדִּין, וְזֶה פֵּרוּשׁ

---

172. **del LeV torcido.** Como se explicó, cuando la voz de la persona golpea su mente purificada, se genera el trueno. Esta voz de trueno purga la maldad de su *lev* (sección 3).

173. **alegría para el recto de corazón.** Y con un corazón recto, la persona puede sentir alegría en su corazón a partir de las mitzvot que lleva a cabo (sección 2).

174. **iRaNenu...RiNa....** Cuando la persona tiene alegría en su corazón, sabe cómo orar.

175. **montañas...Tzadikim.** Las Escrituras llaman generalmente a los patriarcas (y a otros Tzadikim) "montañas", como en, "Saltando sobre las montañas" (Cantar de los Cantares 2:8) y "Escuchen montañas" (Mijá 6:2; *Zimrat HaAretz*). Aunque el Rebe Najmán especifica Tzadikim, como se mencionó más arriba, cada persona, de acuerdo con el nivel espiritual que ha alcanzado, es capaz de orar por el beneficio del mundo (como arriba, notas 8, 92).

176. **Por medio de la alegría del corazón ellos son capaces de orar....** Como se explicó arriba,

7. Esta es la explicación [del versículo inicial][168]:

{"Con trompetas y son de shofar, aclamen ante Dios, el Rey. Brame el mar y cuanto él contiene, el *tevel* (mundo) y los que en él habitan. Los ríos batan palmas, *iranenu* (canten con alegría) las montañas. En la presencia de Dios, porque Él viene a juzgar la tierra" (Salmos 98:6-9).}

Con trompetas y son de shofar - Esto es, por medio de la voz que es liberada [durante la plegaria][169]

Brame el mar - se genera el trueno. Esto corresponde a "El sonido de Tu trueno estaba en la esfera".[170]

el tevel y los que en él habitan - Esto alude al corazón y a sus arterias.

TeVeL está formado por las letras *Tav LeV*. *Tav* connota una marca, como está escrito (Ezequiel 9:4), "e *hitvita TaV* (inscribe una marca)". La voz se imprime en el corazón,[171] como en, "El trueno sólo fue creado para enderezar el *LeV* torcido".[172] Y debido a esto:

Los ríos batan palmas - Esto alude a la alegría, como se mencionó más arriba: "y alegría para el recto de corazón".[173] Y por medio de esta alegría...

iRaNenu las montañas - *RiNa* connota plegaria, como está escrito (Reyes I, 8:28), "Escucha la *rina* y la plegaria".[174]

montañas - Esto alude a los Tzadikim.[175] Por medio de la alegría del corazón, ellos son capaces de orar, y una vez que han comprendido que el juicio ha sido decretado, ocultan sus plegarias en un *maamar*.[176]

---

168. **Ésta es la explicación....** El Rebe Najmán muestra ahora cómo los conceptos de esta lección están aludidos en el versículo inicial.

169. **son de shofar...liberada durante la plegaria.** Cuando la persona que ha alcanzado el temor al Cielo ora en voz alta y con fervor, su voz es como un shofar, un trueno (sección 3; *Mei HaNajal*).

170. **Brame el mar...en la esfera.** Sus voz truena en la esfera de la mente, un intelecto puro, es decir, el mar de la sabiduría (sección 3; *Mei HaNajal*).

171. **TeVeL...Tav LeV...se imprime en el corazón.** Las letras de la palabra *TeVeL* (תבל) pueden comprenderse como un compuesto de *Tav* (ת) y *LeV* (לב). Cuando es deletreada, la letra *Tav* (תו) significa una señal o marca; y *lev* es la palabra hebrea que significa corazón. *Tevel* alude así a una impresión en el corazón, es decir, el trueno.

יַחַד, שֶׁמַּלְבִּישִׁים תְּפִלָּתָם בְּסִפּוּרִים יַחַד.

entero fue creado sólo para ella!" (ver sección 1; *Torat Natán* 10).

El versículo se traduce así en nuestro texto:

Con trompetas y son de shofar - Cuando la persona ora en voz alta y con fervor, su voz es similar al sonido del Shofar y al retumbar del trueno.

Brame el mar y cuanto él contiene - Para generar este trueno su voz debe surgir de las llamas (temor) de su corazón y resonar en la esfera de su mente purificada (amor).

el tevel y los que en él habitan - Y este trueno es la *tav* que endereza su *lev*.

Los ríos batan palmas - Y una vez que la maldad de su corazón ha sido eliminada, merece sentir alegría en su corazón.

iranenu...las montañas - Habiendo alcanzado este nivel de rectitud, su aspecto personal de Tzadik, puede discernir a través de esta alegría si el decreto está pendiente o si ya ha sido emitido. Puede mitigar un decreto pendiente mediante la plegaria común, y si ya ha sido emitido, podrá mitigarlo o incluso anularlo ocultando su plegaria,

a una - juntándola con un *maamar*.

En la presencia de Dios, porque Él viene a juzgar la tierra - Cuando Dios viene a juzgar la tierra, es decir, emite decretos en su contra, entonces mediante los conceptos mencionados en esta lección los Tzadikim saben cómo componer sus plegarias para beneficio del mundo (*Mei HaNajal*).

Ésta es la explicación de <**las montañas**> - [los Tzadikim] envisten sus plegarias dentro de historias.[177]

en las secciones 1 y 2. Mediante la verdadera alegría en su corazón son capaces de discernir si es suficiente articular una plegaria común para anular el decreto, o si sólo será posible evitarlo ocultando sus plegarias en un *maamar*, restringiendo la plegaria sólo al pensamiento (*Parparaot LeJojmá*; ver nota 167).

177. **de historias.** Un *maamar*. Ellos relatan historias y se dedican a las conversaciones cotidianas, pero oculta en lo que dicen está su alabanza a Dios y el pedido por Su salvación (ver sección 1 y nota 8). Como enseñaron nuestros sabios: La conversación ordinaria del Tzadik es tema de estudio (*Suká* 21b).

Agrega el *Mei HaNajal*: La plegaria común corresponde al temor, como en (Proverbios 31:30), "La mujer temerosa de Dios, ella será alabada" (ver nota 161, que el hombre corresponde al amor y la mujer, al temor). La plegaria oculta en un *maamar*, un aspecto de "a una", corresponde al amor, como en (Salmos 133:1), "Cuán bueno y cuán agradable es cuando los hermanos habitan juntos". Así, mediante el temor al Cielo, la persona puede orar una plegaria común y anular el decreto, y a través del amor a Dios puede ocultar su plegaria en un *maamar* y anular el decreto incluso luego de que ha sido emitido. Éste es también el significado de las palabras de la Plegaria de Tajanun: "Escucha nuestro clamor ", es decir, la plegaria común "y presta atención a nuestro *maamar*", es decir, la plegaria oculta.

Explica el Rabí Natán que el uso que hace el Rebe Najmán de las palabras "a una", enseña que cuando la persona realiza las mitzvot con una alegría tan grande que se vuelve una con el Santo, bendito sea (sección 2), unifica entonces "este mundo" con Dios. Entonces, es capaz de ocultar sus plegarias en todo lo que dice y entonces puede decirse de ella, "¡El mundo

ליקוטי מוהר"ן סימן ו'

וַיֹּאמֶר ה' אֶל מֹשֶׁה, קְרָא אֶת יְהוֹשֻׁעַ וְכוּ' (דברים ל"א).

א   כִּי צָרִיךְ כָּל אָדָם לְמַעֵט בִּכְבוֹד עַצְמוֹ וּלְהַרְבּוֹת בִּכְבוֹד הַמָּקוֹם. כִּי מִי שֶׁרוֹדֵף אַחַר הַכָּבוֹד, אֵינוֹ זוֹכֶה לִכְבוֹד אֱלֹקִים,

Luego del Shabat, el Rebe volvió a hablar sobre esta lección. Mencionó en particular la sección que trata de Moshé, Ioshúa y la Tienda de Reunión, y cómo son un paralelo del punto superior, del punto inferior y de la *vav* de la letra *alef*. Entonces me dijo, "Cada vez que se juntan el maestro y el discípulo existe el aspecto de Moshé, Ioshúa y de la Tienda de Reunión".

Continúa el Rabí Natán: Todo esto tuvo lugar al comienzo de mi relación con el Rebe Najmán. En ese momento yo no había comenzado aún a registrar por escrito y a presentarle para su aprobación las lecciones más largas. Sólo registraba los discursos más cortos y los guardaba para mí. Durante largo tiempo, tuve la esperanza de obtener una copia de esta lección tal como fue escrita personalmente por el Rebe, pero sólo pude hacerlo luego de Purim (más de cinco meses después de que había sido dada la lección), cuando estuve con él en Medvedevka. Entonces me senté con él y transcribí esta lección tal como él me la dictó a partir de su propio manuscrito. Fue cerca de la medianoche cuando terminamos. El Rebe ya estaba sentado en su cama, preparándose para irse a dormir. Pero, antes de retirarme, hablamos un poco más y él me reveló cómo las tres mitzvot ordenadas a los judíos para que cumplieran al entrar en la Tierra de Israel estaban relacionadas con esta lección. Esto también aparece como parte de la lección publicada. El Rebe concluyó nuestra conversación diciendo que cada una de estas tres mitzvot, es decir, nombrar un rey; exterminar la simiente de Amalek y construir el Santo Templo, es un aspecto del arrepentimiento (*Tzaddik* #128; *Until The Mashiaj* pgs. 86, 94-95; *Parparaot LeJojmá*).

[Nota del traductor al inglés: Aparte de ofrecer una valiosa información con respecto a la Lección 6, lo anterior también explica por qué la versión impresa es algo repetitiva. Como se mencionó, una buena parte del texto sirve para expandir y elaborar sobre temas mencionados sólo al pasar cuando fue dado de manera oral. Estas adiciones fueron registradas en momentos diferentes y por lo tanto necesitaban repasar el tema al cual se aplicaban. Es por esto que la versión inglesa aparece algo redundante].

2. **minimice su propio...aumente...Omnipresente.** Esto se basa en la enseñanza del Midrash (*Bamidbar Rabah* 4:20 y *Tana debei Eliahu* 13) de que todos deben buscar el honor de Dios y hacer todo lo posible por aumentar Su gloria. Consideremos el ejemplo del Rey David. Una vez coronado como soberano de todo el pueblo, el Rey David designó a Ierushalaim como la capital de Israel e inmediatamente hizo los arreglos para que el Arca Sagrada de Dios fuera llevada allí, a su sitio apropiado. Durante la ceremonia festiva en honor al retorno del Arca, el Rey David bailó alegremente con todas sus fuerzas, e inadvertidamente sus brazos y piernas quedaron al descubierto. Su esposa, Mijal, la hija de su predecesor, el Rey Shaúl, reprochó a su marido por

Likutey Moharán 6[1]

"Y Dios le dijo a Moshé: 'Se acercan los días en que has de morir. *Kra et Ioshúa* (llama a Ioshúa) y preséntense en la Tienda de Reunión, para que Yo le imponga Mis cargos'".

(Deuteronomio 31:14)

Es necesario que cada persona minimice su propio *kavod* (honor) y aumente el honor del Omnipresente.[2] Pues todo aquél que persigue

---

1. **Likutey Moharán 6.** El Rebe Najmán dio esta lección en el Shabat Shuvá, 6 de Tishrei 5563 (2 de octubre de 1802). Esto tuvo lugar poco después de que el Rabí Natán se uniese a los seguidores del Rebe y, en un sentido, la lección puede verse como la iniciación personal del Rabí Natán al papel que un día cumpliría como el discípulo más importante del Rebe Najmán (cf. Lección 5, nota 1). De hecho, el mismo Rabí Natán, atestigua que esta enseñanza le sirvió para toda la vida (ver *Through Fire and Water*, Capítulo 8). Hasta la sección 7 (ver nota 156) el texto de la lección es *leshón Rabeinu* (esta terminología ha sido explicada al final de la primera nota de la Lección 2). Sus temas principales son: la humildad; mantenerse quieto y en silencio frente a la humillación; el arrepentimiento; fortalecerse espiritualmente, avanzando cuando las cosas se presentan bien y manteniéndose firme cuando las cosas se ponen difíciles. La lección también explica las *kavanot* del Ari (las meditaciones místicas del Rabí Itzjak Luria) para el mes de Elul, el mes del arrepentimiento y muestra cómo se aplican tanto al judío erudito como al judío simple.

Escribe el Rabí Natán: Cuando el Rebe Najmán dio esta lección, citó el versículo, "…y sobre la semejanza del trono, había una semejanza como la apariencia de un *adam* (hombre)". Al decir esto, el Rebe se aferró a la silla en la cual estaba sentado y comenzó a balancearse. Aferrado con intenso temor y temblor, declaró, "¡Cuando uno se sienta en la silla, uno es un hombre!" (En Idish: *Az min zitst of der shtil, demult iz min a mentsh!*). El significado de esta afirmación sigue siendo un misterio.

Luego, el Rebe Najmán completó la enseñanza, tal cual aparece impresa en el *Likutey Moharán*. Sin embargo, al momento de dar esta lección, no hizo ninguna mención sobre las meditaciones místicas de Elul. Recién más tarde, luego de orar Maariv y de recitar la *Havdalá*, surgió el tema de las *kavanot*. Como solía hacer a menudo, el Rebe repasó la lección que había dado. Entonces, volviéndose hacia los ancianos respetados de entre sus seguidores, aquéllos que estaban acostumbrados a orar con el *Sidur* del Ari, dijo, "Díganme cómo es que las *kavanot* de Elul están aludidas en esta lección". Silencio. Ninguno de los presentes fue capaz de darle una respuesta al Rebe. Pues en verdad, nos era imposible discernir por nosotros mismos cómo es que las meditaciones de Elul estaban aludidas en su enseñanza. El Rebe entonces pidió un ejemplar del *Sidur Ari* y lo abrió en las *kavanot* de Elul. Un momento después estaba revelando maravillas realmente increíbles, mostrando cómo había aludido a estas *kavanot* de una manera asombrosa. También esto ha sido publicado como parte de la lección, aunque fue imposible volcar por escrito la dulzura y la sensación de conocimiento perfecto que sentí entonces en mi corazón.

אֶלָּא לִכְבוֹד שֶׁל מְלָכִים, שֶׁנֶּאֱמַר בּוֹ (משלי כ"ה): "כְּבֹד מְלָכִים חֲקֹר דָּבָר", וְהַכֹּל חוֹקְרִים אַחֲרָיו וְשׁוֹאֲלִים: מִי הוּא זֶה וְאֵיזֶהוּ, שֶׁחוֹלְקִים לוֹ כָּבוֹד הַזֶּה, וְחוֹלְקִים עָלָיו, שֶׁאוֹמְרִים שֶׁאֵינוֹ רָאוּי לַכָּבוֹד הַזֶּה.

אֲבָל מִי שֶׁבּוֹרֵחַ מִן הַכָּבוֹד, שֶׁמְּמַעֵט בִּכְבוֹד עַצְמוֹ וּמַרְבֶּה בִּכְבוֹד הַמָּקוֹם, אֲזַי הוּא זוֹכֶה לִכְבוֹד אֱלֹהִים, וְאָז אֵין בְּנֵי־אָדָם חוֹקְרִים עַל כְּבוֹדוֹ אִם הוּא רָאוּי אִם לָאו, וְעָלָיו נֶאֱמַר (שם): "כְּבֹד אֱלֹהִים הַסְתֵּר דָּבָר", כִּי אָסוּר לַחֲקֹר עַל הַכָּבוֹד הַזֶּה.

que así lo hace está "minimizando su propia gloria" y transformando todo en honor a Dios. De esta manera se arrepiente y a través del arrepentimiento alcanza *kavod Elohim*. Como se explica más adelante, esto es aspecto de aniquilar la mala inclinación, de lo cual está dicho, "Todo aquél que trae un sacrificio de gracias Me honra". Y cuando Le da honor a Dios de esta manera, Dios honra a la persona, como está escrito, "Pues Yo honro a aquéllos que Me honran", este honor corresponde a "La gloria del Señor es un tema oculto" (*Parparaot LeJojmá*).

7. **merece...o no.** Debido a que este honor Divino es resultado de ser avergonzado y agraviado, de minimizar el propio honor personal. Ver nota previa.

8. **un tema oculto.** En contraste con el *kavod melajim* (nota 4), la grandeza de Dios es ilimitada e imposible de delinear. Todo intento por describirla caerá en definitiva lejos de la verdad. Por lo tanto, es mejor no decir nada, manteniendo el *kavod Elohim* lo más oculto posible. "Un tema oculto" así resulta ser el honor más grande, pues tal ocultamiento atestigua sobre la infinitud de Dios (ver *Metzudat David, loc. cit.*).

9. **prohibido indagar en este tipo de gloria.** Pues este honor es conferido por Dios a la persona, en recompensa por su humildad. Está por lo tanto prohibido cuestionarlo o investigarlo. Explica el Rabí Natán que todo el honor que la persona recibe en este mundo es concreto y corpóreo. Mientras no busque dirigir este honor hacia Dios, está abierta a ser escrutada y puesta a prueba: ¿Acaso merece tal honor? Al elevar todo el honor que recibe hacia Dios, aunque aún no haya alcanzado la verdadera humildad, al menos estará uniendo el *kavod melajim* al *kavod Elohim* (*Torat Natán* 1).

En base a lo anterior, surge una pregunta obvia. Es sabido que en las Escrituras Moshé ejemplificó, más que ningún otro, la persona que más alcanzó el *kavod Elohim*. Pero, una y otra vez las mismas Escrituras nos informan que la autoridad y el honor de Moshé fueron puestos en tela de juicio. Si había alcanzado el *kavod Elohim*, ¿por qué se le oponían continuamente? Sin embargo, como veremos, el *kavod Elohim* corresponde a los niveles más elevados del arrepentimiento, que sólo pueden alcanzar verdaderamente los más grandes Tzadikim. La vergüenza y el acoso que tuvo que soportar Moshé eran necesarios para que pudiera alcanzar el *kavod Elohim* a su nivel, el más alto de los niveles.

Resumen: Toda persona debe minimizar su propio honor y aumentar el honor de Dios.

el honor no obtiene *kavod Elohim* (la gloria de Dios) sino *kavod melajim* (la gloria de los reyes),³ de la cual se dice (Proverbios 25:2), "La gloria de los reyes es un tema a ser investigado".⁴ Todos cuestionan sobre él <para ver si merece tal honor, preguntando,> "¿Quién es él y qué es él?" (Esther 7:5) para que se le haya dado tal honor. Y ellos se le oponen, diciendo que no merece tal *kavod*.⁵

Sin embargo, la persona que se aleja de la gloria, minimizando su propia gloria y aumentando la gloria de Dios, alcanza *kavod Elohim*.⁶ Entonces, <ellos> no investigan si es que merece su gloria o no.⁷ De él se dice (Proverbios, *ibid.*) "La gloria del Señor es un tema oculto".⁸ Pues está prohibido indagar en <este tipo de> gloria.⁹

---

lo que ella consideró un comportamiento indigno, lo que a sus ojos era algo propio de gente de bajo nivel y no de un rey. Pero el Rey David veía las cosas de manera diferente. "Era delante de Dios", respondió. "Yo me regocijé delante de Dios. Y me deshonraré más aún, seré despreciable a mis ojos...". La única preocupación de David era honrar a Dios de la mejor manera posible. No le importaba lo que otros pudieran pensar de él, aunque era el rey de Israel (Samuel 2, 6:12-22; ver *Rashi* y *Radak*). Con este texto de prueba el Rebe Najmán ha introducido el tema de la humildad. La persona siempre debe hacer lo posible por aumentar y engrandecer la gloria de Dios. Por el contrario, no debe ocuparse de su honor personal, incluso al punto de que no sienta ninguna preocupación en ser degradado. Esto se debe a que disminuir el propio prestigio en aras de honrar a Dios es de hecho el honor más grande que uno pueda desear, tal como veremos a continuación.

3. **kavod Elohim...kavod melajim.** El término *kavod Elohim*, traducido aquí como "la gloria de Dios", es todo prestigio y honor que le llegan a la persona y que ésta acepta, no para sí misma, sino en aras del Santo, bendito sea. Es decir, no busca beneficiarse de este honor, sino más bien debido a que ha logrado la verdadera humildad y se considera a sí misma como una nada, transfiere todo el honor a Dios. Por el contrario, *kavod melajim*, traducido aquí como "la gloria de los reyes", es el prestigio y el honor que se le demuestran a una persona y en el cual se regocija y se deleita. Pensando ser digna de este honor, esta persona carece de humildad y por tanto no tiene parte en el *kavod Elohim* (*Be Ibei HaNajal*).

4. **La gloria de los reyes es un tema a ser investigado.** La grandeza de un rey de carne y hueso es finita. Si bien un rey puede merecer una gloria mayor que otro rey, todo *kavod melajim* es limitado. Más aún, puede ser investigado y escrutado. Así, cuando un rey demanda tributos y gloria más allá del honor que realmente merece, encuentra oposición (ver *Metzudat David, ad. loc.*).

5. **no merece....** La arrogancia de la persona que busca *kavod melajim* da como resultado que no sólo otra gente le pida rendir cuentas sino que la cualidad misma del honor pregunte: ¿Es realmente esta persona digna de la gloria que se le está dando?

6. **se aleja de la gloria...alcanza *kavod* Elohim.** Similar al Rey David (arriba, nota 2), quien dejó de lado su propio prestigio y honor para honrar a Dios. En la próxima sección se explica que esto implica mantener el silencio incluso cuando uno es insultado o agraviado. La persona

ב וְאִי אֶפְשָׁר לִזְכּוֹת לַכָּבוֹד הַזֶּה, אֶלָּא עַל־יְדֵי תְּשׁוּבָה. וְעִקַּר הַתְּשׁוּבָה – כְּשֶׁיִּשְׁמַע בְּזִיּוֹנוֹ, יִדֹּם וְיִשְׁתֹּק. כִּי לֵית כָּבוֹד בְּלֹא כָּ"ף. וְהַכָּ"ף הוּא כֶּתֶר, בְּחִינַת אֶהְיֶה, בְּחִינַת

(*Siaj Sarfei Kodesh* 730). Agrega el *Biur HaLikutim* que una medida importante del deseo de arrepentimiento de la persona es su voluntad de admitir la falta y de confesarse abiertamente.

A partir de esto vemos que el camino para "ser avergonzado" es reconocer totalmente las propias faltas y pecados. Éste es el significado de "la esencia del arrepentimiento es cuando la persona escucha que la insultan...". Es decir, la persona que ha cometido un pecado generalmente se justifica: "Mi pecado no fue tan serio", "No fue tan terrible...", y demás. Esto lleva a una negación del pecado, o al menos a la negación de la gravedad del pecado. Tal persona nunca se arrepiente apropiadamente, porque ha cubierto su pecado mediante la justificación. Sólo sus sentimientos de vergüenza y de humillación la llevarían a reconocer totalmente sus pecados (ver más abajo, nota 43).

Como veremos más abajo en nuestro texto, mantenerse quieto y en silencio frente a la humillación lleva a la persona a los niveles más elevados. Reb Abraham Jazán dijo cierta vez, "Considerando el gran valor de la vergüenza, tal como demuestra el Rebe en esta lección, ¡la persona debería sumergirse en la *mikve* y cumplir otras devociones para estar en un estado lo más puro posible antes de ser avergonzada! Sin embargo, la naturaleza de la vergüenza no es así. Más bien ella cae de pronto sobre la persona y nadie tiene tiempo para prepararse" (*Rabí Eliahu Jaim Rosen*).

Tanto el *Parparaot LeJojmá* como el *Mei HaNajal* hacen notar que el consejo de mantenerse en silencio frente a la humillación no incluye todas las situaciones. La persona debe mantenerse en silencio sólo cuando es su honor el que disminuye al no responder. Sin embargo, si alguien habla mal de Dios o Lo profana de alguna otra manera o profana Su Torá, entonces ciertamente la persona debe enfrentar al blasfemo en términos muy precisos. Aun así, incluso esto debe hacerse sólo cuando el blasfemo puede llegar a aceptar o a ser silenciado de alguna manera. Cuando aquéllos que profanan a Dios y buscan disminuir Su gloria son muy poderosos, de modo que no es posible actuar (por ejemplo, la Alemania Nazi), entonces no hay más opción que permanecer en silencio. (Responder también es necesario cuando la familia ha sido injustamente avergonzada. Uno está obligado a actuar para proteger su buen nombre). Así, concluye el *Parparaot LeJojmá*: La persona debe orar para que cuando sufra humillación, sólo su honor se vea disminuido y no, el Cielo no lo permita, el honor de Dios Mismo.

12. **no puede haber Kavod sin Kaf....** Como regla general, la primera letra de toda palabra en la Lengua Santa es la dominante para determinar las propiedades de esa palabra. La palabra hebrea que significa honor, *kavod* (כבוד), comparte la letra inicial de *Keter* (כתר), la *Kaf* (כ). Esta primera letra en común indica que cuando a *kavod* le falta el aspecto de *Keter* está vacío de la esencia de la gloria espiritual y sólo puede ser la gloria dada a los reyes. Sólo el *kavod* que contiene la luz de *Keter* es verdadero *kavod* (*Rabí I. M. Shechter*).

13. **Kaf es...Keter.** El *kavod* al cual hace referencia el *Zohar* se refiere al *kavod Elohim*. Moshé Le pidió a Dios que le revelase Su exaltado *kavod*, pero el Santo, bendito sea, le informó que ningún hombre podía tener una visión de Su gloria y vivir (Éxodo 33:18-20). Esto se debe a que

2. Pero es imposible alcanzar este *kavod* [*Elohim*] si no es por medio de la *teshuvá* (arrepentimiento).[10] Y la esencia del arrepentimiento es cuando la persona oye que la insultan pero se mantiene quieta y en silencio.[11]

Pues no puede haber *Kavod* sin *Kaf*, y la *Kaf* <es un aspecto de> *Keter* (Corona)[12] (*Zohar* III, 255b).[13] Esto corresponde a *Ehiéh*, <como es

---

10. **teshuvá, arrepentimiento.** Habiendo afirmado que uno debe minimizar el propio honor y aumentar el honor a Dios, el Rebe Najmán explica ahora cómo es posible hacerlo. La clave, dice, es el arrepentimiento. Como será explicado más abajo (sección 3), la motivación para el arrepentimiento surge de un reconocimiento de Dios y de Su tremendo poder. La persona experimenta un sentimiento de la grandeza de Dios y así lamenta sus agravios a Dios. Siente remordimientos y busca rectificar sus errores. Así, el camino del arrepentimiento es el del reconocimiento de Dios. Cuanto más grande sea el reconocimiento, más buscará la persona aumentar el honor a Dios, aunque esto reduzca y niegue su propio honor.

11. **quieta y en silencio.** "Silencio" se refiere al habla, cuando uno simplemente no responde. "Quieto" se refiere a la quietud del corazón, cuando la persona comprende que merece el insulto, que esto proviene de Dios y que es parte de su arrepentimiento. Obviamente, este último es un nivel más completo. Pues hay veces en que la persona siente los insultos muy profundamente pero no responde pues esto la ha dejado sin palabras, o porque siente que al responder generaría mayores insultos, o que en ese momento el silencio es la mejor respuesta (ver *Likutey Moharán* I, 82:2). Así el Rebe Najmán enseña que frente al insulto uno debe quedarse "quieto y en silencio", en el corazón al igual que con la palabra (*Rabí Eliahu Jaim Rosen*). El Rebe Najmán enseñó más arriba que uno debe minimizar su propio honor en aras del Santo, bendito sea, y que por medio de ello merece el *kavod Elohim* (sección 1). Aquí, el Rebe enseña que aquél que verdaderamente busca el *kavod Elohim* voluntariamente dejará de lado su vergüenza en aras del Santo, bendito sea (*Mei HaNajal*; *Biur HaLikutim*). El *Be Ibei HaNajal* agrega que al reflexionar sobre la propia insignificancia frente a Dios, la persona llega a verse a sí misma como "despreciable a sus ojos" (cf. Salmos 15:4) y así es capaz de recibir cualquier honor sin buscar en ello un beneficio personal. Tal persona se asegurará de que todo el honor sea dirigido a Dios. Pero no sucede lo mismo con aquél que guarda malos sentimientos al ser insultado. Aún no ha alcanzado la verdadera humildad y así su orgullo le impide merecer el *kavod Elohim*.

Pregunta el *Biur HaLikutim*: Si la esencia del arrepentimiento es oír que lo humillan y permanecer en silencio, ¿cómo es que la Torá no incluye esto en las leyes del arrepentimiento? Más aún, ¿es posible que la humillación, que es la esencia del arrepentimiento, dependa de las acciones de otra persona? (¡Y precisamente de un malvado, nada más y nada menos!). Responde el *Biur HaLikutim*: La expresión más importante de arrepentimiento es la confesión (*Iad Jazaká, Hiljot Teshuvá* 1:1). Confesar los pecados produce vergüenza. Por lo tanto, aunque no lo dice de manera directa, la Torá alude claramente a esta vergüenza como esencia del arrepentimiento. Más aún, la persona que realmente se siente avergonzada por sus pecados al confesarse delante de Dios *sabe* que su vergüenza no depende realmente de los otros. Uno no puede alcanzar esta vergüenza por sí mismo. De hecho, luego de dar esta lección, el Rebe Najmán le preguntó al Rabí Natán, "¿Nunca sentiste que tu rostro enrojecía delante de Dios?"

תְּשׁוּבָה.
כִּי אֶהְיֶה דָּא אֲנָא זָמִין לְמֶהֱוֵי. הַיְנוּ קֹדֶם הַתְּשׁוּבָה, עֲדַיִן אֵין לוֹ הֲוָיָה, כְּאִילּוּ עֲדַיִן לֹא נִתְהַוָּה בָּעוֹלָם, כִּי טוֹב לוֹ שֶׁלֹּא נִבְרָא מִשֶּׁנִּבְרָא, וּכְשֶׁבָּא לְטַהֵר אֶת עַצְמוֹ וְלַעֲשׂוֹת תְּשׁוּבָה, אָז הוּא בִּבְחִינַת אֶהְיֶה, הַיְנוּ שֶׁיִּהְיֶה לוֹ הֲוָיָה בָּעוֹלָם, הַיְנוּ אֲנָא זָמִין לְמֶהֱוֵי.

Rabí Natán, con el santo nombre *IHVH* siendo la Fuente de todo en la creación, cada pecado cometido por la persona causa un defecto, si así pudiera decirse, en *IHVH* y, por el contrario, la rectificación de las malas acciones produce una unificación en *IHVH*. Esto es debido a que toda creación física, no sólo lo tangible sino también lo intangible, tiene existencia *HaVaIáH* (*IHVH*). Y así, para acercarse a Dios, es necesario hacer que todo adquiera ser, la revelación de *IHVH*. Sin embargo, la persona no puede llegar a esta revelación si no establece primero su disposición de adquirir el ser, es decir, a través del santo nombre *Ehiéh* (*Torat Natán* 5; *Likutey Halajot, Onáa* 3:1). El comentario del Rabí Natán sobre estos santos nombres y su aplicación dentro de la lección aparece más abajo, en la sección 3, donde el Rebe Najmán mismo trata con mayor profundidad el concepto de *ehiéh*.

18. **si no hubiera sido creada.** Enseñaron nuestro sabios: Durante dos años y medio la escuela de Shamai debatió con la escuela de Hillel: ¿Acaso existe una verdadera ventaja en la existencia del hombre o habría sido mejor que no hubiese sido creado? Al final de ese período, con cada lado convencido de su propia posición, se llegó a un acuerdo. La mayoría era de la opinión de que debido a los grandes pecados del hombre, habría sido mejor que no hubiese sido creado. Pero, habiendo sido creado, corresponde al hombre examinar sus acciones (*loc. cit.*). *Tosafot* explica que esto se refiere a la mayor parte de la gente, pues la naturaleza humana es susceptible al pecado. Sin embargo, en cuanto al Tzadik, feliz de él y feliz de su generación (*v.i. noaj*). Con respecto a la afirmación del Talmud sobre examinar las acciones, ver más abajo (sección 3) donde se explica que el Tzadik está constantemente dedicado al arrepentimiento, lo que también incluye enseñarle a su generación la senda de la *teshuvá*.

19. **existirá entonces...para ser.** La persona cuya vida está llena de pecado se asemeja a un animal con forma humana. No es un ser humano. Así, su decisión de arrepentirse es el primer paso en la preparación para llegar a ser verdaderamente humano, para ser. Por lo tanto, *ehiéh* indica "estoy preparado para ser", estoy preparado para dejar de lado mis pasiones animales y mi forma de vida y estoy preparado para volverme un ser humano. *Ehiéh* es así un aspecto del arrepentimiento.

Agrega el Rabí Natán: En verdad, la humanidad no tiene ser en este mundo. Esto se debe a que el hombre no tiene un futuro verdadero: su muerte es inevitable y no se lleva nada con él. Su único ser es el que él prepara para el futuro, el mundo eterno. En otras palabras, su arrepentimiento en este mundo es su preparación para llegar a tener ser una vez que merezca su porción del mundo eterno. *Ehiéh* es así la verdadera preparación para el futuro. Pero, incluso en el presente, esto es muy valioso. Pues *ehiéh* es la alegría en el corazón de la persona: "Estoy

sabido>,[14] que corresponde al arrepentimiento.[15]

Pues <el significado de> *ehiéh* es "Estoy preparado para ser".[16] Es decir, antes del arrepentimiento la persona aún no tiene ser.[17] Es como si aún no existiese en el mundo. De hecho, habría sido mejor si no hubiera sido creada (*Eruvin* 13b).[18] Pero cuando se prepara para purificarse y arrepentirse, entonces está en el aspecto de *ehiéh*. En otras palabras, ella existirá entonces en el mundo, es decir, "Estoy preparado para ser".[19]

---

kavod Elohim corresponde a *Keter*, que se encuentra por sobre la comprensión humana (*Zohar*, *loc. cit.*). La luz de *Keter*, la más elevada de las *sefirot*, impregna cada una de las otras nueve *sefirot* al descender hacia *Maljut*. Desde *Maljut* la luz retorna por medio de las *sefirot* hasta *Keter*. En total, atraviesa veinte *sefirot*, siendo veinte el valor numérico de la letra *kaf*.

14. **Keter...Ehiéh.** *Ehiéh* Es uno de los santos nombres de Dios. En la jerarquía de las *sefirot* es paralelo de *Keter* (ver Apéndice: Las *Sefirot* y los Nombres de Dios Asociados con Ellas).

15. **...corresponde al arrepentimiento.** El Rebe Najmán continuará explicando cómo el término *ehiéh*, del cual deriva el santo nombre *Ehiéh*, es conceptualmente un aspecto del arrepentimiento.

    Hasta aquí, el Rebe Najmán ha introducido cuatro conceptos relacionados entre sí: *kavod*, *Keter*, *Ehiéh* (*ehiéh*) y el arrepentimiento. Éstos volverán a aparecer una y otra vez a lo largo de la lección. En lo que queda de esta sección, el Rebe muestra la correlación entre *Ehiéh*, el arrepentimiento y *Keter*; y cómo se relacionan también con la vergüenza (que es la esencia del arrepentimiento) y con *kavod*.

16. **ehiéh...estoy preparado para ser.** Ver *Zohar* III, 65b. En las Escrituras, el término *ehiéh* aparece en la respuesta de Dios a Moshé, quien Le había preguntado qué nombre debía usar al informarle a Israel que Dios estaba por redimirlos de Egipto: "*Ehiéh asher ehiéh* (Yo seré Quien seré)... Esto es lo que les dirás a los israelitas: *Ehiéh* me envió a ustedes" (Éxodo 3:14). El Rebe explica ahora por qué *ehiéh* corresponde al arrepentimiento.

17. **ser.** Esto denota existencia verdadera, *havaiáh* en hebreo. El Rebe Najmán explica que en la etapa preparatoria, anterior al arrepentimiento, se dice que la persona está en estado de *ehiéh*, está preparada para ser, pero aún no ha alcanzado el estado de ser, *havaiáh*. Más abajo, el Rebe Najmán explicará cómo estos términos se relacionan con los santos nombres de Dios *Ehiéh* y *IHVH* (*HaVaIáH*, הויה, tiene las mismas letras que *IHVH*, יהוה).

    Explica el Rabí Natán: Cuando Dios envío Su mensaje de redención a los judíos y dijo, "*Ehiéh asher ehiéh... Ehiéh* me envió a ustedes" agregó, "Diles a los israelitas, *IHVH*, el Dios de vuestros padres... Me ha enviado a ustedes" (Éxodo 3:14-15). Bajo la esclavitud egipcia los judíos no eran una nación. Para adquirir el ser, primero debieron experimentar la humillación de la esclavitud y soportarla en silencio, que es la etapa de *ehiéh*. Sólo recién podían adquirir *havaiáh* como una nación para *IHVH* (cf. *Likutey Tefilot*). El Tetragrámaton, (*IHVH* יהוה), es el nombre de Dios que denota el nivel donde el pasado (*HaIáh* היה), el presente (*HoVéh* הוה) y el futuro (*IiHiIéH* יהיה) son uno (*Tur, Oraj Jaim* 5). Este nombre también denota el poder creativo que mantiene constantemente el universo (*The Living Torah* sobre Éxodo 3:15). Así, agrega el

וְזֶה בְּחִינַת כֶּתֶר, כִּי כֶּתֶר לְשׁוֹן הַמְתָּנָה, בְּחִינַת תְּשׁוּבָה, כְּמוֹ שֶׁאָמְרוּ חֲכָמֵינוּ, זִכְרוֹנָם לִבְרָכָה (יומא לח: לט.): 'הַבָּא לְטַהֵר מְסַיְּעִין לוֹ מָשָׁל לְאֶחָד, שֶׁבָּא לִקְנוֹת אֲפַרְסְמוֹן. אוֹמְרִים לוֹ: הַמְתֵּן' וְכוּ', וְזֶה בְּחִינַת כֶּתֶר, כְּמוֹ שֶׁכָּתוּב (איוב ל"ו): "כַּתַּר לִי זְעֵיר וַאֲחַוֶּךָּ".

אֲבָל קֹדֶם הַתְּשׁוּבָה, אֲזַי בְּחִינַת אֶהְיֶה בְּהַסְתָּרַת פָּנִים מִמֶּנּוּ, כִּי עֲדַיִן לֹא הֵכִין אֶת עַצְמוֹ לִמְהֵוֵי בָּעוֹלָם, וְהַסְתָּרַת פְּנֵי אֶהְיֶה גִּימַטְרִיָּא דָּם*, הַיְנוּ שֶׁפִּיכוּת דָּמִים וּבִזְיוֹנוֹת, עַל שֵׁם (שמואל-א ב): "וּבֹזַי יֵקָלּוּ",

*פֵּרוּשׁ: כִּי אֲחוֹרֵי שֵׁם אֶהְיֶה הוּא בְּגִימַטְרִיָּא דָם, כַּמּוּבָא. הַיְנוּ כְּשֶׁכּוֹתְבִין הַשֵּׁם בַּאֲחוֹרַיִם, דְּהַיְנוּ א, אה, אהי, אהיה, שֶׁחוֹזְרִין בְּכָל פַּעַם לְאָחוֹר, הוּא בְּגִימַטְרִיָּא דָם, וְזֶהוּ בְּחִינַת הַחְזָרַת וְהַסְתָּרַת פְּנֵי אֶהְיֶה, שֶׁעוֹלֶה דָם:

le está oculta la etapa preparatoria indispensable de *ehiéh*.

24. **rostro oculto de Ehiéh.** Cuando en la Kabalá se utiliza el término "rostro" (*panim*) en conjunción con algún concepto, ello indica la esencia de ese concepto y, más específicamente, que se encuentra en un estado rectificado, en un estado de santidad. Por el contrario, cuando se utiliza el término "por detrás" (*ajoraim*), indica los aspectos secundarios del concepto, aquello que aún está sin rectificar y no santificado. El "rostro" de ese concepto está entonces oculto. En nuestro contexto, la persona aún no ha comenzado a arrepentirse, es decir, el santo nombre *Ehiéh* le está oculto.

25. **ajoraim del…Ehiéh.** Enseña el Ari que el método de cálculo numérico conocido como *ajoraim* implica un ocultamiento de la santidad. Este método consiste en ir agregando la suma de las letras previas de una palabra a la letra siguiente, hasta utilizar todas las letras. En nuestro caso, el *ajoraim* del santo nombre *Ehiéh* (אהיה) es como sigue: *alef* (א = 1); *alef hei* (אה = 6); *alef hei iud* (אהי = 16); *alef hei iud hei* (אהיה = 21).

26. **el mismo valor numérico que dam.** El valor numérico del *ajoraim* de *Ehiéh* suma 44 (ver nota previa), el mismo valor que *dam* (דם = 44).

27. **sangre derramada y burla.** Como se explicó, mientras la persona aún no se ha arrepentido, el santo nombre de *Ehiéh* le está oculto. Pero aun así nunca está demasiado lejos, pues está oculto dentro, en su misma sangre. Como consecuencia de lo antedicho, la persona está sujeta a la *dam* derramada y a la vergüenza desde afuera.

Enseña el *Be Ibei HaNajal* que, conceptualmente, esto es lo que tuvo lugar en Egipto. Dios quería revelarse y le dijo a Moshé que la gente podría llegar a conocerlo a través de Su nombre *Ehiéh*. Dios estaba, si así pudiera decirse, preparándose para ser conocido. Moshé les informó esto a los israelitas y también les dijo que *IHVH*, el Dios de sus padres, lo había enviado a ellos

Este es un aspecto de *Keter*,[20] pues la palabra *keter* sugiere esperar, <que es> un aspecto del arrepentimiento. Como enseñaron nuestros sabios: Todo aquél que busca purificarse es asistido [desde Arriba]. Es como la alegoría de la persona que viene a comprar aceite perfumado. Ellos le dicen, "Espera..." (Ioma 38b).[21] Esto corresponde a KeTeR, como está escrito (Job 36:2), *"KaTaR* (espérame) y te lo diré".[22]

Pero antes del arrepentimiento, el aspecto de *ehiéh* le está oculto.[23] Pues aún no se ha preparado para existir en el mundo. Y el rostro oculto de *Ehiéh*,[24] <es decir, el *ajoraim* del santo nombre *Ehiéh*[25]>, tiene el mismo valor numérico que *dam* (sangre),[26] es decir, sangre derramada y burla,[27] como está escrito (Samuel I, 2:30), "[Porque Yo honro a aquéllos que

---

preparado para ser", pues, a través del arrepentimiento, habrá por cierto un motivo y un beneficio de haber sido creado (*Torat Natán* 2).

20. **Keter**. El Rebe Najmán explica ahora cómo *Keter* (Corona) corresponde al arrepentimiento.

21. **Espera....** El Talmud enseña que si la persona busca impurificarse mediante el pecado, se le abre el camino; de manera similar, si la persona busca purificarse, se la ayuda. Asemejan esto a un mercader que vende querosén y perfume. Cuando alguien viene a comprar querosén, el mercader le dice, "Sírvete tú mismo la cantidad que necesitas". Pero si alguien quiere comprar perfume, el mercader le dice, "Espera, midamos los dos juntos, así también yo puedo sentir su fragancia" (*Ioma, loc. cit.*). Agrega el Rabí Natán que incluso aunque la persona debe salvarse huyendo apresuradamente de la oscuridad del pecado, no debe sentirse inquieta si aún se encuentra lejos de la plegaria y de la santidad. Es necesario ser pacientes y esperar hasta alcanzar un completo *tikún* (rectificación). Pues no es posible acercarse al Santo, bendito sea, hasta no estar purificado y haberse cuidado del pecado durante un tiempo. De esta manera las fuerzas del mal y de la impureza, que estaban aferradas a él, son eliminadas y es capaz de recibir una rectificación completa (*Torat Natán* 4; *Mei HaNajal*).

22. **Keter...Katar....** Job insistía en que Dios lo había sido hecho sufrir por equivocación. Su amigo Elihu lo retó diciendo, "*Katar* (espera) por mí". Él pedía un momento para probarle a Job que Dios era recto y que, de hecho, el sufrimiento de Job era resultado de sus pecados. Elihu estaba así defendiendo el honor de Dios. En nuestro contexto, Elihu le estaba diciendo a Job que para poder alcanzar *kavod Elohim*, Job debía arrepentirse, es decir, esperar. Ésta es la única manera de merecer la gloria espiritual.

Explica el Rabí Natán que es necesario esperar porque la persona que transgrede no espera. No se frena, sino que se apresura a cometer el pecado (cf. *Bereshit Rabah* 18:6). Por lo tanto, parte de su rectificación al entrar en la santidad implica esperar con paciencia la salvación y la rectificación; purificarse lentamente y por etapas (*Torat Natán* 3).

23. **ehiéh le está oculto**. El Rebe Najmán explica ahora porqué la vergüenza es esencial para el arrepentimiento y de dónde surge. Para entender su explicación es necesario comprender que, como se mencionó arriba (nota 19), antes de que la persona se arrepienta de su pecado se asemeja a un animal. No tiene existencia (*havaiáh*), y ni siquiera piensa en ser. Por lo tanto, incluso

כִּי עֲדַיִן הַדָּם שֶׁבֶּחָלָל הַשְּׂמָאלִי שֶׁבַּלֵּב, שֶׁשָּׁם מְדוֹר הַיֵּצֶר הָרָע, כְּמוֹ שֶׁכָּתוּב (קהלת י): "וְלֵב כְּסִיל לִשְׂמֹאלוֹ", עֲדַיִן הוּא בְּתֹקֶף וָעֹז. וּבִשְׁבִיל זֶה בָּאִין עָלָיו בִּזְיוֹנוֹת וּשְׁפִיכוּת דָּמִים, כִּי זֶה בְּחִינַת הַסְתָּרַת וְהַחֲזָרַת פְּנֵי אקי"ה, גִּימַטְרִיָּא - דָּם.
וְתִקּוּן לָזֶה, שֶׁיֵּהָפֵךְ דָּם לְדֹם, שֶׁיִּהְיֶה מִן הַשּׁוֹמְעִים חֶרְפָּתָם וְאֵינָם מְשִׁיבִים, וְלֹא יְדַקְדֵּק עַל בִּזְיוֹן כְּבוֹדוֹ. וּכְשֶׁמְּקַיֵּם דֹּם לַה', אָז הַקָּדוֹשׁ־בָּרוּךְ־הוּא מַפִּיל לוֹ חֲלָלִים חֲלָלִים, כְּמוֹ שֶׁכָּתוּב (תהלים ל"ז): "דּוֹם לַה' וְהִתְחוֹלֵל לוֹ - וְהוּא יַפִּיל לְךָ חֲלָלִים", (כמו

su sangre, que se encuentra con todo su poder, debe ser refrenada. Pero, debido a que nunca "se prepara", el aspecto de *ehiéh*, sufre la humillación y aun así no se arrepiente. Nunca se le ocurre pensar por qué se lo está haciendo sufrir. Como resultado, su sangre retoma la fuerza anterior y el ciclo vuelve a comenzar: se lo hace sufrir más humillaciones y tormentos con la esperanza de que finalmente llegue a preguntarse, "¿Por qué?".

31. **rectificación para esto.** Pues su sangre tiene toda la fuerza trayéndole humillación.

32. **DaM en DoM.** Las letras hebreas de *dam* y *dom* son idénticas, דם. Sólo difieren en su *nikud* (el signo vocal hebreo). Mientras que *dam* está puntuado con una *pataj*, una línea recta bajo la letra *dalet* (דַם), *dom* está puntuado con *jolem*, un punto sobre el lado izquierdo superior de la *dalet* (דֹם).

33. **afrentas a su honor.** Porque él comprende que su verdadero honor, su *kavod Elohim*, no está en juego, sino sólo su honor corporal, *kavod melajim*. Por lo tanto se mantiene en silencio, minimizando y reduciendo su propia importancia en arrepentimiento delante de Dios.

34. **manténte dom delante de Dios e hitJoLeL....** Rashi trae dos explicaciones para la palabra *dom* (quedarse quieto): esperar pacientemente la salvación de Dios y quedarse quieto mientras se espera esa salvación. En nuestro contexto, las dos traducciones son sinónimos. La persona debe quedarse quieta y en silencio, soportando la vergüenza para así arrepentirse. Y deberá ser paciente, el aspecto de *Keter*, mientras "espera" arrepentirse completamente. Este es el significado implícito de la palabra *hitjolel* en el versículo; "espera anhelante" sugiere súplica y oración a Dios, un aspecto del arrepentimiento.

35. **JaLaLim, anulándolos.** Enseña el Talmud que cuando la persona se ve asediada por enemigos y le es imposible hacerles frente, lo mejor que puede hacer es "quedarse quieta delante de Dios...". Es decir, orar y esperar pacientemente por Su salvación (ambas cosas implican arrepentimiento), así finalmente podrá prevalecer sobre sus enemigos. Ver nota siguiente.

36. **mi corazón...vacío....** El versículo de Salmos comienza, "Porque estoy empobrecido y necesitado...". El Rey David dice esto, declarando que ha vencido a su mala inclinación. En nuestro contexto, esto quiere decir que el Rey David minimizó su propio honor, de ahí que estaba "empobrecido", y por lo tanto fue capaz de dominar su mala inclinación.

Me honran] pero aquéllos que se burlan de Mí serán deshonrados".[28] La sangre que está en la cavidad izquierda del corazón, el habitáculo de la mala inclinación, como está escrito (Eclesiastés 10:2), "pero el corazón del necio se inclina hacia su izquierda", aún retiene su fuerza y poder.[29] Es por esta razón que está sujeto a la burla y al derramamiento de sangre. Esto es un aspecto del rostro oculto y posterior de *Ehiéh*, que tiene el mismo valor numérico que *dam*.[30]

Y la rectificación para esto[31] es transformar *DaM* en *DoM* (quieto).[32] Él debe contarse entre aquellos que oyen que los ridiculizan pero aun así no responden. Ni debe sentirse vejado por las afrentas a su honor.[33] Pues cuando cumple con "manténte quieto delante de Dios", entonces el Santo, bendito sea, hace caer [a sus enemigos]. Como está escrito (Salmos 37:7), "Manténte *dom* delante de Dios e *hitJoLeL* (espera anhelante) en Él",[34] Dios los golpeará *JaLaLim* (anulándolos) (Guitin 7a).[35] Esto es (Salmos 109:22), "y mi corazón está *JaLaL* (hueco) dentro de mí",[36] es

---

pues la redención estaba cerca (ver nota 17). Los israelitas tuvieron fe en que Dios iba a cumplir Su promesa de redención. No así el faraón, quien al oír el nombre de Dios dijo, "¿Quién es *IHVH* para que yo Lo escuche?" (Éxodo 5:2). Como resultado, la mayor parte de las plagas con las que Dios castigó entonces al faraón y a los egipcios estuvieron acompañadas por la advertencia de reconocer el gobierno de Dios sobre el mundo. Pero el faraón se mantuvo obstinado y no aceptó reconocer su maldad. El nombre FaRaOH (פרעה) tiene las mismas letras que la palabra *HaOReF* (הערף), la nuca o la parte de atrás del cuello. Es decir, el faraón se quedó en la parte de atrás de *Ehiéh*, que es *dam* (sangre), negándose a arrepentirse y a reconocer a Dios. Por lo tanto, la primera plaga que cayó sobre él y sobre los egipcios fue la Plaga de la Sangre.

28. **deshonrados.** Los hijos de *Eli*, el Sumo Sacerdote, eran negligentes en el cumplimiento de sus tareas sacerdotales, comportamiento que también indicaba una dejadez en su honor a Dios. Dios por lo tanto le dijo a *Eli*, "Dije en verdad que tu casa y la casa de tu padre andaría delante de Mi rostro para siempre. Pero ahora, ¡lejos sea esto de Mí!, porque Yo honro a aquéllos que Me honran, pero aquéllos que se burlan de Mí serán deshonrados" (*loc. cit.*). Vemos entonces que a aquéllos que honran a Dios, Él los recompensa con honor, *kavod Elohim*. Por el contrario, aquéllos que se burlan de Dios y no se arrepienten ni Lo honran, son avergonzados.

29. **el corazón del necio...izquierda....** Kohelet afirma: "El corazón del sabio se inclina hacia su derecha, pero el corazón del necio se inclina hacia su izquierda" (*loc. cit.*). Rashi indica que el lado derecho denota el sendero bueno y adecuado, mientras que el izquierdo denota lo contrario. En nuestro contexto, el necio es aquél que no se arrepiente ni se prepara para el estado de existir; es aquél cuya sangre es la que tiene todo el poder y la fuerza. *Ehiéh* está entonces oculto para él. ¿Dónde se encuentra esta sangre? En el lado izquierdo de su corazón, el asiento de la mala inclinación. Derramar esta sangre mediante la vergüenza debilita por lo tanto la mala inclinación.

30. **oculto...como dam.** Uno debe por tanto soportar la humillación en aras del arrepentimiento. De todas maneras, la persona que se niega a arrepentirse sufre igualmente la humillación, pues

שדרשו רבותינו, זכרונם לברכה, גטין ז.), הַיְנוּ: "וְלִבִּי חָלַל בְּקִרְבִּי" (תהלים ק"ט), הַיְנוּ עַל־יְדֵי־זֶה נִתְמַעֵט הַדָּם שֶׁבֶּחָלָל הַשְּׂמָאלִי. וְזֶה בְּחִינַת זְבִיחַת הַיֵּצֶר הָרָע, וְעַל־יְדֵי־זֶה זוֹכֶה לְכָבוֹד אֱלֹקַי, כְּמוֹ שֶׁכָּתוּב (שם נ): "זֹבֵחַ תּוֹדָה יְכַבְּדָנְנִי", וְדָרְשׁוּ חֲכָמֵינוּ, זִכְרוֹנָם לִבְרָכָה (סנהדרין מג:) עַל זְבִיחַת הַיֵּצֶר הָרָע.

ג וְצָרִיךְ לֶאֱחֹז תָּמִיד בְּמִדַּת הַתְּשׁוּבָה, כִּי מִי יֹאמַר: "זִכִּיתִי לִבִּי, טָהַרְתִּי מֵחַטָּאתִי" (משלי כ), כִּי בְּשָׁעָה שֶׁאָדָם אוֹמֵר: חָטָאתִי, עָוִיתִי, פָּשַׁעְתִּי, אֲפִלּוּ זֶה אִי אֶפְשָׁר לוֹמַר בְּבֵר לֵבָב בְּלִי פְנִיָּה.

(וְזֶהוּ: מִי יֹאמַר: "זִכִּיתִי לִבִּי, טָהַרְתִּי מֵחַטָּאתִי", הַיְנוּ מִי יוּכַל לוֹמַר, שֶׁלִּבּוֹ זַךְ וְטָהוֹר מִפְּנִיּוֹת, אֲפִלּוּ בְּשָׁעָה שֶׁאוֹמֵר: חָטָאתִי וְכוּ'. וְזֶהוּ: "מִי יֹאמַר וְכוּ': טָהַרְתִּי מֵחַטָּאתִי", הַיְנוּ שֶׁיִּהְיֶה טָהוֹר מִן הֶחָטָאתִי, עָוִיתִי, פָּשַׁעְתִּי שֶׁאָמַר, כִּי גַם אָז אֵינוֹ זַךְ וְטָהוֹר בְּלִי פְנִיּוֹת, כַּנַּ"ל).

---

requiere el arrepentimiento, el retorno a Dios, y el reconocimiento de Su grandeza, lo que se logra soportando el insulto en silencio, en aras del Santo, bendito sea. La persona aumenta de este modo el honor de Dios y merece el *kavod Elohim* (#2).

40. **aferrarse constantemente...arrepentimiento.** Reconociendo el gran valor del arrepentimiento y su poder para aniquilar la mala inclinación, la persona puede hacer el esfuerzo de mantenerse quieta y en silencio frente a la humillación y entonces suponer que ya ha alcanzado el verdadero arrepentimiento. Por lo tanto, enseña el Rebe Najmán: "La persona debe aferrarse *constantemente* al atributo del arrepentimiento". Explica el Rabí Natán que el concepto de *teshuvá* existe en cada nivel. La persona debe por tanto comenzar siempre sus devociones con una actitud nueva, es decir, comenzar las devociones de cada día nuevamente con la etapa preparatoria, *ehiéh*. Incluso aquél que ya ha merecido un elevado nivel en el servicio a Dios debe verse a sí mismo en un estado de *ehiéh* con respecto a los niveles superiores, en los cuales aún no ha alcanzado *havahiá* (*Torat Natán* 7).

41. **He limpiado mi corazón...motivo ulterior.** El significado simple de este versículo de Proverbios es que la persona debe reconocer que Dios es consciente de todo. Siendo así, nadie puede negar sus pecados delante de Dios, ni decir que se ha limpiado completamente, arrepintiéndose plenamente de su pecado (*Metzudat David*). Aquí, el Rebe Najmán le agrega una nueva dimensión a esto, demostrando que ni siquiera la misma confesión "He limpiado mi corazón, estoy libre..." es expresada con completa honestidad y sinceridad.

42. **Éste es el significado de....** Este párrafo fue agregado por el Rabí Natán como una explicación de la afirmación del Rebe concerniente a los motivos ulteriores.

43. **libre de motivos ulteriores....** Simplemente, esto se refiere a hacer un intento sincero por ar-

decir, al quedarse [quieto y en silencio] disminuye la sangre <mala> en la cavidad de la izquierda.[37]

Éste es un aspecto de sacrificar la mala inclinación, mediante lo cual merece *kavod Elohim*. Como está escrito (Salmos 50:23), "Todo el que trae un sacrificio de gracias Me honra",[38] y los sabios explican que esto se refiere a matar la mala inclinación (*Sanedrín* 43b).[39]

3. Así, la persona debe aferrarse constantemente al atributo del arrepentimiento.[40] Pues "¿Quién puede decir, 'He limpiado mi corazón, estoy libre de mi pecado'?" (Proverbios 20:9). Incluso en el momento en que la persona dice, "He pecado, he transgredido, he actuado con desenfreno", es imposible que diga esto con un corazón puro y sin un motivo ulterior.[41]

{Éste es el significado de[42] "¿Quién puede decir, 'He limpiado mi corazón, estoy libre de mi pecado'?". En otras palabras, ¿Quién puede decir que su corazón es sincero y puro, libre de motivos ulteriores, incluso en el momento en que está diciendo "he pecado...?". Este es el significado de "¿Quién puede decir... estoy libre de mi pecado?", es decir, que está libre de esto que dice: "He pecado, he transgredido, he actuado con desenfreno". Porque incluso entonces, su confesión no es completamente sincera y pura, libre de motivos ulteriores.}[43]

---

37. **disminuye la sangre mala....** El enemigo vencido es la sangre en la cavidad izquierda del corazón, los pecados acumulados debido al rostro oculto de *Ehiéh*. Cuando la persona se mantiene en silencio frente a la humillación, cuando espera pacientemente la salvación pese a sus tormentos, este sufrimiento reduce y debilita la potencia y la fuerza de la sangre en la cavidad izquierda del corazón. Entonces se encuentra en el sendero correcto de arrepentimiento.

38. **sacrificio de gracias....** El sacrificio de gracias es llamado *korbán todáh*, de la palabra *HoDaiáH*, que es similar a *HoDaaH* (confesión, admisión). Como explica Rashi, la persona que se confiesa y se arrepiente, honra a Dios.

39. **matar la mala inclinación.** Cuando la persona se mantiene quieta frente al insulto y al daño sufrido, su silencio en aras del Santo, bendito sea, reduce el poder de la sangre en la cavidad izquierda de su corazón, es decir, el debilitamiento y muerte de la mala inclinación. Esto es considerado una verdadera glorificación y honra de Dios. Más abajo, en la sección 3, el Rebe Najmán retorna a esta afirmación Talmúdica y ofrece una interpretación más profunda de su significado (ver allí y nota 52).

Con esto, el Rebe Najmán ha demostrado la conexión entre el silencio, que es arrepentimiento, es decir, la admisión de la culpa y la confesión del pecado, y el *kavod Elohim*. Así, *Ehiéh*, mantenerse quieto y en silencio al ser avergonzado, y *Keter*, son un solo concepto: la esencia del arrepentimiento. La persona que posee esto puede alcanzar la existencia.

Resumen: Toda persona debe minimizar su propio honor y aumentar el honor de Dios (#1). Esto

נִמְצָא, שֶׁצָּרִיךְ לַעֲשׂוֹת תְּשׁוּבָה עַל הַתְּשׁוּבָה הָרִאשׁוֹנָה, הַיְנוּ עַל חַטָּאתִי, עֲוֹנִי, פְּשָׁעִי שֶׁאָמַר, כִּי עָלָיו נֶאֱמַר (ישעיהו כ"ט): "בִּשְׂפָתָיו כִּבְּדוּנִי", כִּי עַל־יְדֵי תְּשׁוּבָה זוֹכֶה לִכְבוֹד ה', "וְלִבּוֹ רִחַק מִמֶּנִּי".

וַאֲפִלּוּ אִם יוֹדֵעַ אָדָם בְּעַצְמוֹ, שֶׁעָשָׂה תְּשׁוּבָה שְׁלֵמָה, אַף־עַל־פִּי־כֵן צָרִיךְ לַעֲשׂוֹת תְּשׁוּבָה עַל תְּשׁוּבָה הָרִאשׁוֹנָה. כִּי מִתְּחִלָּה כְּשֶׁעָשָׂה תְּשׁוּבָה עָשָׂה לְפִי הַשָּׂגָתוֹ, וְאַחַר־כָּךְ בְּוַדַּאי כְּשֶׁעוֹשֶׂה תְּשׁוּבָה, בְּוַדַּאי הוּא מַכִּיר וּמַשִּׂיג יוֹתֵר אֶת הַשֵּׁם יִתְבָּרַךְ. נִמְצָא לְפִי הַשָּׂגָתוֹ שֶׁמַּשִּׂיג עַכְשָׁו, בְּוַדַּאי הַשָּׂגָתוֹ הָרִאשׁוֹנָה הוּא בִּבְחִינַת גַּשְׁמִיּוּת. נִמְצָא, שֶׁצָּרִיךְ לַעֲשׂוֹת תְּשׁוּבָה עַל הַשָּׂגָתוֹ הָרִאשׁוֹנָה, עַל שֶׁהִתְגַּשֵּׁם אֶת רוֹמְמוּת אֱלֹקוּתוֹ.

teshuvá, los que aumentan constantemente la conciencia y la sinceridad de la persona. Como hemos visto, a través del arrepentimiento continuo uno alcanza *kavod Elohim*, como indica su servicio con los labios (sus plegarias y palabras). Pero, debido a que ellos sólo alcanzaron este primer nivel de arrepentimiento, sus corazones no estaban purificados de su "He pecado...". Como resultado, sus corazones estaban lejos de Dios. Nunca alcanzaron *kavod Elohim*.

Un estudio más profundo de este versículo de Isaías (*loc. cit.*) sugiere que los judíos estaban convencidos de que ya habían logrado acercarse a Dios (ver *Rashi, ibid.*). Esto fue orgullo de su parte, lo opuesto de la humildad. Así, el "servicio de sus labios" no era una indicación de verdadera humildad sino de verdadera arrogancia. Ellos estaban seguros de que se estaban acercando a Dios y rindiéndole honor, pero nunca avanzaron hacia la etapa de purificar sus corazones. Por lo tanto, Dios dijo del pueblo, "su corazón está lejos de Mí".

46. totalmente sincera...era ciertamente materialista. Explica el Rabí Natán que el Rebe Najmán ha especificado tres niveles de *teshuvá*. La primera vez que la persona se arrepiente aniquila la mala inclinación en ese nivel. Aun así, como hemos visto, todavía tiene que arrepentirse de manera pura y sin motivos ulteriores. Debe por tanto arrepentirse de ese primer arrepentimiento, *teshuvá al teshuvá*, siempre comenzando nuevamente hasta que pueda llegar a arrepentirse con absoluta sinceridad. Al hacer esto pasa de un ciclo, que va de *ehiéh* a *havaiáh*, a otro situado en un nivel superior, y así en más. Hay muchos niveles como éstos que la persona debe atravesar y ascender hasta que pueda arrepentirse completamente, hasta que purifique totalmente su corazón y su confesión. Por lo tanto, afirma el Rebe: "Incluso si la persona sabe interiormente que ha sido totalmente sincera en su *teshuvá*...". Esto se refiere a alguien que ha alcanzado el arrepentimiento completo de sus pecados; su confesión "He pecado" es pura. Esta persona reconoce entonces que su percepción original de la Divinidad era mundana. Por lo tanto se arrepiente a un nivel todavía superior, pues ahora ha alcanzado mayores alturas espirituales y una percepción mucho más grande de la Divinidad. Ha alcanzado una *teshuvá*

Vemos entonces que él debe arrepentirse por su primer acto de arrepentimiento, por el "He pecado, he transgredido, he actuado con desenfreno" que dijo.[44] De tal persona se dice (Isaías 29:13), "y él Me honra con sus labios", pues a través del arrepentimiento él alcanza *kavod Elohim*, "pero su corazón está lejos de Mí".[45]

Incluso si la persona sabe interiormente que ha sido totalmente sincera en su arrepentimiento, aún debe arrepentirse por su primer acto de arrepentimiento. Esto se debe a que cuando se arrepintió por primera vez, lo hizo de acuerdo con el nivel de percepción [de ese momento]. Pero luego, cuando [vuelve] a arrepentirse ciertamente reconoce y percibe más aún sobre Dios. De modo que en comparación con su percepción actual, su primera percepción era ciertamente <materialista>. Vemos entonces que debe arrepentirse de su <arrepentimiento> original, por haber hecho burda la exaltada naturaleza de Su Divinidad.[46]

---

repentirse verdaderamente de las malas acciones. Pues incluso aunque todos puedan conocer sus fallas y transgresiones, aun así le es difícil a la persona aceptar completamente sus errores y sentir verdadero arrepentimiento. Por lo tanto, es necesario que se arrepienta una y otra vez, hasta que finalmente limpie su corazón y con absoluta sinceridad diga "He pecado...", haciéndolo sin ningún motivo ulterior ni justificación por haber pecado. En otra parte, el Rebe Najmán habla sobre los motivos ulteriores y la falta de sinceridad al arrepentirse y explica que en general la gente se arrepiente debido al sufrimiento físico o a necesidades financieras o emocionales (ver *Likutey Moharán* I, 22:7, nota 71). Todos estos conceptos y otros similares son motivos ulteriores que dan como resultado un arrepentimiento incompleto, que sin embargo no carece de valor.

El *Be Ibei HaNajal* explica que el arrepentimiento constante y la aceptación de la humillación van de la mano. Cuanto más preocupado esté el individuo por su propio prestigio y honor, más motivos ulteriores tendrá al arrepentirse. Por lo tanto, uno debe estar dispuesto a soportar la humillación sólo en aras del Santo, bendito sea. Sólo de esta manera podrá aniquilar la mala inclinación y merecer *kavod Elohim*.

44. **debe arrepentirse por su primer acto....** Esto es para purificar su anterior confesión impura. Escribe el Rabí Natán que éste es el motivo por el cual la respuesta de Dios a Moshé no fue simplemente "*Ehiéh*" sino "*Ehiéh asher Ehiéh*" (ver arriba, nota 17). Dios estaba aludiendo al hecho de que, para arrepentirse, la persona siempre debe comenzar de nuevo, una y otra vez, arrepintiéndose de sus anteriores actos de arrepentimiento: *teshuvá al teshuvá*. Pues ésta es la única manera de arrepentirse verdaderamente (*Torat Natán* 5).

45. **sus labios...su corazón está lejos de Mí.** Dios se lamenta de que los judíos Lo honraban con los labios, como acercándose a Él, pero el corazón estaba muy lejos de servirlo verdaderamente (*Rashi, loc. cit.*). Aunque la *teshuvá* de la gente a la cual se refiere este versículo era superficial, el Rebe Najmán indica que aun así podía haber dado como resultado el *kavod Elohim*. Pues mientras que esta expresión original de *kavod* no era especialmente elevada por estar basada en motivos ulteriores, sin embargo podría haber preparado el camino para subsecuentes actos de

וְזֶה בְּחִינַת עוֹלָם הַבָּא, שֶׁיִּהְיֶה כֻּלּוֹ שַׁבָּת, הַיְנוּ כֻּלּוֹ תְּשׁוּבָה, כְּמוֹ שֶׁכָּתוּב (דברים ל): "וְשַׁבְתָּ עַד ה' אֱלֹקֶיךָ", כִּי עִקַּר עוֹלָם הַבָּא הוּא הַשָּׂגַת אֱלֹקוּתוֹ, כְּמוֹ שֶׁכָּתוּב (ירמיהו ל"א): "וְיָדְעוּ אוֹתִי לְמִקְּטַנָּם וְעַד גְּדוֹלָם". נִמְצָא בְּכָל עֵת שֶׁיַּשִּׂיגוּ הַשָּׂגָה יְתֵרָה, אֲזַי יַעֲשׂוּ תְּשׁוּבָה עַל הַהַשָּׂגָה הָרִאשׁוֹנָה.

Esto se debe a que guardar el Shabat lleva a la persona hacia la verdad definitiva, que también es una, sin separación ni limitación, donde reina el perdón total.

Agrega el Rabí Natán que ésta es la explicación de la enseñanza Talmúdica: Si los judíos guardasen dos veces consecutivas todas las leyes del Shabat, serían redimidos de inmediato (*Shabat* 118b). Estos dos Shabatot corresponden a la *teshuvá al teshuvá* (*Torat Natán* 9).

50. **ellos Me conocerán...pequeño...grande.** El versículo de Jeremías concluye, "porque Yo perdonaré sus iniquidades y dejaré de lado sus pecados". En nuestro contexto, el Rebe Najmán cita este versículo como un texto de prueba de que los judíos merecerán *teshuvá al teshuvá* en el Mundo que Viene (es decir, Dios "perdonará sus iniquidades...") y llegarán entonces a *conocer* a Dios a través de sus mayores percepciones. Así, el Mundo que Viene connota alcanzar percepciones mucho más elevadas de Divinidad. Tal como el Rebe enseña en nuestra lección, esto puede lograrse incluso en el presente, en este mundo, a través del arrepentimiento. De hecho, el versículo mismo alude a esto cuando dice, "desde el más pequeño al más grande". En nuestro contexto, esto se traduce como ascendiendo en el reconocimiento de Dios desde las percepciones más bajas ("el más pequeño") hasta Su reconocimiento a través de las percepciones más elevadas ("el más grande").

Y de manera similar, el Rebe Najmán mostrará más adelante (sección 4) que para andar en la senda del arrepentimiento, la persona debe saber cómo ascender hacia los niveles más elevados y evitar al mismo tiempo caer de los más bajos. De hecho, el Rebe ya ha aludido a ello con este versículo, "desde el más pequeño al más grande". Es decir, uno debe saber cómo servir a Dios en todas las situaciones y a partir de los diferentes niveles de logro o de deficiencia espiritual (*Mei HaNajal*).

51. **se arrepienta de su percepción anterior.** Pues para merecer las nuevas y mayores revelaciones de Divinidad en el Mundo que Viene, la persona tiene que arrepentirse de sus anteriores percepciones más mundanas de Divinidad.

El Rabí Natán explica este concepto de *teshuvá al teshuvá*: Es imposible alcanzar un verdadero arrepentimiento sin antes pasar por una prueba. Como enseñó el Baal Shem Tov: La primera motivación de la persona hacia el arrepentimiento se la envía Dios. Esto es un ascenso para ella. Se le hace sentir el sabor de un nivel que personalmente aún no ha alcanzado. Entonces se la pone a prueba y, en la mayoría de los casos, la persona ve que está retrocediendo, y quizás incluso comete un pecado. De hecho, esto es un descenso cuyo objetivo es el ascenso. El motivo por el cual se pone a prueba a la persona es para confirmar si es capaz y tiene el deseo de fortalecerse en contra del ataque de su mala inclinación. Si lo es, entonces, cada paso que tome hacia una mayor espiritualidad, en especial aquello que requiera de un esfuerzo, es un aspecto de *teshuvá al teshuvá*. De este modo se acerca a Dios. Alcanza el nivel que había experimentado previamente

Éste es un aspecto del Mundo que Viene,[47] que será completamente *ShaBaT*,[48] es decir, completamente *TeSHuVá*, como está escrito (Deuteronomio 30:2), "Entonces, *SHaVTa* (retornarás) a Dios, tu Señor".[49] Pues la esencia del Mundo que Viene será la capacidad de tener una percepción de Su Divinidad, como está escrito (Jeremías 31:33), "ellos Me conocerán, desde el más pequeño hasta el más grande".[50] Por lo tanto, cada vez <que llegue> a una percepción más profunda, <será necesario> que se arrepienta de su percepción anterior.[51]

---

completa y pura, reconociendo que Dios es mucho más grande que cualquier concepción previa que pudiera haber tenido: éste es el tercer nivel de *teshuvá*.

El Rabí Natán asocia los tres niveles de arrepentimiento con las tres veces que se menciona *ehiéh* en Éxodo 3:14 (ver nota 17). En su comienzo como nación, se les dijo a los israelitas que entrasen al estado de *ehiéh*, preparándose para llegar a ser. Habiendo alcanzado ese primer nivel de arrepentimiento, tendrían entonces que arrepentirse nuevamente para adquirir un motivo sincero y puro, libre de consideraciones externas. Y una vez que ese segundo nivel de arrepentimiento fuera alcanzado, deberían arrepentirse por su primera percepción, más mundana, de la Divinidad. Recién entonces serían capaces de ascender a percepciones mucho más grandes de Divinidad: la recompensa por el arrepentimiento verdadero. Así, no importa cuántos obstáculos se presentasen en su camino, mientras estuviesen preparados para avanzar constantemente a través de las etapas de *ehiéh*, los israelitas serían finalmente capaces de eliminar sus impurezas, conquistar sus deseos materiales y alcanzar su objetivo: el Éxodo. Es así que *ehiéh* aparece tres veces en el versículo (*Torat Natán* 5).

47. Éste...Mundo que Viene. "Éste" es *teshuvá al teshuvá*, el arrepentimiento perpetuo.

Explica el Ari que el nombre *Olam HaBa* (Mundo que Viene) significa literalmente "el mundo que está viniendo". Es decir, está en un constante estado de venir, siempre trayendo con él nuevos *mojín* (mentalidades) y revelaciones de Divinidad (*Etz Jaim*,15:5, p.231; ver también *Likutey Moharán* I, 15:5, nota 46). En nuestro contexto, esto se refiere a nuevas y más grandes percepciones de Divinidad logradas luego de cada arrepentimiento.

48. Mundo que Viene...Shabat. Enseña el Talmud que este mundo fue creado para durar seis mil años (correspondientes a los Seis Días de la Creación, los seis días de la semana). El séptimo milenio, el Mundo que Viene, se asemeja al séptimo día, al Shabat (*Sanedrín* 97a).

49. SHaBaT...TeSHuVá...Entonces SHaVtA.... La palabra *SHaVTa* (שבת), en este caso "retornar a Dios", contiene las mismas letras que *SHaBaT* (שבת); las letras *b* y *v* son intercambiables pues ambas corresponden a la letra hebrea ב). Esto indica que el Shabat y la *TeSHuVá* (תשבה, arrepentimiento) son un mismo concepto. Esto puede comprenderse a la luz de que el Shabat es un aspecto del Mundo que Viene, que es el bien más grande, el lugar donde desaparecen las separaciones y los límites y la creación se junta en una unicidad simple. Entonces, todo será uno y totalmente bueno. El pecado y los juicios severos no tendrán lugar en absoluto; por el contrario, el Mundo que Viene es la esencia del perdón de los pecados. Así, el Shabat/el Mundo que Viene *es* el arrepentimiento. Como enseñaron nuestros sabios: A todo aquél que se deleita en el Shabat se le otorga ilimitada prosperidad... y se le perdonan sus pecados (*Shabat* 118a,b).

וְזֶה שֶׁאָמְרוּ חֲכָמֵינוּ, זִכְרוֹנָם לִבְרָכָה: (שם בסנהדרין): 'כָּל הַזּוֹבֵחַ אֶת יִצְרוֹ', הַיְנוּ בְּחִינַת תְּשׁוּבָה, בְּחִינַת: "וְלִבִּי חָלָל בְּקִרְבִּי", בְּחִינַת דֹּם לַה', בְּחִינַת אקיה, בְּחִינַת כֶּתֶר, בְּחִינַת כָּבוֹד, כַּנַּ"ל, 'וּמִתְוַדֶּה עָלָיו', הַיְנוּ שֶׁמִּתְוַדֶּה עַל זְבִיחַת יִצְרוֹ, הַיְנוּ שֶׁעוֹשֶׂה תְּשׁוּבָה עַל תְּשׁוּבָתוֹ וְהַשָּׂגָתוֹ הָרִאשׁוֹנָה, 'כְּאִלּוּ כִּבְּדוֹ לְהַקָּדוֹשׁ בָּרוּךְ הוּא בִּשְׁנֵי עוֹלָמוֹת'. כִּי תְּשׁוּבָה הָרִאשׁוֹנָה, בְּחִינַת כָּבוֹד

las *kavanot* (intenciones Kabalistas) de los tefilín (*Likutey Moharán* I, 38:final). El tema anterior, sobre los santos nombres de Dios reflejados en el arrepentimiento y su conexión con la mitzvá de los tefilín está tratado por el Rabí Natán en *Likutey Halajot, Tefilín* 5, secciones 25-26. Su discurso ha sido traducido al inglés y aparece en el libro *Tefillin: A Chassidic Discourse* (ver Capítulo 4, ps.61-69), publicado por Breslov Research Institute, 1989.

52. enseñaron nuestros sabios.... Enseñó el Rabí Ioshúa ben Levi: Aquél que mata su mala inclinación y luego se confiesa, es como si hubiera honrado al Santo, bendito sea, en dos mundos, en este mundo y en el Mundo que Viene, como está escrito (Salmos 50:23), "Aquél que traiga un sacrificio de gracias, *ijavdanni* (Me honra)" (*loc. cit.*). Rashi explica que si luego de que la mala inclinación provoca a alguien al pecado, la persona se sobrepone a su deseo, se arrepiente y confiesa sus pecados, entonces mata su mala inclinación. Y esto Le da honor a Dios. Rashi agrega que las Escrituras utilizan la palabra *ikavdanni* (de *kavod*), en la cual la letra *nun* aparece dos veces, siendo que también podría ser utilizada como *ikavdani*, que tiene una sola *nun*. Sin embargo, la doble *nun* indica un doble honor: en este mundo y en el Mundo que Viene (*Rashi, loc. cit., v.i. zoveiaj*). Aunque Rashi no dice por qué la letra *nun* implica gloria y honor, a partir de nuestra lección es posible concluir lo siguiente: La *nun* (= 50) está generalmente asociada con la más elevada de las Cincuenta Puertas de Sabiduría, que corresponde a *Biná*. *Biná* también es conocida como el Mundo que Viene. En nuestro contexto, esto se refiere a los *mojín* (mentalidades), las grandes revelaciones y percepciones de Divinidad. Así, al arrepentirse y confesar (soportando la humillación en honor a Dios), uno alcanza el primer nivel del arrepentimiento, *kavod Elohim* de este mundo. Ésta es su percepción inicial de Divinidad, es decir, una *nun*. Si entonces purifica su confesión y se arrepiente de su anterior falta de sinceridad, su *teshuvá al teshuvá* lo lleva hacia el arrepentimiento del Mundo que Viene, es decir, una segunda *nun*. Así dos *nun* sugieren honrar a Dios dos veces, percibir dos niveles separados de Divinidad.

53. arrepentimiento...corazón...quieto...Ehihé/Keter/kavod. La conexión entre todos estos conceptos se explicó arriba en la sección 2 y en las notas que acompañan.

54. confiesa...nivel original.... Hace esto pues reconoce que su primer arrepentimiento fue impuro. Debe por tanto buscar la *teshuvá al teshuvá*.

55. en dos mundos. Al arrepentirse, minimiza su propio honor y por lo tanto aumenta el honor de Dios en este mundo. Al arrepentirse por la manera en que se arrepintió originalmente, aumenta más aún el honor de Dios. Así, "es como si hubiese honrado al Santo, bendito sea, en dos mundos" (*Be Ibey HaNajal*).

Y éste es el significado de lo que enseñaron nuestros sabios: Aquél que mata su mala inclinación <y entonces se confiesa, es como si hubiera honrado al Santo, bendito sea, en dos mundos> (*Sanedrín* 43b).⁵² Este matar la mala inclinación es un aspecto del arrepentimiento, correspondiente a "Mi corazón está vacío dentro de mí", y "Manténte quieto delante de Dios", un aspecto del santo nombre *Ehihé/Keter/ kavod*.⁵³ "...y entonces se confiesa", es decir, confiesa el haber matado su mala inclinación, arrepintiéndose de su primer arrepentimiento y de su nivel original de percepción,⁵⁴ [de modo que] "es como si hubiera honrado al Santo, bendito sea, en dos mundos".⁵⁵ Esto se debe a que el primer arrepentimiento corresponde al *kavod* de este mundo. Luego

---

pero que no había obtenido por sí misma. Pues estas pruebas que la persona debe pasar en cada nuevo nivel de avance espiritual es lo que el Rebe Najmán llamó anteriormente *Keter*/esperar. Antes de lograr una verdadera *teshuvá al teshuvá* la persona debe esperar y pasar una prueba. Aquí es donde se ponen de manifiesto su deseo y su decisión de arrepentirse. Si se mantiene decidida, su determinación la llevará hacia una constante *teshuvá al teshuvá* (*Torat Natán* 8-9, 11).

El Rabí Natán agrega entonces que en realidad, sólo los muy grandes Tzadikim merecen de hecho un arrepentimiento completo. Como hemos visto, *teshuvá al teshuvá* se logra cuando uno ha alcanzado un corazón puro y está así libre de todo motivo ulterior. Y, si bien es verdad que cada persona, en la medida de su nivel de desarrollo espiritual, merece un cierto grado de *teshuvá al teshuvá*, que para su nivel es indudablemente un logro, la absoluta pureza sólo la obtienen los grandes Tzadikim. Estos Tzadikim están constantemente dedicados a la *teshuvá al teshuvá*. Ellos siempre buscan revelar niveles y percepciones de Divinidad cada vez más elevados, descubriendo Su bondad y amor, que son eternos y completos, a fin de que todos puedan arrepentirse y buscar a Dios. Esto puede verse en su *teshuvá al teshuvá*. Inicialmente, el Tzadik asume el aspecto de *ehiéh*, correspondiente al santo nombre de *Ehiéh*. Esto abre el camino para la adquisición de un aspecto de *havaihá*, *IHVH*. Pero ellos no se detienen aquí. Más bien, vuelven a arrepentirse inmediatamente, *teshuvá al teshuvá*, anhelando nuevamente a Dios y asumiendo un aspecto de *ehiéh*. Dos veces *EHIéH* (אהיה = 21) y *IHVH* (יהוה = 26) es igual a 68, el mismo valor numérico que *JaIM* (חיים), vida. La verdadera vida es la revelación de los *mojín*, el conocimiento de Dios (cf. Deuteronomio 30:20) tal como será revelado en el Mundo que Viene (ver también nota 47). Así, los Tzadikim vuelven a comenzar una y otra vez; buscando nuevas revelaciones, nueva vida. Sin embargo, la persona común carece de la capacidad de dedicarse constantemente a la *teshuvá al teshuvá*. En su lugar, sus logros espirituales corresponden a *Ehiéh*, *IHVH* y *ADoNoI*, el santo nombre que denota *Maljut*, la fe, una revelación limitada de Divinidad (אדני = 65). Fe/*Maljut* es comparable así a un *reshimú* (impresión o resabio) de los *mojín*, en oposición al intelecto o mentalidades plenos y completos. El punto es que la persona debe buscar siempre un intelecto cada vez mayor dedicándose a la *teshuvá al teshuvá*. Éste es el nivel de los Tzadikim. Sin embargo, si se encuentra incapaz de mantener un prolongado intento de arrepentimiento, puede, y debe, tomar coraje y entusiasmo de las percepciones que ya ha alcanzado y utilizarlas como escalones para futuras percepciones de Divinidad (*Torat Natán* 6, 8, 10).

El Rebe Najmán dijo cierta vez que varias de sus lecciones dadas en 1802-1803, reflejaban

עוֹלָם הַזֶּה. וְאַחַר הַתְּשׁוּבָה שֶׁזּוֹכֶה לְהַשָּׂגָה יְתֵרָה, וּמַכִּיר בְּיוֹתֵר אֶת רוֹמְמוּת אֱלֹקוּתוֹ, וְעוֹשֶׂה תְּשׁוּבָה עַל תְּשׁוּבָתוֹ, זֹאת הַתְּשׁוּבָה הוּא בְּחִינַת כְּבוֹד עוֹלָם הַבָּא.

וְזֶה שֶׁאָמְרוּ חֲכָמֵינוּ, זִכְרוֹנָם לִבְרָכָה (פסחים נ.): "אוֹר יְקָרוֹת וְקִפָּאוֹן" (זכריה י"ד), 'אוֹר שֶׁהוּא יָקָר בָּעוֹלָם הַזֶּה, יִהְיֶה קָפוּי וְקַל לָעוֹלָם הַבָּא'. נִמְצָא בָּעוֹלָם הַבָּא, כְּשֶׁיִּזְכּוּ לְהַשָּׂגָה יְתֵרָה בֶּאֱלֹקוּתוֹ, בְּוַדַּאי יִתְחָרְטוּ וְיַעֲשׂוּ תְּשׁוּבָה עַל הַשָּׂגַת עוֹלָם הַזֶּה, כִּי הַשָּׂגַת עוֹלָם הַזֶּה בִּבְחִינַת גֶּשֶׁם נֶגֶד הַשָּׂגַת עוֹלָם הַבָּא.

וְזֶה כְּאִלּוּ כְּבָדְוֹ לְהַקָּדוֹשׁ־בָּרוּךְ־הוּא בִּשְׁנֵי עוֹלָמוֹת, כִּי זְבִיחַת הַיֵּצֶר הִיא הַתְּשׁוּבָה הָרִאשׁוֹנָה, הוּא בְּחִינַת כְּבוֹד עוֹלָם הַזֶּה, וְהַוִּדּוּי עַל זְבִיחַת הַיֵּצֶר, הַיְנוּ תְּשׁוּבָה שְׁנִיָּה, הִיא בְּחִינַת כְּבוֹד עוֹלָם הַבָּא, שֶׁהַכָּבוֹד הָרִאשׁוֹן נַעֲשָׂה קָפוּי וְקַל, נֶגֶד הַכָּבוֹד הַשֵּׁנִי.

58. luz...este mundo...Mundo que Viene. Nuestros sabios comentan (*loc. cit.*) que el versículo de Zacarías parece contradictorio, pues afirma que no habrá luz ni oscuridad. Explican, sin embargo, que las Escrituras se están refiriendo de hecho a una sola luz. Es una luz que parece muy brillante en este mundo, pero que será considerada opaca e insignificante en el Mundo que Viene. Pues lo que parece valioso ahora será algo común y corriente en el Mundo que Viene.

El *Mei HaNajal* resalta el hecho de que "luz" corresponde a la gloria, como en (Ezequiel 43:2), "La tierra estaba iluminada con Su gloria" (ver *Likutey Moharán* I, 14:2). Más aún, el texto del Rebe Najmán dice: "*Or shehu iakar...*" (luz que es sustancial). La palabra hebrea *iakar* es el equivalente arameo de "honor". De allí, "Luz (que) es gloria". En nuestro contexto, esto indica que el honor/arrepentimiento de este mundo será insignificante comparado con el honor/arrepentimiento del Mundo que Viene, como continúa explicando el Rebe.

59. el Mundo que Viene. En nuestro contexto, el versículo de Zacarías y la explicación de nuestros sabios se refieren a la persona que ha pecado y que siente remordimientos. Esta persona se encuentra ahora en el umbral de existir, pero primero debe prepararse. Al hacerlo, el aspecto de *ehiéh*, alcanza honor/arrepentimiento, la luz de este mundo. Pero su tarea aún no está terminada. Debe arrepentirse más aún. Debe comprender que su actual percepción de la Divinidad es sólo muy limitada y materialista con relación a la realidad de la espiritualidad de Dios. Al comprender esto, reconoce la necesidad de arrepentirse de sus anteriores arrepentimientos, *teshuvá al teshuvá*. Pues en el Mundo que Viene, tendrá una conciencia mucho más grande de la grandeza de Dios y se arrepentirá de sus anteriores percepciones restringidas, que son las limitadas percepciones de este mundo.

60. gloria original...segunda gloria. Explica el *Mei HaNajal*: Cuando en el proceso de arrepentirse la persona minimiza su propio honor, mata entonces la mala inclinación al mantenerse de que se ha arrepentido y ha alcanzado una percepción mayor y un mayor reconocimiento de la exaltada naturaleza de Su Bondad, se arrepiente entonces por su arrepentimiento [anterior]. Este [segundo] arrepentimiento es el *kavod* del Mundo que Viene.[56]

Éste es el significado de (Zacarías 14:6): "[En ese día,] no habrá luz brillante ni densa oscuridad",[57] sobre lo cual dicen los sabios: La luz que es sustancial en este mundo será insignificante y débil en el Mundo que Viene (*Pesajim* 50a).[58] Vemos, por tanto, que en el Mundo que Viene, cuando la gente merezca una mayor percepción de Su Divinidad, de seguro se arrepentirá y hará *teshuvá* por sus percepciones en este mundo. Pues la percepción en este mundo es <materialista> en comparación con la percepción en el Mundo que Viene.[59]

Así, "es como si hubiera honrado al Santo, bendito sea, en dos mundos". Matar la mala inclinación es el primer arrepentimiento <y> corresponde a la gloria de este mundo. Y la confesión por haber matado a la mala inclinación es el segundo arrepentimiento, correspondiente a <*kavod Elohim*>. Pues la gloria original <es> densa e insignificante en comparación con esta segunda gloria.[60]

---

56. **kavod del Mundo que Viene.** Escribe el *Be Ibey HaNajal*: Los dos mundos son este mundo y el Mundo que Viene, pero de hecho ello comprende tres niveles. El primer nivel se aplica a alguien que desea honor y gloria. Esta persona alcanza el "honor de los reyes", y todos pueden cuestionar su derecho a la gloria. Se encuentra en el nivel de la parte de atrás de *Ehiéh*, recibiendo humillación en lugar del honor que cree que merece. (Ejemplos de este tipo de buscadores de gloria son los políticos y ciertos líderes comunitarios). El segundo nivel es aquél que no busca la gloria, pero que se irrita cuando es humillado. Esta persona desea minimizar su propio honor y glorificar a Dios y por lo tanto no responde cuando es avergonzada. Pero este nivel de honor es sólo el de este mundo. Aún no ha alcanzado el arrepentimiento completo, un corazón puro. Minimizar su propio honor y aumentar el honor de Dios van juntos, pues su silencio al soportar la humillación aniquila la mala inclinación y así se transforma en honor a Dios. Pero si se le diera honor a esta persona, lo recibiría con agrado y no aumentaría el honor de Dios. El tercer nivel, por otro lado, es el de la persona que ha alcanzado la verdadera humildad. No importa lo que le llegue, así sea gloria o humillación, siempre buscará honrar a Dios. Esta es la persona que ha alcanzado un corazón puro y el honor del Mundo que Viene. Así, el primer arrepentimiento es la *teshuvá* de este mundo. El segundo arrepentimiento, la *teshuvá al teshuvá*, es del Mundo que Viene.

57. **no habrá luz brillante ni densa oscuridad.** Las Escrituras hacen referencia a los días anteriores a la llegada del Mashíaj. En ese tiempo, habrá un día sin luz "natural", sólo una luz vaga que no será brillo ni oscuridad, es decir, nadie sabrá si lo que está llegando es la salvación o la aniquilación. Sin embargo, este amanecer de la nueva era será la prueba de que la luz anuncia la salvación, la revelación de Dios (*Rashi, Metzudat David, loc. cit.*, v.6-7).

וְזֶה שֶׁאוֹמֵר הַקָּדוֹשׁ־בָּרוּךְ־הוּא (תהלים נ): "אֵלֶּה עָשִׂיתָ וְהֶחֱרַשְׁתִּי, דְּמִיתָ הֱיוֹת אֶהְיֶה כָּמוֹךָ", כִּי הָאָדָם עַל־יְדֵי שֶׁמַּחֲרִישׁ, נַעֲשֶׂה בְּחִינַת אקיה, כַּנַּ"ל. אֲבָל הַקָּדוֹשׁ־בָּרוּךְ־הוּא, מַה שֶּׁמַּחֲרִישׁ לָאָדָם, אֵין זֶה בִּשְׁבִיל אקיה, חַס וְשָׁלוֹם, כִּי זֶה אֵין שַׁיָּךְ אֵצֶל הַקָּדוֹשׁ בָּרוּךְ הוּא. אֵין זֶה אֶלָּא כְּדֵי שֶׁיְּקַבְּלוּ עָנְשָׁם בָּעוֹלָם הַבָּא, שֶׁאָז מְסַדְּרִין לְעֵינָיו עֲווֹנוֹתָיו, וְיוֹכִיחַ אוֹתוֹ עַל פָּנָיו, וְזֶה:

han llevado hacia la parte de atrás de *Ehiéh*, de modo que aún no reconoce a Dios. Pero si entonces sufre la ignominia de la humillación o alguna otra forma de angustia y como resultado se vuelve a Dios, a Quien ahora reconoce como el generador de su sufrimiento, *ella* toma entonces el aspecto de *ehiéh* y Dios a su vez avanza, si así pudiera decirse, al aspecto de *havaiáh*, como en (Éxodo 16:12), "Y sabrás que Yo soy *IHVH*". Sin embargo, cuando la persona persiste en hacer el mal, Dios cesa en general de manifestársele como *Ehiéh*. Esto es, "te sientas y hablas contra tu hermano..." (Salmos, *ibid.*). No sólo no se mantiene en silencio ni se arrepiente, sino que persiste en calumniar a los demás. La humillación que merece, se la transfiere a los otros, ¡especialmente a aquellos que lo avergüenzan! Y así Dios no hace ningún intento más para despertarlo al arrepentimiento mediante el sufrimiento. De modo que existen dos posibilidades. Si la persona reconoce la necesidad del arrepentimiento, si medita acerca del significado de su sufrimiento, como en (*ibid.*) "Ahora pues entiende esto, tú que has olvidado a Dios", y se arrepiente, aniquilando entonces su mala inclinación, merece *kavod Elohim*. Pero, si no lo hace, si se niega a despertar, entonces Dios dice: "Yo he guardado silencio cuando hiciste estas cosas", pues Yo ya no deseo despertarte al arrepentimiento. Este, de hecho, es un castigo muy severo. Pues entonces, esta persona no tiene conciencia de sus pecados y así no se arrepiente. Su castigo es guardado entonces para el Futuro, en el Mundo que Viene, donde Dios pondrá el tema de sus pecados delante de sus ojos y lo castigará por cada una de las cosas malas que hizo (*Be Ibey HaNajal*; *Mei HaNajal*).

64. **reprendida abiertamente.** El *Parparaot LeJojmá* ofrece otra explicación de por qué Dios no siempre reprende a la persona en este mundo. Escribe: Hay veces en que Dios se abstiene de ejercer castigo sobre alguien porque Él sabe que esta persona no va a considerar su situación y no comprenderá la razón de su sufrimiento. De hecho, es posible que suceda lo contrario. El pecador sentirá que está siendo castigado sin motivo alguno y como resultado se rebelará más aún contra Dios. Al mismo tiempo, en este mundo, no se espera que la gente comprenda siempre el significado de su sufrimiento, pues entonces se les estaría negando el poder de la libertad de elección, conocer con certeza la relación entre la causa y el efecto hace innecesaria la elección. Por tanto, sólo se hace sufrir a la persona por sus pecados en la medida de su capacidad de volver a Dios, y nunca con garantía de que así lo haga. Pero en el Mundo que Viene se eliminará la libertad de elección. Entonces, Dios se volverá al pecador y 'pondrá sus pecados delante de sus ojos', para que él sepa exactamente el motivo de su castigo. Así, el silencio de Dios delante de una persona no tiene la intención de ser un acto de venganza. Más bien, Su deseo es mantener la libertad de elección de la persona, que entonces la puede utilizar para bien o para mal.

{"**Yo guardé silencio cuando hiciste estas cosas [y así] tú imaginaste que Yo *ehiéh* tal como tú. Te reprenderé y lo pondré en orden delante de tus ojos**" (Salmos 50:21)}.[61]

Esto es lo que dice el Santo, bendito sea, "Yo he guardado silencio cuando hiciste estas cosas [y así] tú imaginaste que Yo *ehiéh* (seré) tal como tú", pues, como se explicó, el hombre se transforma en un aspecto de *ehiéh* al guardar silencio.[62] Pero cuando el Santo, bendito sea, guarda silencio por la persona no es debido <al aspecto de> *ehiéh*, el Cielo no lo permita. Tal concepto no se aplica en manera alguna al Santo, bendito sea. Sólo es para que <esta persona pueda recibir su castigo> en el Mundo que Viene.[63] Pues entonces sus transgresiones son puestas delante de sus ojos y es reprendida abiertamente.[64] Y esto es,

---

quieta y en silencio cuando es avergonzada, mereciendo por lo tanto el *kavod Elohim*. Dios Mismo le enviste este honor. Sin embargo, este *kavod Elohim* es mínimo, pues refleja sólo el honor de este mundo. Pero al dedicarse entonces a la *teshuvá al teshuvá*, esa persona honra a Dios más aún, mereciendo por tanto un nivel mayor de *kavod Elohim*: un nivel de *kavod Elohim* que recién será revelado universalmente en el Mundo que Viene.

El Rebe Najmán ya ha mencionado varias veces y en diferentes aspectos el *kavod Elohim*. Más abajo, en la sección 4, el Rebe agregará otro aspecto más a los dos niveles del *kavod Elohim* (de este mundo y del mundo que viene) y explicará cómo se los alcanza.

61. **Yo guardé silencio cuando....** En el siguiente párrafo el Rebe Najmán hace referencia a una pregunta obvia: ¿Cómo puede ser *Ehiéh*, "Estoy preparado para ser" o "Seré", uno de los nombres de Dios cuando Dios nunca cambia? Él no tiene necesidad de prepararse para ser. ¡Él ya es! Es por esto que el nombre esencial de Dios es *IHVH*. Para comprender mejor esto, consideremos los versículos precedentes y subsecuentes a aquél citado por el Rebe en la lección: "Si veías un ladrón, te complacías en él, y con adúlteros era tu parte. Tú boca has entregado al mal... te sientas y hablas contra tu hermano...Yo guardé silencio cuando hiciste estas cosas [y así] tú imaginaste que Yo *ehiéh* (seré) tal como tú. Te reprenderé y lo pondré en orden delante de tus ojos. Ahora pues entiende esto, tú que has olvidado a Dios... Aquel que ofrece una ofrenda de gracias Me honra..." (Salmos 50:18-23).

62. **...al guardar silencio.** Una clave para el servicio a Dios es emular Sus atributos. Tal como Dios perdona, es generoso, bueno, etcétera, así debe ser la persona que busca ser Su siervo, perdonando, actuando con generosidad, con bondad, etcétera. Pero, mientras que la naturaleza humana se ve afectada por sus acciones y el carácter mejora a través de los buenos actos, sería erróneo, tal como explica seguidamente el Rebe Najmán, pensar que este proceso tiene un paralelo en Dios. Tomemos, por ejemplo, el acto de mantenerse en silencio mencionado antes en la lección. Aunque la persona que guarda silencio frente a la humillación se arrepiente y aumenta su conciencia, estos cambios no son aplicables a Dios; la intención de Dios al mantenerse en silencio *no es* para que Él pueda arrepentirse o aumentar Su conciencia.

63. **castigo en el Mundo que Viene.** Cuando Dios hace que una persona sufra, Él toma el aspecto del santo nombre *Ehiéh*. Esto se debe a que la intención de Dios al enviarle el sufrimiento a esta persona es despertar en ella el arrepentimiento. Porque en ese momento, sus pecados la

אוֹכִיחֲךָ וְאֶעֶרְכָה לְעֵינֶיךָ:

ד וּכְשֶׁרוֹצֶה אָדָם לֵילֵךְ בְּדַרְכֵי הַתְּשׁוּבָה, צָרִיךְ לִהְיוֹת בָּקִי בַּהֲלָכָה, וְצָרִיךְ לִהְיוֹת לוֹ שְׁנֵי בְּקִיאוּת, הַיְנוּ בָּקִי בְּרָצוֹא, בָּקִי בְּשׁוֹב, כְּמוֹ שֶׁכָּתוּב: 'זַכָּאָה מָאן דְּעָיֵיל וְנָפִיק' (זהר ויקהל רי״ג:,

un tiempo en que la gente no será capaz de clarificar la *Halajá* (ver *Shabat* 138b y sig.), algo que sólo será rectificado cuando llegue Mashíaj. Por esto es necesario adquirir la mayor pericia posible: esmerarse por determinar la ley, para servir a Dios apropiadamente y llegar lo más cerca posible de Él (*Torat Natán* 27). Por otro lado, dice el Rabí Natán en otra parte, que el motivo de que nuestro exilio se haya extendido durante tanto tiempo, puede rastrearse en el hecho de que la gente no está bien versada en la *Halajá*. Más específicamente, esto ocurre debido a que no se acercan a los verdaderos Tzadikim, quienes pueden enseñarles cómo alcanzar la experiencia necesaria en *Halajá/halijá* (*Torat Natán* 34).

68. **correr...retornar.** Estos términos, *ratzó* y *shov* provienen de la visión de Ezequiel de la Carroza Divina: "Las criaturas vivientes corrían y retornaban, con la apariencia de un rayo" (Ezequiel 1:14). Esta Visión de la Carroza, otra parte de la cual es tratada más abajo en gran detalle (sección 5), describe algunos de los niveles y estados espirituales más sublimes que puede experimentar una persona (ver *Innerspace*, por el Rabí Aryeh Kaplan, Moznaim Pub., Parte Dos: Meditación y Profecía).

Este correr y retornar, dice el Rebe Najmán, implica ascenso y descenso. La persona que es experta en *Halajá* sabe cómo ascender a niveles espirituales superiores cuando las cosas van bien, y sabe cómo no caer más aún cuando las cosas no van bien. Pues cuando la persona utiliza su conocimiento de Torá/*Halajá* para ascender a aquellos niveles superiores que le es posible alcanzar, puede recordar que existen niveles más elevados aún. Esto la impulsará a seguir avanzando y buscando a Dios en ámbitos cada vez más elevados, comenzando de nuevo una y otra vez. Por el contrario, cuando comienza a sentirse débil y sin fuerzas para continuar con sus devociones, utiliza su conocimiento de Torá/*Halajá* para fortalecerse y no sucumbir al pecado. Esto la salva de la desesperanza. Pues el hecho es que Dios está en todas partes. "El mundo entero está lleno de Su gloria" (Isaías 6:3). Así, incluso si alguien cae a los abismos más profundos, no debe perder de vista el *tajlit* (objetivo final), para no caer más abajo todavía. Más bien, debe mantener su nivel presente. Esto requiere comprender que Dios está en todas partes, hasta en los lugares más bajos, incluso en *sus* lugares más bajos. Incluso allí puede buscar a Dios (*Torat Natán* 13). La clave para retener nuestros logros, sin importar lo que uno deba enfrentar, es la fe. Pues tener fe en que "Dios es primero y Dios es último" (cf. Isaías 44:6) le infunde a la persona la conciencia de que Dios puede ser encontrado en cada nivel, desde el más elevado hasta el más bajo, y que siempre está accesible (*Torat Natán* 14, 16).

El Rabí Natán explica además que cada persona tiene su propio nivel al cual asciende. Puede elevarse por la escala espiritual hacia una posición que es solamente suya. De la misma manera, otras personas tienen sus propios y únicos niveles (lo que en una persona es correr, en otra es retornar). Por lo tanto se necesita ser experto. ¿De qué otra manera puede la persona conocer sus capacidades únicas y encontrar su nivel? Sería errado copiar las devociones y los

"Te reprenderé y lo pondré en orden delante de tus ojos".⁶⁵

4. Ahora bien, cuando la persona desea ir por la senda del arrepentimiento,⁶⁶ debe ser *bakí* (experta) en *Halajá*.⁶⁷ Esto implica tener dos tipos de pericias: *bakí beratzó* (experta en el "correr") y *bakí beshov* (experta en el "retornar").⁶⁸ Como está escrito <en el *Zohar* (III,

---

65. **delante de tus ojos.** En otra instancia (*Likutey Moharán* I, 98), el Rebe Najmán enseña que el peor castigo posible que la persona pueda sufrir es que se le muestre abiertamente la gravedad del daño que ha causado al pecar (*Parparaot LeJojmá*). Por lo tanto, Dios "lo pondrá en orden delante de tus ojos".

Resumen: Toda persona debe minimizar su propio honor y aumentar el honor de Dios (#1). Esto requiere el arrepentimiento, el retorno a Dios, y el reconocimiento de Su grandeza, lo que se logra soportando el insulto en silencio, en aras del Santo, bendito sea. La persona aumenta de este modo el honor de Dios y merece el *kavod Elohim* (#2). Aun así, nunca debe dejar de arrepentirse. Debe dedicarse a la *teshuvá al teshuvá*, buscando siempre mayores revelaciones de Dios. De esta manera, podrá merecer el arrepentimiento del Mundo que Viene (#3).

66. **desea andar....** Inicialmente, el Rebe Najmán enseñó que la persona merece el arrepentimiento al soportar la humillación en silencio. Sin embargo, para merecer *teshuvá al teshuvá*, para caminar constantemente por la senda de la *teshuvá* y ser capaz de arrepentirse en todo momento, la persona necesita cierto tipo de destreza.

67. **experta en Halajá.** En su significado más simple, *Halajá* se refiere a la Ley Judía o a toda la ley específica contenida en ella. Está compuesta por un grupo específico de leyes y de decretos derivados originalmente de los Cinco Libros de Moisés y presentados actualmente de manera concisa en el *Shuljan Aruj* (Código de Leyes Judías). La palabra *halajá* (una ley) es similar a *halijá*, que significa "caminar". Así, para que alguien "camine por la senda del arrepentimiento", debe saber cómo y por qué medios debe caminar, es decir, *Halajá*.

Ser experto en *Halajá*, en su nivel más fundamental, requiere conocimiento de las leyes de la Torá y de sus detalles más finos, tal como se relacionan con cada una de las mitzvot. Pues todos los diferentes elementos de la Torá son necesarios para revivir las almas debilitadas que han descendido de los niveles superiores de santidad. Cada persona suele errar a su manera y entonces necesita *su* mitzvá específica para que la ayude a retornar a su sendero. Esto se debe a que cada mitzvá, con sus leyes, decretos y detalles más finos, tiene un poder vital único, como está escrito (Deuteronomio 30:20), "Pues ella es tu vida": "ella" es la Torá.

Por esto es necesario ser muy diligentes en el estudio de la Torá, que literalmente revive a la persona de la falta de espiritualidad generada por el pecado. Esto es especialmente válido con respecto al estudio del *Shuljan Aru*j, donde la clarificación de las leyes diferencia lo bueno de lo malo y lo permisible de lo prohibido, como resultado de lo cual el mal pierde el poder de arrastrar a la persona haciéndola descender de su nivel espiritual. Éste es el significado interno de ser experto en *Halajá* (*Likutey Halajot, Birkot HaPeirot* 5:19; *Torat Natán* 12).

El Rebe Najmán dijo cierta vez, "Todos deben estudiar el *Shuljan Aruj* a diario, sin falta" (*Sabiduría y Enseñanzas del Rabí Najmán de Breslov* #29; ver también *Likutey Moharán* I, 8:6; *ibid.* 62:2). Escribe el Rabí Natán sobre el mismo tema: Nuestros sabios enseñaron que llegará

הַאֲזִינוּ רצב.). וְזֶה בְּחִינַת (תהלים קל"ט): "אִם אֶסַּק שָׁמַיִם - שָׁם אָתָּה", בְּחִינַת עַיִל, בְּחִינַת בָּקִי בִּרְצוֹא. "וְאַצִּיעָה שְּׁאוֹל - הִנֶּךָּ", בְּחִינַת וְנָפִיק, בְּחִינַת בָּקִי בְּשׁוֹב.

וְזֶה (שיר-השירים ו): "אֲנִי לְדוֹדִי וְדוֹדִי לִי". 'אֲנִי לְדוֹדִי', - זֶה בְּחִינַת עַיִל. 'וְדוֹדִי לִי' - זֶה בְּחִינַת וְנָפִיק. [וְזֶה סוֹד כַּוָּנַת אֱלוּל], וְזֶה עִקַּר כְּבוֹדוֹ.

וְזֶה (ישעיהו נ"ח): "וְכִבַּדְתּוֹ מֵעֲשׂוֹת דְּרָכֶיךָ". 'דְּרָכֶיךָ' - לְשׁוֹן

una percepción mucho más profunda de la Divinidad.

El *Biur HaLikutim* hace notar que el honor más grande de Dios se produce cuando alguien que está distante de Él, alguien que se encuentra en un bajo nivel espiritual, Lo reconoce. Esto puede verse en el versículo, "Tú estás *allí*" - distante... "*aquí* estás Tú" - revelado y junto a mí.

72. **Yo soy...es mío.** En hebreo, אני לדודי ודודי לי, *"Ani Ledodi Vedodi Li"*. Las primeras letras de esta frase forman la palabra ELUL (אלול). El mes judío de Elul está reservado para el arrepentimiento, pues el pueblo judío se prepara para Rosh HaShaná y Iom Kipur. Siendo el arrepentimiento el tema principal de esta lección, el Rebe conecta ahora Elul con la lección y muestra cómo todos los conceptos tratados hasta aquí se relacionan con el mes de Elul.

73. **Yo soy...ascender.** En otras palabras, "Me esfuerzo por ascender hacia mi Amado", es decir, hacia niveles espirituales superiores.

74. **Y mi amado es...descender.** Pues Dios sustenta incluso a aquéllos que se encuentran en los niveles más bajos, especialmente si desde allí Lo buscan verdaderamente.

75. **el significado oculto de las meditaciones de Elul.** Aquí, el Rebe Najmán se refiere específicamente al nombre Elul, mientras que más abajo (ver el final y la nota 82) se refiere al significado oculto de las *kavanot* (meditaciones) del mes.

76. **la esencia de Su gloria.** La gloria de Dios se perfecciona a través de las acciones del hombre aquí en la tierra. Así, cuando servimos a Dios desde este bajo mundo tan distante de Él, Su gloria aumenta y alcanza plenitud, si así pudiera decirse. Esto se debe a que la gloria revelada por las tremendas y poderosas acciones de Dios están incompletas, por así decirlo; en un sentido, es como si el Santo, bendito sea, Se estuviese sirviendo a Sí mismo. La plenitud de la gloria, por lo tanto, sólo puede ser alcanzada mediante el servicio Divino realizado en este mundo físico, especialmente por aquéllos que se encuentran en los niveles espirituales más bajos. Así, el significado de "Meritorio es aquél que entra y sale" es: meritorio es aquél que es experto en ascender hacia Dios y aun así tiene la habilidad de mantenerse fuerte incluso en los tiempos difíciles y de sostenerse aun cuando cae a los niveles más bajos de la escala espiritual. Tal persona ha merecido y revelado verdaderamente la gloria de Dios. Vemos, entonces, que el elemento del ascenso y del descenso produce una verdadera revelación de la gloria de Dios.

77. **honras al Shabat...tus caminos.** El trabajo de los seis días de la semana puede ser visto,

292a)>: "Meritorio es aquél que entra y sale".[69] Esto corresponde a (Salmos 139:8), "Si asciendo al cielo, Tú estás allí", un aspecto de ascender, de ser experto en correr[70]; "y si hago mi lecho en el Infierno, aquí estás Tú", un aspecto de descender, de ser experto en retornar.[71]

Esto es (Cantar de los Cantares 6:3), "Yo soy de mi amado y mi amado es mío".[72] "Yo soy de mi amado" es el aspecto de ascender[73]; "y mi amado es mío" es el aspecto de descender.[74] [Éste es el significado oculto de las meditaciones de Elul,[75]] y ésta es la esencia de Su gloria.[76]

Y esto es (Isaías 58:3), "y honras [al Shabat] absteniéndote de seguir tus caminos".[77] "Caminos" es plural, indicando ascender y

---

logros de otra persona, pues esto invariablemente lleva a buscar el honor y no la senda correcta para el arrepentimiento (*Torat Natán* 15, 20).

69. **entra y sale.** Este pasaje del *Zohar* (*loc. cit.*) se refiere a alguien que entra en los ámbitos superiores del conocimiento de Dios. Éste es un nivel muy elevado y nadie puede quedarse allí por siempre. Así como la persona debe saber cómo "entrar en paz" en estos ámbitos superiores, también debe saber cómo "salir en paz" (*Jaguigá* 15b). Por lo tanto, ser experto en correr y retornar también es necesario si uno debe descender desde las alturas más elevadas y mantenerse fuerte por haber ascendido. De hecho, es esta seguridad la que permite ascender en primera instancia a niveles mucho más elevados. Como concluye el *Zohar*: Aquél que no puede descender apropiadamente, habría sido mejor que no ascendiera, pues cuanto más grande sea su exposición a los niveles elevados, mayor será la posibilidad del error en su descenso (como le sucedió a Ajer, ver *Jaguigá* 14b y sig.; ver también nota 76).

El Rabí Natán presenta otro elemento más para la comprensión del "ascenso y descenso". Explica que la persona que quiere arrepentirse debe inevitablemente ser probada en circunstancias similares a aquéllas en las cuales sucumbió. Al "entrar" en esos ámbitos y mantenerse firme en su devoción a Dios, asciende y desciende, es decir, "entra en paz" y "sale en paz", y merece rectificar su transgresión (*Torat Natán* 18, 19).

70. **Tú estás allí...ascender...correr.** Específicamente "allí", indicando que Dios puede ser encontrado incluso en niveles más elevados que aquél que uno ya ha alcanzado. Por lo tanto está obligado a seguir buscando.

71. **aquí estás Tú...descender...retornar.** Específicamente "aquí", indicando que Dios está extremadamente cerca de él incluso, o especialmente, en estos bajos niveles a los cuales ha caído. Sólo necesita abrir los ojos para verlo.

Agrega el *Mei HaNajal* que estos dos niveles, *bakí beratzó* y *bakí beshov* corresponden a los dos niveles del *kavod Elohim* tratados más arriba. *Bakí beshov* corresponde al primer nivel de arrepentimiento, al *kavod Elohim* de este mundo, donde la percepción de Dios es limitada. *Bakí beratzó* se refiere al ascenso a los niveles superiores, a la *teshuvá al teshuvá*, el *kavod Elohim* del Mundo que Viene, donde aumentará en la gente la conciencia de Dios. Como hemos visto (sección 1, notas 2-6), este segundo nivel de *kavod Elohim* es aquél en el cual el honor Le pertenece totalmente a Dios. La persona ha alcanzado un grado tan elevado de humildad que ya no se siente una entidad separada. Más bien, se anula totalmente ante Dios y al hacerlo alcanza

רַבִּים. הַיְנוּ עַיִל וְנָפִיק, וּכְשֶׁיֵּשׁ לוֹ אֵלּוּ הַשְּׁנֵי בְּקִיאוּת הַנַּ"ל, אֲזַי הוּא הוֹלֵךְ בְּדַרְכֵי הַתְּשׁוּבָה וְזוֹכֶה לִכְבוֹד ה', כְּמוֹ שֶׁכָּתוּב: "וְכִבַּדְתּוֹ מֵעֲשׂוֹת דְּרָכֶיךָ", הַיְנוּ שֶׁזּוֹכֶה לְכֶתֶר, כִּי לֵית כָּבוֹד בְּלֹא כָּף, וְאָז יְמִין ה' פְּשׁוּטָה לְקַבֵּל תְּשׁוּבָתוֹ. [וְזֶה סוֹד כַּוָּנַת אֱלוּל]:

ה   וְעַל-יְדֵי הַדְּמִימָה וְהַשְׁתִיקָה נַעֲשָׂה בְּחִינַת חִירִיק, כַּמּוּבָא בְּתִקּוּנִים (בהקדמה ז.). "וְתַחַת רַגְלָיו כְּמַעֲשֵׂה לִבְנַת הַסַּפִּיר"

Tanjuma, BeShalaj 15 y *Or Jaim*, Deuteronomio 32:11. Más adelante, el Rebe Najmán mostrará también cómo el concepto de *iemin* (la mano derecha) se une con los otros aspectos de la lección (secciones 10 y 12).

82. **kavanot de Elul.** Las *kavanot* son meditaciones Kabalistas basadas en las diferentes permutaciones de los santos nombres de Dios. Estas *kavanot* se aplican no sólo a la plegaria, sino a todos los aspectos de la vida. Las meditaciones relacionadas con el mes de Elul serán tratadas más adelante (secciones 10 y 13).

Resumen: Toda persona debe minimizar su propio honor y aumentar el honor de Dios (#1). Esto requiere el arrepentimiento, el retorno a Dios, y el reconocimiento de Su grandeza, lo que se logra soportando el insulto en silencio, en aras del Santo, bendito sea. La persona aumenta de este modo el honor de Dios y merece el *kavod Elohim* (#2). Aun así, nunca debe dejar de arrepentirse. Debe dedicarse a la *teshuvá al teshuvá*, buscando siempre mayores revelaciones de Dios. De esta manera, podrá merecer el arrepentimiento del Mundo que Viene (#3). Y para caminar por las sendas del arrepentimiento, la persona debe ser experta en correr y retornar, es decir, saber cómo ascender y descender la escala espiritual de acuerdo con sus propias y únicas capacidades (#4).

83. **Ahora bien, por medio.** En esta sección, el Rebe Najmán introduce dos conceptos nuevos: la letra *alef* y la relación entre el rabí y su discípulo. Además, el Rebe retorna a la afirmación que hizo antes de dar la lección, "¡Cuando uno se sienta en la silla, uno es un *hombre*!" (ver arriba, nota 1). El Rebe une ahora estos conceptos dentro del contexto de nuestra lección. También ofrece un comentario de la visión de Ezequiel, conectando el concepto de las criaturas corriendo y retornando con la apariencia del hombre sentado sobre el trono (ver nota 68).

84. **se forma el aspecto de jirik.** El siguiente pasaje del *Tikuney Zohar* con el comentario del *Matok Midvash* es vital para comprender esta sección de la lección. En esta parte de la visión de Iejezquel (versículos 26-28), él menciona nueve veces el término hebreo *maré*, "forma" o "apariencia" (lit. visión). Las primeras dos se encuentran en el versículo 26: "Y por encima del firmamento que estaba sobre sus cabezas, había como la apariencia (*maré*) de una piedra de safiro, a semejanza de un trono; y sobre la semejanza del trono una forma (*maré*) como la figura de un *hombre* por encima de él".

descender.⁷⁸ Cuando la persona posee estos dos tipos de pericias, entonces anda por el <verdadero> sendero del arrepentimiento y merece el <Divino> *kavod* mencionado más arriba. Como está escrito, "y lo honras absteniéndote de seguir tus caminos",⁷⁹ es decir, alcanza *Keter*, porque no puede haber *kavod* sin *kaf*.⁸⁰ Entonces, la mano derecha de Dios se extiende para aceptar su arrepentimiento (Deuteronomio 3:29; Plegaria de *Tajanun*).⁸¹

{Éste es el significado oculto de las *kavanot* (meditaciones) de Elul}.⁸²

5. Ahora bien, por medio⁸³ de la quietud y del silencio se forma el aspecto de *jirik*.⁸⁴ Como figura en los *Tikunim* <sobre el versículo>, "y bajo Sus

---

en un sentido general, como el proceso de separar lo sagrado de aquello que es externo, y llevar esa santidad hacia el ámbito interior. Este es el concepto de llevar algo desde el dominio público al dominio privado, actividad prohibida en el Shabat. Aun así, esto es un aspecto fácilmente reconocible en nuestras vidas diarias como el *salir* para *traer a casa* el sustento.

Esto se aplica también a lo espiritual. Mediante el trabajo con lo externo, las actividades físicas realizadas con el cuerpo, la persona filtra y extrae lo sagrado que se encuentra en lo físico y lo lleva hacia el ámbito de la *kedushá* (santidad). En el Shabat, sin embargo, no hay proceso de separar y filtrar. Todo lo contrario. En el Shabat aquello que fue extraído durante la semana asciende hacia un lugar de paz, de tranquilidad y de descanso. Entonces se perfeccionan los senderos de la *teshuvá*, los aspectos del ir y volver, de correr y retornar. Toda tarea es por lo tanto innecesaria y de hecho prohibida. El Shabat es así el tiempo en que estamos ocupados con las sendas de Dios, y no con nuestros propios caminos. Éste es el honor del Shabat .

El versículo de Isaías citado aquí por el Rebe Najmán comienza diciendo: "Si refrenas tu pie en el Shabat [de caminar más allá del límite permitido], de perseguir tus negocios en Mi día sagrado... y honras al Shabat...". Como acaba de enseñar el Rebe, para arrepentirse uno debe ser experto en *Halajá*/caminar. Uno debe saber cómo caminar hacia adelante (correr) y hacia atrás (retornar). Ese es el arrepentimiento. Como hemos visto más arriba (sección 3), el Shabat es también el concepto del arrepentimiento. Y debido a esto, la persona merece "tu honra", es decir, *kavod Elohim* (ver *Parparaot LeJojmá*; *Biur HaLikutim*).

78. Caminos es plural.... El Rebe explica porqué el versículo utiliza el plural "caminos". Esto es para mostrar que para alcanzar el arrepentimiento es necesario ser experto tanto en el correr como en el retornar. Entonces, y sólo entonces, la persona "está caminando en los senderos de la *teshuvá*".

79. merece...Divino kavod.... Como arriba, sección 2. Mediante el arrepentimiento uno merece *kavod Elohim* (ver nota 77).

80. Keter...kaf. Ver arriba, sección 2, nota 13.

81. mano derecha...arrepentimiento. Cuando la persona se arrepiente, Dios extiende Su mano para recibir su arrepentimiento. Ver también Rashi y *Siftei Cohanim* sobre Deuteronomio 3:24,

(שמות כ״ד) - דָּא חִירִיק, וְזֶה בְּחִינַת (ישעיהו ס״ו): "וְהָאָרֶץ הֲדֹם רַגְלָי". 'הֲדֹם' - זֶה בְּחִינַת דְּמִימָה, וְזֶה בְּחִינַת הַנְקֻדָּה הַתַּחְתּוֹנָה שֶׁל תְּמוּנַת א.

וּנְקֻדָּה הָעֶלְיוֹנָה שֶׁעַל הָאָלֶ״ף זֶה בְּחִינַת כֶּתֶר, בְּחִינַת (יחזקאל א): "וּמִמַּעַל לָרָקִיעַ אֲשֶׁר עַל רֹאשָׁם אֶבֶן סַפִּיר דְּמוּת כִּסֵּא", 'דְּמִתְכַּסְיָא לְעֵילָא מִוָּא״ו שֶׁבְּאָלֶ״ף, דְּמִתְקַרְיָא רָקִיעַ' (שם בתקונים), וְהַנְקֻדָּה הִיא כִּסֵּא דְּמִתְכַּסְיָא, כְּמוֹ שֶׁכָּתוּב (חגיגה יג.): "בַּמֻּפְלָא מִמְּךָ אַל

algo sobre el santo nombre de Dios, ¡retorna! Pues Su nombre está totalmente oculto (*Tikuney Zohar*, Introducción, p.6b,7a: *Matok Midvash, loc. cit.*).

Las diferentes partes de este pasaje serán explicadas con más detalle a medida que se presenten en la lección. El Rebe Najmán muestra ahora cómo los misterios de la visión de Iejezquel son aplicables a cada persona en su nivel particular y cómo es posible que incluso un mortal pueda alcanzarlos.

85. **jirik.** *Jirik* es el nombre de uno de los signos vocales del sistema de *nikud* hebreo. Pronunciado como una *i*, el *jirik* es un punto simple ubicado debajo de los pies o de la base de la letra (una piedra, el punto inferior, como en la nota 84). El versículo de Éxodo citado por el Rebe Najmán se refiere a la revelación que los sabios de Israel alcanzaron en el Monte Sinaí. En nuestro contexto, esto puede comprenderse en el sentido de que los judíos en el Sinaí se arrepintieron de sus pecados y estuvieron dispuestos a la *teshuvá*, es decir, servir a Dios nuevamente desde el comienzo. De este modo merecieron el primer nivel del arrepentimiento: el *jirik*, el punto inferior, la *teshuvá* de este mundo.

86. **la tierra es hadom raglai....** La tierra es comparada a un apoya*pié*, y ambos aluden al punto inferior de la *alef/jirik*.

Agrega el *Mei HaNajal* que si examinamos todo el versículo, vemos en él los tres elementos de la *alef*. Dice Isaías (*loc. cit.*): "Los cielos son Mi *kisé* y la tierra es *hadom raglai*". Esto es, "los cielos", la *vav*, "son Mi *kisé*", el punto superior; "y la tierra es *haDoM raglai*", el punto inferior. Esto se aclarará más adelante en la lección.

87. **HaDoM...HaDeMimá....** El término *HaDoM* (הדם) es similar a *DeMimá* (דמימה, quieto). Así, en nuestro contexto, el versículo se lee: "La tierra/*jirik* se construye quedándose *DoM* (quieto)".

88. **punto inferior...de la alef.** Cuando, debido a su deseo por arrepentirse, la persona se mantiene quieta y en silencio frente a la humillación, forma el *jirik*, el punto inferior de la *alef*.

89. **punto superior...Keter.** Como arriba, nota 84.

90. **vav...firmamento.** Ver más abajo, nota 94.

91. **...kisé demitKaSya.** Es decir, el punto superior corresponde a *Keter*, que está oculto por sobre el firmamento (como arriba, nota 84). Es llamado *kisé* (כסא) porque está *mitkasya* (מתכסיא) sobre el firmamento, más allá del alcance de la mente, como a continuación explica el Rebe.

pies algo como un ladrillo de safiro" (Éxodo 24:10), esto es el *jirik* (*Tikuney Zohar* 7a).⁸⁵ Y esto corresponde a "la tierra es *hadom raglai* (Mi apoyapié)" (Isaías 66:1),⁸⁶ "*haDoM*" corresponde a <*haDeMimá* (quietud) y silencio>,⁸⁷ un aspecto del punto inferior de la forma de la *alef*.⁸⁸

El punto superior de la *alef* es el aspecto de *Keter*,⁸⁹ correspondiente a "Y por encima del firmamento que estaba sobre sus cabezas, había como la apariencia de una piedra de safiro, a semejanza de un trono (*kisé*)" (Ezequiel 1:26). [Éste es el punto] que está arriba de la *vav* de la *alef*, que es llamada "firmamento" (ver *Tikuney Zohar*, ibid.).⁹⁰ Este punto es *kisé demitKaSya* (un trono que está cubierto).⁹¹ Como se enseñó: No cuestiones sobre aquello que está

Dice el *Zohar*, al tratar sobre estos *marot* (plural de *maré*): "Y por encima del firmamento que estaba sobre sus cabezas" estaba la letra *alef*, "como la apariencia de una piedra de safiro". Una piedra se asemeja a un punto redondo, la letra *iud*, similar a los puntos superior e inferior de la letra *alef*. Ésta era la "piedra de safiro" que era *demut kisé* ("a semejanza de un trono"). La palabra *kisé* es similar a *demitkasya*, que significa "cubrir" u "ocultar". El punto superior de la *alef* está oculto sobre la línea de la *alef*. La línea se asemeja a la letra *vav*, similar al firmamento que divide lo superior de lo inferior. Así, la "semejanza de un trono (*kisé*)" corresponde a la *iud* superior que está oculta de la vista sobre la *vav*.

El *Zohar* cita entonces otro versículo que se refiere al safiro (Éxodo 24:10): "Y bajo Sus pies algo como un ladrillo de safiro". Esto se refiere al punto inferior de la *alef*. Así, la "piedra" y el "ladrillo" de safiro se refieren respectivamente al punto superior e inferior de la letra *alef*. Ellos están ubicados arriba y abajo, unidos por la *vav* inclinada, formando así la letra *alef*. Ésta es la *alef* que vio Iejezquel. El *Zohar* describe luego a qué alude cada una de estas partes de la *alef*.

El punto superior alude a *Keter*, que se encuentra por sobre *Jojmá* y *Biná*. El punto inferior se asemeja al *jirik* (un signo vocal simple; ver nota siguiente), que es un punto simple (*iud*), correspondiente a la tierra/*Maljut*, como en (Isaías 66:1), "la tierra es Mi apoyapié". La línea entre los dos, la *vav*, es el firmamento entre los dos niveles, correspondiente a *Zeir Anpin* (la persona Divina compuesta por seis *sefirot*). Así, la letra *alef*, sus dos puntos/*iuds* (= 20) y su línea/*vav* (= 6), tiene el valor numérico de veintiséis, el mismo que el santo nombre de Dios, *IHVH*. La *alef* incluye también las diez *Sefirot*: desde *Keter*, (*Jojmá* y *Biná*), pasando por las seis *sefirot* centrales hasta *Maljut*.

El *Zohar* dice entonces: "y sobre la semejanza del trono un *maré* (forma) como la figura de un *adam* (hombre) por encima de él". Todo se encuentra en la *alef*, porque no puede haber *ADaM* sin *alef*. Es decir, este *maré* (forma) denota el santo nombre *IHVH* en su expansión *MaH* (= 45, el mismo valor numérico que *ADaM*; ver Apéndice: Expansiones del Santo Nombre de Dios). Así, el *adam* en el trono es *Zeir Anpin*. Este santo nombre *IHVH* carecía de una *alef*, sólo tenía *dam*, la parte de atrás de *Ehiéh*. Pero cuando se formó la *alef* de *Ehiéh* y fue colocada dentro del santo nombre *IHVH*, entonces se formó *ADaM* (*MaH*), "como la figura de un hombre". Por lo tanto: Si piensas que puedes entrar en las cámaras superiores y determinar

תִּדְרשׁ, וּבַמְכֻסֶּה מִמְּךָ אַל תַּחְקֹר", וְזֶה בְּחִינַת: "כְּבוֹד אֱלֹקִים הַסְתֵּר דָּבָר", בְּחִינַת כֶּתֶר.

וְהַוָּא"ו שֶׁבְּתוֹךְ הָאָלֶף, הוּא רָקִיעַ, שָׁמַיִם, אֵשׁ וּמַיִם, בְּחִינַת הַבּוּשָׁה שֶׁנִּשְׁתַּנָּה פָּנָיו לְכַמָּה גְוָנִין. וְזֶה בְּחִינַת רָקִיעַ כְּלָלִיּוּת הַגְּוָנִין.

וְנַעֲשֶׂה עַל־יְדֵי־זֶה אָדָם לָשֶׁבֶת עַל הַכִּסֵּא, כְּמוֹ שֶׁכָּתוּב (שם ביחזקאל): "וּדְמוּת כְּמַרְאֵה אָדָם עָלָיו מִלְמָעְלָה", 'כִּי לֵית אָדָם בְּלָא אָלֶ"ף' (שם). וְזֶה אוֹתִיּוֹת אָדָם, אָלֶף דָּם. הַיְנוּ עַל־יְדֵי דֹּם לָהּ', נַעֲשֶׂה אָלֶ"ף, וְנַעֲשֶׂה אָדָם לָשֶׁבֶת עַל הַכִּסֵּא.

---

sona que quiera arrepentirse debe aprender a mantenerse en silencio (el punto inferior) y a soportar la humillación (la *vav*). Sólo así podrá eliminar su mala inclinación y alcanzar *Keter, kavod Elohim* (el punto superior). De este modo ha completado la letra *alef*. Y, al completar la *alef*...

99. **se hace un adam...sobre el trono.** Enseña el *Zohar* (*loc. cit.*): Las Escrituras se refieren al hombre mediante varios nombres: *adam, guever, enosh, ish*. Cada uno es indicativo de un diferente nivel espiritual, siendo *adam* el más elevado de todos. ¿Y cuándo hay perfección Arriba? Cuando el Santo, bendito sea, IHVH, específicamente el aspecto del santo nombre *MaH* (*ADaM*), se sienta sobre Su Trono. Pues hasta que el Santo, bendito sea, no se siente en Su Trono, no puede haber más que una semejanza de perfección, como en "y sobre la semejanza del trono una forma como la figura de un *adam* por encima de él". Agrega el *Zohar*: Adam fue creado en el sexto día de la Creación, en el mismo momento en que fue completado el Trono... Por lo tanto, el hombre, que fue creado en el sexto día, es apto para sentarse en el trono (*Zohar* III, 48a; *Matok Midvash, loc. cit.*; *Parparaot LeJojmá*).

100. **la figura de un adam.** *Zeir Anpin*, el santo nombre *MaH*, como arriba (notas 84,99).

101. **no puede haber Adam sin Alef.** La *alef* en la palabra *adam* es su letra más importante (ver arriba, nota 13). Sin ella, *adam* (hombre) sólo sería *dam* (sangre). Las letras de la raíz de *AleF* también connotan "aprender". Esto hace referencia a la conciencia superior que adquiere la persona al mantenerse en silencio cuando su sangre es derramada por el insulto.

102. **ADaM...Alef-DaM.** La *alef* (= 1) se une con *dam* (= 44), la parte de atrás de *Ehiéh*. Juntas suman 45, *ADaM* (como arriba, nota 84).

Explica el *Mei HaNajal* que esto está aludido en el comienzo de la lección, donde el Rebe Najmán menciona la humildad. Como enseñaron nuestros sabios (*Julin 89a*): Cuando Moshé y Aarón dijeron (Éxodo 16:7), "Nosotros somos *mah*", quisieron decir "Nosotros somos considerados como una nada". Así, cuando la persona alcanza la verdadera humildad, obtiene *kavod Elohim, teshuvá al teshuvá*, el nivel de *adam/mah* (ambos igual a 45). Es digna por lo tanto de sentarse sobre el trono.

103. **dom...forma la alef.** Como se explicó arriba, mantenerse quieto y en silencio corresponde

oculto de ti ni investigues lo que está *meJuSé* (cubierto) de ti (*Jaguigá* 13a).⁹² Esto corresponde a "El *kavod* del Señor es un tema oculto", el aspecto de *Keter*.⁹³

Y la *vav* en el medio de la *alef* es el firmamento,⁹⁴ *ShaMaIM*⁹⁵: *eSh* y *MaIM* (fuego y agua),⁹⁶ que corresponde a la vergüenza, cuando su rostro cambia de color.⁹⁷ Esto es el aspecto del firmamento, que abarca todos los colores.⁹⁸

De esta manera, se hace "un *adam* para sentarse sobre el trono" (*Zohar* III, 48a).⁹⁹ Como está escrito (Ezequiel 1:26), "[y sobre la semejanza del trono] una forma como la figura de un *adam* (hombre) por encima de él".¹⁰⁰ Pues no puede haber *Adam* sin *Alef* (*Tikuney Zohar, ibid.*).¹⁰¹ Por lo tanto, las letras de *ADaM* son *Alef-DaM*.¹⁰² Esto es, su estar *dom* (quieto) ante Dios forma la *alef*,¹⁰³ y también "un *adam* para sentarse sobre el trono".

---

92. **oculto de ti...meJuSé....** Aquello que es considerado *kisé*, oculto de la persona, no puede ser cuestionado ni investigado.

93. **un tema oculto...Keter.** Es decir, el punto superior es considerado algo oculto, similar al *kavod Elohim*. Está prohibido cuestionar este *kavod*, el aspecto de *Keter*. Así, alguien que quiere arrepentirse debe mantenerse quieto y en silencio cuando es avergonzado. De esta manera obtiene el punto inferior de la *alef*. Si entonces es digno de la *teshuvá*, alcanza el *kavod Elohim/Keter* (como en sección 2), que es el punto superior de la *alef*.

94. **vav...es el firmamento.** En la Kabalá, *Zeir Anpin* está asociado con los cielos, mientras que *Maljut* está asociado con la tierra. *Zeir Anpin* también se alinea con la letra *vav*, en virtud de sus seis *sefirot* (ver nota 84). Así, en nuestro contexto, la *vav* corresponde al firmamento.

95. **ShaMaIM.** Éste es el término hebreo para denotar los cielos, el firmamento.

96. **eSh y MaIM .** Enseña el Talmud (*jaguigá* 12a): La palabra *shamaim* (שמים) es un compuesto de *eSh* (אש, fuego) y *MaIM* (מים, agua). Explica el Maharsha que estos dos elementos, el fuego y el agua, representan los atributos del juicio y de la bondad, respectivamente. Éstos son los atributos utilizados para crear los cielos (Maharsha, *loc. cit.*, v.i. *tana esh umaim*). Estos atributos también se encuentran en *Zeir Anpin*, del cual se dice que contiene muchos colores (ver *Zohar* I, 71b). Ver nota siguiente.

97. **rostro cambia de color.** El Talmud (*Berajot* 6b) asemeja el sufrir vergüenza a ser juzgado mediante el fuego y el agua. Esto se debe a que la persona que es avergonzada sufre cambios en el color de su rostro, del rojo al blanco, hasta que finalmente su sangre se aquieta (*Maharsha, loc. cit.*, v.i. *mei krum*). Así, avergonzarse es un paralelo de los cielos, del firmamento, porque ambos contienen los elementos del fuego y del agua.

98. **firmamento...todos los colores.** En nuestro contexto, esto enseña que la *vav* de la *alef* corresponde a la vergüenza, es decir, el rostro cambia de color cuando uno sufre vergüenza. Así, la per-

כִּי הַוָּא"ו שֶׁבְּתוֹךְ הָאָלֶף הוּא רָקִיעַ כְּלָלִיּוּת הַגְּוָנִין, הַיְנוּ הַבּוּשָׁה, כַּנַּ"ל. וְהַנְּקֻדָּה הַתַּחְתּוֹנָה הִיא הַשְּׁתִיקָה וְהַדְּמִימָה, כְּמוֹ שֶׁכָּתוּב: "וְהָאָרֶץ הֲדֹם רַגְלָי", וְזֶה בְּחִינַת חִירִיק, בְּחִינַת: "וְתַחַת רַגְלָיו", וְהַנְּקֻדָּה הָעֶלְיוֹנָה הוּא כִּסֵּא דְּמִתְכַּסְיָא, בְּחִינַת תְּשׁוּבָה, בְּחִינַת: "כְּבוֹד אֱלֹקִים הַסְתֵּר דָּבָר", בְּחִינַת: "בַּמְּכֻסֶּה מִמְּךָ אַל תַּחְקֹר", בְּחִינַת: "וּמִמַּעַל לָרָקִיעַ דְּמוּת כִּסֵּא וְכוּ', וְנַעֲשָׂה אָדָם לָשֶׁבֶת עַל הַכִּסֵּא", בְּחִינַת: "כְּמַרְאֵה אָדָם עָלָיו מִלְמָעְלָה".

citado más arriba (nota 84) explica que el *adam* sentado sobre el trono es de hecho Dios (en Su manifestación de *Zeir Anpin*). El Rebe Najmán, por otro lado, considera esto como una referencia al hombre mismo. La explicación, dice el *Parparaot LeJojmá*, proviene de la enseñanza de que "el Santo, bendito sea, y el pueblo judío son uno" (*Zohar* III, 93b; ver 6:final). Así, cuando los judíos se perfeccionan y perfeccionan sus devociones, también traen rectificación a los Mundos Superiores. De modo que cuando un judío se arrepiente y alcanza el nivel de *adam*, el gobierno de Dios se vuelve más completo, si así pudiera decirse, y Él se sienta en Su Trono. Tal como veremos más adelante (secciones 7 y 9), esto está conectado con la Redención Final, cuando será aniquilado Amalek, el enemigo absoluto del pueblo judío, "pues Dios tomó un juramento de que Su Nombre y Su Trono no estarán completos hasta que sea destruido Amalek" (*Rashi*, Éxodo 17:16).

El Rabí Natán muestra cómo, a la luz de la lección del Rebe Najmán, podemos llegar a tener un atisbo de lo que sucedió en la Visión de la Carroza (Ezequiel 1). Rashi comenta que los rectos son conocidos como "la Carroza de Dios" (ver Génesis 17:22). De hecho, cada persona, en la medida de su nivel de arrepentimiento, asciende para llegar a formar parte de la Carroza. Pero, como describe el profeta, antes de la carroza vio un "viento tormentoso... una gran nube, un fuego fulgurante... y la apariencia del *jashmal* (Palabra Silenciosa) emanando desde el medio del fuego". El viento, la nube y el fuego corresponden a las *klipot*, los obstáculos y los deseos ardientes que bullen dentro de la persona que anhela servir a Dios. Uno no puede percibir la Carroza sin antes haber superado los obstáculos y triunfado sobre sus pasiones. Además, debe soportar la humillación de aquéllos que se oponen a sus devociones. ¿Cómo puede hacer esto? A través del *jashmal*: *jash* (silencio) y *mal* (el habla) (*Jaguigá* 13a). Es decir, antes de que pueda alcanzar el nivel del habla, debe soportar toda su humillación en silencio (ver arriba, nota 104). Dentro del fuego, Iejezquel también vio cuatro criaturas con cuatro rostros cada una; los rostros eran de un león, un buey, un águila y un hombre. Estas "criaturas vivientes corrían y retornaban, como la visión de un relámpago", llevando el trono. También menciona haber visto un nivel más elevado aún: "y sobre la semejanza del trono una forma como la figura de un *adam* por encima de él". Éste es el hombre, "un *adam* para sentarse sobre el trono", quien ha completado todos los aspectos de la letra *alef*, como se ha explicado en nuestro texto. Y aunque sólo los más grandes Tzadikim pueden alcanzar este nivel con plenitud, aun así, al dedicarse a la *teshuvá al teshuvá* una y otra vez, cada persona, en la medida del nivel de su desarrollo espiritual, puede llegar a ser parte de ese Tzadik que sí se sienta sobre el trono (*Torat Natán* 25).

Pues la *vav* en el medio de la *alef* es el firmamento, la totalidad de todos los colores, es decir, la vergüenza arriba mencionada. El punto inferior es *DeMimá* y silencio, como en, "la tierra es *haDoM raglai* (Mi apoyapié)".[104] Esto es también el aspecto de *jirik*, correspondiente a "y bajo Sus pies...". Y el punto superior es el "*kisé demitkasya* <Arriba>", el aspecto del arrepentimiento, correspondiente a "La gloria del Señor es un tema oculto", y a "No inquieras sobre aquello que está oculto de ti" y a "por encima del firmamento que estaba sobre sus cabezas, había como la... semejanza de un *kisé*". Entonces, se hace "un *adam* para sentarse sobre el trono", correspondiente a "y sobre la semejanza... una forma como la figura de un hombre por encima de él".[105]

---

al punto inferior de la *alef* y la vergüenza corresponde a la *vav* sobre él. Cuando la persona soporta la humillación manteniéndose quieta, alcanza el *Keter/kavod Elohim*, el punto superior. El Rebe Najmán ahora repasa la lección, mostrando cómo se forma la *alef*.

104. **DeMimá y silencio....** El Rabí Natán agrega otra dimensión más al concepto de mantenerse quieto y en silencio. Dice: Hay dos tipos de silencios. El primero es el silencio demandado a la persona debido a sus muchos pecados; debe reconocer sus faltas y sentirse demasiado avergonzada como para hablar delante de Dios. Pero, a pesar de lo apropiado que es este nivel de devoción, es incompleto. La persona debe buscar el nivel donde pueda decir palabras de Torá y plegarias delante de Dios. Son sus palabras y no el silencio las que indican que ha ascendido en la escala espiritual. Si entonces se mantiene quieta y en silencio cuando es avergonzada, alcanza el total arrepentimiento. Éste es el nivel de *Keter*, que denota un nivel de silencio que es más elevado aún que la palabra, pues corresponde a los niveles ocultos. Y allí, en *Keter*, la persona debe esperar. Sería errado por su parte profundizar en algo que está por encima de su nivel. Más bien, debe esperar pacientemente, hasta que pueda ascender al nivel siguiente (*Torat Natán* #22).

Agrega el *Mei HaNajal*: Ahora podemos comprender mejor por qué la persona debe soportar la humillación en silencio. El firmamento, la *vav*, corresponde a la vocal hebrea *pataj* (*Tikuney Zohar*, Introducción, p.7b). Pronunciada como la letra *a*, la *pataj* (-) tiene la forma de una *vav*, una línea recta. Cuando la persona busca honor, sólo encuentra el honor dado a los reyes, el tipo de honor que todos cuestionan e investigan. La gente tiene por lo tanto lo que puede ser llamado una *pe patuaj* (boca abierta) para hablar en su contra. Ahora bien, la fuente de este cuestionamiento y de abierta crítica (*PaTúaJ*) al cual se ve sujeta es la *vav* (*PaTaJ*). Su vergüenza, producida por su "mala" sangre (*dam*), sólo puede ser superada manteniéndose quieta y en silencio, transformando *DaM*, con una *pataj*, en *DoM* con un *jolem* (ver nota 33). Entonces, en lugar del *kavod melajim* encuentra *kavod Elohim*, el verdadero honor. El *JoLeM* de *dom*, que denota *haJLaMah*, curación y cerrado de la herida, cierra las bocas que estaban abiertas.

Agrega el *Mei HaNajal* que ambos, *kavoD melajiM* y *kavoD ElohiM* terminan con las letras *DM*. Sin embargo, mientras que *kavod melajim* es *dAm*, con una *pataj*, *kavod Elohim* es *dOm* con un *jOlem*.

105. **un adam para sentarse...como la figura de un hombre.** El pasaje del *Tikuney Zohar*

וְאָז נַעֲשֶׂה יִחוּד בֵּין חַמָּה לִלְבָנָה, שֶׁהַשֶּׁמֶשׁ מֵאִיר לַלְּבָנָה, וְנַעֲשֶׂה יִחוּד בֵּין מֹשֶׁה וִיהוֹשֻׁעַ, כִּי (בבא בתרא עה.) 'פְּנֵי מֹשֶׁה כִּפְנֵי חַמָּה', וְדָא נְקֻדָּה הָעֶלְיוֹנָה, בְּחִינַת כִּסֵּא, בְּחִינַת מֹשֶׁה, כְּמוֹ שֶׁכָּתוּב (תהלים פ"ט): "וְכִסְאוֹ כַשֶּׁמֶשׁ נֶגְדִּי", בְּחִינַת: "וּמִמַּעַל לָרָקִיעַ דְּמוּת כִּסֵּא".

וְהַנְּקֻדָּה הַתַּחְתּוֹנָה הִיא יְהוֹשֻׁעַ, בְּחִינַת לְבָנָה, בְּחִינַת: "וְתַחַת רַגְלָיו כְּמַעֲשֵׂה לִבְנַת", דָּא לְבָנָה.

contexto, esto hace referencia a que todos han de percibir la "luz de Dios", *kavod Elohim*, el arrepentimiento del Mundo que Viene (ver arriba, nota 58).

107. **el sol ilumina la luna.** Es decir, el punto superior ilumina el punto inferior. *Keter* brilla en *Maljut*, trayendo vitalidad incluso hacia los niveles espirituales más bajos (ver notas 68,69,76).

108. **Moshé y Ioshúa.** Moshé es el prototipo del maestro y Ioshúa es el prototipo del discípulo. Como veremos, en ninguna otra parte encontramos un discípulo tan devoto de su maestro como Ioshúa fue de Moshé. Es por esto que el Rebe Najmán utiliza su ejemplo como prueba. Además, tal como cierta vez dijo Reb Abraham Jazan, autor del *Biur HaLikutim*: La mención de Moshé y Ioshúa que hace el Rebe Najmán tenía como objetivo algo más que ser solamente una alusión al futuro papel del Rabí Natán como el principal seguidor del Rebe. Cuando se examina la vida del Rabí Natán, uno encuentra muchas similitudes entre la devoción del Rabí Natán al Rebe y la devoción de Ioshúa a Moshé Rabeinu (ver *Through Fire and Water: The Life of Reb Noson of Breslov*).

109. **el rostro de Moshé...el rostro del sol.** El Talmud (*loc. cit.*) asemeja el lustre del rostro de Moshé con el brillo del sol y el brillo del rostro de Ioshúa con la luz de la luna. Obviamente, el brillo de Moshé era mucho más grande que el de Ioshúa. Los ancianos de la generación, que habían visto a Moshé y podían ahora observar a Ioshúa, dijeron, "¡Ay, qué vergüenza!". Es decir, en un período tan corto, el nivel del prestigio de su líder había descendido tanto (ver *Rashbam, v.i. oi lo*). En nuestro contexto, como pronto hará notar el Rebe, la luna refleja la luz del sol, pero sólo cuando hay unidad entre ellos. Así, cada judío debe buscar promover la unidad entre Moshé y Ioshúa, entre el punto superior y el punto inferior, de modo que *Keter* pueda iluminar a *Maljut* con vitalidad (como arriba, nota 107).

110. **trono...como el sol...kisé.** A partir de estos textos de prueba aprendemos que el trono es como el sol. Y ya hemos visto que el *kisé* (trono) corresponde al *kisé demitkasya*, el punto que está oculto, es decir, el punto superior. Así, el sol/Moshé corresponde al punto superior.

111. **el punto inferior...Ioshúa...luna.** "...y el rostro de Ioshúa era como el rostro de la luna" (*Bava Batra* 75a; ver nota 109).

112. **LiVNat...LeVaNá.** "Bajo sus pies" corresponde al punto inferior, como se explicó (notas

Como resultado, se hace una unión entre el sol y la luna,[106] de modo que el sol ilumina la luna.[107] Esto también crea una unidad entre Moshé y Ioshúa,[108] pues el rostro de Moshé era como el rostro del sol (*Bava Batra* 75a).[109] Éste es el punto superior, que es el aspecto del *kisé*, de Moshé. Como está escrito (Salmos 89:37), "y su trono será como el sol delante de Mí"; correspondiente a "por encima del firmamento... la semejanza de un *kisé*".[110]

Y el punto inferior es Ioshúa, el aspecto de la luna,[111] correspondiente a "y bajo Sus pies había algo como un *LiVNat* (ladrillo) <de safiro>", es decir, *LeVaNá* (Luna).[112]

Además, las tres criaturas animales corresponden a la mente, el corazón y los pulmones. La mente es el punto superior de la *alef*; el corazón, donde fluye la sangre, es el punto inferior; y los pulmones, a través de los cuales pasa el viento (aire), es la *vav*. Cuando la persona completa su *alef*, sus órganos están completos y merece ser llamada *adam*: alguien digno de sentarse sobre el trono (*Torat Natán* 25).

Agrega entonces el Rabí Natán: El objetivo principal de la lección del Rebe Najmán es mostrar cómo cada judío puede lograr alcanzar los niveles y las percepciones más elevadas, hasta que él mismo se vuelve un aspecto de "un *adam* para sentarse sobre el trono". Pues este mundo corresponde al punto inferior de la *alef*. El conocimiento de Dios es el punto superior, *Keter*, que actualmente está oculto del hombre. El objetivo principal de la persona en su vida debe ser traer estas percepciones de Divinidad hacia este mundo por medio de la *vav*, el aspecto de los seis días de la semana, de los días de trabajo, de lo mundano. Enseña el Midrash que todo fue creado para el hombre (*Pesikta Rabati* 46:3). Es decir, todo fue creado para que el hombre lo utilice en su búsqueda por alcanzar percepciones Divinas, de modo que también él pueda transformarse en "un *adam* para sentarse sobre el trono". Para alcanzar esto es necesario sufrir la humillación en silencio. De este modo subyuga la sangre del ventrículo izquierdo de su corazón, la sangre hirviente del hígado, de la vesícula y del bazo, que se oponen al corazón, a los pulmones y a la mente. Y al refinar estos aspectos del mundo material, se eleva hacia el punto superior, pero sólo cuando su silencio lo lleva hacia la *teshuvá al teshuvá*, el aspecto de Shabat/ Tzadik (sección 3). Como se mencionó más arriba, debe unirse a los Tzadikim verdaderamente grandes, aquéllos que ya han alcanzado el punto superior de la *alef* (*Torat Natán* 25).

106. **el sol y la luna.** El Rebe Najmán introduce ahora el concepto del maestro y del discípulo. Por ese entonces, el Rabí Natán estaba dando los primeros pasos como seguidor del Rebe y esta parte de la lección fue el modo en que el Rebe Najmán aludió al papel que en el futuro tendría el Rabí Natán como su discípulo más importante (ver arriba, nota 1).

El Rabí Natán explica que todos los pecados surgen debido a la disminución de la luna. En la Creación, el sol y la luna tenían el mismo tamaño. Sin embargo, la luna sintió celos y se quejó ante Dios. Esto hizo que la luna fuera disminuida (ver *Julin* 60b). Pero cuando llegue Mashíaj y el mundo entero sea rectificado, entonces "la luz de la luna será como la luz del sol" (Isaías 30:26). Así, la rectificación de todos los pecados es la unificación de la luna con el sol, el punto inferior con el punto superior(*Torat Natán* 24). Agrega el *Mei HaNajal* que si el pueblo judío siguiese las enseñanzas de esta lección, el defecto de la luna sería erradicado. En nuestro

וְהַוָא"ו שֶׁבְּתוֹךְ הָאָלֶף הוּא הָרָקִיעַ, הוּא בְּחִינַת הָאֹהֶל, כְּמוֹ שֶׁכָּתוּב (שמות ל"ג): "וִיהוֹשֻׁעַ בִּן נוּן לֹא יָמִישׁ מִתּוֹךְ הָאֹהֶל". וְ'אֹהֶל' הוּא רָקִיעַ, כְּמוֹ שֶׁכָּתוּב (ישעיהו מ): "וַיִּמְתָּחֵם כָּאֹהֶל לָשָׁבֶת", וּכְתִיב (תהלים ק"ד): "נוֹטֶה שָׁמַיִם כַּיְרִיעָה", וְזֶה (שמות כ"ו): "יְרִיעֹת הָאֹהֶל".

וְכִסֵּא הָעֶלְיוֹן, הַיְנוּ נְקֻדָּה הָעֶלְיוֹנָה נֶחְלֶקֶת לְשָׁלֹשׁ טִפִּין. כִּי תְּשׁוּבָה צָרִיךְ לִהְיוֹת בִּשְׁלֹשׁ תְּנָאִים, כְּמוֹ שֶׁכָּתוּב (ישעיהו ו): "פֶּן יִרְאֶה בְעֵינָיו, וּבְאָזְנָיו יִשְׁמָע, וּלְבָבוֹ יָבִין וָשָׁב".

conceptos de Moshé y de Ioshúa, es comparada con los cielos. Pues Dios "expandió los cielos como una cortina y Él los extendió como una tienda para habitar". El *Metzudat David* explica que Dios, Quien reside en lo Alto, expandió los cielos como una "tienda" donde pudiera habitar Su Divina Presencia. Así, este versículo alude a la *vav*, un firmamento/línea unido al punto superior.

116. **los cielos como una cortina.** El *Metzudat David* explica que Dios extendió los cielos como para encerrar la tierra dentro de ellos. Así, este versículo alude a la *vav* unida al punto inferior, la tierra. Este texto de prueba junto con el siguiente (Éxodo, *loc. cit.*) muestra la conexión entre *shamaim* y tienda; aquí los cielos son comparados con una cortina, y en el próximo versículo la cortina está conectada con la tienda.

Agrega el *Mei HaNajal* que el motivo por el cual el Rebe Najmán trae este versículo adicional como texto de prueba es porque se refiere al mismo firmamento que Iejezquel contempló en su visión (ver *Tikuney Zohar*, p.7a).

117. **cortinas de la tienda.** Es decir, el punto superior y el punto inferior deben unirse para traer la iluminación de *Keter* hacia *Maljut*. Este es el significado de la Tienda de Reunión: el "lugar de reunión" (*vav*) de los puntos superior e inferior.

118. **kisé Arriba.** El Rebe Najmán agrega ahora otra dimensión más al punto superior oculto.

119. **el arrepentimiento debe tener tres condiciones....** Estas condiciones corresponden a las tres divisiones del intelecto, *Jojmá*, *Biná* y *Daat*. Para que la persona pueda obtener la nueva conciencia que viene con la *teshuvá*, debe primero retirar las capas de "grasa" que le obstruyen los ojos, los oídos y el corazón. Debe "ver con los ojos, escuchar con los oídos y comprender con el corazón". Esto requiere que concentre su mirada en el sendero que elige seguir; que escuche muy bien las palabras de los santos Tzadikim; y que concentre su corazón en el objetivo final. Entonces será capaz de absorber nuevas percepciones y alcanzar el verdadero arrepentimiento (*Torat Natán* 30; ver *Likutey Moharán* 7:8). Éstos, entonces, son los tres puntos del punto superior de la *alef*. Y, como hemos visto, la motivación para la *teshuvá* surge del punto superior/Moshé/el Tzadik.

Y la *vav* en el medio de la *alef* es el firmamento, el aspecto de la tienda,[113] como está escrito (Éxodo 33:11), "Ioshúa el hijo de Nun no se apartaba de la tienda".[114] "Tienda" alude al firmamento, como está escrito (Isaías 40:22), "y Él los extendió como una tienda para habitar".[115] Como está escrito (Salmos 104:2), "Quien expande los cielos como una cortina",[116] esto es "...las cortinas de la tienda" (Éxodo 26:12).[117]

{"Engrosa el corazón de este pueblo, haz pesados sus oídos y cierra sus ojos: para que no vea con sus ojos, ni oiga con sus oídos, y con su corazón no entienda, no sea que se arrepienta y sea sanado" (Isaías 6:10)}.

Y el *kisé* Arriba,[118] el punto superior, se divide en tres puntos, <como es sabido>. Esto se debe a que el arrepentimiento debe tener tres condiciones, como está escrito, "...no vea con sus ojos, ni oiga con sus oídos, y con su corazón no entienda, no sea que se arrepienta <y sea sanado>".[119]

84,85). Las Escrituras afirman que había un *livnat* (ladrillo) bajo sus pies. *LiVNat* (לבנת) se asemeja a *LeVaNa* (לבנה), la luna. Así, el punto inferior es la luna, Ioshúa.

113. **vav...firmamento...tienda.** Como arriba, nota 94. El Rebe Najmán ahora demuestra el elemento que une a Moshé con Ioshúa: la tienda. Esto aparece explicado más abajo (sección 7), donde el Rebe dice que la tienda es la luz que el maestro ilumina en su discípulo. Esta luz es *daat* (comprensión), percepciones de Divinidad.

114. **no se apartaba de la tienda.** Cuando el maestro se encuentra con su discípulo, ambos crean el aspecto de la *alef*. Moshé/maestro simboliza el sol, sabiduría (el punto superior). Él ilumina a Ioshúa/discípulo, la luna (el punto inferior), que recibe esta luz por medio de la Tienda de Reunión, los Cielos (la *vav*). En nuestro contexto, el versículo enseña que para que Ioshúa reciba de Moshé, debe estar siempre unido al punto superior. Por lo tanto, "Ioshúa... no se apartaba de la tienda".

El Rabí Natán explica que Moshé, el Tzadik, el punto superior, es tan elevado y oculto, "La gloria del Señor es un tema oculto", que no todos son capaces de recibir directamente de su luz. Es por esto que se necesita de Ioshúa, el discípulo, el punto inferior. "Ioshúa... no se apartaba de la tienda", cuya difusión de las enseñanzas del Tzadik es de suprema importancia. Y su unión, una unión entre el sol y la luna, lleva hacia la rectificación final. Pues el discípulo sabe cómo revelar indirectamente y de manera refleja la luz del Tzadik, para que todos puedan verla y beneficiarse (*Torat Natán* 28). Y agrega el Rabí Natán: Cuando la persona transgrede, produce un ocultamiento del punto superior. La luz espiritual que llega entonces al punto inferior es muy limitada e incapaz de impedir que las fuerzas del Otro Lado tomen el control. Es así que esta luz espiritual disminuida genera oscuridad, haciendo que "se pierdan muchas almas". Es por esto que el arrepentimiento es imperativo, para que la revelación del punto superior ilumine al punto inferior con una luz plena. Entonces, la persona que retorna a Dios es capaz de recuperar toda la santidad que perdió en la oscuridad debido a sus malas acciones (*Torat Natán* 31).

115. **tienda...firmamento....** El Rebe Najmán muestra ahora por qué la tienda, que une los

וְאֵלּוּ הַשָּׁלֹשׁ בְּחִינוֹת הֵם נְקֻדַּת סְגוֹ"ל, 'וְסֶגּוֹל דָּא חַמָּה' (תקונים בהקדמה ז:), הַיְנוּ פְּנֵי מֹשֶׁה כִּפְנֵי חַמָּה.

un sufrimiento *repetido*, dificultades y humillaciones que se asocian en general con el acercamiento a los verdaderos Tzadikim. Esta perseverancia es vital, porque sólo los más grandes Tzadikim pueden de hecho lograr la *teshuvá al teshuvá*, elevándose hasta el nivel de *Keter*, el trono. Más aún, tales Tzadikim nunca descansan. Constantemente buscan mayores revelaciones de Dios, y siempre se dedican a la *teshuvá al teshuvá*. Siempre están trabajando desde su exaltado nivel para hacer descender el tremendo *jesed* (bondad) de Dios y revelarlo al mundo. Este *jesed* se traduce como un mensaje de eterna esperanza: Siempre existe la oportunidad para cada persona de compartir la bondad de Dios, de experimentarla y de beneficiarse de ella.

Pero, tal como se mencionó, para poder recibir este *jesed* a través de los Tzadikim, es necesario soportar el sufrimiento que lo acompaña. La persona tiene que estar dispuesta a inclinar su hombro bajo el yugo. Ésta es en verdad una prueba de cuán determinada está por sacrificarse en aras de adquirir Divinidad. Pues cuanto más desea la persona luchar por sus logros, mayor es su ganancia. Aprende cómo ser *bakí beratzó*, buscar mayores alturas, donde Dios la está esperando. E, incluso cuando se encuentra deprimida, debilitada en sus devociones, aprende cómo encontrar a Dios. Se vuelve entonces *bakí beshov*, sabiendo que Dios está siempre con ella y que Él nunca la dejará caer. Así, la lucha misma es su arrepentimiento esencial. Más aún, cuanto más cerca está del Tzadik, más probable es que experimente estas dificultades y problemas, que impiden su acercamiento y la distancian de la *teshuvá*. El esfuerzo constante y el anhelo que estas dificultades producen son así para su propio bien.

Por lo tanto la manera ideal de arrepentirse es acercarse a los verdaderos Tzadikim. Ellos revelan el *jesed* de Dios a través del punto superior de la *alef* y lo hacen brillar hacia el punto inferior, para que todos aquéllos que están menos elevados que ellos puedan tomar de esa luz y llenarse con la esperanza de que ellos siempre pueden encontrar a Dios. Así, pese a todas las dificultades y problemas que tienen el poder de alejar a la persona de Dios, al soportar el sufrimiento y la vergüenza, uno comprende que en verdad hay esperanza, porque ahora ha formado el canal, la *vav*, mediante la cual puede atraer la luz del Tzadik, desde el punto superior. Ha logrado con éxito subyugar su mala inclinación, la sangre del espacio izquierdo de su corazón, y puede ahora merecer el verdadero arrepentimiento (*Torat Natán* 21).

El *Parparaot LeJojmá* explica que es por esto que encontramos tanta oposición a los Tzadikim. La controversia que rodea al Tzadik es una prueba, para ver si el discípulo se mantendrá firme en su fe en los Tzadikim y continuará tratando de acercarse a ellos. Es por esto también que vemos que ocasionalmente el Tzadik puede tratar a sus discípulos con indiferencia, e incluso rechazo. El discípulo está siendo probado. Si se mantiene firme en su fe en el Tzadik y en las devociones prescritas por el Tzadik, la vergüenza que sufre a manos del Tzadik será transformada en una luz que ilumine desde el punto superior de la *alef*.

En otra instancia, el Rabí Natán dice que debido a los muchos defectos causados por nuestros pecados, a veces se vuelve necesario que el Tzadik, quien es el punto superior, deba fallecer. Es decir, los daños bloquean la luz del punto superior e impiden que brille hacia este mundo para motivar a la gente hacia el arrepentimiento. Entonces, cuando el Tzadik ya no está más físicamente en el mundo, se hace necesario buscar el legado del Tzadik, es decir, sus discípulos. En la medida en que la persona lo haga, en la medida en que busque la verdad, será igualmente capaz de alcanzar verdadero arrepentimiento (*Torat Natán* 27).

Estos tres aspectos [del arrepentimiento] son el signo vocal *segol*.[120] Y "el *segol* es el sol" (*Tikuney Zohar* 7b), es decir, "el rostro de Moshé era como el rostro del sol".[121]

---

120. **el signo vocal segol.** *Segol* es el nombre de uno de los signos vocales del sistema hebreo de *nikud*. Pronunciado como una "e", el *segol* (׆) está compuesto por tres puntos ubicados debajo del pie o de la base de la letra. Ver nota siguiente.

121. **segol...el rostro de Moshé...el rostro de la luna.** Más arriba, el Rebe Najmán mostró la conexión entre Moshé y el sol (ver nota 109); al igual que el sol, Moshé/maestro ilumina con su luz desde arriba. El Rebe también ha mostrado cómo Moshé representa el *kisé*, el punto superior oculto de la *alef*. Este punto superior, al igual que la *teshuvá*, está dividido en tres, *Jojmá*, *Biná* y *Daat* (como en la nota 119), y de esta manera se asemeja a los tres puntos del *segol*. Es por esto que el *Zohar* asemeja el *segol* al sol.

Este pasaje proveniente de la introducción al *Tikuney Zohar* (*loc. cit.*) también explica las intenciones Kabalistas de todos los signos vocales, junto con su *guematria*, o valor numérico, y aquello que implican sus nombres. El *segol*, que corresponde a la *sefirá* de *Jesed*, consiste de tres puntos (un punto = 10), con un valor de treinta (3×10 = 30). Cada punto es tomado a partir de la letra *vav* (*vav* = 6) y esto le suma dieciocho al valor del *segol* (3×6 = 18). El total suma entonces 48 (*JaM*, חם). La palabra *segol* (סגול) tiene cuatro (ד) letras, lo que lleva el valor a 52 (*JeMeD*, חמד). Una de las traducciones de *jemed* es "especial", que está asociada a la palabra *segulá*, un atributo o cualidad virtuosa. Agregando 1 más al total, correspondiente a la misma palabra *jemed*, lleva el valor a 53, el mismo que *JaMáH* (חמה), el sol. Así, "El rostro de Moshé era como... el sol", pues Moshé ilumina *Jesed*, al que corresponde el *segol* (*Matok Midvash*, *loc. cit.*). Con esta prueba, el Rebe Najmán ha conectado el *segol*, que son los tres puntos de la *teshuvá*, con el punto superior de la *alef*, que es Moshé y el sol.

Resumen: Toda persona debe minimizar su propio honor y aumentar el honor de Dios (#1). Esto requiere el arrepentimiento, el retorno a Dios, y el reconocimiento de Su grandeza, lo que se logra soportando el insulto en silencio, en aras del Santo, bendito sea. La persona aumenta de este modo el honor de Dios y merece el *kavod Elohim* (#2). Aun así, nunca debe dejar de arrepentirse. Debe dedicarse a la *teshuvá al teshuvá*, buscando siempre mayores revelaciones de Dios. De esta manera, podrá merecer el arrepentimiento del Mundo que Viene (#3). Y para caminar por las sendas del arrepentimiento, la persona debe ser experta en correr y retornar, es decir, saber cómo ascender y descender la escala espiritual de acuerdo con sus propias y únicas capacidades (#4). Caminar por el sendero del arrepentimiento le permite a la persona completar y perfeccionar la letra *alef*, es decir, "un *adam* para sentarse sobre el trono". Une el sol con la luna, el maestro con el discípulo, trayendo la rectificación desde el punto superior hacia el punto inferior. Pero sólo cuando su arrepentimiento está completo, cuando cumple con las tres condiciones para la Teshuvá (#5).

*

Escribe el Rabí Natán: Luego de dar esta lección, el Rebe Najmán dijo, "Siempre que un maestro y un discípulo se juntan, existe el aspecto de Moshé, Ioshúa y la Tienda de Reunión". El Rabí Natán explica esto de la siguiente manera. Como se mencionó, la *teshuvá* se logra mejor manteniéndose quieto y en silencio al ser avergonzado. Mediante esto, la persona merece ser "un *adam* para sentarse sobre el trono". Pero, para alcanzar este nivel, debe estar dispuesta a soportar

ו וְזֶה פֵּרוּשׁ:

אָמַר רַבָּה בַּר בַּר חָנָה: זִימְנָא חֲדָא הֲוָה אָזְלִינָן בְּמַדְבְּרָא, וַחֲזֵינָן הָנֵי אַוָּזֵי דְּשָׁמְטִין גַּדְפַיְהוּ מִשַּׁמְנַיְהוּ, וְקָא נָגְדֵי נַחֲלֵי דְמִשְׁחָא מִתּוּתַיְהוּ. וְאָמִינָא לְהוּ: אִית לִי מִנַּיְכוּ חוּלָקָא לְעָלְמָא דְּאָתֵי? חֲדָא דָּלְיָא לִי אַטְמָא, וַחֲדָא דָּלְיָא לִי גַּדְפָא. כִּי אֲתַאי לְקַמֵּיהּ דְּרַבִּי אֶלְעָזָר, אָמַר לִי: עֲתִידִין יִשְׂרָאֵל לִתֵּן עֲלֵיהֶם אֶת הַדִּין: (בבא בתרא עג:)

רַשְׁבַּ"ם:
דְּשָׁמְטִין גַּדְפַיְהוּ נָפְלוּ נוֹצָה שֶׁלָּהֶם מֵרֹב שׁוּמָן: דַּלְיָא לִי גַּדְפָּא הִגְבִּיהַּ לִי הַכָּנָף, רָמֶז - זֶהוּ חֶלְקְךָ לֶעָתִיד לָבוֹא: לִתֵּן עֲלֵיהֶם אֶת הַדִּין שֶׁבַּחֲטָאתָם מִתְעַכֵּב מָשִׁיחַ, וְיֵשׁ לָהֶם צַעַר בַּעֲלֵי־חַיִּים, לְאוֹתָן אַוָּזִין, מֵחֲמַת שׁוּמְנָן:

שֶׁהָלַךְ - לַחֲקֹר בַּמִּדָּה הַטּוֹבָה שֶׁל עֲנָוָה, שֶׁאָדָם מֵשִׂים עַצְמוֹ כְּמִדְבָּר לְדוּשׁ, שֶׁהַכֹּל דָּשִׁין עָלָיו.

וְרָאָה חֲכָמִים, וְזֶה בְּחִינַת אַוָּזֵי, כְּמוֹ שֶׁאָמְרוּ חֲכָמֵינוּ, זִכְרוֹנָם לִבְרָכָה (ברכות נז:): 'הָרוֹאֶה אַוָּז בַּחֲלוֹם יְצַפֶּה לְחָכְמָה'.

דְּשָׁמְטִין גַּדְפַיְהוּ - פֵּרֵשׁ רַשִׁ"י: נוֹצוֹת, זֶה בְּחִינַת מַחֲלֹקֶת וּבִזְיוֹנוֹת, כְּמוֹ שֶׁכָּתוּב (דברים כ"ה): "כִּי יִנָּצוּ אֲנָשִׁים", הַיְנוּ שֶׁאֵין מַשְׁגִּיחִין עַל מַחֲלֹקֶת וּבִזְיוֹנוֹת שֶׁמְּבַזִּין אוֹתָן, וְשׁוֹמְעִים חֶרְפָּתָן וְאֵינָם מְשִׁיבִים. וְעַל שֵׁם הַשְּׁתִיקָה נִקְרָאִים חֲכָמִים, כִּי (אבות ג):

---

es decir, *kavod Elohim*, sólo puede tener lugar cuando uno tiene humildad. Esta persona busca revelar a Dios y honrarlo, a expensas de su propio honor, es decir, acepta ser un "desierto".

125. **todos pisan sobre ella.** Su humildad es tal que permite toda clase de humillaciones.

126. **ganso...esperar sabiduría.** El Talmud (*loc. cit.*), al tratar el significado de los diferentes símbolos oníricos, ofrece diversos textos de prueba para validar sus interpretaciones. El versículo para gansos y sabiduría es (Proverbios 1:20), "La sabiduría [de la Torá] será declarada abiertamente en las calles". Los sabios hacen una analogía entre los gansos, cuya naturaleza es graznar fuerte, y la sabiduría de la Torá siendo proclamada en público. Así, los gansos corresponden a *Jojmá* (sabiduría).

6. Ésta es la explicación [122]:

Relató Raba bar bar Janá: Cierta vez estábamos viajando por el desierto y vimos unos gansos que eran tan gordos que sus plumas *shamitan* (se les caían). Ríos de aceite fluían de debajo de ellos. De modo que les pregunté, "¿Tendré una parte de ustedes en el Mundo que Viene?". Uno levantó una pata hacia mí y uno levantó un ala hacia mí. Cuando estuve delante del Rabí Elazar, él me dijo, "En el futuro, el pueblo judío será juzgado debido a ellos" (*Bava Batra* 73b).

Rashbam:

sus plumas shamitan - las plumas se les caían debido a su abundante grasa; **levantó un ala hacia mí** - levantó un ala en mi dirección, como diciendo, "Esta es tu porción en el Mundo que Viene"; **será juzgado debido a ellos** - los pecados [del pueblo de Israel] atrasan la llegada del Mashíaj, causando dolor a los seres vivos, a esos gansos, [quienes sufren] debido a su gordura:

[viajando en el desierto] - [Raba bar bar Janá] salió a investigar los rasgos de la humildad,[123] cuando la persona se considera a sí misma como un desierto que puede ser pisoteado (*Eruvin* 54a),[124] todos pisan sobre ella.[125]

El vio *JaJaMim* (sabios de la Torá). Ésta es una alusión a los *gansos*, como enseñaron los sabios (*Berajot* 57a): Todo aquél que ve un ganso en su sueño puede esperar *JoJMá* (sabiduría).[126]

sus plumas shamitan, se les caían - Rashbam traduce [*gadfaihu* (plumas) como] *NoTZot* (plumaje). Esto alude a la controversia y al insulto, como está escrito (Deuteronomio 25:11), "Si dos hombres *iNaTZu* (se pelean)...". Los [*jajamim*] no prestan atención a la controversia ni a los insultos que se les dirigen. Ellos oyen que los ridiculizan y aun así no responden. Como resultado de este silencio son llamados sabios,

---

122. **Ésta es la explicación.** El Rebe Najmán muestra ahora cómo los conceptos de esta lección están aludidos dentro del marco de la historia de Raba bar bar Janá.

123. **los rasgos de la humildad.** Éste es un tema importante de la lección, como arriba, sección 1 y nota 2.

124. **desierto que puede ser pisoteado.** El Talmud pregunta: ¿Cuál es el significado de (Números 21:18), "y desde el desierto a Mataná"? Si la persona es humilde, haciéndose como un desierto sobre el cual todos pueden pisar, el conocimiento de la Torá le será dado como regalo, *mataná* (*Eruvin* 54a). Esto es, la revelación de Divinidad buscada por la persona que estudia Torá,

'סְיָג לַחָכְמָה – שְׁתִיקָה'. כִּי הַשְּׁתִיקָה הִיא בְּחִינַת כֶּתֶר*.

*(כי על-ידי השתיקה זוכין לתשובה, שהיא בחינת כתר, כנ"ל. וזה בחינת: 'סיג לחכמה שתיקה'. 'סיג' דיקא, זה בחינת כתר, שהוא בחינת סיג וגדר סביב סביב, שמסבב ומכתיר ומעטיר את החכמה, וזה הכתר, שהוא בחינת סיג, נעשה מהשתיקה, כנ"ל. וזהו: 'סיג לחכמה שתיקה', כנ"ל).

וְזֶה לְשׁוֹן **דְּשַׁמְטִין**, כְּמוֹ שֶׁכָּתוּב (דברים ט"ו): "שָׁמוֹט כָּל בַּעַל מַשֵּׁה יָדוֹ", הַיְנוּ שֶׁלֹּא יִתְבַּע עֶלְבּוֹנוֹ.
וְזֶה פֵּרוּשׁ **מְשַׁמְנֵיהוּ** – מִלְשׁוֹן: "שָׁמַנְתָּ עָבִיתָ", (כְּלוֹמַר: מֵחֲמַת שֶׁאוֹחֲזִין עַצְמָן בִּבְחִינַת (דברים ל"ב): "שָׁמַנְתָּ עָבִיתָ"), הַיְנוּ בִּשְׁבִיל זֶה שׁוֹמְעִין חֶרְפָּתָן וְאֵינָם מְשִׁיבִים, כִּי זֶה עוֹשִׂין בִּשְׁבִיל תְּשׁוּבָה עַל עֲווֹנוֹתָם, כְּמוֹ שֶׁכָּתוּב (שם): "וַיִּשְׁמַן יְשֻׁרוּן". (בְּחִינַת הַשֶּׁמֶן לֵב כוּ', וְאָזְנָיו כוּ', פֶּן יִרְאֶה כוּ', שֶׁהַתְּשׁוּבָה צָרִיךְ לִהְיוֹת בִּשְׁלֹשָׁה תְּנָאִים אֵלּוּ).

plicado. El Rebe Najmán ha mostrado cómo "grasa" se refiere a los pecados de la persona y que todo aquel que quiera rectificar estas tres importantes partes de la forma humana deberá cumplir con las condiciones para el arrepentimiento. El Rabí Natán hace notar que estas tres condiciones se relacionan con las pasiones y los rasgos negativos de la persona. Sus malos deseos han viajado a lo largo de su sistema sanguíneo, infiltrándolo, de modo que ahora ya ni siquiera intenta subyugar su mala inclinación. Pero mientras la persona se niegue a abandonar estos malos deseos, será incapaz de recibir la luz que el Tzadik (el punto superior) intenta hacer brillar sobre ella. Peor aún, el hecho es que muchos de aquéllos que no abandonan sus malos deseos son precisamente la gente que busca el honor. No sólo no aumentan el honor de Dios tratando de arrepentirse, sino que trabajan para maximizar su propia posición, en general a expensas de aquéllos que están dedicados al honor a Dios. Es por esto que el arrepentimiento siempre les parece algo muy distante. Pues no perciben la gran luz que el Tzadik ilumina sobre ellos.

El Rabí Natán explica esto como el significado de la Mishná: Los celos, la lujuria y el honor quitan al *adam* (hombre) del mundo (*Avot* 42:1). "Celos" se refiere a aquéllos que están resentidos contra la gente verdaderamente temerosa de Dios. En lugar de honrar a aquéllos cuya devoción a Dios no pueden igualar, se les oponen y los ridiculizan. Éste es el opuesto polar del punto inferior. En lugar de mantener silencio, estas personas celosas abusan de los otros. "Lujuria" se refiere a la sangre del espacio izquierdo del corazón que la persona no ha logrado subyugar o eliminar manteniéndose en silencio. Como resultado, no hay una *vav*. Finalmente, "honor" se refiere a aquéllos que buscan aumentar su propia gloria, negando así el aspecto de *Keter/kavod Elohim/* el punto superior. Así, estas tres malas características, que dañan el corazón, los oídos y los ojos, "quitan al *adam* del mundo". Es decir, el daño que causan les impide alcanzar el nivel de *adam*, del hombre que se ha arrepentido verdaderamente (*Torat Natán* 30).

porque el silencio es una cerca para la sabiduría (*Avot* 3:13).¹²⁷ {El silencio es también un aspecto de *Keter*}.¹²⁸

Este es el término *ShaMiTan*, como está escrito (Deuteronomio 15:2), "Todo acreedor deberá *ShaMoT* (condonar) toda deuda", es decir, la persona no debe exigir satisfacción por su humillación.¹²⁹

Y <esto es> **que eran tan gordos**, similar a (Deuteronomio 32:15), "...juntaste grasa y te hiciste gordo".¹³⁰ {En otras palabras, [debido a su humildad los *jajamim*] se ven como en un aspecto de "juntaste grasa y te hiciste gordo"}. Es decir, como resultado, ellos oyen que son ridiculizados y aun así no responden. Esto, para arrepentirse por sus transgresiones, <correspondiente a> (*ibid.*), "Pero Ishurún juntó grasa".¹³¹ {Esto corresponde a (Isaías 6:10), "Engrosa el corazón de este pueblo, haz pesados sus oídos y cierra sus ojos: para que no vea con sus ojos...", pues el arrepentimiento debe cumplir con estas tres condiciones}.¹³²

---

127. **el silencio es una cerca para la sabiduría.** Rabeinu Iona opina (*loc. cit.*) que la persona es sabia cuando escucha con atención el punto de vista o la opinión de otra persona y está abierta a aprender algo de esa persona. El silencio es así un medio para adquirir sabiduría.

128. **El silencio es también...Keter.** Por medio del silencio uno alcanza el arrepentimiento, que es el aspecto de *Keter*, como se explicó arriba (sección 2). Esto está aludido en, "El silencio es una cerca para *jojmá*". Esta "cerca" es el aspecto de *Keter*, que es un límite que rodea, bordeando y coronando la *sefirá* de *jojmá*. Y este *Keter*/cerca se construye manteniéndose en silencio. Esto es, "El silencio es una cerca para *Jojmá*" (*nota marginal*). Así, cuando las personas se mantienen quietas y en silencio al ser insultadas, son sabias.

129. **ShaMiTan...ShaMoT.** Una de las leyes del *Shemitá*, del año sabático, es que todo acreedor debe condonar todas las deudas que se le acreditan. (Existen varias excepciones; ver *Iad Jazaká, Hiljot Shemitá veIovel*, Capítulo 9). Así, en un sentido, *shamitan* alude a dejar de lado el pasado y olvidar lo sucedido. En nuestro contexto, esto se refiere a la persona que quiere arrepentirse y hacer que sus malas acciones del pasado sean "condonadas" por Dios. Debe por tanto arrepentirse manteniéndose quieta y en silencio frente a la humillación.

130. **...que eran tan gordos....** Esto es, las "plumas" (insultos) fueron "*shamitan*" (no respondidos) pues ellos "eran tan gordos" (querían arrepentirse). El Rebe Najmán muestra ahora cómo "tan gordos" se refiere al arrepentimiento.

131. **juntó grasa.** El versículo dice, "Pero Ishurún (el pueblo judío) juntó grasa y se rebeló [contra Dios]; y tú juntaste grasa y te hiciste gordo... [la nación] abandonó a su Hacedor". Así, "juntó grasa" se refiere a salirse del sendero de Dios. La persona que quiere arrepentirse se ve a sí misma como habiendo "juntado grasa" y alejado del sendero. Por lo tanto, se mantiene quieta y en silencio. Ver nota siguiente.

132. **corazón... oídos... ojos... arrepentimiento....** Ver arriba, nota 119, donde esto aparece ex-

וְנִגְדֵּי נַחֲלֵי דְמַשְׁחָא מִתְּחוּתֵיהוּ – הַיְנוּ עַל־יְדֵי הַשְּׁתִיקָה זוֹכִין לִכְבוֹד אֱלֹקַי, שֶׁהוּא בְּחִינַת שֶׁמֶן, כְּמוֹ שֶׁכָּתוּב (תהלים מ"ה): "אָהַבְתָּ צֶּדֶק וַתִּשְׂנָא רֶשַׁע, עַל־כֵּן מְשָׁחֲךָ", וְזֶה בְּחִינַת (שם כ"ד): "מֶלֶךְ הַכָּבוֹד".

וְאָמִינָא לְהוּ: אִית לִי מִינַּיְכוּ חוּלְקָא לְעָלְמָא דְאָתֵי? חֲדָא דַּלְיָא לִי אַטְמָא – זֶה בְּחִינַת: "וְהָאָרֶץ הֲדֹם רַגְלִי", בְּחִינַת נְקֻדָּה הַתַּחְתּוֹנָה, כַּנַּ"ל.

וַחֲדָא דַּלְיָא לִי כְּנָף – זֶה בְּחִינַת כִּסֵּא, כְּמוֹ שֶׁכָּתוּב (ישעיהו ל): "וְלֹא יִכָּנֵף עוֹד מוֹרֶיךָ", זֶה בְּחִינַת הַנְּקֻדָּה הָעֶלְיוֹנָה. הַיְנוּ שֶׁהֶרְאוּ לְרַבָּה בַּר בַּר חָנָה, שֶׁגַּם הוּא זָכָה לְאֵלּוּ הַבְּחִינוֹת.

אָמַר רַבִּי אֶלְעָזָר: עֲתִידִין יִשְׂרָאֵל לִתֵּן עֲלֵיהֶם אֶת הַדִּין – כִּי יִשְׂרָאֵל נִקְרָאִים אָדָם, וְקוּדְשָׁא בְּרִיךְ הוּא וְיִשְׂרָאֵל – כֻּלָּא חַד. וְיִשְׂרָאֵל, שֶׁהֵם בְּחִינַת אָדָם, יֵשְׁבוּ עַל הַכִּסֵּא. כְּמוֹ שֶׁכָּתוּב:

137. **pata...apoyapié...punto inferior.** El primer paso es el silencio, el apoyapié, como se explicó en la sección 5. Uno de estos gansos, un hombre sabio, que ya ha alcanzado el nivel de *Keter*, el verdadero arrepentimiento, le respondió a Raba que de hecho ya había alcanzado el punto inferior de la *alef*.

138. **Tu Maestro no....** El profeta Isaías profetizó que, aunque Dios está en la actualidad oculto de nosotros, en el futuro Él Se revelará: "Tu Maestro no se te *KaNeF* (ocultará) más". En este sentido, *KaNaF* (ala) alude a aquello que está oculto, el punto superior. En nuestro contexto, esto también se refiere a Moshé/el maestro, quien le enseñó Torá a todo Israel. Él representa el aspecto de correr hacia los niveles espiritual superiores, es decir, "un ala", el punto superior de la *alef*.

139. **también él había alcanzado...espirituales.** A semejanza de ellos, Raba también era considerado un hombre sabio. Él también había merecido *teshuvá al teshuvá*, la *teshuvá* del Mundo que Viene.

140. **los judíos son llamados adam....** Aparte de aplicar ciertas leyes exclusivamente al pueblo judío, este pasaje del Talmud (*Ievamot* 61a) también les confiere un status distintivo. En general, los judíos son considerados como *adam* frente a los no judíos (ver también *Zohar* II, 86a).

141. **el Santo, bendito sea, y el pueblo judío son uno.** Ver arriba, nota 105.

Ríos de aceite fluían de debajo de ellos - Esto es, por medio del silencio[133] la persona obtiene *kavod Elohim*, que es un aspecto del aceite, como está escrito (Salmos 45:8), "Tú amas la rectitud y aborreces la maldad, por tanto [el Señor, tu Señor,] te ha ungido con aceite…".[134] Y esto corresponde a (*ibid.* 24:8,10), "El Rey de gloria".[135]

De modo que les pregunté, "¿Tendré una parte de ustedes en el Mundo que Viene?".[136] Uno levantó una pata hacia mí - Esto corresponde a "La tierra es Mi apoyapié", aludiendo al punto inferior.[137]

y uno levantó un KaNaF, un ala, hacia mí - Esto es el aspecto del *kisé*, como está escrito (Isaías 30:20), "Tu Maestro no se te *KaNeF* (ocultará) más". Esto alude al punto superior.[138]

En otras palabras, [los gansos] le mostraron a Raba bar bar Janá que también él había alcanzado estos niveles espirituales.[139]

Rabí Elazar dijo: En el futuro, el pueblo judío será juzgado debido a ellos - Pues los judíos son llamados *adam*, <como está escrito, "Pues ustedes Mi rebaño… son *adam*" (Ezequiel 34:31)>.[140] Y el Santo, bendito sea, y el pueblo judío son uno (Zohar III, 93b).[141] Los judíos, que son

---

133. **de debajo de ellos… silencio.** "Debajo" alude al punto inferior, manteniéndose en silencio frente al insulto y la humillación (*Mei HaNajal*).

134. **te ha ungido con aceite.** Rashi explica que elevarse hacia una posición de mayor prestigio es comparable a ser "ungido con aceite". Al ser coronado, el Rey de Israel era ungido con aceite (*Oraiot* 11b), una señal de haber alcanzado *kavod Elohim*. Así, en nuestro contexto el versículo se lee: "Tú amas la rectitud y aborreces la maldad", lamentas el mal que hiciste en el pasado y te has arrepentido, por lo tanto, "tu Señor te ha ungido con aceite", has merecido *kavod Elohim*. Agrega el *Mei HaNajal*: Anteriormente (sección 2, nota 21), el Rebe Najmán citó del Talmud que la persona que desea arrepentirse y purificarse es análoga a alguien que quiere disfrutar de las fragancia de las especias y los aceites puros: se le dice que espere. Como se hace evidente a partir de lo explicado, esto se debe a que el aceite corresponde a *kavod Elohim*, que se logra sólo "esperando" y arrepintiéndose.

135. **El Rey de gloria.** En su significado simple, este versículo es una referencia a Dios. Sin embargo, en nuestro contexto, esto alude a la gloria espiritual, *kavod Elohim*, otorgada a aquellos que alcanzan los niveles superiores de la escala espiritual.

136. **en el Mundo que Viene.** El Mundo que Viene corresponde al arrepentimiento, como se explicó en la sección 3. Raba les preguntó a estos gansos/sabios de la Torá si es que él había alcanzado el verdadero nivel de la humildad, logrando así el arrepentimiento.

"וְעַל הַכִּסֵּא דְּמוּת כְּמַרְאֵה אָדָם", וְיִשְׂרָאֵל יִתְּנוּ דִין לְכָל בָּאֵי עוֹלָם, הַיְנוּ הֵם יִשְׁפְּטוּ בְּעַצְמָן כָּל הַדִּינִין:

Divinidad en el mundo. Esto produce dolor y sufrimiento en todas los seres vivos, que no son llamados *adam*.

La historia se traduce así en nuestro texto como sigue:

Relató Raba bar bar Janá: Cierta vez estábamos viajando por el desierto - Él salió para investigar el gran valor de la humildad.

y vimos unos gansos - Encontró algunos hombres sabios

que eran tan gordos - Quienes luego de haber pecado, se arrepintieron.

sus plumas se les caían - Ellos eran sabios (habían alcanzado *Jojmá*) porque se mantuvieron quietos y en silencio al ser insultados y humillados.

Ríos de aceite fluían de debajo de ellos - Como resultado de su silencio (arrepentimiento), merecieron *kavod Elohim*.

De modo que les pregunté, "¿Tendré una parte de ustedes en el Mundo que Viene?" - Raba preguntó si él también había alcanzado el verdadero arrepentimiento.

Uno levantó una pata hacia mí - Indicando que Raba ya había alcanzado el punto inferior.

uno levantó un ala hacia mí - Indicando que Raba también había alcanzado el punto superior. Había por lo tanto completado la *alef* y alcanzado el nivel de *adam*.

Cuando estuve delante del Rabí Elazar, él me dijo, "En el futuro, el pueblo judío será juzgado debido a ellos" - Es decir, tal como Raba bar bar Janá obtuvo el nivel del arrepentimiento, el nivel de "un *adam* para sentarse sobre el trono", de la misma manera, en el futuro, todos los otros judíos merecerán arrepentirse y ascender al nivel de *adam*, trayendo el juicio y la justicia al mundo.

Resumen: Toda persona debe minimizar su propio honor y aumentar el honor de Dios (#1). Esto requiere el arrepentimiento, el retorno a Dios, y el reconocimiento de Su grandeza, lo que se logra soportando el insulto en silencio, en aras del Santo, bendito sea. La persona aumenta de este modo el honor de Dios y merece el *kavod Elohim* (#2). Aun así, nunca debe dejar de arrepentirse. Debe dedicarse a la *teshuvá al teshuvá*, buscando siempre mayores revelaciones de Dios. De esta manera, podrá merecer el arrepentimiento del Mundo que Viene (#3). Y para caminar por las sendas del arrepentimiento, la persona debe ser experta en correr y retornar, es decir, saber cómo ascender y descender la escala espiritual de acuerdo con sus propias y únicas capacidades (#4). Caminar por el sendero del arrepentimiento le permite a la persona completar y perfeccionar la letra *alef*, es decir, "un *adam* para sentarse sobre el trono". Une el sol con la luna, el maestro con el discípulo, trayendo la rectificación desde el punto superior hacia el punto inferior. Pero sólo cuando su arrepentimiento está completo, cuando cumple con las tres condiciones para la Teshuvá (#5).Y aunque en la actualidad los niveles más elevados sólo son accesibles a los muy grandes Tzadikim, en el futuro todos los judíos serán capaces de alcanzar el nivel de *adam* (#6), siempre y cuando cada persona se fortalezca en su *bakí beratzó* y *bakí beshov*, como veremos más abajo.

llamados *adam*[142] - <*alef-dom*, como arriba[143]> - se sentarán sobre el trono, como en, "sobre [la semejanza] del trono, una forma como la figura de un *adam* por encima de él".[144] Entonces, los judíos traerán el juicio a todos los habitantes del mundo,[145] es decir, sólo ellos juzgarán todos los juicios.[146]

142. **judíos, que son llamados adam.** Una nota marginal del *Likutey Moharán* remite al lector a un pasaje en el *Zohar* que explica el concepto de *adam*. La Serpiente sedujo a Java, envenenando para siempre a todos sus descendientes (ver también *Shabat* 146a). Sin embargo, cuando los judíos recibieron la Torá en el Sinaí, fueron purificados de este veneno (*Zohar* I, 126b). Este es *adam*, el hombre que está libre del veneno de la Serpiente, es decir, que ha alcanzado *teshuvá al teshuvá*, y se ha elevado por sobre las pasiones y deseos de lo mundano. En nuestro contexto, el Rebe Najmán se refiere al exaltado nivel que los judíos alcanzarán en el Futuro. Al arrepentirse, accederán al nivel de Adán, y por lo tanto merecerán sentarse sobre el trono.

143. **alef dom, como arriba.** Ver sección 5 y notas 83 y 99.

144. **como la figura de un adam.** Cuando el pueblo judío es perfecto en sus devociones, trae perfección a todos los mundos (cf. nota 105). En este sentido, ellos alcanzan el nivel de "un *adam* para sentarse sobre el trono". Y, dado que los judíos son entonces uno con Dios, merecen de hecho sentarse sobre el trono.

145. **los judíos traerán el juicio....** Todo lo que sucede Arriba depende del *adam* abajo. Todos los *jesed* (rectificaciones) de los Mundos Supernos están de acuerdo con las acciones de cada judío en este mundo. Por lo tanto, cuando Israel se perfecciona en el servicio a Dios, también se completa y perfecciona el santo nombre de Dios, si así pudiera decirse (cf. *Zohar* III, 4b). Y al cumplir con las rectificaciones descritas aquí, formando la *alef*, ellos alcanzan el nivel de *adam*. Entonces, todos estos aspectos son correspondientemente perfeccionados en los mundos superiores, al punto en que estos *jesed* ascienden hacia el trono. Así, cada judío que se mantiene quieto y en silencio frente a la humillación, reduciendo así la sangre del espacio izquierdo de su corazón y eliminando su mala inclinación, alcanza, en la medida de su nivel personal, la verdadera gloria espiritual/*Keter*. Y, finalmente, una vez que Israel recibe del punto superior de la *alef*/Moshé/el maestro, ellos se vuelven "un *adam* para sentarse sobre el trono" y traen el juicio a todas las criaturas vivientes (*Parparaot LeJojmá*; *Mei HaNajal*; ver también nota 105).

146. **juzgarán todos los juicios.** Pues el trono sobre el cual se sienta el pueblo judío indica el trono del juicio. Es decir, los judíos tendrán el poder de gobernar sobre el mundo y de subyugar a las naciones a la voluntad de Dios. Esto se vuelve evidente más adelante en la lección (ver secciones 7 y 9), donde se habla del requerimiento de que los judíos destruyan a Amalek, es decir, la personificación del mal, y construyan el Santo Templo, es decir, la revelación de Divinidad en el mundo. Y esto también está confirmado por el comentario del Rashbam: "los pecados del pueblo de Israel retrasan la llegada del Mashíaj, causando dolor a los seres vivos". Es decir, debido a que los judíos aún no han alcanzado el nivel de *adam*, no pueden revelar

ז וְזֶה פֵּרוּשׁ: (תהלים מ"ז): "יַדְבֵּר עַמִּים תַּחְתֵּינוּ וּלְאֻמִּים תַּחַת רַגְלֵינוּ", זֶה בְּחִינַת חִירִיק נְקֻדָּה הַתַּחְתּוֹנָה שֶׁל אָלֶף, שֶׁהוּא בְּחִינַת: "וְתַחַת רַגְלָיו", בְּחִינַת: "וְהָאָרֶץ הֲדֹם רַגְלָי". "יִבְחַר לָנוּ אֶת נַחֲלָתֵנוּ", זֶה בְּחִינַת מֹשֶׁה, בְּחִינַת נְקֻדָּה הָעֶלְיוֹנָה שֶׁל הָאָלֶף, בְּחִינַת: "וּמִמַּעַל לָרָקִיעַ דְּמוּת כִּסֵּא", "וְכִסְאוֹ כַשֶּׁמֶשׁ". פְּנֵי מֹשֶׁה כִּפְנֵי חַמָּה, כְּמַאֲמַר חֲכָמֵינוּ, זִכְרוֹנָם לִבְרָכָה (זבחים קיט.): 'ר' שִׁמְעוֹן אוֹמֵר: נַחֲלָה זוֹ שִׁילֹה', 'שִׁילֹה דָּא מֹשֶׁה' (זהר בראשית כה: ובתקון כא).

"אֶת גְּאוֹן יַעֲקֹב", זֶה בְּחִינַת וָא"ו שֶׁבְּתוֹךְ אָלֶף, בְּחִינַת אֹהֶל, בְּחִינַת אוֹר, שֶׁמֹּשֶׁה מֵאִיר לִיהוֹשֻׁעַ, כְּמוֹ שֶׁכָּתוּב (בראשית כ"ה): "וְיַעֲקֹב אִישׁ תָּם יוֹשֵׁב אֹהָלִים".

וְזֶה בְּחִינַת (סנהדרין כ:): 'שְׁלֹשָׁה דְּבָרִים שֶׁנִּצְטַוּוּ יִשְׂרָאֵל, שֶׁיְּכַלּוּ זַרְעוֹ שֶׁל עֲמָלֵק', זֶה בְּחִינַת: "יַדְבֵּר עַמִּים תַּחְתֵּינוּ", 'וּלְמַנּוֹת לָהֶם מֶלֶךְ', זֶה בְּחִינַת "גְּאוֹן יַעֲקֹב", בְּחִינַת (במדבר כ"ד): "דָּרַךְ

En las siguientes secciones, Shiló y el Santo Templo son usados de manera indistinta, de modo que los aspectos correspondientes de cada uno están también unidos y son considerados iguales.

149. **Herencia...Shiló...Moshé.** El Rebe Najmán hizo recordar primero al lector que Moshé es el punto superior. Luego, para mostrar que Moshé es la "herencia", trajo un texto de prueba donde la "herencia" corresponde a Shiló. Aquí, muestra que Shiló es de hecho Moshé, como enseña el *Zohar* (*loc. cit.*), ambos Shiló (שילה) y Moshé (משה) tienen el valor numérico de 345 (ver Lección 2 y nota 58). (Además, las raíces de Shiló y de Moshé - שלה y משה, significan "traer").

150. **La gloria de Iaacov...en las tiendas.** El término hebreo para "tienda" es *oHeL* (אהל). Esto es similar a (Job 29:3), "Cuando *HiLo* (Su luz, הלו) brillaba sobre mi cabeza". La tienda se asocia por tanto con la luz. Así, la "gloria de Iaacov", es decir, la luz del maestro que se filtra hacia el discípulo, corresponde a la tienda, es decir, la *vav*-canal a través del cual se filtra esa luz.

Así, en nuestro contexto el versículo se lee: "Él somete...debajo de nuestros pies" - manteniéndose en silencio al ser avergonzada la persona elimina su mala inclinación y alcanza el punto inferior. "Él mismo nos eligió nuestra herencia" - habiendo alcanzado el punto inferior, la persona es capaz de recibir la luz del punto superior; canalizada hacia ella a través de "la gloria de Iaacov" - la *vav*.

151. **Amalek...pueblos debajo de nosotros.** Como se mencionó, la nación de Amalek es la

7. {"**Él somete pueblos debajo de nosotros y naciones debajo de nuestros pies. Él mismo nos eligió nuestra herencia, que es la gloria de Iaacov, al cual Él ama**" (Salmos 47:4-5)}.

"Él somete pueblos debajo de nosotros y naciones debajo de nuestros pies" se refiere al aspecto de *jirik*. Éste es el punto inferior de la *alef*, correspondiente a "y bajo Sus pies...", y a "la tierra es Mi apoyapié".[147]

"Él mismo nos eligió nuestra herencia" es el aspecto de Moshé, el punto superior de la *alef*. Esto corresponde a "sobre el firmamento... había la semejanza de un trono"/"y su trono será como el sol"/"El rostro de Moshé era como el rostro del sol". Como enseñaron los sabios: Rabí Shimón dice, "'Herencia' se refiere a Shiló" (*Zevajim* 119a).[148] [Y] "'Shiló' es Moshé" (*Zohar* I, 25b).[149]

"...la gloria de Iaacov" es la *vav* en medio de la *alef*, la tienda. Es la luz que Moshé iluminó en Ioshúa, como está escrito (Génesis 25:27), "pero Iaacov era un hombre de perfección que habitaba en las tiendas".[150]

{Enseñó el Rabí Iehudá: Al entrar a la Tierra Santa, el pueblo judío fue encargado de cumplir tres mitzvot: nombrar un rey; eliminar la simiente de Amalek; y construir un Santo Templo para ellos; aunque no sé cuál era la primera (*Sanedrín* 20b)}.

Esto corresponde a las tres cosas que le fueron ordenadas a Israel: Eliminar la simiente de Amalek corresponde a "Él somete pueblos debajo de nosotros".[151] Nombrar un rey corresponde a "la gloria de Iaacov"; a

---

147. **Él somete... apoyapié.** "Debajo de nuestros pies" alude al punto inferior, el apoyapié, como se explicó en la sección 5. En el mismo grado en que una persona alcanza el punto inferior, igualmente somete a las naciones, simbólicamente, los rasgos negativos, bajo sus pies. Esto es comparable a la aniquilación de la mala inclinación, y está conectado con el tiempo de la Redención Final, cuando Amalek será totalmente destruido. Como explica Rashi el versículo en Éxodo (17:16): "Dios tomó un juramento de que Su Nombre y Trono no estarían completos hasta que Amalek fuese destruido" (*Parparaot LeJojmá*; *Mei HaNajal*). En otras palabras, cuando se rectifica el punto inferior Amalek es destruido. Entonces se pone en movimiento la rectificación del punto superior, el *kisé*. Y cuando el *kisé* se completa, *adam*, el pueblo judío, puede sentarse sobre el trono.

148. **Herencia se refiere a Shiló.** Shiló fue el sitio donde más tiempo estuvo ubicada la Tienda de Reunión, desde el momento en que el pueblo judío entró al territorio hasta que construyeron el Santo Templo en Jerusalem. Shiló es llamado "herencia" pues allí fueron dadas las porciones otorgadas a las doce tribus, su herencia en la Tierra (*Maharsha, loc. cit., v.i. veRabi Shimón*). Aunque Moshé corresponde al punto superior/Shiló, fue Ioshúa quien dividió la Tierra. En nuestro contexto, esto se debe a que la luz de Moshé/el maestro es demasiado fuerte, y sólo el verdadero discípulo, Ioshúa, puede recibirla apropiadamente y entregársela al resto de Israel.

כּוֹכָב מִיַּעֲקֹב", בְּחִינַת מֶלֶךְ, 'וְלִבְנוֹת לָהֶם בֵּית הַבְּחִירָה', זֶה בְּחִינַת משֶׁה, בְּחִינַת דַּעַת, כְּמוֹ שֶׁאָמְרוּ חֲכָמֵינוּ, זִכְרוֹנָם לִבְרָכָה (ברכות לג.): 'מִי שֶׁיֵּשׁ בּוֹ דֵעָה, כְּאִלּוּ נִבְנָה בֵּית הַמִּקְדָּשׁ בְּיָמָיו', וְזֶה בְּחִינַת: "יִבְחַר לָנוּ אֶת נַחֲלָתֵנוּ".

153. **Moshé...daat.** Moshé es la personificación de *daat* (conocimiento, conciencia). En las profundas enseñanzas del santo Ari, Moshé está relacionado con *daat* de la Divina persona *Zeir Anpin* (*Etz Jaim*, 32:1; ver también *Likutey Moharán* I, 15:3, nota 16).

154. **daat...Santo Templo fuera construido....** En el versículo "...lugar que preparaste para Tu misma habitación, Dios; el santuario, Señor que establecieron Tus manos" (Éxodo 15:17), la palabra "santuario" aparece entre los dos santos nombres *IHVH* y *Adonai*. Maharsha (*loc. cit.*, *v.i. kol*) explica que la *sefirá* de *Daat* es una combinación de *Jojmá* y *Biná*, las fuentes de la compasión y de la justicia, respectivamente. La persona que sabe cómo unir los dos santos nombres asociados con estas *sefirot*, sabe cómo reunir las letras con las cuales el cielo (la compasión) y la tierra (juicio) fueron creados (construidos). Así, mediante la combinación de estos atributos, los atributos de *Jojmá* y *Biná*, también se construye el Templo. Lo mismo ocurre cuando la persona alcanza *daat*. Como enseñaron los sabios: Es como si construyera el Santo Templo. El Rabí Natán explica que el Templo servía como medio para la revelación de la Divinidad. En nuestro contexto, dice el Rabí Natán, esto indica que el punto superior oculto se revela para que todos lo puedan ver, incluso, o especialmente, para aquéllos que corresponden al punto inferior (*Torat Natán* 33).

155. **Moshé...Templo...nuestra herencia.** El Rebe Najmán ha mostrado cómo la mitzvá de la construcción del Santo Templo corresponde a Moshé: el Templo/"nuestra herencia" corresponde al conocimiento y Moshé es *daat*. La mitzvá de construir el Templo corresponde así al punto superior. Por lo tanto, las tres mitzvot ordenadas al pueblo judío corresponden a las tres partes de la *alef*: el punto inferior corresponde a destruir a Amalek; la *vav* corresponde a nombrar un rey; y el punto superior corresponde a la construcción del Santo Templo. Estas tres mitzvot fueron dadas a los judíos específicamente cuando entraron a la Tierra Santa. En nuestro contexto, esto se relaciona con el deseo de la persona de entrar en la santidad. Primero debe cumplir con las devociones mencionadas en esta lección.

Agrega el Rabí Natán: De hecho, toda la ley de la Torá emanó de la Tierra Santa, del Santo Templo. La verdadera pericia en la *Halajá* proviene de allí. Esto también sucedió con Moshé, quien les dio la Torá a los judíos. Si Moshé hubiese entrado a la Tierra Santa y cumplido con las tres mitzvot, esto habría asegurado un brillo permanente de la luz del punto superior. Entonces, la capacidad de ser experto en la *Halajá*, *bakí beratzó* y *bakí beshov*, habría permanecido revelada para que todos la conociesen y la practicasen. Pero, debido a sus pecados, los judíos perdieron esta habilidad. En lugar de ello, Moshé tuvo que pedir el perdón por ellos. En los cuarenta días que pasó en el cielo, desde el comienzo de Elul hasta luego de Iom Kipur, logró invocar la capacidad especial de Elul para el arrepentimiento, es decir, la habilidad de *bakí beratzó* y *bakí beshov*, como se explicó en nuestra lección. Sin embargo, nosotros debemos ahora esforzarnos mucho para alcanzar esta habilidad necesaria en la *Halajá* (*Torat Natán* 32).

Dice el *Parparaot LeJojmá*: Es interesante notar que la primera de las tres mitzvot

"Una estrella saldrá de Iaacov, [y un cetro se levantará de Israel]..." (Números 24:17), que alude a un rey.[152] Construir un Santo Templo para ellos es el aspecto de Moshé, de *daat* (conocimiento sagrado),[153] como enseñaron nuestros sabios: Cuando alguien tiene *daat*, es como si el Santo Templo hubiera sido construido durante su vida (Berajot 33a).[154] Y esto corresponde a "Él mismo nos eligió nuestra herencia".[155]

---

personificación de todo lo malo, la encarnación de todos los rasgos malvados. Esto se encuentra aludido en las palabras de las Escrituras (Génesis 6:5), "*raK rA koL haioM* (sólo mal todo el día)", cuyas últimas letras deletrean AMaLeK (*Biur HaLikutim*). En nuestro contexto, esto se refiere a la eliminación de la mala inclinación, y a la mitzvá de borrar todo lo que es Amalek y lo que él representa, alcanzando así el punto inferior de la *alef*.

Aunque el orden de las tres mitzvot presentado por el Rebe Najmán difiere del de Rabí Iehudá, comenzando con eliminar a Amalek antes que nombrar a un rey, el mismo Rabí Iehudá admitió que él no sabía cuál venía primero.

152. estrella...de Iaacov...rey. "Una estrella saldrá de Iaacov, y un cetro se levantará de Israel..." destruyendo a todos los enemigos de Israel.

"Una estrella... un cetro..." hace referencia a un rey que surge del pueblo judío (*Rashi, loc. cit.*). Más específicamente, hace referencia al Mashíaj. Más abajo (sección 9), el Rabí Natán explica que así como las estrellas residen en el cielo, la "estrella" misma hace referencia al cielo. Iaacov corresponde así a la *vav*/tienda/firmamento y a la mitzvá de nombrar un rey. Pregunta el *Be Ibey HaNajal*: ¿Cómo puede ser Iaacov/rey comparado con la *vav*, que también alude a la vergüenza y al cambio del color del rostro de la persona (como arriba, sección 5)? La respuesta es que la letra *vav* corresponde a la *sefirá* de *Tiferet* (Belleza, la *sefirá* central de *Zeir Anpin*), que comprende todos los Colores Superiores. En la santidad, la mezcla de estos colores es verdaderamente majestuosa. Pero si la persona transgrede, debe sufrir más tarde una mezcla de colores en su rostro. Si se mantiene quieta y en silencio al ser avergonzada, merece rectificar estos colores. De esta manera, Iaacov/rey corresponde a la letra *vav*.

El *Parparaot LeJojmá* lleva esto un paso más allá. Si la persona se mantiene quieta y en silencio al ser humillada, rectifica el punto inferior. Es entonces digna de la *vav*, abriendo un canal a través del cual recibe la luz desde el punto superior. Así adquiere el *kavod Elohim*. Pero si es insultada y responde, no puede merecer el punto inferior. Entonces, la vergüenza que sufre (la *vav*) se asemeja al "honor de los reyes", el honor que todos cuestionan. La mitzvá de nombrar un rey corresponde así a la *vav*. Agrega el *Parparaot LeJojmá*: Éste es el significado de "los judíos traerán el juicio..." (arriba, sección 6). Ellos han sufrido terriblemente durante su largo exilio. Sin embargo, al aceptar el sufrimiento en aras del Santo, bendito sea, es decir, para cumplir con la Torá y las mitzvot, los judíos merecieron el nivel de *adam*. Ellos pueden entonces sentarse sobre el trono. Por supuesto, la rectificación completa solo tendrá lugar con la llegada de Mashíaj, cuando "una estrella saldrá de Iaacov", el Rey. Entonces, el sufrimiento soportado por los judíos los transformará en un aspecto del punto inferior, que a su vez traerá al Rey Mashíaj, la *vav*. Él destruirá totalmente las fuerzas del mal, Amalek, y cuando esta rectificación también esté completa, se abocará a la tercera rectificación, la construcción del Santo Templo eterno (ver también nota 155).

(מִסִימָן ד' עַד כָּאן לְשׁוֹן רַבֵּנוּ, זִכְרוֹנוֹ לִבְרָכָה)

וְזֶה פֵּרוּשׁ:

"וַיֹּאמֶר ה' אֶל מֹשֶׁה: קְרָא אֶת יְהוֹשֻׁעַ" – מֹשֶׁה הוּא נְקֻדָּה הָעֶלְיוֹנָה וִיהוֹשֻׁעַ הוּא נְקֻדָּה הַתַּחְתּוֹנָה.

"וְהִתְיַצְּבוּ בָאֹהֶל" – זֶה בְּחִינַת הָרָקִיעַ, בְּחִינַת הַוָא"ו שֶׁבְּתוֹךְ הָאָלֶף.

"וַאֲצַוֶּנּוּ" – כִּי מֹשֶׁה הָיָה צָרִיךְ אָז לִמְסֹר הַכֹּל לִיהוֹשֻׁעַ, "וְאֵין שִׁלְטוֹן בְּיוֹם הַמָּוֶת" (קהלת ח), כִּי בִּשְׁעַת הִסְתַּלְקוּת הַצַּדִּיק אֵין

que permanece quieta delante de Dios, merece efectuar esta unión, que es el concepto de la construcción del Santo Templo, es decir, el descenso de *daat*, la revelación de Dios, dentro de la mundanalidad que es este mundo.

156. **leshón Rabeinu.** Ver el final de la primera nota de la Lección 2, donde ha sido explicada esta terminología. El texto desde el comienzo de la Lección 4 hasta aquí proviene del propio manuscrito del Rebe Najmán. La última porción, que trata sobre las tres mitzvot ordenadas a los judíos en su entrada a la Tierra de Israel, fue transmitida por el Rebe al Rabí Natán luego de Purim. El Rebe la concluyó diciendo que cada una de estas tres mitzvot son aspectos de la *teshuvá*. Cuando el Rabí Natán le pidió una explicación, el Rebe respondió, "Dímelo tú". Al volver al lugar donde se hospedaba, el Rabí Natán pensó en las posibles conexiones y de hecho llegó a algunos hermosos pensamientos. Registró sus ideas y al día siguiente se las mostró al Rebe Najmán. El Rebe estaba complacido con las explicaciones del Rabí Natán y así se lo hizo saber. De hecho, fue este episodio el que comenzó el entrenamiento que el Rebe Najmán inculcó al Rabí Natán para la composición de sus propias ideas originales de Torá (ver final de la nota 1; *Through Fire and Water*, Capítulo 8).

157. **explicación del versículo inicial.** El Rebe Najmán muestra cómo los conceptos de esta lección están aludidos en el versículo inicial. El *Biur HaLikutim* señala que este versículo aparece en la lectura de la Torá del Shabat de *VaIelej*, que es conocida como Shabat *Shuva*, el Shabat del Arrepentimiento. Esto corresponde a nuestra lección, pues al reordenar las letras de *ShUVaH* (שובה) se obtiene la palabra *BUShaH* (בושה, vergüenza).

158. **imponga.** *Atzavenu* en hebreo, que se traduce generalmente como "Yo lo instruiré" o "Yo lo pondré a cargo". La traducción aquí sigue a Rav Saadia Gaón, pues "Yo le imponga" se encuentra más en línea con nuestro texto.

159. **Moshé...Ioshúa...punto inferior.** Como arriba, sección 5.

160. **Tienda...firmamento...vav....** Como arriba, sección 5. Ver notas 91, 110-111.

{Desde la Lección 4 hasta aquí es *leshón Rabeinu*}.[156]

8. Ésta es la explicación [del versículo inicial]:[157]

{"Y Dios le dijo a Moshé: 'Se acercan los días en que has de morir. *Kra et Ioshúa* (convoca a Ioshúa) y preséntense en la tienda de reunión, para que Yo le imponga[158] Mis cargos'"}.

Y Dios le dijo a Moshé... llama a Ioshúa - Moshé representa el punto superior de la *alef* y Ioshúa, el punto inferior.[159]

y preséntense en la Tienda de Reunión - Esto alude al firmamento, a la *vav* en medio de la *alef*.[160]

para que Yo le imponga Mis cargos - Pues Moshé debía traspasarle entonces todo a Ioshúa, sin embargo, "No hay autoridad en el día de la muerte" (Eclesiastés 8:8). Pues en el momento en el que fallece, el Tzadik

---

mencionadas por el Rabí Iehudá en el Talmud es nombrar a un rey; recién luego menciona aniquilar a Amalek. Esto parece no concordar con nuestra lección, en donde el Rebe Najmán afirma que primero la persona debe soportar la humillación en silencio, el punto inferior, antes de que pueda alcanzar la rectificación de la *vav*, nombrar a un rey. Sin embargo, debido a que su intención al sufrir en silencio es minimizar su propio honor y así aniquilar a Amalek y a todos aquéllos que buscan minimizar el honor de Dios, el primer acto debe ser nombrar a un rey. La persona debe comprender que el objetivo al minimizar su propio honor no es dejarla sin autoestima; pues el honor del judío está íntimamente ligado al honor de Dios. Más bien, el motivo más importante del sufrimiento es para que la rectificación del punto inferior provenga de los judíos mismos. Así, cuando Dios le otorga el reinado a una persona, lo hace con la intención de revelar Su honor, *kavod Elohim*, que es la revelación del punto superior. Entonces, con esta revelación inicial iluminando el punto inferior, los judíos tienen el poder de aniquilar el mal de Amalek. Esta es también la razón de la afirmación del Talmud (*Kidushin* 32b): Aunque un rey quiera dejar de lado su honor, su honor no es descartado.

El *Parparaot LeJojmá* resume la lección hasta este punto. Escribe: Antes de que la persona se arrepienta, se encuentra en un aspecto de pre-*ehiéh*, con la sangre del lado izquierdo de su corazón (su mala inclinación) en pleno poder. Ahora bien, es sabido que para que todo objeto o concepto esté equilibrado, debe incluir aspectos de ambos extremos. Lo mismo se aplica a la humillación, que es un equilibrio entre el punto superior y el punto inferior. Así, la persona que acepta la humillación adecuadamente, en silencio (el punto inferior), posee el canal a través del cual puede atraer la luz del punto superior. Si, por otro lado, no actúa apropiadamente ante la humillación, esa vergüenza se vuelve meramente un precursor de otra humillación y vergüenza mayor que tendrá que sufrir. Por lo tanto, cuando la persona se mantiene quieta y en silencio en aras del Santo, bendito sea, aniquila a sus enemigos (Amalek) quienes le causaron esta humillación, y aniquila a su principal enemigo, la mala inclinación. Esta vergüenza, el cambio de los colores de su rostro (el rey), se transforma en el brillo de la luz del punto superior, *kavod Elohim* (el Templo). Más aún, la vergüenza representa la Tienda de Reunión, donde se juntan Moshé y Ioshúa. Así, cada persona, en la medida en

לוֹ שְׁלִיטָה וְכֹחַ לְהָאִיר לִיהוֹשֻׁעַ, עַל כֵּן דִּיֵּק וַאֲצַוֶּנּוּ, אֲנִי בְּעַצְמִי, כִּי חָזְרָה הַמֶּמְשָׁלָה לְהַקָּדוֹשׁ־בָּרוּךְ־הוּא:

וּכְלָל כָּל הָעִנְיָן כָּלוּל בִּתְמוּנַת אָלֶף, שֶׁהוּא נְקֻדָּה הָעֶלְיוֹנָה, וּנְקֻדָּה הַתַּחְתּוֹנָה וּוָא"ו. וְדוֹק מְאֹד.
וְהוּא עִנְיָן שֶׁאָמְרוּ חֲכָמֵינוּ, זִכְרוֹנָם לִבְרָכָה: שֶׁקֹּדֶם כְּנִיסַת יִשְׂרָאֵל לָאָרֶץ הֻזְהֲרוּ לְקַיֵּם שָׁלֹשׁ מִצְווֹת: 'לְהַכְרִית זַרְעוֹ שֶׁל עֲמָלֵק' 'וְלִבְנוֹת לָהֶם בֵּית הַבְּחִירָה' 'וּלְמַנּוֹת מֶלֶךְ'.
'לְהַכְרִית זַרְעוֹ שֶׁל עֲמָלֵק' הִיא בְּחִינַת יְהוֹשֻׁעַ, נְקֻדָּה הַתַּחְתּוֹנָה. כִּי עִקַּר מְחִיַּת עֲמָלֵק תָּלוּי בִּיהוֹשֻׁעַ, כְּמוֹ שֶׁכָּתוּב (שמות י"ז): "צֵא הִלָּחֵם בַּעֲמָלֵק", וְכַמְבֹאָר בַּזֹּהַר הָעִנְיָן (בשלח סה:).
'וְלִבְנוֹת בֵּית הַבְּחִירָה' הוּא בְּחִינַת מֹשֶׁה, נְקֻדָּה הָעֶלְיוֹנָה, כִּי 'מִי שֶׁיֵּשׁ בּוֹ דֵּעָה, כְּאִלּוּ נִבְנָה בֵּית־הַמִּקְדָּשׁ בְּיָמָיו', וּמֹשֶׁה הוּא בְּחִינַת הַדַּעַת.

retornar la autoridad a Dios. Cuando la persona minimiza su honor y aumenta el honor de Dios (como arriba, sección 1), ha alcanzado la verdadera humildad. Reconoce que todo está bajo el dominio de Dios y acepta sufrir vergüenza en silencio en aras del Santo, bendito sea, para dar honor a Dios. Al hacerlo, le entrega toda la autoridad a Dios. Entonces, Dios hace que la luz del punto superior de la *alef* se filtre hacia abajo a través de la *vav* de la *alef*, hasta que desciende al punto inferior de la *alef*. La *alef* es así perfeccionada y el *adam* se sentará sobre el trono, pues Dios y el pueblo judío son uno. Y, siendo uno con Dios, los judíos pueden traer el juicio a todas las criaturas vivientes.

163. **eliminar a Amalek....esencialmente de Ioshúa....** Amalek es la personificación de todo el mal de Esaú y de sus descendientes. Ioshúa, por otro lado, era descendiente de Iosef, quien fue el principal adversario de Esaú. Enseñan los sabios: Nuestro antepasado Iaacov previó que los descendientes de Esaú sólo serían vencidos por los descendientes de Iosef (*Bava Batra*123b). El *Zohar* (*loc. cit.*) agrega que el motivo de que Ioshúa, más que cualquier otro, fuera elegido para eliminar a Amalek era porque "él no salía de la tienda" (ver nota 114). En nuestro contexto, esto significa que estaba constantemente unido al punto superior de la *alef*, a Moshé, por medio de la *vav*, la tienda del Santo Templo. A través de esta unión, fue capaz de obtener la fuerza necesaria para vencer a Amalek.

164. **Moshé es el aspecto del conocimiento....** Como arriba, sección 7, nota 149-150.

no tiene la autoridad ni la fuerza para brillar en <otro>.¹⁶¹ Por lo tanto, <Dios dijo>, "para que Yo le imponga", *Yo*, Yo Mismo, pues la autoridad retornó al Santo, bendito sea.¹⁶²

9. En general, todo este tema se encuentra incluido en la forma de la *alef*, que consiste de un punto superior, un punto inferior y una *vav*. Considera esto con sumo cuidado.

Esto también está conectado con lo que enseñaron los sabios: Al entrar a la Tierra Santa, se le encargó el pueblo judío que cumpliera tres mitzvot: eliminar la simiente de Amalek; construir un Santo Templo para ellos y nombrar un rey.

Aniquilar la simiente de Amalek es el aspecto de Ioshúa, el punto inferior. Esto se debe a que eliminar a Amalek depende esencialmente de Ioshúa, como está escrito (Éxodo 17:9), "[Moshé le dijo a Ioshúa, 'Toma algunos hombres para nosotros, y] sale a pelear contra Amalek'", y como <esto> está explicado en el *Zohar* (II, 65b).¹⁶³

Construir un Santo Templo para ellos es el aspecto de Moshé, el punto superior. Esto se debe a que "Cuando alguien tiene conocimiento, es como si el Santo Templo hubiera sido construido durante su vida". Y Moshé es el aspecto del conocimiento, <tal como es sabido>.¹⁶⁴

---

161. **no hay autoridad en el día de la muerte.** Rashi explica que aunque el Rey David es mencionado siempre en las Escrituras como "Rey", en el día en que falleció se hace referencia a él meramente como "David" (Reyes I, 2:1). Este hecho indica que el gobierno y la autoridad del rey le son retirados en el día en que fallece.

162. **la autoridad retornó al Santo, bendito sea.** Más arriba (nota 121), en el comentario del Rabí Natán, se menciona que debido a nuestros muchos pecados a veces es necesario que el Tzadik/punto superior deba fallecer. Los muchos daños causados por el pecado bloquean la luz del punto superior e impiden que brille en este mundo para que la gente pueda arrepentirse. Este fue por cierto el caso de Moshé; debido al comportamiento del pueblo judío, se le negó la entrada a la Tierra Santa (ver también nota 155). Pero el gobierno de Dios permanece por siempre. Cuando llega el tiempo en que la luz de un Tzadik debe ocultarse, Dios se asegura de que queden seguidores del verdadero Tzadik que continúen iluminando su verdadero *daat* en este mundo. Así, dependiendo de cuán seriamente la persona busque la verdad a través del legado del Tzadik, en ese mismo grado será capaz de alcanzar el verdadero arrepentimiento (ver *Likutey Halajot*, *Shlujin* 5:12).

Por lo tanto, en nuestro contexto el versículo se lee así: Moshé estaba por fallecer. La iluminación que él había traído al mundo corría peligro de desaparecer. Por lo tanto, **Dios le dijo a Moshé** - el punto superior. Para que tu luz continúe brillando, **llama a Ioshúa** - tu luz debe ser dirigida hacia el punto inferior. Esto se logra a través de **que Yo le imponga Mis cargos** - al

'וּלְמַנּוֹת מֶלֶךְ' הוּא בְּחִינַת רָקִיעַ, הַוָּא"ו שֶׁבְּתוֹךְ הָאֱלֹ"ף, כְּמוֹ שֶׁכָּתוּב: "דָּרַךְ כּוֹכָב מִיַּעֲקֹב", שֶׁקָּאֵי עַל שֶׁיָּקוּם מֶלֶךְ מִיַּעֲקֹב, "וְדָרַךְ כּוֹכָב" הוּא בְּחִינַת רָקִיעַ, שֶׁיֵּשׁ בּוֹ כּוֹכָבִים וּמַזָּלוֹת. וְהַיְנוּ "מִיַּעֲקֹב", כִּי "יַעֲקֹב אִישׁ תָּם יֹשֵׁב אֹהָלִים", בְּחִינַת רָקִיעַ, כְּמוֹ שֶׁכָּתוּב: "וַיִּמְתַּח כָּאֹהֶל", כַּמְבֹאָר בַּזֹּהַר, שֶׁיַּעֲקֹב הוּא בְּחִינַת וָא"ו.

כִּי שָׁלֹשׁ מִצְווֹת אֵלּוּ הֵן בְּחִינַת תְּשׁוּבָה, וְהָבֵן.
(מִן וּכְלָל עַד כָּאן כָּפוּל לְעֵיל בְּשִׁנּוּי לָשׁוֹן קְצָת):

(שַׁיָּךְ לְעֵיל), וְזֶה סוֹד כַּוָּנוֹת אֱלוּל.
שָׁמַעְתִּי קְצָת כְּטִפָּה מִן הַיָּם. עַיֵּן שָׁם בַּכַּוָּנוֹת שֶׁל אֱלוּל, מְבֹאָר

que el Rabí Natán había insertado numerosos agregados al manuscrito del Rebe, aparentemente a partir de sus propias notas. A veces el Rabí Natán volvía a redactar una lección completa basado en sus propios registros de la enseñanza (ver *Likutey Moharán* I, 46, 47, 53, etcétera). Así, es posible suponer que esta sección proviene de las notas del Rabí Natán, lo que explica por qué parece ser una repetición de la sección 7.

169. **significado oculto de las kavanot de Elul.** Esto está mencionado arriba en la sección 4, donde el Rebe Najmán habla sobre ser experto en correr y retornar, *bakí beratzó* y *bakí beshov*. Cuando la persona llega a ser experta, merece *kavod Elohim*, *Keter*. Entonces la mano derecha de Dios se extiende para aceptar su *teshuvá*. Comenzando con esta sección y hasta la sección 13, el Rabí Natán explica la frase del Rebe, "Este es el significado oculto de las *kavanot* de Elul". Aquí cita de las enseñanzas esotéricas del Ari y comienza a explicarlas en base a las enseñanzas del Rebe Najmán, haciendo de las meditaciones Kabalistas un libro abierto para aquellos que desean servir a Dios.

Era una práctica común del Rebe Najmán englobar series completas de enseñanzas Kabalistas en lecciones que contenían consejos prácticos, explicando cómo la gente puede aspirar a alcanzar los más grandes niveles. Luego de dar una lección de este tipo, el Rebe solía ofrecer algunas alusiones sobre dónde era posible encontrar estos conceptos en la Kabalá. Antes de que el Rabí Natán llegase a ser uno de sus seguidores, el Rebe Najmán dijo, "Anhelo un seguidor que sea erudito y dotado del poder del lenguaje. Entonces, seré capaz de explicar las enseñanzas del Ari tan claramente que incluso hasta la gente joven las podrá comprender" (*Tzaddik* #363). Considerando que esta lección fue dada poco después de que el Rabí Natán se volviese un seguidor del Rebe, parece indicar que la intención del Rebe al revelar estas *kavanot* era comprobar si el Rabí Natán podía registrarlas correctamente.

170. **meditaciones de Elul.** En época del Rebe Najmán, esto aparecía en el *Sidur del Ari*, que contenía las plegarias junto con sus meditaciones místicas. Estas meditaciones también se en-

Nombrar un rey es el aspecto del firmamento, la *vav* en el medio de la *alef*. Como está escrito, "Una estrella saldrá de Iaacov", que indica que un rey surgirá de Iaacov.[165] "Una estrella saldrá" alude al firmamento, que contiene estrellas y constelaciones. Por eso, "de Iaacov", pues "Iaacov era un hombre de perfección que habitaba en las tiendas", un aspecto del firmamento, como en, "y Él los extendió como una tienda". [Y] tal como está explicado en el *Zohar* (III, 244b): Iaacov es el aspecto de la *vav*.[166]

Pues estas tres mitzvot son el aspecto del arrepentimiento.[167] Comprende esto.[168]

10. Esto se relaciona con: **Éste es el significado oculto de las *kavanot* (meditaciones) de Elul.**[169]

Le oí decir [al Rebe Najmán] algo sobre esto, pero fue sólo como una gota en el océano. Estudia las meditaciones de Elul,[170] donde

---

165. **estrella...rey...de Iaacov.** Como arriba, sección 7 y nota 52.

166. **firmamento...Iaacov...aspecto de la vav.** En la terminología de la Kabalá, Iaacov corresponde a *Zeir Anpin*, que tiene seis *sefirot* (ver Apéndice: Las Personas Divinas). Así, Iaacov es la *vav*. La *vav* conecta el punto superior con el inferior y así representa la capacidad de llevar hacia los niveles inferiores el conocimiento que se encuentra Arriba. Cuando un individuo se mantiene quieto y en silencio frente al insulto, su vergüenza se transforma en este puente, en la *vav*. Ioshúa se puso totalmente a los pies de Moshé de modo que el lugar de sus encuentros también sirvió como un puente, conectando al maestro con el discípulo. Como enseña el Rebe Najmán en otra instancia, Iaacov mismo es el epítome de esta capacidad de conectar la sabiduría más elevada con la materialidad de este mundo (ver Lección 1, sección 2). Como el Tzadik de su generación, también fue capaz de transmitirles esta sabiduría y enseñanza a sus hijos, las doce tribus.

167. **tres mitzvot...arrepentimiento.** Como se explicó más arriba en la sección 7. En la versión manuscrita del *Likutey Moharán* aparece lo siguiente: Simplemente, entrar a la Tierra Santa es un aspecto de *teshuvá*, una señal de que desea *shuv* (retornar) a Dios. Esto se debe a que entrar en la Tierra Santa indica entrar en los límites de la santidad, lo que se logra por medio de las tres mitzvot mencionadas más arriba. Aniquilar la simiente de Amalek es un aspecto de liquidar la mala inclinación, pues Amalek significa la impureza que proviene de la serpiente primordial del Gan Eden.

168. **Comprende esto.** En este punto de la edición impresa aparece lo siguiente: Desde "En general" hasta aquí es una revisión de lo que se dijo anteriormente, sólo con algunos pequeños cambios en la terminología.

Siendo que el Rebe Najmán le dio al Rabí Natán el manuscrito de la lección poco después de haberla presentado públicamente, es posible asumir que en el interín el Rabí Natán la registrara para estudiarla él mismo. Más tarde, al imprimirse el *Likutey Moharán*, se hizo claro

שָׁם, שֶׁכְּלָל כַּוָּנוֹת אֱלוּל הוּא, "הַנּוֹתֵן בַּיָּם דֶּרֶךְ", שֶׁצְּרִיכִין לְהָאִיר בְּחִינַת דֶּרֶךְ בַּיָּם וְכוּ', וְזֶה הַדֶּרֶךְ הוּא בְּחִינַת שְׁתֵּי פְעָמִים הַשֵּׁם יב"ק, כִּי שְׁתֵּי פְּעָמִים יב"ק עוֹלֶה דֶּרֶךְ, וְזֶה נִמְשָׁךְ מִבְּחִינַת שְׁנֵי שֵׁמוֹת, שֶׁהֵם קס"א ס"ג, כִּי אֵלוּ שְׁנֵי שֵׁמוֹת – קס"א ס"ג, הֵם עוֹלִים בְּגִימַטְרִיָּא שְׁתֵּי פְעָמִים יב"ק, שֶׁהוּא בְּגִימַטְרִיָּא דֶּרֶךְ, כַּנַּ"ל.

וְצָרִיךְ לְכַוֵּן שֵׁם קס"א בְּסֶגּוֹל, וְשֵׁם ס"ג בְּחִירִיק.

וְסֶגּוֹל דְּקס"א וְחִירִיק דְס"ג הֵם עוֹלִים תִּי"ו, כִּי שֵׁם קס"א הוּא שֵׁם אקי"ק בְּמִלּוּאוֹ כָּזֶה: אָלֶף קֵי יוֹד קֵי, שֶׁהֵם יוֹד אוֹתִיּוֹת, וְכָל אַחַת נְקֻדָּה בְּסֶגּוֹל, וְסֶגּוֹל הוּא שָׁלֹשׁ נְקֻדּוֹת, וְעַל כֵּן הוּא עוֹלֶה שְׁלֹשִׁים, וְעַל כֵּן יוֹד פְּעָמִים סֶגּוֹל עוֹלֶה שִׁי"ן. וְס"ג הֵם

171. **Quien hace un camino en el mar....** La Kabalá enseña que es posible asociar cada palabra hebrea con uno de los santos nombres de Dios. "En el mar", *BaIaM* (בים = 52), es la palabra clave en estas meditaciones, que se centralizan en el santo nombre *IHVH* en su expansión equivalente a *BaN* (בן = 52). Este nombre está asociado con *Maljut*, donde la persona debe hacer un "camino" para sus rectificaciones.

172. **veces Iabok...derej.** Las letras de *Iabok* tienen el valor numérico de 112 (יבק = 10+2+100). Dos veces este valor, 224, es el valor numérico de *derej* (דרך = 4+200+20). Ver Apéndice: Tabla de Guematria.

173. **KaSA y SaG.** Ver Apéndice: Expansiones del Santo Nombre de Dios. *KaSA* es una de las expansiones del santo nombre *Ehiéh* (אלף הי יוד הי), mientras que *SaG* es una de las expansiones de *IHVH* (יוד הי ואו הי).

174. **KaSA...SaG...derej.** *KaSA* es igual a 161 (קסא = 100+60+1). *SaG* es igual a 63 (סג = 60+3). Juntos suman los 224 de *derej*. Ver Apéndice: Tabla de Guematria.

175. **puntuado....** Es posible adjudicar cada uno de los nueve signos vocales básicos a cada una de las veintidós letras hebreas. En las meditaciones de Elul, cada una de las diez letras de *KaSA* están puntuadas con un *segol* (ֶ), mientras que cada una de las diez letras de *SaG* están puntuadas con *jirik* (.) (ver notas 85, 120).

176. **tres puntos...igual a trescientos.** La letra más pequeña del alfabeto hebreo es la *iud*, que es básicamente un simple punto. La *iud* tiene una guematria de 10. Así, los tres puntos del *segol* son de hecho tres *iuds*, y son igual a 30. Dado que hay diez letras en *KaSA*, cada una con tres puntos, 30 x 10 = 300: אָלֶף הֵי יוֹד הֵי

está explicado que las *kavanot* generales de Elul están [basadas en el versículo] (Isaías 43:16), "...Quien hace un camino en el mar". Pues uno debe tomar el aspecto de "camino" y hacerlo brillar en el "mar".[171] Este *derej* (camino) es el aspecto de dos veces el santo nombre *Iabok*, pues dos veces *Iabok* es igual que *derej*.[172] Esto procede del aspecto de los dos santos nombres, *KaSA* [y] *SaG*.[173] Pues estos dos nombres, *KaSA* y *SaG*, tienen un valor numérico igual a dos veces *Iabok*, que es el valor numérico de *derej*.[174]

[Aquí] se debe pensar en el nombre *KaSA* como puntuado con *segol* y el nombre *SaG* con *jirik*.[175]

Ahora bien, el *segol* de *KaSA* y el *jirik* de *SaG* suman juntos cuatrocientos. Pues el nombre *KaSA* es de hecho el nombre *Ehiéh* con sus letras deletreadas como *AleF HeI IUD HeI*, que juntas suman diez letras, cada una puntuada con un *segol*. Y el *segol* consiste de tres puntos, y es [en sí mismo] por tanto igual a treinta. Así, el *segol* por diez [letras] es igual a trescientos.[176] Y *SaG* consiste de las diez letras de

---

cuentran en *Shaar Ruaj HaKodesh*, 16, p. 121-126. Debemos enfatizar que el propósito de estas notas es explicar las lecciones del Rebe y no elucidar la Kabalá. Así, las notas continúan el hilo del texto y clarifican los temas solamente en cuanto ellos se relacionan con la lección misma. Habiendo dicho esto, aquí se hace necesaria una pequeña introducción a las meditaciones que se encuentran en las enseñanzas del Ari.

Las meditaciones Kabalistas están principalmente basadas en las diversas combinaciones de los santos nombres de Dios. Cada nombre, incluso cada letra y parte de ella, tiene su propia y especial intención. Esto sucede con las veintidós letras del alfabeto hebreo, al igual que con cada uno de los signos vocales. Así, cada mes del calendario judío está representado por su propia configuración del nombre de Dios combinado con un signo vocal particular. Cada una de estas representaciones tiene sus propios detalles, que son explicados en los escritos del Ari. Elul, por ejemplo, es el mes del arrepentimiento. Para alcanzar los niveles espirituales más elevados ofrecidos por este mes, uno debe meditar en el santo nombre *Ehiéh* puntuado con el signo vocal *segol*, y también en el santo nombre *IHVH* puntuado con el *jirik*, como veremos. En otros meses, o para diferentes ocasiones, uno debe meditar en otras configuraciones y puntuaciones. Ver también la nota 199. (En este punto y para comprender mejor las siguientes secciones, sería muy útil que el lector se familiarizase con el Apéndice: Expansiones del Santo Nombre de Dios, específicamente aquéllos de *IHVH* y *Ehiéh*. Ver también Apéndice: Tabla de Guematria).

Lo siguiente es el comentario introductorio del Rabí Natán a estas meditaciones: Todos deben saber y creer firmemente que cada judío, por medio de su arrepentimiento (incluso aunque no comprenda las meditaciones Kabalistas), efectúa increíbles rectificaciones en el cielo durante el mes de Elul. Esto se debe a que todo intento de arrepentimiento trae un "endulzar los decretos", es decir, una derrota de las fuerzas del mal. Lo más importante es andar por el camino del arrepentimiento con total simplicidad y evitar volver al pecado. Al hacerlo, la persona produce tremendo *jesed* (*Torat Natán* 35).

יוּד אוֹתִיּוֹת שֶׁל מִלּוּי הֲוָיָ"ה, יוּד קֵי וָאו קֵי, וְכָל אַחַת נְקֻדָּה בְּחִירִיק, עוֹלֶה ק'.

וּשְׁנֵיהֶם - חִירִיק דְּסַ"ג וּסְגוֹל דְקַסָ"א עוֹלִים יַחַד תָּיו, בְּגִימַטְרִיָּא פְּשׁוּטָה, וְאָז עַל-יְדֵי כָּל בְּחִינוֹת הַנַּ"ל, הַיָּמִין פְּשׁוּטָה לְקַבֵּל תְּשׁוּבָתוֹ.

כִּי יָמִין בְּמִלּוּאוֹ עוֹלֶה דֶּרֶךְ עִם הַשָּׁלֹש אוֹתִיּוֹת, שֶׁהוּא שְׁתֵּי פְּעָמִים יָבָ"ק וְכוּ', עַיֵּן שָׁם. כָּל זֶה מְבֹאָר מִתּוֹךְ כַּוָּנַת אֱלוּל.

וְעַתָּה בּוֹא וּרְאֵה וְהָבֵן אֵיךְ כָּל הַכַּוָּנוֹת הַנַּ"ל מְרֻמָּזִים וְנֶעְלָמִים בְּדֶרֶךְ נִפְלָא וְנוֹרָא מְאֹד בְּתוֹךְ הַתּוֹרָה הַנַּ"ל, כִּי מְבֹאָר שָׁם, שֶׁמִּי שֶׁרוֹצֶה לַעֲשׂוֹת תְּשׁוּבָה, צָרִיךְ שֶׁיִּהְיֶה לוֹ שְׁנֵי בְּקִיאוּת, הַיְנוּ בָּקִי בִּרְצוֹא בָּקִי בְּשׁוֹב, שֶׁהוּא בְּחִינַת עַיִל וְנָפִיק, בְּחִינַת: "אִם אֶסַּק שָׁמַיִם שָׁם אָתָּה", שֶׁהוּא בְּחִינַת בָּקִי בִּרְצוֹא, "וְאַצִּיעָה שְּׁאוֹל הִנֶּךָ", שֶׁהוּא בְּחִינַת בָּקִי בְּשׁוֹב וְכוּ', כַּמְבֹאָר לְעֵיל, עַיֵּן שָׁם. וְהַפֵּרוּשׁ הַפָּשׁוּט הוּא, שֶׁמִּי שֶׁרוֹצֶה לֵילֵךְ בְּדַרְכֵי הַתְּשׁוּבָה, צָרִיךְ לַחֲגֹר מָתְנָיו, שֶׁיִּתְחַזֵּק עַצְמוֹ בְּדַרְכֵי ה' תָּמִיד, בֵּין בַּעֲלִיָּה בֵּין בִּירִידָה, שֶׁהֵם בְּחִינַת: "אִם אֶסַּק שָׁמַיִם וְאַצִּיעָה שְּׁאוֹל" וְכוּ', הַיְנוּ בֵּין שֶׁיִּזְכֶּה לְאֵיזוֹ עֲלִיָּה, לְאֵיזוֹ מַדְרֵגָה גְּדוֹלָה, אַף-עַל-פִּי כֵן אַל יַעֲמֹד שָׁם, וְלֹא יִסְתַּפֵּק עַצְמוֹ בָּזֶה, רַק צָרִיךְ שֶׁיִּהְיֶה בָּקִי בָּזֶה מְאֹד, לֵידַע וּלְהַאֲמִין שֶׁהוּא צָרִיךְ לָלֶכֶת יוֹתֵר וְיוֹתֵר וְכוּ', שֶׁזֶּהוּ בְּחִינַת בָּקִי בִּרְצוֹא, בִּבְחִינַת עַיִל, שֶׁהוּא בְּחִינַת: "אִם אֶסַּק שָׁמַיִם שָׁם אָתָּה".

por cada una de sus 3 letras su valor numérico da 227. *IaMIN* (ימין), con sus letras deletreadas (יוד מם יוד נון) es igual a 226 (ver Tabla de Guematria). Agregando entonces 1 por la palabra misma, tal como permiten las reglas de *guematria*, la palabra *iamin* también equivale a 227.

181. **¡Y ahora! mira y comprende....** Antes de que el Rabí Natán comience a mostrar cómo las *kavanot* están aludidas en nuestra lección, pasa revista a los conceptos de *bakí beratzó* y *bakí beshov*, que es el tema de las meditaciones de Elul.

182. **como se explicó.** Una revisión más extensa aparece en la sección 4 y en las notas 63-79.

IHVH con sus letras deletreadas *IUD HeI VAV HeI*, cada una puntuada con un *jirik*. [El *jirik* consiste en un punto, cuyo valor es diez, de modo que *jirik* por diez letras] es igual a cien.[177]

Así, ambos, el *jirik* de *SaG* y el *segol* de *KaSA*, suman juntos el valor de cuatrocientos. Éste es el valor numérico de *PeShUTaH* (extendida).[178] Y así, en virtud de los conceptos mencionados arriba, *iamin* (la mano derecha) se extiende para aceptar su arrepentimiento.[179]

Porque cuando se deletrea *iamin*, es igual a *derej* junto con sus tres letras.[180] Esto es dos veces *Iabok*... ver allí. Todo esto está explicado en las *kavanot* de Elul.

11. ¡Y ahora! mira y comprende cómo, de una manera fantásticamente portentosa, todas las antedichas *kavanot* están aludidas y ocultas en la lección de Torá.[181] Porque allí se explica que la persona que quiere arrepentirse debe tener dos tipos de pericias: en correr y en retornar. Este es el aspecto de ascender y descender correspondiente a "Si asciendo al cielo, Tú estás allí": ser experto en correr; "y si hago mi lecho en el infierno, aquí estás Tú": ser experto en retornar. Ver arriba, donde esto aparece explicado.[182]

El significado simple de todo esto es que la persona que quiere andar por el sendero del arrepentimiento debe hacer uso de todas sus fuerzas y fortalecerse constantemente en los caminos de Dios, así se encuentre en un estado de ascenso o de descenso espiritual, correspondiente a "Si asciendo al cielo... y si hago mi lecho en el infierno". En otras palabras, aunque esté experimentando un ascenso y un elevado nivel espiritual, no debe mantenerse allí ni estar satisfecho con ello. Más bien, debe ser extremadamente experto en esto, sabiendo y creyendo que debe continuar más y más adelante. Ésta es la pericia del correr, un aspecto del ascenso, que corresponde a "Si asciendo al cielo...".

---

177. **jirik...cien.** Hay diez letras en *SaG*, cada una con un *jirik*, un punto simple. Así, 10 letras x 10 puntos = 100: יוֹד הֵי וֵאו הֵי

178. **cuatrocientos...PeShUTaH.** Las cinco letras de *PeShUTaH* (פשוטה = 80+300+6+9+5) es igual a 400. Ver Apéndice: Tabla de Guematria.

179. **arrepentimiento.** Ver Lección 1, nota 48, que la letra *Tav*, que tiene un valor de 400, indica *teshuvá* (arrepentimiento).

180. **iamin...derej...tres letras.** Como se explicó, *DeReJ* (דרך) es igual a 224. Si agregamos 1

וְכֵן לְהֵפֶךְ, שֶׁאֲפִלּוּ אִם יִפֹּל, חַס וְשָׁלוֹם, לְמָקוֹם שֶׁיִּפֹּל אֲפִלּוּ בִּשְׁאוֹל תַּחְתִּיּוֹת, גַּם כֵּן אַל יִתְיָאֵשׁ עַצְמוֹ לְעוֹלָם, וְתָמִיד יְחַפֵּשׂ וִיבַקֵּשׁ אֶת הַשֵּׁם יִתְבָּרַךְ, וִיחַזֵּק עַצְמוֹ בְּכָל מָקוֹם שֶׁהוּא, בְּכָל מַה שֶּׁיּוּכַל, כִּי גַּם בִּשְׁאוֹל תַּחְתִּיּוֹת נִמְצָא הַשֵּׁם יִתְבָּרַךְ, וְגַם שָׁם יְכוֹלִין לְדַבֵּק אֶת עַצְמוֹ אֵלָיו יִתְבָּרַךְ, וְזֶה בְּחִינַת: "וְאַצִּיעָה שְּׁאוֹל הִנֶּךָּ". וְזֶה בְּחִינַת בָּקִי בְּשׁוּב, כִּי אִי אֶפְשָׁר לֵילֵךְ בְּדַרְכֵי הַתְּשׁוּבָה, כִּי אִם כְּשֶׁבָּקִי בִּשְׁנֵי הַבְּקִיאוּת הָאֵלוּ.

וְדִקְדֵּק רַבֵּנוּ, זִכְרוֹנוֹ לִבְרָכָה, וְקָרָא עִנְיָן זֶה בִּלְשׁוֹן בָּקִי, כִּי הִיא בְּקִיאוּת גְּדוֹלָה מְאֹד מְאֹד, שֶׁיִּזְכֶּה לֵידַע לִיגַע עַצְמוֹ וְלִטְרֹחַ בַּעֲבוֹדַת ה' תָּמִיד, וּלְצַפּוֹת בְּכָל עֵת לְהַגִּיעַ לְמַדְרֵגָה גְּבוֹהָה יוֹתֵר, וְאַף־עַל־פִּי־כֵן אַל יִפֹּל מִשּׁוּם דָּבָר, וַאֲפִלּוּ אִם יִהְיֶה אֵיךְ שֶׁיִּהְיֶה, חַס וְשָׁלוֹם, אַף־עַל־פִּי־כֵן אַל יִפֹּל בְּדַעְתּוֹ כְּלָל, וִיקַיֵּם: "וְאַצִּיעָה שְּׁאוֹל הִנֶּךָּ", כַּנַּ"ל:

וְעַל־פִּי סוֹד נֶעְלָם בָּזֶה סוֹד כַּוָּנוֹת אֱלוּל הַנַּ"ל, כִּי בָּקִי הוּא בְּחִינַת שֵׁם יב"ק הַנַּ"ל, שֶׁהוּא אוֹתִיּוֹת בָּקִי. וְזֶה שֶׁזּוֹכֶה לִשְׁנֵי הַבְּקִיאוּת הַנַּ"ל, שֶׁהֵם שְׁתֵּי פְּעָמִים בָּקִי, דְּהַיְנוּ בָּקִי בִּרְצוֹא בָּקִי בְּשׁוּב, עַל־יְדֵי־זֶה זוֹכֶה לְדֶרֶךְ הַתְּשׁוּבָה, כִּי שְׁתֵּי פְּעָמִים בָּקִי, שֶׁהֵם בְּחִינַת שְׁתֵּי פְּעָמִים יב"ק, הַנַּ"ל, עוֹלֶה בְּגִימַטְרִיָּא דֶּרֶךְ כַּנַּ"ל, כִּי עַל־פִּי הַכַּוָּנוֹת נַעֲשֶׂה זֶה הַדֶּרֶךְ מִבְּחִינַת סְגוֹל דְקַסָ"א וְחִירִיק דְסַ"ג, שֶׁהֵם בְּגִימַטְרִיָּא שְׁתֵּי פְּעָמִים יב"ק, כַּנִּזְכָּר לְעֵיל.

וְזֶה בְּעַצְמוֹ סוֹד, בְּחִינַת שְׁנֵי הַבְּקִיאוּת הַנַּ"ל, כִּי בָּקִי בִּרְצוֹא,

---

LIKUTEY MOHARÁN #6:11,12   314

en retornar, las dos áreas de la *bakiut* (de la pericia). Sólo la persona que tiene ambas puede andar en el *derej* (camino) de la *teshuvá*. Esto es, sus dos veces *bakí* (112 x 2) es lo que revela el *derej* (224).

185. **derej...dos veces Iabok.** Pues el *derej* (224) se hace por medio de la combinación de los dos santos nombres *KaSA* (161) y *SaG* (63). Pero para que ellos se revelen a la persona, ésta debe primero alcanzar dos veces *bakí*, el *bakí beratzó* y el *bakí beshov*.

Y lo mismo ocurre en el sentido inverso. Aunque caiga donde caiga, Dios no lo permita, incluso en el infierno más profundo, nunca debe abandonar la esperanza, sino buscar y procurar constantemente a Dios. No importa dónde esté, debe fortalecerse con todos los medios posibles. Pues Dios puede ser encontrado incluso en el infierno más profundo y también allí es posible unirse a Él. Esto corresponde a "y si hago mi lecho en el infierno, aquí estás Tú", la pericia en el retornar. Pues es imposible andar por el sendero del arrepentimiento a no ser que uno posea ambos tipos de pericias.

Rabeinu, de bendita memoria, fue muy preciso al referirse a este concepto mediante el término *bakí*. Pues es de hecho una muy grande pericia el que la persona tenga el mérito de saber cómo afanarse y esforzarse continuamente en el servicio a Dios, anhelando alcanzar un elevado nivel espiritual y, a la vez, no dejando que nada la haga caer. Incluso si es como es, Dios no lo permita, aun así no se desalienta en absoluto, pues cumple con "y si hago mi lecho en el infierno, aquí estás Tú".

12. En base a las enseñanzas Kabalistas sabemos que detrás de esto se encuentra el significado oculto de las *kavanot* de Elul. Pues *bakí* es el aspecto del santo nombre *IaBoK* mencionado más arriba, que tiene las mismas letras que *BaKÍ*.[183] Cuando la persona alcanza los dos tipos de pericias mencionados anteriormente, que es dos veces *bakí*, es decir *bakí beratzó* (correr) y *bakí beshov* (retornar), también alcanza el *derej* (camino) del arrepentimiento. Esto se debe a que dos veces *bakí*, que es el aspecto de dos veces el santo nombre *Iabok*, es igual al valor numérico de *derej*.[184] Pues al seguir el método de las *kavanot*, este *derej* se forma a partir del *segol* de *KaSA* y del *jirik* de *SaG*, que [también] tiene el valor numérico de dos veces *Iabok*.[185]

Esto en sí mismo es el significado profundo de los dos tipos de

---

183. **IaBoK...BaKÍ.** Como se enseña, el santo nombre *Iabok* denota *bakí*, un amplio conocimiento de la ley de la Torá (*Zohar* III, 223a).

Aquí el nombre *IaBoK* (112) está compuesto por los tres nombres santos *IHVH* (26), *EHIéH* (21) y *ADoNaI* (65) que suman en conjunto 112 (ver nota 51, arriba). Ver más abajo, nota 199, con respecto a cómo los santos nombres están conectados con el hombre.

184. **alcanza el derej del arrepentimiento....** Pues uno debe ser experto tanto en correr como

שֶׁהוּא בְּחִינַת "אֶסַּק שָׁמַיִם", זֶה בְּחִינַת סֶגוֹל דקס"א. כִּי אֶסַּק אוֹתִיּוֹת קס"א.

וּבָקִי בְּשׁוֹב, שֶׁהוּא בְּחִינַת: "וְאַצִּיעָה שְּׁאוֹל הִנֶּךָּ", זֶה בְּחִינַת חִירִיק דְּס"ג, מִלְּשׁוֹן: "אַל תַּסֵּ"ג גְּבוּל עוֹלָם", שֶׁהוּא בְּחִינַת שֶׁמַּסִּיג גְּבוּלוֹ וּמַחֲזִירוֹ לַאֲחוֹרָיו, שֶׁזֶּה בְּחִינַת יְרִידָה, שֶׁהָאָדָם נוֹפֵל, חַס וְשָׁלוֹם, מִמַּדְרֵגָתוֹ, וְהוּא נָסוֹג אָחוֹר, חַס וְשָׁלוֹם. אַף-עַל-פִּי-כֵן יְחַזֵּק אֶת עַצְמוֹ, וְאַל יִתְיָאֵשׁ עַצְמוֹ לְעוֹלָם, כִּי גַּם שָׁם נִמְצָא הַשֵּׁם יִתְבָּרַךְ, בִּבְחִינַת: "וְאַצִּיעָה שְּׁאוֹל הִנֶּךָּ", כַּנַּ"ל, וְזֶה בְּחִינַת שֵׁם ס"ג, כַּנַּ"ל.

כִּי סֶגוֹל דָא חַמָּה, שֶׁהוּא הַנְּקֻדָּה הָעֶלְיוֹנָה שֶׁעַל הָאָלֶף, הַנֶּחֱלֶקֶת לְשָׁלֹשׁ טִפִּין, שֶׁזֶּהוּ בְּחִינַת "אֶסַּק שָׁמַיִם", בְּחִינַת סֶגוֹל דקס"א, שֶׁהוּא אוֹתִיּוֹת אֶסַּק, כַּנַּ"ל. וְחִירִיק הוּא בְּחִינַת נְקֻדָּה הַתַּחְתּוֹנָה שֶׁל הָאָלֶף, שֶׁהוּא בְּחִינַת: "וְאַצִּיעָה שְּׁאוֹל הִנֶּךָּ", שֶׁהוּא בְּחִינַת חִירִיק דְּס"ג הַנַּ"ל.

וְזֶה שֶׁכָּתַב שָׁם לְמַעְלָה בְּהַתּוֹרָה הַנַּ"ל: "וּכְשֶׁיֵּשׁ לוֹ אֵלּוּ הַשְּׁנֵי

podamos deducir de esto que *IHVH* es el santo nombre más asociado con el arrepentimiento, en esencia, la *teshuvá* es de hecho *Ehiéh*. La razón es que la persona que intenta acercarse a Dios descubre que sus percepciones anteriores de la Divinidad son mundanas al ser comparadas con sus percepciones presentes (como arriba, sección 3). Así, en el momento en que comprende que necesita la *teshuvá*, toma el aspecto de *Ehiéh*. Pero requiere un apoyo. El apoyo que proviene de *IHVH/SaG*. Es por esto que el Rebe Najmán llama a ello "ser experto", pues la persona debe ser experta en el correr y en el retornar. Para lograr que su arrepentimiento sea fructífero, siempre debe estar unida a *Ehiéh* y a *IHVH*.

189. **segol...alef...tres puntos.** Ver arriba, sección 5, nota 116-118.

190. **si asciendo....** Pues el sol es el punto superior, el aspecto de correr, de ascender (nota 186), que tiene los tres puntos de la *teshuvá*. Por lo tanto, en las *kavanot*, *KaSA* está puntuada con *segol*, correspondiente a estos tres puntos.

191. **jirik de SaG.** El punto inferior de la *alef* tiene un solo punto. Por lo tanto, *SaG* está puntuado con el *jirik*, un punto. Los tres puntos de la *teshuvá* en el punto superior deben brillar hacia el punto único inferior. Es decir, los tres puntos deben unirse para que la persona pueda arrepentirse apropiadamente y alcanzar los senderos de la *teshuvá*.

pericias. El *bakí* de correr, que corresponde a "*esak shamaim* (asciendo al cielo)", se relaciona al *segol* de *KaSA*, porque *eSAK* y *KaSA* tienen las mismas letras.[186]

El *bakí* de retornar, que corresponde a "si hago mi lecho en el infierno", está relacionado con el *jirik* de *SaG*, como en (Proverbios 22:28), "No *taSeG* (hagas retroceder) el mojón antiguo". Esto es cuando la persona retrocede de sus límites y vuelve atrás, <similar a "*naSoGu* hacia atrás" (Isaías 42:17)>.[187] Es una caída espiritual; la persona cae de su nivel original y se vuelve atrás, Dios no lo permita. Sin embargo, [la persona que es *bakí*] se fortalecerá y nunca se abandonará a la desesperanza. Pues incluso en tal lugar Dios puede ser encontrado, correspondiente a "si hago mi lecho en el infierno, Tú estás allí". Éste es un aspecto del nombre *SaG*.[188]

Pues "*segol* es el sol", el punto superior de la *alef*, que está dividido en tres puntos.[189] Éste corresponde a "si asciendo al cielo", un aspecto del *segol* de *KaSA*, que tiene las mismas letras que *eSAK* (ascender).[190] Y *jirik* es el punto inferior de la *alef*, correspondiente a "y si hago mi lecho en el infierno", que es un aspecto del *jirik* de *SaG*.[191]

Éste es el significado de lo que se dijo más arriba en la lección: **"Cuando la persona posee estos dos tipos de pericias (*bakí*), entonces**

---

186. **eSAK y KaSA....** Así, la palabra *eSAK*, que implica correr, es una alusión a *KaSA*.

187. **SaG...taSeG...naSoGu hacia atrás.** Así, la palabra *taSeG*, que implica retornar, es una alusión a *SaG*.

188. **nombre SaG.** El *Mei HaNajal* muestra cómo esto tiene una conexión más con nuestra lección. Como hemos visto, para que la persona se arrepienta, debe primero prepararse para ser. Es decir, debe tomar la cualidad de "Seré" (*ehiéh*), para entonces llegar al ser (*havaiá*, IHVH). También se ha explicado que *KaSA* está relacionado con *Ehiéh*, mientras que *SaG* está relacionado con *IHVH*. Pues estos dos santos nombres son la clave del arrepentimiento. *Ehiéh/KaSA* denota correr, es decir, preparándose para ascender la escala espiritual. Sin embargo, en este momento, aún no ha alcanzado los niveles más elevados. Está en un aspecto de *ehiéh*. Por otro lado, *IHVH/SaG* denota retornar, es decir, mantenerse firme con Dios. Esto es, la persona sabe que ha caído pero reconoce que sin embargo Dios está con ella. Está en un aspecto de *IHVH*. Más aún, es posible que esa misma persona que quiere arrepentirse se encuentre retornando no de sus malos caminos sino de sus buenas acciones y pensamientos. Si entonces, erróneamente, concluye que no es digna de la *teshuvá*, puede comenzar a caer incluso más abajo que el bajo nivel en el cual se encuentra actualmente. En ese caso, debe nutrirse espiritualmente del santo nombre *IHVH*, en particular en su formación como *SaG*, que da vida y mantiene a todos aquéllos distantes de Dios que aún no se han arrepentido. Y, agrega el *Mei HaNajal*, aunque

בְּקִיאוּת הַנַּ"ל אֲזַי הוּא הוֹלֵךְ בְּדַרְכֵי הַתְּשׁוּבָה", כִּי מִשְּׁנֵי פְּעָמִים בָּקִי, שֶׁהֵם בְּחִינַת קס"א וס"ג, "אֶסַּק שָׁמַיִם וְאַצִּיעָה שְׁאוֹל" וְכוּ', עַל־יְדֵי־זֶה נַעֲשֶׂה בְּחִינַת דֶּרֶךְ, שֶׁהוּא בְּגִימַטְרִיָּא שְׁתֵּי פְּעָמִים בָּקִי, שֶׁהֵם קס"א וְס"ג וְכוּ', כַּנַּ"ל.

כִּי עִקַּר דֶּרֶךְ הַתְּשׁוּבָה זוֹכִין עַל־יְדֵי שְׁנֵי הַבְּקִיאוּת הַנַּ"ל, וְאָז יָמִין ה' פְּשׁוּטָה לְקַבֵּל תְּשׁוּבָתוֹ, כִּי יָמִין בְּגִימַטְרִיָּא דֶּרֶךְ, שֶׁהֵם שְׁתֵּי פְּעָמִים בָּקִי, כַּנַּ"ל. וּפְשׁוּטָה בְּגִימַטְרִיָּא סֶגּוֹל דְקס"א וְחִירִיק דְס"ג.

שֶׁהֵם בְּעַצְמָם בְּחִינַת נְקֻדָּה הָעֶלְיוֹנָה וּנְקֻדָּה הַתַּחְתּוֹנָה, שֶׁהֵם בְּחִינַת מַה שֶּׁצְּרִיכִין לְבַקֵּשׁ הַשֵּׁם יִתְבָּרַךְ תָּמִיד, הֵן לְמַעְלָה הֵן לְמַטָּה, בְּחִינַת: "אִם אֶסַּק שָׁמַיִם שָׁם אָתָּה, וְאַצִּיעָה שְׁאוֹל הִנֶּךָּ", שֶׁהֵם בְּחִינַת שְׁנֵי הַבְּקִיאוּת הַנַּ"ל, וְעַל כֵּן כְּשֶׁיֵּשׁ לוֹ שְׁנֵי הַבְּקִיאוּת הַנַּ"ל, אָז הוּא הוֹלֵךְ בְּדַרְכֵי הַתְּשׁוּבָה, וְאָז יָמִין ה' פְּשׁוּטָה לְקַבֵּל תְּשׁוּבָתוֹ. וְהָבֵן הַדְּבָרִים הֵיטֵב, כִּי הֵם דְּבָרִים עֲמֻקִּים מְאֹד.

וְעַל־פִּי־זֶה תָּבִין לְקַשֵּׁר הַתּוֹרָה הֵיטֵב, שֶׁמַּה שֶּׁכָּתַב בַּסּוֹף מֵעִנְיַן נְקֻדָּה הָעֶלְיוֹנָה וּנְקֻדָּה הַתַּחְתּוֹנָה שֶׁל הָאָלֶ"ף, זֶהוּ בְּעַצְמוֹ בְּחִינַת שְׁנֵי הַבְּקִיאוּת הַנַּ"ל, (כִּי זֶה אֵינוֹ מְבֹאָר בְּפֵרוּשׁ בְּהַתּוֹרָה הַנַּ"ל, רַק עַל־פִּי כַּוָּנוֹת הַנַּ"ל מוּבָן זֹאת מִמֵּילָא לַמַּשְׂכִּיל).

וְזֶהוּ בְּעַצְמוֹ בְּחִינַת תְּשׁוּבָה עַל תְּשׁוּבָה, שֶׁכָּתַב שָׁם, כִּי זְבִיחַת

195. **en sí mismos el aspecto de...punto.** Como arriba, sección 5.

196. **kavanot mencionadas más arriba.** La *alef* está explicada en la sección 5, mientras que los dos tipos de *baki* están explicados en la sección 4. Aunque, como hemos visto arriba, el Rebe Najmán se ocupa en general de unir los diferentes conceptos que introduce, no ha mostrado una conexión directa entre la *alef* y las dos veces *baki*. Esto se ha vuelto claro sólo a partir de las *Kavanot* del Ari, que determinan que uno requiere de dos veces *baki*, correspondiente a *Ehiéh*/el punto superior y *IHVH*/el punto inferior, tal como se ha explicado aquí.

camina por el sendero (*derej*) del arrepentimiento".¹⁹² Pues a partir de dos veces *bakí*, que son los aspectos de *KaSA* y de *SaG*, "asciendo al cielo" y "hago mi lecho en el infierno", se forma el aspecto de *derej*, que tiene el valor numérico de dos veces *bakí*, correspondiente a *KaSA* y *SaG*.

Pues la esencia de las sendas del arrepentimiento se alcanza a través de estos dos tipos de pericias. Y entonces, la *iamin* de Dios se *peshutáh* (extiende) para aceptar su arrepentimiento. Esto se debe a que *iamin* tiene el mismo valor numérico que *derej*, que es dos veces *bakí*;¹⁹³ y *peshutáh* tiene el mismo valor numérico que el *segol* de *KaSA* y el *jirik* de *SaG*, como se explicó más arriba.¹⁹⁴

[Además, el *segol* y el *jirik*] son en sí mismos los aspectos del punto superior y del punto inferior.¹⁹⁵ Ellos representan la necesidad de buscar constantemente a Dios, tanto arriba como abajo. Estos son los dos tipos de pericias: "Si asciendo a los cielos, Tú estás allí; y si hago mi lecho en el infierno, aquí estás Tú". Por lo tanto, cuando la persona posee estos dos tipos de pericias, anda por las sendas del arrepentimiento. Y entonces, la mano derecha de Dios se extiende para aceptar su arrepentimiento. Comprende bien esto, pues los temas tratados aquí son muy profundos.

13. Basado en esto, es posible reunir los elementos de esta lección de Torá. Lo que fue escrito al final sobre el punto superior e inferior de la *alef* es el mismo aspecto que los dos tipos de pericias. {De hecho, esto no fue explicado en el cuerpo de la lección. La relación sólo se vuelve clara al comprender las *kavanot* mencionadas más arriba}.¹⁹⁶

Esto es también el concepto de "arrepentimiento sobre arrepentimiento" mencionado en la lección. El matar la mala

---

192. **dicho arriba en la lección.** Ver sección 4.

193. **iamin...dos veces bakí.** Es decir, cuando la persona merece las dos *bakiut*, forma el *derej* de la *teshuvá*. Ahora que el camino está seguro, hace que el brazo derecho de Dios, Su *iamin*, se extienda hacia ella para recibir su *teshuvá*.

194. **se explicó arriba.** Ver sección 10, nota 178. *KaSA* con sus signos vocales es igual a 300 y *SaG* con sus signos vocales es igual a 100; así, juntos son igual a 400, el valor numérico de *peshutah* (extendida). Es decir, hace que el *iamin* de Dios se extienda para recibirlo en su arrepentimiento.

הַיֵצֶר הָרָע, שֶׁהוּא בְּחִינַת דָּ"ם לָ"ה', שֶׁהוּא בְּחִינַת תְּשׁוּבָה הָרִאשׁוֹנָה, שֶׁהוּא בְּחִינַת כְּבוֹד עוֹלָם הַזֶּה, זֶה בְּחִינַת נְקֻדָּה הַתַּחְתּוֹנָה, שֶׁנַּעֲשֵׂית מִבְּחִינַת הַדְּמִימָה וְהַשְׁתִיקָה, מִבְּחִינַת דָּ"ם לָ"ה'. וְכָל זֶה הוּא בְּחִינַת חִירִיק דְּסָ"ג וְכוּ', שֶׁהוּא בְּחִינַת בָּקִי בָּשׁוּב, כַּנַּ"ל.

וּתְשׁוּבָה הַשְּׁנִיָּה שֶׁעוֹשֶׂה עַל תְּשׁוּבָתוֹ הָרִאשׁוֹנָה, שֶׁהוּא בְּחִינַת כְּבוֹד הָעוֹלָם הַבָּא, בְּחִינַת: "כְּבוֹד אֱלֹקִים הַסְתֵּר דָּבָר", זֶה בְּחִינַת נְקֻדָּה הָעֶלְיוֹנָה, בְּחִינַת כֶּתֶר, שֶׁהוּא בְּחִינַת משֶׁה, בְּחִינַת סֶגּוֹל וְכוּ'.

וְהָבֵן הַדְּבָרִים הֵיטֵב, אֵיךְ כָּל הַדְּבָרִים הַנֶּאֱמָרִים שָׁם, בְּהַתּוֹרָה הַנַּ"ל, נִקְשָׁרִים וְנִכְלָלִים אַחַר־כָּךְ בְּיַחַד בְּקֶשֶׁר נִפְלָא וְנוֹרָא, וְהַמַּשְׂכִּילִים יָבִינוּ קְצָת:

וְעִקַּר הַדָּבָר, שֶׁעַל יְדֵי שֶׁהָאָדָם, כְּשֶׁהוּא בַּמַּדְרֵגָה הַתַּחְתּוֹנָה מְאד, וְאַף־עַל־פִּי־כֵן הוּא מְחַזֵּק עַצְמוֹ וּמַאֲמִין שֶׁגַּם שָׁם יֵשׁ לוֹ תִּקְוָה עֲדַיִן, כִּי גַּם שָׁם נִמְצָא הַשֵּׁם יִתְבָּרַךְ, בִּבְחִינַת: "וְאַצִּיעָה שְּׁאוֹל הִנֶּךָּ", אֲזַי מַמְשִׁיךְ עַל עַצְמוֹ הַקְּדֻשָּׁה מִשֵּׁם הַקָּדוֹשׁ הֲוָיָ"ה בְּמִלּוּי סָ"ג, שֶׁהוּא מְחַיֶּה אֶת כָּל הַנְּסוֹגִים אָחוֹר מִקְּדֻשָּׁתוֹ לְהַחֲזִיקָם לְבַל יִפְּלוּ לְגַמְרֵי, חַס וְשָׁלוֹם, וְזֶה בְּחִינַת בָּקִי בְּשׁוּב, שֶׁזֶּה הַבְּקִיאוּת הוּא בְּחִינַת שֵׁם יָבַּ"ק הַקָּדוֹשׁ, בְּחִינַת שֵׁם סָ"ג.

---

no pierde totalmente la esperanza. Al cumplir con el concepto de "y si hago mi lecho... aquí estás Tú", continúa buscando al Santo, bendito sea, y lucha por alcanzar la *teshuvá*. Pero entonces el nombre *Ehiéh* está oculto de ella (ver notas 23-27), de modo que sufre el insulto y la humillación.

Cuando sucede esto, debe fortalecerse aceptando el sufrimiento y la vergüenza con amor y mantenerse quieta y en silencio como la tierra, correspondiente a "que mi alma sea como la tierra para todos" (*Liturgia Diaria, Amidá*) y "la tierra es Mi apoyapié". Su esperanza es que al ignorar los ataques a su honor, merecerá la *teshuvá*. Pues al mantenerse quieto y en silencio se construye el punto inferior de la *alef*, siendo éste el aspecto del *jirik*. Por tanto, el nombre *SaG* debe ser meditado y puntuado con el *jirik*.

inclinación, correspondiente a "Manténte quieto ante Dios"/el primer arrepentimiento/el *kavod* de este mundo, es el punto inferior. Esto se logra por medio del *DeMimá* y silencio, correspondiente a "Manténte *DoM* ante Dios". Y todos estos conceptos forman el aspecto del *jirik* de *SaG*, que es la pericia de retornar.

El segundo arrepentimiento, el que uno hace por su primer arrepentimiento, el aspecto de la gloria del Mundo que Viene, correspondiente a "La gloria del Señor es un tema oculto", es el punto superior. Es *Keter*, que es el aspecto de Moshé y del *segol*.[197]

Comprende bien esto, cómo todos los temas mencionados en esta lección se unen más tarde de una manera maravillosa y profunda. Aquéllos que profundicen en ello comprenderán un poco.[198]

14. La esencia del tema es: Cuando la persona se encuentra a un nivel muy bajo y aun así se fortalece, teniendo fe en que incluso allí aún tiene esperanzas y en que también allí Dios puede ser encontrado, correspondiente a "y si hago mi lecho en el infierno, aquí estás Tú", entonces atrae la santidad sobre sí misma a partir del santo nombre *IHVH* en su permutación de *SaG*. Este [nombre] sostiene a todos aquéllos que se han *naSoG* (retraído) de Su santidad. Él los fortalece e impide que se alejen definitivamente, Dios no lo permita. Éste es el aspecto de ser experto en el retornar, que es la pericia que corresponde a los santos nombres *Iabok* y *SaG*.

---

197. **Keter...Moshé...segol.** Ver sección 5 y nota 110 por los detalles de estas conexiones.

198. **comprenderán un poco.** El *Parparaot LeJojmá* explica que a partir de esto es posible comprender cómo se unen entre sí los diferentes conceptos de la lección. Ser *bakí* en retornar significa que uno no está satisfecho con su nivel espiritual actual, y que una y otra vez busca elevarse más y más. Esto es lo que se quiere decir en la sección 3 sobre el hecho de que uno debe estar constantemente dedicado al atributo de la *teshuvá*.

Pues es necesario alcanzar *teshuvá al teshuvá*. Éste es el aspecto del nombre *Ehiéh* en su permutación de *KaSA*, como en, "Si yo (asciendo) al cielo". Pues el nombre *Ehiéh* es el aspecto de *teshuvá*, cuya perfección y plenitud esenciales sólo se alcanzan cuando uno asciende constantemente dedicándose a la *teshuvá al teshuvá*, siendo *bakí* en el correr. Y esta *teshuvá* es el aspecto del punto superior de la *alef*, correspondiente a "el *segol* (tres puntos, tres condiciones para el arrepentimiento) es el sol". Por lo tanto, cada letra del nombre *KaSA* debe ser meditada y puntuada con el *segol*.

Por otro lado, ser *bakí* en retornar, como en, "y si hago mi lecho en el infierno...", es el aspecto del nombre *SaG*. Esto es cuando la persona se encuentra en un estado de *naSoG* (retroceso), Dios no lo permita. Está muy distante de aquello que es santo, pero pese a ello

וְכֵן כְּשֶׁאָדָם זוֹכֶה לָבוֹא לְאֵיזוֹ מַדְרֵגָה בַּקְּדֻשָּׁה הָעֶלְיוֹנָה, וְאַף־עַל־פִּי־כֵן אֵינוֹ עוֹמֵד שָׁם, וְהוּא מִתְחַזֵּק וּמִתְגַּבֵּר לַעֲלוֹת יוֹתֵר וְיוֹתֵר, אֲזַי מַמְשִׁיךְ הַקְּדֻשָּׁה עַל עַצְמוֹ מִשֵּׁם הַקָּדוֹשׁ אקי״ק בְּמִלּוּי קס״א, שֶׁהוּא בְּחִינַת בָּקִי בְּרָצוֹא.

כִּי הָאָדָם - כְּפִי תְּנוּעוֹתָיו וּכְפִי הִתְחַזְּקוּתוֹ בַּעֲבוֹדָתוֹ יִתְבָּרַךְ, כֵּן גּוֹרֵם לְיַחֵד הַשֵּׁמוֹת לְמַעְלָה, וּמַמְשִׁיךְ עַל עַצְמוֹ הַקְּדֻשָּׁה מִשָּׁם. וְהָבֵן הֵיטֵב:

וְהִנֵּה מְבֹאָר לְעֵיל, שֶׁעַל־יְדֵי הַדְּמִימָה וְהַשְּׁתִיקָה שֶׁשּׁוֹתְקִין לַחֲבֵרוֹ כְּשֶׁמְּבַזִּין אוֹתוֹ, עַל־יְדֵי־זֶה זוֹכֶה לִתְשׁוּבָה, שֶׁהִיא בְּחִינַת כֶּתֶר כַּנַּ״ל, עַיֵּן שָׁם, כִּי 'סְיָג לַחָכְמָה שְׁתִיקָה' כַּנַּ״ל, כִּי צְרִיכִין לִזָּהֵר מְאֹד לָדוּן אֶת כָּל אָדָם לְכַף זְכוּת, וַאֲפִלּוּ הַחוֹלְקִים עָלָיו וּמְבַזִּין אוֹתוֹ, צָרִיךְ לְדוּנָם לְכַף זְכוּת וְלִשְׁתֹּק לָהֶם, וְעַל־יְדֵי־זֶה נַעֲשֶׂה בְּחִינַת כֶּתֶר.

כַּמּוּבָא בַּמִּדְרָשׁ (ויקרא-רבה פרשה ב):

'מָשָׁל לְאֶחָד, שֶׁמָּצָא אֶת חֲבֵרוֹ שֶׁהוּא עוֹשֶׂה כֶּתֶר. אָמַר לוֹ: בִּשְׁבִיל מִי, אָמַר לוֹ: בִּשְׁבִיל הַמֶּלֶךְ. אָמַר לוֹ: כֵּיוָן שֶׁהוּא לְצֹרֶךְ הַמֶּלֶךְ, כָּל אֶבֶן טוֹב שֶׁתִּמָּצֵא, תִּקְבָּעֶנּוּ בּוֹ'.

200. **silencio...arrepentimiento...Keter....** Ver arriba, sección 2.

201. **El silencio es una cerca para la sabiduría.** Como arriba, sección 6 y nota 128.

202. **juzgar a todos de manera favorable.** Éste es un tema muy importante de las enseñanzas del Rebe Najmán: juzgar a los demás, al igual que a uno mismo, de manera favorable (ver Lección 3 y *Likutey Moharán* I, 282). En nuestro contexto, esto se relaciona con reconocer el valor propio, para que la persona pueda encarar el arrepentimiento y no piense que está "muy lejos" de poder acercarse a Dios. El Rebe muestra ahora cómo se aplica esto a nuestra lección.

Los principios incluidos en el precepto de juzgar favorablemente a los demás están explicados en detalle en *Cuatro lecciones del Rabí Najmán de Breslov; "Azamra"* publicado por el Breslov Research Institute, 2000.

203. **Kaf zejut.** Literalmente, esto quiere decir "la escala del mérito", כף זכות en hebreo. El Rebe Najmán conecta esta *kaf*, כ, con la *kaf* de *Keter*, כתר.

204. **es como la alegoría....** Este Midrash se explaya sobre el versículo "Habla a los hijos de

De manera similar, cuando la persona merece alcanzar un cierto nivel elevado de santidad y aun así no se detiene, sino más bien que se fortalece y busca ascender más y más alto, atrae entonces santidad sobre sí misma del santo nombre *Ehiéh* en su permutación de *KaSA*. Éste es el aspecto de ser experto en correr.

Pues [cada] persona, de acuerdo con sus acciones y con el modo en que se fortalece en el servicio a Dios, hace que se unan arriba los santos nombres.[199] Y a su vez, trae desde allí santidad sobre sí misma. Comprende bien esto.

15. Se ha explicado más arriba que por medio de la quietud y del silencio que muestra cuando alguien la insulta, la persona merece el arrepentimiento, que es el aspecto de *Keter*, como se explicó.[200] Esto es porque "El silencio es una cerca para la sabiduría".[201] Pues es necesario ser muy cuidadoso y juzgar a todos de manera favorable.[202] Incluso cuando los otros la atacan y la insultan, la persona debe juzgarlos favorablemente y mantener silencio. Esto forma el aspecto de *Keter*, <pues no hay *Keter* sin una *kaf*, y esto es precisamente *Kaf zejut* (favorablemente).[203] Comprende esto.>

Como dice el Midrash:

Es como la alegoría de alguien que vio a su amigo haciendo una *keter* (corona). "¿Para quién es?" le preguntó. "Para el rey", le respondió. "Dado que es para el rey", le dijo, "pon en ella todas las joyas que encuentres" (VaIkra Rabah 2:5).[204]

---

199. **se unan los santos nombres arriba.** Los nombres Divinos de Dios representan a las fuerzas y energías de Arriba y a la vez están unidos a ellas. Hacer que estos nombres se unan significa esencialmente llevarlos mediante nuestras acciones a un estado de mayor perfección o plenitud. La persona está activando estas energías espirituales. El hombre tiene la habilidad de hacerlo pues: "El hombre encarna los misterios de todos los mundos" (*Zohar Jadash, Shir HaShirim* 4). Así, cada parte del cuerpo humano tiene su elemento correspondiente en la creación que existe sólo para beneficio del hombre y sobre el cual sus acciones y comportamientos tienen un efecto directo (cf. *Tzaddik* #504, #505).

Esta, en efecto, es la razón de las diferentes *kavanot* (meditaciones). Cuando la persona reflexiona y medita sobre un determinado nombre santo, despierta las fuerzas implícitas en ese nombre y trae esa energía sobre sí misma. Es por esto que el Ari enfatiza la necesidad de la pureza para aquél que quiera dedicarse a estas meditaciones de manera apropiada y segura. Por su parte, el Rebe Najmán muestra aquí y en muchas otras lecciones cómo podemos transformar estas meditaciones en acción, de modo que incluso si no somos capaces de dedicarnos a las *kavanot*, nuestras acciones pueden llevarnos a los mismos niveles, ¡y a veces más alto todavía!

LIKUTEY MOHARÁN #6:15

כָּךְ כָּל אֶחָד מִיִּשְׂרָאֵל הוּא בְּחִינַת כֶּתֶר לְהַשֵּׁם יִתְבָּרַךְ, וְצָרִיךְ לְהַכְנִיס בּוֹ כָּל מִין אֲבָנִים טוֹבוֹת שֶׁאֶפְשָׁר לִמְצֹא, דְּהַיְנוּ שֶׁצְּרִיכִין לְהִשְׁתַּדֵּל לְחַפֵּשׂ וּלְבַקֵּשׁ אַחַר כָּל צַד זְכוּת וְדָבָר טוֹב שֶׁאֶפְשָׁר לִמְצֹא בְּיִשְׂרָאֵל, וְלָדוּן אֶת הַכֹּל לְכַף זְכוּת, כִּי הֵם בְּחִינַת כֶּתֶר לְהַשֵּׁם יִתְבָּרַךְ כַּנִּזְכָּר לְעֵיל. וּכְמוֹ שֶׁאָמְרוּ רַבּוֹתֵינוּ, זִכְרוֹנָם לִבְרָכָה: 'הֱוֵי דָן אֶת כָּל אָדָם לְכַף זְכוּת'.

נִמְצָא, שֶׁעַל יְדֵי שֶׁדָּנִים אֶת הַכֹּל לְכַף זְכוּת, שֶׁעַל־יְדֵי־זֶה שׁוֹתְקִין לוֹ כְּשֶׁמְּבַזֶּה אוֹתוֹ, כִּי מוֹצְאִין בּוֹ זְכוּת, שֶׁאֵינוֹ חַיָּב כָּל כָּךְ בַּמֶּה שֶׁמְּבַזֶּה אוֹתוֹ, כִּי לְפִי דַעְתּוֹ וּסְבָרָתוֹ נִדְמֶה לוֹ שֶׁרָאוּי לוֹ לְבַזּוֹת אוֹתוֹ וְכוּ', עַל־יְדֵי־זֶה נַעֲשֶׂה בְּחִינַת כֶּתֶר, הַיְנוּ כַּנַּ"ל, שֶׁעַל־יְדֵי הַדְּמִימָה וְהַשְּׁתִיקָה נַעֲשֶׂה בְּחִינַת כֶּתֶר,

en silencio para expiar sus pecados. Pero la persona que honestamente considera que no merece el insulto sólo puede ser aquélla que se ha arrepentido sinceramente, cuyo arrepentimiento es el arrepentimiento exaltado del Mundo que Viene (ver sección 3, nota 46). Esta persona sólo puede ser el Tzadik, quien siempre busca el honor de Dios y quien ha logrado el *kavod Elohim*. Pero, como hemos visto, está prohibido mantenerse quieto y en silencio cuando está en juego el honor de Dios (arriba, nota 11 final). Y dado que el Tzadik ha alcanzado *kavod Elohim*, ¿cómo puede mantenerse quieto y en silencio cuando es insultado? Sin embargo, el Tzadik se mantiene quieto y en silencio al juzgar a los demás favorablemente: "A ellos les parece que merezco ser insultado", dice. Por otro lado, si ellos supiesen con certeza que el honor del Tzadik es *kavod Elohim*, de seguro no lo insultarían. Así, con su silencio, el Tzadik alcanza otro aspecto del arrepentimiento y puede ascender a un nivel incluso mayor de *Ehiéh/Keter*. El Tzadik revela entonces un nivel mayor de *Keter*, que es una mayor revelación de *kavod Elohim*. Por lo tanto, en lugar de que se disminuya el honor de Dios, éste aumenta debido a su silencio.

Con esto, el *Parparaot LeJojmá* explica por qué los verdaderos Tzadikim están inexorablemente rodeados de grandes controversias. Es sabido que la oposición al Baal Shem Tov y de hecho a todos los maestros jasídicos, fue extremadamente virulenta. Peor aún fue la persecución sufrida por el Rebe Najmán (y el Rabí Natán). La razón es que los verdaderos Tzadikim sólo son aquéllos que han alcanzado *teshuvá al teshuvá* y buscan ascender más todavía, a un nivel aún mayor de *Keter*. Sólo es posible alcanzar este objetivo si soportan quietos y en silencio la humillación a la que los someten sus opositores.

A un nivel más profundo, el motivo de esta oposición es que la persona debe experimentar un descenso antes de poder ascender hacia el próximo nivel de la escala espiritual (ver *Likutey Moharán* I, 22:11). Esto es *bakí beratzó* y *bakí beshov*. Sin embargo, al Tzadik que anhela ser siempre *bakí beratzó*, el descenso le resulta muy perturbador. Se siente avergonzado delante de Dios y siente vergüenza y oprobio, como si hubiera sido expulsado de la presencia del Santo,

De la misma manera, cada judío es un aspecto de una corona hecha para Dios. Uno debe por lo tanto poner en él toda las diferentes joyas que pueda encontrar. Es decir, es necesario hacer el esfuerzo de investigar y buscar todo mérito y cualidad positiva que uno pueda encontrar en un judío. Todos deben ser juzgados en forma favorable, pues son un aspecto de una *Keter* para Dios.[205] Esto es como enseñaron los sabios: Juzga a todo *adam* en forma favorable (*Avot* 1:6).

Vemos, entonces, que al juzgar a todos en forma favorable uno se mantiene en silencio cuando otros lo insultan. Encuentra algún mérito en la persona que lo insulta: "No es en absoluto responsable de haberme avergonzado, pues de acuerdo con el conocimiento de esa persona y con su manera de pensar le parece que yo *merezco* el insulto". Esto crea el aspecto de *Keter*, es decir, la quietud y el silencio forman el aspecto de *Keter*, como se mencionó arriba.[206]

Israel" (Levítico 1:2): Dios instruyó a Moshé para que les ordenase a los judíos lo concerniente a los sacrificios. ¿Por qué ordenar a los judíos? Pues ellos son preciosos para Mí. El Midrash continúa diciendo que Moshé encontró muchas razones para alabar a los judíos, mostrando a Dios lo especiales que eran, particularmente cuando se los comparaba con las naciones. Ésta es la alegoría citada por el Rebe Najmán: Moshé estaba haciendo una corona (alabanza). Dios le preguntó, "¿Para quién es?". Moshé le respondió, "Para el Rey" (para mostrarle a Dios cuán precioso es cada judío). "Si es para el Rey, pon en ella todas las joyas que encuentres" (utiliza todos los motivos de alabanza que puedas pensar), como está escrito (Isaías 49.3), "Tú eres Mi siervo, Israel, a través de quien Yo seré glorificado" (*Vaîkra Rabah, loc. cit.*).

En nuestro contexto, el Midrash se relaciona con Moshé, quien siempre estaba buscando niveles espirituales cada vez más elevados. Él alcanzó la *teshuvá al teshuvá* y por lo tanto mereció *Keter* (Corona). En un sentido, Moshé estaba siempre haciendo "una corona". Más aún, encontrando siempre mérito en los judíos y al juzgarlos favorablemente, Moshé fue capaz de obtener el perdón de Dios para sus pecados. Moshé llevó así a los judíos hacia la *teshuvá*, mostrándoles que también ellos podían alcanzar *Keter* (ver sección 2). Esto se comprende en virtud de que el Midrash se basa en el versículo que habla de los sacrificios, que en nuestro contexto se refiere al arrepentimiento y a la confesión, es decir, aniquilar la mala inclinación (secciones 2 y 3). La lección apunta ahora hacia otra dimensión de esta alegoría.

205. **De la misma manera, cada judío....** Es decir, cada judío es precioso para Dios y Dios desea que se arrepienta y que alcance *Keter*.

206. **como se mencionó arriba.** Ver sección 2. Como se explicó allí, la persona debe comprender que los insultos que sufre son resultado de sus propios pecados. El Rebe Najmán agrega aquí que incluso si la persona está convencida de que estos insultos son injustificados, debe mantenerse quieta en aras del Santo, bendito seas, y juzgar a la otra persona favorablemente. El *Parparaot LeJojmá* hace notar que esto se refiere de hecho al Tzadik. La vergüenza proviene de la sangre que aún debe ser rectificada, motivo por el cual la persona debe mantenerse quieta y

כַּנַּ"ל. וְהָבֵן:

Rebe, el discípulo que "no se alejaba de la tienda". Así, el Rebe Najmán fue "Moshé", *bakí beratzó*, el punto superior de la *alef*, brillando en el Rabí Natán más que en cualquier otro discípulo; y el Rabí Natán era "Ioshúa", *bakí beshov*, el punto inferior de la *alef*, recibiendo la iluminación directamente del Rebe. Aunque en vida el Rabí Natán fue constantemente el blanco de las piedras y las flechas de sus opositores, él vio un propósito más profundo en esta humillación y siempre se mantuvo firme ante la prueba. Esto se hace patente a partir de los escritos del Rabí Natán. Aquellos familiarizados con el *Likutey Moharán* notarán rápidamente el énfasis que el Rebe Najmán pone en la búsqueda constante y el logro de los niveles espirituales más elevados; por otro lado, aquéllos familiarizados con el *magnum opus* del Rabí Natán, el *Likutey Halajot*, notarán que está pleno de palabras de ánimo y de sostén, exhortando a todo aquél que lo escuche a no abandonar la esperanza, a no desesperarse, a buscar siempre a Dios sin importar cuán profundo haya sido el descenso espiritual. Es interesante notar en relación con esta conexión la enseñanza del Ari: En tres diferentes ocasiones luego del fallecimiento de Moshé, Dios le dijo a Ioshúa, "¡*Jazak* (Se fuerte)!". Y lo hizo para iluminar a Ioshúa con la luz de Moshé (*Likutey Torá, Ioshúa*, p. 288). Ahora bien, tres veces *JaZaK* (חזק = 115) es igual a MoShéH (משה = 345). En nuestro contexto, esto corresponde al *segol*, los tres puntos del punto superior que ilumina el punto inferior. Y aunque es sabido que el Rebe Najmán favorecía el hecho de que, luego de su fallecimiento, el Rabí Natán estuviese a la cabeza de los Jasidim de Breslov, en ningún lugar se ha registrado que el Rebe lo dijera así específicamente. Esto fue similar a la manera como se le transfirió a Ioshúa el liderazgo de Moshé. Tal como se citó arriba en nuestra lección (sección 8), Dios dice: "para que Yo le imponga", es decir, Dios y no Moshé le impondrá el cargo. Así, el Rabí Natán debió decidir por sí mismo cómo transmitir las enseñanzas del Rebe. No tenía a nadie a quien pedir una guía más que a Dios Mismo.

Para una descripción detallada del impacto que tuvo esta lección sobre el Rabí Natán y del legado que dejó a través de sus escritos, ver *Through Fire and Water: The Life of Reb Noson of Breslov* (Breslov Research Institute, 1992).

Comprende esto.²⁰⁷

bendito sea. Cuando sucede esto, el Tzadik debe mostrar su pericia en *bakí beshov*. Pues esta vergüenza delante de Dios es precisamente lo que le permite ascender al próximo nivel. Vemos, por lo tanto, que la experiencia del Tzadik es la clave de la transformación de su descenso en un ascenso a un nivel superior. Pero si frente a la oposición se mantiene quieto y en silencio, sufre la humillación en el nivel espiritual en el cual se encuentra incluso sin descender. La vergüenza misma es considerada el descenso, de modo que el Tzadik puede entonces ascender sin sufrir la humillación de un verdadero descenso. Tal es el beneficio de mantenerse quieto y en silencio, juzgando favorablemente a los opositores. Un ejemplo clásico de esto aparece en el Libro de Samuel. Al huir de su hijo Avshalom, el Rey David pasó por Bajurim. Un hombre de la tribu Benjamín llamado Shimi el hijo de Guera, salió a maldecirlo. Cuando Avishai, el sobrino del rey y un poderoso guerrero, pidió permiso para matar a Shimi debido a su insolencia, el Rey David replicó (Samuel 2, 16:10), "Dios le debe de haber dicho que me maldijera". Luego de este episodio con Avshalom, el Rey David volvió al trono más fortalecido que antes.

Con esto, el *Parparaot LeJojmá* explica la enseñanza Talmúdica: En el Mundo que Viene, cada Tzadik será quemado por el pabellón de su compañero (*Bava Batra* 75a). ¿Es posible que la recompensa de los rectos en el Mundo que Viene sea el "placer" de ser quemado y avergonzado por su compañero? La respuesta es que el verdadero placer del hombre en el Mundo que Viene serán sus percepciones cada vez mayores de Divinidad. Esto es algo que, en este mundo, el Tzadik sólo puede alcanzar a través del descenso o de la humillación. Pero, ¿qué sucede en el mundo futuro, donde no habrá descensos? Entonces, "cada Tzadik será quemado...", para que su humillación le permita ascender a niveles espirituales aún mayores y disfrutar incluso un mayor placer y recompensa en el Mundo que Viene.

207. **Comprende esto.** El *Parparaot LeJojmá* concluye su comentario de esta lección con un interesante texto sobre la relación entre el Rebe Najmán y el Rabí Natán. Como hemos visto (notas 1, 121) todo encuentro entre un maestro y un discípulo corresponde al encuentro entre Moshé y Ioshúa. Todo aquél que estudie la vida del Rabí Natán en detalle verá que el principal legado del Rebe fue dejado en sus manos. De hecho, el Rabí Natán llegó a ser el "Ioshúa" del

Gráficos-Diagramas

EL ORDEN DE LAS DIEZ SEFIROT

KÉTER
|
JOJMÁ
|
BINÁ
|
JESED
|
GUEVURÁ
|
TIFERET
|
NETZAJ
|
HOD
|
IESOD
|
MALJUT

ESTRUCTURA DE LAS SEFIROT

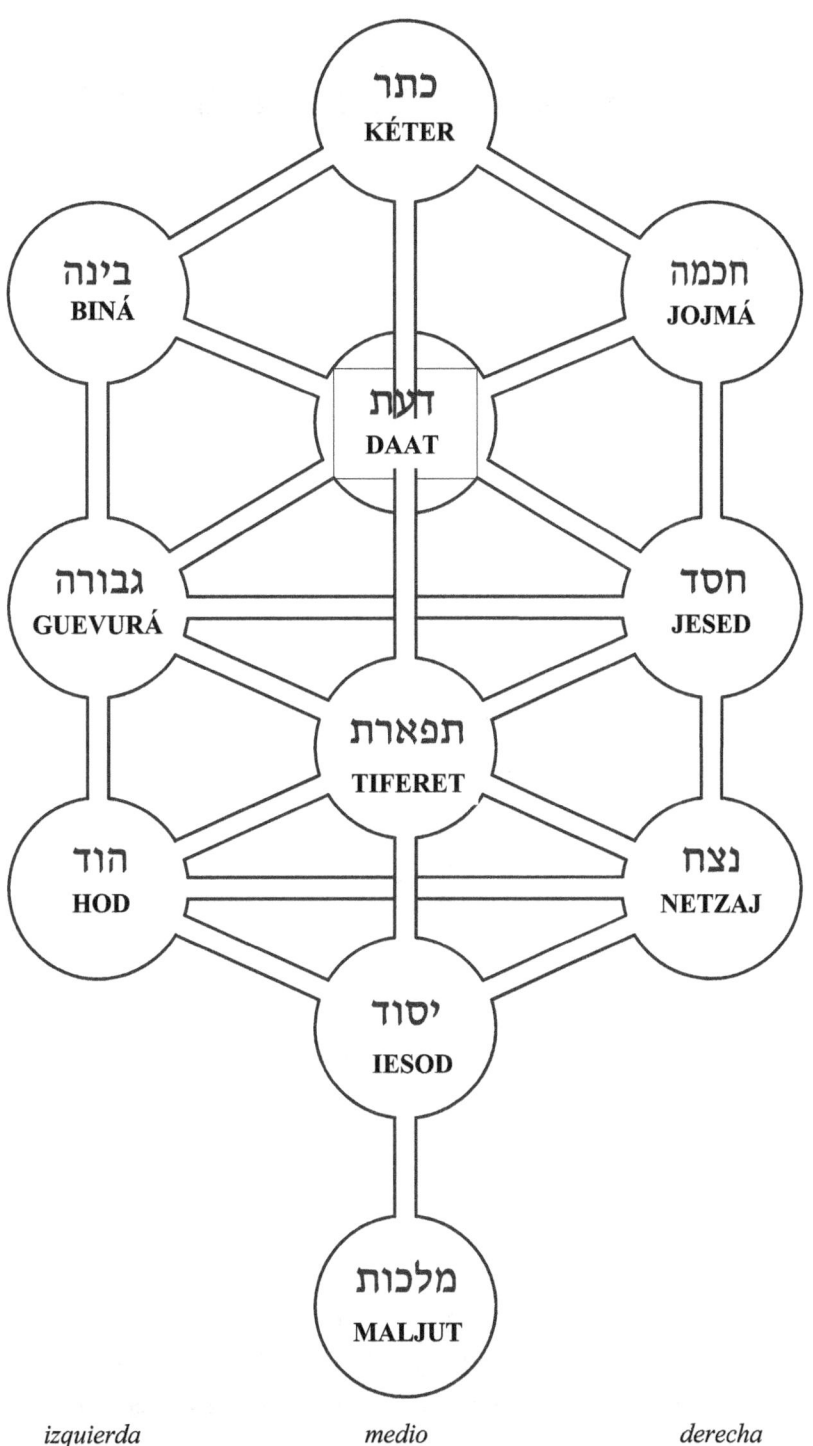

izquierda   *medio*   *derecha*

LOS PARTZUFIM - LAS PERSONAS DIVINAS

Sefirá			Persona
KÉTER			ATIK IOMIN
			ARIJ ANPIN
JOJMÁ	⎫		ABA
	⎬ Daat		
BINÁ	⎭		IMA
		Jesed	
		Guevurá	
TIFERET		Tiferet	ZEIR ANPIN
		Netzaj	
		Hod	
		Iesod	
MALJUT			NUKVA DE ZEIR ANPIN

Nombres alternativos para *Zeir Anpin* y *Maljut*:
Zeir Anpin: Iaacov, Israel, Israel Sava, Torá, Ley Escrita, Santo Rey, el Sol.
Maljut: Lea, Rajel, Plegaria, Ley Oral, *Shejiná* (Divina Presencia), la Luna.

LAS SEFIROT Y EL HOMBRE

Kéter - Corona, Voluntad	Cráneo
Jojmá - Sabiduría	Cerebro derecho
Biná - Comprensión	Cerebro izquierdo
(*Daat* - Conocimiento)	(Cerebro medio)
Jesed - Amor	Brazo derecho
Guevurá - Fuerza, Restricción	Brazo izquierdo
Tiferet - Belleza, Armonía	Torso
Netzaj - Victoria, Duración	Pierna derecha
Hod - Esplendor	Pierna izquierda
Iesod - Fundamento	Organo Sexual (*Brit*)
Maljut - Reinado	Pies

Alternativamente: *Jojmá* corresponde al cerebro/mente; *Biná* al corazón
Alternativamente: *Maljut* corresponde a la pareja del hombre, o la boca

NIVELES DE EXISTENCIA

Mundo	Manifestación	Sefirá	Alma	Letra
Adam Kadmón		Keter	*Iéjida*	Apice de la Iud
Atzilut	Nada	Jojma	*Jaiá*	Iud
Beriá	Pensamiento	Bina	*Neshamá*	Hei
Ietzirá	Habla	Tiferet (seis Sefirot)	*Ruaj*	Vav
Asiá	Acción	Maljut	*Nefesh*	Hei

Mundo	Habitantes	T-N-T-A
Adam Kadmón	Los Santos Nombres	
Atzilut - Cercanía	Sefirot, Partzufim	*Taamim* -Musicalidad
Beriá - Creación	El Trono, Almas	*Nekudot* - Vocales
Ietzirá - Formación	Angeles	*Taguim* - Coronas
Asiá - Acción	Formas	*Otiot* - Letras

GUEMATRIA DEL SANTO NOMBRE DE DIOS

$IHVH = 26 = $ יהוה

$EHIÉ = 21 = $ אהיה

$ELOHIM = 86 = $ אלהים

EXPANSIONES DEL SANTO NOMBRE DE DIOS

IHVH – Expansión del Tetragrámaton – יהוה

Expansión	Partzuf	Nombre	Valor		Expansión
IUD HI VIV HI	Aba - *Jojmá*	AB	72	עב	יוד הי ויו הי
IUD HI VAV HI	Ima - *Biná*	SaG	63	סג	יוד הי ואו הי
IUD HA VAV HA	Zeir Anpin	MaH	45	מה	יוד הא ואו הא
IUD HH VV HH	Nukva - *Maljut*	BaN	52	בן	יוד הה וו הה

EHIH – Expansión del Santo Nombre EHIeH – אהיה

Expansión		Nombre	Valor		Expansión
ALeF HI IUD HI		KSA	161	קסא	אלף הי יוד הי
ALeF HH IUD HH		KNA	151	קנא	אלף הה יוד הה
ALeF HA IUD HA		KMG	143	קמג	אלף הא יוד הא

ELHIM – Expansión del Santo Nombre ELoHIM – אלהים

Expansión	Nombre	Valor	Expansión
ALeF LaMeD HI IUD MeM		300	אלף למד הי יוד ממ
ALeF LaMeD HH IUD MeM		295	אלף למד הה יוד ממ
ALeF LaMeD HA IUD MeM		291	אלף למד הא יוד ממ

LAS SEFIROT Y LOS NOMBRES DE DIOS ASOCIADOS CON ELLAS

Kéter - Corona	*Ehiéh*
Jojmá - Sabiduría	*IaH*
Biná - Comprensión	*IHVH (pronunciado Elohim)*
Jesed - Amor	*El*
Guevurá - Fuerza	*Elohim*
Tiferet - Belleza	*IHVH (pronunciado Adonai)*
Netzaj - Victoria	*Adonai Tzevaot*
Hod - Esplendor	*Elohim Tzevaot*
Iesod - Fundamento	*Shadai, El Jai*
Maljut - Reinado	*Adonai*

LAS SEFIROT Y EL TETRAGRÁMATON

SEFIRÁ	PUNTOS VOCALES	VOCALES DE ACUERDO A LA KABALÁ	PUNTOS VOCALES DEL *IHVH*
Kéter	*Kamatz*	*Kamatz*	יָהוָהָ
Jojmá	*Pataj*	*Pataj*	יַהוַהַ
Biná	*Tzeyrey*	*Tzeyrey*	יֵהֵוֵהֵ
Jesed	*Segol*	*Segol*	יֶהֶוֶהֶ
Guevurá	*Shva*	*Shva*	יְהְוְהְ
Tiferet	*Jolem*	*Jolem*	יֹהֹוֹהֹ
Netzaj	*Jirik*	*Jirik*	יִהִוִהִ
Hod	*Kubutz*	*Shuruk*	יֻהֻוֻהֻ
Iesod	*Shuruk*	*Mloopum*	יו הו וו הו
Maljut	Ninguna vocal	Ninguna vocal	יהוה

LOS COLORES SUPERIORES

Kéter - Corona blanco cegador

Jojmá - Sabiduría un color que incluye todos los colores

Biná - Comprensión amarillo y verde

Jesed - Amor blanco y plata

Guevurá - Fuerza rojo y oro

Tiferet - Belleza amarillo y púrpura

Netzaj - Victoria rosa claro

Hod - Esplendor rosa oscuro

Iesod - Fundamento naranja

Maljut - Reinado azul

LOS SIETE PASTORES SUPERIORES

Jesed - Amor Abraham

Guevurá - Fuerza, Restricción Isaac

Tiferet - Belleza, Armonía Iaacov

Netzaj - Victoria, Duración Moisés

Hod - Esplendor Aharón

Iesod - Fundamento Iosef

Maljut - Reinado David

NUMEROLOGIA DE LAS LETRAS HEBREAS - GUEMATRIA

300 = ש	70 = ע	20 = כ,ך	6 = ו	1 = א
400 = ת	80 = פ,ף	30 = ל	7 = ז	2 = ב
	90 = צ,ץ	40 = מ,ם	8 = ח	3 = ג
	100 = ק	50 = נ,ן	9 = ט	4 = ד
	200 = ר	60 = ס	10 = י	5 = ה

<u>valores alternativos para las 5 letras finales, *MaNTzPaJ*:</u>

900 = ץ	800 = ף	700 = ן	600 = ם	500 = ך

APÉNDICE A

Introducciones al Likutey Moharán

Introducción del Rabí Natán
Introducción del Parparaot LeJojmá
Las Dieciocho Reglas

Introducción del Rabí Natán al *Likutey Moharán*

"Oh generación, vean la palabra del Señor" (Jeremías 2:31). El profeta no dice escuchen [la palabra de Dios], sino vean. Vean que Dios les ha dado un preciado regalo, algo que se encuentra en la misma cima del mundo. Como enseñan nuestros sabios: *velimjasé atik* (vestido antiguo) (Isaías 23:18), éste es aquél que cubre aquello que *Atik Iomin* (el Anciano) cubrió. Y están aquellos que mantienen que esto se refiere al que revela lo que *Atik Iomin* ocultó (*Pesajim* 119a).

Ambos se aplican a este libro sagrado. Él revela y oculta: revelando y explicando exaltados y profundos temas, nuevas percepciones, nociones preciosas, tremendas y maravillosas; trayendo consejo desde lejos, es "la obra de un maestro artesano" (cf. Isaías 25:1). Todas estas enseñanzas provienen de la exaltada y tremenda fuente de aguas vivientes, [de modo que] "el hombre sabio escala la ciudad del fuerte y hace descender la fortaleza en la cual ella confía" (Proverbios 21:22).

[Sus enseñanzas nos son transmitidas] a través de numerosas constricciones y disminuciones, desde la Causa de Causas hasta lo causado, desde el intelecto superior al intelecto inferior (ver Lección 30), hasta investirse de manera clara y hermosa en estas prendas, el manto de los Sabios. Se presentan en la forma de discursos dulces, agradables y maravillosos, a modo de la sabiduría, de la razón, de la dialéctica y de la lógica, en la manera de la vida, la advertencia y la corrección de la instrucción ética, que es como un fuego que quema hasta el corazón mismo del cielo.

Todas las lecciones que el Rebe Najmán reveló al Pueblo Elegido están plenas de maravillosos y profundos consejos para el verdadero servicio al Santo, bendito sea. Esto será obvio para todo aquél que las estudie, siempre y cuando esté buscando la verdad real.

Pues ésta era la santa intención del Rebe: "despertar al dormido y despabilar al soñoliento" (*Liturgia del Shabat*); para hacer que los corazones de los hombres, nuestros hermanos judíos, sean rectos con Dios; "diciendo a los que están presos: ¡Son libres!, y a los que están en tinieblas: ¡Salgan!" (Isaías 49:9); "para que abras los ojos a los ciegos" (*ibid.* 42:7); "para redimir a los encadenados" (cf. Salmos 68:7), "para que saques del calabozo a los presos, de la cárcel a los sentados en tinieblas" (Isaías 42:7), aquellos encadenados a sus pasiones, atrapados en su locura, expulsados por sus pecados. [Su deseo era] que sus corazones volvieran hacia el Santo, bendito sea; hacerlos retornar a Dios en verdad, por el sendero recto y verdadero, la senda que nuestros antepasados siguieron desde antaño.

Y así, aunque estos puntos son obvios y se comprenden a partir de la simple interpretación de las enseñanzas, hay mucho más implícito en ellas. Pues su significado interior se mantiene oculto y encubierto de todos. Éstos son los temas que *Atik Iomin* ocultó, que debemos cubrir y revelar para poder traerlos a este mundo.

Esto se debe a que el cubrir *es* la revelación, como está explicado en los escritos del Ari (cf. *Etz Jaim, Shaar HaKlalim* 2), y como escuchamos una vez de los santos labios del Rebe, cuando dijo que los discursos que él reveló estaban miles y miles de niveles más abajo que el exaltado nivel en el cual él los percibía (*Tzaddik* #360).

Precisamente ésta es su fortaleza y su profundidad (*Ioma* 69b): Que su santo y elevado intelecto pudiera investir y hacer descender temas tan elevados y tremendos como éstos: temas santos, sutiles y muy espirituales que él invistió en numerosas vestimentas y contracciones para que pudieran ser accesibles a todos. [La intención del Rebe era] informar a la gente sobre la fuerza de Dios y revelar consejos, caminos y senderos para alcanzar Su servicio en verdad, de modo que "todos los pueblos de la tierra pudieran saber que Dios es el Señor, y que no hay ningún otro" (Reyes 1, 8:60).

"Es superfluo seguir alabando" (Proverbios 14:23) la gran santidad y profundidad de este libro. Pues todo aquel que esté dispuesto a estudiarlo con honestidad apreciará y comprenderá por sí mismo la extensión de su grandeza. Pero para aquél que albergue dudas en su corazón y que no tenga interés en percibir la obra de la santidad, estas palabras no le serán de ayuda. Aun así, "a todos mis camaradas y amigos" (Salmos 122:8) les relataré algo de los caminos de este santo libro, al resto del cual tendrán que acceder por sí mismos, sus ojos verán y sus corazones se regocijarán.

Todas y cada una de las lecciones de este santo libro tratan sobre cantidad de temas. [Estos incluyen] los distintos rasgos positivos de carácter, numerosas mitzvot de nuestra santa Torá, y cómo mantenerse alejado de los impulsos negativos. Cada lección trata tópicos específicos no mencionados en otras lecciones.

Así, el discurso titulado "Habla a los Sacerdotes" (Lección 2) trata sobre la plegaria y sobre guardar el Pacto, dado que uno depende del otro; de la necesidad de poseer la cualidad del juicio para saber cómo dar batalla con la espada [de la plegaria]... para lo cual es necesario dar caridad antes de orar; sobre los pensamientos extraños que se presentan durante la plegaria; sobre el estudio de la santa Torá; establecer el Tabernáculo, y la necesidad de unir la plegaria al Tzadik de la generación. Todos estos temas están explicados por medio de una interconexión tremenda y asombrosa, que no tiene igual.

Luego, un discurso posterior, tal como "Con Trompetas" (Lección 5), trata temas completamente diferentes: cumplir las mitzvot con alegría, orar con entusiasmo, el temor y demás. Otras lecciones tratan tópicos diferentes, pues todas las enseñanzas de este santo libro están plenas de consejos, tan buenos como asombrosos.

Ellas hablan sobre todos los rasgos de carácter y las mitzvot, sobre mantenerse alejado y quebrar todos los deseos humanos: principalmente la lujuria, la avaricia y la gula. [También tratan sobre la necesidad de] alejarse del honor, de la ira, de la impaciencia y del orgullo, y del gran valor de la verdad como opuesta al ultraje de la mentira; de cómo alejarse de la depresión y de la pereza; de cuidarse del daño producido por la palabra a través de la calumnia y de las habladurías, y evitar dañar espiritualmente nuestra visión o los otros sentidos; santificar los ojos, la nariz, los oídos y la boca (Lección 21), siendo éstas "las siete lámparas que irradian su luz hacia el centro de la santa menorá" (Números 8:2).

[Otros tópicos incluyen] la santidad del Shabat, de los Días Sagrados y de la Luna Nueva; de las Tres Festividades en general y de cada festividad en particular. Pesaj, Shavuot y Sukot, y de las mitzvot que se cumplen normalmente en cada una de ellas, es decir, comer matzá y la prohibición del jametz, leer la Hagadá y beber las cuatro copas en Pesaj; de la mitzvá de la *suká* y de las Cuatro Especies, Hoshana Raba, Shmini Atzeret y Simjat Torá, y recibir la Torá en Shavuot, al igual que Rosh HaShaná y soplar el shofar, Iom Kipur, Jánuca y Purim.

[Entre las mitzvot diarias tratadas en las lecciones] están los tzitzit, los tefilín, la plegaria, la caridad y el estudio de la Torá, dedicarse a los negocios de manera honesta, la fe en Dios y la fe en los sabios, la humildad, el temor y el amor, el gran valor del deseo santo y del anhelo. [El Rebe Najmán también trata sobre el gran valor] de orar con entusiasmo y concentración, tanto en las tres plegarias diarias como en las otras, las valiosas plegarias suplementarias, súplicas y pedidos que recitamos cada día. Le presta particular atención al valor especial del *hitbodedut*: expresarse todos los días delante del Santo, bendito sea, en el lenguaje que uno habla corrientemente, derramando el corazón ante

Dios para que Él nos haga dignos de acercarnos a Su servicio; la importancia de recitar los Salmos, mediante los cuales se logra el arrepentimiento; el valor de clamar delante del Santo, bendito sea, como un hijo que le pide perdón a su padre.

[Las lecciones tratan igualmente sobre] la ventaja del corazón quebrantado y sobre evitar la tristeza; el beneficio de la alegría, que toda persona debe buscar siempre, para lo cual el Rebe ofrece numerosas y maravillosas sugerencias; el valor de la santidad de la Tierra de Israel, del Tabernáculo, del Templo y de Ierushalaim; el daño producido por la controversia y el gran valor de la paz, el arrepentimiento y el ayuno, la santidad del pensamiento y evitar los pensamientos externos; y sobre todos los caminos y medios santos que existen en el mundo, los cuales todos necesitamos.

[El Rebe trata sobre] el gran beneficio de acercarse y unirse a los Tzadikim (Lección 123), pues la santidad misma del judío depende de esto; [la importancia] de la melodía y de los instrumentos musicales, y de los diez tipos de canciones; de aplaudir y danzar, del suspiro y de la "voz que retorna" (el *Zohar* aclama el misterio de la "voz que retorna" y alaba las implicaciones esotéricas del *shuckl* judío [balancearse] al llevar a cabo algún acto santo. *Zohar* III, 168b; 218b), temas nunca antes escuchados, pues nunca antes se ha oído ni tampoco contemplado una revelación de estos tremendos misterios, [aunque] el mundo tiene una gran necesidad de temas como éstos en los que los caminos de Dios están profundamente ocultos.

Estudia en el *Zohar* y en los escritos Kabalistas donde, desde lejos, podrás descubrir y comprender los grandes misterios ocultos que están presentes en cada movimiento humano, en especial cuando ello implica algo santo tal como aplaudir al orar o cuando surge de la alegría que se siente al cumplir con una mitzvá y demás (ver *Tikuney Zohar* #69, p.118; *Tzaddik* #540, #507). Abre los ojos, mira y comprende.

Una y otra vez las lecciones hablan directamente al corazón de la persona, dándole ánimo en el servicio a Dios. Nunca debe perder la esperanza no importa lo que suceda, nunca debe caer por nada en el mundo, sino que siempre debe ser obstinada en el servicio a Dios y nunca, bajo ninguna circunstancia, volver a sus transgresiones. Pues "la bondad de Dios nunca acaba, Su misericordia nunca cesa" (cf. Lamentaciones 3:2).

Y en general, [las lecciones hablan] de los 613 Preceptos de la Torá y de sus derivados, los decretos rabínicos; de la Torá Escrita y de la Torá Oral, revelada y oculta, Halajá y Kabalá, secretos y secretos profundos. Todos son mencionados una y otra vez con asombrosas perspectivas, conexiones y nuevas ideas. Sin excepción, son maravillosas sugerencias sobre cómo acercarse al Santo, bendito sea. [Todo está incluido,] de modo que no hay mitzvá, ni tema sagrado, ni buen consejo necesario para todas las personas del mundo, en todos los diferentes niveles, que no sea mencionado en este santo y profundo libro.

Los pensamientos del Rebe son muy profundos. Él habla de la universalidad de todo, en general y en particular; incluyendo todos los mundos y niveles que existen en cada persona, grandes y pequeños por igual, desde el comienzo mismo de la creación, el punto inicial de *Atzilut*, al punto final de *Asiá*, el mundo físico en el cual habita el hombre. Cada individuo, de acuerdo con el lugar y el nivel en el cual se encuentra en ese momento; desde el más grande de los grandes hasta el más pequeño de los pequeños, incluso aquél que se encuentra en los niveles más bajos de las diez "coronas profanas", habiendo caído a los ámbitos más alejados y más aún, debido a sus pecados, el Rebe Najmán despierta e inspira a cada uno de ellos para que nunca pierdan la esperanza de [Su] misericordia, Dios no lo permita. Las palabras del Rebe sostienen a aquél que está cayendo y fortalecen a quien se siente débil sobre sus pies (Job 4:4; como está explicado en *Likutey Moharán* II, 7, "El Compasivo los Guiará").

En general, todos y cada uno de los tópicos tratados por el Rebe Najmán, son escrutados una y otra vez, tomando siempre un ángulo distinto y sugiriendo un consejo diferente.

Por ejemplo: En la Lección 5, "Con Trompetas", se explica que la plegaria intensa corresponde al trueno, y que mediante tal plegaria uno merece enderezar la corazón torcido y observar las mitzvot con la gran alegría que surge de las mismas mitzvot. Por otro lado, en la Lección 48, "Debido a que Fueron Infieles", se explica que a través de la plegaria intensa uno merece hijos, y que tal plegaria corresponde a la *suká* y a la Tierra de Israel. En otra parte (Lección 44) se explica que la plegaria intensa elimina el orgullo, el egoísmo y los pensamientos extraños durante la oración. Y en la enseñanza "Los Abismos los Cubrieron", Lección 9, se explica que al orar con intensidad uno recibe la esencia de la fuerza vital y sustenta todos los mundos, "inferior, intermedio y superior", y merece milagros y maravillas, una fe completa, la Tierra de Israel, etcétera.

Lo mismo ocurre con respecto a todos los rasgos de carácter, las mitzvot, las ordenanzas, las prácticas y las sugerencias santas de las cuales habla el

Rebe. Él trata sobre todas ellas una y otra vez, siempre de una manera novedosa y maravillosa, con una nueva y asombrosa conexión. Por ejemplo, el Rebe hace la siguiente cadena de conexiones entre guardar el Pacto - mediante el cual uno merece la fe, que es el aspecto del Shabat - con el cual la caridad y la Torá llegan a ser completas... con que luego uno merece el santo anhelo de ser una persona religiosa de modo que su comer corresponde al pan de la proposición del Templo, como está explicado en la enseñanza "Tenemos un Pozo en el Desierto" (Lección 31). Otra vez conecta guardar el Pacto con eliminar el orgullo, que es idolatría, con la rectificación de las treinta y nueve tareas [prohibidas en el Shabat], que son todas las actividades comerciales del mundo, las unificaciones superiores e inferiores, la Halajá y la Kabalá... y mediante esto, merece el habla que inspira al arrepentimiento, al punto en que uno merece una comprensión profunda de la Torá, como está explicado en "Yo soy Dios" (Lección 11). Otros ejemplos similares pueden encontrarse con respecto a otras mitzvot y rasgos del carácter.

El Rebe dio maravillosos consejos, difundiendo la esperanza a través de nuevos y maravillosos caminos. Debido a nuestra extrema debilidad, y a la gran fuerza con que la mala inclinación supera al hombre, atacándolo cada día, como enseñan nuestros sabios (*Suká* 52a,b), necesitamos diferentes consejos y diferentes maneras para despertar y acercarnos a Su servicio. Es así que a veces la persona puede inspirarse con una manera específica de servir a Dios mediante la luz de una lección en particular. Otras veces, puede no sentirse inspirada por esa lección, sino por otra diferente. Todo depende de la persona: su nivel espiritual, el lugar y el tiempo. "Prueba y verás que Dios es bueno" (Salmos 34:9). "Escucha las palabras del Rebe, pues son muy agradables" (cf. Salmos 141:6). Estas lecciones son para todo aquél que lo desea verdaderamente y está dispuesto a mirarse a sí mismo y apiadarse de su vida, que está dispuesto a considerar su final y su partida de este mundo: con qué cara ascenderá delante del Rey... tal como cada persona sabe en su alma y en su corazón.

Comprende también y observa que todas las palabras de cada lección en este libro contienen una gran profundidad; tanto en la totalidad como en las particularidades y en los detalles finos [de cada lección]. Tal como yo mismo escuché de los santos labios del Rebe Najmán, cuando dijo, "Hay una gran profundidad en mis enseñanzas" (*Tzaddik* #347, #348). Pues, "las palabras de este santo libro son como fuego y como un martillo que quiebra la roca" (Jeremías 23:29; ver *Kidushin* 30b). Cada lección puede ser dividida en numerosos y vitales conceptos germinales y en diferentes tópicos y temas que surgen de cada enseñanza.

Pues cada uno de los diferentes discursos que aparecen en este santo libro es en sí mismo una profunda y poderosa estructura, "construida con fortificaciones" (Cantar de los Cantares 4:4), una fortaleza a la cual todos se dirigen (*Berajot* 30a; *Shir HaShirim Rabah* 4:11), incluyendo muchas cámaras, cuartos dentro de habitaciones dentro de otros cuartos, con ventanas y aberturas que conducen de una a otra. Y cada una de estas cámaras, cada explicación, cada tópico, cada idea que aparece es en sí misma una enseñanza de una gran profundidad. Cuanto más se expanden estas explicaciones y tópicos, tal como "las aguas cubren el mar" (Isaías 11:9), más y más profundas se hacen, de modo que "el hombre inteligente estudia profundamente su camino" (Proverbios 14:15).

Cada vez que la persona pasa de una habitación a otra, de una cámara a otra y de un tema a otro dentro del mismo tópico, debe volverse y mirar hacia atrás para comprender bien la dulzura y la profundidad de las palabras; el final del tema a partir del comienzo, el comienzo a partir de su final. Todo está unido, conectado y entrelazado; el comienzo con la conclusión y la conclusión con el comienzo, como así también con el cuerpo del texto y los puntos marginales. El lector que recorra el material aumentará su comprensión, en especial con respecto a la perspectiva más amplia de la lección, que está unida y sellada, incluyendo muchas explicaciones y tópicos maravillosos y profundos, "más amplio que el mismo mar" (cf. Job 11:9).

Y tú, estudiante serio, comprenderás en las palabras del Rebe que hay veces en que, de una manera tremendamente intrincada y agradable, él trae dos o tres pruebas para un mismo punto. Sin embargo, debido al estilo en el cual se presenta el material, parece como si fuese una sola prueba. Tal es el estilo de este libro: utilizar "debido a" o "por" o alguna palabra similar más de una vez dentro de una misma afirmación, haciendo parecer como si fuese una sola razón y prueba, cuando en verdad hay una cantidad de razones. Pero, debido que cada una está unida con la siguiente, es imposible separarlas. Pues numerosas son las razones y pruebas, presentadas de manera asombrosa, cada una ajustada y unida a la siguiente (ver *Parparaot LeJojmá*, Introducción).

De hecho, debido a la gran profundidad de cada una de las afirmaciones, habría sido adecuado escribir cada vez "lee cuidadosamente" o "comprende esto" o "estudia bien esto" o una expresión similar advirtiéndole al lector que preste cuidadosa atención al punto que está siendo tratado para comprenderlo bien. Pero entendí que de ser así, habría sido necesario escribir tales comentarios siguiendo cada punto, considerando la abundante dulzura del intelecto y la profundidad contenida en cada tópico y en casi todas las afirmaciones. En general, existe una profundidad tan grande en las palabras del Rebe que ninguna de estas expresiones sería suficiente. He limitado por lo tanto mi comentario y he evitado emplear tal lenguaje, aunque ocasionalmente y en raras ocasiones algunas expresiones como éstas se escaparon de mi pluma.

Todo aquél que tenga cerebro en su cabeza y estudie estas enseñanzas con una mente abierta podrá apreciar por sí mismo su profundidad. Ellas son "más amplias y más profundas que el mar" (cf. Job 11:9), "más elevadas que el cielo, más profundas que los abismos" (cf. Proverbios 25:3). Todo aquél que quiera saborear el dulce néctar de estas palabras deberá analizarlas honestamente y con gran profundidad, comprendiendo cada tema en su contexto de la mejor manera posible. "Feliz es aquél que ha encontrado la sabiduría y que ha adquirido inteligencia" (Proverbios 3:13), comprendiendo bien el significado simple de las lecciones que aparecen en este santo libro (ver *Tzaddik* #353, #361, #362, #365).

Incluso así, esto es algo accesible para todos. Aun aquél que posee una limitada comprensión de temas intrincados puede encontrar tranquilidad para su alma en las palabras de este santo libro, en el santo consejo y la maravillosa guía moral que emerge de cada una de sus lecciones, en el grado en que Dios lo ilumine con la comprensión del significado simple que el Rebe expresó en sus santas enseñanzas. Pues la verdad es que todas las enseñanzas de este santo libro contienen ideas extremadamente exaltadas y profundas. Ocultos e investidos dentro de ellas hay temas muy grandes y fantásticos que sólo aparecen en la Torá por medio de una alusión o en una enseñanza esotérica.

Todos los escritos del Santo Ari y los discursos del santo *Zohar* y del *Tikuney Zohar*, al igual que todos los senderos de la Kabalá, están incluidos en este santo libro. Cada una de las lecciones habla de una manera asombrosa y espectacular sobre las intenciones profundas de alguna mitzvá y de un portal particular del *Etz Jaim*. Esto lo hemos visto con nuestros propios ojos y no con los de otro, pues el Rebe nos abrió los ojos y ocasionalmente nos reveló una gota de su gran intención, tal como aparece aludida constantemente en esta obra. Pues cada lección contiene *PaRDéS*: *Pshat*, explicación del sentido simple del texto; *Remez*, explicación de las alusiones dentro del texto; *Drush*, explicación del texto utilizando los principios de la hermenéutica; *Sod*, explicación del texto de acuerdo con su interpretación esotérica. En cada

349 / Introducción del Rabí Natán

acercamiento, existe una gran profundidad, aunque la intención principal del Rebe Najmán es el significado simple de cada lección.

Esto se debe a que "el estudio no es lo más importante, sino la acción" (*Avot* 1:17), como ha sido explicado en numerosas instancias (ver *Sabiduría y Enseñanzas del Rabí Najmán de Breslov* 19, 27, etc.). La esencia de su santa intención en cada enseñanza que reveló y en cada afirmación que surgió de sus santos labios sólo tenía por objetivo agregar mérito al Pueblo de Israel y llevarlo hacia las acciones correctas, aludiendo desde lejos y desde cerca, enseñándoles un consejo y una guía asombrosa para acercarse al Santo, bendito sea, desde donde uno se encuentre. Ciertamente, el observador podrá notar esto siempre y cuando elija contemplarlo con una mirada honesta y abierta. Pues la única intención del Rebe era llevarnos a trabajar diligentemente para comprender el servicio y el consejo que surge de cada lección, buscando a Dios, inclinándonos ante Él y esperando cumplir, con simplicidad, con todo lo que hay en ellas.

Y confiamos en Dios para que a todo aquél que le preste cuidadosa atención a las santas palabras expuestas en este santo libro, se le encienda el corazón y se le abran los ojos, para que llegue a desear y anhelar el servicio a Dios. Entonces retornará a Él en verdad, con todo su corazón, con toda su alma y con todas sus fuerzas. El corazón rígido como una roca será removido de su lugar. "Si es de piedra se quebrará, si es de hierro se fundirá" (*Kidushin* 30b). Como escuchamos de los santos labios del Rebe: "Si la persona está dispuesta a estudiar esta obra con honestidad, entonces sin ninguna duda se quebrará la obstinación de su corazón y llegará a un total arrepentimiento" (*Tzaddik* #349).

En verdad, es imposible expresar las alabanzas de este santo y maravilloso libro, y menos aún las alabanzas y la santidad de su santo autor. La exaltada, elevada y preciosa lámpara, nuestro amo, maestro y rabí (el recuerdo de los rectos sea para bendición). En su caso "El silencio es la alabanza adecuada" (cf. Salmos 65:2), especialmente pues estamos muy conscientes del gran conflicto, pues muchos se han levantado contra él y contra nosotros sin provocación ni motivo. Debido a esto hemos sellado los labios y mantenido el silencio evitando hablar del bien, de expresar en verdad las alabanzas de su santidad, de su simpleza, de su rectitud y humildad.

"Pues en el lugar de su grandeza y exaltada sabiduría", habiendo alcanzado tremendas alturas en todos los aspectos de la Torá: en lo revelado y en lo oculto, en el mar del Talmud, en los primeros codificadores y en los

Introducción del Rabí Natán / 350

codificadores posteriores y en todas las percepciones exaltadas y ocultas, de modo que "ningún secreto se le escapaba" (Daniel 4:6), y nada se le mantuvo oculto, "ahí encontrarás su humildad" (*Meguilá* 31a). Él era franco, paciente y perfecto en sus acciones; sirviendo a Dios con maravilloso autosacrificio día y noche, sin cesar, sin abandonar ni descansar nunca del servicio al Santo, bendito sea, con una grande y tremenda sabiduría y percepción, como tus ojos verán claramente a partir de este santo libro. Pues todo lector que les preste atención a estas palabras las va a juzgar favorablemente, pues es imposible alcanzar enseñanzas tales como éstas con el estómago lleno. Cuánto hubo de trabajar, cuán profundamente hubo de dedicarse, cuántos miles de ayunos, una y otra vez de Shabat a Shabat, cuántas mortificaciones, cuántos años pasados en plegaria recluida, separándose de todos los deseos, santificándose con toda clase de santidades.

Y por sobre todas las cosas, ascendió y se santificó con una tremenda y exquisita santidad a través de la santidad de la Tierra de Israel, para lo cual puso en peligro su vida. Viajó a la Tierra Santa en un momento en que la guerra [napoleónica] arreciaba en los lugares por donde pasó. Cuántas dificultades encontró en su camino. Dios es recto, Él juzga como el comerciante de lino: [poniendo a prueba el material más resistente y no el más débil] (*Bereshit Rabah* 32:3; *Rashi*, Salmos 11:5). Pues en esa época el Rebe fue abrumado por toda clase de adversidades y de peligros, incluyendo la plaga y la guerra que arrasaba la Tierra Santa, de modo que nadie estaba seguro si llegaría a vivir otro día más, al igual que otras severas dificultades, físicas, espirituales y monetarias, que son imposibles de explicar por escrito (ver *El Viaje del Rebe Najmán a la Tierra de Israel*). Aun así, en Su misericordia, el Santo, bendito sea, le otorgó al Rebe una voluntad de acero para soportar todos estos sufrimientos y dificultades que lo atacaban por todas partes, y que ningún hombre podría soportar, de modo que mereció superar todos los obstáculos y entrar a la Tierra de Israel. Él partió y retornó en paz (*Jaguigá* 14b), sin daños, habiendo alcanzado lo que alcanzó tanto en lo revelado como en lo oculto.

Pues, aparte de "aquellas cosas ocultas que son de Dios" (Deuteronomio 29:28), que él alcanzó a través de la Tierra de Israel y que están ocultas de todos los seres vivos, también en las cosas manifiestas, "nosotros vimos que Dios estaba con él" (cf. Génesis 26:28). Así, las enseñanzas que reveló luego de haber estado en la Tierra de Israel eclipsaron totalmente en profundidad y en percepción el nivel de aquéllas que él revelara antes de su viaje, pese al hecho de que incluso previamente sus santas lecciones habían iluminado

351 / Introducción del Rabí Natán

tremendamente al mundo. Las palabras de sus enseñanzas siempre eran asombrosas, pero así como "los cielos están por sobre la tierra" (Isaías 55:9), de la misma manera, los caminos de las enseñanzas que reveló luego de visitar la Tierra de Israel se encuentran muy por encima de las enseñanzas que él revelara anteriormente, tal como nosotros escuchamos explícitamente de sus santos labios, numerosas veces (ver *Tzaddik* #55, #130-#135, #357). Este libro mismo está compuesto casi enteramente por las lecciones que reveló luego de haber estado en la Tierra de Israel. Hay algunas pocas lecciones, quizás dos o tres páginas, que provienen de las lecciones dadas antes de su peregrinación (éstas se encuentran dispersas entre las lecciones que tienen la indicación *leshón javerim* [que no fueron escritas por el Rabí Natán sino por otros seguidores] y aparecen entre las Lecciones 73 y 110, aunque igualmente son muy pocas).

Este libro fue publicado por primera vez trece años atrás en Ostrog, en el año 5568 (1808), mientras el Rebe Najmán aún estaba con vida. Pero, debido al hecho de que no estuvimos presentes, los impresores locales retocaron considerablemente [el texto]. Como resultado, hubo una gran cantidad de errores en la edición. En numerosos lugares, faltaban líneas completas o el orden había sido intercambiado y algunas frases estaban totalmente mezcladas con otras. Esto, aparte de otros errores en la separación entre las lecciones, al igual que dentro de las lecciones mismas, donde a veces se requiere un espacio o separación entre diferentes puntos. En todo esto los impresores introdujeron considerables distorsiones. Había lugares donde grandes espacios en blanco fueron insertados en el texto sin razón alguna. En otros lugares, donde se necesitaba una separación en el texto, combinaron y juntaron dos párrafos separados, a veces sin dejar ningún espacio en blanco incluso al comienzo mismo de una lección. Habiendo decidido en mi corazón y en mi mente solucionar todo esto de la mejor manera posible y en la medida en que Dios estuvo conmigo, he corregido todos estos errores y distorsiones que aparecieron en la primera impresión.

Debe mencionarse también que esa primera impresión tuvo lugar de manera inesperada y sin que yo estuviera presente, mientras el Rebe, de bendita memoria, estaba en Lemberg (Lvov). Así, aunque en varios lugares del texto hubo que hacer ciertas revisiones, debido a la gran prisa por imprimir, fue editado de la manera en la cual originalmente había sido registrada en su versión inicial. Por lo tanto consideré adecuado ocuparme de corregir en muchos lugares, de expandir y de explicar el material. Esto lo hice de acuerdo con lo que yo sabía y comprendía que era la intención de la enseñanza, de acuerdo con lo que escuché de sus santos labios. En cuanto a las lecciones que habían sido escritas en la propia lengua santa del Rebe, nunca les quité ni les agregué nada, ni siquiera una sola letra. Sólo en aquellos lugares donde fue absolutamente necesario incluir alguna interpretación y explicación, presenté el material dentro de llaves {} de modo que quedase claro que esto no provenía del Rebe.

También hice el esfuerzo de buscar todas las referencias de las citas de las Escrituras y de las enseñanzas rabínicas del Talmud, del Midrash, del santo *Zohar*, del *Tikuney Zohar* y de los escritos del Ari. Hay muchas de estas citas en este libro y, con la ayuda de Dios, he registrado sus fuentes, donde se encuentra "el lugar de su gloria" (Liturgia).

También numeré cada lección, asignando a cada enseñanza una letra diferente de acuerdo con el orden del alfabeto hebreo, a fin de que fuera más fácil para el estudiante encontrar lo que estaba buscando. Además, dentro de cada lección, introduje una letra adyacente a cada tópico como para "indicar una separación y una notación entre un tema y el siguiente" (cf. *Rashi*, Levítico 1:1) e indicar que en este punto el discurso cambia de tópico para enseñar y explicar otro tema, como se comprenderá al analizar esta parte del texto.

Más aún, en este libro hay una cantidad de discursos que aparecen dos veces, una vez de manera completa y otra abreviada. La razón es la siguiente: Ésta era la manera del Rebe Najmán. Hablando en general, en aquellas lecciones que él mismo registró había numerosas diferencias entre sus versiones orales y escritas. Debido a la velocidad de su santa mente en el momento en que registraba la enseñanza, a veces borraba o agregaba algo a lo que había dicho antes, al revelar su discurso en público. No puede decirse lo mismo de mí, pues fui muy cuidadoso de registrar exactamente lo que escuché de sus santos labios, sin quitar ni agregar nada. También hay una cantidad de enseñanzas que transcribí y que más tarde recibí en la versión escrita por el Rebe. Por el motivo mencionado anteriormente, había diferencias entre estas versiones de modo que decidí que ambas eran buenas. La regla es que todo lo enseñado dos veces sólo fue repetido debido a algún aspecto que es propio de la segunda versión (*Jaguigá* 3a).

Esto concluye nuestras limitadas palabras que contienen la intención de hacer saber un mínimo de los caminos de este santo libro, "lo poco que contiene mucho". Es imposible continuar y relatar más de la asombrosa y tremenda santidad que existe en esta santa y profunda obra. Resmas enteras de papel

353 / Introducción del Rabí Natán

no alcanzarían para registrar las alabanzas de una sola de las lecciones de este santo libro. Esto se debe especialmente al presente aumento en la controversia que se ha despertado debido a nuestros muchos pecados. Y, debido a nuestras muchas transgresiones, hemos sido testigos del cumplimiento de: "La verdad ha sido arrojada a la tierra" (Daniel 8:12); y "La verdad está ausente" (Isaías 59:15), es decir, la verdad ha sido quebrada en muchos y diferentes grupos (*Sanedrín* 97a), y cada grupo dice que sólo él la posee. Aun así, la verdad continúa siendo una y testifica por sí misma.

Aquél que elija, elegirá, mientras que nosotros ponemos nuestra confianza en Dios. "Pues no hay nadie en quien apoyarse más que en nuestro Padre en el cielo" (*Sotá* 49b) a Quien nos volvemos. Tu misericordia y compasión han estado con nosotros hasta el día de hoy, nunca nos olvides ni nos abandones. "Envía Tu luz y Tu verdad; éstas me guiarán" (Salmos 43:3). "Que Dios nuestro Señor esté con nosotros tal como estuvo con nuestros padres" (Reyes 1, 8:57), y "Sea la gracia del Señor nuestro Dios sobre nosotros y la obra de nuestras manos confirma sobre nosotros" (Salmos 90:17). El descendiente de David vendrá a redimirnos, a llevarnos a nuestra tierra con regocijo. Que la Casa de nuestra santidad y esplendor sea reconstruida rápidamente y en nuestros días. Amén. Que así sea Su voluntad.

Estas entonces, son las palabras del copista y compilador. "Que la Torá aumente y sea exaltada".

El insignificante Natán: hijo de mi señor, padre y maestro, Rabí Naftalí Hertz de Nemirov; yerno del *rav* y sabio, reconocido piadoso, nuestro maestro, Rabí Dovid Zvi, quien fuera cabeza de la corte rabínica en Sharograd, Kremenetz y Mohilov.

* * *

Introducción del *Parparaot LeJojmá*

"Los enlaces y conexiones dentro de la estructura de las lecciones del Rebe Najmán se asemejan literalmente a las de un edificio o de un tejido. El Rebe comienza uniendo dos conceptos. Luego, enlaza un tercer concepto con el segundo por medio de una variedad de conexiones sólidas. Entonces une el tercer concepto a un cuarto, y así en más. Sin embargo, por lo general, suele retornar cada vez, para unir y conectar los cuatro conceptos entre sí. En un comienzo no estaban conectados en absoluto; el primero estaba unido al segundo, el segundo al tercero y el tercero al cuarto, pero aún no había nada que uniera el cuarto con el primero. Sin embargo, el Rebe trae entonces un versículo bíblico, una afirmación rabínica o alguna otra prueba a través de la cual une los cuatro conceptos hasta que el enlace queda firme.

"Luego, el Rebe repite el procedimiento con un grupo diferente de conceptos, y entonces conecta las dos estructuras. Al comienzo, estas dos estructuras santas sólo están unidas en la medida en que uno de los conceptos de la segunda estructura está unido de alguna manera a uno de los conceptos de la primera. Pero entonces, el Rebe retrocede y muestra cómo cada concepto de cada estructura está unido a todos los demás en la otra. Extiende luego conectores mediante los cuales el tercer concepto de la primera estructura se une al cuarto de la segunda estructura y al segundo en la tercera estructura. Luego, trabaja en las uniones entre la segunda y la tercera estructura, y así en más, hasta que todo termina conectado en una notable unidad.

"El Rebe mismo habló sobre este tema en mi presencia el día siguiente a Iom Kipur del año 5571 (1810), [siete días] antes de fallecer. Sería valioso extender este análisis trayendo ejemplos de varias lecciones para permitir que el lector comprenda apropiadamente un poco de los métodos de esta sagrada obra" (*Tzaddik* #389).

El compilador [Rabí Najmán Goldstein, el *rav* de Tcherin] escribe: Lo anterior lo copié directamente de un manuscrito, santa obra de la propia mano del Rabí Natán. De sus palabras puede comprenderse que su intención era extenderse y clarificar el tema pero esto nunca llegó a ocurrir. Asimismo, queda claro a partir de esto que también el Rebe tenía la esperanza de que aquellos que estudiasen su santo libro pensarían en ello y tratarían de comprender bien los asombrosos métodos, al igual que las maravillosas uniones y enlaces entre cada uno de los tópicos, tal como se encuentran en cada una de las lecciones. Por tanto he pensado cumplir su santo deseo y ofrecer una cierta explicación.

Comencemos con la primera lección, "Felices de aquéllos cuya senda es perfecta", que es un discurso corto. El Rebe Najmán comienza con la afirmación general de que a través de la Torá todas las plegarias y pedidos son aceptados, y que de ese modo ascienden la gracia y la importancia del pueblo judío. Luego, cuando comienza a elaborar el tema con mayor detalle, explica que es necesario unirse a la sabiduría y a la inteligencia que existe en cada cosa. Este es el aspecto del sol, la letra *jet*. Pero aun así es imposible alcanzar esto si no es por medio de *Maljut* (Reinado), que corresponde a la letra *nun*. El Rebe une esto entonces a través del versículo, "Que su nombre *inon* tanto como el sol" (Salmos 72:17).

Luego explica que es necesario darle fuerza al Reinado de la Santidad, que corresponde a la buena inclinación, para que supere al Reinado del Mal, que es la mala inclinación. Esto se logra dedicándose al estudio de la Torá con energía. Vemos entonces que el estudio de la Torá está unido y conectado con la rectificación de la fuerza del Reinado de Santidad, el aspecto de *nun*. Luego, el Rebe explica que a través de este concepto, *nun* se une a *jet* para formar la palabra *jen* (gracia). Es así que la Torá es llamada "*iaalat jen* (gacela graciosa)". Con esto vemos que el valor del estudio de la Torá se une a los dos aspectos: al Reinado, que es *nun*, y a la luz de la inteligencia y de la sabiduría, que es *jet*; y que a través de estos dos, se forma *jen*.

Seguidamente, el Rebe explica que a través de este *jen* se hace un grabado y una marca en el corazón de aquél a quien se le solicita que acepte el pedido. Esta marca es el aspecto de la letra *tav*, y a través de ella todas las plegarias y pedidos son escuchados y aceptados. Esto explica y une todo lo anterior, específicamente las palabras de los hombres sabios, aquéllos que merecen unirse a la sabiduría y a la inteligencia. Y esto es, "Las palabras de los sabios son escuchadas [porque están dichas] con *NaJaT* (*Nun, Jet, Tav*)". Esto se debe a que a través de esta [combinación de letras] sus palabras son escuchadas, sus pedidos son aceptados.

El Rebe Najmán retrocede entonces para reforzar la idea de que a través de la inteligencia uno alcanza *jen*. Sobre esto nos dice que Iaacov mereció la gracia, lo mismo que Iosef, para lo cual el Rebe cita el versículo, "El primogénito de su toro, la grandeza es suya". Entonces, al presentar la historia de Raba bar bar Janá, explica que la mala inclinación, que es lo opuesto a la inteligencia, desea ahogar [es decir, subyugar] la gracia y la importancia.

También vuelve atrás y enseña que la derrota principal de la mala inclinación se logra por medio del estudio de la Torá, aclarando este concepto por medio de una asombrosa explicación. Y, mientras que en el comienzo de la lección sólo trajo una prueba para esto a partir de las enseñanzas de los sabios, el Rebe explica ahora por qué esto es así. Finalmente, al explicar el versículo, "Felices de aquéllos cuya senda es perfecta", lo une a la importancia de estudiar la Torá con energía, lo que se logra contemplando la inteligencia de cada cosa, que es como comenzó la lección.

* * *

Las Dieciocho Reglas

Para el estudio en profundidad del *Likutey Moharán*,
por el Rabí Abraham ben Reb Najmán Jazán de Tulchin
(tomado de la introducción a su *Biur HaLikutim*)

1) Así como es posible exponer y encontrar nuevas ideas en las lecciones del Rebe comparando elementos de una lección con otra (como enseñan los sabios con respecto al significado esotérico y homilético de las Escrituras: Las palabras de la Torá son pobres en un lugar y ricas en otro), de la misma manera es posible conjugar una parte de una lección con otra. Esto se debe a que el comienzo, el medio y el final de las lecciones del Rebe están totalmente unidas e interconectadas por medio de una gran sabiduría y comprensión, al punto en que una parte explica y aclara a la otra, y viceversa. Más aún, esto ocurre incluso con respecto al significado revelado y simple del texto.

2) Utilizando su sabiduría e inspiración divina, el Rebe numeró y sopesó cada una de las palabras, tanto hablada como escrita, decidiendo qué explicar brevemente y sobre qué extenderse, qué dejar afuera y qué incluir.

3) En aquellos lugares en que incorpora muchos conceptos e ideas, el Rebe en general elige uno y lo utiliza como un paradigma para todos los demás; una y otra vez se vuelve claro que él tiene una intención especial al seleccionar aquello que seleccionó y no otra idea.

4) Las ideas originales del Rebe y sus santos discursos, tal como los recitó y reveló, corresponden a las rectificaciones (*tikunim*) mencionadas en ellos.

5) Cada vez que el Rebe cita una parte de un versículo de las Escrituras o de una enseñanza de los sabios en relación a un tema en particular o a algún detalle, todo el versículo o enseñanza, en todos sus detalles, es aplicable al tema y es explicado por él.

6) Tal como está explicado en la Kabalá, el versículo "Dios hizo uno frente al otro" significa que todo lo que existe en el lado de la santidad y del bien tiene una contraparte en el lado de la impureza y del mal (como un simio imitando a un hombre). Así, a veces es posible aprender lo que es bueno a partir de su paralelo del lado del mal.

7) Cada vez que el Rebe menciona los atributos o aspectos de algo en particular, podemos dar por sentado que esos atributos y aspectos están incluidos en todos y cada uno de ellos; toda cualidad contiene en sí todas las cualidades de los otros. (La Kabalá habla de las *sefirot* en términos similares).

8) Todos los niveles, desde el más bajo hasta el más elevado, son considerados o bien una luz o bien un recipiente. Dados dos niveles, el nivel inferior es el recipiente y el nivel superior es la luz que lo llena.

9) Cuando el Rebe habla sobre la gran percepción y el conocimiento del Tzadik y de sus enseñanzas, se está refiriendo esencialmente a las figuras más importantes de todas las generaciones (tal como el Rabí Shimón bar Iojai y el Ari), y casi siempre se refiere exclusivamente a Moshé-Mashíaj mismo, a quien todos esperamos.

10) Con respecto a las explicaciones del Rebe para un versículo de las Escrituras o de las enseñanzas de los sabios, que él basa en sus santas percepciones: Primero expone y describe la idea en todos sus aspectos. Luego, muestra cómo todos los puntos que ha mencionado se encuentran incluidos en el versículo o enseñanza. Y cuando, como a veces sucede, no sigue este patrón, la razón para el cambio ha de encontrarse en las santas palabras del Rebe (excepto cuando menciona el versículo o enseñanza por primera vez al pasar, sin ninguna explicación).

11) Cuando, en el curso de su lección, el Rebe concluye exponiendo la idea original y luego trae un versículo de las Escrituras o de las enseñanzas de los sabios en las cuales esa idea está explicada, no es su intención incluir allí algún concepto nuevo que no haya estado mencionado. Y, aunque a veces le parezca al lector que esto no es así, debe saber y creer que lo que parece ser un nuevo concepto de hecho ya ha aparecido en las palabras del Rebe. Analizando y trabajando en ello, el lector encontrará, en mayor o menor

medida, que este tema ya ha sido aludido dentro de la idea original que el Rebe reveló; finalmente comprenderá la profunda intención que llevó al Rebe a no tratar abiertamente ese concepto.

12) A veces, el Rebe cita sólo la esencia de una enseñanza conocida del Talmud o de la Kabalá, dando por sentado que el lector ya conoce el material o que buscará la referencia por sí mismo.

13) Al explicar y exponer un versículo de las Escrituras o de las enseñanzas de los sabios, el Rebe no reinterpreta su significado simple. Por el contrario, el significado que el Rebe le da al versículo o a la enseñanza está unido y forma parte del significado simple, de modo que uno meramente completa y clarifica el otro.

14) La fe simple en la absolutamente exaltada e infinita profundidad de la naturaleza del conocimiento del Creador determina que existen muchas cosas que parecen contradictorias a la mente humana, pero que Su ilimitado conocimiento y sabiduría no las considera en absoluto conflictivas. También ocurre lo contrario. Existen cosas que Su conocimiento afirma como contradictorias, pero el motivo de esta afirmación está totalmente oculto de la comprensión humana.

15) La definición Kabalista de la *Shejiná* (Presencia Divina) como el descenso de Su Divinidad hacia la creación, ha llevado a algunos a la conclusión de que en este sentido la Presencia Divina es una entidad separada. En verdad, esto no es así. Más bien, toda mención a la Presencia Divina se refiere sólo al aspecto inmanente de Dios Mismo. Asumir que la *Shejiná* es un ente por separado bordea con la idolatría.

16) No hay límite a las introducciones y definiciones necesarias para explicar la Torá que reside en la sabiduría del Infinito, bendito sea, y poder llevarla hacia los corazones de los seres limitados y físicos (éstos son los discursos y lecciones que nos revelan los Tzadikim). Porque esto es de hecho una paradoja: explicar y traer el conocimiento del Infinito hacia el corazón de algo finito. Por tanto, en verdad, es imposible acceder a ello mediante circunvoluciones y contracciones, si no es por medio de la fe y la total anulación de las ideas propias. De la misma manera, en relación directa con la fe de la

persona en las palabras y consejos de los Tzadikim dirigidos a cuidar y curar la mente, uno merecerá cumplir con sus concejos hasta que ese conocimiento previamente inaccesible brillará entonces para uno.

17) Hay veces en que el Rebe trae dos o tres pruebas, pero para el lector que no logra analizar y estudiar suficientemente el texto éstas se le presentan como una sola. Esto sucede debido a la estrecha conexión mediante la cual estas pruebas están unidas entre sí.

18) No es propio del Rebe incorporar a las conexiones que realiza en sus lecciones un tópico totalmente independiente. Por tanto, si esto llega a suceder, es por una razón que sólo él conoce.

* * *

APÉNDICE B

Comentario del Rav de Tcherin sobre la Lección 1

Comentario del Rav de Tcherin sobre la Lección 1

Reb Najmán Goldstein de Techerin fue el hijo de Reb Zvi Arie de Breslov y bisnieto de Reb Aarón, quien fue el *rav* de Breslov en vida del Rebe Najmán. Reb Najmán era conocido, con afecto y reverencia, como el *Tcheriner Rav*. Fue un cercano discípulo del Rabí Natán y, al igual que su maestro, un prolífico escritor de ideas originales de Torá y de discursos basados en las enseñanzas del Rebe Najmán. Sus trabajos incluyen el *Parparaot LeJojmá*, un comentario sobre el *Likutey Moharán*; las fuentes sobre *El Libro de los Atributos* del Rebe Najmán; *Leshón Jasidim* y *Derej Jasidim*, antología de las enseñanzas del Rabí Israel, el Baal Shem Tov (1698-1760), del Rabí Dov Ber, el Maguid de Mezritch (1704-1772), y de sus seguidores.

Entre los muchos escritos del Rav de Tcherin hay tres obras que tratan sobre los conceptos del *Likutey Moharán* desde tres perspectivas diferentes. El primero, *Zimrat HaAretz*, pasa revista a cada lección desde el punto de vista de *Eretz Israel*. *Iekara DeShabata* muestra cómo cada lección del *Likutey Moharán* trata sobre el Shabat. *Ieraj HaEitanim* muestra cómo cada lección habla del mes de Tishrei, con sus festividades y rituales/mitzvot. Reb Najmán escribió también otro texto de valor inestimable, *Najat HaShuljan*, en el cual sigue el método del Rabí Natán de explicar las leyes del *Shuljan Aruj* basado en el *Likutey Moharán*. Esta obra es única en el hecho de que el Rav de Tcherin la sustenta sobre una sola de las lección del *Likutey Moharán*. El nombre, *Najat HaShuljan*, se basa en los conceptos relacionados con la palabra *NaJaT*, tal como aparece en la primera lección del *Likutey Moharán*.

Como se explicó en la introducción del Rabí Natán al *Likutey Moharán*, las lecciones del *magnum opus* del Rebe Najmán tienen una increíble amplitud y profundidad. El mismo Rebe dijo que "cada una de mis lecciones puede ser aplicada a toda la Torá Escrita y Oral" (las Escrituras y todo el corpus del Talmud, Midrash, etcétera; *Sabiduría y Enseñanzas del Rabí Najmán de Breslov* 201). Las obras del Rav de Tcherin le permiten al lector obtener un atisbo de esta afirmación. En las siguientes páginas presentamos algunos ejemplos de estas obras. Cada una se basa en la primera lección del *Likutey Moharán*. Habría sido preferible presentar estos tesoros luego de cada lección, pero ello hubiera ido más allá de los límites de esta obra. (Hemos insertado las secciones particulares de las lecciones del Rebe Najmán [o las notas] a las cuales corresponde el material del *Tcheriner Rav*).

* * *

ZIMRAT HAARETZ

Pues el aire de la Tierra Santa hace sabia a la persona (*Bava Batra* 158b), la Tierra de Israel fue dada a Iaacov (ver Génesis 28:13, ver *Rashi*). En nuestra lección, esto corresponde a la sabiduría que se encuentra en cada cosa.

La mitzvá de proclamar la Luna Nueva, que era responsabilidad del *Sanedrín*, tenía que ser realizada específicamente en la Tierra de Israel. Esto se debe a que la Tierra Santa es conocida en todas las escrituras sagradas como *Maljut/nun*, es decir, la luna.

La Tierra Santa corresponde a la buena inclinación (cf. *Nedarim* 22a), donde uno puede incitar su buena inclinación para anular a su mala inclinación (#2). Por lo tanto, el lugar ideal para el estudio de la Torá es la Tierra Santa, pues "no hay Torá como la Torá de la Tierra de Israel" (*Bereshit Rabah* 16:7). Más aún, la Tierra Santa es el lugar de la plegaria, pues todas las bocas se vuelven en la plegaria hacia el lugar del Templo (*Berajot* 30a). La Tierra Santa es el lugar de la verdadera gracia y encanto, como en las palabras del profeta (Isaías 28:4) quien la llamó "belleza gloriosa" (#1,#2).

Hemos visto también en la lección que *jen* crea una *tav* (=400), la dimensión de la Tierra Santa: 400 parsá por 400 *parsá* (*Rashi*, Números 13:25). Por lo tanto, nuestros sabios explicaron el versículo (Eclesiastés 4:6), "Es preferible un puñado de *NaJaT* (calma y quietud) que ambas manos llenas de trabajo y preocupación" diciendo que es mejor una pequeña porción en la Tierra de Israel que una gran porción fuera de ella (*Kohelet Rabah* 4:6). Esto se debe a que el mayor logro del *NaJaT* (*jen* y *tav*) se produce en la Tierra Santa.

* * *

IEKARA DeSHABATA

El Shabat, que corresponde a una gran percepción (*Likutey Moharán* I, 119) y a los ojos (*Likutey Moharán* II, 67:2), es un aspecto de contemplar la inteligencia en cada cosa (#2). Es por esto que Dios bendijo el Shabat, para que el rostro de la persona pudiera brillar en él (*Bereshit Rabah* 11:2), "La sabiduría (Shabat) de la persona ilumina su rostro" (ver nota 10). Además, todo aquél que observa el Shabat recibe la herencia de nuestro patriarca Iaacov (*Shabat* 118b), la personificación de la inteligencia.

En virtud de su conexión con *Maljut*, el Shabat es conocido como la Reina Shabat, Shabat *Malketa*. En las escrituras sagradas se habla del Shabat como de un tiempo en el que es más fácil derrotar la inclinación al mal. En la lección del Rebe Najmán hemos visto que el estudio de la Torá ayuda a eliminar la mala inclinación. Es por esto que la lectura principal de la Torá de la semana se realiza en el Shabat. De hecho, la Torá misma fue dada en Shabat (*Shabat* 86b). Por esto enseñan nuestros sabios que en el Shabat los rabinos de cada comunidad deben reunir a la gente y enseñarles Torá (*Ialkut Shimoni, Vaiakel* 408).

"Y *NoaJ* halló *JeN* (gracia) a los ojos de Dios" (Génesis 6:8). Noaj es el Tzadik. Su nombre significa "descanso", correspondiente al Shabat (*Tikuney Zohar* 70, p.138b), el Día de Descanso. Es decir, el Shabat se refiere al *JeN*, *jet* y *nun*. El *jen* del Shabat ayuda a elevar las plegarias (*Zohar* I, 23b).

Nuestro sabios también explican el versículo (Eclesiastés 4:6), "Es preferible un puñado de *NaJaT* que ambas manos llenas de trabajo y preocupación", diciendo que es mejor un poco en Shabat que mucho durante el resto de la semana (*Kohelet Rabah* 4:6). Esto se debe a que el Shabat, *jen*, forma una *tav*, graba nuestras plegarias en el Corazón Superior.

Iosef, al igual que Noaj, corresponde al Tzadik (*Iesod*; ver Apéndice: Los Siete Pastores Superiores). Comprendemos entonces el Midrash que nos dice que Iosef observó el Shabat antes incluso de haber sido dado al pueblo de Israel. El Shabat fue "el día en que llegó a la casa para hacer su tarea" (Génesis 39:11). ¿Cuál era la tarea de Iosef? Estudiar las enseñanzas de Torá que había recibido de su padre Iaacov (*Ialkut* 146). Iosef buscó la inteligencia/Iaacov que se encuentra en cada cosa. De este modo mereció que el rostro de Iaacov se le apareciese, permitiéndole mantenerse firme ante la esposa de su amo (ver nota 60).

Debido a que el Shabat corresponde a *Maljut*, la luna, es costumbre bendecir la Luna Nueva (*Birkat HaLevaná*) en el Shabat previo a su aparición (*Mishna Berura* 417:1). También es preferible santificar la Luna Nueva (*Kidush HaLevaná*) inmediatamente después de la terminación del Shabat (*Ibid.* 426:2).

Cuando Iaacov retornó de la casa de Lavan hacia la Tierra Santa, acampó cerca de Shejem. Las Escrituras (Génesis 31:18) dicen que "él *iJaN* (acampó) cerca de la ciudad". Así, cuidó las Leyes de *Tejumin* (el límite hasta el cual es posible caminar fuera de la ciudad durante el Shabat; *Ialkut* 133). En nuestro contexto, Iaacov mereció *jen* y fue capaz de establecer *tejumin*. Esto se debe a que el límite al cual uno puede caminar es de dos mil codos [aproximadamente mil metros]. Cada *ELeF* (1000) codos corresponde a *PeLE* (maravilla) (en hebreo la letra F y la letra P se escriben igual). Tanto *Jojmá* como *Maljut* son llamados *pele* (ver *Likutey Moharán* I, 28:5). Por tanto los dos *elef* corresponden a *Jojmá* y *Maljut*, *jet* y *nun*.

***

IERAJ HAEITANIM

El Año Nuevo se calcula en base al calendario solar, *jet*, mientras que la Luna Nueva se calcula en base al calendario lunar, *nun* (ver nota 52). En Rosh HaShaná, los dos se juntan. Pero aun así, tal como indica el *Shuljan Aruj*, no hacemos ninguna mención específica a los sacrificios de la Luna Nueva en Rosh HaShaná (*Oraj Jaim* 591:2). Esto se debe a que la *nun*/luna no tiene luz propia, sino sólo aquélla que recibe del sol (#2). Por tanto, toda mención al Año Nuevo implica también la Luna Nueva.

En Rosh HaShaná es también costumbre orar por la Casa del Rey David y por la venida de Mashíaj, pidiendo al mismo tiempo la caída del *Maljut* del mal. Más aún, durante los primeros diez días de Tishrei, las palabras finales de la tercera bendición de la *Amidá* se cambian por "el Rey Santo" (*haMelej haKadosh*). Todo esto demuestra la importancia de elevar *nun*/*Maljut* de Santidad, uniéndola a la sabiduría que se encuentra en todas las cosas. También pedimos que Él "nos recuerde para la vida" (*zajreinu lejaim*), pues unirnos a la letra *jet* es unirnos a la vida misma (#2).

Es también costumbre viajar para estar con los Tzadikim en Rosh HaShaná. Pues el Tzadik es aquel que constantemente trabaja para darle fuerzas a *Maljut* de Santidad por sobre *Maljut* del mal (ver Cruzando el Puente Angosto, Capítulo 18 y *Umán, Umán, Rosh HaShana*). Vemos entonces que la letra *tzadik* es una combinación de otras dos letras, la *iud* y la *nun*. Pues *iud*/*Jojmá* ilumina a *nun*/*Maljut*.

Más aún, la batalla entre Iaacov y Esaú vuelve a tener lugar en cada

Rosh HaShaná (cf. *Zohar* I, 137b y sig.), el Día del Juicio. Es por esto que repetidamente oramos por el temor a Dios: merecer la sabiduría de Iaacov y ser salvados de Esaú y de sus "mitzvot" (ver notas 66, 67). Ésta es también la razón por la cual la plegaria de *Musaf* de Rosh HaShaná se basa en las tres bendiciones: *Maljiot, Zijronot* y *Shofarot. Maljiot*, que se relaciona con el Reinado, corresponde a *Maljut. Zijronot*, que se relaciona con recordar, corresponde a unir el intelecto con Dios. *Shofarot*, que se relaciona con soplar el cuerno del carnero, comienza con una referencia a la recepción de la Torá, correspondiente al estudio de la Torá que permite que prevalezca *Maljut* de Santidad.

Luego de Rosh HaShaná vienen los Diez Días de Arrepentimiento. Darle el poder a *Maljut* de Santidad y tratar de perfeccionar nuestros caminos a lo largo de estos diez días permite que *Maljut/nun* se una con *Jojmá*, la sabiduría revelada en Rosh HaShaná. Como resultado, "la luz de la luna será como la luz del sol" (#2). En Iom Kipur, el punto culminante de los Diez Días de Arrepentimiento, recitamos cinco veces la plegaria de la *Amidá*, lo que nos permite merecer *jen* para que nuestras plegarias sean aceptadas. Además, debido a que la luna está creciendo, en Tishrei la santificamos inmediatamente después de Iom Kipur. La subordinación de la luna ante el sol indica que el *Maljut* del mal fue vencido y que Esaú fue completamente subyugado. Es por esto que enseñan nuestros sabios: Satán no tiene poder para juzgar en Iom Kipur (*Nedarim* 32b).

Cinco días después de Iom Kipur celebramos la Festividad de Sukot. Cada uno de nosotros abandona su vivienda permanente y entra en una cabaña temporaria, la *suká* (cf. *Suká* 2a). Esto alude al hecho de que debemos dejar la eternidad de lo espiritual y entrar en los fugaces torbellinos de este mundo temporal. Nuestra única seguridad es el consejo de la Torá: ¡Recuerda! Este mundo es transitorio. No te dejes arrastrar por él (como Esaú). Más bien, une siempre tus pensamientos y tu intelecto al Mundo que el Viene. ¿Cómo? Buscando la Divinidad en todas las cosas.

La Kabalá enseña que la *suká* es un aspecto de *Biná*, lo cual indica una elevada comprensión e inteligencia. Siendo así, las leyes de la *suká* requieren que su sombra sea mayor que la luz del sol que la atraviesa (*Suká* 2a). Esto también nos enseña que, para centrarnos en la gran inteligencia interna de cada cosa, debemos "filtrarla" a través de la *nun*, una restricción. Por la misma razón, aquella *suká* que tenga un techo más alto de veinte codos (10m) es inválida, pues el ojo no puede verlo fácilmente (*ibid.*), es decir, uno es incapaz de captar la inteligencia interna sin el aspecto de la *nun*. Por otro lado, la *suká* de menos de diez *tefajim* (1m), una "morada escuálida" (*ibid.* 4a), también es inválida. Esto se debe a que en un nivel tan bajo, uno se ha hundido en el ámbito escuálido de Esaú.

La razón por la cual tomamos las Cuatro Especies (la rama de palmera, el mirto, el sauce y el etrog) en Sukot se debe a que ellos representan una sabiduría tan grande que incluso hasta el Rey Salomón se preguntó sobre su significado (*Vaikrá Rabah* 30:15). El Talmud enseña que la Festividad de Sukot es el tiempo más propicio para orar por el agua, y estas Cuatro Especies requieren del agua para crecer (cf. *Taanit* 2b). El agua alude a la Torá, como en, "Todos aquellos que estén sedientos, vengan por el agua" (Isaías 55:1, ver *Rashi*). Pues la principal manera de alcanzar la elevada sabiduría oculta en las Cuatro Especies es mediante el estudio de la Torá, que subyuga a Esaú y le da fuerzas a *Maljut* de Santidad. Por lo tanto, nuestros sabios enseñan que cuando en Sukot tomamos con las manos las Cuatro Especies, demostramos que hemos salido victoriosos frente a Esaú en las batallas [espirituales] de Rosh HaShaná y de Iom Kipur (*Vaikrá Rab*ah 30:2).

El Midrash enseña algo más: Como recompensa por haber tomado las Cuatro Especies en el primer día de Sukot (ver Levítico 23:40), Yo Me revelaré a ustedes primero; Me vengaré del "primero" (Esaú); les construiré el "primero" (el Santo Templo); y les traeré el "primero" (Mashíaj) (*ibid.* 30:16). "...tomado... primero" se refiere a buscar *reshit*/sabiduría. Esto es "vengarse del primero", pues adquirir sabiduría subyuga a Esaú, el espíritu de locura. "Construiré el primero", el Santo Templo, es la revelación de la Divinidad en todas las cosas, pues la Presencia Divina se revelaba en el Templo. Y "traeré el primero", se refiere a Mashíaj, quien es *nun*/*Maljut* de Santidad.

Los días finales de Sukot, Sheminí Atzeret y Simjat Torá, corresponden a la conclusión apropiada de todas nuestras devociones durante los Días Tremendos. Esto alude a Iaacov (ver *Likutey Moharán* I, 74), la perfección de la sabiduría, que la persona adquiere cuando busca constantemente a Dios. Es por esto que tenemos la costumbre de llamar a todos para la lectura de la Torá durante Simjat Torá. Pues la perfección sólo puede ser obtenida a través del estudio de la Torá con entusiasmo.

* * *

NAJAT HASHULJAN

Lo siguiente es sólo una muestra de algunos de los cientos de pasajes del *Najat HaShuljan*. Como se mencionó, esta obra muestra la relación entre las leyes que aparecen en el *Shuljan Aruj* y la primera lección del *Likutey Moharán*. El número de los párrafos citados del *Najat HaShuljan* ha sido agregado al final de cada pasaje y corresponde al capítulo citado del *Shuljan Aruj*.

*

Oraj Jaim

La persona debe hacer todo lo posible para levantarse temprano y servir a Dios, de modo que pueda despertar a la mañana... y estudiar Torá... y al menos debe ser cuidadosa de no seguir durmiendo cuando llegue la hora de la plegaria. En otras palabras, la persona no debe esperar que Dios la despierte. Más bien, uno debe buscar a Dios, incluso en la oscuridad, es decir, en aquellos lugares donde la luz de la comprensión se encuentra más allá de uno. De esta manera, estará despierta cuando llegue la mañana, cuando el sol/inteligencia ilumine su sendero. Recitará entonces las Plegarias de la Mañana. Y, al despertarse y estudiar Torá, fortalece a *Maljut* de Santidad. Como resultado, tal como ha explicado el Rebe Najmán, sus plegarias son aceptadas (#1).

*

La persona debe recitar diariamente las Bendiciones de la Mañana, lo que nos enseña a encontrar la Divinidad incluso en lo mundano. Entre otras cosas, la última de las bendiciones pide que se nos libre de la mala inclinación y que podamos merecer *jen*. Inmediatamente después, pedimos también ser salvados de la gente desvergonzada, en alusión a Esaú y a *Maljut* del mal (#46).

*

Antes de la llegada del Shabat, la persona debe bañarse con agua caliente. Esto corresponde a la incineración de las tres fuerzas del mal, o *klipot* (ver *Likutey Moharán* I, 19:5, nota 86). Esto también corresponde a (Ovadia 1:18), "Entonces, la Casa de Iaacov será fuego y la Casa de Iosef llama, y la Casa de Esaú rastrojo. Ellos le prenderán fuego y la consumirán". En nuestro contexto, esto se refiere a Esaú, el *Maljut* del mal, siendo subyugado por Iaacov y Iosef, que corresponden a aquéllos que buscan la inteligencia en cada cosa (#260).

*

También basado en la primera lección del Rebe Najmán, el *Najat HaShuljan* ofrece un comentario singular del texto de la Hagadá de Pesaj (#472, parte del cual está citado en *La Hagadá de Breslov*).

*

Ioré Deá

Está prohibido comer el nervio ciático. Iaacov salió rengueando de su batalla con el ángel de Esaú; el ángel le había golpeado y dañado el nervio ciático. Esto alude a la lucha constante de Iaacov contra la mala inclinación, Esaú (#64, #65).

*

Antes de que la carne pueda consumirse, debe ser salada y lavada para quitar toda la sangre. Esto alude a quitar todos los pensamientos indeseables. Al hacerlo, la persona que verdaderamente busca a Dios puede alcanzar la sabiduría Divina. Pero debe ser paciente si quiere eliminar por completo la "sangre" de los malos pensamientos, la mala inclinación de su corazón (el asiento de la sangre). Éste es el motivo por el cual se debe salar: purgar completamente la sangre: símbolo del intento de la persona por incitar su buena inclinación en contra de su mala inclinación (#69).

*

Cuando un judío le presta dinero a otro, está prohibido cobrar interés. La pobreza surge del aspecto de la luna, que no tiene nada propio (#2). Sin embargo, la caridad y la bondad ayudan a completar esta falta. Por tanto, nuestros sabios llaman al préstamo *halvaat jen* (un préstamo de gracia), donde el que presta (*jet*) da de su "luz" al pobre (*nun*). Entonces, como afirman las Escrituras (Levítico 25:35), "Tu hermano *vivirá* contigo": este préstamo le da *jet*/vida (nota 16). Sin embargo, si el que presta cobra interés, no le está dando al pobre, no está completando la falta de la *nun*, sino que, de hecho, está tomando de él, pues el pobre queda más pobre aún pues tiene que devolver más de lo que tomó prestado (#159).

*

Even HaEzer

Todo hombre está obligado a casarse y tener hijos. En nuestro contexto, el hombre y la mujer corresponden respectivamente al sol (*jet*) y a la luna (*nun*). La naturaleza de sus hijos dependerá de sus intenciones en el momento de la unión. Si sus intenciones son santas, la Divinidad se revelará en el mundo a través de sus hijos. Es por esto que enseñan nuestros sabios: Cuando alguien se niega a tener hijos, es como si hubiera cometido asesinato (*Iebamot* 63b), es decir, él mató su posibilidad de revelar Divinidad. Se asemeja a Esaú, un asesino. Aun así, a diferencia de las otras mitzvot que son obligatorias en los jóvenes desde los trece años, la mitzvá de casarse puede ser pospuesta hasta los dieciocho (cf. *Avot* 5:21). El motivo es que todo joven debe primero tener el tiempo y la oportunidad de estudiar Torá. Sólo recién será capaz de darle fuerza a *Maljut* de Santidad y crear una unión correspondiente de santidad entre él mismo y su esposa, entre *jet* y *nun* y así merecer hijos rectos (#1).

* * *

APÉNDICE C

Esbozos Biográficos

La Vida del Rebe Najmán

Los Discípulos del Rebe Najmán

La Vida del Rebe Najmán

El Rebe Najmán de Breslov (5532-5571; 1772-1810), bisnieto del Rabí Israel Baal Shem, fundador del movimiento jasídico, nació en Medzeboz, Ucrania, en el hogar de su bisabuelo. Siendo niño, el Rebe Najmán tuvo el privilegio de ver a muchos de los grandes Tzadikim que habían sido discípulos del Baal Shem Tov. Esto, junto con su noble linaje, lo preparó para su misión en la vida: acercar al pueblo judío a Dios y preparar el mundo para la llegada del Mashíaj.

Luego de su boda (5545/1785) el Rebe Najmán vivió con sus suegros en Osatin, Cuando su suegro, que era viudo, volvió a casarse, el Rebe Najmán se mudó a Medvedevka, donde comenzó a atraer seguidores (aprox. 5551/1791). Mientras estuvo en Medvedevka, el Rebe Najmán hizo un viaje a la Tierra Santa (5558/1798). Su estadía allí lo llevó a nuevas alturas en el servicio a Dios, al punto en que más tarde quiso que sólo se registraran en su *magnum opus*, el *Likutey Moharán*, aquellas lecciones que enseñó luego de su peregrinaje. Después de su retorno (verano del 5559/1799), el Rebe Najmán siguió viviendo en Medvedevka poco más de un año.

De Medvedevka el Rebe Najmán se mudó a Zlatipolia, donde vivió dos años, pese a la tremenda oposición por parte del Shpola Zeide y de sus seguidores de los pueblos vecinos. De allí el Rebe Najmán se mudó a Breslov (otoño del 5562/1802). Fue en Breslov que el Rebe contrajo tuberculosis, enfermedad de la cual fallecería. Fue también en Breslov que el Rabí Natán, el discípulo más famoso del Rebe, se encontró por primera vez con él.

Inmediatamente después de Sukot del año 5568 (1808) el Rebe Najmán viajó a Lemberg (Lvov). Aparentemente fue para recibir tratamiento médico para su tuberculosis. De hecho, el Rebe Najmán les explicó a sus jasidim, que uno de los motivos de ese viaje era combatir el ateísmo. Someterse al tratamiento médico era meramente una herramienta para lograrlo. Cuando el Rebe retornó de Lemberg habló más que nunca sobre la importancia de fortalecer la fe. También dio a entender muchas veces que las lecciones que enseñó luego de Lemberg tenían la intención de ser su legado ético.

Durante el período de preparación para la impresión del *Likutey Moharán* (5568/1808), y también después, el Rebe Najmán habló muy seguido sobre la importancia de esta obra. Dijo que al que la estudiase con honestidad se le aflojarían las fibras del corazón, y llegaría a ser capaz de acercarse a Dios. En otra ocasión el Rebe dijo que de ser necesario uno debería vender incluso su almohada para poder comprar el *Likutey Moharán*. Y lo más importante, afirmó que sus lecciones eran *atjalta degueula*, el comienzo de la Redención, y que la gente debería estudiar sus enseñanzas lo suficientemente bien como para estar absolutamente versados en cada una de las lecciones (ver más adelante, *Sobre las Enseñanzas del Rebe Najmán*).

En la primavera del año 5570 (1810), el Rebe Najmán partió de Breslov para ir a Umán, la ciudad que eligió como el lugar para su descanso final. Sus principales esfuerzos durante el casi medio año más que le quedó de vida, estuvieron centrados en darles ánimos a sus seguidores para que se mantuviesen firmes en sus enseñanzas, haciendo que los judíos alejados de la Torá volviesen a la fe, y elevando las almas de aquellos que ya habían partido de este mundo. El Rebe Najmán falleció un martes a la tarde, el segundo día de Jol HaMoed Sukot, 18 de Tishrei del 5571 (16 de octubre de 1810), y fue enterrado en el antiguo cementerio de Umán en medio de 20.000 mártires judíos que habían sido masacrados por los Jaidamakos unos cuarenta años antes.

Para un relato más detallado de la vida del Rebe Najmán y de sus enseñanzas ver *Until The Mashiaj* (Breslov Research Institute, 1985), y *Tzaddik* (Breslov Research Institute, 1987).

* * *

Los Discípulos del Rebe Najmán

De todos los discípulos del Rebe Najmán, estos son aquéllos cuyos nombres aparecen más seguido en las notas de las lecciones.

El Rabí Natán (5540-5605; 1780-1844), hijo de Reb Naftalí Hertz Sternhartz, nació en Nemirov, Ucrania. Joven erudito con una real promesa de grandeza, el Rabí Natán se casó con la hija de Reb David Zvi Orbach, importante autoridad rabínica de la región de Podolia.

Pese a su éxito personal como estudioso del Talmud y su prestigio como heredero de su suegro, el Rabí Natán sentía un vacío espiritual. Pasó muchos años visitando a los grandes maestros jasídicos de su época y aunque obtuvo mucho de cada uno de ellos aún se sentía incompleto. Entonces, en el año 5562 (1802), cuando el Rebe Najmán se mudó a Breslov, un amigo le sugirió al Rabí Natán que se encontrase con el Rebe Najmán. Así lo hizo y el resto es historia.

Bajo la tutela del Rebe Najmán los horizontes del Rabí Natán se expandieron en los aspectos revelados y ocultos de la Torá. Y lo más importante, bajo la guía del Rebe, el Rabí Natán aprendió el arte de la escritura. Su capacidad para destilar y clarificar las nuevas ideas de Torá y en particular las enseñanzas del Rebe Najmán, se refinó al punto de la perfección. Fue esta capacidad la que permitió la transmisión de la Jasidut de Breslov hasta el día de hoy.

Con el fallecimiento del Rebe Najmán en el año 5531 (1810), el Rabí Natán lentamente pero con seguridad fue creciendo en su rol de transmisor de las enseñanzas del Rebe. Durante el resto de su vida, el Rabí Natán se dedicó constantemente a asegurar que el legado del Rebe Najmán no desapareciera del mundo. Hizo lo necesario para tal fin: construyó y mantuvo una sinagoga de Breslov en Umán, editó y publicó las obras del Rebe Najmán, enseñó las lecciones del Rebe y fue un ejemplo de ellas en su propia vida. Esto, casi siempre, bajo la amenaza de la prisión y de la muerte.

Un estudio profundo y amplio de la vida del Rabí Natán puede encontrarse en *Through Fire and Water* (Breslov Research Institute, 1992).

*

Reb Shimón, el asistente del Rebe, fue el primero de los jasidim del Rebe

Najmán. Su fortaleza física y gran presencia de ánimo le permitió cierta vez salvar la vida del Rebe. Aparentemente, fue Reb Shimón quien acompañó al Rebe Najmán en su peregrinación a la Tierra Santa. El mismo Reb Shimón se estableció finalmente en *Eretz Israel*, viviendo en las afueras de Safed, donde pasó mucho tiempo dedicado al *hitbodedut*. Reb Shimón está enterrado en el antiguo cementerio de Safed junto al sendero que va desde la tumba del Ari a la tumba del Rabí Iosef Caro.

*

Reb Iudel de Dashev había sido discípulo del Rebe Pinjas de Koretz. Al encontrarse con el Rebe Najmán, Reb Iudel ya era una figura importante en su ciudad. Con gusto abandonó su posición para transformarse en un jasid del Rebe. Eminente Kabalista, Reb Iudel fue asignado por el Rebe para que, luego de su fallecimiento, tomase *pidionot* e intercediese por los enfermos, por los que no tenían hijos, los necesitados, etc. El Rabí Natán comentó cierta vez que dado que Reb Iudel podía escuchar el clamor celestial llamando a los malvados a retornar al infierno en el sábado a la noche, él, Rabí Natán, no tenía nada que temer de los enemigos de los Jasidim de Breslov. Reb Iudel falleció en el año 5598 (1838).

*

Reb Shmuel Isaac también era de Dashev y fue bendecido con una gran fortaleza física. Es así que entre las devociones que el Rebe Najmán le prescribió se encontraba hablarle a cada uno de sus miembros sobre el verdadero sentido de la vida. Como cierta vez remarcó el Rabí Natán, "El Rebe guió a Reb Shmuel Isaac [en su servicio Divino] por el filo de navaja". Reb Shmuel Isaac se dedicó a la plegaria con tan gran fortaleza que él mismo comentó, "Si hoy recitara el *Shemá* igual a como lo hice ayer, ya no tendría ninguna razón para vivir". Falleció en el año 5587 (1826).

*

Reb Aarón, joven erudito descendiente de una larga cadena de distinguido rabinos, fue elegido por el Rebe Najmán para ser el rabino oficial en Breslov. Algún tiempo antes, mientras el Rebe aún estaba en Medvedevka, Reb Aarón fue llamado allí para adjudicar una disputa comercial. El Rebe Najmán envió a llamar a Reb Aarón, y ambos estuvieron conversando desde el atardecer hasta la amanecer del día siguiente. Reb Aarón dijo más tarde que si él hubiera venido al mundo sólo para experimentar esa noche, una noche en la que apenas se dio cuenta de que estaba en este mundo, habría sido suficiente. Además de su natural capacidad para determinar decisiones halájicas (legales), Reb Aarón recibió una bendición del Rebe Najmán para que sus decisiones estuvieran libres de toda distorsión. Falleció el primero de Av, del año 5605 (4 de agosto de 1845).

*

Reb Naftalí fue un amigo muy cercano del Rabí Natán, y luego de él, quien más comprendió el camino del Rebe Najmán. Cuando Reb Naftalí encontró al Rebe por primera vez, estaba dedicado por completo al comercio. El Rebe Najmán lo alejó lentamente de eso hasta que finalmente dedicó todo su tiempo a la Torá y a la plegaria. El Rebe también le aconsejó que luego que él, el Rebe Najmán, falleciera, Reb Naftalí debería sentarse solo en la tercera comida del Shabat y recitar ideas originales de Torá. Cuando Reb Naftalí expresó su asombro ante esto, el Rebe respondió, "Si yo te digo esto, no tienes que preocuparte con respecto a quien te escuchará". Reb Naftalí fue visto más tarde llevando a cabo con fidelidad las instrucciones del Rebe. En sus últimos años, Reb Naftalí vivió en una pequeña habitación encima la sinagoga de Breslov en Umán. Falleció el 19 de Av del año 5620 (7 de agosto de 1860).

* * *

APÉNDICE D

Sobre las Enseñanzas del Rebe Najmán

Sobre las Enseñanzas del Rebe Najmán
(Lo siguiente son extractos de *Tzaddik*, pgs. 301-327)

Dijo el Rebe: "El mundo aún no ha experimentado lo que tengo para ofrecer. Si escuchasen una sola de mis enseñanzas conjuntamente con su melodía y su danza correspondiente, el deleite sería tan increíble que llevaría a todos y a todas las cosas, incluso a los animales, a las plantas y a todo lo que existe, a quedar totalmente anulados. Sus mismas almas expiarían a causa del irresistible deleite que experimentarían".

*

Dijo el Rebe sobre el *Likutey Moharán*: "Es el comienzo de la Redención. Y ahora que ha sido editado mucho deseo que la gente lo estudie. Deben estudiarlo hasta llegar a conocerlo de memoria, pues está pleno de consejo y guía y tiene el poder de despertar a los hombres a Dios de una manera que nada más puede comparársele. Aquéllos que lo hagan no tendrán necesidad de ninguna otra obra sobre la ética y guía moral". Más tarde dijo explícitamente que estudiar sus obras era el comienzo de la Redención, que llegue pronto y en nuestros días. Dijo que la mejor manera de estudiar sus obras era siguiendo dos rutinas separadas. La primera debe ser estudiar rápidamente para llegar a conocer todos los libros. La segunda debe ser el estudio en detalle, porque sus libros contienen las profundidades más asombrosas.

*

Cierta vez el Rebe estaba alentando a alguien a que estudiase su libro. Dijo que era una gran mitzvá estudiarlo en detalle, agregando que con ello uno podía desarrollar una gran mente, pues incluso en su interpretación literal la obra contiene una profunda sabiduría. Aquéllos que estudian sus obras constantemente pueden llegar a ser puros y santos y entonces serán dignos de contemplar el significado interior que ellas contienen. Detrás de la superficie existe mucho más que no es para nada evidente a un nivel literal. Feliz de aquél que puede estudiarlas en forma constante.

*

Dijo: "En mis enseñanzas hay profundidad". Algunas de sus lecciones fueron registradas por otras personas, pero cuando el texto es propio del Rebe, uno debe examinarlo con el mismo cuidado y precisión con el que se examinaría un pasaje bíblico. El Rebe parece estar repitiéndose constantemente de una manera que aparenta ser superflua. De hecho esto es intencional y sirve a un propósito muy importante. Es necesario examinar lo que dice con gran cuidado. Aquel que tiene ojos y se dedica de todo corazón a entender las palabras del Rebe comprenderá una pequeña porción de la tremenda profundidad que contienen sus libros, algo que nunca ha sido igualado.

*

Cierta vez el Rebe estaba alabando el *Likutey Moharán*, su propio libro, y dijo que estudiándolo uno podía llegar a ser un completo *baal teshuvá* (experto en arrepentimiento). Mucho quería que se publicase una y otra vez y se difundiese por el mundo entero.

Él dijo: "Habrá gente que aprenderá y orará por medio de este libro". Dijo además que si la persona está preparada para dedicarse a estudiar sus libros con apertura y honestidad sin tratar de encontrar fallas y de argumentar por el solo hecho de hacerlo, entonces, sin lugar a dudas, desaparecerá la obstinación de su corazón.

Dijo que todos deben tratar de adquirir el libro. Aquél que no tuviese dinero debería vender todos sus otros libros para comprar esta obra. De no tener libros, debería vender incluso su almohada. Dijo que el libro demostraría tener un gran significado y sería muy solicitado. Sería impreso una y otra vez... Dijo que en el caso de las lecciones que él mismo había escrito, el lenguaje mismo era muy beneficioso, pues estas lecciones eran universales.

*

Cuando el manuscrito de la primera parte del *Likutey Moharán* estaba siendo encuadernado, el Rebe dijo: "¡A ustedes puede parecerles algo simple, pero muchos mundos dependen de ello!".

*

Él dijo: "El Malo tiene un gran poder para cubrir los ojos de la gente. Si no fuera por esto, el libro causaría un tremendo despertar en el mundo".

*

Me contaron que el Rebe dijo que sus lecciones provienen de un lugar del cual nadie más ha recibido anteriormente. Cierta vez lo escuché hablar con orgullo sobre la grandeza de sus enseñanzas y decir: "¡Se muy bien de donde las he tomado!". Por lo que dijo y por la manera como lo dijo, la implicancia era que él había tomado sus enseñanzas de Torá de los lugares más elevados y exaltados.

*

Alguien me contó que el Rebe había estado elogiando sus enseñanzas de Torá y enfatizando su grandeza, diciendo que la gente debería hacer grandes esfuerzos por comprar sus libros. Porque aunque solamente estén en un cajón o sobre un estante son muy beneficiosos. Dijo que sus libros tienen un gran poder protector para la casa y que incluso pueden proteger en contra de pérdidas y daños a la propiedad y a las posesiones... En otra parte está mencionado cuánto deseaba el Rebe que sus enseñanzas se difundiesen entre todos los judíos, aunque no por su propio honor, Dios no lo permita.

*

Él dijo que no quería que las enseñanzas anteriores a su visita a la Tierra Santa fueran incluidas en sus libros, sino sólo aquellas que reveló al volver. Y en cuanto a estas últimas, todas debían quedar registradas por escrito, incluso sus conversaciones casuales: todo debía ser puesto por escrito. Muchas veces nos dijo que debíamos registrar cada conversación simple que escuchásemos de él. "Cuando algo está escrito en un libro", dijo, "si la persona no lo recuerda puede siempre volver a mirarlo y aprenderlo una vez más. Pero las cosas que ustedes escuchan de mis labios nunca más las volverán a escuchar. De modo que deben recordar ciertamente cada palabra y registrarla por escrito, cada conversación, cada relato... todo". (Fue debido a esto que comencé a escribir algunas de las cosas que le escuché decir personalmente o que recibí de segunda mano, pero esto fue sólo una pequeña fracción).

*

El Rebe dijo en forma explícita que cada conversación suya tenía el poder de llevarnos hacia la pureza y la santidad e incluso convertirnos en tzadikim tales como él quería que fuésemos en nuestras vidas. Sólo debíamos estar dispuestos a seguir lo que él decía y trabajar con ello. Todo aquel que tuvo el privilegio de escucharlo en persona sabe muy bien que ésta es la verdad. Incluso hoy en día, el estudio de sus palabras tiene un gran poder para acercar a la gente a Dios y seguir Sus caminos. Sólo debemos tomar la decisión de seguir las palabras del Rebe exactamente como fueron registradas en ésta y en otras obras.

Cada una de sus conversaciones tiene un formidable poder para inspirar a la gente a acercarse a Dios. Ellas contienen senderos sólidos y directos hacia Dios, senderos accesibles para todos, sin importar su situación. Incluso aquellos que se encuentran en los niveles más elevados pueden recibir de cada una de sus palabras una clara dirección y guía. Por otro lado, hasta la persona en el ámbito más bajo, Dios no lo permita, puede recibir dirección y guía sobre cómo salvar su alma de la destrucción y retornar en verdad hacia Dios. Lo único que se necesita es prestarles cuidadosa atención a las palabras del Rebe y cumplirlas con honestidad y con simpleza, sin ningún tipo de sofisticación. Felices de aquellos que se aferran a sus palabras.

*

Dijo el Rebe: "Todo lo que les digo sobre mis ideas de Torá son sólo pequeñas partículas, y estas pequeñas partículas se encuentran cientos de miles de niveles más abajo del nivel en el cual yo las percibo. Soy incapaz de expresarlas en un nivel más bajo".

*

Las lecciones y discursos del Rebe son universales. Cuanto más se las explora más se descubre su maravillosa frescura, dulzura y radiante luz. Ellas poseen una gran profundidad tanto en su sentido simple como en el nivel místico oculto. Todas sus lecciones contienen tremendos secretos, pero esto es algo imposible de explicar. Cada lección también trata del significado místico de las mitzvot: cada lección se relaciona con alguna devoción mística tal cual está explicada en las obras Kabalistas como el *Etz Jaim* y el *Pri Etz Jaim*.

Con respecto a las lecciones escritas con sus propias palabras, él dijo que es necesario examinarlas con la misma atención con la cual se examinan los versículos bíblicos. Ellas contienen muchos significados ocultos. Hay pasajes donde el Rebe se repite aparentemente sin razón alguna. Sin embargo, estos pasajes deben ser examinados en profundidad pues cada una de las repeticiones tiene un propósito. El Rebe dijo también que las lecciones que fueron escritas con sus propias palabras poseen un poder especial debido a su universalidad. Lo más importante es el *musar*, la guía y las prescripciones para la vida práctica que emergen de cada una de sus lecciones. Esto además de los secretos ocultos que contienen, los que no pueden ser explicados por escrito y deben ser dejados al lector mismo para que se forme sus propias ideas.

*

El Rebe dijo que aquéllos que estudian sus obras y que tienen poca inteligencia creen que el enfoque Kabalista del Ari y de otros, también está aludido en este libro, y consideran como un punto a su favor el que esta obra alcance un nivel tan elevado. Lo que esta gente no comprende es que ocurre exactamente lo opuesto: el enfoque kabalista de los maestros anteriores también está incluido en sus escritos. Si bien el Rebe no terminó el pensamiento de manera explícita, su sentido era bien claro: Sus enseñanzas van más allá de aquellas de los maestros anteriores y el objetivo de sus enseñanzas es mucho más exaltado. Sin embargo, las ideas de los primeros maestros también están incluidas en sus enseñanzas.

*

El Rebe dijo que si el Baal Shem Tov hubiese escuchado sus enseñanzas también le habrían resultado originales. Y si el Rabí Shimón bar Iojai hubiera escuchado sus enseñanzas, también le habrían parecido originales, incluso para su época.

*

"Cuando quise ir a la Tierra de Israel, les di a mis enseñanzas una nueva dirección. Cuando comencé mi viaje ellas cambiaron nuevamente a un nivel superior. Cuando estuve allí, les di a mis enseñanzas una nueva dirección. Y cuando retorné, volví a darles una nueva dirección".

Sus tremendas percepciones de Torá realmente comenzaron luego de su visita a la Tierra Santa y, de hecho, alcanzó entonces un nivel en el que se sentía avergonzado de sus enseñanzas anteriores al peregrinaje. Casi todo el *Likutey Moharán* está compuesto por enseñanzas reveladas luego de su retorno de la Tierra Santa, con excepción de tres o cuatro páginas en la mitad del libro.

*

"Ninguna palabra sale de mis labios sin alguna novedad. Ni siquiera el aliento sale de mis labios sin alguna novedad".

*

Cierta vez le dije que incluso sus conversaciones de todos los días eran literalmente Torá. El dijo que esto era correcto: Así como es imposible que un erudito de Torá hable sin que entren en su conversación al menos algunas palabras de Torá, expresiones del Talmud y demás, lo mismo en su caso, sin importar lo que dijera, la Torá inevitablemente entraría en su conversación. De hecho, con nuestros propios ojos pudimos ver muchas veces cómo sus conversaciones cotidianas se transformaban en enseñanzas de Torá. Una conversación casual podía acabar siendo la enseñanza de Torá más extraordinaria. Sólo estoy hablando de lo que era visible para nosotros, sin entrar en las muchas cosas ocultas contenidas en sus conversaciones, de las cuales la gente de nuestro nivel no tiene idea.

*

El Rebe dijo que incluso aquéllos que escuchan las enseñanzas del Tzadik sin comprenderlas podrán comprenderlas en el mundo que viene. En esencia, sus enseñanzas están dirigidas a nuestras almas, y cuando lleguemos al próximo mundo, nuestras almas estarán bien versadas en estas exaltadas enseñanzas. En este mundo lo más importante es cumplir con las enseñanzas del Tzadik al pie de la letra, de acuerdo con su significado simple. Debemos seguirlas de la manera en que el Rebe nos aconsejó muchas veces, es decir, andar con una lección en particular durante un período de tiempo, hasta que todas nuestras devociones, desde la mañana hasta la noche, estén de acuerdo con la lección en cuestión. Luego de esto uno debe continuar con otra enseñanza tomada de una lección diferente. Se debe seguir esta práctica constantemente hasta haber pasado por todas las lecciones del Rebe. Dios nos ayudará. Es muy importante no apurarse y no tratar de hacer todo de una sola vez. Hay que proceder con calma, de manera ordenada, avanzando constantemente de a poco por vez. Ésta es la manera de lograr un genuino progreso hasta que al final podamos llegar a cumplir con todas las enseñanzas del Rebe.

*

Innumerables veces vimos con nuestros propios ojos cómo cosas que estaban sucediendo en el mundo, y en especial que les sucedían a los seguidores del Rebe, estaban incluidas en sus lecciones. Por medio de sus enseñanzas de Torá él traía una influencia dulce, positiva y saludable hacia todos los aspectos del mundo, tanto en lo general como en lo particular, en lo espiritual como en lo físico.

Cada una de las enseñanzas del Rebe incluía una cantidad de eventos que estaban sucediendo en ese momento... Aparte de los aspectos ocultos que sólo Dios conoce, las enseñanzas también hacían referencia a cada uno de los que estaban presentes en el momento en que eran dadas. Las preocupaciones, pensamientos y preguntas, así también como las circunstancias y problemas que afectaban a cada una de las personas allí presentes, pueden hallarse explícitamente dentro de las palabras de la lección. De hecho, los eventos del mundo en general y las guerras que estaban ocurriendo, incluso todo aquello que estaba sucediendo a lo largo y a lo ancho de todos los mundos superiores, todo se encuentra aludido en sus palabras, siendo su universalidad muy grande desde todo punto de vista. Esto es algo que no puede ser expresado en palabras ni comprendido en el corazón. Nunca se ha visto u oído nada semejante.

*

Cierta vez el Rebe relató una parábola para explicar por qué él revelaba enseñanzas y relatos tan notables y compartía tantos de sus pensamientos con nosotros, si bien aún no parecía posible que sus palabras pudieran lograr su propósito.

Había un rey cuyo único hijo había enfermado al punto en que todos los médicos perdieron la esperanza de curarlo. En eso llegó un doctor de notable sabiduría. El rey le suplicó que hiciese todo lo posible por curar al príncipe. El médico le dijo que en verdad las posibilidades de curación del príncipe eran muy remotas. Sin embargo, aún se podía emplear un último recurso, con el cual existía una ínfima posibilidad de que el príncipe pudiera curarse. "Pero no sé si debo decirle cuál es el método", dijo el doctor, "porque es algo realmente muy difícil de usar". El rey lo presionó para que le revelase el método. El médico dijo: "Debe saber que la enfermedad de su hijo es tan crítica que ahora es casi imposible hacerle tragar ni siquiera una simple gota de medicina. Sin embargo, existen ciertos remedios que son tan valiosos que una pequeña botella cuesta miles y miles de piezas de oro. Lo que debe hacer es llenar barriles con estos preciosos remedios y arrojarlo a baldes constantemente sobre su hijo. Obviamente todos estos preciosos remedios se perderán, pero el príncipe se pondrá un poco más fuerte como resultado de ello. Y es posible que al bañarlo constantemente, una pequeña gota le entre en los labios y entonces probablemente pueda llegar a curarse". El rey inmediatamente estuvo de acuerdo y dio instrucciones de hacer todo lo que el médico había dicho, y así fue como el príncipe se curó.

El significado es obvio. Es precisamente debido a que estamos tan aplastados por nuestra enfermedad, la enfermedad del alma, Dios no lo permita, que el Tzadik, el doctor fiel, se ve forzado a derramar tales preciosos remedios sobre nosotros, aunque pareciera que prácticamente todos se desperdician. Sin embargo, el dulce perfume es absorbido y con el tiempo es posible que seamos capaces de dejar que una gota penetre en nuestras bocas y en nuestro ser interior. Entonces habrá alguna esperanza de curarnos, espiritual y físicamente.

*

El Rebe dijo que si su libro *Likutey Moharán* nunca hubiese llegado al mundo, los eventos habrían tomado otro curso muy diferente. Muchas veces sintió el deseo de escribir una obra halájica dando decisiones legales sobre todas las leyes del *Shuljan Aruj*. La obra habría dado una decisión concluyente sobre cada detalle de la halajá o afirmado cuál decisión de una autoridad previa era obligatoria. Sin embargo, ahora que el *Likutey Moharán* había llegado al mundo la otra obra nunca se materializaría.

*

"En cuanto a mí", dijo, "yo no formo parte en absoluto del mundo presente. Es por esto que el mundo no puede tolerarme. El papel de líder no tiene relevancia para mí... Incluso la poca autoridad que tengo va en contra de mí. Yo debo forzarme a aceptarla contra mi naturaleza, porque es sólo por este medio que algo de lo que digo puede llegar al mundo. Si no fuera por este poco de autoridad que poseo, ninguna de mis enseñanzas, conversaciones o relatos podrían llegar al mundo. Si no hubiera existido una generación como la presente y mis enseñanzas hubiesen sido dadas en la época del Ari, de bendita memoria, o incluso en la época del Rabí Shimón bar Iojai, de bendita memoria, habría habido una enorme conmoción".

*

Dicen las Escrituras: "Aléjate del mal y haz el bien" (Salmos 34:15). "Mi camino para 'alejarse del mal' es una novedad extraordinaria", dijo el

Rebe, "y mi 'hacer el bien' también es extraordinario, pues en verdad yo hago mucho bien, y mis enseñanzas de Torá logran mucho en el mundo. Todas las bendiciones llegan al mundo a través de mis enseñanzas".

*

Me dijeron que previamente él había dicho que poseía ciertas enseñanzas de Torá sin vestimentas. Esto quiere decir que no podía vestirlas con ninguna prenda... Dijo que la razón por la cual tenía que luchar tanto antes de revelar sus lecciones era debido a que le era muy difícil traer aquí abajo sus ideas de Torá y cubrirlas con vestimentas y palabras para poder expresarlas y revelarlas. Antes de dar sus lecciones, solía sentarse con nosotros durante una o dos horas y a partir de sus movimientos y suspiros era claro que estaba luchando. Se sentaba sin hablar, pero sus movimientos denotaban la intensidad de la lucha. Recién entonces abría los labios y comenzaba a hablar.

*

Cuando el *Likutey Moharán* estaba en la imprenta, me dijo: "¡Ciertamente puedes sentirte entusiasmado viendo que posees una gran parte en este libro!". Continuó diciendo que todo el libro era mío, pues sin mí el libro nunca habría llegado al mundo. Me explicó cómo era que todo el libro había llegado por mi intermedio. Dijo entonces: "Tú mismo sabes algo de la verdadera grandeza de este libro y de su santidad. Y aún más: debes tener fe en su grandeza. Han impreso mil copias", dijo, "y cada una llegará a manos de varias personas". En otras palabras debo sentirme alentado por el hecho de haber tenido el privilegio de ejercer tal influencia positiva en la comunidad.

* * *

APÉNDICE E

Ediciones del Likutey Moharán

Ediciones del Likutey Moharán

(Estos datos del *Likutey Moharán* provienen del *Nevi Tzadikim*, por el Rabí Noson Zvi Koenig, Bnei Brak, 1969).

1808 - 1ª impresión, Primera Parte, Ostrog, por el Rebe Najmán
1811- 1ª impresión, Segunda Parte, en Mohilov, por el Rabí Natán
1821- 2ª impresión, Primera y Segunda Parte, en Breslov, por el Rabí Natán, incluyendo introducciones, aprobaciones y agregados
1830 - (aproximadamente) 3ª impresión, en Lemberg, por el Rabí Natán
1874 - 4ª impresión, en Jerusalén, por el Rabí Pesaj Zaslavsky
1876 - 5ª impresión, en Lemberg, por el Rav de Tcherin
1910 - 6ª impresión, en Jerusalén, por el Rabí David Zvi Dashevsky
1924 - 7ª impresión, en Varsovia, por el Rabí Iehudá Leib Rosenberg y Reb Aarón Leib Ziegelman
1936 - 8ª impresión, en Varsovia, por Reb Aarón Leib Ziegelman
1938 - 9ª impresión, en Jerusalén, por Reb Shmuel Horowitz
1938 - 10ª impresión, en Varsovia, por Israel Fried
1947 - 11ª impresión, en Regensburg, por Reb Zvi Reichman
1958 - 12ª impresión, en Nueva York, por Reb Bayrach Rubinsohn, Reb Itzjak Menajen Rottenberg y Reb Zvi Wasilski
1966 - 13ª impresión, en Bnei Brak, por Ieshivat Breslov
1966 - 14ª impresión, en Nueva York, por Reb Eliezer Shlomo Shick, con Rabí Zvi Arie Rosenfeld y sus estudiantes

Desde el año 1966, el *Likutey Moharán* ha sido impreso casi todos los años, principalmente en Israel. Cabe destacar la edición del año 1986, por Agudat Meshej HaNajal, que fue la primera impresión que incluyó los signos vocales (*nekudot*) en el texto; y la edición de 1993, por Torat HaNetzaj, que presenta el texto en un nuevo formato, completamente diferente.

APÉNDICE F

Bibliografía

Bibliografía

Alim LeTerufá. Colección de cartas del Rabí Natán de Breslov (ver *Fire and Water*), publicadas originalmente en Berdichev, 1896, y con agregados en Jerusalén, 1911. Una edición más completa fue publicada por el Rabí Aarón Leib Tziegelman en Jerusalén, 1930. Una traducción al inglés de Iaacov Gable, titulada *Eternally Yours* ha sido publicada por Breslov Research Institute en Jerusalén, 1993. Una selección de estas cartas realizada por Itzjak Leib Bell se encuentra traducida al español con el título de *Hojas Para Curar el Alma*, editada por Breslov Research Institute.

Alshej. Comentario de toda la Biblia, conocido como Torat Moshé, por el Rabí Moshé Alshej de Safed (1498-1560). Impreso originalmente en Venecia, 1601.

Anaf Iosef. Comentario sobre el *Ein Iaacov* (ver más adelante), por el Rabí Janoj Zundel ben Iosef (m. 1867), publicado originalmente junto con su otro comentario, *Etz Iosef*, en la edición de Vilna del *Ein Iaacov* (1883).

Ari. Rabí Itzjak Luria (1534-1572). Tanto el Ari como su discípulo el Rabí Jaim Vital (1542-1620), fueron los líderes de la escuela de Kabalá de Safed. Muchos consideran al Ari el más grande de todos los Kabalistas.

Aruj. Uno de los primeros y más populares diccionarios Talmúdicos, por el Rabí Natán (ben Iejiel) de Roma (1035-1106), impreso originalmente en Roma, 1472.

Avanea Barzel. Historias y enseñanzas del Rebe Najmán y de sus discípulos, coleccionadas por un importante líder de Breslov, el Rabí Shmuel Horowitz (1903-1973), impreso originalmente en Jerusalén, 1935. Hemos utilizado la edición de Jerusalén del año 1972, impresa junto con *Kojavey Or* (ver más adelante).

Avoda Zara. Tratado del Talmud (ver más adelante).

Avot. Tratado del Talmud (ver más adelante).

Avot de Rabí Natán. Un comentario sobre **Avot**, por el sabio babilonio, Rabí Natán (aprox. 210 e.c.). Se encuentra impreso en todas las ediciones del Talmud. Hemos seguido los párrafos de la edición Romm del Talmud, Vilna, 1883.

Baal HaTurim. Comentario de la Torá del Rabí Iaacov ben Asher (1270-1343), famoso autor del *Tur* (ver más adelante), de Toledo, España. Esta popular obra fue impresa por primera vez en Constantinopla, 1514, y ha sido incluida subsecuentemente en muchas ediciones de la Torá.

Bahir. Una importante y antigua obra kabalista, atribuida a la escuela del Rabí Nejunia ben Hakana (aprox. 80 e.c.), impresa por primera vez en Amsterdam, 1651. Una traducción al inglés del Rabí Aryeh Kaplan (ver más adelante) fue publicada por Weiser, en York, Maine,1979.

Bamidbar Rabah. Sección del *Midrash Rabah* (ver más adelante) que trata sobre el Libro de Números.

Bartenura. Comentario de toda la Mishná (ver más adelante), por el Rabí Ovadia Bartenura (1445-1530), publicada originalmente en Cracovia, 1542.

Batei Midrashot. Una colección de antiguos midrashim y material similar proveniente de manuscritos, editado por el Rabí Shlomo Aarón Wertheim (1866-1935), publicado originalmente en Jerusalén, 1893-97, y con agregados en Jerusalén, 1950.

Bava Batra. Tratado del Talmud (ver más adelante).

Bava Kama. Tratado del Talmud (ver más adelante).

Bava Metzía. Tratado del Talmud (ver más adelante).

Belbei HaNajal. Comentario del *Likutey Moharán* (ver más adelante), por el Rabí Baruj Efraim (ben Itzjak), impreso originalmente junto con el *Parparaot LeJojmá* (ver más adelante) en Lvov (Lemberg), 1876. Más tarde fue impreso junto con el *Likutey Moharán*, Nueva York, 1966.

Beitzá. Tratado del Talmud (ver más adelante).

Bejorot. Tratado del Talmud (ver más adelante).

Bender, Rabí Levi Itzjak (1897-1989). Enseñanzas orales, de uno de los más prominentes líderes de Breslov en Jerusalén. El Rabí Bender, alumno de Reb Abraham Jazan (ver *Biur HaLikutim*), fue una importante fuerza en la construcción de la Jasidut de Breslov desde su llegada a Israel en el año 1949.

401 / Bibliografía

Berajot. Tratado del Talmud (ver más adelante).

Bereshit Rabah. Sección del *Midrash Rabah* (ver más adelante) que trata del Libro de Génesis. Es un comentario de las Escrituras, basado en material Talmúdico.

Bikurim. Tratado del Talmud (ver más adelante).

Biur HaLikutim. Comentario del *Likutey Moharán* (ver más adelante), por el Rabí Abraham (Jazan HaLevi) ben Reb Najmán de Tulchin (1849-1917), impreso en forma parcial en Jerusalén, 1908, y casi en su totalidad en Bnei Brak, 1967. La obra completa fue publicada en 1935, por el Rabí Shmuel Horowitz, en Jerusalén. Hemos utilizado la edición más reciente, publicada en 1989, por Mordejai Frank, en Jerusalén.

Burstyn, Rabí Najmán (n. 1934). Enseñanzas orales, por una figura líder de Breslov en Jerusalén.

Consejo. *Likutey Etzot* en hebreo, una colección de enseñanzas concisas y consejos basados en las obras del Rebe Najmán, por el Rabí Natán de Breslov (ver *Fire and Water*), publicada por primera vez en Lemberg, 1840. Una segunda edición del *Likutey Etzot*, también basada en las obras del Rabí Natán, por el Rabí Najmán de Tcherin, fue publicada por primera vez en Lemberg, 1874. Una traducción al español ha sido publicada por el Breslov Research Institute, Jerusalén, 2003.

Cruzando el Puente Angosto. Una guía práctica para las enseñanzas del Rebe Najmán, por Jaim Kramer (n. 1945), publicado por el Breslov Research Institute, 1994.

Cuatro Lecciones del Rabí Najmán de Breslov. Recopilación de cuatro pequeños libros donde se traducen y comentan cuatro lecciones del *Likutey Moharán*: *Azamra*, L.M. I, 282; *¿Aié?*, L.M. II, 112; *Tzoar*, L.M. I, 112; *Maim*, L.M. I, 51. Incluye también otros textos de Breslov relacionados con las lecciones.

Demai. Tratado del Talmud (ver más adelante).

Derej HaShem. Una obra clave del pensamiento judío por el Rabí Moshé Jaim Luzzatto (1707-1746), impreso por primera vez en Amsterdam, 1896. El autor fue considerado uno de los más importantes pensadores Kabalistas y es más conocido por su *Mesilat Iesharim* (*La Senda de los Justos*). Traducido al inglés por el Rabí Aryeh Kaplan (ver más arriba), publicado por Feldheim, Nueva York, 1977.

Devarim Rabah. Sección del *Midrash Rabah* (ver más adelante) que trata del Libro del Deuteronomio.

Eduiot. Tratado del Talmud (ver más adelante).

Eija Rabah. Sección del *Midrash Rabah* (ver más adelante) que trata del Libro de Lamentaciones.

Erjin. Tratado del Talmud (ver más adelante).

Eruvin. Tratado del Talmud (ver más adelante).

Esther Rabah. Sección del *Midrash Rabah* (ver más adelante) que trata del Libro de Esther.

Etz Jaim. El clásico de la Kabalá, basado en las enseñanzas del Ari (ver más arriba), por el Rabí Jaim Vital, publicado originalmente por el Rabí Meir Poppers en Koretz, 1782. Hemos utilizado la edición de Jerusalén, 1988.

Etz Iosef. ver *Anaf Iosef*.

Even HaEzer. Tercera sección del *Shuljan Aruj* (ver más adelante) que trata del matrimonio, el divorcio y temas relacionados.

Ein Iaacov. Colección de *agadot* (porciones no legales) del Talmud, compilada por el Rabí Iaacov (ben Shlomo) ibn Jabib (1433-1516) y por su hijo el Rabí Levi ibn Jabib, publicada originalmente en Salónica, 1515-22. Hemos utilizado la edición Romm de Vilna, 1883.

Fire and Water. Una cuidadosa y detallada biografía del Rabí Natán (ben Reb Naftalí Hertz) Sternhartz de Breslov (1780-1844), escriba y principal discípulo del Rebe Najmán (ver Esbozos Biográficos). Ésta es una obra monumental sobre el hombre que más hizo por establecer y construir la Jasidut de Breslov; escrito por Jaim Kramer, publicado por el Breslov Research Institute, en Jerusalén, 1992.

Garden of the Souls. Traducción y comentario del *Likutey Moharán* I, 65, por Abraham Greenbaum, publicado por el Breslov Research Institute, en Jerusalén, 1990.

Guitin. Tratado del Talmud (ver más adelante).

Hagadá de Breslov. La tradicional Hagadá de Pesaj con su traducción al español y un comentario basado en las enseñanzas del Rebe Najmán y de fuentes generales, por Ioshúa Starret, publicado por el Breslov Research Institute, Jerusalén, 2000.

Hagah. Glosa del *Shuljan Aruj* (ver más adelante), que presenta las costumbres Ashkenazíes, del Rabí Moshé (ben Israel) Isserles (1525-1572). Conocido originalmente como *HaMapa*, fue publicado por primera vez junto con el *Shuljan Aruj* en Cracovia, 1578, y prácticamente en todas las subsecuentes ediciones. El autor fue una figura rabínica líder en Cracovia, y una de las más grandes autoridades halájicas de todos los tiempos.

HaKotev. Comentario del *Ein Iacov* (ver más arriba) que apareció con la primera y todas las subsecuentes ediciones, por los compiladores del *Ein Iaacov*, Rabí Iaacov (ben Shlomo) ibn Jabib y su hijo, Rabí Levi.

Heijalot Rabati. Importante obra sobre meditación de la escuela Kabalista de la Merkabá, atribuida al Rabí Ishmael (primer siglo de la era común) y también conocida como *Pirkei Heijalot*. Impreso por primera vez como parte del *Arzei Levanon*, Venecia, 1601. Hemos utilizado la edición publicada como parte de *Batei Midrashot* (ver más arriba).

Hishtapjut HaNefesh. Un manual de las enseñanzas del Rebe Najmán sobre la plegaria, recopilado por Reb Alter Tepliker (ver *Mei HaNajal*), publicado por primera vez en Jerusalén, 1905. La traducción al español bajo el título de *Expansión del Alma* incluye una introducción del tema del *hitbodedut*, por el Rabí Aryeh Kaplan, publicado por el Breslov Research Institute, en el volumen titulado *Meditación, Fuerza Interior y Fe*, en Jerusalén, 2002.

Horaiot. Tratado del Talmud (ver más adelante).

Iad HaJazaká. También conocido como M*ishne Torá*, el monumental Código de la Ley Judía del Rabí Moshé ben Maimón (Maimónides; 1135-1204), más conocido como el Rambam. La obra recibe su nombre a partir de sus catorce divisiones, el valor numérico de *IaD*. Fue la primera codificación sistemática de la ley judía, y la única que incluye todas las ramas de la ley de la Torá. Considerado uno de los más grandes clásicos de la literatura de la Torá, fue impreso por primera vez en Roma en 1475. Ha sido impreso en muchas ediciones, y es tema de decenas de comentarios.

Ialkut Shimoni. También conocido como *Ialkut*, una de las colecciones Midráshicas más antiguas y populares de la Biblia, compilada por el Rabí Shimón Ashkenazi

HaDarshán de Francfort (aprox. 1260), publicada por primera vez en Salónica, 1521-1527. Muchos Midrashim son conocidos debido a que han sido citados en esta obra. El autor fue un predicador en Francfort.

Idra Rabah. "La Gran Asamblea", porción del *Zohar* (ver más adelante), que trata de la dinámica de los universos superiores, presentado como una disertación del Rabí Shimón bar Iojai a sus diez discípulos. Se encuentra en el *Zohar* III, 127b y siguientes.

Idra Zutta. "La Pequeña Asamblea", así llamada pues tres de los discípulos del Rabí Shimón ya habían fallecido. Se encuentra en el *Zohar* III, 287b y siguientes.

Iemei HaTlaot. Una historia de las dificultades que debió enfrentar el Rabí Natán de Breslov y sus seguidores durante los años 1835-39, incluyendo algunas secciones del *Jaiei Moharán* y de *Iemei Moharnat* que fueron quitadas de las ediciones impresas. Escrito por Reb Abraham Jazan (ver *Biur HaLikuti*m), publicada por primera vez como la quinta sección de *Kojavey Or*, 1933, y subsiguientemente en ediciones limitadas.

Iemei Moharnat. Autobiografía del Rabí Natán de Breslov. La primera sección fue impresa en Lemberg, 1876, y la segunda parte, que trata de la peregrinación del Rabí Natán a la Tierra de Israel, en Jerusalén, 1904. Hemos utilizado la edición vocalizada de Meshej HaNajal, Jerusalén, 1982.

Ieraj HaEitanim. Enseñanzas de Breslov sobre el mes de Tishrei y sus festividades y rituales basado en el *Likutey Moharán*, por el Rabí Najmán de Tcherin, publicado en Jerusalén, 1951. Hemos utilizado la edición de Bnei Brak, 1978, publicada junto con *Tovot Zijronot*.

Iekara DeShabata. Enseñanzas de Breslov sobre el Shabat basadas en el *Likutey Moharán*, por el Rabí Najmán de Tcherin, publicada en Lemberg, 1876. Hemos utilizado la edición de Jerusalén, 1968.

Ierushalmi. O *Talmud Ierushalmi*. Ver Talmud.

Ievamot. Tratado del Talmud (ver más adelante).

Innerspace. Una introducción a los aspectos conceptuales y meditativos de la Kabalá, por el Rabí Aryeh Kaplan (ver más adelante), publicada por Moznaim en Jerusalén,1990.

Ioma. Tratado del Talmud (ver más adelante).

Ioré Deá. Segunda sección del *Shuljan Aruj* (ver más adelante) que trata de las leyes dietéticas y otras áreas que requieren decisiones rabínicas.

Jaguigá. Tratado del Talmud (ver más adelante).

Jalá. Tratado del Talmud (ver más adelante).

Jaredim. Importante obra sobre los mandamientos y la teología Kabalista, por el Rabí Elazar Azikri (1533-1600), publicada por primera vez en Venecia, 1601. El autor fue un importante Kabalista y líder de la escuela de Safed.

Jaiei Adam. Código de la ley judía basado en *Oraj Jaim* (ver más adelante), que trata de la plegaria, las bendiciones, el Shabat y las festividades, por el Rabí Abraham Danzig (1748-1820). Impreso originalmente en Vilna, 1810.

Jaiei Moharán. Ver *Tzaddik*.

Jaiei Nefesh. Discusión Kabalista sobre principios de Breslov, por el Rabí Gedalia Aarón Koenig (ver más adelante), publicada en Tel Aviv, 1968.

Jeshin, Rabí Zvi. Enseñanzas orales, por una figura líder de Breslov en Jerusalén.

Joshen Mishpat. Cuarta sección del *Shuljan Aruj* (ver más adelante), que trata de la ley judicial.

Julin. Tratado del Talmud (ver más adelante).

Kalá Rabatí. Parte del tratado *Kalá*, uno de los Tratados Menores del Talmud de Babilonia.

Kaplan, Rabí Aryeh (1935-1983). Autor de numerosas traducciones al inglés así como de muchas obras originales, fue sin lugar a dudas una fuerza fundamental en lo que es ahora el florecimiento del material de Torá en habla inglesa.

Keilat Iaacov. Es una explicación de conceptos Kabalistas, ordenados alfabéticamente, por el Rabí Iaacov Zvi Yollish, impreso originalmente en Lemberg, 1870.

Keilim. Tratado del Talmud (ver más adelante).

Ketubot. Tratado del Talmud (ver más adelante).

Kidushin. Tratado de el Talmud (ver más adelante).

Kilaim. Tratado de el Talmud (ver más adelante).

Kinim. Tratado de el Talmud (ver más adelante).

Kisei Melej. Comentario del *Tikuney Zohar* (ver más adelante), por el Rabí Sholom Buzaglo, impreso originalmente en Amsterdam,1768.

Kitzur Likutey Moharán. Una versión abreviada del *Likutey Moharán* (ver más adelante), centrada en el consejo práctico que ofrecen las lecciones, por el Rabí Natán de Breslov a pedido del Rebe Najmán. Publicado por primera vez en Mohilov, 1811.

Kitzur Shuljan Aruj. Una versión abreviada del *Shuljan Aruj* (ver más adelante), por el Rabí Shlomo Ganzfried, impresa por primera vez en Ungvar, 1864.

Kli Iakar. Comentario de la Torá por el Rabí Shlomo Efraim (ben Aarón) de Luntschitz (1550-1619), publicado por primera vez en Lublín, 1602, y más tarde en muchas ediciones de la Torá. El autor fue un importante líder rabínico en Polonia.

Koenig, Rabí Gedalia Aarón (ben Elazar Mordejai) (1921-1980). Enseñanzas orales, por una figura líder de Breslov en Jerusalén. El Rabí Koenig transcribió el *Tovot Zikronot* (ver más adelante) y escribió el *Jaiei Nefesh* (ver más arriba), al igual que muchos manuscritos aún no publicados sobre el pensamiento de Breslov.

Kohelet Rabah. Sección del *Midrash Rabah* (ver más adelante) que trata del Libro del Eclesiastés.

Kojavey Or. Historias y enseñanzas del Rebe Najmán y de sus discípulos, por el Rabí Abraham ben Reb Najmán de Tulchin (ver *Biur HaLikutim*), impreso por primera vez en Jerusalén, 1896. Hemos utilizado la edición de Jerusalén del año 1972.

Kritut. Tratado del Talmud (ver más adelante).

Kramer, Rabí Shmuel Moshé (n. 1937). Enseñanzas orales por una figura líder de Breslov en Jerusalén.

Kuzari. Una de las obras más importantes sobre la filosofía y la teología judía, por el

Rabí Iehudá HaLeví (1074-1141). Traducida del original en árabe al hebreo por el Rabí Iehudá ibn Tibbon (aprox. 1120-1190), impresa por primera vez en Constantinopla, 1506.

Libermentsch, Rabí Natán. Enseñanzas orales por una figura líder de Breslov en Bnei Brak/Imanuel.

Likutey Etzot. Ver *Consejo*.

Likutey Halajot. Obra monumental sobre el pensamiento de Breslov y de la Kabalá, siguiendo el orden del *Shuljan Aruj* (ver más adelante), por el Rabí Natán de Breslov (ver *Fire and Water*), el discípulo más importante del Rebe Najmán. La primera parte fue impresa en Iasse (Jasse), 1843, con las subsiguientes secciones publicadas hasta el año 1861. Hemos utilizado la edición de ocho volúmenes publicada en Jerusalén en el año 1985.

Likutey Tefilot. La clásica colección de plegarias, basadas en las enseñanzas del *Likutey Moharán*, por el Rabí Natán de Breslov, impresas originalmente en Breslov, 1822. Las primeras cuarenta plegarias han sido traducidas al inglés y editadas bajo el título *The Fiftieth Gate* por el Breslov Research Institute, Jerusalén, 1992.

Likutey Torá. Comentario sobre la Torá, los Profetas y las Escrituras Sagradas (*TaNaJ*), por el Rabí Jaim Vital, basado en las enseñanzas del Ari (ver Ari), publicado originalmente en Zolkiev, 1735. Hemos utilizado la edición de Jerusalén,1988.

Maaser Sheini. Tratado del Talmud (ver más adelante).

Maaserot. Tratado del Talmud (ver más adelante).

Maasiot u'Meshalim. Historias sobre el Rebe Najmán, registradas por su discípulo, Reb Naftalí (Hertz ben Reb Iehudá Weinberg; 1780-1860). Impreso como parte del *Sipurim Niflaim* (ver más adelante) desde la página 14 en adelante.

Mabuey HaNajal. Publicación mensual dedicada a un amplio rango de temas en la Jasidut de Breslov. Publicada en Jerusalén, 1978-1984.

Maguén Abraham. Importante comentario del *Shuljan Aruj, Oraj Jaim* (ver más adelante), por el Rabí Abraham Gombiner de Ostrog. Publicado por primera vez en Direnport, 1692.

Maharju. Comentario del *Zohar* (ver más adelante), por el Rabí Jaim Vital, impreso por primera vez en Zhitomar, 1862.

Maharsha. Abreviación de Moreinu HaRav Shmuel Eliezer, haciendo referencia a uno de los comentarios más importantes sobre todo el Talmud por el Rabí Shmuel Eliezer Aideles (1555-1632). La parte conocida como *Jidushei Halajot* sobre las secciones legales del Talmud fue impresa por primera vez en Lublín, 1612-1621; el *Jidushei Hagadot* sobre las secciones homiléticas en Lublín, 1627, y en Cracovia, 1631. Ambas fueron incluidas en la edición del Talmud de Praga, 1739-46, y en prácticamente todas las ediciones posteriores. El autor fue uno de los más importantes eruditos Talmúdicos de su época en Polonia.

Maharzav. Comentario del *Midrash Rabah* (ver más adelante), por el Rabí Zeev Volf Einhorn, impreso por primera vez en Vilna, 1853-1858, y luego con todas las ediciones estándar del *Midrash Rabah*.

Mei HaNajal. Comentario del *Likutey Moharán* por el Rabí Moshé Ioshúa Bezhiliansky (Reb Alter Tepliker). Escrito en el año 1897, fue publicado por primera vez por el Rabí Noson Zvi Koenig, Bnei Brak, 1965.

Makot. Tratado del Talmud (ver más adelante).

Majshirin. Tratado del Talmud (ver más adelante).

Matnat Kehuna. Comentario del *Midrash Rabah* (ver más adelante) por el Rabí Isajar Ber Katz (Ashkenazi), impreso originalmente en Cracovia, 1587-8, y luego con todas las ediciones estándar del *Midrash Rabah*.

Matok Midvash. Comentario y explicaciones del *Zohar* y el *Tikuney Zohar* (ver más adelante), por el Rabí Daniel Frisch, impreso en Jerusalén, en 1986 y 1991, respectivamente.

MeAm Lo'ez. Monumental comentario sobre la Torá, escrito en Ladino (judeo español) por el Rabí Iaacov (ben Makir) Culi (1689-1732), publicado por primera vez en Constantinopla, 1730-33. Una traducción al hebreo por el Rabí Shmuel Ierushalmi (Kreuser) fue publicada bajo el título *Yalkut MeAm Lo'ez* en Jerusalén 1967-71, y una traducción al español sobre la base de la traducción al inglés del Rabí Aryeh Kaplan (ver más arriba), publicada por Editorial Jerusalem de México,1992. El Rabí Culi nacido en Jerusalén se mudó a Constantinopla, donde fue una figura líder de la comunidad Sefaradí.

Meguilá. Tratado del Talmud (ver más adelante).

Meguilat Taanit. Compendio de importantes fechas de la historia judía durante las cuales estaba prohibido el ayuno, por el Rabí Janania ben Jizquia (aprox. 70 e.c.; cf. *Shabat* 13b). Impreso por primera vez en Amsterdam, 1659.

Me'ilá. Tratado del Talmud (ver más adelante).

Mejilta. El comentario más antiguo del Libro del Éxodo, por la escuela del Rabí Ishmael (aprox. 120 e.c.), citado frecuentemente en el Talmud. Impreso por primera vez en Constantinopla, 1515.

Menajot. Tratado del Talmud (ver más adelante).

Meshivat Nefesh. Es un manual sobre las enseñanzas del Rebe Najmán y del Rabí Natán de Breslov sobre cómo combatir la desesperanza y tomar de las fuentes de la alegría, recopilado por Reb Alter Tepliker (ver *Mei HaNajal*), publicado por primera vez en Lemberg, 1902. Traducido al español como *Restaura mi Alma* y publicado por el Breslov Research Institute, en el volumen titulado *Meditación, Fuerza Interior y Fe*, en Jerusalén, 2002.

Metzudot. Un par de comentarios sobre los Libros de los Profetas y las Escrituras Sagradas (NaJ) conocidos como *Metzudat Zion* y *Metzudat David*, por el Rabí David Altschuler, completado y editado por su hijo el Rabí Iejiel Hillel, publicado por primera vez en Liborno, 1753, (o Berlín, 1770), y más tarde con las ediciones estándar del *Mikraot Guedolot*.

Mevo Shearim. Una exposición detallada de los principios fundamentales de la Kabalá del Ari, publicado por primera vez por el Rabí Iaacov Zemaj, en Koretz, 1783.

Midot. Tratado del Talmud (ver más adelante).

Midrash Hagadá. Una colección midráshica basada en las obras de Moshé HaDarshan (aprox. 1050), compilada alrededor de 1150 y publicada por Shlomo Buber en Viena, 1893-94. Moshé HaDarshan es citado frecuentemente por Rashi (ver más adelante).

Midrash Rabah. La colección más importante de literatura midráshica, recopilada durante el período Gaónico. Los Midrashim que la componen varían ampliamente y van desde el comentario puro hasta la pura homilía, todos basados en las enseñanzas de los sabios Talmúdicos. El *Midrash Rabah* sobre la Torá fue impreso por primera vez en Constantinopla, 1502, mientras que aquel sobre las cinco *meguilot* fue editado en Pesaro, 1519.

Midrash Shmuel. Comentario sobre *Avot*, por el Rabí Shmuel (ben Itzjak) Uceda (1538-1602), impreso por primera vez en Venecia, 1579. El autor estudió bajo la dirección del Ari y del Rabí Jaim Vital (ver Ari), y estableció una importante ieshivá en Safed.

Midrash Tadshe. Antiguo Midrash atribuido al Rabí Pinjas ben Iair (aprox. 130 e.c). Publicado por primera vez en Johannesburg, 1858 y luego impreso en **Beit HaMidrash** 3:164 y *Otzar Midrashim* p. 475 y siguientes.

Midrash Tehilim. Ver *Shojar Tov*.

Mikdash Melej. Comentario del *Zohar* (ver más adelante), por el Rabí Sholom Buzaglo, impreso por primera vez en Amsterdam, 1564.

Mikvaot. Tratado del Talmud (ver más adelante).

Mishná El código más antiguo de la ley judía, editado por el Rabí Iehudá el Príncipe (aprox. 188 e.c.). La Mishná sirve como la base del Talmud (ver más adelante).

Mishná Berurá. Importante obra Halájica del *Jafetz Jaim*, Rabí Israel Meir (HaCohen) Kagan (1838-1933), sobre el *Shuljan Aruj*, *Oraj Jaim*, comenzado en el año 1883.

Mishnat Jasidim. Importante obra Kabalista del Rabí Imanuel Jai Riki (1688-1743), publicada por primera vez en Livorno, 1722.

Moed Katan. Tratado del Talmud (ver más adelante).

Najat HaShuljan. Ideas originales sobre una amplia variedad de temas halájicos basados en la primera lección del *Likutey Moharán*, por el Rabí Najmán de Tcherin, publicada por primera vez en Jerusalén, 1910. Hemos utilizado la edición de Jerusalén, 1968.

Nazir. Tratado del Talmud (ver más adelante).

Nedarim. Tratado del Talmud (ver más adelante).

Negaim. Tratado del Talmud (ver más adelante).

411 / Bibliografía

Nevei Tzadikim. Bibliografía histórica de todas las obras de Breslov, por el Rabí Noson Zvi Koenig (ver más arriba), publicada en Bnei Brak, 1969.

Nidá. Tratado del Talmud (ver más adelante).

Nitzutzei Orot. Comentario y explicaciones del *Zohar* (ver más adelante), por el Rabí Jaim Iosef David Azulai (Jida), publicada por primera vez en Livorno, 1815.

Ohalot. Tratado del Talmud (ver más adelante).

Olat Tamid. Una explicación de las meditaciones Kabalistas para las plegarias de todo el año del Rabí Jaim Vital (ver Ari), publicada por primera vez por el Rabí Iaacov Tzemaj en Salónica, 1854. Hemos utilizado la edición de Jerusalén, 1988.

Oneg Shabat. Colección de cartas y lecciones explicando las enseñanzas de Breslov, por el Rabí Efraim Zvi (ben Alter Benzion) Krakavski de Pshedbarz (1880-1946), publicada en Nueva York, 1966.

Onkelos. Ver Targum.

Oraj Jaim. Primera sección del *Shuljan Aruj* (ver más adelante), que trata de la plegaria, las bendiciones, el Shabat y las festividades.

Orla. Tratado del Talmud (ver más adelante).

Otiot de Rabí Akiva. Comentario del alfabeto hebreo, atribuido al Rabí Akiva (aprox. 100 e.c), publicado por primera vez en Constantinopla, 1516. Hemos utilizado la edición publicada como parte de *Batei Midrashot* (ver más arriba).

Pará. Tratado del Talmud (ver más adelante).

Pardes Rimonim. Una de las más importantes obras Kabalistas, del Rabí Moshé Cordovero (1522-1570), publicada por primera vez en Salónica, 1583. El autor dirigió la escuela de Kabalá de Safed antes del Ari (ver más arriba).

Parparaot LeJojmá. Importante comentario del *Likutey Moharán* por Reb Najmán de Tcherin, publicado por primera vez en Lemberg, 1876.

Peá. Tratado del Talmud (ver más adelante).

Pesajim. Tratado del Talmud (ver más adelante).

Pesikta de Rav Kahana. Antiguo texto midráshico sobre varias porciones de la Torá y de las *haftarot* leídas en las festividades y Shabats especiales, atribuido a Rav Kahana y compilado aproximadamente en el año 500 e.c.. Muchos tomaron de esta obra original, incluyendo compiladores de otras colecciones midráshicas y los autores del *Tosafot* (ver más adelante). Publicada por primera vez por Shlomo Buber en Lemberg, 1868.

Pesikta Rabati. No debe ser confundida con *Pesikta de Rav Kahana*, esta colección midráshica medieval, aproximadamente del año 845 e.c., consiste de homilías sobre porciones de la Torá y de las *haftarot* leídas en las festividades. Publicada por primera vez por Meir Ish-Shalom (Friedmann) en Viena,1880.

Pinto, Rabí Ioshía (1565-1648), autor de *Meor Einaim* sobre el *Ein Iaacov* (ver más arriba), publicado en Amsterdam, 1643, y como el "Rif" en la edición de Vilna de 1883 del *Ein Iaacov*. Importante talmudista y kabalista, el autor vivió en Damasco y luego emigró a Jerusalén y Safed.

Pirkei de Rabí Eliezer. Importante obra midráshica de la escuela del Rabí Eliezer (ben Horkanus) HaGadol (aprox. 100 e.c.), publicada por primera vez en Constantinopla, 1514.

Pri Etz Jaim. Importante obra Kabalista sobre meditaciones para diversas plegarias y rituales, basada en las enseñanzas del Ari (ver más arriba), por el Rabí Jaim Vital, publicada por primera vez en Koretz, 1782. Hemos utilizado la edición de Jerusalén,1988.

Rabbi Nachman's Tikkun. *Tikún HaKlalí* (ver más adelante), con una traducción al inglés y trasliteración. Publicada por el Breslov Research Institute en el año 1980. Segunda edición revisada, 1982.

Radak. Sigla de Rabí David Kimchi (1157-1236), es de notar su importante comentario sobre la Biblia, impreso por primera vez en el *Mikraot Guedolot*, Venecia, 1517. El autor, que vivió en Narbona, Provenza, buscó determinar el significado preciso de la escritura.

Radal. Sigla de Rabí David (ben Iehudá) Luria (1798-1855), autor de un importante comentario sobre *Pirkei de Rabí Eliezer* (ver más arriba), publicado por primera vez en Varsovia, 1852.

Rambam. Ver *Iad HaJazaká*.

Rambán. Sigla de Rabí Moshé ben Najmán (1194-1270); es de notar su comentario sobre la Torá, impreso por primera vez en Roma, 1472. El autor fue un importante líder espiritual de su época, quien escribió más de cincuenta obras esenciales sobre la Biblia, el Talmud, la ley judía, filosofía, Kabalá y medicina. Vivió en Gerona, España, donde mantuvo una ieshivá.

Rashba. Sigla de Rabí Shimón ben Abraham Aderet (1235-1310), denotando sus comentarios del Talmud, muchos de los cuales fueron publicados junto con el *Ein Iaacov* (ver más arriba) en Salónica, 1515. Discípulo del Rambán (ver más arriba), el autor fue rabino en Barcelona y uno de los más importantes líderes judíos de su tiempo.

Rashbam. Sigla de Rabí Shmuel ben Meir (aprox. 1080-1174), autor de un importante comentario sobre la Torá y de comentarios sobre porciones del Talmud. Era nieto de Rashi (ver más adelante) y hermano mayor del Rabí Iaacov Tam, líder de la escuela que produjo el *Tosafot* (ver más adelante).

Rashi. Sigla de Rabí Shlomo (ben Itzjak) Iarji (ver *Shem HaGuedolim*) o Itzjaki (1040-1105), autor de los más importantes comentarios sobre la Biblia y el Talmud, impresos en casi todas las ediciones. Su comentario de la Torá fue el primer libro impreso en hebreo (Roma, aprox. 1470). Encabezó ieshivot en Troyes y Worms, Francia. Sus comentarios son famosos por ser extremadamente concisos, extrayendo de inmediato la idea más importante del texto.

Reshit Jojmá. Una obra enciclopédica sobre la moralidad (*musar*), que se basa esencialmente en el *Zohar* (ver más adelante), por el Rabí Eliahu (ben Moshé) de Vidas (1518-1592), publicada por primera vez en Venecia, 1579. Discípulo del Rabí Moshé Cordovero (ver *Pardes Rimonim*), el autor tenía reputación de sabio y santo.

Rif. Ver Pinto, Rabí Ioshía.

Rif. Sigla de Rabí Itzjak (ben Iaacov) Al-fasi (1013-1103), autor de una versión abreviada del Talmud para ser utilizada como código legal práctico, impresa por primera vez como *Hiljot Rav Alfasi*, Hijer, España, aprox. 1845. Nacido en Argelia, se estableció en Fez, por lo que es conocido como Al-fasi (la persona de Fez). Su código, que fue el más importante antes del de Maimónides, cerró el período Gaónico.

Rimzey Maasiot. Comentarios del *Sipurey Maasiot* (ver más adelante), por el Rabí

Najmán de Tcherin. Impreso por primera vez en Lemberg, 1902, y con todas las ediciones subsecuentes de los cuentos del Rebe Najmán.

Rimzey Maasiot, Hashmatot Comentarios adicionales sobre los cuentos del Rebe Najmán, por el Rabí Abraham ben Najmán de Tulchin, impreso en la edición de *Sipurey Maasiot* de Lemberg, 1902.

Rokeaj. Importante código de la ley judía y de la práctica piadosa, del Rabí Elazar (ben Iehudá) Rokeaj de Worms (1164-1232), impreso por primera vez en Fano, 1505. Además de ser una importante autoridad en la ley judía, el autor fue uno de los maestros de la Kabalá más sobresalientes de su tiempo.

Rosen, Rabí Eliahu Jaim (1899-1983). Enseñanzas orales de uno de los más prominentes líderes de Breslov en Jerusalén. El Rabí Rosen, alumno de Reb Abraham Jazan (ver *Biur HaLikutim*), fue decano de la Ieshiva de Breslov de Jerusalén, que él fundó en la ciudad vieja de Jerusalén en el año 1937.

Rosenfeld, Rabí Zvi Aryeh Benzion (1922-1978). Muy destacadas son las notas marginales y las numerosas cintas grabadas de las lecciones del Rabí Rosenfeld, que fuera uno de los líderes de los Jasidim de Breslov en América. Era descendiente del Rabí Aarón, el rabino de Breslov en la época del Rebe Najmán, y discípulo del Rabí Abraham Sternhartz (ver más adelante).

Rosh (1250-1327). Sigla de Rabí Asher (ben Iejiel), denotando el *Piskey HaRosh*, una importante obra legal, publicada por primera vez junto con el Talmud, Venecia, 1523, y con la mayor parte de las ediciones subsiguientes. El Rosh fue un importante talmudista en Alemania, pero luego de un período de persecución, se estableció como rabino en Toledo, España.

Rosh HaShaná. Tratado del Talmud (ver más adelante).

Rut Rabah. Sección del *Midrash Rabah* (ver más arriba) que trata del Libro de Rut.

Saadia Gaon, Rav (882-942). El erudito más grande del período Gaónico, autor de una traducción/comentario de la Torá en árabe, que fue publicada en París, 1893, y en Jerusalén como *Keter Torá*, 1894-1901. Una traducción al hebreo de las partes más importantes fue publicada por Rabí Iosef Kapaj, en Jerusalén, 1963. El autor fue el erudito más grande del período Gaónico, y como director de la Ieshiva de Pumbedita, Babilonia, fue el líder de los judíos de todo el mundo.

415 / Bibliografía

Sabiduría y Enseñanzas del Rabí Najmán de Breslov. Traducción del *Sijot HaRan*, Jerusalén, 1995. Compuesto por enseñanzas cortas y dichos del Rebe Najmán, compilados por el Rabí Natán de Breslov, publicada por primera vez junto con *Sipurey Maasiot*, en Ostrog, 1816. Una edición expandida, incluyendo mucho material nuevo, fue publicada en Zolkiev, 1850.

Sefer Baal Shem Tov. Antología de las enseñanzas del Rabí Israel, el Baal Shem Tov (1698-1760), fundador del movimiento Jasídico y bisabuelo del Rebe Najmán, compilado por el Rabí Shimón Mendel Vednik y publicado por primera vez en Lodz, 1938.

Sefer Jasidim. Leyes y costumbres de los Jasidei Ashkenaz (místicos alemanes), por el Rabí Iehudá (ben Shmuel) HaJasid (1148-1217), impreso por primera vez en Bolonia, 1538. El autor, quien vivió en Speyer y Regensburg, fue un maestro Kabalista y una importante autoridad rabínica.

Sefer HaLikutim. Comentarios de la Torá, los Profetas y las Escrituras Sagradas (*TaNaJ*) basados en las enseñanzas del Ari, por Meir Poppers, Jerusalén, 1913. Hemos utilizado la edición de Jerusalén, 1988.

Sefer HaMidot. Colección de epigramas y aforismos sobre todos los aspectos de la vida, ordenados alfabéticamente, por el Rebe Najmán de Breslov, publicado por primera vez en Mohilov, 1811. Una selección de sus aforismos, bajo el nombre de *El Libro de los Atributos*, fue publicada por el Breslov Research Institute, Jerusalén, 2005.

Sefer HaTejuna. Obra sobre astronomía del Rabí Jaim Vital (ver Ari), publicada por primera vez en Jerusalén, 1866. Hemos utilizado la edición de Jerusalén, 1967.

Sefer Ietzirá. Una de las primeras y más importantes obras místicas, se supone que fue escrita en épocas Talmúdicas o anteriores. (Hay algunos que atribuyen su autoría al Patriarca Abraham). Impresa por primera vez en Mantua, 1572, ha sido objeto de más de cien comentarios.

Shaar HaGuilgulim. Obra detallada sobre la reencarnación, la última de las *Shmone Shearim* (ver más adelante), del Rabí Jaim Vital, publicada en Jerusalén, 1863. Hemos utilizado la edición de Jerusalén, 1988.

Shaar HaKavanot. Meditaciones Kabalistas sobre los servicios de plegaria y los rituales, la sexta de las *Shmone Shearim* (ver más adelante), por el Rabí Jaim Vital, publicada por primera vez en Salónica, 1852. Hemos utilizado la edición de Jerusalén, 1988.

Shaar HaHakdamot. Una exposición detallada de los principios fundamentales de la Kabalá del Ari, la primera de las *Shmone Shearim* (ver más adelante), del Rabí Jaim Vital, publicada por primera vez en Jerusalén, 1850. Hemos utilizado la edición de Jerusalén, 1988.

Shaar HaMitzvot. Interpretaciones Kabalistas sobre los mandamientos, la quinta de las *Shmone Shearim* (ver más adelante), del Rabí Jaim Vital, publicada por primera vez en Salónica, 1852. Hemos utilizado la edición de Jerusalén, 1988.

Shaar HaPesukim. Interpretaciones bíblicas del Ari, la cuarta de las *Shmone Shearim* (ver más adelante), del Rabí Jaim Vital, publicada por primera vez en Salónica, 1852. Hemos utilizado la edición de Jerusalén, 1988.

Shaar Maamarei Rashbi. Comentario sobre enseñanzas del *Sefer Ietzirá*, *Zohar*, *Tikuney Zohar* y discursos del Rabí Shimón bar Iojai (Rashbi), la segunda de las *Shmone Shearim* (ver más adelante), del Rabí Jaim Vital, publicada por primera vez en Salónica, 1862. Hemos utilizado la edición de Jerusalén, 1988.

Shaar Maamarei Razal. Comentario sobre enseñanzas de los sabios, la tercera de las *Shmone Shearim* (ver más adelante), del Rabí Jaim Vital, publicada por primera vez en Salónica, 1862. Hemos utilizado la edición de Jerusalén, 1988.

Shaar Rúaj HaKodesh. Métodos de meditación, la séptima de las *Shmone Shearim* (ver más adelante), del Rabí Jaim Vital, publicada por primera vez en Salónica, 1862. Hemos utilizado la edición de Jerusalén, 1988.

Shaarei Ora. Importante clásico Kabalista del Rabí Iosef (ben Abraham) Gikatilla (1248-1345), impreso por primera vez en Riva de Trento, 1561. El autor, quien vivió en Italia, fue alumno del Rabí Abraham Abulafia.

Shaarei Tzion. Importante colección de plegarias Kabalistas, del Rabí Natán Nata (ben Moshé) Hanover (fallecido en 1683), publicado por primera vez en Praga, 1662. El autor fue un importante Kabalista.

Shaarei Zohar. Indice y comentario del Talmud, con referencias cruzadas al *Zohar*, por el Rabí Rubén Margolios (1889-1971), publicado en Jerusalén, 1956.

Shabat. Tratado del Talmud (ver más adelante).

Shaj. Abreviación de *Siftei Kohen*, un importante comentario del *Iore Dea* y *Joshen Mishpat*, por el Rabí Shabetai (ben Rabí Meir) HaKohen Rapaport, importante discípulo del Rabí Heschel de Cracovia. Líder de los judíos de Europa, fue instrumental en la reorganización de las comunidades judías después de las masacres de Chmelnitzky de los años 1648-49. Publicado por primera vez en Cracovia, 1646-47 y más tarde con la mayor parte de las ediciones estándar del *Shuljan Aruj* (ver más adelante).

Shapiro, Rabí Shmuel (1913-1989). Enseñanzas orales, de uno de los más prominentes líderes de Breslov en Jerusalén.

Shejter, Rabí Iaacov Meir (n. 1932). Enseñanzas orales, de una de las más prominentes figuras de Breslov en Jerusalén.

Shekalim. Tratado del Talmud (ver más adelante).

Shmone Shearim. Las "Ocho Puertas": *Shaar HaHakdamot, Shaar Maamarei Rashbi, Shaar Maamarei Razal, Shaar HaPesukim, Shaar HaMitzvot*, Shaar HaKavanot, *Shaar Ruaj HaKodesh, Shaar HaGuilgulim*; una colección en ocho tomos de las enseñanzas del Ari (ver más arriba), por el Rabí Jaim Vital, editado por el Rabí Shmuel Vital. (Publicado entre los años 1850-1863, en Salónica o Jerusalén, cada uno enumerado aquí por separado).

Shemot HaTzadikim. Una lista de los nombres de los Tzadikim desde Adán hasta el presente, compilada por el Rabí Natán de Breslov siguiendo el consejo del Rebe Najmán en *Sefer HaMidot, Tzaddik*, A:19, "Aquél que ame a Dios registrará en un libro todos los nombres de los Tzadikim y de los temerosos de Dios, para poder recordarlos". Publicada por primera vez en 1821 como un apéndice al *Sefer HaMidot*. Ediciones subsecuentes incluyen nombres adicionales.

Shemot Rabah. Sección del *Midrash Rabah* (ver más arriba) que trata del Libro de Números.

Shivjei HaAri. Historias sobre el nacimiento y la vida del Ari y de sus discípulos, tomadas de la introducción a la obra Kabalista *Emek HaMelej* del Rabí Shlomo Shimmel (ben Reb Jaim Meinstril). Publicada por primera vez en Spalov, 1795.

Shivjei HaRan. Relatos de la infancia del Rebe Najmán de Breslov y su peregrinación a la Tierra de Israel. Traducida al español como *Alabanza del Tzadik*, Jerusalén, 1996.

Shivjei HaBaal Shem Tov. Una colección de historias sobre el Baal Shem Tov y algunos de sus más cercanos seguidores, cuya veracidad fue confirmada por el Rebe Najmán. Compilada por Reb Dov Ber (ben Reb Shmuel) Shubb de Linetz, yerno del escriba del Baal Shem Tov. En vida del Rebe Najmán el libro fue distribuido en forma manuscrita. Publicado por primera vez en Berdichev en 1815.

Shivjei Moharán. Anécdotas y enseñanzas del Rebe Najmán, compiladas por el Rabí Natán de Breslov, impresas junto con *Tzaddik* (ver más adelante).

Sheviit. Tratado del Talmud (ver más adelante).

Shevuot. Tratado del Talmud (ver más adelante).

Shir HaShirim Rabah. Sección del *Midrash Rabah* (ver más arriba) que trata del Cantar de los Cantares.

Shiur Komá. Libro de conceptos Kabalistas por el Rabí Moshé Cordovero (ver *Pardes Rimonim*), publicado en Varsovia, 1883.

Shlah. Abreviatura de *Shnei Lujot HaBrit*, obra enciclopédica de Torá, por el Rabí Ishaia Horowitz, impresa por primera vez en Amsterdam, 1698.

Shojar Tov. También conocido como *Midrash Tehilim*. Un antiguo Midrash sobre los Salmos, impreso por primera vez en Constantinopla, 1515. Una edición crítica, basada en el manuscrito fue publicada por Shlomo Buber, Vilna, 1891.

Shuljan Aruj. El código estándar de la ley judía, por el Rabí Iosef (ben Reb Efraim) Caro (1488-1575), publicado por primera vez en Venecia, 1564. Dividido en cuatro partes, *Oraj Jaim, Ioré Deá, Even HaEzer* y *Joshen Mishpat*. Nacido en España, el autor emigró a Turquía luego de la expulsión del año 1492, y más tarde a Safed, donde ofició como rabino principal. Con la adición del *Hagá* (ver más arriba), el *Shuljan Aruj* se transformó en la obra estándar de la ley para todos los judíos.

Siaj Sarfei Kodesh. Anécdotas y enseñanzas del Rebe Najmán, del Rabí Natán y de los jasidim de Breslov, al igual que historias no publicadas anteriormente, provenientes de la tradición oral de Breslov. Éstas fueron transcriptas por Abraham Weitzhandler a partir de conversaciones con el Rabí Levi Itzjak Bender (ver más arriba). A la fecha se han publicado cinco volúmenes en Jerusalén, 1988 y 1994, por Meshej HaNajal.

Sijot HaRan. Ver más arriba, *Sabiduría y Enseñanzas del Rabí Najmán de Breslov*.

Sijot veSipurim. Exposición de las enseñanzas del Rebe Najmán, por Reb Abraham Jazan, publicada en Jerusalén. Reimpresa como parte de *Kojavei Or* (ver más arriba).

Sidur Ari. Existen una cantidad de libros de plegarias que llevan este título: a) un libro de plegarias impreso junto con el *Mishnat Jasidim* (ver más arriba), Zolkiev, 1744; b) un libro del plegarias con las meditaciones del Ari, Zolkiev, 1781; c) el *Sidur de Rabí Asher*, por el Rabí Shlomo Margolios, Lvov (Lemberg), 1788; d) el *Kol Iaacov*, Koretz, 1794; e) el *Sidur de Rabí Shabetai* (Rashkover), Koretz, 1797 (que incluye las unificaciones del Rabí Israel, el Baal Shem Tov).

Sifra. También conocido como *Torat Kohanim*, uno de los *Midrashei Halajá*. Es uno de los primeros comentarios del Levítico, escrito por Rav (aprox. 220 e.c.), y citado frecuentemente en el Talmud. Publicado por primera vez en Constantinopla, 1530.

Sifri. Uno de los *Midrashei Halajá*. Es el comentario más antiguo sobre Números y Deuteronomio, escrito por Rav (aprox. 220 e.c.), y citado frecuentemente en el Talmud. Publicado por primera vez en Venecia, 1546.

Siftei Jajamim. Supercomentario del comentario de Rashi (ver más arriba), por el Rabí Shabetai Bass (1641-1718), publicado por primera vez en Francfort am Main, 1712, y reimpreso en muchas ediciones de la Torá.

Siftei Kohen. Ver *Shaj*.

Sipurei Maasiot. Las historias del Rebe Najmán. Publicadas por primera vez en Ostrog, 1816, y con una nueva introducción en Lemberg, 1850. Traducido al español como *Los Cuentos del Rabí Najmán*, Jerusalén, 1999.

Sipurei Niflaim. Anécdotas y enseñanzas del Rebe Najmán, al igual que cuentos no publicados anteriormente, compilados por el Rabí Shmuel Horowitz (ver *Avanea Barzel*). Publicado por primera vez en Jerusalén, 1935.

Sotá. Tratado del Talmud (ver más adelante).

Spector, Rabí Eljanan (aprox. 1898-1984). Enseñanzas orales, por una figura líder de Breslov en Jerusalén.

Sternhartz, Rabí Abraham (Kojav Lev) (1862-1955). Enseñanzas orales, por uno de los más prominentes líderes de Breslov en Umán y Jerusalén. Bisnieto del Rabí Natán de Breslov, autor del *Tovot Zijronot* (ver más adelante) y fundador del *kibutz* en Merón para Rosh HaShaná, fue mentor de muchos de los líderes de Breslov de las últimas generaciones.

Suká. Tratado del Talmud (ver más adelante).

Sulam. Traducción al hebreo del *Zohar* (ver más adelante), con explicaciones y notas, por el Rabí Iehudá HaLevi Ashlag, publicado por primera vez en Jerusalén, 1945.

Taamei HaMinaguim. Enciclopédica colección y explicación de las costumbres judías, por el Rabí Abraham Itzjak Sperling (1851-1901), publicado por primera vez en Lvov (Lemberg),1891.

Taamei Mitzvot. Interpretaciones Kabalistas de los mandamientos, publicado por primera vez en Zolkiev, 1775. Hemos utilizado la edición de Jerusalén, 1988.

Taanit. Tratado del Talmud.

Talmud. La redacción de la Torá Oral, tal como fue enseñada por los grandes maestros desde el año 50 a.e.c. hasta alrededor del año 500 e.c. La Mishná fue la primera codificación, dispuesta en su forma presente por el Rabí Iehudá el Príncipe, alrededor del 188 e.c. Subsecuentes debates fueron recopilados en la *Guemará* por Rav Ashi y Ravina en Babilonia cerca del año 505 e.c., y es conocido en general como el Talmud de Babilonia. Junto con la Biblia, es la obra más importante de la ley y de la teología judías. Volúmenes individuales del Talmud fueron impresos en Soncino, Italia, ya en el año 1482, pero el Talmud entero fue impreso por primera vez por David Bomberg en Venecia, 1523, junto con los comentarios de Rashi y Tosafot. Una segunda compilación del Talmud, que se cree fue redactada alrededor del año 240 e.c. por el Rabí Iojanan (182-279 e.c.) y sus discípulos en Tiberias, con la concurrencia de los sabios de Jerusalén, es el Talmud *Ierushalmi* (el Talmud de Jerusalén). Es también un obra de suprema importancia, aunque considerada secundaria al Talmud de Babilonia. Fue impresa por primera vez en Venecia, 1523.

Tamid. Tratado del Talmud.

Tana deBei Eliahu en dos partes, Raba y Zuta. Un antiguo Midrash atribuido a las enseñanzas del profeta Elías, impreso por primera vez en Venecia, 1598.

Tanjuma. Un antiguo Midrash homilético sobre la Torá, atribuido al Rabí Tanjuma bar Abba (aprox. 370 e.c.), pero con agregados hasta cerca del año 850. Impreso por primera vez en Constantinopla, 1522.

Targum. La traducción autorizada de la Torá al arameo, por el converso Onkelos (aprox. 90 e.c.). En épocas Talmúdicas era leída junto con la Torá, para que la congregación pudiera comprender su lectura.

Targum Ierushalmi. Antigua traducción de la Torá al arameo, usualmente incluida junto con el *Targum Ionatán* y probablemente escrita alrededor de la misma época, o un poco antes.

Targum Ionatán. Traducción de la Torá al arameo, atribuida por algunos a Ionatán ben Uziel (aprox. 50 e.c.). Es probable que algunas porciones hayan sido enmendadas en la época Gaónica.

Taz. Abreviatura del título de la obra halájica *Turei Zahav*, uno de los principales comentarios del *Shuljan Aruj*. Escrito por el Rabí David ben Reb Shmuel HaLevi, un importante discípulo del Rabí Heschel de Cracovia. Publicada por primera vez en Lublín, 1646.

Tefilín. Traducción del texto clásico del Rabí Natán de Breslov, *Likutey Halajot, Tefilín*, 5, por Abraham Greenbaum, que trata de los significados profundos de casi todos los aspectos de la mitzvá de los tefilín. Publicado por el Breslov Research Institute, Jerusalén, 1989.

Temurá. Tratado del Talmud (ver más arriba).

Terumot. Tratado del Talmud (ver más arriba).

Tevul Iom. Tratado del Talmud (ver más arriba).

Tiferet Israel. Importante comentario sobre la Mishná por el Rabí Israel Lipschutz (1782-1860), publicado por primera vez en Hanover, 1830.

Tikún Haklalí. Los Diez Salmos recomendados por el Rebe Najmán como el "Remedio General" para los pecados sexuales y otras transgresiones, publicado por primera vez por el Rabí Natán en Breslov, 1821. Traducido al inglés como *Rabbi Nachman's Tikkun*.

Tikuney Zohar. Parte de la literatura Zohárica, que consiste de setenta capítulos sobre el comentario de la primera palabra de la Torá, por la escuela del Rabí Shimón bar Iojai (aprox. 120 e.c.), impreso por primera vez en Mantua, 1558. Sin embargo, una segunda edición, Orto Koy, 1719, constituye la base para todas las ediciones subsecuentes. La obra contiene algunas de las más importantes ideas de la Kabalá y es esencial para comprender el sistema del *Zohar* (ver más adelante).

Tikuney Zohar Jadash. Agregados al *Zohar Jadash* (ver más adelante) a la manera del *Tikuney Zohar*.

Tehorot. Tratado del Talmud (ver más arriba).

Torá Temima. Comentario enciclopédico de la Torá, por el Rabí Baruj Epstein (1860-1942), publicado por primera vez en Vilna, 1904. La obra es notable por citar las referencias Talmúdicas más importantes a cada versículo, ofreciendo un extensivo comentario sobre ellas. El autor vivió en Rusia y era el hijo del Rabí Iejiel Michel Epstein autor del *Aruj HaShuljan*.

Torat Natán. Comentario del *Likutey Moharán* basado en el *Likutey Halajot* (ver más arriba), por el Rabí Noson Koenig, Bnei Brak.

Tosafot. Colección de comentarios del Talmud utilizando metodología Talmúdica. La obra fue el producto de las Ieshivot de Francia y Alemania entre los años 1100 y 1300, comenzada por los discípulos de Rashi (ver más arriba) y sus nietos, especialmente, el Rabí Iaacov Tam (aprox. 1100-1171). Se encuentra impreso en prácticamente todas las ediciones del Talmud.

Tosefta. Adiciones a la Mishná (ver Talmud) por el Rabí Jia y el Rabí Oshia (aprox. 230 e.c.), publicada junto con la mayor parte de las ediciones del Talmud y comúnmente citada allí.

Tovot Zikronot. Tradiciones de Breslov, por Reb Abraham Sternhartz (ver más arriba), transcriptas por Reb Guedalia Aarón Koenig (ver más arriba) y publicada en Jerusalén, 1951. Hemos utilizado la edición de Bnei Brak, 1978, publicada junto con *Ieraj HaEitanim*.

Tur. O *Arba Turim* ("Cuatro Columnas"), por el Rabí Iaacov (ben Rav Asher, el *Rosh*; ver más arriba) de Toledo, España. El primer código sistemático de la ley judía basado en el Talmud y en las obras de los Gaonim y Rishonim. El *Tur* es el antecesor del *Shuljan Aruj*. Impreso por primera vez en Mantua, 1476.

Turey Zahav. Ver Taz.

Tzaddik. *Jaiei Moharán* en hebreo, es una importante obra biográfica sobre el Rebe Najmán, incluyendo su peregrinaje a la Tierra Santa, escrita por su principal discípulo, el Rabí Natán de Breslov, impresa por primera vez en Ostrog, 1816 y luego, con notas agregadas por el Rabí Najmán de Tcherin, en Lemberg, 1874. Traducida, con notas y publicada como *Tzaddik* por el Breslov Research Institute, Jerusalén, 1987.

Uktzin. Tratado del Talmud (ver más arriba).

¡Umán, Umán, Rosh HaShaná! Colección de información sobre el Rosh HaShaná del Rebe Najmán en Umán, publicada por el Breslov Research Institute, Jerusalén, 1993.

Until The Mashiach. Un relato cronológico completo de la vida del Rebe Najmán, por el Rabí Aryeh Kaplan (arriba), publicado en Jerusalén, 1985, por el Breslov Research Institute.

Vaikrá Rabah. Sección del *Midrash Rabah* (ver más arriba) que trata del Libro del Levítico.

Zavim. Tratado del Talmud (ver más arriba).

Zevajim. Tratado del Talmud (ver más arriba).

Zimrat HaAretz. Enseñanzas sobre la importancia de la Tierra de Israel basadas en el *Likutey Moharán*, por el Rabí Najmán de Tcherin, publicada en Lemberg, 1876. Hemos utilizado la edición de Jerusalén, 1968.

Zohar. El clásico fundamental de la Kabalá, de la escuela del Rabí Shimón bar Iojai (aprox. 120 e.c.), compilado por su discípulo, el Rabí Abba. Luego de haber estado restringido a un pequeño y cerrado círculo de Kabalistas y oculto por siglos, fue finalmente publicado cerca del año 1290 por el Rabí Moshé (ben Shem Tov) de León (1239-1305). Luego de considerable controversia, el Rabí Itzjak Ioshúa (ben Iaacov Bonet) de Lattes (1498-1571) emitió una opinión considerando que estaba permitido imprimir el *Zohar* y fue publicado en Mantua 1558-1560. Ha sido reimpreso más de sesenta veces y es tema de decena de comentarios.

Zohar Jadash. El "Nuevo *Zohar*", por la escuela del Rabí Shimón bar Iojai, consiste de manuscritos encontrados en posesión de los Kabalistas de Safed, agrupados por el Rabí Abraham (ben Eliezer HaLevi) Barujim (1516-1593), e impreso en Salónica, 1597. Fue llamado "Nuevo *Zohar*" pues fue impreso luego del *Zohar* original.

Zohar HaRakia. Comentarios del *Zohar*, por el Ari (ver más arriba), y editado por el Rabí Iaacov Tzemaj, impreso por primera vez en Koretz.